Honorius III et l'Orient (1216–1227)

The Medieval Mediterranean

Peoples, Economies and Cultures, 400–1500

VOLUME 97

The titles published in this series are listed at brill.com/mmed

Honorius III et l'Orient (1216–1227)

Étude et publication de sources inédites des Archives vaticanes (ASV)

Par

Pierre-Vincent Claverie

BRILL

LEIDEN · BOSTON
2013

Cover illustration: Source iconographique: Rome, ASV, Reg. Vat. 9, n° 1 fol. 1 r°. With kind permision of the Vatican Secret Archives.

Library of Congress Cataloging-in-Publication Data

Claverie, Pierre-Vincent.
Honorius III et l'Orient (1216-1227) : étude et publication de sources inédites des Archives vaticanes (ASV) / par Pierre-Vincent Claverie.
pages cm. -- (The medieval Mediterranean : peoples, economies and cultures, 400-500, ISSN 0928-5520 ; VOLUME 97)
Includes bibliographical references and index.
ISBN 978-90-04-24559-4 (alk. paper) -- ISBN 978-90-04-24561-7 (e-book)
1. Honorius III, Pope, d. 1227. 2. Crusades--Fifth, 1218-1221. 3. Church history--Middle Ages, 600-1500--Sources. 4. Archivio vaticano. 5. Manuscripts, Medieval--Vatican City. I. Title.

BX1237.C53 2013
282.09'022--dc23

2012045221

This publication has been typeset in the multilingual "Brill" typeface. With over 5,100 characters covering Latin, IPA, Greek, and Cyrillic, this typeface is especially suitable for use in the humanities. For more information, please see www.brill.com/brill-typeface.

ISSN 0928-5520
ISBN 978-90-04-24559-4 (hardback)
ISBN 978-90-04-24561-7 (e-book)

This book is printed on acid-free paper.

MIX
Paper from responsible sources
FSC® C109576
FSC www.fsc.org

Printed by Printforce, the Netherlands

À mes parents, Pierrette et Claude Claverie

TABLE DES MATIÈRES

« Ad hec volumus et mandamus ut crucesignatos vestrarum diocesum attentius exortemini, ne propter obitum prefati predecessoris nostri consternantur corda eorum, neque formident, quasi ex hoc Terre Sancte impediatur succursus, quoniam et si sufficientie illius nostra videatur inferior, ad liberationem tamen ipsius terre votis non minoribus aspiramus ».

Extrait de la bulle *Magnus Dominus et* du 25 juillet 1216 aux évêques de France (Rome, ASV, Reg. Vat. 9, n° 2 fol. 1 v°)

Remerciements

Cette monographie n'aurait pas abouti sans le soutien constant de ma famille et de Christopher Schabel, qui m'a permis de prendre connaissance des différents bullaires dont il a préparé l'édition au cours des dernières années avec William Duba et Jean Richard. Je suis également redevable des plus grands remerciements à Philippe Josserand, qui m'a procuré diverses études en rapport avec la péninsule Ibérique, et à Marie-Pierre Laffitte, qui m'a permis d'accéder à certains volumes endommagés de la Bibliothèque nationale de France. Leurs conseils, critiques et suggestions ont facilité la rédaction de cet essai qui découle d'un séjour ancien aux Archives vaticanes, financé par une enveloppe du GDR 555 du CNRS. C'est en effet grâce au soutien de Michel Balard et d'Alain Marchandisse que j'ai pu acquérir en 2002 une copie des registres d'Honorius III auprès de la Préfecture des Archives vaticanes. Qu'il me soit permis de rendre hommage à leur action conjointe ainsi qu'aux conseils avisés, que Gilles Grivaud m'a prodigués sur la question depuis le printemps 2005. Je ne saurais clore ces remerciements, sans exprimer ma gratitude envers Marcella Mulder et la direction des éditions BRILL, qui ont facilité la parution de cet ouvrage dans les meilleurs délais.

PRÉFACE

La science historique avance de manières diverses, quoique ses premiers jalons tournent invariablement autour de la collecte de sources capables d'alimenter un discours raisonné. Dans *Honorius III et l'Orient* (*1216–1227*), Pierre-Vincent Claverie n'échappe pas à la règle en bon médiéviste. À quelques exceptions près, le premier pape dont les registres pontificaux nous sont parvenus intégralement demeure le prédécesseur d'Honorius III, Innocent III (1198–1216). La correspondance d'Innocent est accessible depuis longtemps grâce à la *Patrologie latine* de Jacques-Paul Migne, qui est sur le point d'être complétée par une édition moderne. Pour Honorius III, en revanche, nous devons mêler différentes publications menées par César-Auguste Horoy vers 1880 et Aloysius L. Tăutu dans les années 1950, après la publication à la fin du XIXe siècle des analyses de Pietro Pressutti. Le catalogue de Pressutti a paradoxalement retardé la publication de travaux supplémentaires sur Honorius III, l'École française de Rome ayant pris soin de publier les registres des papes du XIIIe siècle à compter de 1227. Il arrive cependant souvent que Pressutti ait accordé une cinquantaine de mots pour résumer une lettre consignée sur plusieurs feuillets de parchemin.

Il est vrai qu'Innocent III fut un pape fascinant en raison de la longueur de son règne et des événements dont il a été témoin. Certains de ces développements ont eu des répercussions durant plusieurs décennies ou siècles, le contexte oriental assistant au déroulement de la quatrième croisade et à l'apparition d'États latins sur les anciens territoires byzantins avant la préparation d'une nouvelle croisade. Le pontificat d'Honorius III fut loin, quoi qu'il en soit, d'être un intermède stérile du fait des événements et des inflexions politiques qui s'y dessinèrent. Un examen de la base de données informatique des *Regesta Imperii* comptabilise près de six fois plus d'études sur le pontificat d'Innocent III que sur celui de son successeur immédiat, alors que rien ne motive cette disproportion statistique sur le plan chronologique et politique. Un important défi reste donc à être relevé par les historiens.

Dans son livre, Pierre-Vincent Claverie participe à cette entreprise en comblant une double lacune historiographique. En 2010, j'ai publié 76 lettres d'Honorius III concernant l'île de Chypre, avant de me lancer avec William Duba dans la publication de 250 lettres relatives à l'Empire latin de Constantinople et à ses États vassaux. Dans le présent volume, notre collègue contribue lui-même à l'édition de 150 lettres relatives à la Syrie franque et à la Cilicie arménienne. Son étude comporte, pour la première fois, l'analyse détaillée de 450 lettres en rapport avec l'Orient. Comme ses notes le démontrent, Claverie ne s'est pas arrêté là : Il a en effet utilisé un nombre important d'autres bulles d'Honorius III afin d'illustrer son étude, en recourant à des éditions anciennes ou aux registres pontificaux eux-mêmes. Son second défi consistait à livrer une monographie sur Honorius III, qui analyse pour la première fois sa politique orientale et sa gestion des affaires de la croisade. L'auteur rejoint de la sorte un groupe d'historiens de talent – souvent français – qui ont enquêté sur la politique orientale de différents papes, à l'instar d'Achille Luchaire dont le fameux *Innocent III. La question d'Orient* a vu le jour, il y a près d'un siècle.

Comme ce livre le démontre, Honorius monta sur le trône de saint Pierre au moment où l'Empire latin de Constantinople était à son apogée et que le royaume de Chypre connaissait une intense phase de peuplement latin. Rapidement la Terre sainte, la Romanie et Chypre éprouvèrent des situations critiques avec les atermoiements de Frédéric II et les morts de l'empereur Henri de Hainaut et du roi Hugues Ier de Lusignan, en 1216 puis 1218. Les relations entre l'État et l'Église avaient été laissées de côté à cette époque en Romanie et dans l'île de Chypre, au même titre que le statut du clergé grec. Avec l'assistance de ses légats Giovanni Colonna et Pélage d'Albano, Honorius III entreprit d'aplanir les tensions et de résoudre les problèmes surgis dans ces zones géographiques. Il en résulta des concordats aussi durables dans le temps que les modalités de subordination imposées au clergé grec. Sur le plan militaire, le règne d'Honorius connut une frustration constante dans la mesure où la cinquième croisade s'acheva lamentablement et que l'histoire de l'Empire latin de Constantinople fut une succession de défaites jusqu'en 1227. Malgré ses efforts constants, Honorius s'avéra incapable d'envoyer suffisamment de renforts en Grèce ou de lancer ce qui aurait dû être la sixième croisade.

Écrire une monographie intéressante à partir d'un corpus épistolaire est un vrai défi ! Pierre-Vincent Claverie a construit, de ce point de vue là, un récit à la fois captivant et bien organisé. Ce qui frappe le plus dans son travail est l'érudition qui l'amène à vouer une attention particulière aux détails prosopographiques. L'auteur se pose en effet le plus grand nombre de questions possible à propos des partenaires d'Honorius III : Qui sont-ils ? D'où viennent-ils ? À qui sont-ils apparentés ? Dans quelle mesure leur arrière-plan aide à comprendre leurs actions ? Notre collègue évite les explications simples basées sur le contexte pour privilégier une approche personnalisée. Le Moyen Âge, après tout, n'était nullement peuplé de personnes partageant les mêmes valeurs, mais d'individus unis par des croyances communes et des différences enclines à expliquer leur comportement.

L'auteur utilise ses connaissances prosopographiques pour essayer de s'insinuer dans l'esprit d'Honorius III et de ses contemporains afin de démêler leurs intrigues. L'expérience curiale de l'ancien cardinal Cencio joue un rôle important au long de son récit. Il en résulte un portrait vivant d'Honorius III, qui apparaît comme un homme de convictions préoccupé par le devenir de l'Orient latin malgré les limites de son pouvoir. Il œuvra intensément en faveur de la croisade, de l'union des Églises et de la réforme du clergé. Il privilégia la voie du dialogue avec l'empereur Frédéric II et le clergé latin d'Orient afin de faire progresser ses idéaux. Une poigne de fer n'aurait pas obtenu de meilleurs résultats selon son système de pensée, que l'auteur réhabilite avec succès. Ce livre remplit, de fait, une double lacune qui aurait dû être comblée depuis plusieurs décennies si un chercheur motivé s'y était attelé.

Christopher SCHABEL
Professeur associé en histoire médiévale à l'Université de Chypre.

INTRODUCTION

On a pu dire à juste raison que le pontificat d'Innocent III avait marqué l'apogée de la papauté médiévale à l'orée du XIIIe siècle. Lothaire de Segni n'a pas été en effet qu'un pontife exceptionnel. Il fut l'un des plus ardents défenseurs de la théocratie pontificale au point d'être le premier successeur de Pierre à revendiquer le titre de Vicaire du Christ. Plus de 6 000 lettres témoignent de l'universalité de son action entamée au lendemain de son élection surprise, le 8 janvier 1198. L'implication d'Innocent III dans les affaires de Terre sainte a retenu l'attention des historiens à la suite de la publication d'une étude magistrale d'Achille Luchaire sur la question d'Orient. La même attention n'a pas été accordée singulièrement à l'action de son successeur Honorius III (1216–1227), dont les archives vaticanes possèdent pourtant cinq registres épistolaires, largement inédits. Aussi nous a t-il semblé intéressant d'éclairer ce pan d'histoire obscur, en rassemblant dans un *Bullarium Terrae Sanctae* l'ensemble des lettres en rapport avec le destin de la Syrie latine. Ce projet implique de dresser un bilan de la politique orientale développée par le Saint-Siège au moment de l'élection d'Honorius III, le 18 juillet 1216. Cette présentation abordera sous les angles militaire, religieux et diplomatique les relations tissées par la papauté avec les puissances temporelles du bassin méditerranéen, un siècle après le succès de la première croisade[1].

1 La défense des États latins d'Orient

Par le terme d'États latins d'Orient, on désigne communément les principautés apparues au Levant à l'issue de la première croisade. Nous y ajouterons, pour notre part, l'Empire latin de Constantinople, dévolu à la dynastie de Flandre-Hainaut en 1204. Dès son avènement, Innocent III avait œuvré en faveur de l'organisation d'une croisade, que la force des événements et la volonté des hommes avaient menée sous les murs de Constantinople à l'été 1203. La détermination du pape transparaît de sa correspondance des

[1] James M. Powell, *Innocent III : Vicar of Christ or Lord of the World*, Catholic University of America Press, 1994 ; John C. Moore, *Pope Innocent III (1160/61–1216) : to Root up and to Plant*, Leyde, 2003 ; Achille Luchaire, *Innocent III. La question d'Orient*, Paris, 1911 (2e édition) ; Rome, ASV, Registres vaticans 9–13.

années 1198–1199, adressée au clergé de France, qui rechignait à financer l'expédition.

> Nous savons de bonne source, dit-il aux prélats des provinces de Narbonne, Lyon et Vienne, que les Allemands se sont empressés de reprendre la mer après avoir appris la mort de leur empereur [Henri VI], si bien que les païens promènent impunément leur fureur dans tout le pays et que les chrétiens n'osent plus sortir de leurs villes[2].

Ce plaidoyer en faveur de la croisade donne un aperçu de la rhétorique employée par la papauté afin de relayer en Occident les informations en provenance du Levant. Le pape signale dans sa bulle la reconquête de la ville de Beyrouth, opérée par les croisés en 1197 concomitamment à la prise de Jaffa par les Ayyoubides. Son encyclique rompt avec le ton compassé de la Chancellerie pontificale pour admonester vertement les princes qui font preuve d'indifférence à l'égard du sort de la Terre sainte. Innocent III va jusqu'à placer dans la bouche des musulmans des paroles de mépris à l'adresse des nations d'Occident, qui sont dans l'incapacité de se fédérer[3]. Ce type de digression témoigne de la sincérité de l'engagement du pape en faveur de la reconquête de Jérusalem, perdue en 1187. La Curie affecta à cette entreprise en 1199 un dixième de ses revenus, en soumettant le clergé européen à une contribution oscillant entre un quarantième et un cinquantième de ses ressources. Cette détermination se heurta à la résistance des prélats français, que le pape menaça dans les premiers mois de l'année 1200 « d'un arrêt rigoureux lors du jugement dernier ». La centralisation de ces sommes revenait, à l'échelle de chaque diocèse, à l'évêque du lieu, accompagné d'un templier et d'un hospitalier. On doit à Innocent III d'avoir défini des lois somptuaires pour les combattants bénéficiant du « privilège de la Croix ». Ces obligations frappant les hommes, femmes, clercs et laïcs, ayant fait vœu de croisade, proscrivaient, entre autres, l'assistance à un tournoi de chevalerie pour une durée de cinq années[4].

Innocent III s'attaqua parallèlement aux « mauvais chrétiens » qui avaient coutume de livrer des matériaux stratégiques aux musulmans.

---

[2] Othmar Hageneder *et alii*, *Die Register Innocenz' III.*, t. I, fasc. 1, Vienne, 1964, n° 336 p. 498–505 (lettre du 15 août 1198). Henri VI était décédé en Sicile le 28 septembre 1197, sans avoir eu le temps de rallier la Terre sainte.

[3] Jacques-Paul Migne *Patrologia latina*, t. CCXIV, Paris, 1855, n° 336 col. 308–312 (lettre du 15 août 1198).

[4] Migne *Patrologia latina*, t. CCXIV, § LXXXIV col. CXXXII-CXXXVIII (lettre non enregistrée) ; Mario Meschini, « *Pro negotio crucesignatorum.* Innocenzo III e il sostegno della guerra santa », *Regards croisés sur la guerre sainte*, éd. D. Baloup et P. Josserand, Toulouse, 2006, p. 159–185.

À peine élu, il renouvela le canon du IIIe concile de Latran de 1179 qui promettait l'excommunication et l'esclavage aux chrétiens enclins à vendre du bois, du fer et des armes aux « Sarrasins », quand ils ne servaient pas directement sur leurs navires. Ces dispositions furent complétées en 1215 par des mesures susceptibles de jeter le trouble dans les ports italiens spécialisés dans le commerce interlope. Les canons du concile de Latran IV ordonnèrent de rendre publiques les peines infligées par l'Église, chaque dimanche et jour férié, dans les cités fréquentées par les « faux chrétiens ». L'objectif visé était de contraindre les *Alexandrini* à verser à l'Église une contribution équivalente au montant de leurs profits réalisés en Orient, sous peine de ne pouvoir être enterrés en terre consacrée. La constitution *« Ad liberandam Terram Sanctam »* stipula, par ailleurs, que la majorité des clercs serait assujettie au prélèvement du vingtième de leurs revenus ecclésiastiques pour une durée de trois ans au titre du secours de la Terre sainte. Ces dispositions d'une grande rigueur devaient servir de cadre juridique à la plupart des croisades organisées au cours du XIIIe siècle[5].

Les innovations institutionnelles de la papauté tranchent avec la médiocrité des résultats obtenus sur le terrain. La quatrième croisade fut en effet détournée par les Vénitiens sur Zadar en 1202, puis Constantinople à la suite d'une négociation fortuite avec un neveu du *basileus* Alexis III Ange. Cette aventure priva la Terre sainte du secours d'une trentaine de milliers d'hommes, en plus des 10 000 combattants promis généreusement par le prince byzantin aux chefs de la croisade. Le pape Innocent III s'éleva contre ces projets, en juin 1203, dans une lettre qui ne laisse planer aucun doute sur son hostilité à l'égard des intentions des Vénitiens.

> Que nul d'entre vous ne se flatte d'avoir le droit d'occuper ou de piller le territoire des Grecs, déclare-t-il aux chefs de la croisade. Il aura beau dire que cette terre n'est pas soumise à l'Église romaine, que l'empereur qui la détient et qui a fait crever ses yeux à son frère est un usurpateur, quels que soient les torts de ce souverain et de ses sujets, il ne vous appartient pas d'en être juges.

Conscient de l'âpreté au gain des chevaliers occidentaux, Innocent III achève son épître en les invitant à réaliser leur butin sur le dos des Sarrasins au lieu de prendre le risque de dépouiller des coreligionnaires[6].

---

[5] Gervais Dumeige, *Histoire des conciles œcuméniques*, t. IV, Paris, 1965, p. 221 ; Jean Richard, *L'esprit de la croisade*, Paris, 1969, p. 89–96 (*cf.* Maureen Purcell, *Papal Crusading Policy, 1244–1291*, Leyde, 1975, p. 135–182).

[6] Alfred J. Andrea, John C. Moore, « A Question of Character : Two Views on Innocent III and the Fourth Crusade », *Innocenzo III : Urbs et Orbis*, éd. A. Sommerlechner, t. I, Rome, 2003, p. 525–585 ; Hageneder *et alii*, *Die Register Innocenz' III.*, t. VI, Vienne, 1995, n° 101

Les recommandations de Lothaire de Segni ne furent guère suivies d'effet et les Latins prirent d'assaut Constantinople, le 12 avril 1204, après avoir installé sur le trône l'empereur Alexis IV et suscité une série de révolutions de palais. Trois cents chevaliers, issus de l'ost de la croisade, parvinrent en Terre sainte où l'empire unitaire de Saladin avait cédé le pas, au fil des ans, à un chapelet de principautés, plus ou moins rivales. Certains se portèrent en Antiochène où ils furent défaits près de Lattaquié, tandis que la plupart optait pour un pèlerinage pacifique aux Lieux saints en raison des trêves signées par le roi Aimery de Lusignan avec le sultanat de Damas pour la période allant de 1198 à 1204. Ce souverain aussi combatif qu'avisé parvint à unifier les couronnes de Chypre et de Jérusalem, avant de disparaître prématurément au printemps 1205. Les autorités du royaume de Jérusalem décidèrent de prolonger jusqu'en 1210, puis 1217, les trêves signées avec les principautés ayyoubides limitrophes après l'organisation d'un raid fructueux dans le delta du Nil[7].

C'est dans ce contexte que la papauté sollicita, au lendemain du concile de Latran IV, un rapport sur l'état de la Terre sainte auprès du patriarche de Jérusalem, Raoul de Mérencourt, et des maîtres du Temple et de l'Hôpital. Cette relation tripartite n'était pas une nouveauté en soi, Innocent III ayant déjà commandé en 1199 un rapport circonstancié auprès des mêmes correspondants, renforcés de l'évêque de Lydda. Le rapport de Raoul de Mérencourt se présente cependant comme un tableau exhaustif de l'empire ayyoubide dans les dernières années de règne du sultan al-'Adīl Ier (1143–1218). Une de ses affirmations optimistes concerne la volonté du sultan et de son entourage de traiter de l'avenir de la Terre sainte avec le Saint-Siège. La passivité de la papauté durant la décennie précédente s'explique par l'émergence d'un nouveau théâtre d'opérations au cœur de la Méditerranée orientale[8].

La naissance de l'Empire latin de Constantinople fut entachée dès le départ d'une succession de maladresses et de circonstances défavorables. Le légat apostolique, Pierre de Saint-Marcel, prit l'initiative d'absoudre de leurs vœux de pèlerinage les croisés qui resteraient en Romanie pour défendre l'empire nouvellement fondé, le temps d'une année. Innocent III

---

p. 163–165 (*cf.* à propos de la date de cette lettre A.J. Andrea, *Contemporary Sources for the Fourth Crusade*, Leyde, 2000, p. 59–60).

7 Donald E. Queller et Thomas F. Madden, *The Fourth crusade. The Conquest of Constantinople*, Philadelphie, 1997 (2e édition), p. 172–203 ; Benjamin Z. Kedar, « The Fourth Crusade's Second Front », *Urbs Capta*, éd. A. Laiou, Paris, 2005, p. 89–110.

8 Jean Richard, « Pouvoir royal et patriarcat au temps de la Cinquième Croisade, à propos du rapport du patriarche Raoul », *Crusades*, 2 (2003), p. 109–119 ; Hageneder *et alii*, *Die Register Innocenz' III.*, t. II, Vienne, 1979, n° 180 (189), p. 345–346.

fustigea cette initiative, le 12 juillet 1205, en annonçant l'envoi du cardinal Benoît de Sainte-Suzanne sur les rives du Bosphore avec un mandat apostolique. La lettre du pape reproche à Pierre de Saint-Marcel d'avoir encouragé les Poulains de Syrie à abandonner leur position pour se porter imprudemment au secours des croisés victorieux[9]. Innocent III n'était pas dupe des avantages matériels que les croisés s'étaient arrogés dans un plan de partage en règle de l'Empire byzantin. Au doge Enrico Dandolo, qui lui demandait la confirmation de cette *Partitio terrarum imperii Romanie*, il répondit :

> Vous prétendez avoir conclu le traité que l'on nous demande de ratifier pour l'honneur de l'Église romaine ? Mais nous ne pouvons et ne devons pas sanctionner les clauses qui sont évidemment contraires à cet honneur et à cette dignité du Siège romain, que vous invoquez presque dans chaque article[10].

La position du pape se trouva renforcée après la capture de l'empereur Baudouin de Flandre sous les murs de la ville d'Andrinople, le 14 avril 1205. Son frère Henri de Hainaut n'eut d'autre solution que d'adresser le 5 juin une lettre éplorée au pape, en qui il reconnaissait à la fois un père, un patron et un seigneur. Le régent de l'Empire de Constantinople sollicita l'envoi de légats en Italie, France, et Allemagne ainsi que dans le reste de l'Europe afin de recueillir des hommes et de l'argent dans le cadre de la prédication d'une nouvelle croisade[11]. La bienveillance du pape s'était exprimée, quelques jours plus tôt, par l'envoi d'une encyclique à l'ensemble des archevêques français en vue de faciliter la colonisation de l'Empire latin de Constantinople. Cette épître promettait aux collaborateurs de l'empire les indulgences traditionnellement accordées aux croisés, au même titre que des conditions de vie idylliques en Romanie. Innocent III n'avait pas craint d'inciter, par deux autres missives, les moines français et les théologiens de l'Université de Paris à s'installer durablement sur les rives du Bosphore afin de conforter la domination de l'Église latine[12].

Cet appel au peuplement fut suivi de peu d'effet dans le contexte troublé de l'année 1205. Le pape s'évertua à appuyer diplomatiquement Henri de Hainaut auprès du tsar de Bulgarie, Kalojan, qui refusait d'ouvrir des

---

[9] Hageneder *et alii*, *Die Register Innocenz' III.*, t. VIII, Vienne, 2001, n° 127 (126) p. 230–233 ; Werner Maleczek, *Pietro Capuano. Patrizio amalfitano, Cardinale, legato alla quarta crociata, Teologo († 1214)*, Amalfi, 1997, p. 205–211 (sur le contexte).

[10] Hageneder *et alii*, *Die Register Innocenz' III.*, t. VII, Vienne, 1997, n° 205 p. 360–363 et n° 206 p. 363–365.

[11] Hageneder *et alii*, *Die Register Innocenz' III.*, t. VII, n° 132 (131) p. 239–243.

[12] Hageneder *et alii*, *Die Register Innocenz' III.*, t. VIII, n° 70 (69) p. 125–129, n° 71 (70) p. 129–130 et n° 72 (71) p. 131.

négociations avec les Latins. Il l'avertit du passage prochain en Orient d'une armée susceptible de prendre son royaume en étau avec le soutien des forces du roi André II de Hongrie. Loin de faire amende honorable, Kalojan annonça la mort en captivité de l'empereur Baudouin de Flandre et sa détermination à combattre durablement *« sous la bannière et les clefs de saint Pierre les Latins, qui portent de fausses croix à leurs épaules*[13] *»*. Innocent III ne parvint jamais à négocier une paix durable entre ses protégés et les Bulgares, qui tendirent en septembre 1207 une embuscade fatale au roi de Thessalonique, Boniface de Montferrat. La victoire de Philippopoli, ou Plovdiv, assura toutefois en juillet 1208 la pérennité de l'Empire latin de Constantinople sur le continent européen. L'empereur Henri de Hainaut rendit grâce au soutien de l'Église dans la missive qu'il adressa au sortir du champ de bataille. *« Si notre empire tout entier n'était pas sous votre patronage, il irait vite à sa ruine »*, déclare-t-il avec humilité dans cette lettre, l'Épire et la région de Nicée échappant durablement à cette époque à son autorité[14].

Le pape profita à plusieurs reprises de cet avantage pour gourmander l'empereur, ou casser certains de ses décrets contraires aux droits de l'Église. Il lui reprocha, par exemple, en 1211 de tourmenter les templiers, dont il avait saisi le château de Lamia alors que son empire avait pour vocation de faciliter la reconquête des Lieux saints. Le pape annula, l'année suivante, une constitution impériale interdisant aux laïcs d'enrichir par voie testamentaire le clergé, par peur de voir l'équilibre territorial de l'empire menacé[15]. Ces exemples montrent l'ingérence progressive de la papauté dans les affaires balkaniques dans la première décennie du XIIIe siècle. Innocent III ne cacha pas son anxiété dans une lettre au patriarche latin de Constantinople devant le fait que de nombreux chevaliers désargentés offraient leurs services au souverain d'Épire, Michel Ier Doukas, et à l'empereur de Nicée, Théodore Lascaris. Le pape exhorta son représentant en Orient à menacer d'excommunication les combattants qui persisteraient dans cette voie, tout en faisant pression sur Henri de Hainaut pour qu'il augmente sensiblement la solde de ses mercenaires. Plusieurs sources

---

13 Hageneder *et alii*, *Die Register Innocenz' III.*, t. VIII, n° 130 (129) p. 236–238 ; Migne *Patrologia latina*, t. CCXIV, § CVIII col. CXLVII-CXLVIII.

14 Hageneder *et alii*, *Die Register Innocenz' III.*, t. XI, Vienne, 2010, n° 202 (207) p. 333–334.

15 Migne *Patrologia latina*, t. CCXVI, Paris, 1855, n° 109 col. 470 et n° 76 col. 597.

byzantines nous apprennent que près de la moitié des troupes de Lascaris était d'origine latine en 1211[16].

Innocent III invita en mars 1208 Théodore Lascaris à reconnaître la suzeraineté d'Henri de Hainaut, en attribuant la prise de Constantinople au « jugement équitable de Dieu », qui souhaitait punir les Grecs de leur esprit de division[17]… Les négociations mirent plus de six ans à aboutir en raison de la détermination du gendre de l'empereur Alexis III à n'abandonner aux Latins aucune parcelle du sol anatolien. Le traité signé finalement en 1214 n'établit aucune relation féodo-vassalique entre les deux États rivaux. Si l'échec d'Innocent III fut manifeste sur ce terrain, sa diplomatie brilla par une hauteur de vue indéniable sur le plan stratégique. La pacification de la Romanie était en effet le préalable nécessaire, aux yeux du pape, à l'organisation d'une croisade en direction de la Terre sainte. Quand Innocent III s'aperçut que les Latins établis en terre grecque s'en désintéressaient ouvertement, il en fit une priorité du concile convoqué à la basilique du Latran pour l'automne 1215. Cette œuvre œcuménique s'accompagna de diverses tentatives de rapprochement avec des communautés chrétiennes, que la papauté considérait comme schismatiques ou hérétiques depuis des siècles.

2 Les relations avec les Églises grecque et orientales

Lothaire de Segni œuvra dès son élection sur le trône de saint Pierre en faveur de la reconnaissance de la suprématie pontificale par les Églises orientales, avec lesquelles ses prédécesseurs avaient noué des contacts à la faveur des croisades. Le patriarche d'Antioche, Aimery de Limoges, était même parvenu au tournant des années 1181–1182 à faire rentrer l'Église maronite dans l'obédience romaine après avoir convié son homologue jacobite, Michel le Syrien, à l'accompagner au concile de Latran III. Innocent III poursuivit ces efforts au cours de son pontificat, en les concentrant sur les relations entretenues par le Saint-Siège avec les chrétientés grecque et arménienne. L'argument central de la papauté tournait autour de la plénitude du pouvoir (*plenitudo potestatis*) concédé par le Christ à l'apôtre

---

16 Migne, *Patrologia latina*, t. CCXVI, n° 184 col. 353–354 ; Georges Akropolitès, *The History*, tr. R. Macridès, Oxford, 2007, § 9 p. 130 ; Nicéphore Grégoras, *Byzantina Historia*, éd. L. Schopen et I. Bekker, t. I, Bonn, 1829, p. 18–19 (soit 800 hommes sur 2 000 lors de la bataille d'Antioche-sur-le-Méandre).

17 Hageneder *et alii*, *Die Register Innocenz' III.*, t. XI, n° 44 (47) p. 60–64.

Pierre, dont le Vatican revendiquait la possession des reliques. Le couronnement royal en 1198 du prince arménien de Cilicie, Léon II, ouvrit des perspectives d'union avec son Église non chalcédonienne. Un des artisans de ce rapprochement fut l'archevêque de Tarse, Nersès de Lampron, qui admirait la piété ainsi que la tolérance religieuse des Occidentaux[18].

Le catholicos Grégoire VI Abirad (1194–1203) sut parfaitement répondre aux attentes de l'Église romaine, au moment où son souverain avait besoin de son soutien politique.

> Vous êtes la tête, déclara-t-il à Innocent III en 1199, et nous sommes le corps. Tout le clergé de notre Église est à vos ordres. Priez Dieu pour nous qui sommes dans la gueule du Dragon, au milieu des ennemis de la foi. Envoyez-nous aide et conseil de façon à ce que nous puissions sauver l'honneur de la chrétienté et le vôtre!

Innocent III répondit avec déférence à cet hommage, en signalant le départ imminent d'une kyrielle de croisés pour la Terre sainte[19]. Les registres pontificaux conservent une correspondance analogue, échangée par les deux hommes à la charnière des années 1201–1202. Grégoire Abirad qualifie dans la première de ces lettres Innocent III de « pape universel du siège suprême de la ville de Rome, qui a soumis, par son triomphe impérial, l'ensemble du monde à sa domination ». Le catholicos exprime le chagrin qu'il ressent à voir la Syrie livrée aux pillages des « barbares », qui, après avoir dispersé les forces chrétiennes, se moquent de leur impuissance actuelle. Dans sa réponse en date du premier juin 1202, le pape informe le catholicos de l'évolution des préparatifs de la quatrième croisade, dont les éléments s'apprêtent à quitter la Vénétie[20].

Il correspond à la même époque avec le chancelier du roi d'Arménie, l'archevêque de Sis, qui sollicite l'envoi par le Saint-Siège des attributs spirituels de sa fonction, à savoir un anneau, une mitre et un pallium[21].

---

[18] Robert L. Benson, « « Plenitudo potestatis » : Evolution of a Formula from Gregory IV to Gratian », *Studia gratiana*, 14 (1967), p. 196–217 ; Klaus Schatz, « Papsttum und partikularkirchliche Gewalt bei Innocenz III. (1198–1216) », *Archivum Historiae Pontificiae*, 8 (1970), p. 61–111 ; Bernard Hamilton, « Aimery of Limoges, Latin Patriarch of Antioch (c. 1142-c. 1196) and the Unity of the Churches », *East and West in the Crusader States*, éd. K. Ciggaar et H. Teule, t. II, Louvain, 1999, p. 1–12 ; Id., « The Armenian Church and the Papacy at the Time of the Crusades », *Eastern Churches Review*, 10 (1978), p. 61–87.

[19] Hageneder *et alii*, *Die Register Innocenz' III.*, t. II, n° 208 (217) p. 404–406 et n° 209 (218) p. 406–408.

[20] Hageneder *et alii*, *Die Register Innocenz' III.*, t. V, Vienne, 1993, n° 44 (45) p. 83–87 et n° 45 (46) p. 87–89.

[21] Hageneder *et alii*, *Die Register Innocenz' III.*, t. V, n° 46 (47) p. 89–90 et n° 47 (48) p. 90–91.

Les relations avec l'Église arménienne se précisent à l'occasion de l'investiture en 1203 du successeur de Grégoire Abirad, Jean VI. Le nouveau catholicos jure entre les mains du légat Pierre de Saint-Marcel fidélité et obéissance au Saint-Siège, en recevant l'étole de laine blanche que la papauté attribue traditionnellement aux évêques métropolitains. Il s'engage à effectuer une visite à Rome tous les cinq ans personnellement, ou par le biais d'un représentant, et à assister à tous les conciles organisés outre-mer. Les deux parties conviennent, en échange, qu'aucun concile ne pourra prendre de mesures affectant le clergé arménien, en l'absence du catholicos ou de l'un de ses représentants officiels[22].

Ces prescriptions furent battues en brèche dès l'automne 1203 par le cardinal de Saint-Marcel à l'occasion de l'excommunication solennelle du roi Léon d'Arménie, qui refusait de restituer aux templiers le château de Baghrās. Jean VI protesta officiellement auprès d'Innocent III de cet abus de pouvoir, en regrettant de ne retirer que « fiel et vinaigre » de cette expérience amère. Il implore le pape dans sa lettre de ne pas donner vie à l'audace présomptueuse des templiers, avec lesquels une trêve a été signée au mois de septembre 1203, lors d'une entrevue organisée à Acre. Son argumentation révèle la convergence de vue totale existant entre le haut-clergé cilicien et le roi Léon Ier, engagé dans un bras de fer diplomatique avec les templiers. Le rapprochement de l'Église arménienne avec la papauté romaine souffrit dans ce contexte de l'interminable Guerre de succession d'Antioche, qui opposa durant 20 ans le comte Bohémond II de Tripoli (ou IV d'Antioche) à son neveu Raymond-Rubēn[23].

Il s'ensuivit un cortège de violences qui aboutit à l'excommunication prolongée du roi d'Arménie au titre de parent et d'allié de Raymond-Rubēn. Le roi n'hésita pas, au plus fort de la discorde, à reconnaître l'autorité du patriarche melkite d'Antioche, Joachim (1199–1219), qu'il accueillit fastueusement en Cilicie. Léon liquida le patrimoine foncier de l'archevêché latin de Tarse à l'occasion du décès de l'un de ses élus, en donnant la précellence aux Grecs sur les Latins. Innocent III ne se contenta pas de menacer le roi, en 1213, de la fulmination d'un nouvel anathème. Il l'avertit que les rois de Chypre et de Jérusalem, ainsi que l'ensemble des croisés et moines-soldats présents au Levant recevraient l'ordre, en cas d'obstination de sa part, de prêter main forte au patriarche de Jérusalem. Le roi d'Arménie ne restitua aux Latins les sièges de Tarse et de Mamistra, qu'il occupait indûment, qu'après la prise d'Antioche par ses troupes, le 14 février 1216. Il annonça, à

---

22 Hageneder *et alii, Die Register Innocenz' III.*, t. VIII, n° 120 (119) p. 211–217.
23 Hageneder *et alii, Die Register Innocenz' III.*, t. VIII, n° 121 (120) p. 217–220.

cette occasion, à Innocent III la rétrocession aux divers monastères de l'Amanus de leur temporel frappé de séquestre. L'une des dernières satisfactions du pape fut d'apprendre la restitution aux templiers du château de Baghrās, qu'une garnison arménienne occupait depuis l'époque de la troisième croisade[24].

Les efforts du pape se heurtèrent à des difficultés plus sensibles dans ses rapports avec l'Église grecque orthodoxe. Dès son élection, Innocent III reçut des ambassadeurs byzantins, chargés de s'assurer de ses bons sentiments à l'égard de l'empereur régnant. Lothaire de Segni reprocha au *basileus* Alexis III, dans sa réponse, de ne pas œuvrer en faveur de la récupération de la Terre sainte et d'entretenir à dessein le schisme séparant depuis 1054 les Grecs des Latins[25]. Le patriarche de Constantinople, Jean X Kamatéros, reçut un long sermon sur l'unité du christianisme et la suprématie du Siège pontifical, héritée de l'apôtre Pierre :

> Le peuple grec s'est détaché de nous : il a donc oublié qu'au temps du Déluge il n'y a eu qu'une seule Arche pour sauver l'humanité entière ! Cette division, l'Église universelle l'a reprochée à nos prédécesseurs comme à nous-même. Interpose-toi, nous t'en supplions, pour que les Grecs reviennent à l'unité et qu'il n'y ait plus qu'un seul bercail et un seul pasteur. Nous sommes surpris également que notre cher fils dans le Christ, l'empereur de Constantinople, ne se soit pas dévoué comme tous les autres princes chrétiens à la délivrance de la Terre sainte. C'est à toi de l'exhorter à remplir ce devoir[26] !

Ces objurgations furent mal reçues par le *basileus* Alexis III, qui discerna dans le discours du pape une « étincelle de passion », contraire à l'humilité traditionnelle du Siège apostolique. L'empereur attribua à la seule volonté de Dieu la position de force occupée par les musulmans en Orient, avant de se déclarer prêt à envoyer des légats à un éventuel concile réuni afin de rapprocher les Églises grecque et latine[27]. La réponse du patriarche de Constantinople révéla l'ampleur de la tâche à accomplir, en mettant en avant la primauté historique de l'Église hiérosolymitaine par rapport au siège romain. *« Ce n'est pas à Rome mais à Jérusalem, rétorqua Jean X, que le Christ est né, a vécu et souffert la Passion. C'est à Jérusalem que se trouve la pierre de son Sépulcre. C'est là qu'il a eu ses disciples et de là que la source chrétienne a coulé et arrosé tout l'Univers ».* Le patriarche œcuménique

[24] Migne, *Patrologia latina*, t. CCXVI, Paris, 1855, n° 2 col. 784–786 ; Odorico Rinaldi, *Annales ecclesiastici*, réédition L. Mansi, Venise, 1747–1756, t. I, an. 1205, § 36–39 p. 146–147.
[25] Hageneder *et alii*, *Die Register Innocenz' III.*, t. I, n° 353 p. 525–528.
[26] Hageneder *et alii*, *Die Register Innocenz' III.*, t. I, n° 354 p. 528–530.
[27] Hageneder *et alii*, *Die Register Innocenz' III.*, t. II, n° 201 (210) p. 389–393.

acheva de repousser les prétentions romaines, en rappelant l'existence de cinq patriarcats de même rang depuis la fin de l'Antiquité : Rome, Byzance, Alexandrie, Antioche et Jérusalem[28].

Innocent III ne s'offusqua pas de cette démonstration dans la réponse qu'il adressa au patriarche, le 12 novembre 1199. Il revendiqua pour l'Église romaine « une plénitude de la puissance ecclésiastique », justifiée par l'ampleur des pouvoirs conférés à l'apôtre Pierre par le Christ durant son existence terrestre. Le pape posa comme préalable à la réunion d'un concile œcuménique la reconnaissance de la suprématie pontificale par l'Église grecque. Le projet parut si hasardeux qu'Alexis III accepta de participer à un concile organisé dans les frontières de son empire[29]. Les négociations en restèrent là jusqu'à l'évasion en 1201 du jeune Alexis Ange de la prison, où son oncle le retenait prisonnier depuis six ans. Alexis III supplia le pape de ne pas favoriser les entreprises de son neveu, en dissuadant les croisés de « tremper leurs mains dans le sang de leurs frères en religion ». Le Saint-Père répondit au basileus, le 16 novembre 1202, que le jeune Alexis avait fait des promesses alléchantes au Sacré-Collège, lors de sa venue à la Curie, et que de nombreuses personnes l'incitaient à prêter l'oreille à ses propositions afin de punir l'Église grecque de sa désobéissance séculaire. Innocent III rassura toutefois l'empereur sur ses intentions personnelles, en réclamant des témoignages de bonne volonté de sa part au lieu des vagues promesses, auxquelles ses prédécesseurs avaient habitué la papauté depuis la mort de Manuel Comnène (1143–1180)[30].

La déviation de la quatrième croisade vers Constantinople ne mit pas un terme à ces négociations, empreintes de considérations aussi temporelles que spirituelles. Certes, le patriarche Jean X Kamatéros se réfugia à Didymotique et son successeur transféra le siège du patriarcat œcuménique à Nicée après sa disparition, le 26 juin 1206. Mais, si Innocent III milita en faveur de la latinisation du haut-clergé, ses directives témoignent d'une volonté de conciliation à l'égard de l'épiscopat grec, désorganisé par la conquête latine. Il préconisa à ce titre l'installation, en 1206, d'évêques grecs dans les diocèses peuplés exclusivement de sujets hellénophones et l'investiture de prélats latins dans les diocèses de population mixte. Le pape invita l'archevêque de Patras, l'année suivante, à n'user de

28 Hageneder *et alii, Die Register Innocenz' III.*, t. II, n° 199 (208) p. 379–382.

29 Hageneder *et alii, Die Register Innocenz' III.*, t. II, n° 200 (209) p. 382–389 ; Migne, *Patrologia latina*, t. CCXIV, § LXII col. CXXIII. On consultera plus largement sur la question Gerd Hagedorn, « Papst Innocenz III. Und Byzanz am Vorabend des Vierten Kreuzzugs (1198–1203) », *Ostkirchliche Studien*, 23 (1974), p. 3–20 et 105–136.

30 Hageneder *et alii, Die Register Innocenz' III.*, t. V, n° 121 (122) p. 239–243.

l'excommunication et de la suspense ecclésiastique à l'égard des évêques rebelles qu'en dernier lieu. La révocation définitive des prélats grecs ne relevait d'ailleurs que de l'autorité du légat chargé de représenter les intérêts du Saint-Siège en Orient[31].

La reconnaissance de la suprématie romaine s'exprimait dans la prestation d'un serment d'obédience d'allure vassalique :

> Je serai dorénavant fidèle et obéissant à saint Pierre, à la sainte Église romaine, au Siège apostolique et à mon seigneur Innocent, ainsi qu'à ses successeurs catholiques. Je défendrai autant que je pourrai contre toute créature vivante la papauté romaine, ses honneurs, ses dignités et ses biens. Je viendrai au concile quand ma présence sera requise. Je ferai la visite ad limina en personne ou par un représentant. Je recevrai enfin, avec tous les égards qui lui sont dus, le légat du Siège apostolique et l'aiderai dans tous ses besoins.

Ce serment se doublait d'un hommage formel à l'archevêque latin, dont le prélat grec devait dépendre dorénavant. L'Église romaine exigea également que le clergé orthodoxe procède à la commémoraison du nom du pape et du patriarche latin de Constantinople lors de ses offices religieux. Cette innovation fit l'objet d'âpres négociations avec les clercs uniates qui consentirent, en 1213, à acclamer le nom du pape à la fin de chaque office selon la forme ancienne réservée aux empereurs byzantins[32].

Les Grecs reçurent, en échange, l'assurance de se faire représenter par un patriarche de leur nation lors de la tenue du concile voué à solder le schisme d'Orient. L'Église grecque comprenait en effet plusieurs courants, plus ou moins hostiles à la domination latine. Un pamphlet de l'ancien métropolite de Cyzique, Constantin Stilbès, dénonce l'impiété des évêques d'Occident « qui se mettent en guerre et marchent en tête des autres au combat ». Il les accuse d'avoir des liens privilégiés avec les Arméniens dont ils partagent les « hérésies ». Malgré ces vitupérations, de nombreux orthodoxes furent séduits par la pondération du cardinal Benoît de Sainte-Suzanne, qui déclara lors de plusieurs débats théologiques, en 1206, que la diversité des coutumes ecclésiastiques ne portait pas les germes d'un schisme obligatoire entre les Églises latine et grecque. La communauté

---

31 Hageneder *et alii*, *Die Register Innocenz' III.*, t. IX, n° 140 p. 250–256 et t. X, n° 51 p. 78–79 ; Id., *Patrologia graeca*, t. CXLVII, Paris, 1865, § D col. 463–464. Jean X serait mort à Andrinople lors d'un siège de la ville conduit par les Latins.

32 Luchaire, *Innocent III. La question d'Orient*, p. 234–235 et 260 ; K.M Setton, *The Papacy and the Levant, 1204–1571*, t. I, *The thirteenth and fourteenth centuries*, Philadelphie, 1976, p. 27–43.

grecque de Constantinople invita le pape à organiser dans la capitale impériale un concile voué à clarifier la situation[33].

Une conférence préparatoire eut lieu sur ce sujet dans la basilique Sainte-Sophie en 1213. Le métropolite d'Éphèse, Nicolas Mésaritès, rencontra le cardinal Pélage d'Albano malgré l'hostilité du haut-clergé nicéen à toute espèce de rapprochement. Les négociations commencèrent de la pire manière qui puisse être, en raison du refus de l'évêque d'Albano de saluer respectueusement le primat de la province d'Asie. Nicolas Mésaritès accepta, au gré des débats, de ne reconnaître que le titre de « patriarche des Grecs » au patriarche Michel Autorianos, qui résidait à la cour de Nicée. Pélage d'Albano s'engagea à ne plus inquiéter les moines grecs qui vivaient sous la domination des Latins, si Théodore Lascaris daignait devenir le digne « fils et serviteur de la puissance romaine ». Une semaine de débats théologiques s'ensuivit entre les deux parties, avant le retour du métropolite d'Éphèse en territoire nicéen. Une ambassade latine l'accompagna à Héraclée du Pont, où Théodore Lascaris évoqua la question du rapprochement politique avec l'Église romaine, sans prendre d'engagement ferme. La situation n'évolua guère avant la tenue du concile de Latran IV, auquel aucun prélat grec n'assista. Les canons du concile se firent même l'écho des subterfuges mis en place par les papas orthodoxes pour ne pas reconnaître la validité des sacrements conférés par leurs homologues latins[34].

Innocent III parvint, malgré ces blocages, à nouer des relations cordiales avec le patriarcat orthodoxe d'Alexandrie, qui figurait en troisième position dans la pentarchie ecclésiastique définie à la fin de l'Antiquité. Le patriarche Nicolas Ier l'invita, en 1211, à œuvrer en faveur de la libération de templiers, d'hospitaliers et de croisés emprisonnés depuis deux décennies dans les geôles d'Alexandrie et du Caire. Le pape demanda à son vénérable confrère de veiller à réconforter les captifs sur le point d'abjurer leur foi, en élevant au rang de diacre l'un des prisonniers les plus instruits. Le patriarche d'Alexandrie l'avait averti de la présence en captivité d'un prêtre âgé, qui peinait à assurer la vie spirituelle de la communauté éclatée. Innocent III décida d'engager les prisonniers à ne pas « blasphémer le saint nom du Seigneur » dans une lettre pleine de détermination. L'initiative louable du patriarche d'Alexandrie valut à ce dernier une invitation officielle au concile de Latran IV, convoqué à la date du premier novembre 1215.

---

33 Luchaire, *Innocent III. La question d'Orient*, p. 238–260 ; Jean Darrouzès, « Le mémoire de Constantin Stilbès contre les Latins », *Revue des Etudes Byzantines*, t. XXI (1963), § 38 p. 70–71, 59 p. 76 et 100 p. 86–88.

34 Luchaire, *Innocent III. La question d'Orient*, p. 274–280 et 293–294.

Cet exemple de dialogue constructif mérite d'être rapproché de la politique orientale développée par le Saint-Siège à la même époque[35].

3 Les échanges diplomatiques avec les puissances musulmanes

Bien que successeur de grands papes engagés dans la lutte contre les « infidèles », tels Jean X (914–928) ou Urbain II (1088–1099), Innocent III se fit un devoir de tisser durant son pontificat des relations directes avec plusieurs communautés musulmanes du bassin méditerranéen. Cette attitude n'était pas nouvelle de la part du Saint-Siège, qui avait entretenu au XIe siècle des relations suivies avec la principauté hammādide de Bougie. L'émir an-Nāsir n'avait pas craint, d'ailleurs, de solliciter en 1076 l'érection d'un siège épiscopal dans sa nouvelle capitale, après avoir essuyé un refus cinglant de la part de l'Église d'Afrique[36] !

Innocent III se livra en 1199 à une manœuvre similaire, lorsqu'il invita les musulmans de Sicile à reconnaître l'autorité du jeune roi Frédéric Ier, placé sous la tutelle du Saint-Siège. Le ministérial Markward d'Anweiler menaçait alors de prendre le contrôle de l'île avec l'appui des communautés musulmanes oppressées de longue date par la noblesse normande. Innocent III tenta de briser cette alliance objective, en rendant hommage à la rigueur des coutumes observées par les « Sarrasins » de Sicile, auxquels il rappela les largesses du Siège apostolique. Sa lettre annonça le passage en Sicile d'une importante armée sous les ordres du cardinal de Saint-Laurent *in Lucina* et du maréchal Giacomo d'Andria, qui devait infliger, le 21 juillet 1200, une défaite retentissante aux troupes de Markward d'Anweiler. Le duc de Ravenne parvint à se maintenir dans l'île, après ce revers, avec l'appui des « Sarrasins » du Val di Mazara, qu'il aurait gorgés de sang chrétien et abreuvés d'esclaves chrétiennes selon les accusations du Saint-Siège[37]. La tension retomba progressivement après sa mort, Innocent III allant jusqu'à féliciter en septembre 1206 les cadis de Sicile pour la sincérité de leur foi et la fidélité de leur attachement à la personne de Frédéric Ier[38].

---

35 Migne *Patrologia latina*, t. CCXVI, n° 146 col. 506–507, n° 148 col. 509 et n° 34 col. 828–830. On ne sait du reste si les Ayyoubides permirent la divulgation de la lettre de réconfort du pape aux captifs d'Égypte.

36 Christian Courtois, « Grégoire VII et l'Afrique du Nord. Remarques sur les communautés chrétiennes d'Afrique au XIe siècle », *Revue historique*, 195 (1945), p. 97–122 et 193–226.

37 Hageneder *et alii*, *Die Register Innocenz' III.*, t. II, n° 217 (226), p. 421–423 ; Pierre Racine, *L'Occident chrétien au XIIIe siècle. Destins du saint Empire et de l'Italie*, Paris, 1994, p. 118–119.

38 Hageneder *et alii*, *Die Register Innocenz' III.*, t. IX, n° 158 p. 283–285.

La papauté s'attacha à la même époque à soutenir les efforts déployés par les Français, Jean de Matha et Félix de Valois, en faveur des captifs tombés aux mains des « infidèles ». C'est à ce titre qu'Innocent III adressa, le 8 mars 1199, une lettre révérencieuse au calife almohade, Muhammad an-Nāsir, qui devait subir treize ans plus tard la déroute de Las Navas de Tolosa.

> Certains hommes, déclare le pape, au nombre desquels les porteurs de ces présentes, récemment enflammés par l'effet de la puissance divine, ont inauguré un ordre et une règle, par les statuts desquels ils doivent dépenser pour le rachat des captifs le tiers de ce qu'ils ont maintenant et de ce qu'ils pourront avoir dans l'avenir.

Cette présentation de l'ordre de la Trinité continue sur un ton pédagogique, malgré une grande maladresse diplomatique :

> Il a été concédé qu'ils rachètent les païens captifs des chrétiens, qu'ils pourront ensuite échanger pour libérer des chrétiens.

Le ton de la lettre affiche jusque dans son eschatocole un esprit de propagande ouvert, le pape invitant en guise de salutations le « roi du Maroc » à embrasser la Vérité attachée à la personne du Christ. Cette formulation témoigne de l'association étroite d'Innocent III aux travaux de sa chancellerie[39].

Un ton analogue se retrouve dans une lettre adressée en juin 1211 au sultan d'Alep, Malik az-Zāhir, dont les interventions militaires avaient pesé à plusieurs reprises sur le cours de la Guerre de succession d'Antioche. Le pape déclare dans le préambule de cette lettre avoir appris que le sultan vénère la foi catholique, même s'il ne reçoit pas encore les sacrements de la religion chrétienne. Il attribue cette information à de « nombreux fidèles du Christ », qui pourraient avoir été des commerçants antiochéniens fréquentant les marchés d'Alep, où une ramification de la route de la soie aboutissait. On ne peut cependant exclure l'hypothèse d'une intoxication diplomatique, effectuée par l'atabeg d'Alep, Shihāb ad-Dīn Abū Sa'īd Tughril, qui accusait des origines byzantines. Il était en effet fréquent, à cette époque, que des apostats chrétiens tentassent de gagner la faveur des croisés, en mettant en avant leur attachement secret au christianisme. Innocent III ne manqua pas, en tout cas, de recommander à son maître

---

39 Hageneder *et alii*, *Die Register Innocenz' III.*, t. II, n° 9 p. 16–17 ; Patrick Zutshi, « The Personal Role of the Pope in the Production of Papal Documents in the Thirteenth and Fourteenth Centuries », *Vom Nutzen des Schreibens : Soziales Gedächnis, Herrschaft und Besitz*, éd. W. Pohl et P. Herold, Vienne, 2002, p. 225–236.

az-Zāhir le patriarche d'Antioche, Pierre d'Ivrée (1209–1217), dont le ressort ecclésiastique couvrait une partie de ses États. Si az-Zāhir n'avait aucune intention de renier la foi de ses pères, sa politique d'alliance permit à la principauté d'Alep de survivre jusqu'à l'irruption des Mongols en Syrie du Nord, dans les premiers jours de l'année 1260[40].

Le début du XIIIe siècle vit la conception traditionnelle de la croisade évoluer sous l'influence de courants spirituels nouveaux. Le pape annonça au printemps 1213 la prédication d'une nouvelle expédition, en réponse à la fortification du mont Thabor par les troupes égyptiennes. Son encyclique *Quia major nunc* prédit la fin prochaine de l'Islam, en invoquant l'écoulement de près de 666 ans depuis la prédication de Mahomet aux tribus du Désert. Cette lettre s'accompagna d'une correspondance particulière avec le patriarche de Jérusalem, Albert de Verceil, et le sultan ayyoubide, al-ʿĀdil Ier, qui régnait conjointement au Caire et à Damas. Innocent III ordonna à son légat d'adjoindre à ses messagers des conseillers susceptibles d'inciter le sultan à négocier une restitution pacifique de la Terre sainte. Albert de Verceil fut prié d'avertir le roi Jean de Brienne et les ordres du Temple et de l'Hôpital des projets du pape, sans pour autant encourager ces derniers à se détourner prématurément de la voie des armes. Le pape invita son correspondant à venir l'informer au plus vite de la situation du Levant dans le cadre du concile convoqué pour l'automne 1215 au Latran[41].

Il adressa parallèlement une missive au sultan Saphadin, c'est-à-dire Saïf ad-Dīn al-ʿĀdil, par le truchement d'un chevalier du Temple et d'un scriptor pontifical.

> Le Très Haut, dit-il, a tout pouvoir sur le royaume des hommes, qu'il donne à qui il veut. Il l'a montré à l'évidence quand il a permis que Jérusalem et son territoire soient livrés à ton frère Saladin, non pas tellement à cause de sa propre vertu qu'en raison des offenses commises par le peuple chrétien contre Dieu qui s'en est irrité (…). Nous supplions humblement ta Grandeur d'user d'un conseil plus sage et de nous restituer cette terre, pour que l'occupation de celle-ci ne soit pas l'occasion de nouvelles effusions de sang humain.

Le pape considère, dans la suite de sa démonstration, que le sultan tire plus de difficultés que d'avantages de la situation actuelle, en proie à une grande incertitude. Il lui promet un arrêt total des expéditions lancées par la

---

40 Karl-Ernst Luprian, *Die Beziehungen des Päpste zu islamischen und mongolischen Herrschern im 13 Jahrhundert anhand ihres Briefwechsels*, Rome, 1981, p. 108–109 ; Pierre-Vincent Claverie, « Les « mauvais chrétiens » dans l'Orient des croisades », *Egypt and Syria in the Fatimid, Ayyubid and Mamluk Eras*, t. IV, éd. U. Vermeulen, Louvain, 2005, p. 143–163.

41 Jean Richard, *L'esprit de la croisade*, Paris, 1969, p. 85–88 et 81–83.

papauté dès la restitution aux chrétiens des territoires qu'ils possédaient avant la bataille de Hattīn. Innocent III posa, comme clause supplémentaire, la libération des prisonniers des deux camps, en sachant pertinemment que les chrétiens seraient largement gagnants dans l'opération après la capture de près de 100 000 d'entre eux en 1187[42].

Cette proposition resta lettre morte malgré l'envoi auprès des héritiers de Saladin de plusieurs nonces. Les prélats rassemblés dans la basilique Saint-Jean de Latran, à l'automne 1215, programmèrent le départ d'une nouvelle croisade à destination des Lieux saints à l'été 1217. Les croisés furent invités à se concentrer dans les ports de Messine et de Brindisi à la date du premier juin, de manière à profiter des vents dominants soufflant en période estivale. Innocent III disparut, le 16 juillet 1216, en laissant à son successeur Cencio le soin de mener ses projets à exécution. Cette charge n'avait rien d'une sinécure après le détournement de la quatrième croisade vers Constantinople et l'instrumentalisation politique de son statut par la papauté. Innocent III en était largement responsable, au moment où son successeur acceptait le choix des cardinaux réunis en conclave à Pérouse. Il avait été le premier pape à prêcher la croisade contre des souverains hostiles aux intérêts de l'Église comme Markward d'Anweiler, en 1199, et les seigneurs occitans acquis au catharisme, en 1209[43].

Cette banalisation de la croisade avait conduit plusieurs milliers d'enfants à prendre la croix en 1212 afin de suppléer l'incompétence des princes occidentaux, à la veille de la bataille de Las Navas de Tolosa. Le chef de ce mouvement déclarait avoir eu une vision dans laquelle un ange lui annonçait que les hommes de bonne volonté étaient appelés à délivrer le Saint-Sépulcre des « païens ». Ce brassier rhénan avait développé une mystique nourrie de références vétéro-testamentaires, qui survécut à l'échec lamentable de son mouvement désorganisé. Le déclenchement en France d'un mouvement analogue à l'instigation d'un berger de Cloyes-sur-le-Loir témoigne de l'attachement des masses laborieuses au sort de la Terre sainte et de la relique de la Vraie croix, perdue en 1187. Le défi majeur du pontificat d'Honorius III sera de canaliser cette ferveur religieuse, tout en mobilisant les princes d'Europe réticents à l'organisation d'une nouvelle expédition ultramarine[44].

---

42 Achille Luchaire, « Un document retrouvé »,*Journal des Savants*, 1905, p. 567 ; Richard, *op. cit.*, p. 83–84.

43 Richard, *L'esprit de la croisade*, p. 89.

44 Gary Dickson, « La genèse de la croisade des enfants (1212) », *Bibliothèque de l'Ecole des Chartes*, 153 (1995), p. 53–102 ; Pierre Alphandéry et Alphonse Dupront, *La chrétienté et l'idée de croisade*, Paris, 1995, p. 339–372.

4 L'avènement du camérier Cencio

Mais quel est donc ce pape désigné, le 18 juillet 1216, par les cardinaux Hugolin d'Ostie et Guy de Préneste à la demande du conclave, qui souhaitait trouver rapidement un successeur à Innocent III ? Le camérier Cencio était un homme d'une cinquantaine d'années qui avait effectué toute sa carrière à la Curie. Né vers 1160 dans un lignage romain, il avait été successivement chanoine de Sainte-Marie-Majeure, puis cardinal-diacre de Santa Lucia *in Orthea*. L'historien Onofrio Panvinio a répandu la rumeur à la Renaissance qu'il appartenait au lignage des Savelli, en invoquant la transmission de son siège au cardinal Bertrando Savelli en décembre 1216 et le fait que son successeur Honorius IV (1285–1287) appartenait à ce lignage natif de Castel Savello. Cette thèse défendue par le cardinal Giacomo Savelli († 1587) a brouillé les cartes durant plus de trois siècles sur les origines exactes de Cencio[45].

Sa vie rédigée au XVe siècle par l'humaniste Bartolomeo Sacchi lui prête pour père un certain Amerigo, qui pourrait avoir appartenu au même lignage aristocratique que le cardinal de Saint-Laurent *in Lucina*, Cencio Cenci (1190–1217). En l'absence de témoignages contemporains, on ne lui connaît de manière certaine qu'un parent du nom de Pietro Capocci, qui remplit l'office de chanoine de Saint-Pierre de Rome, d'huissier pontifical puis de cardinal-diacre de Saint-Georges-au-Vélabre à compter de 1244. De la jeunesse de Cencio, peu d'éléments sont connus en dehors du fait qu'il fut archiprêtre de Sainte-Marie-Majeure et procureur du cardinal Bobone, avant d'être promu camérier pontifical en décembre 1189[46].

La bonne fortune de Cencio se poursuivit lorsque le cardinal Giacinto Bobone accéda au trône de saint Pierre au printemps 1191. Il renouvela son ancien protégé dans ses fonctions camérales, en lui confiant à partir de 1194 la direction conjointe de la Chancellerie apostolique. Cencio garda de cette période privilégiée le surnom de *Cencius camerarius* et une connaissance universelle de l'*Orbis latinus*, qu'il allait être amené à gérer, vingt ans plus

---

45 Johannes Clausen, *Papst Honorius III (1216–1227)*, Bonn, 1895 (réédition, Hildesheim, 2004), p. 1–7 ; Renato Lefevre, « Cronache del Duecento romano. Un papa Savelli (Onorio III) che non fu Savelli ? », *Strenna dei Romanisti*, 52 (1991), p. 283–290. Castel Savello est une hauteur d'Albano Laziale, située à 25 kilomètres au sud-est de Rome.

46 Lodovico Muratori, *Rerum Italicarum Scriptores*, t. III, part. 1, Milan, 1733, col. 568–571 et part. 2, Milan, 1734, col. 387–392 ; Id., *Rerum Italicarum Scriptores, nova series*, t. III, part. 1, Città di Castello-Bologne, 1913–1932, p. 229–231 ; Agostino Paravicini Bagliani, « Capocci, Pietro », *Dizionario biografico degli italiani*, t. XVIII, Rome, 1975, p. 604–608. Il est à noter que plusieurs lignages romains cousinaient alors avec les Capocci.

tard. Il profita de cette situation exceptionnelle pour rédiger en 1192 un inventaire exhaustif des droits censitaires et vassaliques de la papauté, connu sous le nom de *Liber censuum Ecclesie Romane*. Cet ouvrage est incontestablement le fruit d'un effort de documentation considérable et d'une réflexion avancée sur la gestion du patrimoine de saint Pierre. Le camérier Cencio adjoignit, en effet, à des recueils de droits antérieurs plusieurs récits historiques avec deux listes d'évêchés et de monastères rattachés directement au Saint-Siège. Ces rubriques furent complétées d'une table des cens et d'un *Ordo romanus*, enrichi d'informations sur le fonctionnement de la Chambre apostolique. Cencio veilla à intégrer à ce pensum une chronique universelle courant jusqu'au pontificat de Célestin III (1191–1198)[47].

La rédaction du *Liber censuum* mobilisa durant plusieurs mois un groupe de juristes, dirigés par l'énergique cardinal de Santa Lucia *in Orthea*. Ce travail d'équipe permit à Cencio de remplir les fonctions liturgiques attachées à sa dignité cardinalice et de prendre part à l'administration de la justice pontificale en qualité d'auditeur. Cette activité débordante l'amena à recevoir, en 1197, la tutelle du futur empereur Frédéric II, dont le père venait de disparaître à l'âge précoce de 32 ans. Cette relation a été jugée durement par les historiens qui ont étudié l'évolution des rapports du Sacerdoce et de l'Empire avant le réexamen du règne de Frédéric II par David Abulafia (1988). Le roi des Romains déclara en effet en 1219 « n'avoir devant les yeux que les immenses et innombrables bienfaits », que son « très cher seigneur et vénérable père » lui avait prodigués après que sa mère, l'impératrice Constance, l'eut confié à sa sollicitude, « presque au sortir de son ventre ». Le ton révérencieux de cette lettre démontre la nature quasi-filiale de la relation qui s'était développée entre le camérier pontifical et le jeune roi de Sicile après la disparition de sa mère en novembre 1198[48].

Ce parrainage ne profita guère sur le moment au cardinal de Santa Lucia *in Orthea*, qui perdit l'essentiel de ses prérogatives après l'avènement d'Innocent III sur le trône de saint Pierre. Le cardinal de Santa Lucia *in Orthea* s'investit peu dans les affaires de la Curie durant la décennie

---

[47] Louis Duchesne, Paul Fabre et Guillaume Mollat, *Le « liber censuum » de l'Eglise romaine*, Paris, 1889–1952, 3 vol. ; Thérèse Montecchi Palazzi, « Cencius camerarius et la formation du « Liber censuum » de 1192 », *Mélanges de l'Ecole Française de Rome, Moyen-Age, Temps modernes*, 96 (1984), p. 49–93.

[48] Agostino Paravicini-Bagliani, « Honorius III », *Dictionnaire historique de la papauté*, Paris, 1994, p. 822–823 ; Clausen, *op. cit.*, not. 5 p. 5 ; Ernst H. Kantorowicz, *L'empereur Frédéric II, Œuvres*, Paris, 2000, p. 92–93 ; David Abulafia, *Frederick II : A Medieval Emperor*, Londres, 2002 (3e édition), p. 127 et 161–162.

suivante, malgré sa promotion comme cardinal-prêtre des titres des Saints-Jean-et-Paul en 1200. Cette absence ne s'explique pas seulement par la personnalisation du pouvoir, qui amena Lothaire de Segni à éluder à partir de 1204 la formule traditionnelle *de fratrum nostrorum consilio*, incluse dans la correspondance pontificale. Cencio souscrivit dans les faits peu de bulles de son prédécesseur, dont il était loin de partager toutes les vues[49]. Son élection par voie de compromis en 1216 démontre, cependant, qu'il garda un grand prestige au sein du Sacré-Collège pendant ces années de disgrâce relative. Honorius accepta le choix des doyens du Sacré-Collège avec quelques scrupules en raison de son âge avancé. Il y a fort à parier que le renoncement du cardinal Jean de Salerne, au moment de l'élection pontificale de 1198, l'avait profondément marqué. Une chronique allemande le présente, pour sa part, en 1216 comme déjà « infirme de corps et déficient au-delà de la normale »[50].

L'ancien camérier Cencio fut consacré à Pérouse, le 24 juillet 1216, sous le nom d'Honorius III et adopta comme devise un extrait du Psaume 17, que l'on peut interpréter comme une invitation à la pratique de la charité aussi bien qu'à la poursuite de l'idée de croisade : *« Place mes pas, Seigneur, dans les tiens » !* Il prit la route de Rome, après avoir réglé la succession d'Innocent III, et fut couronné le 31 août à l'entrée de la basilique du Vatican selon la tradition. Son installation au Latran donna lieu, quelques jours plus tard, à une explosion de joie et d'enthousiasme dont aucun de ses prédécesseurs n'aurait fait l'expérience si l'on en croit le témoignage d'une chronique cistercienne. Son règne semblait s'annoncer sous des auspices radieux, malgré la vulnérabilité des États latins d'Orient vers lesquels il avait tourné son regard dès la perte de Jérusalem en 1187. Sa correspondance diplomatique démontre que cette question demeura l'une des priorités de son pontificat[51].

---

49 Philippe Levillain, *Dictionnaire historique de la papauté*, Paris, 1994, p. 822–823 et 880 ; Sandro Carocci et Marco Vendittelli, « Onorio III. », *Enciclopedia dei papi*, t. II, Rome, 2000, p. 350–362.

50 Clausen, *op. cit.*, p. 8–9 ; Werner Maleczek, *Papst und Kardinalskolleg von 1191 bis 1216 : die Kardinäle unter Coelestin III. und Innocenz III.*, Vienne, 1984, p. 107–109 ; *Chronicon Urspergensis Burchardi praepositi*, éd. O. Holder-Egger et B. von Simson, in *MGH, Scriptores rerum Germanicarum in usum scholarum*, t. XVI, Hanovre et Leipzig, 1916, p. 113.

51 Clausen, *op. cit.*, p. 8–9 ; Psaumes 17 (16), 5 : *« Perfice gressus meos in semitis tuis. »* ; *Annales Ceccanenses a. 1210–1215*, éd. G.H. Pertz, in *MGH, Scriptores*, t. XIX, Hanovre, 1876, p. 300.

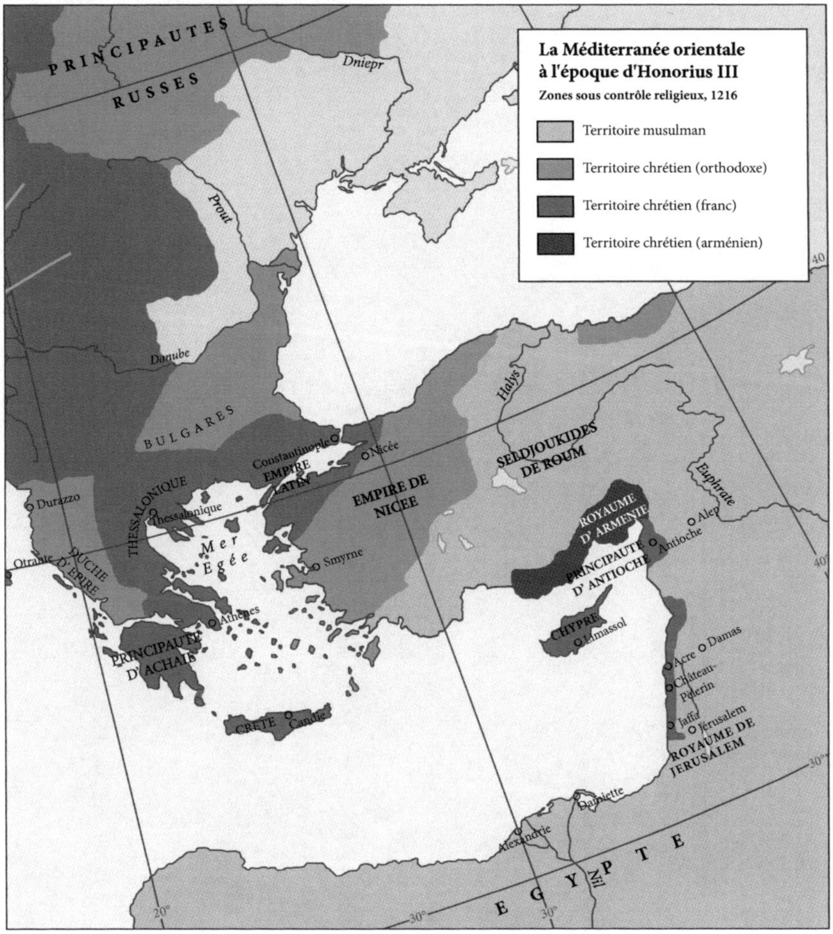

La Méditerranée orientale à l'époque d'Honorius III

CHAPITRE I

L'ENCADREMENT DE LA CINQUIÈME CROISADE

Les registres d'Honorius III renferment près de 200 lettres traitant de l'organisation et du soutien de la cinquième croisade, dont le concile de Latran IV avait fixé le départ au mois de juin 1217. Cette correspondance représente près de 6 % des 6 000 bulles enregistrées par la Chancellerie apostolique durant ses onze années de pontificat si l'on intègre les lettres rédigées après 1221 afin de relancer l'idée de croisade. Le terme « rédiger » ne semble pas excessif quand on connaît la procédure qui présidait à l'établissement d'une lettre pontificale au XIIIe siècle. Les missives portant la marque du pape étaient lues à plusieurs reprises devant sa personne par le notaire ou vice-chancelier responsable de leur rédaction. La pratique distinguait parmi ces *littere legende* les lettres communes, répondant à une demande formelle ou *petitio,* des lettres curiales rédigées sur des sujets politiques avec l'aide des cardinaux. Le pape se faisait lire les brouillons de réponse et le texte des grosses sur le point de quitter la Curie, après avoir rendu un avis sur les requêtes adressées au Siège apostolique. Divers auteurs ont démontré que les versions enregistrées étaient établies à partir des originaux et que le Saint-Père n'hésitait pas à rectifier l'adresse des lettres qui lui semblait impropre[1].

Ces remarques autorisent une analyse poussée de la phraséologie et des références patristiques employées par Honorius III dans sa correspondance diplomatique. L'attachement du pape pour la Terre sainte émerge avec force de l'annonce officielle de son élection, notifiée au roi de Jérusalem, Jean de Brienne, le 25 juillet 1216. Cette encyclique consignée en tête du premier registre pontifical d'Honorius évoque la disparition de son prédécesseur, Innocent III, et sa volonté de dispenser « un secours rapide à la Terre sainte ». Le pape attend que son correspondant veille d'ici là à la conservation du Levant avec prudence et force, en n'engageant le combat qu'en temps opportun. Le souverain pontife y voit le plus sûr moyen de

[1] Peter Herde, *Beiträge zum päpstlichen Kanzlei- und Urkundenwesen im dreizehnten Jahrhundert,* Kallmünz, 1967 (2e édition revue et augmentée), p. 149–212 ; Patrick Zutshi, « The Personal Role of the Pope in the Production of Papal Documents in the Thirteenth and Fourteenth Centuries », p. 225–236.

disposer du soutien de la grâce divine, les effets de la gloire étant réservés à la vie dans l'Au-delà. Cette déclaration d'intentions fut communiquée dans des termes analogues aux grands-maîtres du Temple et de l'Hôpital ainsi qu'à la population de Terre sainte et aux patriarches d'Antioche et de Jérusalem, Pierre d'Ivrée et Raoul de Mérencourt[2].

L'engagement d'Honorius III en faveur de la croisade émane de nombreuses chroniques contemporaines. Le prêtre Burchard von Ursberg († 1226) rapporte, à ce titre, une anecdote qui contribua à asseoir la popularité d'Honorius auprès des fidèles, malgré une confusion entre le pontificat de Clément III et celui d'Urbain III qui présida à la prise de Jérusalem par les musulmans en octobre 1187.

> Le pape Honorius lui-même, dit-il, prêchait dans la cité romaine et assurait au cours de sa prédication que la ville de Jérusalem serait récupérée par les chrétiens durant son sacerdoce, comme il disait l'avoir constaté d'un prodige. Alors qu'il était procureur d'un certain cardinal Giacinto, qui fut pape par la suite sous le nom de Célestin [III], il arriva que Giacinto fût envoyé en légation en Espagne par le pape Clément [III]. Pendant qu'il préparait son voyage et comme il n'avait pas d'argent, il envoya son procureur, qui s'appelait alors Cencio, à travers la ville de Rome afin qu'il recueille de l'argent pour ses dépenses et les nécessités afférentes à son voyage. Alors qu'il demandait de l'argent à de nombreuses personnes, Cencio vit arriver dans un lieu désert, où il s'était isolé au gré de sa quête, un homme imposant, vénérable et honorable. Celui-ci lui ayant demandé pourquoi il déambulait d'une manière si empressée et inquiète dans les rues de Rome, il lui signifia la raison de son voyage. Celui-ci lui rétorqua alors : « Retourne sur tes pas, car ton seigneur n'ira pas en Espagne » ! Cencio lui demanda sur un ton admiratif : « Mais comment pouvez-vous savoir cela, bon père » ? L'autre répondit : « Sache que cela est vrai, comme est il est vrai que le pape va mourir et que ton seigneur lui succédera ». Comme de cela personne n'aurait jamais pu nourrir l'espoir, Cencio répondit qu'il ne pouvait le croire raisonnablement ; à quoi l'homme ajouta en retour : « Sache que cela est vrai, comme il est vrai que la ville de Jérusalem est enlevée aujourd'hui même par les Sarrasins et qu'elle ne pourra être libérée de leur emprise jusqu'au moment de ton pontificat ! Ayant dit cela, l'homme disparut. Comme il était revenu à sa demeure, Cencio apprit que le pape avait révoqué la légation escomptée et fait part du déclin de son état de santé. Beaucoup estimèrent que l'inconnu n'était autre que saint Pierre, en se fondant sur le fait que les deux événements annoncés s'étaient réalisés. Clément mourut en effet peu de temps après et Célestin lui succéda [le 30 mars 1191], avant qu'Honorius, à son tour, ne soit fait pape. Comme il était infirme de corps, du fait de son âge, et déficient au-delà

---

[2] Thomas Smith, *Honorius III and Papal Control over the Fifth Crusade, 1217–1221 : Methods, Motivation and Results*, mémoire de maîtrise dactylographié, Cantorbéry, 2009 ; *Bullarium Terrae Sanctae*, n° 1.

> de la normale, il déclarait ouvertement croire que la Ville sainte serait récupérée dans un bref laps de temps. De nombreux Romains se croisèrent, à cette nouvelle, et sa diffusion en Allemagne incita de nombreuses personnes à prendre la croix[3].

Cette anecdote témoigne de la ferveur qui secoua les rives du Rhin après l'installation à Rome d'Honorius III au mois de septembre 1216. L'apparition dont aurait été témoin Cencio, le 2 octobre 1187, appartient à un genre littéraire bien connu : celui des *exempla* dont les prédicateurs truffaient leurs sermons afin de capter l'attention de l'auditoire ou de gagner son assentiment. Le don de double vue n'est pas le propre des auteurs chrétiens, l'historien arabe Ibn al-Athīr (m. 1233) rapportant une anecdote comparable survenue en Sicile, le jour de la prise d'Édesse par les musulmans, le 23 décembre 1144. L'engagement d'Honorius III en faveur de la libération de la Terre sainte repose sur la croyance de l'existence d'un lien mystique entre l'Occident chrétien et sa « patrie spirituelle »[4].

Paul Alphandéry et Alphonse Dupront ont mis en évidence, il y a un demi-siècle, les jalons qui ont conduit l'Église romaine à recommander la visite puis la défense des Lieux saints. La papauté grégorienne a réussi le tour de force de sacraliser à la fin du XIe siècle la lutte contre les « infidèles » ou « Sarrasins », qui ne revêtait aux siècles précédents qu'une dimension politique à la suite de leurs incursions répétées en Espagne, Italie et Provence. La concession d'une indulgence plénière aux combattants qui mourraient sur le chemin de Jérusalem assura la diffusion de l'idée de croisade dans les lignages aristocratiques occidentaux. La reconquête des Lieux saints amena la papauté à parfaire sa rhétorique au XIIe siècle, comme le démontre une bonne partie des sermons rédigés par Honorius III après son avènement sur le trône de saint Pierre[5].

---

[3] *Chronicon Urspergensis Burchardi praepositi*, éd. O. Holder-Egger et B. von Simson, in *MGH, Scriptores rerum Germanicarum in usum scholarum*, t. XVI (1916), p. 112–113 (*cf.* sur cette anecdote Jane E. Sayers, *Papal Government and England during the Pontificate of Honorius III (1216–1227)*, Cambridge, 1984, p. 10).

[4] Donald S. Richards, *The Chronicle of Ibn al-Athīr for the Crusading Period from al-Kāmil fī'l-ta'rīkh*, t I, Aldershot, 2006, p. 373 ; Aryeh Graboïs, « Les pèlerins occidentaux en Terre Sainte au Moyen Age : une minorité étrangère à sa patrie spirituelle », *Studi Medievali*, IIIe série, 30 (1989), p. 15–48.

[5] Pierre Alphandéry et Alphonse Dupront, *La chrétienté et l'idée de croisade*, Paris, 1995 (2e édition), p. 9–42 ; J. Flori, « La formation des concepts de guerre sainte et de croisade aux XIe et XIIe siècles : prédication papale et motivations chevaleresques », *Regards croisés sur la guerre sainte. Guerre, religion et idéologie dans l'espace méditerranéen latin (XIe-XIIIe siècle)*, éd. D. Baloup et P. Josserand, Toulouse, 2006, p. 133–157.

1 Les conceptions religieuses d'Honorius III

Ces œuvres se répartissent en deux genres principaux, couvrant le calendrier liturgique chrétien (*sermones per totius anni circulum*) et les célébrations des principaux saints de l'Église romaine (*sermones de sanctis*). Leur lecture révèle la pensée d'un prélat du XIIe siècle, attaché aux acquis de la réforme grégorienne et au principe de la suprématie pontificale, défendu par Innocent III. Une ligne de fracture essentielle parcourt la société occidentale selon Honorius III, qui affectionne les représentations binaires.

> Il a été sainement établi, clame-t-il, et institué par les anciens pères que les actions temporelles et spirituelles sont accomplies avec la peur ou la charité de Dieu, de même que deux ordres coexistent dans l'Église, respectivement laïque et clérical, et deux vies, à savoir active et contemplative.

La position éminente de la papauté découle de son héritage pétrinien, résumé dans une citation célèbre de Matthieu :

> Tu es Pierre et sur cette pierre j'édifierai mon Église et je te donnerai les clés du royaume des Cieux (Matth., 16, 19)[6].

Saint Pierre n'a pas en effet été que le vicaire et le conseiller du Christ de son vivant. Il a été institué comme son « successeur sur terre » en vertu d'une parole rapportée par l'apôtre Jean : *« Fais paître mes brebis ! »* (Jean, 21, 17). Cette mission conduit Honorius III à s'interroger sur les pouvoirs de la papauté dans un sermon destiné au deuxième dimanche de Carême, qui ravive la question de l'héritage pétrinien :

> Ce que l'on dit de Pierre, peut-il être dit de ses successeurs ? À tous est donné le pouvoir de lier et d'absoudre, à tous est confié [à un moment ou un autre] la cure et la protection de l'ensemble des Églises afin que leurs ordres guident le peuple de Dieu par le verbe de la prédication et le fassent paître par l'exemple de bonnes actions, tout en intercédant pour leurs péchés auprès de Dieu.

Ce développement permet de saisir la pensée profonde d'Honorius III, qui concevra à partir de 1217 « une manière de correspondance entre la marche de la croisade et l'état religieux de l'Occident » selon l'expression heureuse d'Alphonse Dupront[7].

Le pape définit le rôle du clergé dans l'un de ses sermons comme une médiation obligée entre Dieu et les hommes :

---

[6] César-Auguste Horoy, *Honorii III Romani pontificis opera omnia*, t. I, col. 713 et t. II-A, col. 90.

[7] Horoy, *op. cit.*, t. I, col. 758 ; P. Alphandéry et A. Dupront, *opt. cit.*, p. 387–388.

> Les prélats des Églises, c'est-à-dire les évêques et les prêtres, doivent quotidiennement implorer la miséricorde divine par leurs supplications et offrandes (littéralement « hosties ») pour les péchés de l'ensemble du peuple. Ils doivent en effet prier pour les infirmes et les péchés [commis sur terre], parce que leurs prières montent à Dieu promptement. Ceux-ci doivent être des médiateurs entre Dieu et les hommes et doivent se comporter de telle manière qu'ils soient satisfaits par Dieu et bien reçus par les hommes. À ceux-ci, il est donné de connaître les mystères du royaume de Dieu, alors que les autres ont besoin de paraboles pour les découvrir. Ceux-ci peuvent l'ébranler, le faire fléchir et l'incliner vers la miséricorde.

Honorius III appuie sa démonstration sur un extrait de la première épître de saint Jean qui promet la rédemption ou vie éternelle au fidèle, dont un frère aura prié Dieu en cas de péché véniel (1 Jean 5, 16). Cet exemple révèle l'étendue de la culture patristique du pape autant que la simplicité de ses démonstrations théologiques, qui ne pouvaient influencer à terme que médiocrement sa correspondance diplomatique[8].

Son premier sermon sur la Nativité livre sa perception de l'Incarnation du Christ, qui a apporté une série de bienfaits à l'humanité.

> De libération l'on peut parler, dit-il, parce que nous étions prisonniers du péché du premier homme. Grâce à la Passion et à la Croix [du Christ], nous sommes libérés du pouvoir du Diable et réconciliés avec Dieu. Une grave discorde régnait en effet entre Dieu et l'Homme, car ce dernier, en péchant, se détournait de l'autorité divine pour se soumettre au Diable. Une paix durable ne pouvait être établie raisonnablement entre eux, du fait que l'Homme n'avait pas le pouvoir de rendre à Dieu l'hommage que ses torts avaient compromis.

La suite de la démonstration du pape s'appuie sur une série de citations néo-testamentaires, tendant à prouver que le sang du Christ a lavé les chrétiens de l'ensemble de leurs péchés. Il relie leur sanctification à une promesse adressée par l'apôtre Paul aux Éphésiens dans l'une de ses épîtres : *« En lui, Dieu nous a élus avant la fondation du monde, pour que nous soyons saints et immaculés devant lui »* (Éph., 1, 4). La glorification du peuple de Dieu n'est, pour Honorius, qu'une question de temps, saint Paul ayant déclaré que la place des chrétiens est dans les Cieux, où Jésus-Christ donnera à leurs corps l'apparence de sa gloire (Philip., 3, 20–21). Sans être originale, sa pensée insiste sur la médiation obligée du clergé pour assurer le salut de l'humanité[9].

Le triptyque décrit par Honorius III se transforme en quadriptyque lorsqu'il évoque la figure de la Vierge, qu'il compare à une forteresse de la

---

[8] Horoy, *op. cit.*, t. II-A, col. 155. Honorius se distingue sur ce point de son prédécesseur Innocent III.

[9] Horoy, *op. cit.*, t. I, col. 669–670.

foi, insensible aux tentations du Diable. « *Sainte Marie est comme la Tour de David, dit-il, c'est-à-dire inexpugnable et pourvue de bastions, puisqu'elle fut placée sous la protection des anges dès sa naissance* ». Le pape va jusqu'à l'assimiler à l'épouse de Salomon, dont le *Cantique des cantiques* compare le cou à un arsenal pourvu de mille boucliers (Cantique, 4, 4). Il poursuit en clamant que « ce qui est dit de l'épouse, l'est de l'Église, dont la tête est le Christ, les membres, les fidèles, et le cou, sainte Marie ». « *Car de même que la tête est unie aux membres par le cou, Dieu se trouve relié aux hommes par sainte Marie ; et de même que par le cou la voix du corps résonne à l'extérieur, la prière en faveur des péchés est relayée auprès de Dieu par la Vierge* ». Ces métaphores anatomiques répondent à un fort symbolisme de la patristique occidentale, remontant au deuxième siècle de notre ère[10]. La dévotion mariale d'Honorius III transparaît d'un autre sermon, où il compare la robe pourpre de la Vierge aux *paludamenta* des empereurs romains. Il justifie son emploi par le fait que la Mère de Dieu a donné naissance au Roi des Rois et que la charité, dont elle fit preuve durant son existence, est une vertu royale, traditionnellement associée à la couleur pourpre[11].

La mystique du pape permet d'appréhender une partie du cadre théologique dans lequel la cinquième croisade s'épanouira à partir de 1217. Sa production littéraire reflète, par ailleurs, un attachement profond pour la « terre parcourue par les pas du Christ » et la cité de Jérusalem, dans laquelle la Parousie surviendra à la fin des temps. Jérusalem symbolise pour Honorius III l'âme humaine lorsqu'elle tend vers Dieu. Jérémie ne dit-il pas dans l'une de ces prophéties qu'on appellera Jérusalem dans un futur proche le trône de l'Éternel (Jér., 3, 17) ? Le Saint-Père voit en Jérusalem la représentation d'une vision de paix qui surgira lorsque la vérité règnera sur terre. Cette digression se fonde sur l'étymologie chaldéenne de Jérusalem, qui signifie la Demeure de la Paix (*YeRu Shlm*). Honorius III pense que la Jérusalem terrestre restera inachevée, tant que celui qui parle de paix entretient la malice au fond de son cœur en vertu d'une formule davidique (Ps., 28, 3). Jérusalem fait figure, à ses yeux, d'une fontaine vivante de la foi qui symbolise la communauté des fidèles (*congregatio fidelium*), inspirée par Dieu. Honorius la compare à la fontaine primordiale qui coulait au milieu du Paradis, en déclarant qu'elle a contribué à répandre le salut au milieu de la terre. Pour lui, la Ville sainte demeure le centre du monde et l'objectif ultime de la lutte contre les « infidèles »[12].

---

[10] Horoy, *op. cit.*, t. II-A, col. 61 ; Jean Daniélou, *Les symboles chrétiens primitifs*, Paris, 1961.
[11] Horoy, *op. cit.*, t. II-A, col. 35.
[12] Horoy, *op. cit.*, t. I, col. 885, 896 et t. II-A, col. 256.

Le Saint-Père entrevoit son avenir dans un sermon sur le quatrième dimanche de Carême, dans lequel il invite la cité de Jérusalem à ne pas pleurer l'absence prolongée du Christ. *« S'il tarde pour toi à venir, déclare-t-il, il ne tardera pas beaucoup à ses yeux, parce que mille ans ne représentent pas plus que la veille du jour, où il sera à nouveau présent »*. Le souverain pontife entame alors une spéculation théologique afin de préciser le contexte du retour glorieux du Christ : *« À l'instar des hommes et des anges, les tours de Jérusalem sont toutes achevées et l'abondance de toutes choses les remplira. Cette abondance n'est pas parfaite, car le nombre des saints [à venir] n'est pas encore défini. Si nous concevons cela énigmatiquement aujourd'hui par effet de miroir, nous le verrons prochainement personnellement comme le dit Jean : « Quand cela se sera manifesté, nous serons semblables à lui, parce que nous le verrons tel qu'il est » (1 Jean, 3, 2) »*. Honorius III poursuit son raisonnement en affirmant à la suite d'Isaïe que les justes seront amenés à contempler, un jour, « un roi dans sa magnificence », qui n'est autre que le Christ. Fier de l'autorité du *Livre de Job*, le pape relie cette vision divine à la rose d'or que les souverains pontifes arboraient au Moyen Âge. Il lui prête une triple signification en rapport avec la Nouvelle Alliance promise par le Christ au peuple d'Israël. La rose d'or symbolise, à ses yeux, autant le fruit du salut promis aux chrétiens, que le modèle de perfection auquel ils peuvent parvenir, ou les élus qui seront appelés à resplendir dans le royaume de Dieu (Matth., 13, 43). On comprend mieux dès lors l'attachement des pontifes romains à offrir une rose d'or aux souverains les plus pieux de la chrétienté[13].

La pensée d'Honorius III est imprégnée d'une réflexion profonde sur l'histoire hiérosolymitaine dont la Bible retrace les péripéties. Le déclin de la Ville sainte trouve son explication, selon lui, dans une lamentation de Matthieu à l'égard du sort qu'elle réserve aux prophètes (Matth., 23, 37).

> La répétition de Jérusalem, dit-il, est comme une plainte ou une objurgation [dans la bouche de l'apôtre]. C'est comme s'il disait : « Jérusalem, je t'ai érigée au rang de maîtresse des peuples et de première des provinces, mais parce que tu tues les prophètes et le Seigneur des prophètes, je te condamne à l'enfer. Jérusalem, je t'ai honorée en te concédant un temple, un clergé et la dignité royale, mais parce que tu lapides ceux qui te sont envoyés, je ne laisserai aucune pierre debout dans ton enceinte, comme tu n'as pas reconnu le temps de ma visite » .

Le pape fait allusion dans ce passage à l'Incarnation du Christ, à laquelle les Juifs ont été insensibles. Il poursuit sa démonstration en commentant leur

---

13 Horoy, *op. cit.*, t. I, col. 801–802 ; Agostino Paravicini Bagliani, *La cour des papes au XIIIe siècle*, Paris, 1995, p. 243–244.

incrédulité devant les miracles du Fils de Dieu. Pour Honorius III, le Christ a invité le peuple chrétien à faire preuve d'humilité, de patience, d'obéissance et de charité par son sacrifice[14].

Plusieurs sermons révèlent la symbolique particulière qu'Honorius nourrit à l'égard de la croix utilisée lors de la Passion du Christ. Il relie ses quatre branches aux quatre parties du monde et zones climatiques, qui abritent des adorateurs du Christ. Le pape prête une double signification à l'emblème des chrétiens, à la fois religieuse et peccamineuse. Elle permet selon lui aux fidèles de manifester leur attachement au Christ, tout en gardant à l'esprit le poids de leurs péchés. Honorius III ne craint pas, dans un sermon consacré à la vénération d'un martyr, de développer sa pensée sur la signification de la *crux immissa* utilisée lors de la Passion du Christ. Elle est faite, selon une tradition apocryphe, de quatre essences différentes, dans lesquelles le pape distingue autant de symboles.

> Le bois de palme est un signe de victoire, dit-il, parce que les vainqueurs étaient ainsi couronnés dans l'Antiquité. (…) Le cyprès est un bois odorant et aucune odeur n'est comparable à celle de la Croix dans laquelle dorment les corps des nombreux saints, qui se sont levés pour converger vers la Ville sainte, en se manifestant à un grand nombre. L'olivier à travers sa liqueur, qui surnage au milieu de tout liquide, représente la miséricorde. Cette huile, que le Samaritain a versée sur les blessures d'un compagnon de voyage, se trouve purifiée dans la pression de la Croix. Le bois de cèdre est, quant à lui, imputrescible et la force de la Croix est si efficace qu'elle nous conserve de la pourriture des vices, selon cette citation : « Purifiant leurs cœurs par la foi » (Actes, 15, 9). Elle continuera de le faire jusqu'au jugement incorruptible, quand apparaîtra le signe du Fils de l'Homme dans le ciel et que les impies verront l'objet de leur supplice[15].

Cette prédiction permet de saisir l'arrière-plan idéologique, dans lequel la cinquième croisade évoluera à partir de 1217 et de comprendre la popularité d'un certain nombre d'écrits eschatologiques qui fleuriront durant cette période. La chose n'est pas nouvelle car la prédication de la quatrième croisade avait déjà ravivé les vieux ferments eschatologiques de l'an mil, en annonçant la nouvelle de la naissance de l'Antéchrist à Babylone. Un compagnon de Foulques de Neuilly, l'abbé Eustache de Fly, n'avait pas craint de produire devant les fidèles d'Angleterre une pseudo-lettre céleste, « trouvée sur l'autel Saint-Siméon qui est sur le Golgotha », afin d'appuyer ses dires. L'Occident sombra dans une fièvre encore plus intense, vingt ans plus tard, au point de laisser libre cours à une véritable imagination du miracle.

---

14 Horoy, *opt. cit.*, t. I, col. 724 et 851.

15 Horoy, *op. cit.*, t. I, col. 851 et t. II-A, col. 348–349.

Un grand nombre de chroniques germaniques relatent en effet l'apparition de croix géantes dans le ciel allemand, au moment de la prédication de l'écolâtre Olivier le Scolastique sur les bords du Rhin. La prise d'Alcácer do Sal par des croisés en route vers le Levant donnera lieu, à l'automne 1217, à un déchaînement d'événements surnaturels sur le sol portugais qui ne manquera pas de soulever l'enthousiasme d'Honorius III[16].

Ses registres conservent un rapport circonstancié des évêques de Lisbonne et d'Évora, contresigné par les commandeurs du Temple, de l'Hôpital et de l'ordre de Santiago au Portugal, dont le sens du merveilleux n'a rien à envier aux récits de la première croisade. Les correspondants du pape attribuent en effet la victoire remportée sur les souverains almohades de Séville, Jaén et Badajoz à la juxtaposition de trois miracles successifs. Le premier découle de l'arrivée inespérée dans la nuit du 10 au 11 septembre 1217 du templier Pedro Alvítiz à la tête d'une troupe nombreuse de frères et de chevaliers léono-portugais. Le second miracle se manifesta à travers l'apparition dans les cieux d'une bannière arborant la Croix du Christ, le jour de la bataille. Le dernier prodige prit la forme de l'implication dans le combat d'une chevalerie étincelante, qui n'est pas sans rappeler « la milice céleste à la livrée aveuglante » qui aurait appuyé les templiers d'Égypte lors d'un coup d'éclat ultérieur. Les deux récits présentent le trait commun d'invoquer le témoignage de prisonniers musulmans, effrayés par la milice angélique qu'ils auraient combattue[17]...

Ces *topoï* témoignent du profond mysticisme qui accompagna le déroulement de la cinquième croisade entre 1217 et 1221. Ce contexte religieux explique la folle tentative de conversion du sultan al-Kāmil, opérée par saint François en 1219, autant que les propos dithyrambiques des participants de la croisade. Il n'est pas étonnant dès lors que certains croisés allemands aient cru voir saint Jacques et saint Vincent combattre en personne sur le champ de bataille d'Alcácer do Sal. La nouvelle ne manqua pas d'émouvoir Honorius III qui rendit grâce, le 12 janvier 1218, à « l'ineffable piété, immense clémence et inestimable bonté », dont Dieu avait fait

---

[16] Alphandéry et Dupront, *La chrétienté et l'idée de croisade*, p. 295–296 et 389–407 ; Menko, *Chronicon Werumensium*, éd. G.H. Pertz, *MGH*, *Scriptores*, t. XXIII (1874), p. 533 ; *Chronicon Leodiensis*, *RHGF*, t. XVIII (1879), p. 632 ; Hermann Hoogeweg, *Die Schriften des kölner Domscholasters, späteren Bischofs von Paderborn und Kardinal-bischofs von S. Sabina, Oliverus*, Tübingen, 1894, part. IV, p. 173.

[17] Karl Rodenberg, *Epistolae saeculi XIII e regestis pontificum Romanorum selectae per G.H. Pertz*, t. I, n° 35 p. 27–28 ; Joseph-François Michaud, *Bibliothèque des croisades*, t. II, Paris, 1829, p. 591. Une lettre contemporaine du comte Guillaume Ier de Hollande évalue à 2 000 le nombre des « Sarrasins » pris à Alcácer do Sal (*cf.* Rodenberg, *op. cit.*, t. I, n° 36 p. 29).

preuve à l'égard de ses serviteurs. Le pape répondit aux évêques portugais que la croix apparue dans le ciel d'Alcácer do Sal, le 11 septembre, était la preuve de l'engagement de Dieu aux côtés des chrétiens. Le Saint-Père n'avait pas manqué de verser des larmes de joie, en lisant le compte rendu de la bataille, et d'organiser un concert de louanges à travers la ville de Rome avec le concours de la population et du clergé de la cité. Nous savons que son attachement à la croisade l'avait mené à organiser au mois de novembre 1217 une procession dans la Ville éternelle, au cours de laquelle les chefs de saint Pierre et de saint Paul avaient été exhibés[18].

Le récit, que le pape en donne dans une lettre aux évêques de Sardaigne, éclaire la conception pénitentielle de la croisade qui prédominait à son époque. Honorius III invite dans cette épître l'archevêque Bernard d'Oristano (1200–1220) à soutenir par la prière l'armée du roi de Hongrie, André II, et des autres princes qui affronte les forces égyptiennes en Palestine.

> Nous avons, dit-il, librement épanché notre âme devant Dieu lorsque nous est parvenue la nouvelle de leur entrée dans la prédite terre, en cherchant à intercéder auprès de Dieu par un flot de larmes. Comme nous ne nous fiions aucunement à la qualité de nos mérites, nous avons convoqué, tant le clergé, que la population de la Ville dans la basilique du Sauveur, et avons cheminé, pieds nus, avec les prélats et les chefs des saints apôtres, Pierre et Paul, jusqu'à l'église de la glorieuse Mère du Christ afin d'obtenir l'aide supérieure pour les susdits athlètes du Christ de sa génitrice, étant donné que nous doutions de la portée de nos mérites personnels. Vraiment, parce que ces affaires sont portées par l'ensemble du peuple chrétien, comme elles sont dignes, nous avons prévu d'organiser des processions solennelles, le premier vendredi de chaque mois, dans chaque cité et lieu peuplé afin que chaque fidèle puisse intercéder en faveur des croisés, en se prosternant humblement durant sa prière[19].

Joshua Prawer a montré que cette spiritualisation de la croisade s'inscrivait dans la droite ligne de la pensée d'Innocent III, qui avait institué en 1213 l'organisation de processions mensuelles à travers la chrétienté dans l'espoir de hâter la libération de la Terre sainte. Son encyclique *Quia major nunc* associa ces prières rituelles à des campagnes de jeûne et d'aumônes, censées capter plus facilement et rapidement l'attention de Dieu. Innocent avait été jusqu'à introduire dans le rituel de la messe une nouvelle prière après l'échange du baiser de paix :

---

[18] John Tolan, *Le Saint chez le Sultan*, Paris, 2007; Joseph Strange, *Caesarii Heisterbacensis monachi ordinis Cisterciensis dialogus miraculorum*, t. II, Cologne, Bonn et Bruxelles, 1851, p. 137; Rodenberg, *op. cit.*, n° 42 p. 32–33 ; Rinaldi, *Annales ecclesiastici*, t. XX, éd. A. Theiner, Bar-le-Duc, 1870, § 28 p. 371.

[19] Rinaldi, *Annales ecclesiastici*, t. XX, § 28 p. 371.

> Dieu qui dispose de l'admirable et globale providence, nous t'implorons par nos suppliques d'arracher des mains des ennemis de la Croix la terre, que ton fils unique a consacrée de son propre sang, et de la rendre au culte chrétien, en dirigeant les vœux des fidèles avec miséricorde vers sa libération instantanée dans la voie du salut éternel[20]!

On doit à Honorius III d'avoir généralisé ces pratiques après le lancement de la cinquième croisade, par fidélité autant que conviction. Sa lettre à l'archevêque d'Oristano place sa démarche sous l'autorité de la Bible, en rappelant que Dieu a épargné les habitants de Ninive après leur humiliation et que Moïse a mis en fuite les Amalécites par une simple prière. Josué n'a-t-il pas réussi à interrompre, quant à lui, la course du soleil afin de repousser une attaque planifiée contre la ville de Gabaon (Josué, 10, 12) ? Autant d'éléments qui témoignent, selon Honorius III, de l'omnipotence de Dieu en matière militaire. L'étude des préparatifs de la croisade montre que le Saint-Siège accompagna ces décrets religieux de dispositions matérielles susceptibles d'assurer une reconquête rapide des Lieux saints[21].

2 La préparation de la croisade (1216–1217)

Le cadre légal de la cinquième croisade avait été fixé, le 14 décembre 1215, par Innocent III dans la dernière constitution promulguée par le concile de Latran IV. La bulle « *Ad liberandam Terram Sanctam* » prévoyait la nomination de légats pontificaux pour encadrer l'ost de la croisade, qui devait se concentrer, le premier juin 1217, dans les ports de Brindisi ou de Messine. Un légat apstolique accompagnerait les combattants désirant rejoindre l'Orient par la terre, de manière à éviter des débordements inutiles lors de la traversée des Balkans. Le pape avait émis l'intention de venir bénir l'armée en personne, un grand nombre de prêtres devant veiller à ce qu'elle respecte les commandements de Dieu. Les pères conciliaires avaient prévu que les clercs, qui la rejoindraient, puissent jouir du fruit de leurs bénéfices pendant trois ans, comme s'ils résidaient dans leurs églises. Ces dispositions entendaient sacraliser le déroulement de l'expédition après le détournement peu glorieux de la quatrième croisade vers Constantinople et

---

20 Joshua Prawer, *Histoire du royaume latin de Jérusalem*, t. II, Paris, 1970 (2ᵉ éd.), p. 132 ; Migne, *Patrologia latina*, t. CCXVI (1855), col. 820–821. Il est à observer qu'Innocent III avait organisé de pareilles processions à la veille de la bataille de Las Navas de Tolosa *pro pace universalis Ecclesie ac populi christiani* (*cf.* Demetrio Mansilla, *La documentación pontificia hasta Inocencio III : 965–1216*, Rome, 1955, n° 473 p. 503–504).

21 Rinaldi, *Annales ecclesiastici*, éd. A. Theiner, Bar-le-Duc, 1870, § 28 p. 371–372.

l'échec des souverains engagés dans la troisième croisade en 1191. Elles contribuèrent dans les faits à faciliter le passage en Orient de nombreux religieux qui purent dresser ultérieurement un récit des événements[22].

Les prélats reçurent la mission de menacer d'excommunication et d'interdit les fidèles qui se déroberaient à leurs promesses initiales. Seuls ceux arguant d'un empêchement majeur devaient voir leurs vœux de croisade reportés dans leur exécution, ou commués en quelque autre œuvre méritoire. Tous les dignitaires de l'Église romaine devaient prêcher la croisade à leurs ouailles et adjurer les souverains et communes d'Occident de veiller à suppléer les personnes les plus faibles par un nombre suffisant de combattants, pourvus de ravitaillement pour trois ans. L'Église s'engageait à accorder l'indulgence plénière aux fidèles qui fourniraient des navires aux croisés ou qui contribueraient à leur construction d'une quelconque manière. Ne voulant pas faire reposer le poids du fardeau uniquement sur leurs épaules, Innocent III avait débloqué de sa cassette personnelle 30 000 livres et promis de donner un navire aux croisés du Latium qui gagneraient la Terre sainte à l'été 1217[23].

Il avait assigné, par ailleurs, au financement de la croisade 3 000 marcs d'argent qui lui étaient restés d'aumônes consenties en faveur de la Terre sainte, après la ventilation de la plus grande partie de ces fonds entre le feu patriarche de Jérusalem, Albert Avogadro († 1214), et les maîtres du Temple et de l'Hôpital. La mesure phare du IVe concile œcuménique de Latran avait consisté à affecter au soutien de la croisade un vingtième des revenus ecclésiastiques du clergé d'Occident pour une durée de trois ans. La papauté entendait appliquer au clergé le principe des contributions générales, levées en France et en Angleterre avec son accord en 1166, 1185 et 1188. Ce système allait perdurer jusqu'à la fin du Moyen Âge sous la forme des décimes concédées aux princes chrétiens, qui manifestaient le plus de velléités à combattre les « infidèles ». Seuls quelques ordres contemplatifs avaient été exemptés de toute contribution, à l'instar des ordres militaires qui œuvraient directement pour la libération des Lieux saints. Le pape et les cardinaux avaient décidé de montrer l'exemple, en consacrant au financement de la croisade la dixième partie de leurs revenus[24].

---

22 Antonio García y García, *Constitutiones Concilii quarti Lateranensis*, Vatican, 1981, § 71 p. 110–111 (édition critique du texte) ; J. Richard, *L'esprit de la croisade*, p. 89–90 (traduction intégrale).

23 García y García, *op. cit.*, § 71 p. 111–112 (éd. du texte) ; Richard, *op. cit.*, p. 90–91 (tr. intégrale).

24 García y García, *op. cit.*, § 71 p. 112–113 (éd. du texte) ; Richard, *op. cit.*, p. 91–92 (tr. intégrale) ; Fred A. Cazel Jr, « The Tax of 1185 in Aid of the Holy Land », *Speculum*, t. XXX (1955), p. 385–388.

Ces dispositions avaient été complétées de l'exemption des croisés de toute taille et redevance, le Saint-Père prenant sous la protection de l'Église les biens de ceux qui souhaiteraient partir en croisade. Des curateurs devaient assurer la protection de leur patrimoine avec l'appui des évêques en place jusqu'à l'annonce officielle de leur disparition, ou la fin de la croisade. Les pères conciliaires avaient sommé les créanciers des croisés d'annuler les intérêts des prêts souscrits avant leur départ en Orient. Ils avaient prié les souverains temporels de contraindre les Juifs d'en faire autant dans la mesure où les Israélites échappaient à l'autorité de l'Église en dehors des États pontificaux, dans lesquels le pape exerçait une juridiction directe. Les revenus perçus durant la croisade à titre de caution ou de gage devaient également être déduits du capital à rembourser afin de ne pas offenser le Créateur. La passivité des prélats en charge de la protection des croisés devait, par ailleurs, être sévèrement punie en cas de négligence avérée. Ces dispositions contribuèrent à définir d'une manière décisive le *privilegium Crucis*, accordé aux fidèles désireux d'accomplir un service armé outre-mer. La plupart des appels ultérieurs à la croisade reprendront en effet, mot pour mot, les avantages juridiques édictés par Innocent III[25].

La constitution «*Ad liberandam Terram Sanctam*» s'était également occupée du sort des pirates et renégats assistant les Sarrasins, ou s'opposant ouvertement aux chrétiens. L'excommunication fut brandie contre les corsaires qui avaient intercepté et détroussé, par le passé, de nombreux pèlerins en Méditerranée, tant à l'aller qu'au retour de leur voyage. La papauté interdit aux chrétiens de commercer avec ces mauvais sujets, en invitant les gouverneurs des ports méditerranéens à réfréner leurs activités au maximum. Les *Alexandrini* engagés dans le commerce interlope avec les musulmans ne furent guère mieux traités, les cités marchandes recevant l'ordre de n'envoyer aucun navire dans un port tenu par les « infidèles » pendant quatre ans (1215–1219). Les pères conciliaires souhaitaient porter un coup fatal au commerce syro-égyptien et mobiliser le maximum de navires afin de faciliter le transbordement d'un nombre important de combattants en Orient[26].

La papauté compléta cet arsenal juridique de dispositions morales, interdisant pour une durée de trois ans l'organisation de tournois de chevalerie et de joutes. Elle proclama, dans le même souci d'efficacité, une paix

---

25 García y García, *op. cit.*, § 71 p. 113–115 (éd. du texte) ; Richard, *op. cit.*, p. 92–93 (tr. intégrale) ; James A. Brundage, *Medieval Canon Law and the Crusader*, Madison, Milwaukee et Londres, 1969, p. 82.

26 García y García, *op. cit.*, § 71 p. 115–116 (éd. du texte) ; Richard, *op. cit.*, p. 93–94 (tr. intégrale).

absolue dans la chrétienté pour les quatre années à venir, sous peine de censure ecclésiastique. Le plein pardon de leurs péchés fut accordé à ceux qui partiraient ou enverraient des combattants à leurs frais en Orient, ainsi qu'à ceux qui offriraient une partie de leurs revenus afin de financer la croisade. Tel est le cadre juridique dont hérita Honorius III au moment de son avènement sur le trône de saint Pierre à l'été 1216. Nous allons voir que l'ancien camérier Cencio manifesta dans l'organisation de la cinquième croisade des talents allant au-delà de ce que l'on peut attendre d'un « honnête continuateur ». Il s'évertua en effet à transposer dans la réalité de la meilleure façon possible les projets de son prédécesseur, en tirant profit de son expérience administrative antérieure[27].

La situation politique de la chrétienté se prêtait à l'organisation d'une croisade après une quinzaine d'années marquées par les rivalités impériales de Philippe de Souabe et d'Otton de Brunswick, le lancement de la croisade albigeoise et les sempiternels affrontements anglo-français. La victoire de Bouvines avait permis à Philippe Auguste de rejeter la menace que Jean sans Terre et Otton de Brunswick faisaient peser sur le nord de son royaume, tout en facilitant l'avènement d'un nouveau candidat au trône impérial en la personne du jeune roi de Sicile, Frédéric Ier. L'ancien protégé du camérier Cencio reçut, en effet, à la fin de l'année 1214 la soumission de la plupart des princes de Basse-Lorraine et de Rhénanie, ralliés précédemment à la cause d'Otton. Il put pénétrer de la sorte, sans combat, à Aix-la-Chapelle le vendredi 24 juillet 1215 et s'y faire couronner, le lendemain, roi de Germanie. Frédéric frappa l'assistance en prenant la croix à l'issue de la cérémonie, tandis que des prédicateurs invitaient l'assistance à en faire de même. Certains auteurs ont vu dans ce geste l'affirmation d'une prérogative impériale, que Conrad III et Henri VI avaient exercée, par le passé, avec plus ou moins de réussite. D'autres se sont plu à y voir une tentative de rapprochement de la papauté, ou une recherche d'impunité juridique en raison des avantages canoniques liés au statut de *crucesignatus*. Ces hypothèses prêtent beaucoup de cynisme à Frédéric, qui n'avait alors que 21 ans et qui découvrait pour la première fois les rives du Rhin. La sincérité du jeune souverain transparaît cependant clairement de la journée du 26 juillet 1215, passée à écouter une longue prédication en faveur de la croisade dans la

27 García y García, *op. cit.*, § 71 p. 116–118 (éd. du texte) ; Richard, *op. cit.*, p. 95–96 (tr. intégrale) ; Alphandéry et Dupront, *La chrétienté et l'idée de croisade*, p. 387 ; Helmut Roscher, *Papst Innocenz III. und die Kreuzzüge*, Göttingen, 1969, p. 292–296.

cathédrale d'Aix-la-Chapelle, où il avait engagé, la veille, plusieurs princes allemands à suivre son exemple[28].

L'un des premiers défis, qui s'imposa à Honorius III au lendemain de son élection pontificale, fut de ramener la paix en Angleterre où le pouvoir de Jean sans Terre s'effritait depuis la signature de la Grande Charte en juin 1215. Les seigneurs anglais avaient proclamé la déchéance du roi pour divers actes de félonie et élu à sa place le prince Louis de France, qui avait débarqué à Stonor, le 21 mai 1216, à la tête d'une nombreuse armée. Le futur Louis VIII de France avait désobéi au légat pontifical, Guala Bicchieri, qui souhaitait négocier un arrangement honorable entre la noblesse révoltée et le roi, eu égard à son statut de vassal de l'Église romaine. La première réaction d'Honorius III fut de confirmer, dans les derniers jours de juillet 1216, la légation du cardinal Bicchieri, qui devait continuer de manifester la faveur du Saint-Siège à Jean sans Terre. Le cardinal de Saint-Sylvestre et Saint-Martin des Monts reçut la mission parallèle d'inciter le roi à remplir ses obligations de croisé. Ce projet échoua et Jean sans Terre mourut, le 19 octobre 1216, en laissant un héritier de neuf ans, auquel le pape consentit à accorder sa protection. Deux importants revers militaires poussèrent le prince Louis de France à renoncer, le 11 septembre 1217, au trône d'Angleterre pour la plus grande satisfaction du pape, qui voyait en lui une pâle copie de Philippe Auguste[29].

Honorius III entendait ramener la paix à travers le continent européen, avant de lancer une expédition ambitieuse en Orient. Sa correspondance diplomatique se fait l'écho de l'inquiétude que lui inspirait le morcellement politique de l'Italie. Il tenta une médiation à l'été 1216 entre les cités de Milan, Plaisance et Pavie, qui se disputaient le contrôle de la plaine padane. Il implora le podestat et le peuple de Milan de déléguer des ambassadeurs à la Curie, avant d'engager les hostilités avec les Pavesans. *« Alors que le peuple chrétien s'apprête à mener le combat de Dieu, déclara-t-il, vous, en tant que privilégiés engagés dans la corruption des autres par l'exemple, empêchez le secours de la Terre sainte, en portant des armes contre les chrétiens, voire contre le Christ lui-même ! Vous détruisez les églises, déshéritez les orphelins et les pupilles, précipitez les hommes sur le fil du glaive, en réduisant tout à l'état de cendres et de poussières ! »* Le pape assortit ces objurgations de

[28] Kantorowicz, *L'empereur Frédéric II*, in *Œuvres*, p. 70–73 ; Abulafia, *Frederick II : A Medieval Emperor*, p. 118–122 ; Racine, *L'Occident chrétien au XIIIe siècle*, p. 149–154 ; *Chronicon Leodiensis, Recueil des historiens des Gaules et de la France*, XVIII (1879), p. 632.

[29] Gérad Sivéry, *Louis VIII le Lion*, Paris, 1995 ; Horoy, *op. cit.*, t. II-B, n°4 col. 6–7 et 304 col. 369–372.

menaces au cas où les Milanais s'entêteraient dans leurs projets militaires, en louant le « zèle de la rigueur » que son prédécesseur Innocent III avait témoigné à leur endroit par le passé[30].

L'intervention d'Honorius III ne dissuada pas les Milanais et les Placentins d'envahir le contado de la cité de Pavie, où les attendaient les cardinaux de Sainte-Croix et de Sainte-Marie *in Cosmedin*, délégués par Innocent III à l'arbitrage du contentieux. Ces derniers promulguèrent une sentence d'excommunication contre les armées des deux cités, dont les églises furent frappées d'un interdit conforme aux directives d'Innocent III. Honorius III confirma ces sanctions lors d'une halte à Narni, dans les derniers jours du mois d'août 1216. Il invoqua les dispositions prises lors du concile de Latran IV pour justifier la décision de ses légats, en ordonnant que l'on proclame à travers la Lombardie, chaque dimanche et jour férié, les noms des podestats, conseillers et dirigeants de sociétés, frappés d'excommunication. Le pape ordonna la confiscation des biens des citoyens de Milan et de Plaisance, situés dans les autres cités lombardes. Il fallut cependant attendre plus de cinq ans avant que les Milanais s'ouvrissent à la prédication du Saint-Siège grâce à l'appui inspiré de Frédéric II[31].

La priorité du pape tournait autour de la collecte de sommes suffisantes pour assurer le transbordement en Orient d'un nombre de combattants susceptibles de reconquérir les Lieux saints. Il invita le haut-clergé de France, au lendemain de sa consécration, à remonter le moral des croisés, dont l'ardeur pourrait souffrir de la disparition d'Innocent III qui avait tant œuvré pour la croisade. Le pape sollicita le soutien spirituel des prélats français afin de mener à bien la mission qui lui était confiée. Il attendait, au-delà de ce soutien moral, une obéissance et une dévotion absolue à l'égard des commandements que le Siège apostolique viendrait à décréter pour l'intérêt de la chrétienté. Cette épître servit de modèle aux diverses encycliques qui annoncèrent l'élection du pape à travers la chrétienté, le 25 juillet 1216. Une livraison spéciale fut adressée au patriarche latin de Constantinople, Gervais, et à l'empereur Henri de Hainaut afin de l'inciter à assister le Siège apostolique, en tant que « prince catholique et digne fils de l'Église romaine ». Une seconde missive enjoignit à Henri de Hainaut de

---

[30] Rodenberg, *op. cit.*, t. I, n° 2 p. 1–3. Ses efforts en Vénitie n'avaient pas été moindres (*cf.* Karl Hampe, « Aus verlorenen Registerbänden der Päpste Innozenz III. und Innozenz IV. », *Mitteilungen des Instituts für oesterreichische Geschichtsforschung*, 23, 1902, n° 23 p. 566).

[31] Rodenberg, *op. cit.*, t. I, n° 3 p. 3–4 ; Christine Thouzellier, « La légation en Lombardie du cardinal Hugolin (1221). Un épisode de la Ve Croisade », *Revue d'Histoire Ecclésiastique*, 45 (1950), p. 508–542 ; Georg H. Pertz, *MGH, Legum*, t. II, Hanovre, 1837, p. 247 (lettre du 10 février 1221 au podestat et au peuple de Milan).

réfréner les prétentions religieuses des schismatiques et de veiller à la défense de son empire contre les assauts des « Sarrasins » et des Grecs. Cette exhortation ne fut guère suivie d'effet, Henri de Hainaut ayant été assassiné, le 11 juin 1216, dans des circonstances troubles[32].

Honorius III connaissait, comme tout pontife romain, l'attachement de la noblesse française à la délivrance des Lieux saints. Il félicita, avant son départ de Pérouse en août 1216, les barons et prélats qui avaient répondu à l'appel à la croisade lancé par son prédécesseur. Cette liste comprenait alors le duc de Bourgogne, Eudes III, le comte de La Marche, Hugues IX de Lusignan, le comte de Bar-sur-Seine, Milon IV, le comte d'Auxerre, Pierre II de Courtenay, le sénéchal de Champagne, Simon de Joinville, le comte Raoul II de Soissons, le connétable de France, Drogon de Merle, en plus du seigneur Gauthier II d'Avesnes. Un nombre important de prélats avaient pris la croix, par ailleurs, aux côtés des archevêques de Bordeaux, Besançon et Reims et des évêques de Périgueux, Tréguier, et Bayeux. Le pape les incita à promouvoir les affaires de la Croix à travers le royaume de France, en les comparant à des cèdres du Liban, appelés à abriter des passereaux (Ps. 104, 16–17). Il confirma son intention de respecter le terme défini lors du concile de Latran pour le lancement de la croisade et invita ses correspondants à se rapprocher dans cette optique de la Chancellerie apostolique. L'étude de sa correspondance démontre que les pères conciliaires n'avaient défini aucune autre destination que la Terre sainte à l'automne 1215[33].

La préparation de la cinquième croisade se heurta, sans surprise, à des difficultés juridiques et financières, que la Curie dut surmonter dans les meilleurs délais. Certaines communautés religieuses tentaient, d'une part, d'échapper à l'imposition du vingtième levé afin de venir en aide à la Terre sainte. Honorius III repoussa, le premier décembre 1216, les prétentions du chapitre cathédral de Compostelle, en les qualifiant de frivoles au regard du sort des colonies franques de Syrie. Il avait chargé, le 12 novembre précédent, l'abbé de Cluny, Géraud de Lausanne, de faire remettre au trésorier du Temple de Paris la contribution de son ordre par le biais de moines aussi prudents qu'honnêtes (*providis et fidelibus*)[34]. D'autres problèmes

---

[32] Rinaldi, *Annales ecclesiastici*, t. XX, § 20–21 p. 355–356 ; Horoy, *op. cit.*, t. II-B, n° 2–3 col. 3–6 ; Kenneth M. Setton, *The Papacy and the Levant (1204–1571)*, t. I, p. 43 ; Robert L. Wolff, « The Latin Empire of Constantinople, 1204–1261 », *A history of the crusades*, éd. K.M. Setton, t. II, Philadelphie, 1969, p. 210.

[33] Horoy, *op. cit.*, t. II-B, n° 11 col. 12–14 ; Prawer, *Histoire du royaume latin de Jérusalem*, t. II, p. 130.

[34] Pietro Pressutti, *Regesta Honorii papae III (1216–1227)*, t. I, Rome, 1888, n° 132 p. 25 ; Horoy, *op. cit.*, t. II-B, n° 57 col. 80.

concernaient le statut des croisés, sur le point de partir en Orient. Le noble campanien, Todino da Castello, obtint la rémission de ses péchés contre l'affectation à la croisade d'une centaine de mesures de blé. Le pape réaffirma, le 16 décembre 1216, aux bourgeois de La Rochelle les dispositions prises à l'égard de ceux qui désireraient « envoyer au secours de la Terre sainte des hommes belliqueux » : Ils obtiendraient le plein pardon de leurs péchés, au même titre que les combattants[35].

L'organisation de la croisade amena la papauté à développer la jurisprudence attachée au statut des croisés, en partance pour le Levant. Honorius III autorisa ainsi les prévôts des églises de Salzbourg et de Berchtesgaden de prendre part à la croisade à condition de ne pas léser, par leur absence, l'administration de leurs sanctuaires. Cette future décrétale habilita les intéressés à emporter en Orient la contribution de leurs églises au vingtième levé à travers la chrétienté. Le pape entendait privilégier la Terre sainte par rapport aux autres théâtres d'opérations, bien que la vulnérabilité de la Pologne remît en question le pèlerinage en Orient de l'archevêque Henri de Gniezno (1199–1219)[36]. Aussi le comte Albrecht II von Orlamünde eut-il beaucoup de mal à obtenir en 1217 la commutation du vœu de croisade de ses fidèles quand il envisagea d'aller combattre les « païens » de Livonie. Il fallut l'intervention de l'évêque de Schleswig et de l'abbé de Guldenholm pour que le Saint-Père autorise sa suite à secourir « le troupeau craintif des gens de Livonie ». Honorius III prit sous sa protection officielle, le lendemain, la famille et les biens du sire d'Avesnes qui s'apprêtait à partir en Orient. Trois chanoines noyonnais reçurent la mission de protéger l'épouse et la descendance de Gauthier d'Avesnes, en attendant son retour ou l'annonce officielle de sa mort[37].

La bienveillance du Siège apostolique ne s'étendait pas, à cette époque, qu'aux innombrables petits seigneurs qui émaillaient l'espace européen. Le roi André II de Hongrie vit, lui-même, ses territoires placés sous la protection de saint Pierre dans les premiers jours de l'année 1217. André avait pris la croix pour honorer une promesse faite par son père Béla à la veille de sa disparition au printemps 1196. Honorius III rendit hommage à cet engagement le 11 février 1217, en confirmant la nomination du prince-héritier Béla au rang de régent du royaume pendant l'absence du roi. Son frère cadet, Coloman, devait administrer pour le compte de la Couronne le royaume de Galicie qui était rentré dans l'orbite hongroise à la suite d'un accord avec la

---

35 Pressutti, *op. cit.*, t. I, n° 57 p. 10–11 ; Horoy, *op. cit.*, t. II-B, n° 103 col. 134–135.
36 Pressutti, *op. cit.*, t. I, n° 137 p. 25–26 ; Horoy, *op. cit.*, t. II-B, n° 220 col. 272–274.
37 Rodenberg, *op. cit.*, t. I, n° 13 p. 10–11 ; Horoy, *op. cit.*, t. II-B, n° 173–174 col. 212–213.

Pologne. Aucun de ces princes n'était cependant capable de remplir ces missions de façon autonome en raison de leur jeunesse. Aussi André II dépêcha-t-il un nonce à la Curie afin d'obtenir l'absolution des vœux de croisade de cinq ou six de ses conseillers, susceptibles d'exercer la réalité du pouvoir. Honorius chargea les évêques de Kalocsa et de Veszprém de délier les intéressés de leurs vœux « à la condition que les dépenses, qu'ils étaient sur le point de réaliser, soient converties en aide à la Terre sainte ». Le pape manifesta, une fois de plus, sa grande rigueur morale dans le règlement d'un cas d'espèce[38].

La préparation de la croisade nécessitait une énergie et une organisation, peu communes. Deux bulles du premier registre d'Honorius III permettent de comprendre le *modus operandi* privilégié par la papauté dans ce domaine. Le pape rappela aux évêques de la chrétienté, le 21 novembre 1216, les modalités de l'imposition triennale qui avaient été définies lors du concile de Latran IV, « de l'avis commun de tous les prélats présents là-bas ». Une sentence d'excommunication devait frapper les clercs qui se déroberaient à leurs obligations, ou qui détourneraient une partie des sommes affectées à l'aide de la Terre sainte. Le pape confia le soin à une commission quadripartite de lever, à l'échelle de chaque diocèse, le vingtième assis sur les revenus du clergé. Ces commissions associaient les commandeurs du Temple et de l'Hôpital du diocèse en question au chantre et au trésorier de son Église cathédrale. Ces commissaires aux finances devaient désigner sur le même mode des équipes de quatre questeurs, chargées de la collecte effective du vingtième. Honorius III ordonna au clergé occidental, le 21 novembre 1216, de centraliser les sommes perçues depuis la publication de la constitution *« Ad liberandam Terram Sanctam »* afin de permettre leur perception avant le premier mai 1217. Le Saint-Père fixa la date du premier novembre 1216 comme *terminus ad quem* de cette première tranche d'imposition. Il laissa le choix aux évêques de définir les périodes de collecte prévues à l'échelle de chaque cité pour recueillir la contribution des abbés, chapitres, doyens, prêtres synodaux et autres clercs séculiers. Il prit le soin de rappeler l'exemption des ordres de Cîteaux et de Prémontré de ce type de quête[39].

Le pape consulta, durant l'hiver, divers cardinaux et experts de la croisade afin de déterminer le meilleur moyen de faire parvenir ces sommes en Orient. Il décida d'imposer aux collecteurs du vingtième la rédaction de

---

[38] Horoy, *op. cit.*, t. II-B, n° 215 col. 265 et n° 239 p. 293 ; Gyula Kristó, *Histoire de la Hongrie médiévale*, t. I, *Le temps des Árpáds*, Rennes, 2000, p. 128.

[39] Rome, ASV, Reg. 9, n° 104 fol. 25 v°-26 r° (*cf.* Pressutti, *op. cit.*, t. I, n° 111 p. 19–21).

« lettres testimoniales », incapables de prêter le flanc à d'éventuels soupçons ou murmures infamants. Il se résolut, le 28 février 1217, à confier le portage des sommes en Orient à des groupes de quatre ou cinq croisés de bonne moralité, de statut ecclésiastique ou laïque. Ces convoyeurs devaient remettre entre les mains du cardinal-légat, en charge de la croisade, la contribution de chaque diocèse dans la perspective d'une distribution publique. Cette dernière devait incomber à des *distributores*, qui rendraient compte par écrit au légat pontifical et aux maîtres du Temple et de l'Hôpital des sommes réparties entre les croisés afin de faire ressortir « leur foi et leur empressement ». Honorius III souhaitait que les sommes prélevées à l'échelle de chaque diocèse fussent distribuées, dans la mesure du possible, en présence de croisés originaires dudit diocèse[40].

Cet idéal de transparence ne pouvait que retarder, à terme, la ventilation des sommes arrivées en Orient. Il témoigne cependant de la volonté du Saint-Père d'associer l'ensemble des fidèles à la croisade qui devait marquer son pontificat. Il chargea le haut-clergé de relayer ces décisions auprès des collecteurs nommés par son prédécesseur ou son administration. Son mandement du 28 février 1217 établit un *modus operandi*, légèrement différent pour les sommes collectées dans les troncs des églises occidentales. Ces dernières devaient être distribuées entre les croisés de chaque région qui manquaient d'argent pour accomplir leurs vœux de croisade. Les *distributores* de chaque diocèse devaient tenir une comptabilité précise (*sub testimonio virorum fidelium*) des sommes remises aux combattants et liquider dans les ports de départ les reliquats éventuels. Les ordres du pape furent répercutés rapidement à travers une zone géographique, allant de la Norvège à l'Espagne et de l'Albanie à l'Irlande. Honorius III assortit ces dispositions pratiques d'une exhortation généralisée à la croisade[41].

Il invita, le 5 décembre 1216, les prélats et barons de France à accueillir favorablement l'archevêque de Tyr, Simon, qu'il avait envoyé « prêcher le Verbe de Dieu pour le secours de la Terre sainte ». Le pape entama le préambule de sa lettre par une citation biblique, vouée à attiser la ferveur des lignages chevaleresques : *« Crie à plein gosier, ne te retiens pas, élève ta voix comme une trompette » (Is. 58,1) !* Il s'attacha à démontrer que le temps était venu de mener le « combat de Dieu » et de libérer la cité de Jérusalem de ses ennemis. Honorius considérait que la période de purgation entamée en 1187 était sur le point de s'achever, Dieu ayant lavé de son sang les crimes

[40] Rome, ASV, Reg. 9, n° 321 fol. 81 r°-81 v° (*cf.* Pressutti, *op. cit.*, t. I, n° 381 p. 67–69).
[41] Rome, ASV, Reg. 9, n° 321 fol. 81 v° (*cf.* Pressutti, *op. cit.*, t. I, n° 381 p. 67–69).

des chrétiens. Voulant respecter le calendrier défini à Latran IV, il invita le plus grand nombre de chevaliers possible à participer au passage organisé à la Saint-Jean 1217. Une encyclique fut expédiée à la noblesse allemande, dont le pape attendait une contribution importante en raison du gel des opérations contre les Baltes. Le Saint-Père nourrissait, par ailleurs, de grands espoirs du roi Henry III d'Angleterre qui avait pris la croix en octobre 1216 afin d'accomplir le vœu de son père, Jean sans Terre. Honorius le félicita de sa décision courageuse, à l'annonce de son couronnement, en lui recommandant le cardinal Bicchieri qu'il avait reconduit dans ses fonctions de légat du Siège apostolique[42].

Toute la chrétienté s'apprêtait alors à converger vers le tombeau du Christ, ou à suivre le déroulement de la croisade par la pensée. Honorius III délégua en Lombardie et Toscane le cardinal Hugolin d'Ostie, qui devait lui succéder en 1227 sous le nom de Grégoire IX. Il enjoignit au clergé et aux autorités civiles de ces régions de réserver le meilleur accueil possible à son légat, après avoir rappelé qu'il était temps de « se venger de ceux qui insultent la gloire de la Croix du Christ et se répandent en ignominies sur le compte de la Passion du Seigneur ». Les préparatifs de la croisade allaient bon train en Allemagne, où près de 300 navires avaient été armés dans l'optique de gagner la Méditerranée par le détroit de Gibraltar. Le pape ordonna aux croisés de la province de Cologne de prendre la mer, au mois d'avril 1217, de façon à respecter le calendrier arrêté lors du concile de Latran IV. Il les exhorta à faire preuve de prudence et de virilité dans le déroulement des opérations, en leur assurant l'intercession auprès de Dieu d'Innocent III qui avait été « le très fervent initiateur de cette sainte œuvre[43] ». Un courrier parallèle fut adressé, le 30 janvier 1217, au roi André II de Hongrie afin de l'inciter à prendre la route de la Terre sainte aux alentours du 26 mars 1217. Honorius III le pria de ne pas commettre d'offense envers Dieu et d'injure à l'égard du Saint-Siège, en retardant d'une manière futile son passage en Orient. De longues négociations avec la République de Venise compromirent malheureusement la marche des opérations. Le roi finit par quitter le port de Split à la mi-septembre 1217 en compagnie de nombreux prélats, dont l'évêque Pierre de Győr qui ne devait jamais revoir le sol hongrois[44].

---

[42] Horoy, *op. cit.*, t. II-B, n° 84 col. 110–111 et 162 col. 200–201 ; Iben Fonnesberg-Schmidt, *The Popes and the Baltic Crusades, 1147–1254*, Leyde, 2007, p. 133–152.

[43] Rodenberg, *op. cit.*, t. I, n° 12 p. 9–10 ; Horoy, *op. cit.*, t. II-B, n° 176 col. 215–217.

[44] Horoy, *op. cit.*, t. II-B, n° 181 col. 223–224 et 22 col. 495–496 ; Thomas de Split, *Historia pontificum Salonitarum et Spalatinorum*, éd. L. von Heineman, *MGH, Scriptores*, t. XXIX, 1892, p. 577–578 ; Louise Buenger Robbert, « Venetian Participation in the Crusade of

L'affluence vers les ports méditerranéens d'un nombre croissant de pèlerins amena la papauté à sélectionner les éléments les plus efficaces afin de participer à la conduite des opérations en Orient. Honorius III chargea les évêques d'Orvieto et de Bagnorea de dispenser de leurs vœux les croisés, qui ne pouvaient, pour cause de vieillesse, d'infirmité ou de pauvreté, gagner la Terre sainte. Il invita, le 22 avril 1217, l'archevêque Simon de Tyr à procéder de la même manière avec les religieux et les femmes, qui avaient pris la croix par piété plus que par vocation militaire. L'archevêque de Tyr reçut la consigne de monnayer leur désengagement contre le financement de combattants expérimentés, ou le versement d'espèces sonnantes et trébuchantes. Le pape attendait une contribution élevée des *mulieres nobiles*, qui avaient pris la croix afin d'accompagner leurs époux en Orient. Il autorisa son légat à absoudre les incendiaires et agresseurs de clercs des crimes qu'ils avaient commis, en échange de l'affectation à la croisade de l'argent qu'ils auraient dépensé en venant plaider leur cause à Rome. Honorius III chargea Simon de Tyr de n'imposer les monastères perclus de dettes que sur leurs revenus d'exploitation, pour éviter d'accroître leur passif. Les sommes récoltées pour la croisade devaient être inventoriées scrupuleusement dans des « lettres testimoniales » et centralisées à l'échelle de chaque diocèse[45].

Le pape autorisa, quelques mois plus tard, les habitants de Lucques, qui n'avaient pas pris la croix à affecter la quarantième part de leurs biens au financement de la croisade « en rémission de l'ensemble de leurs péchés ». Il ne fit que confirmer dans ce domaine un privilège ancien de Grégoire VIII, accordé aux Lucquois au moment de la troisième croisade. Le Saint-Siège s'évertuait à aplanir les obstacles qui risquaient de compromettre le bon déroulement des opérations au Levant. Le pape confirma ainsi, le 21 mars 1217, une convention signée en 1206 par les comtes de Loos et de Hollande au sujet d'une série de querelles matrimoniales et territoriales. Honorius III suivit l'exemple de son prédécesseur, en confiant à l'abbé de Saint-Hubert de Liège et à deux chanoines liégeois le soin de veiller au respect de l'accord négocié naguère par le marquis Philippe Ier de Namur († 1212). Une telle mesure visait à faciliter le passage en Orient de Louis II de Loos et Guillaume Ier de Hollande qui s'étaient croisés avec un nombre important de vassaux, la cinquantaine venue[46].

Damietta », *Studi Veneziani*, N.S., 30 (1995), p. 19–21 ; Joseph P. Donovan, *Pelagius and the Fifth Crusade*, Philadelphie, 1950, p. 32.

45 Pressutti, *op. cit.*, t. I, n° 359 p. 63–64 et 529 p. 93 ; Rome, ASV, Reg. 9, n° 410 fol. 100 v°.

46 Pressutti, *op. cit.*, t. I, n° 900 p. 152, Rodenberg, *op. cit.*, t. I, n° 21 p. 16–20 et 22 p. 20. Les agents du pape reçurent l'ordre ultérieur de ne tenir compte d'aucune réclamation de

Honorius III prit sous la protection de saint Pierre à la même époque la duchesse d'Autriche, Théodora, dont l'époux Léopold VI venait d'embarquer pour la Terre sainte. Il assura, le 12 septembre 1217, le comte Stefano da Cotrone de la même faveur, en enregistrant sa promesse de verser une livre d'or, par an, au Saint-Siège. Ce type de largesse était appelé à perdurer jusqu'à la fin de la cinquième croisade, en raison des transferts ininterrompus de combattants à la belle saison. Aussi n'est-il pas étonnant de trouver un privilège semblable délivré en faveur des croisés de la ville de Poggibonsi (Toscane) au mois de février 1218[47].

La première moitié de l'année 1217 donna l'occasion à Honorius III de parfaire son action diplomatique en vue de coordonner le passage en Orient du maximum de croisés possible. Il dénonça auprès de Philippe Auguste l'insolence de son fils Louis, qui, « tournant ses armes contre l'Église, romaine », s'efforçait de rejeter « l'héritage commun du Christ ».

> Il devrait, déclara-t-il, plutôt dédier les meilleurs éléments de sa chevalerie à Dieu afin d'engager les fondements de sa puissance contre les ennemis de la foi chrétienne et d'affronter les peuples qui blâment la gloire de la Passion du Seigneur.

Le pape ne supportait pas son entêtement à revendiquer le trône d'Angleterre après le couronnement d'Henry III Plantagenêt. Il exonéra le roi de France des reproches qui couraient sur son compte à la suite d'un entretien avec l'archevêque de Tyr et l'abbé de Cîteaux, Arnaud. L'expédition de Louis de France en Angleterre grevait, d'ailleurs, la conscience de certains croisés qui lui avaient prêté de l'argent contre la volonté de l'Église. Le duc Eudes III de Bourgogne obtint, ainsi, au mois de juin 1217 l'absolution de la faute, qu'il avait commise afin de protéger sa terre et son fils d'une éventuelle mesure de rétorsion du prince Louis. Le Saint-Père chargea l'évêque de Chalon-sur-Saône d'absoudre le duc de Bourgogne, sans savoir que ce dernier trouverait la mort sur le chemin de la Terre sainte, un an plus tard[48].

Les projets de la papauté furent compromis par l'extrême division des forces de la croisade, en l'absence des rois de France, de Germanie ou d'Angleterre à la tête des opérations. Les contingents allemands, dans lesquels Honorius plaçait un grand espoir, accusèrent des retards au point de se

---

Guillaume de Hollande, qui ne fît explicitement mention de la confirmation du 21 mars 1217 (*cf.* Pressutti, *op. cit.*, t. I, n° 605 p. 105).

47 Pressutti, *op. cit.*, t. I, n° 765 p. 131–132, 783 p. 134 et 1072 p. 181.

48 Horoy, *op. cit.*, t. II-B, n° 304 col. 369–372 et 347 col. 441–442. Le duc disparut à Lyon, le 6 juillet 1218, non sans enjoindre à sa femme d'envoyer une centaine de chevaliers en Orient en son nom (*pro anima sua*).

diviser en deux groupes, après l'arrivée de leur flotte de 200 cogges dans le port de Lisbonne. L'escadre la plus avancée n'atteignit Gaète qu'au mois d'octobre suivant et dut hiverner sur place[49]. Honorius confia la direction de la croisade durant l'été au cardinal Pélage d'Albano, qui avait déjà défendu les intérêts du Saint-Siège en Orient. Ce bénédictin léonais, formé dans les *scholae* parisiennes, avait été créé sous Innocent III cardinal-diacre de Sainte-Lucie *in Septisolio* puis cardinal-prêtre de Sainte-Cécile, avant d'être promu à la tête du siège suburbicaire d'Albano en 1213. Son intransigeance avait contribué à faire échouer une tentative de rapprochement avec l'Église byzantine, dont Honorius III ne lui tint pas rigueur. Il le présenta au contraire, lors de sa nomination, comme un homme dont la prudence et la vertu lui inspiraient une foi entière, non tant en raison de sa capacité à raisonner que de son expérience des choses de la vie[50].

La désignation de Pélage d'Albano ne diminua pas l'activité diplomatique d'Honorius III, qui entendait coordonner l'organisation de la croisade à l'instar de ses prédécesseurs. Il invita ainsi, le 24 juillet 1217, le roi Jean de Brienne et les maîtres du Temple et de l'Hôpital à aller accueillir à Chypre le roi de Hongrie et le duc d'Autriche, qui entendaient quitter le littoral adriatique aux alentours du 8 septembre. Le pape ne manqua pas de répercuter cette information auprès des évêques des ports de Marseille, Gênes, Pise, Gaète, Brindisi et Venise, où de nombreux croisés attendaient l'heure du départ. Une livraison de cette bulle fut également adressée à l'archevêque de Cosenza, Luca Campano, qu'Honorius avait dirigé vers Messine, le 8 juillet précédent, sur les conseils du Sacré-Collège. Le pape considérait en effet que son déplacement personnel en Sicile n'était plus d'actualité, en l'absence d'un monarque important à la tête de la croisade[51].

Honorius III souhaitait que les croisés naviguassent de manière concertée jusqu'à Saint-Jean d'Acre, en repoussant les assauts des pirates et des musulmans embusqués en Méditerranée. Les recommandations des templiers et des hospitaliers l'amenèrent à prôner l'absolution des vœux de croisade des personnes les moins utiles à l'aide de la Terre sainte. Femmes, clercs et malades devaient se voir offrir la possibilité de racheter

---

[49] Racine, *op. cit.*, p. 156–157 ; Donovan, *op. cit.*, p. 30 ; Johannes A. Mol, « Frisians Fighters and the Crusade », *Crusades*, t. I (2002), p. 89–110. Un bon tiers de ces navires provenait de la côte frisonne.

[50] Donovan, *op. cit.*, p. 1–24 ; Agostino Paravicini Bagliani, *Cardinali di curia e « familiae » cardinalizie. Dal 1227 al 1254*, t. I, Padoue, 1972, p. 11–12 ; Horoy, *op. cit.*, t. II-B, n° 1 col. 473.

[51] Horoy, *op. cit.*, t. II-B, n° 3 col. 476 et 1 col. 473–474 ; Rome, ASV, Reg. 9, n° 500 fol. 120 r°-120 v°. Le pape semble avoir choisi Luca Campano en raison de son engagement ancien en faveur de la croisade.

leurs vœux, en versant une somme équivalente au prix de leur traversée. Cette mesure s'opposait à la dimension universelle de la croisade, voulue par Innocent III, bien que ce dernier ait émis des réserves dans ce domaine en 1216. Elle ne pouvait cependant qu'augmenter les chances de réussite de l'expédition, en optimisant ses finances et son ravitaillement. Honorius III enjoignit, en outre, aux évêques des ports méditerranéens de menacer d'excommunication les croisés qui s'apprêteraient à visiter le Saint-Sépulcre, en payant tribut aux Sarrasins. Cette mesure visait à faire respecter l'embargo décrété lors du concile de Latran IV et à proscrire l'idée d'une trêve éventuelle avec les musulmans, dont auraient pu bénéficier les pèlerins. C'est à ce prix que le Saint-Siège pensait pouvoir récupérer la Terre sainte rapidement[52].

L'Orient latin vibrait aux préparatifs de la croisade depuis le début de l'année 1217 au diapason de l'Occident. Cette fièvre fut attisée par le prédicateur français, Jacques de Vitry, qu'Honorius III avait consacré de ses mains évêque d'Acre, une douzaine de jours après son élection pontificale. Jacques mit cinq semaines à rejoindre de Gênes la Terre sainte, où il accosta le 4 novembre 1216. La lettre qu'il adressa à ses amis restés en Occident, au mois de mars 1217, permet de saisir l'intense métissage culturel qui régnait au début du XIIIe siècle dans les États latins d'Orient. L'évêque champenois y compare sans ménagement les différentes communautés d'Acre à la « Bête à neuf têtes » de l'Apocalypse, qui n'en avait que sept... Sa charge révèle, selon le jugement ancien de René Grousset, le décalage croissant qui opposait en période de croisade les Occidentaux aux réalités de la société levantine. Jacques considérait cependant envisageable la conversion rapide au catholicisme de la plupart des hérétiques et des musulmans de Terre sainte dont il avait croisé les pas[53].

L'évêque d'Acre partit prêcher la croisade en février 1217 dans les régions de Tyr et de Sidon, en alternant les déplacements maritimes et terrestres. Sa prédication souleva l'enthousiasme des populations de Beyrouth et de Gibelet, sans rencontrer la ferveur du comte Bohémond IV de Tripoli, en indélicatesse avec l'Église. Après avoir passé un mois à Tripoli, notre prédicateur prit la route du Crac-des-Chevaliers qui jouxtait les domaines des Assassins. L'évêque d'Acre décida d'annoncer la nouvelle de sa venue, par le

---

52 Horoy, *op. cit.*, t. II-B, n° 1 col. 473–474 ; Alphandéry et A. Dupront, *op. cit.*, p. 373–389 ; Hampe, « Aus verlorenen Registerbänden der Päpste Innozenz III. und Innozenz IV. », n° 11 p. 558.

53 Robert B.C. Huygens, *Lettres de Jacques de Vitry*, Leyde, 1960, n° II p. 79–97, Apocalypse, 12, 3, 13, 1, 17, 3 et 17, 7 ; René Grousset, *Histoire des croisades et du royaume franc de Jérusalem*, t. III, Paris, 1936, p. 197.

biais de messagers volants, pour échapper aux poignards des Nizārites, qui ne cessaient de faire des victimes en Syrie depuis trois décennies. Il rencontra une grande dévotion chez les habitants de ces territoires et poursuivit sa prédication à travers les domaines voisins des templiers. Ces derniers l'accompagnèrent sous bonne escorte à Tortose, où des convertis interceptèrent un Assassin, lancé sur ses pas. L'évêque d'Acre dut faire marche arrière après avoir reçu un courrier du patriarche de Jérusalem, annonçant l'arrivée imminente d'une escadre croisée à Acre. Il apprit durant cette période que l'esprit de croisade s'était emparé de la population chypriote à la suite de la prédication enflammée d'un ermite de l'Amanus, tatoué d'une croix. Jacques de Vitry regagna son siège d'Acre en mars 1217 afin d'attendre l'arrivée des 4 000 chevaliers qui permettraient de reconquérir, en un tour de main, Jérusalem[54].

Il ne dut pas être mécontent de voir se rassembler durant l'automne suivant sur le sablon d'Acre près de 2 000 chevaliers et 1 000 sergents à chevaux, décidés à en découdre avec les Ayyoubides. Une chronique levantine estime que 20 000 sergents à pieds auraient renforcé ces effectifs, en compagnie de 30 000 croisés de toute condition. Ces effectifs semblent avoir été pour beaucoup exagérés au vu du témoignage des sources arabes, qui réduisent à une quinzaine de milliers de combattants l'ampleur des forces croisées. Un historien contemporain s'est cru autorisé à critiquer cette dernière estimation, en oubliant la contribution non-négligeable des ordres militaires et des souverains francs, qui participèrent au conseil de guerre tenu sous la tente d'André II de Hongrie dans les derniers jours d'octobre 1217. L'ost de la croisade devait en effet dépasser allègrement le chiffre de 10 000 hommes, prêté à la seule armée hongroise par l'archidiacre Thomas de Split (1200–1268)[55].

3 La direction de la croisade (1217–1221)

Le conseil de guerre qui se déroula sous les murs d'Acre à l'automne 1217 avait été prévu par Honorius III dans sa circulaire du mois de juillet,

---

54 Huygens, *Lettres de Jacques de Vitry*, n° II p. 79–97. Une anecdote contemporaine prête à Jacques de Vitry la conversion à la croisade d'un auditeur, qui écoutait l'un de ses sermons contre la volonté de son épouse. L'intéressé se serait laissé glisser de son balcon afin de prendre la croix (*cf.* Christoph T. Maier, *Crusade Propaganda and Ideology : Model Sermons for the Preaching of the Cross*, Cambridge, 2000, § 37 p. 120)…

55 *Estoire d'Eracles, RHC, historiens occidentaux*, t. II, Paris, 1859, p. 322–323 ; Donovan, *op. cit.*, not. 32 p. 30 ; James M. Powell, *Anatomy of a Crusade, 1213–1221*, Philadelphie, 1986, p. 127–128 ; Thomas de Split, *op. cit.*, p. 578.

adressée aux évêques des ports méditerranéens. Les chefs de la croisade devaient déterminer avec le roi de Chypre, Hugues Ier, « de quel côté ils pourraient entrer dans la terre des Sarrasins ». Le grand-maître du Temple, Guillaume de Chartres (1210–1219), se fit un devoir d'informer le pape de la décision prise par l'état-major de la croisade dans une lettre vouée à une large diffusion. Sa missive souligne la passivité du sultan d'Égypte, al-ʿĀdil Ier, à l'annonce de l'arrivée à Acre du roi de Hongrie et des ducs d'Autriche et de Meran à la tête d'une « multitude innombrable de pèlerins ». Le maître du Temple impute cette prudence à l'imminence de l'arrivée de la flotte frisonne, dont le sultan redoute l'ampleur. Son fils al-Malik al-Muʿazzam a dirigé, quant à lui, son armée hors des marches adjacentes de la Terre sainte, prouvant par-là même que l'Islam est au plus mal. Le rapport de Guillaume de Chartres souligne la flambée des prix qui a accompagné l'arrivée des croisés hongrois, en l'absence d'approvisionnements suffisants en blé et orge. Les croisés, qui avaient décidé avant l'arrivée du roi de Hongrie et du duc d'Autriche d'aller défier al-Muʿazzam du côté de Naplouse, ont projeté d'aller assiéger la ville de Damiette lorsqu'ils disposeront de forces suffisantes. Ce témoignage démontre la continuité du plan de guerre des Latins, qui considérèrent très tôt l'Égypte comme la clé du royaume de Jérusalem. Le roi Amaury Ier (1163–1174) n'avait pas procédé autrement, en dirigeant cinq campagnes militaires dans le delta du Nil au siècle précédent[56].

Le pape relaya, le 24 novembre 1217, la lettre de Guillaume de Chartres auprès du clergé européen dans une encyclique, conclue par un vibrant appel à la croisade. Il souhaitait, à l'instar du maître du Temple, qu'un maximum de fidèles s'embarquât pour l'Orient avec un stock de montures et de provisions suffisantes. Le Saint-Père incita, une semaine plus tard, les podestats et populations de Gênes et de Pise à suspendre les hostilités qui les opposaient en Corse, pour venir en aide à la Terre sainte[57]. La croisade avait commencé en Orient, le 3 novembre 1217, par une procession de la Vraie Croix au sein de l'armée chrétienne, réunie sous les murs d'Acre. Les croisés acceptèrent la version du patriarche de Jérusalem selon laquelle le bois de la Passion avait été partagé en deux, à la veille de la bataille de Hattīn, par son prédécesseur Héraclius. L'armée croisée mena, là-dessus, une première chevauchée en direction de Bethsan à travers la vallée de Jezréel ou Esdralon. Elle atteignit les rives du Jourdain sans difficulté

---

56 Donovan, *op. cit.*, not. 22 p. 30 ; Horoy, *op. cit.*, t. II-B, not. 2 col. 541–544 ; Prawer, *Histoire du royaume latin de Jérusalem*, t. I, p. 427–459.

57 Horoy, *op. cit.*, t. II-B, n° 65 col. 540–543 ; Rinaldi, *Annales ecclesiastici*, t. XX, § 27–31 p. 371–372 ; Pressutti, *op. cit.*, t. I, n° 896 p. 151–152.

et revint triomphalement à Acre, après avoir pillé Bethsan et longé les rives orientales du lac de Tibériade. La nouvelle de cette expédition ne parvint à Rome que durant l'été à cause de l'interruption des communications maritimes en période hivernale. Les principaux informateurs du pape furent Jacques de Vitry et l'écolâtre de Cologne, Olivier, qui était arrivé en Terre sainte au printemps 1218[58].

Olivier le Scolastique fit œuvre d'historien en adressant à la fin du mois d'août 1218 une relation détaillée des événements survenus en Orient aux prélats de la province de Cologne. Nul doute qu'un exemplaire de cette épître parvint entre les mains du pape, auquel Jacques de Vitry adressa un rapport parallèle sur le début de la croisade. Ces deux relations évoquent l'expédition menée à la fin du mois de novembre 1217 contre la forteresse du mont Thabor, dont la fortification avait servi de prétexte pour lancer la prédication de la cinquième croisade en 1213. L'ost de la croisade lança deux assauts infructueux contre la position ayyoubide, avant de refluer dans la plaine d'Acre le 7 décembre 1217. Le patriarche de Jérusalem, qui avait arboré l'étendard du Christ sur les pentes du Thabor, se désengagea de la troisième chevauchée qui fut organisée après quelques jours de repos. Les croisés souhaitaient razzier la riche plaine de Mardj 'Ayūn, voisine de Damas. L'armée se scinda en plusieurs contingents qui pillèrent le territoire de Beaufort, avant de revenir à Acre. Un coup de froid décima les éléments les plus fragiles de l'ost à hauteur de la ville de Sarepta, le soir de Noël. L'année s'acheva sur un constat d'échec assez cinglant, aucune place musulmane importante n'ayant été conquise en deux mois. La mort du roi de Chypre, Hugues Ier, dans les premiers jours de janvier 1218 n'arrangea guère les choses. Le retour en Hongrie du roi André II ne servit que la cause de Jean de Brienne, dont il contestait le leadership ouvertement[59].

La situation de la papauté n'était guère confortable, en l'absence d'un représentant officiel en Orient. Raoul de Mérencourt se refusa à menacer le roi de Hongrie d'excommunication, bien qu'Innocent III lui ait confié une légation apostolique temporaire au mois de janvier 1216. Aussi l'armée de la croisade s'attela-t-elle à des missions dilatoires, en attendant l'arrivée des

---

58 Donovan, *op. cit.*, p. 34 ; Prawer, *Histoire du royaume latin de Jérusalem*, t. II, p. 136–140 ; Huygens, *Lettres de Jacques de Vitry*, n° 3 p. 98–100 ; Hoogeweg, *Die schriften des domscholasters, späteren bischofs von Paderborn und kardinal-bischofs von S. Sabina*, n° 3 p. 288–295.

59 Donovan, *op. cit.*, p. 33 -35; Prawer, *op. cit*, t. II, p. 140–143 ; Huygens, *Ibid.* ; Hoogeweg, *Ibid.* Le roi déclara au pape être rentré en Hongrie à cause de problèmes intérieurs, qui pourraient avoir impliqué une tentative d'empoisonnement de sa personne (*cf.* Augustin Theiner, *Monumenta vetera historica Hungariam sacram illustrantia*, t. I, Rome-Paris, n° 32 p. 20 ; Thomas de Split, *op. cit.*, p. 578–579).

navires romains et frisons qui devaient renforcer ses effectifs. Le roi de Jérusalem partit fortifier avec le duc d'Autriche et les prélats du royaume de Jérusalem le château de la ville de Césarée, tandis que les templiers s'attachaient à ériger la forteresse de Château-Pèlerin, à 22 kilomètres de là. L'œuvre parut si pie à Jacques de Vitry, qu'il déclara à Honorius III qu'elle accablait plus les « Sarrasins » que tout ce que l'armée des chrétiens avait fait jusqu'alors. La situation se décanta, le 26 avril 1218, quand parut devant la chaîne d'Acre les navires frisons qui avaient hiverné dans les ports du Latium. Vingt-trois nefs supplémentaires arrivèrent, le 24 mai, en provenance d'Espagne. Le conseil de la croisade venait de décider sous l'influence d'Olivier de Scolastique – qui se prévalait de l'appui du pape – de marcher sur le Caire. Les croisés débarquèrent dans ces conditions le 29 mai en face de la ville de Damiette, édifiée à l'extrémité de la branche phatnitique du Nil. Leur état-major n'arriva que trois jours plus tard, à l'issue d'un crochet par Château-Pèlerin[60].

Le conseil de guerre de la croisade rassemblait, à cette date, aux côtés du patriarche de Jérusalem, Raoul de Mérencourt et du roi Jean de Brienne, l'archevêque de Nicosie, Eustorge de Montaigut, les évêques d'Acre et de Bethléem, le duc Léopold VI d'Autriche, ainsi que les maîtres de l'Hôpital, du Temple et de l'ordre teutonique. Ces derniers adressèrent dans les premiers jours de juillet une lettre à Honorius III, qui révèle leur optimisme à l'égard de l'avenir de l'expédition. Cette missive placée sous l'invocation de la miséricorde divine (Sagesse, 9,1) justifie le choix de l'Égypte par les « grandes et nombreuses difficultés », que les chrétiens ont rencontrées lors de leurs premières opérations en Terre sainte. Leurs chefs ont d'ailleurs appris que l'Égypte avait été définie comme l'un des objectifs militaires de la croisade lors du concile de Latran IV. Les plus sages pensaient rompre l'union tissée entre les sultanats du Caire et de Damas depuis 1174, en s'emparant d'une terre suffisamment opulente pour être monnayée contre Jérusalem. Certains croyaient, du reste, à une conquête possible des deux territoires avec le soutien de renforts substantiels. Leurs intentions se heurtèrent à une puissante tour, érigée au milieu du Nil par les Égyptiens afin d'en entraver le cours. Les croisés implorèrent le pape de soutenir l'ost de la croisade, dont les galères et naves avaient pris le contrôle du cours supérieur du Nil. Leurs espions les avaient en effet informés des efforts déployés par le sultan al-ʿĀdil Ier afin de fédérer les forces de l'Islam[61].

---

[60] Donovan, *op. cit.*, p. 36–39 ; Prawer, *op. cit*, t. II, p. 145–150 ; Hampe, « Aus verlorenen Registerbänden der Päpste Innozenz III. und Innozenz IV. », n° 12 p. 558–559 ; Huygens, *Ibid.* ; Hoogeweg, *Ibid.* ; Rodenberg, *op. cit.*, t. I, n° 77 p. 55.

[61] Rodenberg, *op. cit.*, t. I, n° 77 p. 55–56.

Honorius III ne resta pas insensible aux prières des croisés, formulées « les genoux fléchis ». Il transmit leur courrier à la mi-août 1218 à la troupe de croisés, qui s'était rassemblée à Gênes sous le commandement du cardinal Robert de Courçon. Le pape avait décidé de détacher du Sacré-Collège le cardinal-prêtre de Saint-Étienne *in Cielomonte* à la requête du comte Hervé de Nevers (1199–1222), qui souhaitait passer en Orient sous la direction d'un légat apostolique. Sa troupe comprenait pourtant de nombreux prélats aux côtés de l'archevêque de Bordeaux, Guillaume Amanieu de Genève, et des évêques de Paris et d'Angers, Pierre de Nemours et Guillaume de Beaumont[62]. Honorius III accéda à la requête d'Hervé de Donzy, le 5 juillet 1218, en acceptant de délier de leur serment de croisade une huitaine d'hommes préposés à la garde de ses domaines. Le pape consentit à verser aux croisés le montant des aumônes collectées dans leur province en faveur de la Terre sainte, en plus du vingtième assis sur les revenus du clergé. Robert de Courçon partit de Rome, peu après le 21 juillet, avec un ordre de mission d'Honorius III qu'il put exhiber aux croisés à leur arrivée à Gênes, le premier août 1218. Leur flotte appareilla, quatre semaines plus tard, avec la conviction de participer à un siège qui pourrait décider de la conquête de l'Égypte[63].

Telle était l'opinion d'Honorius III, qui s'empressa d'avertir l'état-major de la croisade des mesures qu'il avait prises afin de hâter le passage en Orient des croisés stationnés dans les différents ports italiens (13 août 1218). Le pape tenta de rassurer ses interlocuteurs, en rappelant que les Écritures divines étaient remplies d'exemples prouvant que Dieu remettait souvent entre les mains des plus faibles la multitude des forts. Deux citations bibliques étaient censées les convaincre de l'appui inébranlable de Dieu dans les événements qui se profilaient en Égypte : *« Ses adversaires craindront le Seigneur et il tonnera sur eux dans les cieux »* (1 Samuel, 2, 10) et *« Ta droite, ô Éternel, a signalé sa force ! Ta droite, ô Éternel, a écrasé l'ennemi »* (Exod., 15, 6) ! Le rôle d'Honorius se réduisait dès lors à inciter les croisés à conserver leur unité et à se comporter face aux musulmans comme de « fidèles serviteurs et puissants chevaliers de Jésus-Christ »[64].

Son courrier n'avait pas encore traversé la Méditerranée que la Tour de la Chaîne, érigée en face de Damiette, fut emportée par les chrétiens. Une nave aménagée en forteresse flottante parvint à s'arrimer au bastion

---

62 Rodenberg, *op. cit.*, t. I, n° 77 p. 54–56 ; Horoy, *op. cit.*, t. II-B, n° 317 col. 832.

63 Horoy, *op. cit.*, t. II-B, n° 317 col. 832 et t. II-B, n° 2 col. 2–3 ; *Ogerii Panis Annales A. 1197–1219*, éd. G.H. Pertz, *MGH, Scriptores*, t. XVIII (1863), p. 139 ; Rodenberg, *op. cit.*, t. I, n° 77 p. 56.

64 Rodenberg, *op. cit.*, t. I, n° 78 p. 56–57.

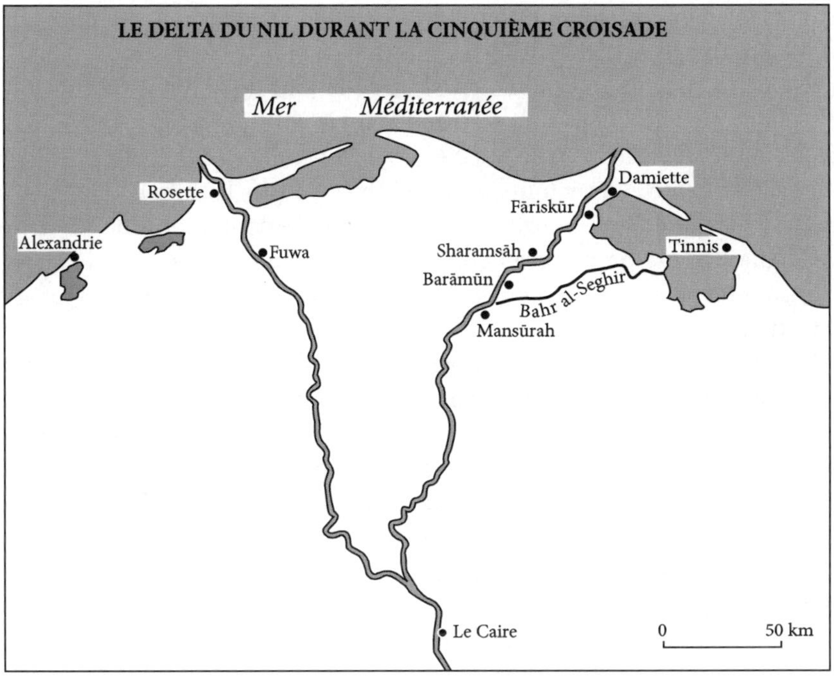

ayyoubide, le 24 août 1218, et à obtenir la reddition de sa garnison après une journée de combats. Cette victoire permit aux chrétiens d'envisager, pour la première fois, un débarquement sur la rive orientale du fleuve qui abritait la ville de Damiette. La mort concomitante du sultan al-'Ādil leur laissa croire à un dénouement rapide de la croisade, le pouvoir de son successeur al-Kāmil étant contesté par un émir local[65].

La nouvelle de ce succès fut communiquée au cardinal Pélage d'Albano dès son arrivée à Acre, au milieu du mois de septembre 1218. Le légat de la croisade s'empressa de rejoindre l'ost de Damiette en compagnie du comte Giacomo d'Andria, qui conduisait l'armée levée dans les États de l'Église. Les deux hommes avaient cependant été devancés en Égypte par une flottille romaine affrétée par le noble Pietro Annibaldi, qui avait épousé une sœur du pape Innocent III à la fin du XIIe siècle. Les navettes en partance pour l'Europe rapportèrent à Honorius III un rapport de Jacques de Vitry

---

[65] Huygens, *Lettres de Jacques de Vitry*, n° 3 p. 98–100 ; Hoogeweg, *Die schriften des domscholasters, späteren bischofs von Paderborn und kardinal-bischofs von S. Sabina*, n° 3 p. 288–295 ; Donovan, *op. cit.*, p. 42–43 ; Prawer, *op. cit*, t. II, p. 51. Al-'Ādil s'éteignit en Galilée, le 31 août 1218.

sur les événements survenus en Égypte. Cette lettre du 22 septembre 1218 rend hommage à l'action déterminante d'Olivier le Scolastique dans la prise de la Tour de la Chaîne, enregistrée le jour de la Saint-Barthélemy. Le chancelier de l'Église de Cologne semble être parvenu à rassembler 2 000 marcs d'argent afin de fortifier les naves confiées aux croisés de Frise et de Germanie. La victoire des chrétiens poussa le sultan d'Égypte à démanteler une demi-douzaine de forteresses syriennes afin de resserrer ses lignes arrière préventivement. Le pape exulta en apprenant l'évacuation, à cette occasion, du mont Thabor qu'al-ʿĀdil avait mis près de sept ans à fortifier[66].

La situation dans le delta du Nil faillit se dégrader, le 9 octobre 1218, lorsque le jeune sultan al-Kāmil envoya une cinquantaine de navires opérer une descente au milieu des lignes chrétiennes. Il fallut toute l'énergie de Jean de Brienne pour repousser les musulmans, qui entreprirent l'édification d'un pont afin de reprendre le contrôle du Nil. Pélage d'Albano et Jacques de Vitry lancèrent à l'eau deux navires avec le vain espoir de saper ses fondements. Le légat du pape contribua à repousser, le 26 octobre, le débarquement d'une centaine de navires chargés de combattants musulmans. Il exhiba, sans rougir, devant les chrétiens la relique de la Vraie croix qui avait accompli tant de miracles par le passé. Son intervention permit de rejeter les Ayyoubides à l'eau au moment où les croisés d'Hervé de Nevers approchaient des côtes égyptiennes. Cette série d'attaques offrit à Pélage d'Albano la possibilité d'imposer son pouvoir spirituel à la tête de la croisade en lieu et place du patriarche de Jérusalem, qui avait accompagné les premières opérations militaires par de nombreuses processions pénitentielles et séances de prières publiques. L'arrivée du contingent de Robert de Courçon entraîna une nouvelle offensive musulmane, qui aboutit à la destruction du pont érigé au milieu du fleuve par les Agarènes[67].

Le mois de novembre 1218 fut utilisé à creuser le lit d'un ancien canal qui communiquait avec la Méditerranée. Les templiers perdirent une cogge arrachée aux berges du Nil par la force des eaux et précipitée contre les murailles de Damiette. L'équipage du navire décida de saborder sa coque après le débarquement d'une centaine de fedayins venus de Damiette. Leur sacrifice souleva l'admiration des chroniqueurs de la croisade, en même temps que la colère de nombreux combattants. Ceux-ci reprochèrent au légat Pélage de les avoir conduits « comme un nouveau Moïse » en plein

---

66 Richard de Saint-Germain, *Chronica*, éd. G.H. Pertz, *MGH*, *Scriptores*, XIX (1866), p. 339 ; R.BC. Huygens, *Lettres de Jacques de Vitry*, n° 4 p. 88–106.

67 Donovan, *op. cit.*, p. 50.

désert. Le cardinal restaura l'ordre en décrétant un jeûne de trois jours, assorti de plusieurs processions pénitentielles. L'abattement des chrétiens redoubla cependant, le 29 novembre 1218, lorsqu'une violente tempête maritime s'abattit sur leur camp. Les croisés se tournèrent vers Pélage d'Albano, qui ordonna de construire une levée de terre afin de repousser l'eau qui envahissait leur campement, en utilisant les débris des navires présents et les carcasses des chevaux submergés. Ce fut le moment que choisit le légat pontifical pour organiser un nouveau jeûne de trois jours et une série de processions solennelles avec le concours du patriarche Raoul de Mérencourt[68].

Une épidémie meurtrière emporta dans les semaines qui suivirent près d'un cinquième des combattants de l'armée, dont l'évêque de Paris, Pierre de Nemours, et le cardinal Robert de Courçon († 6/02/1219). La croisade perdit avec Robert de Courçon un intellectuel de haut-rang en même tant qu'un « zélateur de Dieu, désirant ardemment la libération de la Terre sainte ». C'est sous ce jour que Jacques de Vitry le dépeint dans une épître envoyée à Honorius III, dans les premiers jours de septembre 1219. Robert de Courçon était l'un des esprits les plus brillants de la chrétienté, en ayant suivi un double cursus universitaire à Oxford et Paris. Il avait été un temps pressenti pour occuper le siège patriarcal de Constantinople. Innocent III avait préféré le garder à Rome pour l'élever au cardinalat, en 1212, et l'envoyer prêcher la croisade contre les Albigeois en France, l'année suivante. Robert de Courçon exerça une courte légation en Angleterre après le concile de Latran IV avec le cardinal Romano Bonaventura. Le chroniqueur franc, Ernoul, résume en des termes cruels pour Pélage d'Albano ses derniers mois d'existence :

> Le pape envoya après deux cardinaux à l'ost de Damiette : le cardinal Robert, qui était anglais, et le cardinal Pélage, qui était originaire du Portugal. Le cardinal Robert y trouva la mort et Pélage vécut ; dont il advint un grand dommage, car il fit beaucoup de mal, comme vous l'apprendrez bientôt[69].

La mort de Robert de Courçon conforta l'autorité de Pélage d'Albano à la tête de l'état-major de la croisade, dont le chef temporel n'était autre que

[68] Donovan, *op. cit.*, p. 51–52 ; P.-V. Claverie, *L'ordre du Temple en Terre sainte et à Chypre au XIIIe siècle*, t. II, Nicosie, 2005, p. 58 ; Huygens, *Lettres de Jacques de Vitry*, n° 5 p. 112–122.

[69] Huygens, *Lettres de Jacques de Vitry*, n° 5 p. 112–122 ; Marcel et Christiane Dickson, « Le cardinal Robert de Courson. Sa vie. », *Archives d'histoire doctrinale et littéraire du Moyen Age*, t. IX (1934), p. 53–142 ; Louis de Mas Latrie, *Chronique d'Ernoul et de Bernard le Trésorier*, Paris, 1871, p. 416–417. La mort de Pierre de Nemours survint le 13 décembre 1218, et non 1219 comme l'écrivent les historiens parisiens, peu au fait de la chronologie de l'Orient latin (*cf.* Bernard Plongeron, *Histoire des diocèses de France : Paris*, t. I, Paris, 1987, p. 133).

Jean de Brienne. Les croisés apprirent avec surprise, le 5 février 1219, le repli de l'armée ayyoubide de la base d'al-'Ādilīya, par peur d'un complot contre la personne du sultan al-Kāmil. Cet événement permit aux croisés d'assiéger Damiette sur trois côtés, avant que l'armée ayyoubide ne se ressaisisse. Al-Kāmil mâta en effet rapidement la fronde menée par l'émir Ibn Meshtūb grâce au soutien inopiné de son frère al-Mu'azzam. Les forces coalisées des sultanats du Caire et de Damas menèrent, sur la lancée, deux attaques d'envergure afin de déloger les chrétiens de leur base d'al-'Ādilīya. Ces offensives infructueuses donnèrent lieu à une ultime tentative de déblocage de Damiette par le fleuve, le 31 mars, mobilisant près de 71 navires égyptiens. Les mois qui suivirent présidèrent au lancement de plusieurs assauts sur la ville de Damiette, qui comptait encore 80 000 habitants dans ses murs. Les croisés subirent des contre-attaques cinglantes de la part des troupes d'al-Kāmil, qui tentaient de rompre le blocus de la ville à tout prix. Contre l'avis de Jean de Brienne, il fut décidé de déclencher une offensive générale contre le camp de l'armée ayyoubide, le 29 août 1219[70].

Cette offensive générale clôtura un débat d'une quinzaine de jours qu'il nous a été donné de commenter, il y a quelques années, dans un ouvrage sur l'ordre du Temple. Al-Kāmil avait proposé aux croisés de leur restituer la partie occidentale du royaume de Jérusalem à l'issue d'un sérieux revers subi par ses troupes le 31 juillet 1219. Les templiers adoptèrent dans les négociations qui s'en suivirent une position dure, partagée par les hospitaliers et le légat Pélage d'Albano, qui estimait la rétrocession de la partie occidentale du royaume de Jérusalem insuffisante dans la perspective de la venue prochaine de l'empereur Frédéric II. Certains croisés désiraient accepter les termes de ce traité « pour respirer un peu » comme le comte Guillaume d'Arundel, ou regagner leur pays au passage de septembre suivant avec le sentiment du devoir accompli. La piétaille de la croisade lança même l'idée un peu folle d'organiser un duel entre Jean de Bienne et le sultan al-Kāmil afin de mettre un terme à ce qui s'apparentait, de plus en plus, à une querelle de personnes. Cette idée n'avait rien en soi d'aberrant, le comte Hugues IV de Saint-Pol l'ayant déjà formulé durant la quatrième croisade. Le parti pontifical opta pour une marche en direction de Fāriskūr qui entraîna la mort de 4 000 combattants, dont près d'un demi-millier de chevaliers. Les ordres militaires y gagnèrent une réputation de sainteté, en

---

[70] Donovan, *op. cit.*, p. 53–59 ; Kenneth M. Setton, *A history of the Crusades*, t. II, *The Later crusades 1189–1311*, Madison, 1969 (2e éd.) p. 407–414 ; Powell, *Anatomy of a Crusade, 1213–1221*, p. 150–156.

raison de leur engagement constant au cœur de la mêlée et de la décapitation de cinquante frères sous les yeux du sultan[71].

La défaite du 29 août 1219 affecta l'optimisme de nombreux éléments du parti pontifical. Jacques de Vitry rapporta à Honorius III avec forces détails, au début du mois de septembre, l'ampleur des dommages occasionnés à l'armée croisée. Le pape apprit la capture de l'élu de Beauvais, Milon de Nanteuil, et du chambrier de France, Gauthier II de Villebéon. L'évêque d'Acre espérait que la prise de Damiette permette de libérer rapidement ces captifs et de récupérer Jérusalem, qui demeurait l'objectif central de la croisade. Le Saint-Père avait reçu des nouvelles plus optimistes le 13 août précédent de Pélage d'Albano, avant de prendre connaissance d'un nouveau rapport transmis par l'évêque de Bethléem. Le souverain-pontife lui avait remis, en retour, une enveloppe de 5 000 marcs issus des premiers rachats des vœux de croisade. Cette somme était à peine arrivée en Orient qu'Honorius III avertit Pélage d'Albano du virement imminent de 16 000 marcs d'argent, prélevés sur le vingtième collecté en France. Cette lettre de septembre 1219 rappela avec quelque sécheresse au cardinal d'Albano l'étendue des sacrifices financiers consentis par la papauté depuis 1216. Le pape rassura son légat sur sa volonté de ne pas détourner vers le Midi toulousain et la Romanie franque les croisés censés venir en aide à la Terre sainte. Le couronnement prochain de Frédéric II, comme empereur du Saint-Empire romain germanique, laissait espérer le passage rapide en Orient d'une multitude de croisés. Le pape invita son légat à se comporter, en attendant, comme un « autre Josué » chargé d'accomplir l'œuvre de Dieu[72].

La situation n'était pas si désespérée que cela en Orient, où les Égyptiens souffraient autant que les chrétiens des conditions de la guerre. Al-Kāmil profita de sa victoire du 29 août pour proposer les termes d'un nouveau traité, qui rendrait aux Latins la plus grande partie du royaume de Jérusalem. Une rente de 15 000 dinars, assise sur les droits de péage de Damas, compenserait la perte de la principauté d'Outre-Jourdain, dont al-Muʿazzam refusait de se défaire. Al-Kāmil s'engagea à financer la refortification des places de Jérusalem, Beauvoir, Safed et du Toron, que son frère avait fait

---

[71] Claverie, *L'ordre du Temple en Terre sainte et à Chypre au XIIIe siècle*, t. II, p. 60–62 ; Alfred J. Andrea, *Contemporary Sources for the Fourth Crusade*, Leyde, 2000, p. 201.

[72] Huygens, *Lettres de Jacques de Vitry*, n° 5 p. 112–122 ; Horoy, *op. cit.*, t. III, n° 19 col. 299–301. Plusieurs auteurs ont daté cette lettre du 7 septembre sur la foi de la bulle qui la précède dans le registre vatican. Nous savons qu'elle fut rédigée à Rieti avant le départ d'Honorius III pour Viterbe en octobre 1219 (*cf.* Rome, ASV, Reg. 10, n° 561 fol. 128 r°-128 v° ; August Potthast, *Regesta pontificum Romanorum*, t. I, Berlin, 1874 p. 537).

démanteler à titre préventif. Ce traité avantageux prévoyait la signature d'une trêve de 30 ans entre les deux parties, à laquelle Jean de Brienne adhéra avec le maître de l'ordre teutonique, Hermann von Salza, et la majorité des seigneurs de Syrie et de France. Pélage d'Albano la rejeta formellement avec l'appui des templiers, des hospitaliers et de la plupart des prélats italiens de l'ost. Ces désaccords alimentèrent le développement d'une querelle entre le légat d'Honorius III et le roi de Jérusalem, qui exerçait « la seigneurie de l'ost et de la conquête » à la suite d'une convention établie à l'été 1218. Le légat revendiqua ce pouvoir, en arguant du fait que le mouvement de la croisade avait été impulsé par l'Église. Ces frictions n'empêchèrent pas les chrétiens de travailler en bonne intelligence à la prise de Damiette, qui finit par survenir le 5 novembre 1219[73].

Le mérite de l'opération revint à une escouade de sergents qui tira profit de l'obscurité de la nuit pour subjuguer l'une des 28 tours de la cité. Ces 150 hommes semblent avoir pris de cours l'état-major de la croisade selon le récit des événements transmis, la semaine suivante, au pape. Une lettre d'Hermann von Salza soutient l'hypothèse d'une intervention rapide du légat afin de prendre le contrôle de la totalité de l'enceinte. Le rapport de Raoul de Mérencourt, Jean de Brienne et Pélage d'Albano déplore la découverte de 57 000 morts dans les rues de Damiette, après l'intervention de milices célestes qui n'auraient laissé que 3 000 habitants en vie ! La prise de Damiette contribua, au-delà de sa dimension miraculeuse, à souder les croisés autour d'un projet de conquête rapide de l'Égypte, qui permettrait d'envisager la libération du royaume de Jérusalem. Ils implorèrent le pape, le 11 novembre 1219, d'inciter Frédéric II à respecter ses engagements et à mettre un terme aux rachats des vœux de croisade qui privaient l'ost de combattants utiles[74]. Un groupe de barons français confirma ces craintes, le lendemain, en recommandant « au très saint père et seigneur Honorius » le courageux Jean de Brienne, dont l'endettement devenait problématique. Les croisés parachevèrent leur succès en prenant le contrôle le 23 novembre de la ville de Tanis, où ils érigèrent un évêché suffragant de celui de

---

[73] *Estoire d'Eracles, RHC, historiens occidentaux*, t. II, Paris, 1859, p. 342–344 et 329 ; Felix Liebermann et Reinhold Pauli, *Ex annalibus Melrosensibus, MGH, Scriptores*, t. XXVII, 1885, p. 439 (fragment d'une lettre au cardinal Leone Brancaleone) ; Reinhold Röhricht, *Studien zur geschichte des fünften kreuzzuges*, Innsbruck, 1891, n° 7 p. 47. La ville comportait du côté de la terre ferme une triple enceinte, protégée par un fossé.

[74] Röhricht, *op.cit*, n° 6 p. 43–46 ; Liebermann et Pauli, *Ibidem.*

Damiette. La rumeur ne tarda pas à prêter aux quarante chanoines du chapitre de Damiette des revenus faramineux de 100 talents par an[75].

La nouvelle de la prise de la ville souleva l'enthousiasme d'Honorius III, qui rendit grâce dans une encyclique joyeuse à l'expression de la miséricorde divine (2 Cor. 1, 3). Il célébra la puissance dont Dieu avait voulu investir, de la sorte, son légat *a latere* et le fait que les musulmans désespéraient de pouvoir échapper à la domination des chrétiens après la chute de « la clé de l'Égypte ». Le pape accorda d'ailleurs l'indulgence plénière à tous ceux qui contribueraient à la poursuite de la croisade efficacement. L'esprit de division régnait à cette époque à nouveau à Damiette, où Jean de Brienne réclamait la souveraineté de la terre contre l'avis de Pélage d'Albano. Les deux hommes parvinrent à un compromis, après que le roi de Jérusalem eut menacé de rentrer en Palestine. Pélage accepta de lui accorder jusqu'à la venue de l'empereur Frédéric II la seigneurie de la ville, chose dont il profita pour frapper des monnaies à son nom : + IOHANNES REX + DAMIETA. Le partage du butin réalisé à Damiette fut un autre souci d'inquiétude pour le légat *a latere* d'Honorius III. Il dut menacer d'anathème ceux qui avaient détourné la majeure partie du butin lors de la prise de la ville et essuya l'ire de croisés italiens, victimes de discriminations. La chose prit de telles proportions que le cardinal ne dut son salut, le 6 janvier 1220, qu'à l'intervention musclée des chevaliers français et des frères des ordres militaires qui l'entouraient. Une procession solennelle laissa croire, le 2 février suivant, que l'harmonie était revenue dans l'armée croisée[76].

Les tensions entre Pélage d'Albano et Jean de Brienne remontèrent aux oreilles du pape aussi rapidement que la nouvelle de la prise de Damiette. Il félicita l'état-major de la croisade, le 24 février 1220, de ses efforts et engagea ses différents membres à ne pas alimenter de dissensions à partir des conquêtes réalisées dans le Delta. Honorius se livre dans un fragment inédit de cette bulle à une longue comparaison entre Josué, qui a divisé la terre de Canaan entre les différentes tribus d'Israël, et Pélage d'Albano, que Dieu a promu au rang de chef de l'armée chrétienne afin de fournir une nouvelle terre d'élection aux fidèles. Le Saint-Père invite les croisés à ne pas présumer de leurs forces dans les défis qui les attendent. Son éloge de la

---

[75] Röhricht, *op. cit.*, n° 7 p. 46–48 et 9 p. 49 ; Jacques de Vitry, *Historia orientalis*, éd. J Bongars, *Gesta Dei per Francos*, t. I, Hanovre, 1611, p. 1143 ; Huygens, *Lettres de Jacques de Vitry*, n° 6 p. 128.

[76] Horoy, *op. cit.*, t. III, n° 73 col. 375–377 (lettre aux fidèles de la province de Tours) ; Donovan, *op. cit.*, p. 66–67 ; Liebermann et Pauli, *Ex annalibus Melrosensibus*, *MGH*, *Scriptores*, t. XXVII, p. 439.

« puissance de la vertu divine » l'amène à leur recommander la figure de Pélage d'Albano, auquel il entend concéder une autorité à la fois spirituelle et temporelle sur la croisade (*tam in temporalibus quam in spiritualibus potestatem*). Cette décision n'était pas une bonne nouvelle pour Jean de Brienne, qui s'était arrogé une partie de Damiette contre la volonté de l'évêque d'Albano. Il s'en était suivi une excommunication abusive des croisés qui s'étaient installés dans le quartier, ou qui comptaient y louer des logements[77].

Ce jeu cessa lorsque Jean regagna Acre, le 29 mars 1220, dans l'intention de faire valoir ses droits sur le trône arméno-cilicien. Il avait épousé en 1214 la princesse Rita d'Arménie, dont le Saint-Siège avait confirmé, le 2 février 1220, les prétentions royales après la disparition de son père. Jean de Brienne se crut autorisé à abandonner dans ces conditions, sans tarder, l'ost de la croisade. Une lettre de Jacques de Vitry à Honorius III relativise la singularité de cette défection, en mentionnant le départ conjoint du maître du Temple, du patriarche de Jérusalem et de la plupart des croisés français stationnés à Damiette. Ces replis s'expliquent par le désengagement de nombreux princes amalgamés à l'ost depuis 1218 et le réveil du sultan al-Mu'azzam, qui avait été ébranlé par la perte de Damiette. Jacques de Vitry prétendit que seuls quatre ou cinq bannerets avaient été en mesure de demeurer au « service du Christ », après le départ de la centaine de chevaliers chypriotes que Gauthier de Césarée avait amenés en février 1219[78]. Cette situation remonta aux oreilles d'Honorius III qui interdit à Jean de Brienne de tourner ses armes vers l'Arménie sous peine d'anathème. Le pape feignit de s'étonner de l'intérêt que le roi portait à une cause particulière, alors que d'autres combattaient sans arrière-pensée pour la foi chrétienne. Sa lettre du 11 août 1220 lui conseilla d'œuvrer en faveur de l'unité de la « chrétienté ultramarine » aux côtés du cardinal d'Albano, qui avait loué plus d'une fois le courage du roi[79].

Les arguments mis en avant par le pape auraient pu convaincre un souverain riche et puissant de regagner l'ost de la croisade sans tarder. Tel n'était pas le cas de Jean de Brienne qui tenait la Couronne de Jérusalem de sa première épouse, Marie de Montferrat († 1212), en attendant la majorité de sa fille Isabelle (1211–1228). Trois années de guerre avaient, de surcroît,

---

[77] Horoy, *op. cit.*, t. III, n° 86 col. 392–393 ; Rome, ASV, Reg. 10, n° 664 fol. 161 v°-162 v° ; Mas Latrie, *Chronique d'Ernoul et de Bernard le Trésorier*, p. 426–427.

[78] *Bullarium Terrae Sanctae*, n° 47 ; Huygens, *Lettres de Jacques de Vitry*, n° 7 p. 134–153 ; *Estoire d'Eracles*, p. 339–340 ; George Hill, *A History of Cyprus*, t. II, Cambridge, 1948, p. 86–87.

[79] *Bullarium Terrae Sanctae*, n° 49.

épuisé son trésor et réduit son royaume aux seules places de Tyr et d'Acre. Ses prétentions sur la Couronne d'Arménie ne survécurent pas à la mort de sa seconde épouse, Rita, à l'été 1220. Le roi convainquit, le premier octobre suivant, les prélats de Terre sainte d'adresser un appel au secours au roi de France, Philippe Auguste, auquel il destinait une ambassade. Les évêques du royaume de Jérusalem imputèrent son départ de Damiette aux coûts excessifs de la croisade, les « autres causes » devant être considérées comme secondaires[80]. La situation n'était guère plus brillante en Europe, où certains princes se ruinaient pour maintenir des troupes en Orient comme la duchesse Alix de Bourgogne. Pélage d'Albano avait interdit, de son côté, le départ de Damiette de tout navire de marchandises qui n'arbore pas son sceau personnel. L'instransigeant prélat commit une négligence lourde de conséquence en laissant durant l'été 1220 les Égyptiens armer librement une trentaine de galères, qui semèrent la désolation sur le littoral chypriote. Treize mille pèlerins auraient pâti de cette erreur de jugement grossière selon les sources franques, hostiles au légat[81].

La négociation n'était toujours pas de mise avec le sultan al-Kāmil, qui avait proposé une nouvelle fois la restitution des places qu'il détenait en Syrie en échange de Damiette. Son offre était assortie, comme la fois précédente, de la libération de l'ensemble des captifs chrétiens aux mains des Ayyoubides. L'état-major de la croisade déclina la proposition dans l'espoir de la venue imminente de Frédéric II en Égypte[82]. L'Orient vibrait alors aux exploits d'un mystérieux « roi David » qui régnait au-delà de la Perse et de l'Arménie. Ce roi chrétien correspondait à la figure du prince naïman, Kütchlüg, qui s'était emparé en 1211 de l'Empire kara-khitaï, avant d'être supplanté par Gengis Khan. Un récit complet de ses exploits parvint entre les mains de Pélage d'Albano et de Jacques de Vitry dans les dernières semaines de l'année 1220. Cela n'était pas la première fois que les croisés mettaient la main sur un ouvrage annonçant l'effondrement de l'Islam. Ils avaient, en effet, découvert dans les décombres de Damiette la *Prophétie de Ḥunayn ibn Ishāq* et le *Livre de Clément*, qui prédisaient la convergence vers Jérusalem de deux rois chrétiens. La *Relation de David* recelait des

---

[80] Mas Latrie, *Chronique d'Ernoul et de Bernard le Trésorier*, p. 427 ; Henri-François Delaborde, *Chartes de Terre sainte provenant de l'abbaye de N.-D. de Josaphat*, Paris, 1880, Appendice, p. 123–125.

[81] Joseph F. Garnier, *Chartes de communes et d'affanchissements en Bourgogne*, t. I, Dijon, 1867, n° XXV-XXVI p. 32–33 ; Mas Latrie, *Chronique d'Ernoul et de Bernard le Trésorier*, p. 429–430 ; *Estoire d'Eracles*, p. 345–346 ; Olivier le Scolastique, *Historia Damiatina*, § 49 p. 253 (qui évoque l'armement de 33 galères).

[82] Mas Latrie, *Chronique d'Ernoul et de Bernard le Trésorier*, p. 435–436.

informations historiques qui justifiaient sa transmission à la papauté[83]. Honorius III décida de relayer, le 13 mars 1221, ces informations auprès des prélats chargés de la prédication de la croisade. Il les invita à engager les croisés en partance pour l'Orient à emporter plusieurs montures afin de lutter contre la pénurie sévissant sur place[84].

Les croisés de Damiette reçurent au mois de mai 1221 le renfort de 500 chevaliers conduits par le duc de Bavière, Louis Ier, et le grand-maître de l'ordre teutonique, Hermann von Salza. Pélage d'Albano laissa aux nouveaux arrivants quelques semaines de repos, avant de déclencher une nouvelle campagne militaire durant l'été. Il s'opposait de fait aux solutions diplomatiques encouragées par Honorius III dès le mois de janvier 1221, « par prudence et salubrité ». Le souverain pontife passa à la vitesse supérieure au mois de juin, en prenant en considération le coût exorbitant de la croisade et la multitude des victimes enregistrées depuis le déclenchement des hostilités. Il confia au cardinal d'Albano le soin d'ouvrir des négociations rapides avec al-Kāmil et de consulter le conseil de guerre de la croisade avant de prendre une décision. Le pape attendait beaucoup du passage en Orient du marquis Guillaume VI de Montferrat, après un nouvel ajournement du transbordement de Frédéric II. Ses conseils prudents témoignent de sa détermination à renouveler efficacement les effectifs de la croisade à l'issue de neuf transferts successifs de combattants en Orient[85].

4 L'organisation des secours

La logistique de la cinquième croisade a été étudiée avec finesse, il y a quelques années, dans un ouvrage recensant les parcours de quelque 800 croisés engagés en Orient entre le printemps 1217 et l'automne 1221. Ces recensements confirment le témoignage des sources épistolaires sur l'ampleur des passages de septembre 1217, 1218 et 1219, et le déclin des

---

83 Jean Richard, *Au-delà de la Perse et de l'Arménie. L'Orient latin et la découverte de l'Asie intérieure*, Turnhout, 2005, p. 29–58 ; Paul Pelliot, « Mélanges sur l'époque des Croisades », *Mémoires de l'Institut National de France. Académie des Inscriptions et Belles-Lettres*, 44 (1960), p. 73–97.

84 Friedrich Zarncke, « Zur Sage vom Priester Johannes », *Neues Archiv der Gesellschaft für ältere deutsche Geschichtskunde*, t. II (1876), n° I p. 612–613 ; Peter Linehan, « Documento español sobre la Quinta Cruzada », *Hispania sacra*, 20 (1967), p. 180–182.

85 Olivier le Scolastique, *Historia Damiatina*, § 54 p. 256–257 ; Rodenberg, *op. cit.*, t. I, n° 159 p. 112 ((…) *Et hiis, que tunc parata viderimus ad succursum, dirigatur prudentius negotium Jhesu Christi et provideatur salubrius subsidio Terre Sancte.*) ; *Bullarium Terrae Sanctae*, n° 54.

contributions ultérieures à la croisade. La question se pose dès lors de savoir si la papauté est responsable de l'affaiblissement de cet effort de guerre, ou si des facteurs extérieurs expliquent la lassitude des Occidentaux à gagner les rives du Nil à compter du printemps 1220. Il semble essentiel, pour résoudre cette problématique, d'analyser les efforts financiers, juridiques et politiques déployés par Honorius III afin de soulager son légat Pélage d'Albano. Cet examen critique nous amènera à évoquer la folle marche sur Le Caire, décrétée par le cardinal léonais au mois de juin 1221[86].

Les registres pontificaux conservent une soixantaine de bulles relatives au financement de la croisade entre 1218 et 1221. La collecte du vingtième ecclésiastique était une priorité pour Honorius III, qui recevait régulièrement des appels à l'aide du cardinal d'Albano. Il somma, le 23 février 1218, les évêques de la province de Magdebourg de veiller à la collecte des sommes dévolues à la croisade, en absolvant de leurs vœux les croisés les plus faibles. Le pape chargea, le lendemain, l'archevêque de Tolède, Rodrigo Jiménez de Rada, de dresser un inventaire des sommes perçues dans sa province afin d'estimer la taille de la flotte susceptible d'être armée par le Saint-Siège[87]. Cet effort fut étendu au cours du printemps 1218 à l'ensemble des diocèses européens impliqués dans le financement de la croisade. Le pape intervint pour que le comte Guillaume de Hollande reçoive les fonds collectés en Hollande, Zélande et en Frise orientale dans l'optique de son passage prochain en Orient. L'évêque de Płock reçut l'ordre, le 13 juin 1218, de remettre entre les mains de l'archevêque de Gniezno l'argent collecté en faveur de la Terre sainte, ou de l'apporter en personne à la Curie au printemps suivant. L'évêque Gedko Powało (1207–1223) faisait alors office de collecteur général à l'échelle de la Pologne de l'ensemble des revenus de l'Église romaine[88].

Le pape souhaitait exempter le moins de congrégations possible du paiement du vingtième. Il chargea à l'été 1218 les abbés français jouissant d'une exemption de collecter les sommes issues des établissements soumis à leur autorité. Cet ordre de mission fut étendu aux abbés italiens, anglais, irlandais et ibériques, dont le pape attendait un pré-rapport avant d'ordonner le

---

[86] Powell, *Anatomy of a Crusade, 1213–1221*, p. 166–172 ; Antonio García y García, « La Canonista Iberica (1150–1250) en la investigacion reciente », *Bulletin of Medieval Canon Law*, 11 (1981), p. 54–55 (sur Pélage).

[87] Rodenberg, *op. cit.*, t. I, Berlin, 1883, n° 49 p. 37 ; Pressutti, *op. cit.*, t. I, n° 1116 p. 187 (*cf.* Demetrio Mansilla, *La documentación pontificia de Honorio III (1216–1227)*, Rome, 1965, n° 162 p. 127–128).

[88] Rodenberg, *op. cit.*, t. I, n° 68 p. 49 ; Pressutti, *op. cit.*, t. I, n° 1439 p. 238.

transfert des sommes en Orient[89]. Le prieuré anglais de Sempringham fut astreint au même régime, malgré les lourdes dépenses que lui occasionnait la desserte d'une église romaine. L'argent tardant à rentrer, Honorius III décida de disperser à travers la chrétienté les membres de sa *familia*. Il délégua à ce titre en Espagne, en octobre 1218, son chapelain Huguccio en compagnie d'un prêtre romain du nom de Cencio, qui pourrait fort bien avoir appartenu à son lignage. Les deux hommes furent chaleureusement recommandés au clergé ibérique par le pape, qui entendait renflouer les caisses de l'Église après avoir dépensé 20 000 marcs afin de permettre le passage en Orient des croisés du Latium[90].

Le Saint-Père délégua en Allemagne, en janvier 1219, son cubiculaire Martin et le maréchal Jean afin de percevoir les montants du vingtième d'ores et déjà collectés, en plus de dons effectués en faveur de la Terre sainte. L'ensemble des évêques de Germanie et de Livonie fut invité à faciliter leur tâche après l'affectation supplémentaire aux croisés du Latium de 5 000 marcs d'argent et de 1 200 livres de Provins. Ce fut le tour, le 17 janvier 1219, de l'archevêque Jean d'Esztergom, auquel le pape destinait son chapelain Acconzio avec les mêmes instructions. Honorius chargea, par ailleurs, son représentant en Hongrie de recueillir la part de l'héritage de l'évêque Kalán de Pécs (1188–1218), léguée à la Terre sainte[91]. En France œuvraient le templier Henri et l'hospitalier Étienne, qui reçurent l'ordre d'envoyer en Orient la totalité des revenus dus à l'Église romaine. Les nonces du pape reçurent le soutien empressé de certains prélats, comme les évêques de Noyon et de Meaux qui versèrent les deux premières annuités du vingtième sans rechigner. Les régions périphériques de la chrétienté mirent plus de temps à s'acquitter de leur dû. Honorius III commit ainsi, le 10 avril 1220, deux ecclésiastiques à l'encaissement de 5 000 besants collectés dans l'archidiocèse d'Oristano, avant d'imposer durement les possessions sardes de l'abbaye du Mont-Cassin[92].

Le chapelain Huguccio dilapida tellement d'argent en Espagne que le pape demanda à l'archevêque de Tarragone, Aspàreg de La Barca (1215–1233), de mener une enquête approfondie sur son train de vie. De nombreux clercs furent excommuniés en Hongrie pour ne pas avoir versé les

---

89 Rome, ASV, Reg. 9, n° 933 fol. 228 v° (*cf.* Pressutti, *op. cit.*, t. I, n° 1547 p. 256).

90 Pressutti, *op. cit.*, t. I, n° 1563 p. 261 ; Mansilla, *La documentación pontificia de Honorio III (1216–1227)*, n° 187 p. 147–148 (*cf.* pour une édition antérieure Horoy, *opt. cit.*, t. III, n° 22 col. 31–32).

91 Pressutti, *op. cit.*, t. I, n° 1779 p. 295, 1783 p. 296, 1808 p. 300 et 1823 p. 302–303.

92 Horoy, *op. cit.*, t. III, n° 105 col. 102–103 ; Pressutti, *op. cit.*, t. I, n° 1998 p. 330, 2391 p. 396–397 et 2665 p. 442.

sommes, dont ils étaient détenteurs. Le pape chargea l'évêque Robert de Veszprém de révoquer ces sentences, en échange du versement de leur quote-part au vingtième[93]. Cette politique conciliante fut étendue en 1220 au Portugal et à la Picardie, où un nombre important de clercs avaient outrepassé les termes échus pour le versement du vingtième, ou fraudé sur le montant de leur contribution[94]. Le pape ordonna au mois d'août de cette année l'acheminement en Orient de 1 300 marcs d'argent collectés par l'évêque de Durham, Richard Marsh. Ces sommes avaient été transférées au couvent Saint-Victor de Paris par le maître du Temple en Angleterre, Aimery de Saint-Maur. La collecte du vingtième n'était pas aussi aisée en Scandinavie, où beaucoup de clercs ne percevaient que des revenus en nature. L'évêque de Skara, Benoît le Jeune (1219–1228), fut autorisé à écouler ces victuailles afin d'envoyer en Orient le maximum d'espèces sonnantes et trébuchantes[95].

Ces efforts redoublèrent à la veille du *passagium vernale* de l'année 1221. Le prieur de l'abbaye Saint-Victor de Paris fut prié de gagner la Curie avec l'ensemble des sommes déposées dans son trésor, tandis que le cardinal Gregorio Crescenzi recevait l'ordre d'absoudre les ecclésiastiques danois qui accepteraient de verser leur contribution au vingtième. Ces mesures d'indulgence furent étendues au mois d'avril à l'archevêché d'Esztergom, qui comptait, de l'aveu de son pasteur, un nombre substantiel de prélats et de clercs fraudeurs[96]. Le pape engagea à la même époque l'archevêque de Cologne, Engelbert von Berg, à collecter « sans diminution, ni difficulté » le vingtième pesant sur les revenus du clergé rhénan. Il demanda, en sus, à son légat en Sardaigne, Bartolomeo, de récupérer les sommes versées au juge Mariano II de Torres (1218–1232) à l'époque où ce dernier envisageait de partir en croisade. Le cubiculaire du pape, Martin, gagna au cours de la même année 1221 le royaume de France, qui concentrait la majeure partie des fonds levés en Europe occidentale. Honorius III l'invita à faire preuve de rigueur dans la gestion des sommes, qu'il collectait en raison du passage imminent en Orient du marquis Guillaume de Montferrat[97].

---

[93] Pressutti, *op. cit.*, t. I, n° 2515 p. 415–416 (*cf.* Peter Linehan, *The Spanish Church and the Papacy in the Thirteenth Century*, Cambridge, 2005 (2e édition), p. 8–9) ; Horoy, *op. cit.*, t. III, n° 166 col. 462–463.

[94] Pressutti, *op. cit.*, t. I, n°°2670 p. 443 ; Horoy, *op. cit.*, t. III, n° 149 col. 613–614.

[95] Pressutti, *op. cit.*, t. I, n° 2658 p. 441 ; Horoy, *op. cit.*, t. III, n° 98 col. 568–569.

[96] Pressutti, *op. cit.*, t. I, n° 2933 p. 484 et n° 2949 p. 486 ; Horoy, *op. cit.*, t. III, n° 330 col. 771–772.

[97] Pressutti, *op. cit.*, t. I, n° 3507–3510 p. 570 ; Rome, ASV, Reg. 11, n° 716–717 fol. 143 r°.

Le financement de cette expédition de secours bénéficie de l'éclairage précieux d'un registre du cardinal Hugolin d'Ostie, conservé par la Bibliothèque nationale de France. Ce manuscrit de 42 folios retrace en 125 actes les efforts déployés par le légat d'Honorius III en Lombardie afin de rassembler le maximum d'argent et de troupes dans la première moitié de l'année 1221. Il est aisé de suivre son parcours entre les différentes cités d'Émilie-Romagne et de Lombardie grâce à l'étude méticuleuse de sa légation réalisée par Christine Thouzellier, il y a un demi-siècle. Hugolin d'Ostie succéda au vicaire impérial, Conrad de Metz, qui avait rassemblé des fonds en faveur de la croisade, sans bénéficier de l'investiture du Saint-Siège. Honorius III fit part de sa nomination officielle au clergé lombard, le 14 mars 1221, dans une bulle soulignant les talents d'orateur du futur pape Grégoire IX[98].

Dans chaque cité de sa légation, le cardinal-évêque d'Ostie va s'employer jusqu'à l'automne 1221 à rétablir la concorde et à lever le maximum de fonds en faveur de la croisade. C'est à Bologne que se termine sa légation, après le recrutement de 454 chevaliers et le déblocage par les cités lombardes de 7 730 marcs et 150 livres impériales. Cette estimation ne tient pas compte, selon le registre d'Hugolin, des croisés prêts à suivre le marquis de Montferrat « par fidélité et amour de Dieu ». Christine Thouzellier a démontré que le légat d'Honorius était arrivé à recruter, en un semestre, plus de 610 chevaliers lombards. L'ajournement du transbordement de Guillaume de Montferrat priva l'ost de Damiette d'un nombre équivalent de combattants durant l'été 1221. Le registre du cardinal Hugolin révèle la détermination du Saint-Siège à fournir au noble piémontais les 15 000 marcs d'argent promis au moment de sa venue à la Curie. Le pape chargea des marchands bolonais d'assigner 3 600 marcs au cardinal d'Ostie le 7 juin 1221, avant de commettre les évêques de Bologne et de Sienne à l'encaissement de 5 950 marcs dus par des ressortissants de leurs villes au Saint-Siège. Le pape s'engagea, le 11 août, à suppléer à l'aide du vingtième d'Allemagne, ou d'autres fonds, les reliquats qui viendraient à faire défaut. Son engagement en faveur de la croisade ne fut malheureusement pas relayé par Guillaume de Montferrat, qui s'investit sans compter dans l'administration du royaume d'Arles à partir du printemps 1221[99].

---

98 Guido Levi, *Registri dei cardinali Ugolino d'Ostia e Ottaviano degli Ubaldini*, Rome, 1890, p. 3–154; Thouzellier, « La légation en Lombardie du cardinal Hugolin (1221). Un épisode de la Cinquième Croisade », p. 508–542.

99 Thouzellier, *art. cit.*, p. 513–524 ; Levi, *op. cit.*, n° 113 p. 140–141.

La détermination d'Honorius III ne cessa de se heurter durant trois années aux réalités politiques et économiques du continent européen. Il exempta ainsi de nombreuses communautés religieuses, dans l'incapacité de payer le vingtième décrété lors du concile de Latran IV. Cela commença par le prieuré de Saint-Marc de Mantoue en 1218, dont le pape considéra l'extrême pauvreté et piété. Les moniales de Fontevraud bénéficièrent, le 11 mars 1219, de la même exemption, malgré l'affectation du vingtième de l'évêché de Poitiers au comte de La Marche, Hugues IX, et au puissant Savary de Mauléon. Le pape avait les yeux de Chimène pour ce dernier seigneur, dont l'évêque de Poitiers remboursa les dettes contractées auprès de banquiers romains et siennois durant l'été[100]. Honorius exempta à la même époque l'ordre de Grandmont du paiement du vingtième, en considérant son extrême dépendance envers la générosité des fidèles. L'abbé de Prémontré, en 1220, dut se rendre en personne à la Curie pour obtenir la confirmation de ce privilège, remis en question par plusieurs collecteurs apostoliques[101]. Le clergé et la population de Strasbourg parvinrent à monnayer, au mois de février, leur exemption contre le versement d'une somme forfaitaire de 200 marcs d'argent. La ville de Split convainquit le pape, peu de temps après, de déduire de sa contribution les sommes qu'elle avait dépensées afin de recevoir André II de Hongrie à l'été 1217[102].

La défense de la Terre sainte n'était pas la priorité exclusive d'Honorius III, qui devait gérer plusieurs autres théâtres d'opérations. C'est ainsi qu'il accorda en septembre 1218 au cardinal Bertrando Savelli le produit du vingtième levé dans les provinces d'Auch, Narbonne, Aix, Embrun, Vienne et Arles afin de lutter contre l'hérésie cathare. Il concéda, cinq mois plus tard, à l'archevêque Rodrigo Jiménez de Rada la moitié du vingtième des diocèses de Tolède et de Ségovie afin de financer des opérations militaires contre les Almohades. Ces mesures ne dispensaient pas les croisés séjournant en Espagne de rejoindre prestement l'ost de Damiette, la défense de la péninsule Ibérique incombant naturellement à ses habitants[103].

Ce fut le moment que choisit le pape pour superviser une nouvelle expédition dans le Midi, en réquisitionnant la moitié du vingtième levé dans le

[100] Pressutti, *op. cit.*, t. I, n° 1205 p. 200, 1908 p. 315–316 et 2158 p. 357.
[101] Horoy, *op. cit.*, t. III, n° 227 col. 236 ; Rome, ASV, Reg. 10, n° 831 fol. 205 r°.
[102] Horoy, *op. cit.*, t. III, n° 80 col. 386–387 et 180 col. 478–479.
[103] Horoy, *op. cit.*, t. III, n° 18 col. 29 ; Pressutti, *op. cit.*, t. I, n° 1864 p. 309 (*cf.* Mansilla, *La documentación pontificia de Honorio III (1216–1227)*, n° 207 p. 160–161). L'inaction de Rodrigo Jiménez de Rada amena Honorius III à réorienter vers la Terre sainte, le 4 juillet 1220, la part du vingtième consacrée à la lutte contre les Maures (*cf.* Linehan, *The Spanish Church and the Papacy in the Thirteenth Century*, p. 4–10).

royaume de France. Il autorisa même l'évêque de Châlons, Guillaume II, à affecter la seconde moitié des fonds levés dans son diocèse à l'équipement de l'ost qu'il comptait emmener dans le Languedoc. Ce type de dérogation ne pouvait que nuire, à terme, au financement de la croisade, à l'instar de certains privilèges regardant la Prusse. Le pape prit la peine de limiter heureusement en mai 1218 son appel à l'aide aux fidèles de Pologne et de Poméranie, qui se détournaient des opérations de Terre sainte. Les évêques des provinces de Mayence, Salzbourg, Gniezno et Lund furent chargés de récolter des aumônes pour l'évêque Christian de Prusse, tandis que le pape restreignait son appel aux croisés exemptés pour des raisons financières et médicales. Le résultat fut si peu satisfaisant qu'Honorius III promit, le 8 mai 1220, à l'évêque Christian d'orienter vers la Prusse l'ensemble des croisés, qui rentreraient victorieux d'Égypte. Le pape rappela à cette occasion son engagement total en faveur du secours de la Terre sainte[104].

De telles déclarations s'opposaient aux dérogations, qu'il pouvait concéder ponctuellement à des croisés influents. Ce fut le cas au mois de mai 1218 lorsque l'élu de Beauvais, Milon de Nanteuil, demanda le report de l'accomplissement de son vœu de croisade, après avoir reçu la gestion de l'archevêché de Reims. Le pape ne put refuser cette dispense en raison du départ en croisade de l'archevêque Aubry de Hautvilliers et de l'engagement ancien de Milon de Nanteuil. Il lui concéda d'ailleurs, au moment de son départ en Orient, le vingtième des diocèses de Reims et de Beauvais avec l'ensemble des donations effectuées en faveur de la Terre sainte dans ces évêchés[105]. Le cardinal Bertrando Savelli se vit autoriser, pour sa part, à absoudre de leurs vœux les croisés français qui ne pouvaient gagner la Terre sainte pour des raisons de santé ou d'argent. Le pape exigea, en retour, que ces laïcs et clercs contribuent au financement de la croisade à hauteur de leurs moyens. Il chargea, quelques mois plus tard, son légat en Angleterre, Pandolfo, d'appliquer le même régime à l'évêque de Durham, dont la présence sur le sol britannique s'avérait impérieuse[106].

Ces absolutions continuèrent au cours de l'année 1219 qui vit les croisés s'emparer de Damiette. L'abbé Simon II d'Anchin fut délié de son vœu le 28 février, à condition de contribuer au succès de l'expédition par la prière et l'envoi d'une somme d'argent conséquente. Le roi Henry III d'Angleterre parvint à arracher durant le printemps un privilège analogue pour plusieurs sujets de son royaume, qui souhaitaient racheter des vœux de

---

[104] Horoy, *op. cit.*, t. III, n° 184 col. 197, 221–223 col. 728–731 et 126 col. 425–427.
[105] Horoy, *op. cit.*, t. II-B, n° 272 col. 780–781 ; Pressutti, *op. cit.*, t. I, n° 1745 p. 290.
[106] Pressutti, *op. cit.*, t. I, n° 1619 p. 270 et 1889 p. 312.

croisade prononcés hâtivement. L'absolution des intéressés fut confiée au légat Pandolfo de Norwich, qui assura la régence du royaume d'Angleterre après la disparition de Guillaume le Maréchal, le 14 mai 1219[107]. Le pape exigea que le riche diacre, Guillaume de Caux, qui gravitait dans l'entourage d'Henry III, fournisse pour prix de son absolution une contribution financière importante. Il fut plus indulgent avec l'abbé du monastère Saint-Loup de Troyes, dont la plupart des revenus se composaient de rentes agricoles et de terres arables. Philippe de Traînel fut délié de son vœu de croisade et son monastère exonéré de toute pression fiscale, après le versement d'une somme forfaitaire de 100 livres[108].

Une dispense moins généreuse fut accordée à l'abbé de Vézelay et au primicier du chapitre cathédral de Verdun, contre l'envoi de combattants en Orient. Le pape n'hésita pas à excommunier durant le printemps 1220 les clercs et laïcs d'Allemagne, qui tardaient à honorer leurs vœux de croisade malgré ses imprécations[109]. Il chargea, dans la foulée, son chapelain Rinaldo Monaldi de lever l'excommunication de l'évêque Conrad de Metz si ce dernier s'engageait à passer en Orient rapidement et à abandonner les biens qu'il administrait indûment en Toscane pour le compte de l'empereur Frédéric II. Le contentieux ne tarda pas à se régler et Honorius III plaça l'évêché de Metz sous la protection du Saint-Siège, lorsque Conrad gagea sa mense épiscopale afin de gagner le Levant. Le Saint-Père manifesta plus d'indulgence à l'égard d'un « pauvre étudiant » frioulan qui avait participé à la croisade des enfants, huit ans plus tôt. Ottone Rosso fut relevé de ses vœux sans contrepartie financière[110].

Le soutien de la croisade impliquait l'envoi du maximum de combattants valides en Orient, même si certains ecclésiastiques se voyaient offrir parfois la possibilité d'accomplir leurs vœux en Livonie comme l'archevêque de Magdebourg, Albrecht von Käfernburg. Aussi le pape autorisa-t-il en janvier 1221 son légat au Danemark à absoudre de leurs vœux les fidèles, qui pourraient équiper des combattants à destination de l'Égypte. Il chargea durant le printemps l'archevêque de Bourges, Simon de Sully, d'appliquer la même politique à l'égard des prêtres et clercs de sa province ecclésiastique. L'archevêque de Bourges se vit autoriser à poursuivre impitoyablement les chevaliers et les clercs, qui s'étaient dérobés au paiement

---

107 Pressutti, *op. cit.*, t. I, n° 1900 p. 314 ; Horoy, *op. cit.*, t. II-B, n° 162 col. 172.

108 Pressutti, *op. cit.*, t. I, n° 2023–2024 p. 334 ; Horoy, *op. cit.*, t. II-B, n° 186 col. 199.

109 Horoy, *op. cit.*, t. III, n° 237 col. 249 et 49 col. 343–344.

110 Rodenberg, *op. cit.*, t. I, n° 129 p. 95, 138 p. 99–100, 139 p. 100, 146 p. 104–105 et 149 p. 106 ; Pressutti, *op. cit.*, t. I, n° 2627 p. 436 ; Gary Dickson, *The Children's Crusade*, Basingstoke, 2008, p. 121–123.

du vingtième en accompagnant le prince Louis de France en Angleterre à l'été 1216[111].

Volontaire sur le plan financier, Honorius III ne le fut pas moins sur le plan juridique. Sa chancellerie s'évertua à protéger durant le déroulement de la croisade les intérêts des croisés et à faciliter leur passage en Orient. C'est ainsi qu'une bulle ordonna en 1218 la levée de l'excommunication du chevalier Guillaume de Mareuil, qu'un différend financier opposait à l'archevêque de Bordeaux. La même bienveillance s'exerça à l'égard du comte Guillaume Ier de Hollande qui reçut un privilège d'immunité de la part du Siège apostolique, avant d'être anathématisé abusivement par l'archevêque de Trèves, Dietrich von Wied. Le pape confirma l'absolution du comte ordonnée par Olivier le Scolastique outre-mer, ainsi que celle de l'abbé de Wierden que l'archevêque de Trèves avait excommunié dans sa colère[112]. Ce type de dérive contribuait à discréditer la croisade, en dépit du soin mis par la papauté pour aplanir les litiges surgis entre ses participants. Aux comtes de Loos et de Hollande succédèrent en 1220 un clerc et une aristocrate du diocèse de Tulle, qu'opposait une sombre histoire d'hypothèque. Les registres pontificaux mentionnent un nombre impressionnant de clercs partis en pèlerinage en Orient, malgré la commutation fréquente des vœux d'origine ecclésiastique[113].

Une bulle du mois de novembre 1218 évoque, à ce titre, la destinée tragique du chancelier de l'Église de Meaux, disparu outre-mer. C'est à cette époque qu'Honorius III autorisa l'élu de Beauvais à gagner la Terre sainte avec la multitude de chevaliers qui fourbissaient leurs armes dans le nord de la France. Milon de Nanteuil reçut un vibrant éloge de sa constance d'esprit. La citation de l'Ecclésiaste, dont Honorius III crédita son correspondant à cette occasion, reflète que partiellement la personnalité du bouillant comte-évêque, qui devait secouer le joug de Blanche de Castille durant la minorité de saint Louis : *« Lorsque tu as fait un vœu à Dieu, ne tarde pas à l'accomplir, car il n'aime pas les insensés ! »* Le pape témoigna, pour l'heure, un soutien indéfectible à l'élu de Beauvais, dont il prit les biens sous la protection de saint Pierre, le 7 décembre 1218[114]. Il repoussa sa consécration, à

[111] Pressutti, *op. cit.*, t. I, n° 3266 p. 532 et 2950 p. 486 ; Horoy, *op. cit.*, t. III, n° 362–363 col. 792.

[112] Pressutti, *op. cit.*, t. I, n° 1576 p. 263 ; Rodenberg, *op. cit.*, t. I, n° 69 p. 49–50 et 81 p. 60–61.

[113] Pressutti, *op. cit.*, t. I, n° 1365–1366 p. 226–227 ; Horoy, *op. cit.*, t. III, n° 41 col. 520.

[114] Horoy, *op. cit.*, t. III, n° 53 col. 59–60, 40 col. 48–49 et 65 col. 69–70.

son retour de croisade, et confirma les modalités de gestion de l'évêché de Beauvais quand la nouvelle de la capture de Milon parvint en Europe[115].

La bienveillance du Saint-Siège s'exerçait à l'égard de croisés encore plus illustres, comme l'empereur Frédéric II auquel Honorius III accorda la protection de saint Pierre au mois de février 1219. Le Saint-Père confia la surveillance des domaines de l'empereur à l'archevêque de Salzbourg, Eberhard, et aux évêques de Würzburg et d'Utrecht dans l'optique de son passage prochain en Orient. La même prérogative fut accordée le 18 mai 1219 au roi de Navarre, Sanche le Fort, qui souhaitait porter la guerre contre les Almohades dans le cadre de l'action coordonnée par l'archevêque de Tolède, Rodrigo Jiménez de Rada (1209–1247)[116].

L'esprit de croisade submergea, l'année suivante, le juge sarde, Mariano II, dont le bisaïeul Gunnario II avait participé à la deuxième croisade en 1148. Il obtint la protection du Saint-Siège pour le judicat de Torres, que convoitaient ses voisins pisans. Honorius somma les podestats et dirigeants des villes de Sienne, Luni, Pistoie, Lucques, Florence, Nice et Marseille d'épargner le Logudoro pendant l'absence de Mariano et de son fils Barisone. Une livraison de cette bulle du 17 novembre 1220 fut également adressée à la population remuante du judicat de Torres. L'anarchie régnait également à cette époque dans la cité de Milan d'où l'archevêque Enrico da Settala avait été expulsé, avant de gagner l'Égypte avec plusieurs évêques italiens lors du passage de la Saint-Jean 1220. Le pape l'autorisa à hypothéquer en juin 1221 les biens qui lui restaient afin d'assurer la fin de son séjour en Orient[117].

Ces exemples ne livrent qu'un aperçu de l'intense activité diplomatique, déployée par le Saint-Siège à compter de 1218 afin d'assurer le succès de la cinquième croisade. Honorius III continua de promouvoir à l'échelle européenne les dispositions pacifiques du concile de Latran IV. Il chargea son légat en Espagne, Rodrigo Jiménez de Rada, d'établir la concorde entre les princes chrétiens de la péninsule et somma la cité de Milan de renoncer à ses projets de guerre en Lombardie au nom « des affaires du Crucifié »[118]. Philippe Auguste fut prié, pour sa part, de prolonger de cinq ans les trêves qu'il avait signées avec Jean sans Terre en 1214 « pour l'utilité commune du

115 Pressutti, *op. cit.*, t. I, n° 1728 p. 288 ; Horoy, *op. cit.*, t. III, n° 138 col. 435–436.

116 Rodenberg, *op. cit.*, t. I, n° 94 p. 67–68 ; Horoy, *op. cit.*, t. III, n° 222 col. 232–233.

117 Pressutti, *op. cit.*, t. I, n° 2781–2782 p. 461 et 3445 p. 560 ; Olivier le Scolastique, *op. cit.*, p. 248.

118 Pressutti, *op. cit.*, t. I, n° 1043 p. 176 (*cf.* Mansilla, *La documentación pontificia de Honorio III* (*1216–1227*), n° 149 p. 121) ; Rodenberg, *op. cit.*, t. I, n° 61 p. 44–45.

peuple chrétien ». Les trêves furent reconduites pour quatre ans à la grande satisfaction du pape, qui salua en mai 1219 l'engagement du roi en faveur des affaires de la Terre sainte et de la lutte contre les Albigeois. Les conflits locaux inquiétaient tout autant le souverain pontife, qui avait apprécié la contribution des croisés allemands aux conquêtes réalisées dans le delta du Nil. Aussi chargea-t-il, le 16 décembre 1220, trois abbés du diocèse de Münster de rétablir la paix entre deux communautés frisonnes qui se livraient à une guerre ouverte, préjudiciable aux intérêts de la Terre sainte[119].

Honorius III s'efforça de renforcer les effectifs de l'ost de Damiette, en relayant ses appels à l'aide auprès des fidèles. C'est ainsi qu'il manda aux évêques français et anglais durant l'automne 1218 d'inciter le maximum de croisés à prendre la route de l'Égypte aux mois de mars ou mai 1219. Le pape exonéra les templiers et les hospitaliers de rumeurs malveillantes qui couraient sur leur compte, en soulignant l'action exemplaire des frères Étienne et Henri en matière financière. Il enjoignit, le 23 janvier 1219, au patriarche de Grado d'orienter vers le delta du Nil les croisés qui s'apprêtaient à rallier la Terre sainte à partir de Venise. Le 11 février, il somma l'empereur Frédéric II d'honorer son vœu de croisade sous quatre mois, en chargeant les évêques de Salzbourg, Würzburg et Utrecht d'excommunier les croisés qui gagneraient l'Orient après le 24 juin suivant. L'empereur implora le report de ce délai au 29 septembre 1219, en mettant en avant l'impréparation de son armée. Le pape le lui accorda de bonne grâce le 18 mai, avant de déchanter amèrement durant l'été. Aucune nef, ni galère ne fut en effet armée en vue de gagner les rives du Nil dans les délais impartis[120].

Frédéric II adressa une lettre d'excuses à Honorius III durant le mois de septembre qui souleva son incrédulité. Le pape ne manqua pas de lui rappeler qu'il devait son trône à son père spirituel, Innocent III, l'Église romaine ayant joué le rôle d'une véritable mère nourricière dans sa jeunesse. Il consentit à repousser son départ en croisade à la date du 21 mars 1220, en célébrant la détermination légendaire de son aïeul Frédéric Barberousse († 1190) : *« Ne t'endors pas entre-temps, car tu encourras à l'issue de ce troisième terme les chaînes de l'excommunication. Agite-les, au contraire, et engage les autres à veiller à ce que le nécessaire soit prêt au milieu du temps*

---

[119] Horoy, *op. cit.*, t. III, n° 178 col. 187–188 et 216 col. 225–226 ; Rodenberg, *op. cit.*, t. I, n° 158 p. 111.

[120] Rodenberg, *op. cit.*, t. I, n° 80 p. 58–60, 91 p. 66, 95 p. 68–69 et 97 p. 70 ; Abulafia, *Frederick II*, p. 128. Une réunion de la diète fut cependant planifiée, à cette époque, à Magdebourg afin de désigner un régent.

imparti afin que la terre, qui représente l'étendue de l'héritage du Seigneur, sente les effets de ta puissance, dont elle désire et attend la venue depuis longtemps » ! Le pape ne pouvait être plus insistant, malgré les reproches des historiens à l'égard de son indulgence excessive pour Frédéric II. Il chargea les évêques de Germanie d'excommunier, le premier octobre 1219, l'ensemble des croisés qui avaient failli à leur engagement. L'absolution de leurs fautes devait être monnayée contre leurs promesses formelles de gagner les rives du Nil d'ici le 21 mars 1220. Le choix de ce terme s'avérait particulièrement judicieux pour hâter le passage en Orient des princes allemands[121].

Les efforts du pape se heurtèrent, une fois de plus, à l'indolence de Frédéric II qui expédia une supplique de Haguenau afin de repousser son passage au premier mai 1220. L'empereur invoqua les retards de plusieurs princes et croisés négligents, dont ses hommes s'empressaient de recueillir les serments d'allégeance, sans faire part de ses projets novateurs de confédération avec les princes ecclésiastiques. Le pape accéda à sa requête de mauvaise grâce et chargea son pénitencier, Conrad de Mayence, de relancer la prédication de la Croix en Allemagne, sous peine d'anathème. Le printemps 1220 vit des nouvelles alarmantes arriver de Damiette, où Pélage d'Albano déplorait la désaffection d'un grand nombre de combattants. Honorius exhorta Frédéric II à laisser partir en Orient les croisés du Saint-Empire, qui seraient prêts à respecter le calendrier défini par l'Église. Ces consignes ne facilitèrent que le passage au mois de mars d'une série d'évêques italiens, accompagnés de nonces impériaux[122].

Le pape annonça, le 24 juillet 1220, à Pélage d'Albano le report du transbordement de Frédéric II pour des raisons logistiques à la Saint-Michel de septembre. Il avertit, dans la foulée, Conrad de Mayence des efforts diplomatiques déployés par le calife de Bagdad, an-Nāsir, afin de déloger les chrétiens d'Égypte. Le pénitencier du pape fut chargé d'accélérer les départs des croisés allemands, en recrutant au besoin de nouveaux prédicateurs. Honorius III déclara s'impliquer viscéralement dans le financement de la croisade au point d'avoir épuisé les ressources de la Chambre apostolique. Il somma, le 20 août 1220, la noblesse allemande d'accompagner l'empereur en Égypte ou de préserver la tranquillité du Saint-Empire durant son

121 Rodenberg, *op. cit.*, t. I, n° 106 p. 75–76 et 107 p. 76–77.

122 Rome, ASV, Reg. 10, n° 682 (a) fol. 167 r°-168 r° (*cf.* Jean-Louis-Alphonse Huillard-Bréholles, *Historia diplomatica Friderici secundi*, t. I, part. II, Paris, 1852, p. 741–744 (fragment)) ; Rodenberg, *op. cit.*, t. I, n° 112 p. 79–80, 117 p. 83–84 et 118 p. 84 ; Olivier le Scolastique, *op. cit.*, p. 248 ; Abulafia, *Frederick II*, p. 128–131.

absence[123]. Un avertissement formel fut adressé à l'évêque de Bamberg, Ekbert von Andechs (1203–1237), qui passait pour comploter dans le dos du souverain. Frédéric II obtint dans les derniers jours d'août l'absolution du vœu de croisade du tuteur de son fils Henri VII, qu'il se proposait de laisser en Allemagne. Ce privilège témoigne de la confiance du pape qui relançait alors le comte Egino V d'Urach et les autres nobles du Bade-Wurtemberg, qui essayaient de renier leurs engagements. Honorius se crut bien inspiré, en proposant à Frédéric de venir recevoir le diadème impérial à Rome avant son passage en Orient. Cette offre ajourna cependant ses projets de transbordement d'un semestre, à l'heure où l'ost de Damiette recevait les renforts insuffisants des comtes Matteo de Lesina et Heinrich Ier de Schwerin[124].

La bonne volonté d'Honorius III ne semble pas avoir été entachée d'une naïveté excessive par rapport aux intentions de l'empereur. Il chargea en effet, à la veille de son couronnement impérial, le cardinal-évêque de Frascati, Niccolò Chiaramonti, d'enquêter sur son engagement en faveur de la croisade et ses projets impériaux après l'association au trône de Germanie de son fils Henri. L'évêque de Frascati reçut l'ordre de forcer le trait auprès de Frédéric II afin de l'inciter à gagner rapidement l'ost de Damiette, qui réclamait son passage à cors et à cris. L'opération porta suffisamment ses fruits pour que l'empereur s'engage officiellement, le 22 novembre 1220, à rejoindre l'Égypte en grand apparat au mois d'août suivant. Une quarantaine de barons allemands et italiens promirent de devancer son passage, en gagnant les rives du Nil dès le mois de mars 1221 en compagnie du duc de Bavière et du sénéchal impérial, Werner von Bolanden. Honorius III s'empressa d'annoncer la bonne nouvelle à son pénitencier Conrad de Mayence et au cardinal d'Albano, auquel il confia le soin d'assigner 2 000 marcs au duc de Bavière, à son arrivée en Orient. Il accorda parallèlement une dispense de cinq mois à Louis Ier de Wittelsbach, au cas où l'empereur tarderait à lui remettre les 5 000 marcs d'argent qui devaient financer son transbordement[125].

Le duc de Bavière gagna l'Égypte au mois de mai 1221 avec l'évêque de Passau, Ulrich, le margrave Hermann de Bade et le comte Frédéric II de Brene, qui devait revêtir, l'année suivante, l'habit du Temple. Les croisés

---

123 Rodenberg, *op. cit.*, t. I, n° 124 p. 88–91, 126 p. 91–92 et 131 p. 96–97.

124 Rodenberg, *op. cit.*, t. I, n° 132–133 p. 97, 137 p. 99 et 136 p. 98–99 ; Olivier le Scolastique, *op. cit.*, p. 248 et 253. Les Vénitiens dépêchèrent lors du passage d'août 1220 14 galères en Égypte, qui ne purent s'opposer efficacement à la flotte ayyoubide, forte d'une trentaine de navires (*cf.* Olivier le Scolastique, *op. cit.*, p. 253 ; L. Buenger Robbert, « Venetian Participation in the Crusade of Damietta », p. 28–29).

125 Rodenberg, *op. cit.*, t. I, n° 144 p. 103, 146 p. 104–105, 148 p. 105, 157 p. 110–111 et 147 p. 105.

allemands participèrent aux opérations militaires planifiées par Pélage d'Albano à partir du 29 juin[126]. Une lettre du grand-maître du Temple, Pierre de Montaigut, pondère le jugement des chroniques levantines sur la responsabilité du légat d'Honorius III dans la folle marche sur le Caire, entreprise par les croisés. Il semble en effet que Louis de Wittelsbach souhaitait relancer les opérations militaires contre les Ayyoubides, sans attendre l'évêque de Catane, Gualtiero da Pagliara, et le comte Henri de Malte qui s'apprêtaient à rallier l'Égypte à la tête d'une quarantaine de galères impériales. Le pape reprocha à l'empereur Frédéric II, le 20 juillet 1221, d'avoir laissé partir cette flotte en Orient, sans honorer son engagement personnel.

> À cause de toi, dit-il, nous sommes gravement critiqué. On raconte en effet à l'intérieur et à l'extérieur de l'Église romaine que nous portons trop d'affection à ta personne pour ne pas hésiter à dénoncer tes agissements contre Dieu et ses affaires!

Honorius III accusa Frédéric II, un mois plus tard, d'avoir abusé l'ost de Damiette par des promesses fallacieuse et trahi la papauté, en mettant un terme à la liberté des élections épiscopales en Allemagne[127].

Le pape ignorait alors les déboires rencontrés par l'armée de la croisade en Orient. Jean de Brienne avait réintégré Damiette, avant le lancement des opérations le 12 juillet 1221. Les croisés remontèrent le cours du Nil en direction de Fāriskūr, dont ils s'emparèrent sans difficulté. Ils prirent le contrôle à la fin du mois de Šaramsāh et progressèrent en direction du camp de l'armée égyptienne, établi à un lieu-dit baptisé prophétiquement al-Mansūrah (« La Victorieuse »). Cette position dominait la confluence du Nil avec le canal d'Ashmūn – ou Bahr as-Saghīr –, qui communiquait à une soixantaine de kilomètres à l'est avec le lac Manzaleh. Le malheur voulut pour les croisés que les forces ayyoubides fussent unies au moment de leur arrivée sur place, le 24 juillet. Les armées syriennes des sultans al-Ašraf et al-Mu'azzam franchirent le Nil pour prendre position au nord de l'armée chrétienne, après trois semaines de tergiversations. Cet attentisme semble avoir provoqué la désaffection de quelque 10 000 croisés déçus par la tournure des événements. Les barons bavarois convainquirent l'état-major de la

---

126 Olivier le Scolastique, *op. cit.*, p. 256–257 ; Ernst Ehrenfeuchter, *Chronicon Montis Sereni, MGH, Scriptores*, t. XXIII (1874), p. 199 ; Matthieu Paris, *Chronica maiora*, éd. H.R. Luard, t. III, Londres, 1876, p. 68–70 ; Rodenberg, *op. cit.*, t. I, n° 124.

127 Matthieu Paris, *Chronica maiora*, éd. H.R. Luard, t. III, Londres, 1876, p. 68–70 ; *Estoire d'Eracles*, p. 349; Olivier le Scolastique, *op. cit.*, p. 277 ; Rodenberg, *op. cit.*, t. I, n° 177–178 p. 123–125.

croisade de sonner la retraite en direction de Damiette le 26 août, après la rupture des lignes d'approvisionnement chrétiennes. L'ost parvint le 27 août à hauteur du village de Barāmūn, où la croisade se transforma en débâcle. Le sultan al-Kāmil ordonna en effet l'inondation des terrains situés en aval de son camp, au plus fort de la crue du Nil[128].

Les templiers et les hospitaliers repoussèrent les assauts de troupes éthiopiennes déchaînées, tandis que Jean de Brienne s'évertuait à tenir à distance la cavalerie turque qui pressait le flanc droit de l'ost. Les chrétiens se résolurent à dépêcher un ambassadeur auprès d'al-Kāmil, le 28 août, afin de négocier une reddition honorable. Leurs prétentions s'effacèrent le 30 août devant les réalités du terrain. Ils acceptèrent de monnayer leur reddition contre l'abandon de Damiette et la signature d'une trêve de huit ans avec le sultanat du Caire. Cette trêve devait s'accompagner d'un échange de prisonniers bilatéral et de la restitution aux chrétiens des restes de la Vraie Croix, prise à Hattīn. Le sultan choisit une quinzaine d'otages de haut rang dans l'armée chrétienne afin de garantir le bon déroulement des opérations. Les maîtres du Temple et de l'ordre teutonique furent chargés d'annoncer les termes de la capitulation de Barāmūn aux croisés cantonnés à Damiette. Ces propositions déplurent à Jacques de Vitry et aux représentants de Frédéric II, qui avaient accosté dans les derniers jours d'août avec des troupes fraîches. Les croisés s'exécutèrent cependant, après quelques échauffourées, et évacuèrent piteusement Damiette le 8 septembre 1221[129].

Le pape s'efforçait encore à cette date de faciliter le départ des croisés allemands qui subissaient les vexations de seigneurs rapaces. Le 25 octobre 1221, l'empereur chargea l'évêque Jacques de Patti et un chapelain pontifical d'origine sicilienne d'informer le pape de l'échec de la croisade[130]. Il s'engagea à œuvrer en faveur du redressement de la situation, en s'exposant aux reproches sévères d'Honorius III dans la réponse qui lui fut adressée, le 19 novembre. Le pape dénonça l'injure faite à la personne du Christ à travers la défaite de ses fidèles et l'immobilisme de l'empereur, qui avait compromis cinq ans d'efforts incessants. Honorius III imputa l'obstination des croisés à rejeter les propositions de paix ayyoubides à la promesse de Frédéric de passer en Orient à l'issue de son couronnement impérial. Il

---

[128] Donovan, *Pelagius and the Fifth Crusade*, p. 89–92 ; Prawer, *Histoire du royaume latin de Jérusalem*, t. II, 167–169 ; Powell, *Anatomy of a Crusade, 1213–1221*, p. 188–190.

[129] Donovan, *op. cit.*, p. 92–94 ; Prawer, *Histoire du royaume latin de Jérusalem*, t. II, p. 169 ; J.M. Powell, *Anatomy of a Crusade, 1213–1221*, p. 189–191 ; Rodenberg, *op. cit.*, t. I, n° 179 p. 126.

[130] Rodenberg, *op. cit.*, t. I, n° 179 p. 126 ; Eduard Winckelmann, *Acta Imperii inedita seculi XIII.*, t. I, Innsbruck, 1880, n° 231 p. 213.

somma l'empereur d'élaborer un nouveau plan de guerre, sous peine d'excommunication, et délégua à ses côtés le cardinal Niccolò Chiaramonti au mois de décembre 1221. Les évêques de la chrétienté furent invités parallèlement à attiser la ferveur des fidèles dans l'optique de la préparation d'un nouveau « passage général ». L'Europe accusait cependant sévèrement le coup, après avoir cru un temps pouvoir subjuguer l'ensemble du Proche-Orient[131].

L'échec de la croisade résulta incontestablement d'une conjonction de facteurs, qui dépassent la responsabilité personnelle de Pélage d'Albano. Le bellicisme de Louis Ier de Bavière et l'indolence de Frédéric II pesèrent dans l'issue finale de l'expédition, autant que le débandement des milliers de croisés découragés par les piétinements de l'ost devant la ville d'al-Mansūrah. Nous ne connaîtrons jamais tous les paramètres de la défaite comme l'a écrit Joseph Donovan, il y a un demi-siècle. Deux figures éclatantes de l'opération ne peuvent être cependant incriminées : le roi Jean de Brienne et le pape Honorius III qui endura les critiques de certains troubadours occitans, en mal de bouc émissaire. L'étude de sa correspondance diplomatique révèle sa hauteur de vue, ainsi que son attachement à aplanir les différends susceptibles d'affecter le bon déroulement de la croisade. Le pape associa largement à ses projets les cardinaux, bien que l'usage de la formule *de fratrum nostrorum consilio* ne permette pas de les identifier nominalement. Par ses efforts financiers incessants, il faillit rendre possible la conquête de l'Égypte par une armée qui ne comptait aucun souverain majeur. Il privilégia, le premier, la voie de la négociation avec les musulmans, en gardant à l'esprit le but ultime et originel de la croisade : la libération des saints lieux de Palestine[132].

---

131 Rodenberg, *op. cit.*, t. I, n° 183 p. 128–130, 184 p. 130 et 185 p. 130–131.

132 Donovan, *op. cit.*, p. 94–97 ; Powell, *op. cit.*, p. 195–203 ; Palmer A. Throop, *Criticism of the Crusade. A Study of Public Opinion and Crusade Propaganda*, Amsterdam, 1940 (réédition, 1975), p. 31–34.

CHAPITRE II

LA DÉFENSE DE L'ORIENT LATIN

« Honorius ne ménagea pas ses efforts en faveur de l'amélioration de la situation difficile de l'Empire latin de Constantinople et du reste des principautés conquises par les croisés en Grèce », a jadis déclaré avec autorité Johannes Clausen. Si la Syrie latine offrait au début du XIIIe siècle un triste tableau, il paraît toutefois excessif d'attribuer la perte de Jérusalem aux divisions apparues après 1187, comme le suggère l'érudit allemand. L'Orient latin comprenait, à l'avènement d'Honorius III, un chapelet d'États disséminés entre les rives de l'Adriatique et les sables du Néguev. À Constantinople régnait l'empereur Henri de Hainaut, qui avait épousé en secondes noces la fille du tsar Bulgare, Kalojan (1197–1207). L'un de ses barons les plus remuants était le neveu et homonyme du chroniqueur, Geoffroy de Villehardouin, qui dirigeait la principauté d'Achaïe depuis une demi-douzaine d'années. À Chypre régnait depuis 1205 le roi Hugues Ier de Lusignan, que l'on avait fiancé, à sa naissance, à la princesse Philippine de Champagne. Il avait fini par épouser en 1210 sa sœur Alix, qui tenait de leur père quelques droits sur la Couronne de Jérusalem et le comté de Champagne. Le royaume d'Arméno-Cilicie était dirigé à cette époque par le roi Léon Ier, qui était parvenu à imposer son petit-neveu, Raymond-Rubēn, à la tête de la principauté d'Antioche en 1216. Le comte de Tripoli et futur prince, Bohémond IV, contestait ses droits, sans bénéficier du soutien du roi de Jérusalem, Jean de Brienne, qui avait épousé en 1214 une princesse arménienne et gérait le douaire de sa fille Isabelle, née d'un mariage précédent[1].

1 Le soutien de la Romanie franque

L'empereur Henri de Hainaut fut l'un des premiers souverains occidentaux auxquels Honorius III annonça son élection pontificale vers le 25 juillet 1216. Les scriptors pontificaux semblent l'avoir confondu avec son frère Baudouin, disparu en 1205, malgré la volonté du pape de le traiter avec

---

[1] Clausen, *Papst Honorius III (1216–1227)*, p. 76 et 92 ; Jean Longnon, *L'Empire latin de Constantinople et la principauté de Morée*, Paris, 1949, p. 81–152 ; Jean Richard, *Histoire des croisades*, Paris, 1996, p. 248–268.

libéralité en raison d'un « attachement viscéral » à sa personne ! La Chancellerie apostolique rattrapa cette erreur dans la directive qu'elle expédia, le 12 août 1216, au patriarche de Constantinople, Gervais, afin de promouvoir l'unité et la paix en Romanie. Cette lettre invita Gervais à utiliser avec ses suffragants les glaives spirituel et temporel contre ceux qui remettraient en cause l'équilibre de l'empire et les dispositions du concile de Latran IV[2]. Le pape ignorait que l'empereur avait été empoisonné le 11 juin dans des circonstances suffisamment troubles pour permettre l'incrimination de son épouse, Marie. Aucun autre monarque ne fut en mesure, après sa mort, de soumettre à *l'Imperium Francorum* les États grecs avoisinants, en pratiquant une politique d'ouverture comparable à la sienne. Un chroniqueur byzantin n'affirme-t-il pas qu'« Henri se comporta débonnairement à l'égard des Romains qui étaient originaires de la cité de Constantin, malgré ses origines franques » ? Le fait est qu'il en associa un grand nombre à la direction de l'empire alors que son rival grec, Théodore Lascaris, recrutait des mercenaires latins en nombre[3]...

La première principauté de l'empire, le royaume de Thessalonique, était dirigée par un enfant de 11 ans qui sollicita la protection d'Honorius, au lendemain de son élection pontificale. Démétrius de Montferrat appartenait à une illustre famille piémontaise. Son oncle Conrad de Montferrat avait été, un temps, roi de Jérusalem et son père Boniface Ier, roi de Thessalonique de 1205 à 1207. Honorius accepta de placer, le 12 août 1216, ses domaines sous la protection générale de saint Pierre, en attendant son accès à la majorité. Ce privilège fut confirmé, le 13 avril 1217, en raison de la faiblesse physique induite par la jeunesse de Démétrius et des mérites innombrables de ses aïeux. L'artisan de ce privilège fut son frère Guillaume, qui dirigeait le marquisat de Montferrat depuis la mort de leur père[4]. Le pape consacra une bonne partie de l'hiver 1216–1217 à étudier les conditions de succession d'Henri de Hainaut. Au roi de Hongrie, André II, qui lui faisait part de son élection possible au trône de Constantinople, il rappela son engagement formel à partir en croisade au printemps suivant. André se

---

[2] Horoy, *op. cit.*, t. II-B, n° 3 col. 5–6 et n° 16 col. 25–26 ; Pressutti, *op. cit.*, t. I, n° 5 p. 2–3 et 20 p. 5 (*cf.* édition intégrale dans W. Duba, C. Schabel, *Bullarium Hellenicum : Pope Honorius III's Letters involving Frankish Greece and Constantinople*, Turnhout, 2013 [désormais abrégé en *Bullarium Hellenicum*], n° 2 et 4).

[3] Setton, *The Papacy and the Levant (1204–1571)*, t. I, p. 43 ; Wolff, « The Latin Empire of Constantinople, 1204–1261 », *A history of the crusades*, éd. K.M. Setton, t. II, p. 210 ; Georges Akropolitès, *The History*, § 16 p. 153 et § 9 p. 130. Nicée abritait, du reste, encore en 1234 une importante colonie franco-anglaise.

[4] Horoy, *op. cit.*, t. II-B, n° 15 col. 24–25 et 295 col. 362 ; Pressutti, *op. cit.*, t. I, n° 19 p. 5 et 499 p. 88 (*cf. Bullarium Hellenicum*, n° 3 et 11).

désista en faveur du comte d'Auxerre et de Nevers, Pierre II de Courtenay, qui se trouvait être à la fois son beau-père et le beau-frère du défunt empereur, Henri. Pierre de Courtenay accepta de gager une partie de ses domaines afin de rallier Constantinople avec une suite imposante. Il gagna Rome au mois d'avril 1217 avec son épouse Yolande de Hainaut et une troupe forte de 160 chevaliers ainsi que 5 500 fantassins et cavaliers légers[5].

Le nouvel empereur latin de Constantinople aspirait à être couronné par le pape à l'instar des empereurs germaniques. Honorius III refusa, à plusieurs reprises, de déposer sur son front le diadème impérial par respect pour les droits de l'Église de Constantinople et déférence pour le jeune Frédéric II. Le pape finit par céder aux objurgations de l'empereur et à le couronner, le 9 avril, dans la basilique de Saint-Laurent-hors-les-Murs en présence d'une foule nombreuse. Il se fendit d'un courrier auprès du patriarche Gervais de Constantinople, trois jours plus tard, afin de justifier son geste. Honorius commença par souligner l'étendue des pouvoirs spirituel et temporel confiés aux pontifes romains, avant de relater les conditions de couronnement de Pierre de Courtenay. Il justifia sa décision par la volonté d'imposer la suprématie de l'Église romaine au clergé byzantin, qui avait soutenu les prétentions des anciens *basileis*. Cet orgueil avait provoqué, à ses yeux, le transfert de l'Empire byzantin entre les mains des Latins et l'avènement d'une « Église générale », destinée à accomplir l'œuvre de Dieu. Le pape demanda au patriarche de Constantinople d'accepter sa décision avec empressement « en tant qu'humble membre soumis à une tête ». Honorius lui dressa un portrait élogieux de Pierre de Courtenay qui présentait les gages d'un souverain catholique, susceptible de briller en Orient. Le pape ne s'était pas trompé en l'exhortant à respecter les droits et coutumes de l'Église constantinopolitaine. Cette démarche conduisit l'empereur à confirmer le 11 avril les dispositions de la *Partitio Romanie* de 1204 avec solennité[6].

La situation en Grèce était délicate après les conquêtes par le sébaste Théodore Doukas des villes d'Ochrid, Prilep et Durrës, et la sujétion de la Thessalie. Honorius décida d'adjoindre à la suite de Pierre de Courtenay un légat, à même de représenter ses intérêts en Orient. Il souhaitait par son truchement rendre visite « aux fils et aux populations soumises », dont le Seigneur avait confié la tutelle à l'Église romaine. La nouvelle de cette

5 Horoy, *op. cit.*, t. II-B, n° 181 col. 223–224 ; Longnon, *L'Empire latin de Constantinople et la principauté de Morée*, p. 153–154 ; Setton, *The Papacy and the Levant* (*1204–1571*), t. I, p. 44.

6 Horoy, *op. cit.*, t. II-B, n° 294 col. 360–362 ; Pressutti, *op. cit.*, t. I, n° 497 p. 88 (*cf. Bullarium Hellenicum*, n° 10) ; Setton, *The Papacy and the Levant* (*1204–1571*), t. I, not. 2 p. 44.

légation fut transmise, le 21 avril 1217, à l'ensemble des comtes, barons et fidèles de l'Empire latin de Constantinople, ainsi qu'au podestat de Venise et au régent du royaume de Thessalonique, Berthold von Katzenelnbogen[7]. Le choix du pape se porta sur le cardinal de Sainte-Praxède, Jean Colonna, qui administrait de fraîche date la Campanie pour le compte du Siège apostolique. Le jeune cardinal se vit confier la charge de juger les puissants, comme les faibles, et d'aplanir les tensions ethniques et sociales, perceptibles dans l'empire. Vaste programme en vérité que celui élaboré par le pape afin de démontrer l'implication de l'Église romaine dans la gestion des affaires d'Orient[8] ! Honorius III avertit dès le 14 avril Jean Colonna de sa décision de protéger le royaume de Thessalonique de la convoitise de ses voisins et vassaux, sous peine d'excommunication. Un privilège apostolique fut délivré, deux jours plus tard, au marquis Guillaume VI de Montferrat, dont l'empereur avait reconnu les droits héréditaires sur le royaume macédonien à l'occasion de son couronnement[9].

La suite des événements fut moins heureuse pour Pierre de Courtenay qui entendait rallier Constantinople en empruntant la *Via Egnatia*, courant à travers l'Épire et la Thessalie. Il s'attela au siège de Durrës, à son arrivée en Orient, mais ne tarda pas à tomber entre les mains de Théodore Doukas qui l'emprisonna dans un donjon épirote. La nouvelle consterna le pape qui se prit à craindre pour la survie de l'Empire latin de Constantinople. Il pria, le 28 juillet 1217, le roi André II de Hongrie de négocier la libération de Pierre de Courtenay et de Jean Colonna, en déplorant que leur captivité ne permette « l'enracinement de la perfidie des Grecs ». Il s'agit là d'un poncif dont on a démontré la permanence dans la littérature occidentale depuis la première croisade[10]. Honorius somma le doge de Venise de dépêcher une ambassade auprès de Théodore Doukas afin de sauver l'empire et d'assumer la dette morale qui pesait sur les épaules de la Sérénissime. L'empereur

---

[7] Georges Akropolitès, *The History*, § 14 p. 144–145 ; Pressutti, *op. cit.*, t. I, n° 526 p. 92 (*cf. Bullarium Hellenicum*, n° 18). Les termes de cette circulaire sont proches de ceux employés en 1206 à l'égard de la légation du cardinal Benoît de Sainte-Suzanne (*cf.* Léopold Delisle, « Lettres inédites d'Innocent III », *Bibliothèque de l'Ecole des Chartes*, 34 (1873), n° 5 p. 406–407).

[8] Werner Maleczek, « Colonna, Giovanni », *Dizionario biografico degli Italiani*, t. XXVII, 1982, p. 324–328.

[9] Pressutti, *Regesta Honorii papae III*, t. I, n° 506 p. 89 ; Horoy, *op. cit.*, t. II-B, n° 298 col. 364–365 ; Pressutti, *op. cit.*, t. I, n° 506 et 508 p. 89 (*cf. Bullarium Hellenicum*, n° 16 et 17).

[10] Setton, *The Papacy and the Levant (1204–1571)*, t. I, p. 44–45 ; Horoy, *op. cit.*, t. II-B, n° 7 col. 479–480 ; Pressutti, *op. cit.*, t. I, n° 684 p. 119 (*cf. Bullarium Hellenicum*, n° 25) ; Marc Carrier, *L'image des Byzantins et les systèmes de représentation selon les chroniqueurs occidentaux des croisades*, Paris, 2006, p. 73–77.

avait en effet entrepris le siège de Durrës pour le compte des Vénitiens, qui l'occupaient avant 1212. Le pape invita Pietro Ziani à ne pas économiser ses efforts diplomatiques et militaires afin d'amener le duc d'Épire à de meilleurs sentiments. Il incita, par ailleurs, le prince d'Achaïe, Geoffroy Ier de Villehardouin, à s'associer aux négociations en raison de la gravité de l'affaire[11].

Honorius développa une diplomatie parallèle afin de hâter la libération de Jean Colonna, que son passé d'auditeur pontifical ne prédisposait guère à une captivité prolongée. Il dépêcha l'un de ses chapelains auprès de Théodore Doukas, avec lequel la papauté entretenait des relations suivies. Le pape confia à son nonce une lettre de remontrances pour « le noble Théodore Comnène », qui avait jusqu'à présent régné avec sagesse sur le Grecs et conservé la faveur du Siège apostolique, gagnée par son demi-frère, Michel († 1215). Honorius accusa le duc d'Épire de fouler aux pieds les droits de l'Église, en retenant prisonnier son légat *a latere*.

> Si tu étais vraiment catholique, déclara-t-il, tu accomplirais des œuvres catholiques et tu étendrais tes mains vers les affaires qui touchent l'aide à la Terre sainte, au lieu de les compromettre. Tu serais agréable, de la sorte, au service de Dieu et t'abstiendrais de toute injure!

Le pape alla jusqu'à menacer Théodore de la prédication d'une croisade contre sa personne, au cas où il refuserait de relâcher le cardinal Colonna[12].

Ce type de rapport de force ne pouvait qu'affaiblir l'autorité spirituelle, dont jouissait la papauté au sein du monde byzantin. Honorius III crut bon de requérir l'assistance du métropolite d'Éphèse, Nicolas Mésaritès, et de l'archidiacre latin de Thessalonique, en l'absence de son métropolitain, Garin de Douai. Le pape dénonça auprès de ses deux correspondants « l'abominable crime », dont Théodore Doukas venait de se rendre coupable, et souligna l'intérêt que leur personne pourrait retirer d'une intervention en faveur de l'Église romaine[13]. Les négociations traînèrent tellement que Jean Colonna ne fut relâché qu'au mois de mars 1218 avec une partie des prisonniers. Pierre de Courtenay disparut dans les premiers jours de l'année 1219, bien que la rumeur de sa survie ait alimenté les

---

11 Pressutti, *op. cit.*, t. I, n° 689 p. 120 et 685 p. 119 (*cf. Bullarium Hellenicum*, n° 27 et 28).

12 Horoy, *op. cit.*, t. II-B, n° 9 col. 481–482 (*cf. Bullarium Hellenicum*, n° 24).

13 Pressutti, *op. cit.*, t. I, n° 690 et 691 p. 120 (*cf. Bullarium Hellenicum*, n° 29–30) ; Henri de Valenciennes, *Histoire de l'empereur Henri de Constantinople*, éd. J. Longnon, Paris, 1948, not. 3 p. 76.

conversations jusqu'en 1224. Théodore Doukas eut l'habileté d'entretenir ces rumeurs à des fins politiques[14].

L'année 1218 vit la situation de la Romanie franque se dégrader après la conquête par les forces épirotes des villes de Néopatras (Hypate) et de Lamia, sur la frontière septentrionale du marquisat de Bodonitsa. Théodore Doukas subjugua également la forteresse thessalienne de Platamon, dominant le golfe de Thessalonique. Geoffroy de Villehardouin obtint du pape durant l'été l'autorisation de garder sur ses terres les croisés qui devaient gagner la Terre sainte sous peu afin de remplir leurs vœux. Honorius enjoignit aux intéressés de rester en Morée « au nom de la rémission de leurs péchés », aussi longtemps qu'il estimerait leur séjour nécessaire pour la sécurité de la principauté[15]. Les progrès de l'armée épirote inquiétaient le roi de Hongrie, André II, dont l'une des sœurs avait épousé successivement le *basileus* Isaac II Ange, puis le marquis Boniface de Montferrat. Le monarque intervint auprès d'Honorius III afin qu'il prenne l'impératrice Marguerite sous la protection de saint Pierre à l'instar de son fils Démétrius. À Constantinople régnait l'impératrice Yolande de Hainaut, qui avait donné naissance à un quatrième fils du nom de Baudouin pendant la captivité de Pierre de Courtenay. Yolande obtint, le 2 juillet 1219, un privilège d'immunité contre les excommunications fulminées contre sa personne sans l'assentiment du Saint-Siège. Le pape autorisa, par ailleurs, son chapelain Garnier à cumuler plusieurs bénéfices ecclésiastiques, dépourvus de charge d'âmes. Ce privilège resta lettre morte, car l'impératrice s'éteignit le 26 août suivant, en laissant un héritier de deux ans, incapable de régner[16].

Les barons décidèrent de confier la régence de l'Empire latin de Constantinople au diplomate Conon de Béthune, qui avait déjà assuré l'intérim à la mort d'Henri de Hainaut. Sa disparition prématurée profita au cardinal de Saint-Praxède, qui avait gagné les rives du Bosphore après son élargissement. Honorius III lui expédia une longue lettre de mission à l'été 1220, après avoir appris la mort imprévue du patriarche Gervais de Constantinople. Cette bulle débute par un long préambule sur les dangers qui menacent les voyageurs insouciants. Le pape invite son correspondant

---

[14] Walter Norden, *Das Papsttum und Byzanz*, Berlin, 1903, p. 301 ; Donald M. Nicol, *The Despotate of Epiros*, Cambridge, 1957, p. 52–53 ; Id., « The Fate of Peter of Courtenay, Latin Emperor of Constantinople, and a Treaty that Never Was », *ΚΑΘΗΓΗΤΡΙΑ*, éd. J. Chrysostomides, Camberley, 1988, p. 377–383.

[15] Setton, *The Papacy and the Levant (1204–1571)*, t. I, p. 45 ; Pressutti, *op. cit.*, t. I, n° 1490 p. 247 et 1491 p. 247–248 (*cf. Bullarium Hellenicum*, n° 65 et 66).

[16] Setton, *op. cit.*, t. I, p. 45 ; Horoy, *op. cit.*, t. III, n° 137 col. 150 et 247 col. 255 ; Pressutti, *op. cit.*, t. I, n° 2131 p. 352 (*cf. Bullarium Hellenicum*, n° 81, 86 et 87).

à méditer cet exemple et à témoigner la plus grande sollicitude et diligence possible à l'égard du sort de l'Empire de Constantinople et de l'Église latine d'Orient. Il engage Jean Colonna à renoncer au pèlerinage que ce dernier envisage d'effectuer en Terre sainte, en invoquant les intérêts supérieurs de l'empire et le préjudice lié au transfert en Palestine des croisés de Romanie. Honorius assure son vénérable confrère de son soutien spirituel par une formule pleine de dilection :

> Comme l'empire et l'Église ne seront stables que lorsqu'un empereur et un patriarche leur auront été donnés, nous nous efforcerons de consacrer nos prières étendues à ta personne en attendant avec l'aide de Dieu, aussi certainement que nous t'étreignons avec les bras de notre sincérité[17].

Le sort de l'empire était intimement lié à l'avenir du royaume de Salonique, menacé de plus en plus directement par Théodore Doukas. Ce dernier resserrait son emprise sur la ville après avoir pris aux Latins les places de Néopatras, Platamon et Serrès, et enlevé aux Bulgares les villes d'Ochrid, Prilep, Debre, Prosek, Kastoria, Grevena et Berroia. Le marquis de Montferrat s'en alarma et requit l'aide du Saint-Siège afin de préserver l'héritage de son frère Démétrius. Honorius III chargea Jean Colonna, le 11 décembre 1220, de réprimer par la censure ecclésiastique toute tentative de déstabilisation du royaume de Salonique, en mettant en avant la jeunesse de son souverain et les mérites de Guillaume VI de Montferrat. Les barons constantinopolitains avaient dépêché à cette date une ambassade en Flandre afin de proposer la couronne impériale au marquis de Namur, Philippe de Courtenay. Son refus profita à son frère puîné, Robert, qui accéda au trône de Constantinople malgré une simplicité de caractère, qui aurait dû le cantonner un rôle obscur en Occident. Robert séjourna à la cour de son beau-frère, André de Hongrie, avant de rallier Constantinople au printemps 1221[18].

Un nouveau patriarche latin avait été nommé dans la ville, en la personne de l'ancien évêque d'Equilio, Maffeo (Matteo). Il sollicita auprès du pape, selon la coutume, le droit d'absoudre les clercs coupables de violences et les marchands, qui avaient été excommuniés en raison de leur collusion avec les « infidèles ». Honorius III l'autorisa à absoudre

---

[17] Longnon, *L'Empire latin de Constantinople et la principauté de Morée*, p. 158 ; Setton, *op. cit.*, t. I, p. 45 ; Pressutti, *op. cit.*, t. I, n° 2557 p. 422–423 (*cf. Bullarium Hellenicum*, n° 89).

[18] Vasily Vasilievsky, « Epirotica saeculi XIII », *Vizantiiskii Vremennik*, t. III (1896), n° 2–4 p. 243–248 et 17 p. 276 ; Longnon, *L'Empire latin de Constantinople et la principauté de Morée*, p. 159–160 ; Wolff, « The Latin Empire of Constantinople, 1204–1261 », *A History of the Crusades*, éd. K. Setton, t. II, p. 213–214.

officiellement les faussaires, qui se plaisaient à imiter les sceaux du clergé latin d'Orient, et à sacrer le futur empereur de Constantinople si le protocole impérial prévoyait une onction. Il semble que ce privilège de février 1221 soit parvenu à Constantinople après le couronnement de Robert de Courtenay, le 25 mars suivant. Ce retard n'affecta cependant pas le déroulement du sacre, calqué sur le cérémonial byzantin en usage avant 1204[19].

Il suffit de parcourir les registres d'Honorius III pour prendre conscience de la profonde dépendance de la Romanie franque à l'égard de l'appui du Saint-Siège. Le comte palatin de Céphalonie, Matthieu, sollicita par exemple, en 1222, la protection de saint Pierre afin de contrer les progrès des Épirotes en mer Ionienne. Le pape renouvela le privilège de son prédécesseur, Innocent III, en veillant à englober les terres que Maio Orsini avaient reçues en fiefs des défunts empereurs, Henri de Hainaut et Pierre de Courtenay. Le comte, malgré ses origines apuliennes, n'avait pas hésité à solliciter la citoyenneté vénitienne en 1209 afin de protéger ces domaines. Il devait entrer dans la vassalité de la principauté de Morée, quelques années plus tard, afin de préserver son pouvoir sur les îles de Céphalonie, Zante et Ithaque[20].

L'année 1223 vit Honorius III confirmer la protection qu'il avait accordée à l'ancienne impératrice, Marguerite de Constantinople, à la requête d'André II de Hongrie. La mère du jeune Démétrius de Montferrat obtint la confirmation d'une dizaine de domaines, que son frère lui avait concédés en Hongrie. Ce privilège fut partagé le 16 septembre par le prince Geoffroy Ier de Villehardouin, dont Honorius prit les biens et la famille sous sa protection personnelle au lendemain de la signature d'un accord avec le clergé moréote[21]. La situation de l'Empire latin de Constantinople n'était guère enviable, à cette époque, après un début de règne médiocre de Robert de Courtenay. Son adversaire le plus menaçant demeurait l'empereur de Nicée, Théodore Lascaris, qui avait épousé en 1219 sa jeune sœur, Marie. Théodore prétexta cette union pour confisquer une partie des territoires asiatiques de l'empire, avant de proposer débonnairement à Robert de Courtenay la main

---

19 Pressutti, *op. cit.*, t. I, n° 3077 p. 504 (*cf. Bullarium Hellenicum*, n° 97) ; Hampe, « Aus verlorenen Registerbänden der Päpste Innozenz III. und Innozenz IV. », n° 14 p. 560 (privilège délivré au patriarche Gervais en 1216) ; Longnon, *L'Empire latin de Constantinople et la principauté de Morée*, p. 5, 102 et 159.

20 Pressutti, *op. cit.*, t. II, n° 3920 p. 61 (*cf. Bullarium Hellenicum*, n° 127) ; Jean Longnon, « The Frankish States in Greece, 1204–1311 », *A History of the Crusades*, éd. K. Setton, t. II, p. 239 et 243.

21 Horoy, *op. cit.*, t. IV, n° 88 col. 308 ; Pressutti, *op. cit.*, t. I, n° 4501 p. 163 (*cf. Bullarium Hellenicum*, n° 155 et 183).

de l'une de ses filles. L'affaire échoua pour des raisons canoniques autant que politiques, et Théodore s'éteignit au mois de novembre 1221, en laissant le trône de Nicée à son gendre Jean Vatatzès († 1254)[22].

La perte de la ville macédonienne de Serrès poussa Robert de Courtenay à expédier en Occident en 1222 deux ambassades rapprochées. Le pape annonça, le 27 juin, au premier de ses nonces le transbordement prochain du comte Uberto di Biandrate avec le statut privilégié de croisé. Il invita l'empereur dans un second courrier à ne pas se laisser submerger par les épreuves que le Christ lui imposait en fonction de ses capacités. Le pape l'engagea à veiller à la défense de sa capitale et à préserver l'unité de l'empire, en vivant en bonne harmonie avec les autres magnats de Romanie. Il se déclara prêt à lui prodiguer ses conseils afin d'éviter les périls propres aux périodes de dissension. La modestie de la formule montre qu'Honorius avait saisi la profondeur du désarroi de son correspondant, ainsi que ses lacunes morales. Aussi accepta-t-il de lui accorder une immunité contre les excommunications formulées sans l'assentiment du Saint-Siège, pour peu qu'elles échappent à la sphère privée[23].

Le devenir de l'Orient latin fit l'objet d'une rencontre internationale en mars 1223 à Ferentino, où le pape avait conduit sa cour afin de juger de la responsabilité de Pélage d'Albano dans la conduite de la cinquième croisade. Cette convention permit à Guillaume VI de Montferrat de retrouver son demi-frère, Démétrius, et l'archevêque de Salonique, Garin, qui lorgnaient après des secours en Occident. Le pape reconnut le statut de croisade à l'expédition, que Guillaume proposa de monter afin de protéger les positions avancées de l'Empire latin de Constantinople. Honorius accorda au mois de mai l'indulgence plénière à l'ensemble des combattants qui accompagneraient Guillaume, « étant donné que le renforcement de l'état de l'empire s'avérait des plus utiles pour les affaires de Terre sainte ». Une livraison spéciale de cette bulle fut adressée au seigneur de Tanlay, Guillaume de Courtenay, qui envisageait de participer à cette expédition avec plusieurs croisés français. Guillaume était un frère puîné de Pierre II de Courtenay, qui n'était pas convaincu de sa disparition à l'instar du pape et du personnel de la Chancellerie apostolique[24].

---

22 Longnon, *L'Empire latin de Constantinople*, p. 160–161.

23 Vasilievsky, « Epirotica saeculi XIII », p. 276, Horoy, *op. cit.*, t. IV, n° 228 col. 203–204 et n° 5 col. 227–228 ; Pressutti, *op. cit.*, t. II, n° 4060 p. 83 et 4122 p. 95 (*cf. Bullarium Hellenicum*, n° 135, 136, 147 et 149) ; A.A., « Biandrate, Uberto di », *Dizionario biografico degli Italiani*, t. X, Rome, 1968, p. 280–282.

24 Huillard-Bréholles, *Historia diplomatica Friderici secundi*, t. II, part. I, Paris, 1852, p. 328–329 ;, Horoy, *op. cit.*, t. IV, n° 129 et 130 col. 349–350 (*cf. Bullarium Hellenicum*, n° 162 et 164).

Honorius ne ménagea pas ses efforts afin de permettre la réussite de l'expédition. Il chargea, le 13 mai 1223, le chapitre cathédral de Brindisi de proclamer publiquement l'excommunication, qu'encourait Théodore Doukas à cause de son engagement militaire contre le royaume de Salonique. Le clergé brindisien devait menacer d'excommunication tous les marchands et mercenaires latins, qui fréquentaient la cour de Théodore afin de perturber son ravitaillement en hommes et en matériel. La mesure semble avoir manqué de force, car l'armée épirote comptait encore en 1230 de nombreux « Italiens » dans ses rangs selon un chroniqueur byzantin. L'archevêque d'Arles, Hugues Béroard, reçut l'ordre concomitant de publier à travers sa province l'indulgence qui avait été accordée à Guillaume de Montferrat. Le choix de son ressort tient aux fonctions de vicaire impérial que Guillaume exerçait dans le royaume d'Arles depuis le mois de décembre 1220. L'affaire traîna tant en longueur que Guillaume promit, le 11 octobre 1223, de partir en croisade au mois de juin 1224, pour ne pas avoir à rembourser à l'Église les sommes qui lui avaient été versées par anticipation[25].

Le pape décida d'appuyer les efforts de recrutement de Guillaume de Montferrat après avoir pris ses domaines sous la protection du Saint-Siège. Il ordonna, le 7 février 1224, aux évêques du royaume d'Arles et du nord de l'Italie d'inciter le plus grand nombre de fidèles possible à se porter à la défense du royaume de Thessalonique. Cette campagne de prédication semble avoir rencontré des résultats encourageants à Marseille selon le rapport de deux prédicateurs faisant état de la prise de la croix de 30 000 personnes et de plusieurs miracles ! Honorius III avertit Robert de Courtenay et les barons de l'Empire latin de Constantinople de l'affectation à l'expédition de 10 000 marcs d'argent destinés à la Terre sainte. Aussi invita-t-il l'empereur et le comte Uberto di Biandrate à ne pas engager inutilement leurs hommes avant le transbordement prochain de Guillaume. De leur soutien militaire dépendait en effet le succès de la croisade, conçue comme une opération combinée contre le duché d'Épire[26].

[25] Horoy, *op. cit.*, t. IV, n° 107 col. 324–325 (sous la date erronée du 11 avril 1223) et n° 132 col. 351 (*cf. Bullarium Hellenicum*, n° 163 et 165) ; Georges Akropolitès, *The History*, § 25 p. 178 ; Aldo Settia, « Guglielmo VI, marchese di Monferrato », *Dizionario biografico degli Italiani*, t. LX, Rome, 2003, p. 762–763.

[26] Pressutti, *op. cit.*, t. II, n° 4704 p. 197, 4753 p. 205–206 et 4754 p. 206 (*cf. Bullarium Hellenicum*, n° 204, 206 et 207) ; Édouard Baratier, *Documents de l'histoire de la Provence*, Toulouse, 1971 p. 130 ; Jean Flori, *Prêcher la croisade* (*XIe-XIIIe siècle*), Paris, 2012, p. 285 ; Norden, *Das Papsttum und Byzanz*, not. 4 p. 303–304.

Geoffroy de Villehardouin, Otton de La Roche et les seigneurs de Négrepont se virent prier de défendre le château de Bodonitsa, qui contrôlait un passage stratégique entre la Thessalie et la Béotie. Le pape accepta, par ailleurs, d'accorder la protection de saint Pierre au comte Alamanno da Costa, qui avait gouverné la ville de Syracuse entre 1204 et 1221 pour le compte de la cité de Gênes. Ce « prince des corsaires » avait promis de fournir quatre navires à Guillaume de Montferrat, contre la promesse de recevoir une centaine de fiefs équestres ou la somme de 1 000 marcs d'argent. Il disposait du soutien de 800 combattants qui connaissaient bien la Romanie. Honorius cautionna son engagement, le 8 février 1224, afin de prouver la solvabilité du marquis de Montferrat qui n'était pas exempte de tout reproche[27].

Guillaume dut en effet se rendre à la cour de Catane, au mois de mars suivant, afin d'emprunter 9 000 marcs d'argent auprès de Frédéric II. L'été 1224 arriva, sans que l'armée rassemblée par le marquis de Montferrat ne prenne la mer. Une longue maladie le cloua pendant des semaines au lit et une partie des mercenaires, qu'il avait recrutés, l'abandonna sans états d'âme. C'est dans ce contexte tendu que le pape implora l'intervention du roi Louis VIII de France et de son épouse Blanche de Castille afin d'acheminer des secours rapides en Orient. L'automne permit à Guillaume de Montferrat de recouvrer la santé et de rallier le port de Brindisi avec de nouvelles troupes. Le Saint-Père décida d'affecter la moitié des biens meubles et des revenus du clergé de Romanie au financement de l'expédition de Guillaume, attendue pour le mois de mars 1225. Il prévint les clergés séculier et régulier de Grèce de sa décision le 28 novembre 1224, en n'exonérant de son prélèvement que les ressources affectées à la nourriture des chevaux et à l'habillement des clercs. Le pape assujettit les clercs de Thrace et d'Asie au versement de la dixième part de leurs revenus en raison de leur éloignement du théâtre des opérations. Il chargea le doyen de l'Église de Patras et l'abbé cistercien de Chortiatis du prélèvement des revenus, sous peine d'excommunication[28].

---

[27] Pressutti, *op. cit.*, t. II, n° 4758 et 4757 p. 207 (*cf. Bullarium Hellenicum*, n° 209 et 208) ; Giuseppe Oreste, « Alamanno da Costa », *Dizionario biografico degli Italiani*, t. I, Rome, 1960, p. 574–575 ; Martin da Canal, *La cronique des Véniciens*, éd. F.-L. Polidori, 1845, § 71 p. 352 (sous le millésime 1217) ; Settia, *Ibidem.*

[28] Horoy, *op. cit.*, t. IV, n° 227 col. 653–654 et 34 col. 721–724 (*cf. Bullarium Hellenicum*, n° 226). L'abbaye du Corthiac, ou Chortiatis, se situait à une quinzaine de kilomètres à l'est de Salonique (*cf.* Beata Kitsiki Panagopoulos, *Cistercian and Mendicant Monasteries in Medieval Greece*, Chicago et Londres, 1979, p. 7).

Honorius souhaitait que Guillaume de Montferrat s'engageât à restituer solennellement au clergé les biens ecclésiastiques qu'il parviendrait à récupérer dans les frontières de son royaume. Il exhorta la noblesse constantinopolitaine à lutter efficacement contre les excommuniés et les schismatiques, que Guillaume se proposait de combattre dans le but d'asseoir son implantation en Orient et « de préparer le chemin du secours de la Terre sainte ». Honorius III annonça le passage prochain en Grèce de l'évêque de Reggio d'Émilie avec le titre de légat pontifical. Il incita les chevaliers, qui avaient pris la croix, à obtenir l'absolution de leurs vœux auprès de Nicolas de Reggio et promit l'indulgence plénière aux feudataires qui rejoindraient l'ost de Guillaume de Montferrat sans tarder. Ces dispositions furent relayées, le 5 décembre 1224, par une nouvelle injonction à l'adresse d'Otton de La Roche, de Geoffroy de Villehardouin et des six co-seigneurs tierciers de Négrepont, qui se partageaient le pouvoir en Eubée depuis 1216. Le pape demanda à ces magnats de soutenir l'expédition de Guillaume de Montferrat, en rémission de leurs péchés[29].

Honorius III entendait exercer en Orient la plénitude du pouvoir spirituel et temporel, revendiqué par la papauté. Il exhorta les barons de Thrace et d'Asie, le 13 janvier 1225, à prêter leur assistance à Guillaume de Montferrat, sans avoir eu vent de la prise récente de Salonique par Théodore Doukas. Les barons constantinopolitains apprirent, à cette occasion, l'affectation au financement de l'expédition du quart du patrimoine du clergé de l'empire, en plus du dixième de ses revenus. Ces sommes devaient être remises entre les mains des évêques de Salembrie et de Pégaï, auxquels le pape avait trouvé bon d'adjoindre l'archidiacre de Constantinople et les laïcs, Geoffroy de Merry ainsi que Merino et Narzotto Dalle Carceri. Geoffroy détenait les seigneuries d'Ainos et de Cyzique, de part et d'autre des Dardanelles, tandis que les Dalle Carceri administraient le tiers septentrional de l'île d'Eubée. Honorius III souhaitait fédérer la noblesse franque autour de la défense du royaume de Salonique. Aussi chargea-t-il les évêques de Salembrie et de Pégaï de relever de leur serment de croisade les chevaliers, qui pourraient rejoindre prestement l'ost de Guillaume de Montferrat. Il prit la peine d'avertir Robert de Courtenay

---

[29] Horoy, *op. cit.*, t. IV, n° 35 col. 724–725 ; Pressutti, *op. cit.*, t. II, n° 5202 p. 286 (*cf. Bullarium Hellenicum*, n° 227 et 228) ; Louis de Mas Latrie, « Les seigneurs tierciers de Négrepont », *Revue de l'Orient latin*, t. I (1893), p. 416–417 ; Raymond-Joseph Loenertz, « Les seigneurs tierciers de Négrepont de 1205 à 1280. Regestes et documents », *Byzantion*, 35 (1965), n° 21 p. 243–244.

de ces dispositions, avant d'exempter le patriarche Maffeo de la contribution affectée au financement de l'expédition. Le pape motiva sa décision par les conseils avisés du patriarche ainsi que son engagement financier auprès de la Couronne à hauteur de 10 000 hyperpères. Le patriarche de Constantinople n'avait en effet pas hésité à vendre un *ciborium* en argent de la basilique Sainte-Sophie afin d'avancer cette somme à Robert de Courtenay, sous l'obligation de la couronne impériale[30].

Ces éléments permettent de comprendre le découragement qui saisit le clergé latin d'Orient après la reconquête de Salonique par Théodore Doukas à la fin de l'année 1224. Le premier réflexe d'Honorius III fut de réconforter, en février 1225, le clergé de Grèce qui supportait le cours de la guerre. Le pape annonça le transbordement prochain de Guillaume de Montferrat et de l'évêque Nicolas de Reggio, « en espérant que la puissance divine ne permette pas aux schismatiques de prévaloir sur les catholiques ». Il engagea ses correspondants à obéir respectueusement à son nouveau légat en Orient, sous peine de censure ecclésiastique. Une circulaire fut adressée au doge de Venise et à l'ensemble des barons de l'Empire de Constantinople afin de requérir leur aide en vue de reconquérir le royaume de Thessalonique. Le pape distingua, en tête de ces vassaux, Geoffroy Ier de Villehardouin et Otton de La Roche, dont les domaines moréotes et attiques surpassaient en étendue ceux de leurs voisins[31]. La politique énergique d'Honorius excédait les capacités de paiement du clergé franc, en proie à de sévères difficultés financières. Les évêques de Thessalie et de Béotie se plaignirent au printemps 1225 de la contribution extraordinaire qui pesait sur leurs épaules, en plus de la défense du château de Bodonitsa. Le pape consentit, le 6 mai, à les exonérer de l'imposition levée en faveur de Guillaume de Montferrat, après avoir appris la collecte de 1300 hyperpères en vue de la défense de la marche de Bodonitsa. Les évêques de Grèce centrale se virent autoriser à attendre l'arrivée de Guillaume de Montferrat pour remettre ce pactole entre les mains du marquis Guido Pelavicino (1204–1237), qui menaçait d'abandonner ses positions. Honorius III les invita à ne pas désespérer du

---

[30] Pressutti, *op. cit.*, t. II, n° 5270 p. 298, 5277 p. 299–300 et 5279 p. 300 (*cf. Bullarium Hellenicum*, n° 231, 232 et 233) ; Jean Longnon, *Recherches sur la vie de Geoffroy de Villehardouin, suivies du catalogue des actes des Villehardouin*, Paris, 1939, p. 118–120 ; Mas Latrie, « Les seigneurs tierciers de Négrepont », p. 417.

[31] Jean Longnon, « La reprise de Salonique par les Grecs en 1224 », *Actes du VIe Congrès International d'Etudes Byzantines*, t. I, Paris, 1950, p. 141–146 ; Pressutti, *op. cit.*, t. I, n° 5308 p. 305 et 5304 p. 304 (*cf. Bullarium Hellenicum*, n° 235 et 234).

cours des évènements, mais « à tendre vers l'épreuve de force comme des charbons éteints »[32]...

L'année 1225 ne fut malheureusement pas à la hauteur des espérances du pape. Robert de Courtenay abandonna la ville de Pégaï à Jean Vatatzès afin de préserver les abords de Constantinople des incursions de l'armée nicéenne. Théodore Doukas lui enleva les villes thraces de Didymotique et d'Andrinople, avant de mener un raid sur les bords du Bosphore. Guillaume de Montferrat ajourna son départ pour la Grèce, une nouvelle fois, avant de gagner l'Égée au printemps 1226. Telle est la chronologie des évènements acceptée par les historiens à la suite d'une rectification des travaux de Jean Longnon, qui privilégiaient l'année 1225 sur la base du témoignage de la chronique de Richard de Saint-Germain[33].

Il est tentant en effet de placer la traversée de Guillaume de Montferrat au mois d'août 1226 au vu d'une bulle d'Honorius III du 10 juillet, annonçant le transbordement imminent du légat pontifical, Niccolò dei Maltraversi. Les deux hommes durent voyager de concert et accoster à Halmyros où Guillaume VI trouva la mort, le 17 septembre 1226, de dysenterie. Son demi-frère, Démétrius, ne put se maintenir après sa disparition dans cette échelle vénitienne et rentra en Europe, au passage suivant, avec son neveu, Boniface II. Il fallut toute la diplomatie du pape pour réconcilier le nouveau marquis de Montferrat avec Frédéric II, qui percevait les revenus de ses domaines depuis un an et demi. Le pape s'éteignit sans que l'empereur ne renonce à ses droits sur le marquisat de Montferrat et que la ville de Thessalonique ne redevienne latine. Honorius III fut cependant pendant ses onze années de règne un fervent partisan de la latinocratie, autant qu'un diplomate inspiré. Par son activité inlassable, il œuvra en faveur du maintien des Francs en Hellade dans la perspective d'une croisade prochaine. Il tira le meilleur parti possible du maillage ecclésiastique de la Grèce franque et de la combativité de la noblesse franque, qui aspirait à préserver les acquis de la quatrième croisade. Son action s'exerça également avec énergie en Terre sainte et dans l'île de Chypre, où une dynastie poitevine régnait depuis deux décennies[34].

---

[32] Pressutti, *op. cit.*, t. I, n° 5464 p. 333 (*cf. Bullarium Hellenicum*, n° 243) ; William Miller, « The Marquisate of Boudonitza (1204–1414) », *Journal of Hellenic Studies*, 28 (1908), p. 234–249.

[33] Georges Akropolitès, *The History*, § 24 p. 171–173 ; Longnon, *L'Empire latin de Constantinople*, p. 163–164 ; Setton, *The Papacy and the Levant (1204–1571)*, t. I, p. 53 ; Settia, « Guglielmo VI, marchese di Monferrato », p. 763.

[34] Horoy, *op. cit.*, t. V, n° 173 col. 122–123 (*cf. Bullarium Hellenicum*, n° 251) ; Axel Goria, « Bonifacio II, marchese di Monferrato », *Dizionario biografico degli Italiani*, t. XII, 1970,

2 La pacification de la chrétienté d'Outre-Mer

Nous avons vu que le sort de la « terre rougie par le sang du Christ » était un sujet d'inquiétude constant pour Honorius III, qui ne pouvait se résoudre à voir la cité de Jérusalem occupée durablement par les musulmans. Le pape inscrivit dès l'été 1216 sa politique orientale dans la droite ligne de celle développée par son prédécesseur. L'un des dossiers les plus préoccupants concernait l'avenir de la principauté d'Antioche, où s'affrontaient depuis une quinzaine d'années deux concurrents redoutables. L'aîné était le comte de Tripoli, Bohémond le Borgne, qui avait réussi à récupérer l'héritage de son père, Bohémond III d'Antioche, au détriment de son neveu, Raymond-Rubēn. Le jeune prince avait cependant fini par prendre le contrôle d'Antioche, au mois de février 1216, avec l'appui de son oncle Léon Ier d'Arménie. Ce dernier l'avait marié, à l'âge de 11 ans, à une princesse chypriote qui devait lui donner deux héritières du nom d'Eschive et de Marie. Raymond-Rubēn était, selon un chroniqueur arménien, « un adolescent de bonne mine, de haute taille, avec des cheveux blonds comme des fils d'or ; écuyer digne d'éloge, il imposait le respect par son allure princière et se signalait par la pureté de ses mœurs ». On comprend que ce profil ait séduit Innocent III, qui rêvait de stabiliser la situation politique des colonies franques de Syrie[35].

Son successeur reçut à l'été 1217 une ambassade arménienne à Ferentino, où la cour pontificale avait fui la torpeur romaine. L'initiateur de cette ambassade était Raymond-Rubēn qui peinait à affirmer son autorité en Antiochène à cause de l'attachement d'une partie de la noblesse franque à son oncle Bohémond. Le pape consentit à prendre sous la protection de saint Pierre les domaines, biens et proches de Raymond-Rubēn, qui enduraient la convoitise ou les menaces à peine voilées de son oncle. Le légat Pélage d'Albano se vit confier la protection du couple princier, le 25 juillet, à l'instar des templiers et des hospitaliers qui devaient user de la force à l'encontre de tout agresseur éventuel. Honorius III justifia son mandement par les bienfaits matériels que les religieux peuvent tirer de l'assistance des princes, au-delà du service de la justice et de la piété, induit par leur action[36].

---

p. 124–125 ; Ralph-Johannes Lilie, *Handel und Politik zwischen dem byzantinischen Reich und den italienischen Kommunen Venedig, Pisa und Genua in der Epoche der Komnenen und der Angeloi* (*1081–1204*), Amsterdam, 1984, p. 188–190 et 195–197.

[35] Gérard Dédéyan, *La chronique attribuée au connétable Smbat*, Paris, 1980, p. 87–90 ; Marie-Adélaïde Nielen, *Lignages d'Outre-Mer*, Paris, 2003, p. 61 et 66.

[36] *Bullarium Terrae Sanctae*, n° 19, 11 et 12 ; Nielen, *Lignages d'Outre-Mer*, p. 66.

Une quatrième bulle enjoignit, le 27 juillet 1217, à Pélage d'Albano de maintenir et défendre dans ses droits Raymond-Rubēn, qui subissait la pression grandissante de son oncle Bohémond. Malgré son éviction du nord de la principauté, le comte de Tripoli disposait d'appuis dans la ville d'Antioche. Aussi le pape autorisa-t-il deux chanoines antiochéniens à déserter la cathédrale Saint-Pierre, où leur séjour était devenu impossible à la suite de leur ralliement à Raymond-Rubēn. Le pape chargea l'archevêque Eustorge de Nicosie de les protéger sous peine d'excommunication, sans tenir compte des dispositions du concile de Latran IV en matière de citations éloignées. Honorius III fit œuvre de sagesse, en confiant la protection des chanoines Jean et Pierre à un prélat aussi respecté que puissant en Orient[37].

L'intervention du pape prit une tournure résolument politique à l'égard de la commune d'Antioche, qui avait tenté en 1208 de renverser le pouvoir de Bohémond de Tripoli, avant d'ouvrir les portes de la ville à son rival, huit ans plus tard. Honorius félicita le maire, Acharie de Sarménie, de l'aide précieuse que ses concitoyens fournissaient depuis une année et demie à Raymond-Rubēn avec l'agrément de la papauté. Le pape engagea les Antiochéniens à accroître leurs efforts, en mettant en avant les rétributions spirituelles envisageables à travers l'intensification de leur dévotion. Ces considérations temporelles s'appuyaient sur un arrière-plan religieux, faisant de l'obéissance un « conseil évangélique » aussi appréciable que la chasteté et la pauvreté. Les nonces de Raymond-Rubēn amenèrent également le pape à se mêler de la succession du royaume d'Arméno-Cilicie, qui avait été promise au petit-neveu du roi, dix-sept ans plus tôt. Léon désespérait à cette époque d'obtenir un héritier mâle de sa première épouse, Isabelle, dont il avait fini par se séparer en 1206. Son remariage avec la princesse Sibylle de Lusignan n'aurait pas dû changer ses dispositions, au vu du seul enfant de sexe féminin qui naquit de cette union en 1216[38].

Deux événements inattendus semblent avoir conduit le roi à changer brusquement d'opinion. Son petit-neveu, Raymond-Rubēn, d'une part, l'aurait expulsé d'Antioche au mois de mars 1216 avec ingratitude. Plusieurs feudataires, d'autre part, l'auraient convaincu de la pertinence de transmettre

[37] *Bullarium Terrae Sanctae*, n° 15, 14 et 17.

[38] Reinhold Röhricht, « Annales de Terre Sainte », *Archives de l'Orient latin*, t. II B, 1884, p. 436 ; Peter W. Edbury, « A New Text of the *Annales de Terre Sainte* », *In Laudem Hierosolymitani. Studies in crusades and medieval culture in honour of Benjamin Z. Kedar*, éd. I. Shagrir, R. Ellenblum et J. Riley-Smith, Aldershot, 2007, p. 151 ; *Bullarium Terrae Sanctae*, n° 16 ; Dédéyan, *La chronique attribuée au connétable Smbat*, p. 84 et 90.

la Couronne cilicienne à sa fille Isabelle, en raison du caractère miraculeux de sa naissance. Le roi les aurait déliés du serment d'allégeance prêté à Raymond-Rubēn contre la certitude de voir son héritière servie « comme un enfant mâle ». Cette reconstitution historique se fonde sur le témoignage de sources franques et arméniennes, en apparence convergentes. Les registres pontificaux démontrent cependant que les deux événements durent s'enchaîner et non se chevaucher comme on le pensait jusqu'à présent[39].

Honorius III adressa en effet, le 25 juillet 1217, une lettre à Léon d'Arménie, dont l'objet aurait été déplacé en cas de rupture diplomatique avec son petit-neveu. Ce courrier dresse un portrait élogieux du roi d'Arménie que le pape tient, à la suite de Raymond-Rubēn, pour « un prince catholique et fidèle attaché aux droits de celui dont il a jadis assuré la tutelle ». Honorius fait état de l'intervention auprès du roi d'ennemis du prince, qui ont retardé son intronisation comme héritier de la Couronne. Aussi l'invite-t-il à achever la procédure qu'il a entamée, quelques années plus tôt, afin de restaurer la réputation de son nom et de gagner les faveurs du Siège apostolique. Cette médiation diplomatique tourna court et Raymond-Rubēn finit par tenter de détrôner son oncle, sans bénéficier de l'appui des templiers qui se firent un devoir de prévenir l'intéressé selon un chroniqueur syriaque. Il est probable que ce complot fut consécutif au séjour du roi de Hongrie en Cilicie au mois de février 1218. Nous savons en effet qu'André II fut reçu en grande pompe par Léon Ier et mené à Tarse afin de négocier le mariage de leurs enfants, André et Isabelle. Les monarques scellèrent leur engagement par un traité et un serment solennel, avant que le chambellan Joscelin ne prenne la route de la Hongrie afin de prendre livraison du prince André[40].

Cette convention dut achever de brouiller le roi d'Arménie avec Raymond-Rubēn dont le pouvoir à Antioche chancelait. L'instabilité politique de la Syrie du Nord poussa le pape à dispenser l'évêque de Tripoli de la visite disciplinaire, qu'il devait accomplir à Antioche pendant la vacance de son siège patriarcal. Honorius III imputa ces obstacles dans sa licence du 11 avril 1218 à l'œuvre du Diable, qui concourait à diviser les chrétiens

---

39 Léonce Alishan, *Léon le Magnifique, premier roi du Sissouan ou de l'Arménocilicie*, Venise, 1888, p. 286 ; *Estoire d'Eracles*, p. 347 ; Dédéyan, *La chronique attribuée au connétable Smbat*, p. 90.

40 *Bullarium Terrae Sanctae*, n° 13 ; *Estoire d'Eracles*, p. 347 ; Abū'l Faradj, *The Chronography*, tr. E.A. Wallis Budge, t. I, Oxford, 1932, p. 370 ; Dédéyan, *La chronique attribuée au connétable Smbat*, p. 91–92.

d'Orient… Il reçut durant l'hiver suivant une copie du contrat de mariage établi entre André de Galicie et Isabelle d'Arménie, que les deux partis souhaitaient voir confirmé par la papauté. André de Hongrie souligna dans sa requête l'engagement des barons d'Arménie à accepter comme souverain son fils cadet et les héritiers, que sa belle-fille viendrait à lui donner. Il affirma que la providence divine avait guidé le rapprochement dynastique opéré entre les Árpáds et les roupénides dans l'intérêt des affaires de Terre sainte. Le roi de Hongrie souhaitait que le pape recommandât son fils de huit ans aux templiers et aux hospitaliers de Cilicie, qui étaient à même d'assurer sa sécurité et de faciliter son établissement en Orient[41].

Ce discours séduisit le pape qui avait été déçu par le retour prématuré de croisade d'André II. Il confirma, le 4 mars 1219, le projet de mariage d'Isabelle et d'André de Galicie, en ignorant la dégradation soudaine de l'état de santé du roi d'Arménie. Léon le Grand s'éteignit, le premier mai 1219, sans avoir pris connaissance de la décision d'Honorius, ni rencontré son gendre qui tardait à prendre la route de l'Orient. Un chroniquer prétend qu'il refusa de recevoir sur son lit de mort son petit-neveu, qui clamait son héritage après l'avoir chassé honteusement d'Antioche. La régence du royaume d'Arménie revint au bailli Kostandin de Paperawn, qui écrasa en 1220 une révolte en faveur de Raymond-Rubēn. Son autorité profita de la disparition rapide du co-régent Adam de Maniawn et du désengagement d'André de Hongrie, qui préféra fiancer son fils à une princesse russe afin de préserver son influence en Galicie. Ce mariage n'aboutit cependant qu'au cours de l'année 1221[42].

La situation de la principauté d'Antioche était tellement agitée à cette époque que Raymond-Rubēn extorqua un serment de fidélité aux chanoines de la cathédrale Saint-Pierre, qui passaient pour soutenir la cause de son oncle. Le pape consentit à absoudre, le 26 avril 1219, les chanoines Anselme, David et Érard qui s'étaient offusqués de cet abus de pouvoir, en leur interdisant cependant d'œuvrer à la perte du prince d'une quelconque manière. Raymond-Rubēn redoutait une tentative d'assassinat, ou une trahison en faveur de son rival sur la base de ce qui s'était passé en 1216[43].

---

41 *Bullarium Terrae Sanctae*, n° 28 ; Alishan, *Léon le Magnifique*, not. 1 p. 290.

42 *Bullarium Terrae Sanctae*, n° 35 ; *Estoire d'Eracles*, p. 347 (qui fait état d'un complot contre Adam de Maniawn, ourdi par Kostandin de Paperawn et la secte des Assassins) ; Dédéyan, *La chronique attribuée au connétable Smbat*, p. 94–95 ; Marie-Anna Chevalier, *Les ordres religieux-militaires en Arménie cilicienne*, Paris, 2009, p. 172–173 et 718 ; Kristó, *Histoire de la Hongrie médiévale*, t. I, p. 128.

43 *Bullarium Terrae Sanctae*, n° 38. Cette bulle exemplaire bénéficia ultérieurement du statut de décrétale.

Cette forfaiture survint, quelques semaines plus tard, dans le cadre d'un complot ourdi par le baron Guillaume de Farabel, dont la tante Isabelle avait été la dernière épouse de Bohémond III d'Antioche. Le comte Bohémond de Tripoli récupéra la ville, puis la citadelle d'Antioche après une résistance opiniâtre du commandeur hospitalier, Ferraud de Barras, auquel Raymond-Rubēn avait confié la place en fuyant vers la Cilicie. Le prince d'Antioche comptait sur l'appui de l'Église pour faire valoir ses droits contre le coup de force perpétré par son oncle. Il gagna, par voie de mer, Damiette afin de solliciter l'appui de Pélage d'Albano et obtint le renouvellement de l'excommunication de Bohémond, avant de s'installer à Tarse avec une suite nombreuse[44].

La situation devint ubuesque pour la papauté quand Jean de Brienne entendit revendiquer la Couronne d'Arménie au nom de son épouse Rita, qui venait de lui donner un fils. Il prit la route de Sis, où les barons arméniens exigèrent de voir son épouse avant de statuer sur ses revendications. Jean rentra à Saint-Jean d'Acre pour chercher son épouse qui œuvrait à la perte d'Isabelle de Brienne. Telle est en tout cas la version du chroniqueur Ernoul de Gibelet, qui suggère que Rita d'Arménie souhaitait pousser son fils sur le trône de Jérusalem. Cette rumeur puise son origine dans la mort suspecte de la reine, que notre auteur attribue à des violences conjugales. Ces événements venaient à peine de survenir que le pape apprit la nouvelle du retrait du roi de l'ost de Damiette. Le 11 août 1220, il interdit formellement à Jean de Brienne de faire valoir ses droits par la force en Arménie. Honorius III déclara ne pas croire raisonnablement aux rumeurs qui circulaient à l'égard de ses projets militaires. Il le mit en garde contre la confusion qui pourrait naître en Orient, s'il envisageait de défier Kostandin de Paperawn. *« Tu te rendrais odieux, déclara-t-il, aux yeux du Siège apostolique et de l'ensemble des fidèles si, une fois les hommes de l'ensemble de la chrétienté rassemblés pour ton secours et celui de la Terre sainte, tu faisais en sorte que rien ne puisse plus être poussé favorablement en avant, par ton mépris de l'utilité commune »*[45] *!*

La semonce du pape porta ses effets et Jean de Brienne passa les derniers mois de l'année 1220 à protéger le royaume de Jérusalem des assauts

---

44 *Estoire d'Eracles*, p. 318 ; Röhricht, « Annales de Terre Sainte », p. 437 ; Edbury, « A New Text of the *Annales de Terre Sainte* », p. 152 ; Nielen, *Lignages d'Outre-Mer*, p. 83, 94, 144–145 et 173 ; Olivier le Scolastique, *Historia Damiatina*, Tübingen, 1894, § 36 p. 235 ; *Bullarium Terrae Sanctae*, n° 126.

45 Mas Latrie, *Chronique d'Ernoul et de Bernard le Trésorier*, p. 427 ; *Bullarium Terrae Sanctae*, n° 49.

combinés des Ayyoubides. Le pouvoir de Raymond-Rubēn croissait en Cilicie grâce au soutien du maréchal Vaḥram et de plusieurs barons grecs et arméniens, hostiles au bailli Kostandin de Paperawn. Le prince d'Antioche se croisa afin de recueillir le soutien de Pélage d'Albano et des hospitaliers, qu'il avait comblés de faveurs durant la Guerre de succession d'Antioche. Pélage n'économisa pas ses efforts pour engager Honorius III à épouser la cause de Raymond-Rubēn dans plusieurs courriers, auxquels le pape finit par répondre le 16 décembre 1220. Le Saint-Père venait de recevoir à la Curie une ambassade de Raymond-Rubēn, qui réclamait l'investiture officielle du Saint-Siège. Il chargea son légat d'examiner avec impartialité les revendications de Raymond-Rubēn et de le sacrer éventuellement roi d'Arménie et prince d'Antioche. Cette consécration aurait sapé, à n'en pas douter, l'autorité du bailli Kostandin de Paperawn et ébranlé la noblesse antiochénienne, ralliée à la cause de Bohémond de Tripoli[46].

La décision du pape intervint trop tard pour Raymond-Rubēn, qui avait rassemblé durant l'automne 5 000 hommes sous sa bannière et affronté son rival entre Adana et Mamistra. Il s'en était suivi une débâcle de ses troupes et un siège prolongé de Tarse, où le jeune prince s'était enfermé avec ses partisans. Le légat Pélage d'Albano dépêcha en Cilicie, à la nouvelle de cette déroute, le neveu du maréchal de l'Hôpital, Aymar de Layron, qui venait de trouver la mort en Égypte. Aymar s'attarda à Chypre et sur les bords du Selef, au point de compromettre la victoire de Raymond-Rubēn. Ces atermoiements valurent un flot de reproches au jeune hospitalier, qui rechignait à verser du sang chrétien conformément aux engagements de son ordre. Le fait est que Raymond-Rubēn fut capturé au mois de janvier 1221 par Kostandin, à la suite d'une trahison, et emprisonné dans un cachot de Paperawn. La nouvelle remonta aux oreilles d'Honorius III qui engagea Pélage d'Albano, le 9 juillet suivant, à veiller à la préservation de la cité d'Antioche, menacée par les agissements du comte de Tripoli. *« Du noble Roupēn, commenta le pape, on ne doute plus aujourd'hui qu'il ait été capturé et la nouvelle circule qu'il aurait été délivré de sa dette de chair »*[47].

La mort de Raymond-Rubēn mit quelque temps à être confirmée et sa mère, Alix d'Arménie, implora l'aide du Saint-Siège afin de conserver son

---

[46] Dédéyan, *La chronique attribuée au connétable Smbat*, p. 94–95 ; Vazgen A. Hakobyan, *Manr zhamanakagrut'yunner XIII-XVIII dd.*, t. I, Erevan, 1951, p. 79 et t. II, 1956, p. 64 (*cf.* trad. Chevalier, *Les ordres religieux-militaires en Arménie cilicienne*, p. 733–734) ; *Bullarium Terrae Sanctae*, n° 51.

[47] Dédéyan, *La chronique attribuée au connétable Smbat*, p. 94–95 ; V.A. Hakobyan, *op. cit.*, t. I, p. 79 et t. II, p. 64 ; *Estoire d'Eracles*, p. 347 ; M.-A. Chevalier, *op. cit.*, p. 171 ; *Bullarium Terrae Sanctae*, n° 55.

rang. Raymond-Rubēn l'avait emmenée en Cilicie en 1219 et mariée au maréchal Vaḥram de Korykos, après avoir répudié son mari légitime. Cette union avait été des plus éphémères, Kostandin ayant ordonné l'exécution de Vaḥram après son entrée victorieuse dans Tarse en janvier 1221. Alix avait été expulsée de Cilicie avec les deux filles de Raymond-Rubēn dans la foulée et réduite à vivre dans le royaume de Jérusalem, où elle tenait de sa mère la seigneurie du Toron ou Tibnīn[48].

Honorius III chargea Pélage d'Albano, le 23 mars 1222, de protéger la personne ainsi que les domaines d'Alix, aussi longtemps que son fils resterait prisonnier du bayle Kostandin. Il le chargea de défendre les droits des filles de Raymond-Rubēn au moment où les barons arméniens envisageaient de marier la princesse Zapēl à un fils puîné de Bohémond IV d'Antioche. Le mariage de la princesse était le seul moyen d'apaiser les tensions, qui avaient vu le jour en Cilicie depuis 1219, et de donner un semblant d'unité à la Syrie du Nord. Il aboutit au couronnement de Philippe d'Antioche comme roi d'Arménie au mois de juin 1222, et à l'effacement temporaire de Kostandin de Paperawn, qui focalisait les rancœurs d'une partie de la noblesse arménienne. L'opinion publique n'était guère plus tendre avec Raymond-Rubēn dont la rébellion avait permis aux Seldjoukides de mener des raids dévastateurs en Cilicie, où 20 000 hommes demeuraient en état de porter les armes[49].

La disparition de ce prince, « bien noble par la naissance, mais manquant de discernement pour la gestion des grandes choses », ne profita que médiocrement à Bohémond IV d'Antioche. La papauté continua de le considérer comme un usurpateur et un ennemi de l'Église en raison de ses différends temporels avec les hospitaliers. Sa pratique religieuse ne semble pas avoir été irréprochable au vu des moines simoniaques qu'il installa dans le monastère Saint-Siméon d'Antioche, après avoir expulsé sa communauté bénédictine. Le pape ordonna, le 26 juin 1224, au patriarche Rainier d'Antioche et au prieur de la maison du Temple de la même ville de mettre un terme à ces agissements, en renforçant éventuellement l'excommunication de Bohémond. Une bulle partiellement inédite du 30 janvier 1226 inventorie les méfaits dont le comte s'était rendu coupable durant sept

[48] Philippe de Novare, *Guerra di Federico II in Oriente* (1223–1242), éd. S. Melani, Naples, 1994, § 7 (103) p. 68 ; Nielen, *Lignages d'Outre-Mer*, p. 137–138, 66, 91, 108 et 136 ; *Bullarium Terrae Sanctae*, n° 63.

[49] *Bullarium Terrae Sanctae*, n° 63 ; Wiprecht H. Rüdt-Collenberg, *The Rupenides, Hethumides and Lusignans, The Structure of the Armeno-Cilician Dynasties*, Paris, 1963, p. 22 et 55, 32 ; Dédéyan, *La chronique attribuée au connétable Smbat*, p. 95–96 ; Olivier le Scolastique, *Historia Damiatina*, § 84 p. 279.

années, sans manifester le moindre repentir. Le pape manda aux archevêques de Nicosie et de Césarée d'appliquer inviolablement la sentence promulguée contre Bohémond IV, sans tenir compte de ses éventuels appels en cour de Rome. Honorius III décida de frapper d'interdit les domaines du comte et de punir sévèrement les clercs qui contreviendraient à sa décision. Il opta pour un bras de fer avec le prince d'Antioche qui s'avéra, dans le temps, stérile[50].

Ces mauvaises relations expliquent la neutralité du Siège apostolique dans le différend surgi en 1224 entre Bohémond d'Antioche et la noblesse arménienne, dirigée par Kostandin de Paperawn. La politique latinophile de Philippe d'Antioche entraîna son renversement, puis emprisonnement dans un cachot arménien, où il mit près de deux années à s'éteindre. Les barons du royaume décidèrent de remarier la princesse Zapēl après ce forfait au fils du bailli Kostandin, Héthoum, qui fonda une nouvelle dynastie en Cilicie. Le pape n'avait cure de ces déboires du fait des crimes commis par Bohémond d'Antioche depuis l'éviction de Raymond-Rubēn. Il somma, le 23 décembre 1226, les évêques de Tortose et de Valénie d'excommunier impitoyablement tous les marchands qui fréquentaient ses domaines, dans l'espoir de perturber ses rentrées d'argent.

> Nous craignons, déclara le pape, que sa blessure soit sans espoir et aussi incurable qu'insensible, comme, ne ressentant aucun choc, il refuse de recevoir la discipline. En examinant le marteau ou la verge, il aura tourné son cœur contre Dieu et l'Église le temps suffisant pour dénigrer la sentence d'excommunication [portée] contre lui, de même qu'il se sera complu dans les péchés, préférant périr plutôt qu'obéir…

L'évêque de Tripoli obtint à la même époque une dérogation afin de pouvoir converser avec Bohémond IV à propos de la gestion du temporel de son Église[51].

Honorius III entretenait de meilleures relations avec l'île de Chypre, qui avait été érigée en royaume vassal du Saint-Empire romain germanique en octobre 1195. Le chancelier impérial, Conrad d'Hildesheim, était venu couronner Aimery de Lusignan roi de Chypre, deux ans plus tard, sans se douter que son règne allait être aussi bref que brillant. Le frère cadet de Guy de Lusignan disparut en effet, le premier avril 1205, en laissant la couronne à un fils de 12 ans qui allait régner sous le nom d'Hugues Ier. Le jeune monarque

---

[50] Olivier le Scolastique, *Historia Damiatina*, § 84 p. 278–279 ; *Bullarium Terrae Sanctae*, n° 84 et 126.

[51] Dédéyan, *La chronique attribuée au connétable Smbat*, p. 95–96 ; Abū'l Faradj, *The Chronography*, t. I, p. 380–381 ; *Bullarium Terrae Sanctae*, n° 140 et 145.

fut emporté par une fièvre, le 10 janvier 1218, alors qu'il venait d'assister au mariage d'une de ses demi-sœurs avec Bohémond IV d'Antioche[52].

Le premier réflexe d'Honorius III fut de réconforter durant l'été la veuve du roi, qui comptait trois enfants en bas âge. Le pape affirma avoir été ébranlé par l'annonce de la mort de son époux, qu'il savait plein de dévotion pour l'Église romaine. Il accorda la protection du Saint-Siège à la famille royale et au chapelain de la reine Alix, qui avait hérité d'Hugues Ier une enveloppe de 200 besants blancs, non négligeable. L'application de cette mesure revint à Pélage d'Albano auquel le pape recommanda, le 12 juillet 1218, la personne de la reine, qui redoutait les méfaits d'obscurs comploteurs.

> Ceux-ci, tempêta-t-il, devraient plutôt s'investir dans les affaires du Crucifié, en faveur desquelles œuvre presque la totalité du peuple chrétien, au mépris de leurs propres intérêts.

Le pape justifia son intervention par la protection accordée par l'Église aux veuves, orphelins et pupilles oppressés à travers le monde. La fin de sa lettre révèle cependant son obsession d'aplanir les différends susceptibles de perturber l'organisation de la cinquième croisade à travers la chrétienté[53].

L'intervention du pape contribua à stabiliser la situation de l'île de Chypre, en attendant l'avènement du jeune Henri de Lusignan au printemps 1232. La régence du royaume fut assurée par sa mère, Alix, et l'oncle de celle-ci, Philippe d'Ibelin, conformément aux dispositions des *Assises du royaume de Jérusalem*. L'entente entre les deux régents dura jusqu'en 1224. La reine quitta l'île de Chypre, à l'issue d'une querelle obscure, pour s'installer sur le continent et épouser l'héritier désigné du prince Bohémond IV d'Antioche. Le mariage fut célébré sur une île située à quelques encablures de Tripoli afin de contourner l'interdit fulminé par l'Église « pour le fait d'Antioche »[54]. Cette union ne devait rien au hasard, Alix ayant tenté d'épouser en 1223 le seigneur champenois, Guillaume II de Dampierre, avec lequel elle entretenait des liens de parenté rapprochés. Le pape avait chargé l'archevêque de Sens et l'évêque de Châlons-en-Champagne d'interdire cette union, après avoir émis des doutes sur les conditions de naissance de la reine. Il ne fut pas plus indulgent quand l'archevêque Eustorge de Nicosie lui rapporta le degré de parenté unissant Alix au futur prince, Bohémond V

---

52 Peter W. Edbury, *The Kingdom of Cyprus and the Crusades 1191–1374*, Cambridge, 1991, p. 31 ; Hill, *A History of Cyprus*, t. II : *The Frankish Period 1192–1432*, Cambridge, 1948, p. 44–83.

53 Horoy, *op. cit.*, t. II-B, n° 327 col. 842–843, 326 col. 842 et 329 col. 843–844.

54 Hill, *A History of Cyprus*, t. II, p. 87–88 ; P.W. Edbury, *op. cit*, p. 49–50 ; Nicholas Coureas, *The Latin Church in Cyprus, 1195–1312*, Aldershot, 1997, p. 16 et spécialement la note 49 ; *Estoire d'Eracles*, p. 361.

d'Antioche. Eustorge de Montaigut se vit confier la mission de mener une enquête approfondie sur la question et de dissoudre éventuellement le mariage, le 11 août 1225. La rumeur prêtait en effet à Alix et Bohémond comme ancêtre commun, au quatrième degré, le roi Baudouin II de Jérusalem, disparu en 1131[55].

L'examen du mariage d'Alix de Champagne rassura la fraction de la noblesse chypriote, qui redoutait l'avènement d'un régent extérieur au royaume en la personne de Bohémond d'Antioche. Une bulle du 16 février 1226 révèle les motivations profondes de la reine, ainsi que l'organisation institutionnelle du royaume de Chypre pendant la minorité d'Henri Ier. Il suffit de parcourir l'exposé d'Honorius III pour trouver la réponse à bon nombre d'interrogations soulevées par les historiens chypriotes au XXe siècle[56]. Alix avait accepté en 1218 la nomination de Philippe d'Ibelin comme bayle de Chypre « jusqu'à ce que le roi parvienne à l'âge légitime [de régner], ou que la reine elle-même convole en secondes noces ». Seul un remariage rapide pouvait lui assurer un retour effectif au pouvoir, son titre de reine ne lui assurant qu'une autorité morale à Nicosie. Aussi Alix prit-elle secrètement la route de Tortose pour négocier une union commode avec Bohémond d'Antioche. Le premier réflexe de Philippe d'Ibelin fut de réunir la haute cour du royaume, à la nouvelle de ce départ. Les barons chypriotes convinrent de couronner prématurément le roi afin de lui concéder un semblant de pouvoir. La cérémonie accomplie, Henri Ier renouvela officiellement Philippe d'Ibelin dans ses prérogatives, avant de solliciter la protection officielle du Saint-Siège[57].

Le but de cette manœuvre n'était pas tant de rejeter la tutelle de l'empereur Frédéric II – qui demeurait le suzerain du jeune roi –, que de priver sa mère de toute autorité symbolique. Le pape cautionna ce coup de force par méfiance pour la reine, qu'un procès annexe opposait en cour de Rome à son cousin Thibaud IV de Champagne. Il accepta de prendre Henri Ier sous la protection de saint Pierre, le 31 janvier 1226, en déclarant nourrir pour lui une affection allant au-delà de la simple compassion due aux pupilles de

[55] Christopher Schabel, *Bullarium Cyprium*, t. I : *Papal Letters Concerning Cyprus 1196–1261* [désormais abrégé en *Bullarium Cyprium*], Nicosie, 2010, c-49 p. 250–251, c-23 et c-24 p. 209–211 ; *Bullarium Terrae Sanctae*, n° 108.

[56] Philippe de Novare, *Guerra di Federico II in Oriente* (*1223–1242*), § 18 (114) p. 74 ; Hill, *A History of Cyprus*, t. II, p. 84–85 ; Edbury, *op. cit*, p. 50 ; Rome, ASV, Reg. 13, n° 206 fol. 113 v°-114 r°.

[57] Rome, ASV, Reg. 13, n° 206 fol. 113 v°-114 r° (*cf.* Pressutti, *op. cit.*, t. II, n° 5824 p. 402–403) ; *Estoire d'Eracles*, p. 361. Cette bulle prouve qu'Alix n'assista nullement au couronnement de son fils, en dépit de certaines rumeurs (*cf.* Florio Bustron, *Chronique de l'île de Chypre*, éd. R. de Mas Latrie, Paris, 1886 p. 58).

l'Église. Le Saint-Père plaçait les mêmes espoirs dans le roi de Chypre que ceux qu'il avait jadis nourris pour le jeune Frédéric de Sicile. Il croyait en la sincérité de sa dévotion à l'égard du Saint-Siège et à l'étendue des services, qu'il serait susceptible de fournir à l'Église romaine, une fois parvenu à l'âge adulte[58]. Honorius mit un mois à désigner les ecclésiastiques, en charge de la protection du roi Henri. Cette mission incomba à une commission dominée par les figures des évêques de Nicosie et de Limassol. Le pape chargea ses correspondants d'excommunier les ennemis ou *molestatores indebitos* du roi jusqu'à son avènement effectif sur le trône de Chypre[59].

Les grands gagnants de l'opération furent les Ibelins, comme l'a naguère souligné Peter Ebdury. Le régent Philippe se vit confirmer, le 16 février 1226, « la tutelle et la cure du roi et du royaume [de Chypre], en tant que plus proche parent du pupille ». Le pape lui rappela comment la reine et l'ensemble des barons et chevaliers chypriotes lui avaient confié la régence du royaume, avant sa fuite inopinée en Syrie. Une bulle fut adressée parallèlement à la noblesse et à la population chypriote, dont le pape attendait une fidélité sans borne à la personne de Philippe d'Ibelin. Honorius III rendit hommage à la circonspection du bayle de Chypre, en soulignant l'attachement du Saint-Siège à la personne du roi[60]. « Nous l'aimons sincèrement dans le Seigneur », déclara-t-il, le lendemain, à Frédéric II qui avait protesté à la nouvelle du couronnement anticipé d'Henri Ier. Le pape invita l'empereur à accorder ses faveurs au jeune souverain, au nom de la révérence due au Siège apostolique. Comme Nicholas Coureas l'a fait remarquer subtilement, cette lettre ne faisait aucune allusion aux protestations de l'empereur, ni à l'hommage qu'il était en droit d'attendre du roi de Chypre. Le pape préférait jouer la carte de l'apaisement dans l'intérêt de l'Orient latin[61].

L'harmonie prônée par Honorius III ne dura guère et Philippe d'Ibelin renonça à la régence du royaume de Chypre au tournant des années 1226–1227. Il est raisonnable d'imputer cette démission à l'état de santé précaire qui entraîna l'alitement, puis le décès du bayle de Chypre dans les derniers jours de l'année 1227. La chronologie des événements est délicate à établir d'une manière ferme en raison du style de l'Annonciation, en usage à Chypre, et des contradictions affichées par les récits de *l'Estoire d'Eracles* et

---

[58] Hill, *A History of Cyprus*, t. II, p. 90–91 ; Pressutti, *op. cit.*, t. I, n° 2231 p. 371 et t. II, n° 4561 p. 173 ; Rome, ASV, Reg. 13, n° 222 fol. 117 r° (*cf.* Pressutti, *op. cit.*, t. II, n° 5813 p. 401).

[59] Rome, ASV, Reg. 13, n° 223 fol. 117 r° (*cf.* Pressutti, *op. cit.*, t. II, n° 5839 p. 405).

[60] Edbury, *op. cit.*, p. 51 ; Rome, ASV, Reg. 13, n° 207 fol. 114 r° (*cf.* Pressutti, *op. cit.*, t. II, n° 5825 p. 403) et n° 206 fol. 113 v°-114 r° (*cf.* Pressutti, *op. cit.*, t. II, n° 5824 p. 402–403).

[61] Rome, ASV, Reg. 13, n° 209 fol. 114 r° (*cf.* Pressutti, *op. cit.*, t. II, n° 5828 p. 403) ; Hill, *A History of Cyprus*, t. II, p. 90–91 ; Coureas, *The Latin Church in Cyprus, 1195–1312*, p. 34.

des *Gestes des Chiprois*. Il semble qu'Alix de Champagne ait tenté de remplacer son oncle par l'un des opposants les plus féroces à son mariage avec Bohémond d'Antioche. L'ambitieux Aimery Barlais ne put s'imposer et se replia à Tripoli, où la reine attendait le verdict d'Eustorge de Nicosie à propos de son remariage. La tension était si palpable que le chevalier chypriote, Baudouin de Bethléem, fut assassiné pour avoir clamé sa fidélité indéfectible à la reine. C'est dans ce contexte que la régence du royaume revint au sire de Beyrouth, Jean d'Ibelin[62].

La situation de l'île n'évolua guère durant les derniers mois d'existence du pape, auquel la chronique de Philippe de Novare prête un pontificat écourté de dix ans, six mois et 23 jours. Honorius reçut au Latran des représentants d'Alix de Champagne, qui se répandirent en reproches contre Eustorge de Montaigut. Ils l'accusaient d'être partial dans le litige qui opposait la reine aux barons chypriotes, en refusant le témoignage de hérauts qui prêtaient à Alix et Bohémond d'Antioche une parenté au cinquième degré. L'argument n'était pas fondé sur le plan généalogique, Bohémond et Alix descendant de Baudouin II de Jérusalem au quatrième degré, par le biais de leurs bisaïeules, Alix et Mélisende. Le doute s'insinua, en tout cas, dans l'esprit du pape qui redoutait de commettre une injustice préjudiciable aux intérêts du royaume de Chypre. Une ambassade impériale acheva le travail de sape entamé par l'écolâtre d'Antioche et le chevalier Guillaume de Rivet pour le compte de la reine Alix. Le pape décida de retirer le jugement de l'affaire à Eustorge de Montaigut le 5 mars 1227, pour le confier au patriarche de Jérusalem, Géraud, et à son suffragant, Jacques d'Acre. Cette ultime largesse ne se retourna pas, à titre posthume contre Honorius, le mariage d'Alix de Champagne étant cassé légitimement pour cause de consanguinité. La reine abandonna son mari, sans parvenir à imposer à Chypre son bayle, Aimery Barlais, qui fut vaincu lors d'un combat solennel par un cousin éloigné de Philippe d'Ibelin à la fin de l'année 1227[63].

Ces faits démontrent que l'équilibre précaire établi dans les royaumes de Chypre et d'Arménie dut beaucoup à la politique conciliatrice développée par Honorius III avec le soutien des ordres militaires. Il est tentant d'imputer cette collaboration à l'avènement à la tête du Temple et de l'Hôpital de

---

[62] Philippe de Novare, *Guerra di Federico II in Oriente (1223–1242)*, § 21 (117) p. 76 et 78 et 24 ; *Estoire d'Eracles*, p. 361–362 ; G. Hill, *A History of Cyprus*, t. II, p. 90–93 ; P.W. Edbury, *op. cit*, p. 51.

[63] Philippe de Novare, *op. cit.*, § 24 (120) p. 78 et 26 (122), p. 78, 80 et 82 ; *Bullarium Terrae Sanctae*, n° 149 et 150 ; Nielen, *Lignages d'Outre-Mer*, p. 67 ; *Estoire d'Eracles*, p. 408. Cette dernière source prête à tort une parenté aux troisième et quatrième degrés à Bohémond et Alix avec le défunt roi, Hugues Ier de Chypre.

deux frères enclins au dialogue, en la personne de Pierre et de Garin de Montaigut. Les ordres militaires partageaient avec le pape l'ambition de reconquérir les Lieux saints et de conforter l'assise territoriale du royaume de Jérusalem[64].

Honorius plaçait beaucoup d'espoir dans l'empereur Frédéric II et le roi Jean de Brienne, qui n'avait pas économisé sa peine durant la cinquième croisade. Les ressources financières des deux monarques avaient cependant peu de chose en commun, en raison de la disparité de leurs royaumes et de l'endettement abyssal de la Couronne de Jérusalem. Ces problèmes furent aggravés, après l'évacuation de Damiette, par la malhonnêteté de certains religieux qui jouissaient d'une franchise fiscale à la douane de mer d'Acre. Le pape leur interdit formellement, le 4 mars 1222, de mêler leurs marchandises à des produits appartenant à des marchands assujettis à l'impôt. Il invita, quelques semaines plus tard, les fidèles d'Angleterre à financer par leurs aumônes la construction de la forteresse de Château-Pèlerin, entreprise par les templiers. Les heureux donateurs devaient se voir accorder 20 jours d'indulgence par égard à la sacro-sainteté de cette mission. La rumeur évaluait, non sans exagération, le coût journalier du chantier au tribut arraché par le Temple aux Assassins en une année, soit 3 000 besants. On comprend dès lors la motivation d'Honorius III à vouloir associer le plus riche souverain d'Occident à la défense de la Terre sainte[65] !

3 Les négociations avec le Saint-Empire

Les registres pontificaux révèlent l'intensité des échanges noués entre le Saint-Siège et le Saint-Empire romain germanique dans le premier quart du XIIIe siècle. Il n'était pas rare de voir plusieurs ambassades impériales se croiser à la Curie à l'instar des notaires siciliens, Stàbile et Pietro, qui devancèrent au printemps 1220 l'abbé Conon de Fulda. Le protocole était si figé qu'Honorius III excusa Frédéric II de n'avoir envoyé auprès de lui que le modeste abbé hessois pour évoquer la question de son couronnement impérial. Il rappela à l'empereur que ces prédécesseurs avaient toujours expédié auprès du Saint-Siège des archevêques, évêques, ou princes laïcs

64 Clausen, *Papst Honorius III (1216–1227)*, p. 89–93, 107–108 et 110–111 ; Pierre-Vincent Claverie et Emmanuel Grelois, « *Apud Ciprum Nicossiam* : notes sur les relations cyprio-auvergnates au XIIIe siècle », *Επετηρίδα του Κέντρου Επιστημονικών Ερευνών*, 31 (2005), p. 41–43.

65 Jean Richard, *Le royaume latin de Jérusalem*, Paris, 1953, p. 185–186 ; *Bullarium Terrae Sanctae*, n° 61 et 69 ; Olivier le Scolastique, *Historia Damiatina*, p. 234 (montant effectif à partir de 1213).

pour débattre de sujets aussi importants. Cette réponse révèle le tempérament d'Honorius III comme son mode de gouvernement collégial. Il réunit en effet le Sacré-Collège avant de communiquer à Frédéric II une réponse officielle : Seul un prince engagé dans la défense de la Terre sainte et des libertés ecclésiastiques pouvait prétendre selon l'Église à un couronnement pontifical ! Le césaro-papisme d'Honorius III s'exprima à nouveau au printemps 1222, à l'occasion d'une rencontre prolongée avec Frédéric II[66].

Le 12 avril, les deux hommes se retrouvèrent à Veroli pour évoquer le sort de la Terre sainte et le statut épineux de l'Église sicilienne. À l'issue de deux semaines de négociations, le pape accorda la protection de saint Pierre à la famille et aux domaines de l'empereur, contre la promesse d'un embarquement prochain pour la Palestine. Honorius III avertit Pélage d'Albano et Jean de Brienne, dès le 25 avril, de la tenue d'une nouvelle conférence à Vérone pour la Saint-Martin 1222. Il les invita à participer à cette table ronde avec les maîtres du Temple, de l'Hôpital et de l'ordre teutonique au cas où leur éloignement ne compromettrait pas la sécurité de la Terre sainte. Le pape pria Jean de Brienne de recueillir dès à présent les conseils des états-majors des ordres militaires, qui pourraient faciliter la préparation de la croisade. À ses déboires financiers, il répondit par la promesse généreuse de l'empereur de prendre en charge les frais de son déplacement en Europe. Pélage d'Albano se vit, pour sa part, renouveler la confiance du pape qui souligna « l'engagement et la prudence », dont il avait fait preuve durant la cinquième croisade ! Honorius lui fit part de la détermination de l'empereur à définir durant l'automne 1222 la date de son passage en Orient[67].

Le pape semblait avoir retrouvé la confiance qu'il avait jadis placée en Frédéric II, malgré ses prétentions déplacées sur la marche d'Ancône et le duché de Spolète. L'empereur n'avait-il pas juré publiquement de fixer à Vérone la date de son transbordement, alors que rien ne l'y contraignait ? Les projets du pape furent malheureusement repoussés de plusieurs mois à la suite de graves problèmes de santé. Les ecclésiastiques et les laïcs, qui s'étaient rassemblés à Vérone, se dispersèrent dans ces conditions, en laissant à Frédéric II le soin de fixer la date d'une nouvelle conférence. L'empereur rallia la ville de San Germano à partir de la Terre de Labour au mois de février 1223 dans l'espoir de s'entretenir personnellement avec Honorius III. Leur rencontre fut ajournée de plusieurs semaines en raison

---

66 Rome, ASV, Reg. 10, n° 682 (a) fol. 167 r°-168 r° (*cf.* Huillard-Bréholles, *Historia diplomatica Friderici secundi*, t. I, part. II, Paris, 1852, p. 746) ; Rodenberg, *op. cit.*, t. I, n° 116 p. 82–83.

67 Richard de Saint-Germain, *Chronica*, p. 342 ; Pressutti, *op. cit.*, t. II, p. 62 ; Rodenberg, *op. cit.*, t. I, n° 194–196 p. 136–138 ; Clausen, *Papst Honorius III (1216–1227)*, p. 187–188.

de l'alitement prolongé du pape au Latran. Les deux hommes finirent par se retrouver à Ferentino, en compagnie du roi de Jérusalem, Jean de Brienne, du patriarche Raoul de Mérencourt, de l'évêque Rainier de Bethléem et de plusieurs représentants des ordres militaires. Le grand commandeur du Temple, Guillaume Cadel, et les maîtres de l'Hôpital et de l'ordre teutonique convainquirent Frédéric II de fixer son départ en croisade aux alentours de la Saint-Jean 1225, de manière à bénéficier d'un temps de préparation optimum. Une fois de plus, l'empereur jura spontanément de remplir ses obligations de croisé devant une large assistance[68].

Honorius III profita de la rencontre de Ferentino pour sceller une union matrimoniale prometteuse entre Frédéric II et la princesse Isabelle de Brienne, que son père songeait à marier. Le récit des événements, dressé par le pape au début du mois d'avril 1223, démontre qu'il fut le catalyseur et non l'instigateur de ce rapprochement dynastique, rendu possible par la disparition de l'impératrice Constance d'Aragon en juin 1222.

> Ensuite, dit-il, afin que l'engagement de l'empereur se manifeste pleinement en faveur de cela, que plus de crédibilité soit prêtée à ces affaires et qu'aucun scrupule de suspicion contraire ne soit toléré, il a confirmé par un serment religieux qu'il épouserait la fille légitime du roi de Jérusalem à la demande du susdit patriarche et d'autres orientaux, en présence de nos frères [cardinaux], de nous-même, et de la multitude des personnes qui assistaient à la rencontre.

Ce compte rendu témoigne de la défiance des autorités de Terre sainte à l'égard des intentions trop mouvantes de Frédéric II. Honorius III invita toutefois l'ensemble des souverains d'Occident « à relever et libérer la terre dans laquelle le Sauveur a assuré le salut du genre humain »[69].

Les registres pontificaux gardent la trace de nombreuses lettres échangées avec la Couronne de France au sujet de l'organisation de la croisade. Philippe Auguste fut l'un des premiers monarques, auxquels Honorius III relata les conditions de la rencontre de Ferentino. Le pape usa d'une métaphore féodale pour l'inviter à venger, le 18 avril 1223, les injures faites au Christ en Terre sainte et à purifier son sanctuaire occupé par les musulmans. Le Saint-Père engagea le roi de France à signer une paix symbolique

---

[68] Kantorowicz, *L'empereur Frédéric II*, p. 132–133 ; Clausen, *Papst Honorius III (1216–1227)*, p. 188–189 ; Pressutti, *op. cit.*, t. II, p. 62 et 118 ; Rodenberg, *op. cit.*, t. I, n° 225 p. 152–155 ; *Estoire d'Eracles*, p. 355 (qui évoque l'absence de Ferentino du grand-maître du Temple, Pierre de Montaigut).

[69] Kantorowicz, *L'empereur Frédéric II*, p. 133 ; Richard, *Le royaume latin de Jérusalem*, p. 185–186 ; Gaston Raynaud, « Chronique de Terre Sainte », *Les Gestes des Chiprois. Recueil de chroniques françaises écrites en Orient aux XIIIe-XIVe siècles*, Genève, 1887, § 86–87 p. 21–22 ; *Estoire d'Eracles*, p. 355–356 ; Rodenberg, *op. cit.*, t. I, n° 225 p. 153.

avec l'Angleterre, « de manière à ce qu'une éventuelle guerre royale ne porte ombrage à la chevalerie céleste et que la France, qui avait l'habitude de combattre activement pour le Seigneur, ne prive le Roi des Rois des faveurs de sa dévotion, en privilégiant ses combats personnels »[70].

Honorius dirigea vers le roi de France l'évêque Pandolfo de Norwich, qui ne parvint à obtenir, avant sa mort, le renouvellement des trêves reconduites en 1220 avec l'Angleterre. Philippe Auguste fit pourtant partie des monarques, auxquels Honorius III rappela dans une longue missive les désillusions de la cinquième croisade. Seules les iniquités du peuple chrétien expliquaient selon lui l'échec final de la croisade, le deuil succédant au chant de la cithare et l'affliction à la joie... Le pape se refusait à croire en la persistance de la colère divine, qui devait frapper prioritairement les orgueilleux et les iniques qui occupaient la Terre sainte. Il tenta de gagner les faveurs du roi d'Angleterre, en rappelant les exploits de son oncle, Richard Cœur de Lion, dont le seul nom inspirait l'effroi aux « ennemis de la foi »[71] ! De nombreuses autres admonestations furent adressées à la fin du mois d'avril 1223 à des princes susceptibles de s'illustrer en Orient, comme le comte Thibaud IV de Champagne[72].

Les seigneurs de toute condition reçurent l'ordre au début du mois de mai de favoriser le regroupement des croisés, en route vers la Terre sainte. Le pape souhaitait que leurs biens fussent exemptés de tout péage et qu'une contribution mensuelle d'un sou fût levée dans chaque foyer chrétien durant trois ans. Honorius III justifia la levée de cet impôt par la subvention extraordinaire affectée au financement de la croisade lors du concile de Latran IV. Ce fouage risquait de faire grincer les dents, en l'absence de contrepartie ecclésiastique. Aussi le pape étendit-il ses dispositions aux clergés séculier et régulier, en démontrant l'universalité de la croisade :

> Comme l'injure est générale, touchant universellement les individus et individuellement l'ensemble de ceux qui combattent sous le symbole du Christ, nous ferions preuve de beaucoup de négligence, si nous ne sollicitions pas, par des prédicateurs et des lettres, les rois, princes, ducs, comtes, communes urbaines et autres chrétiens en faveur de ce roi, dont l'abondance de la rétribution dépasse l'ampleur du service et qui récompense largement les mérites du serviteur!

---

70 Rodenberg, *op. cit.*, t. I, n° 220 p. 148–150.

71 Rodenberg, *op. cit.*, t. I, n° 225 p. 152–155. Cette dernière bulle peut être datée du 11 avril 1223 sur la base d'un exemplaire adressé au roi Éric XI de Suède (1222–1229 et 1234–1250) (*cf.* Johan Gustaf Liljegren, *Diplomatarium Suecanum - Svenskt Diplomatarium*, t. I, Stockholm, 1829, n° 219 p. 230–232).

72 Pressutti, *op. cit.*, t. II, n°4332 p. 131.

Le clergé fut informé des intentions du pape et de l'empereur, aussi bien que les fidèles, qui reçurent un rapport détaillé de l'entrevue de Ferentino. Honorius rappela les exemptions et immunités accordées aux croisés par le droit canon, de même que les indulgences offertes à ceux qui accompagneraient Frédéric II en Orient. La détermination de l'empereur l'incita à relancer la prédication de la croisade, qui végétait, et à promouvoir un idéal de paix à l'intérieur du continent européen[73].

Frédéric II adhéra de bonne grâce à ce principe, après avoir soumis les nobles Thomas de Celano et Rinaldo d'Aversa qui avaient défié son autorité en Molise. L'empereur plaça leurs personnes sous la protection de l'Église, le 25 avril 1223, en échangeant avec le pape des informations pratiques sur l'organisation de la croisade. Honorius III les relaya dès le 27 avril auprès du duc d'Autriche, Léopold VI, dont il appréciait « les dispositions manifestes pour la foi et la dévotion ». Le pape l'invita à accompagner l'empereur outre-mer, après avoir relaté les conditions de l'entrevue de Ferentino. Frédéric souhaitait gagner ses faveurs en lui offrant une subvention de 10 000 marcs d'argent, représentant 2,5 tonnes de fin. Au landgrave Louis IV de Thuringe, il destinait un pactole de 4 000 marcs d'argent, qui devait aplanir les relations difficiles entretenues par sa famille avec les Staufen depuis le règne d'Henri VI. Le pape implora le landgrave de Thuringe de prendre la croix « au nom du sang versé par le Christ », avant de sommer les communes de Gênes, Pise, Ancône et Venise de préparer leur flotte pour l'été 1225. Cette date lointaine l'amena à autoriser durant l'été la vente d'une galère terracinaise, dont le Saint-Siège s'était porté garant au nom de l'empereur[74].

Les projets du pape impliquaient une union rapide entre Frédéric II et Isabelle de Brienne, que le droit canon faillit contrarier. Les deux jeunes gens étaient parents au quatrième degré et il fallut une dispense matrimoniale pour autoriser leur union légitime. Honorius III associa le Sacré-Collège à sa décision le 5 août 1223, tant le zèle et l'ardeur manifestés par l'empereur dans l'organisation d'une nouvelle croisade méritaient d'être encouragés. Frédéric eut la sagesse de solliciter cette dispense à la différence d'Alix de Chypre, qui avait défié le Saint-Siège en se mariant

---

73 Pressutti, *op. cit.*, t. II, n°4336 p. 131 ; Rodenberg, *op. cit.*, t. I, n° 226 p. 155–156, 224 p. 151–152 et 225 p. 154–155 ; Horoy, *op. cit.*, t. IV, n° 120 col. 342.

74 Eduard Winkelmann, *Acta imperii inedita*, t. I, Innsbruck, 1880, n° 255–256 p. 232–233 ; Pertz, *MGH, Legum*, t. II, p. 250–251 ; Rodenberg, *op. cit.*, t. I, n° 227 p. 156–157, 230 p. 159, 231 p. 160 et 235 p. 164. Le pape chargea les autorités de Terracina de superviser la vente de ce navire à un marchand pacifique afin de ne pas renforcer la piraterie sévissant dans la mer Tyrrhénienne (*cf.* Pressutti, *op. cit.*, t. II, n° 4466 p. 156).

secrètement en Syrie. Son union avec Isabelle de Brienne impliquait un échange de consentement préliminaire, avant de pouvoir être célébrée religieusement. Honorius III avertit le patriarche Raoul de Mérencourt, le premier mars 1224, du départ imminent pour Saint-Jean d'Acre d'une ambassade impériale, conduite par l'évêque Jacques de Patti. Le haut-clergé de Terre sainte fut invité à faciliter l'aboutissement de cette mission délicate, Isabelle étant de 18 ans la cadette de Frédéric[75]...

Le mandement d'Honorius III pourrait suggérer que Jacques de Patti gagna la Terre sainte à l'été 1224, conformément au témoignage des *Annales de Terre sainte*. Une lettre de Frédéric II du 5 mars 1224 démontre qu'il n'en fut rien, l'empereur annonçant le départ de son nonce « au prochain passage du futur mois de mars » de l'année 1225. Il est clair que l'empereur ne comptait plus à ce moment honorer les délais de départ en croisade, dont il avait convenu à Ferentino. Il abusa le pape, en annonçant l'armement d'une centaine de galères dans les ports de Sicile et la construction d'une cinquantaine d'huissiers. Deux frères de l'ordre teutonique devaient veiller à l'assemblage de ces navires capables de convoyer l'équipement personnel et les destriers d'une quarantaine de chevaliers. La sincérité de l'empereur ne semble guère discutable malgré ses atermoiements décourageants. Ses nonces ne ménagèrent pas, en effet, leur peine pour promettre des victuailles et de l'argent aux princes allemands et hongrois, qui accepteraient de le suivre en Orient à plus ou moins longue échéance. Il prévint le pape au printemps 1224 que ses prédicateurs ne rencontraient que peu de succès à cause des absolutions concédées trop facilement par l'Église et de la fin des trêves signées entre Capétiens et Plantagenêt. Les nobles de France et d'Angleterre rechignaient en effet à prendre la croix alors qu'une guerre était susceptible de se déclencher sous peu[76].

Cette épée de Damoclès inquiétait le pape qui avait rappelé à Louis VIII, le 20 février, la nécessité de prolonger les trêves courant jusqu'au jour de Pâques. La mort avait empêché son père de tenir la promesse, qu'il avait faite à l'évêque de Norwich par bonté d'âme. Honorius tenta d'imposer ses vues au jeune monarque, en saluant la piété de ses ancêtres et l'engagement de Frédéric II de passer en Orient avant le premier août 1225. Louis VIII fit la sourde oreille à ses propositions, tandis qu'Henry III d'Angleterre dépêchait une ambassade sur le continent afin de trouver un terrain d'entente.

---

75 Rodenberg, *op. cit.*, t. I, n° 234 p. 163–164 ; *Bullarium Terrae Sanctae*, n° 81.

76 *Bullarium Terrae Sanctae*, n° 81 ; Röhricht, « Annales de Terre Sainte », col. B p. 438 ; Edbury, « A New Text of the *Annales de Terre Sainte* », p. 152 ; Winkelmann, *Acta imperii inedita*, t. I, n° 261 p. 237–240.

Une délégation d'évêques français avertit le pape de la tournure des événements alors que son légat Conrad de Porto s'apprêtait à prendre la route de l'Allemagne pour superviser l'organisation de la croisade. Honorius III le chargea de transmettre, le 4 avril, au roi de France les dernières injonctions de Frédéric II en vue de sauvegarder la paix. Une encyclique invita l'ensemble des évêques français à faire pression sur Louis VIII afin d'éviter le déclenchement d'une guerre préjudiciable aux intérêts de la Terre sainte. Le Saint-Père souhaitait, par ailleurs que le roi œuvrât en faveur de la réconciliation du comte Raymond VII de Toulouse avec l'Église, en abandonnant ses projets de croisade en Occitanie. Ces dissensions aboutirent à la tenue d'un parlement houleux à Paris, auquel assistèrent trois ambassadeurs anglais, venus négocier la reconduction des trêves antérieures[77].

La journée du 5 mai 1224 permit au cardinal de Porto d'expliciter la pensée d'Honorius III et d'annoncer la fin de l'indulgence plénière, concédée aux croisés engagés dans la lutte contre le catharisme. Le roi renonça à ses projets militaires dans le Midi, non sans déplorer l'inconstance politique du Saint-Siège. *« Le seigneur pape, dit-il, nous manda par le seigneur évêque de Porto qu'il était prêt à satisfaire entièrement à nos demandes. Comme il avait été ordonné au seigneur évêque de Porto de venir vers nous et de satisfaire à nos demandes, il arriva un envoyé du seigneur empereur, qui promit et offrit tant et de si grandes choses pour le secours de la Terre sainte, qu'il fallut que le seigneur pape et la cour de Rome s'occupassent des affaires de la Terre sainte, et quittassent pour le moment celles des Albigeois, parce que le seigneur pape et la cour de Rome avaient promis au seigneur empereur qu'ils ne feraient passer aucune affaire avant celle de la Terre sainte »*[78].

Honorius avait pris une décision importante, en repoussant les revendications de Louis VIII sur le comté de Toulouse et le marquisat de Provence. La frustration du roi s'explique par ses efforts financiers en faveur de la croisade, qui excédaient alors les 10 000 marcs d'argent, et le changement de position du pape qui n'avait eu de cesse d'exciter son père à la lutte contre les Albigeois. Il n'était plus temps pour Honorius III de dénoncer la « malice » des comtes de Toulouse, mais de sortir d'un imbroglio politique qui avait failli coûter la vie à son légat Conrad de Porto lors d'un séjour à Béziers, l'année précédente. Le pape sollicita l'aide de l'archevêque de

---

[77] Horoy, *op. cit.*, t. IV, n° 129 col. 541–543, 181 col. 589–590 et 184 col. 597–598 ; Rodenberg, *op. cit.*, t. I, n° 247 p. 174–175 et 249 p. 177–178 ; Thomas Rymer, *Fœdera, conventiones, literae, et cujuscunque generis acta publica*, t. I, part. I, La Haye, 1745 (2e édition), p. 92.

[78] Michel-Jean-Joseph Brial, *Gesta Ludovici octavi, Franciae regis, Recueil des historiens des Gaules et de la France*, t. XVII (1878), p. 303–304 (2e édition).

Narbonne, Arnaud Amaury, afin de négocier une paix honorable entre les deux parties. Honorius III souhaitait réorienter vers la Terre sainte les hommes et le matériel, qui étaient dépensés inutilement dans le Midi. Aux chantres de la croisade qui se décourageaient comme Jacques de Vitry, il annonça le passage prochain en Orient de l'empereur Frédéric II avec « une multitude innombrable de combattants »[79].

Le Saint-Siège profita du printemps 1224 pour lancer une grande campagne de prédication dans les frontières du Saint-Empire. Le pape ordonna à l'ensemble des prélats allemands de faciliter la mission de son légat Conrad de Porto, après avoir rappelé les affres de la cinquième croisade.

> Il semble téméraire d'expliquer par la raison les œuvres de Dieu, déclara-t-il en préambule à son appel, parce que le scrutateur de sa majesté ne peut être qu'écrasé par sa gloire!

Cet axiome offrait au Saint-Père un argument irréfragable contre les critiques qui remettaient en question le principe de la croisade. Honorius III rappela, pour justifier le recours à la force, que les passions de ce temps sont indignes de la gloire promise dans l'Au-delà aux chrétiens (Romains 8, 18). Quel fidèle pouvait d'ailleurs renoncer à se battre alors que le Christ avait livré un combat sur la Croix de toutes ses forces ? Le pape invoqua la plénitude du pouvoir accordé au Siège apostolique pour livrer le fond de sa pensée dans une seconde bulle. Il exposa, dans cette encyclique, ses craintes continuelles à l'égard du sort de la Terre sainte et son espérance dans la contribution, sur le point de voir le jour en Allemagne. Il distingua parmi les prédicateurs dépêchés au nord des Alpes le cardinal-évêque de Porto, qu'il présenta avec lyrisme comme « un cèdre planté dans le Paradis de l'Église ». Honorius souhaitait qu'il évangélisât les populations par le Verbe de la Croix et que le meilleur des accueils lui fût réservé à chacune de ses haltes[80].

Les projets du pape se délitèrent durant l'été 1224, malgré la tenue d'un concile à Montpellier, voué à réconcilier le comte de Toulouse avec l'Église romaine. Raymond VII s'engagea à cette occasion à verser 20 000 marcs d'argent à la papauté à titre de réparations et de gage de fidélité. Sa bonne volonté n'affecta pas Louis VIII de France, qui rêvait de chasser les Anglais du sud-ouest de son royaume. Le roi prit, le 24 juin, la route du Poitou où il

---

[79] Brial, *ibid.* ; Id., *Guillelmi de Podio Laurentii historia Albigensium*, *Recueil des historiens des Gaules et de la France*, t. XIX (1880), p. 215 (2e édition) ; Alexandre Teulet, *Layettes du Trésor des Chartes*, t. I, Paris, 1863, n° 1554 p. 544–545 et 1577 p. 561 ; Horoy, *op. cit.*, t. IV, n° 182 col. 590–593 ; *Bullarium Terrae Sanctae*, n° 82.

[80] Rodenberg, *op. cit.*, t. I, n° 247 p. 174–175 et 248 p. 176–177.

conquit en quelques semaines les places de Niort, Saint-Jean-d'Angély et de La Rochelle. L'ensemble de la noblesse saintongeaise lui prêta hommage à l'exception du sénéchal Savary de Mauléon, qui préféra s'exiler en Angleterre avant de se soumettre en fin d'année[81].

Honorius III ne cacha pas sa désapprobation, en apprenant la nouvelle de ces combats. Il adressa une vive remontrance au roi par le biais de l'abbé cistercien de Chiaravalle della Colomba, qui avait secondé le cardinal d'Ostie durant la prédication de la cinquième croisade. Le pape rappela la piété légendaire des rois de France et ses efforts répétés en vue de la reconduction des trêves antérieures. Le bellicisme du roi portait atteinte, non seulement aux intérêts de la Terre sainte, mais à la crédibilité même du Saint-Siège, qui s'était engagé à Ferentino à établir une paix universelle en Europe. *« Il est évident, conclut le pape, que les affaires de Terre sainte n'ont jamais bénéficié d'un soutien plus important que celui fourni par le royaume de France. Vois donc à quel point tu sers ta réputation si le secours de la susdite Terre sainte, qui avait l'habitude d'être assumé majoritairement par ton royaume, se trouve compromis ! Vois aussi dans quelle difficulté tu nous mets – bien que nous souhaitions l'épargner à ta Grandeur – après avoir promis à l'empereur d'astreindre à une punition canonique ceux qui violeraient le susdit principe !*[82]

Honorius III venait de recevoir à la Curie deux abbés cisterciens, porteurs d'une plainte officielle d'Henry III à l'encontre de dommages subis avant l'achèvement de la trêve de 1220. Le pape invita le roi d'Angleterre à négliger ces récriminations afin de négocier rapidement la signature de trêves profitables au *negotium Terre Sancte*. L'hiver 1224 s'écoula, sans que les négociations n'avancent d'un iota. Le roi de France disposait du soutien de plusieurs cardinaux romains et du roi de Jérusalem, Jean de Brienne, qui clamait ouvertement à la Curie que Louis VIII envahirait l'Angleterre, à la moindre décision contraire à ses intérêts. Le pape reprit la plume au mois de février 1225 pour implorer Louis de restituer à son voisin les terres qu'il lui avait enlevées contre l'avis du Saint-Siège. Honorius III employa la douceur, en évoquant la « dévotion sincère » de Philippe Auguste et les

---

[81] Brial, *Gesta Ludovici octavi, Franciae regis*, p. 305–307 ; Horoy, *op. cit.*, t. IV, n° 4 col. 693–695 ; Martine Cao Carmichael de Baiglie, « Savary de Mauléon (*ca* 1180–1233), chevalier-troubadour poitevin : traîtrise et société aristocratique », *Le Moyen Age*, CV (1999), p. 292–295.

[82] Horoy, *op. cit.*, t. IV, n° 4 col. 693–695 ; Levi, *Registri dei cardinali Ugolino d'Ostia e Ottaviano degli Ubaldini*, n° 18 et 19 p. 20 et 77 p. 101. Chiaravalle della Colomba se situe à Alseno, en Émilie-Romagne.

conséquences malheureuses du conflit franco-anglais pour le secours de la Terre sainte[83].

Ces objurgations restèrent lettre morte, en l'absence de menaces explicites, et le printemps connut de nouveaux affrontements sur le sol aquitain entre les troupes du comte Richard de Cornouailles et celles du maréchal français, Jean Clément. Honorius III réagit en déléguant auprès de Louis VIII le cardinal Romain de Saint-Ange, qui devait régler différents litiges ecclésiastiques. Le pape critiqua l'obstination du roi dans une longue lettre aux accents moralisateurs. L'empereur Otton de Brunswick n'avait-il pas payé durement son orgueil démesuré, en perdant son trône au profit du jeune Frédéric de Sicile ? Le roi se souvenait-il bien, par ailleurs, que le Saint-Siège n'avait pas hésité à excommunier Richard Cœur de Lion après que ce dernier eut rompu des trêves signées avec la France ? Le pape exhorta le roi à faire valoir ses droits sur le Poitou après l'achèvement de la croisade en cours, sous peine de déclencher un scandale international. Les efforts de la papauté mirent cependant près de deux ans à aboutir en raison des mauvaises dispositions de Louis VIII. Il fallut attendre sa disparition et celle d'Honorius III au printemps 1227 pour que le cardinal de Saint-Ange ne négocie une suspension des hostilités, susceptible de déboucher sur une paix prolongée[84].

Le pape n'eut guère plus de chance avec Frédéric II, qui utilisait Jean de Brienne et le patriarche Géraud de Jérusalem pour excuser l'ajournement de son départ en croisade. Il délégua à ses côtés, le 18 juillet 1225, les cardinaux d'Albano et de Saint-Martin qui se prévalaient d'une certaine expérience dans la conduite des affaires de la Croix. Honorius III rappela à cette occasion à l'empereur que son serment de Ferentino avait fait grincer les dents de nombreux cardinaux convaincus de son goût pour l'infamie. Les légats du Saint-Siège rejoignirent Frédéric II à San Germano, le 22 juillet, avec les représentants du royaume de Jérusalem. L'empereur s'engagea, à l'issue de trois jours de négociations, à gagner la Terre sainte au mois d'août 1227 à la tête d'une flotte de 150 navires. Deux milliers de chevaliers devaient précéder son transbordement au gré des passages de 1225 et 1226, en convoyant en Orient un parc de 6 000 montures. Frédéric II jura d'affecter à la croisade la somme colossale de 100 000 onces d'or et de séjourner deux

---

83 Horoy, *op. cit.*, t. IV, n° 5 col. 695–696 ; Rymer, *Fœdera, conventiones, literae, et cujuscunque generis acta publica*, t. I, part. I, p. 93–94 ; Rodenberg, *op. cit.*, t. I, n° 267 p. 192.

84 Brial, *Gesta Ludovici octavi, Franciae regis*, p. 307–309 ; Id., *Recueil des historiens des Gaules et de la France*, t. XIX (1880), p. 761–763 (2e édition) ; Rymer, *op. cit.*, t. I, part. I, p. 98 et 101.

ans en Orient avec le millier de chevaliers qui devait l'accompagner sur place. Il s'engagea à déposer sa contribution financière entre les mains d'Hermann von Salza en cinq termes échus entre les mois d'août 1225 et 1227. Les légats du Saint-Siège relevèrent Frédéric II de ses engagements précédents, avant de prendre la route de Rieti où le pape attendait fébrilement le résultat des négociations[85].

La convention de San Germano peut être considérée comme une victoire par les deux camps, malgré le jugement sans partage porté jadis par Ernst Kantorowicz. Le pape obtint en effet la promesse du transfert rapide de troupes en Orient dans un contexte international difficile. L'empereur repoussa, pour sa part, la date de son passage en Syrie de deux années, en s'offrant la possibilité de tenir une diète générale à Crémone au printemps 1226. Il souhaitait y évoquer le rétablissement des droits impériaux en Italie, la lutte contre l'hérésie et la préparation de la croisade[86]. Il dirigea durant le mois d'août 1225 vers Saint-Jean d'Acre le comte Enrico Pescatore et l'évêque Jacques de Patti afin de recueillir le consentement de sa fiancée Isabelle de Brienne. La jeune fille reçut l'anneau nuptial que l'empereur lui destinait dans la cathédrale d'Acre, avant d'être couronnée reine de Jérusalem dans celle de Tyr par l'archevêque Simon de Maugastel. Isabelle ne se faisait aucune illusion, à la veille de son mariage, sur ses chances de revoir, un jour, la Terre sainte où elle avait grandi. Elle rejoignit au mois d'octobre 1225 le port de Brindisi où son union avec Frédéric II fut célébrée, le 9 novembre suivant, en présence de son père et d'une petite délégation syrienne[87].

Honorius III avait exhorté le clergé italien à continuer de prêcher la croisade avec ferveur quand lui parvint une désagréable nouvelle en provenance de la botte italienne. Frédéric II avait sommé Jean de Brienne d'abandonner ses droits sur la Couronne de Jérusalem, le jour même de son mariage, alors qu'Hermann von Salza avait laissé planer la possibilité d'une régence partagée. L'empereur avait bien caché son jeu, en témoignant maints égards au héros de Damiette dont la nouvelle épouse, Bérengère de

---

[85] Rodenberg, *op. cit.*, t. I, n° 276 p. 198–199 ; Pertz, *MGH, Legum*, t. II, p. 255–256 ; Richard de Saint-Germain, *Chronica*, p. 344–345.

[86] Kantorowicz, *L'empereur Frédéric II*, p. 132 ; Abulafia, *Frederick II : A Medieval Emperor*, p. 151–152 ; Racine, *L'Occident chrétien au XIII*^e^ *siècle*, p. 183.

[87] *Estoire d'Eracles*, p. 357–358 ; Raynaud, « Chronique de Terre Sainte », § 88–92 p. 22–23 ; Jean d'Ibelin, *Le livre des Assises*, éd. P. Edbury, Leyde, 2003, p. 806 ; Huillard-Bréholles, *Historia diplomatica Frederici secundi*, t. II, part. 2, p. 863. Le chancelier royal, Simon de Maugastel, faisait partie de cette délégation avec l'évêque Jacques de Vitry et le cousin de la reine, Balian de Sidon.

Castille, était enceinte. La rupture entre les deux hommes fut violente selon les chroniqueurs de Terre sainte, qui parent Frédéric de tous les défauts moraux possibles. Jean de Brienne menaça l'empereur de représailles physiques avant de prendre la route de Rome, puis de la Lombardie. L'empereur attendit le début de l'année 1226 pour nommer un nouveau bayle à la tête du royaume de Jérusalem en la personne du comte d'Acerra, Thomas d'Aquin (1226–1228)[88].

C'est dans ce contexte tendu que le pape confia au mois de janvier 1227 à Jean de Brienne l'administration de l'ensemble des domaines pontificaux, compris entre Radicofani et Rome. Cette promotion s'accompagna de l'envoi d'une ambassade auprès de Frédéric II afin de trouver un terrain d'entente entre les deux hommes. Honorius III fit part de sa déception de voir la force et l'énergie de Jean de Brienne, piètrement récompensées par un monarque imprévoyant :

> À qui de plus fiable pouvais-tu confier le royaume de Jérusalem ? À qui de plus généreux à l'égard des fidèles et de plus terrible avec les infidèles ? À qui de plus utile aux affaires de la Terre sainte?

Ce plaidoyer porta ses fruits et Jean de Brienne accepta de remettre à son gendre 5 000 des 162 000 marcs d'argent, que Philippe Auguste avait légués en aide à la Terre sainte. Ce geste témoigne du profond respect que l'ancien roi de Jérusalem portait au pape Honorius III, qui avait été l'âme et le soutien de la cinquième croisade. Sa réconciliation avec Frédéric II ne devait cependant pas résister à la disparition de sa fille Isabelle au printemps 1228 et à l'excommunication de son gendre par le pape Grégoire IX. Jean de Brienne prit en effet la tête des armées pontificales, qui ravagèrent les possessions continentales du royaume de Sicile en 1229 avec l'appui du légat Pélage d'Albano[89]...

Il est douteux qu'Honorius III ait autorisé, de son vivant, le déclenchement d'opérations militaires contre son ancien pupille, à qui il liait indissociablement le sort de la Terre sainte. Les relations entre les deux hommes s'envenimèrent pourtant, en juillet 1226, à la suite des méfaits commis par un vassal de l'empereur en Toscane. Le pape accusa Frédéric de perturber la

[88] Pressutti, *op. cit.*, t. II, n° 5700 p. 379 ; Richard de Saint-Germain, *Chronica*, p. 344 ; *Estoire d'Eracles*, p. 358–360 ; Mas Latrie, *Chronique d'Ernoul*, p. 451–453 ; Philippe de Novare, *Guerra di Federico II in Oriente (1223–1242)*, § 6 (102) p. 68 et 22 (118) p. 78 ; Jean d'Ibelin, *op. cit.*, p. 807.

[89] Rodenberg, *op. cit.*, t. I, n° 339 p. 257 ; Pressutti, *op. cit.*, t. II, n° 6204 p. 473 ; Horoy, *op. cit.*, t. V, n° 48 col. 179 et 55 col. 185–187 ; Racine, *op. cit.*, p. 200–201 ; Teulet, *Layettes du Trésor des Chartes*, t. I, n° 1546 p. 549–550 ; Mas Latrie, *Chronique d'Ernoul*, p. 466 ; Kantorowicz, *op. cit*, p. 193.

correspondance diplomatique du Saint-Siège, faute de pouvoir imposer son autorité en Italie du nord. L'évêque Conrad d'Hildesheim avait excommunié le 11 juillet les douze communes de la Ligue lombarde, qui défiaient l'empereur, sans se faire d'illusions sur la portée de cette sanction[90]. C'est dans ce contexte que Frédéric requit l'aide du Saint-Siège dans une lettre mêlant habilement le sort de la Terre sainte au désarmement de la Ligue lombarde. *« Nous n'avons pas voulu venger leurs offenses, comme il sied à notre dignité impériale, déclara-t-il, et avons manifesté des sentiments. Nous voulions, au contraire, bien nous comporter avec eux par respect pour le Sauveur, dont nous entendions promouvoir efficacement les affaires ! Nous n'aurions rien fait d'autre de toute façon que d'œuvrer en faveur de la cause si sainte, pour ne pas dire très sainte, qui nous presse » !* (29 août 1226)[91]

Le pape accéda à la requête de l'empereur, après avoir reçu au Latran l'archevêque de Reggio de Calabre et les influents Hermann von Salza et Roffroi de Bénévent. Il somma les recteurs des communes lombardes de déléguer auprès du Saint-Siège des représentants avant le premier novembre 1226 dans le but de régler leur contentieux définitivement. Honorius III manda aux évêques de Plaisance, Lodi et Parme d'intervenir auprès des communes les plus hostiles afin de mettre un terme à une situation, « d'où un grand mal pourrait sortir pour toute la chrétienté ». Frédéric II donna des gages de bonne volonté en annonçant, le premier octobre, le respect des engagements qu'il avait pris à San Germano selon l'ordonnance, les dispositions et la volonté du Siège apostolique. Il n'hésita pas à interférer dans la prédication de la croisade, en dénonçant les retards imputables à la rébellion des communes lombardes. Frédéric commençait à percevoir les avantages politiques qu'il pourrait retirer de son passage effectif en Orient, après avoir tenté de le repousser pendant des années[92]...

Les négociations avec la Ligue lombarde se déroulèrent dans un esprit de concorde au Latran, où un premier accord fut trouvé dès le 8 décembre 1226. Honorius III rendit son arbitrage, un mois plus tard, en déplorant les conséquences de cette crise sur les affaires de la Terre sainte, « pour lesquelles un travail est entrepris depuis si longtemps ». Le Saint-Père engagea les deux parties à revenir à l'équilibre, qui prévalait depuis la paix de Constance de 1183, et à échanger leurs prisonniers. Il somma les communes

---

90 Abulafia, *Frederick II : A Medieval Emperor*, p. 127, 154–160 et 294 ; Racine, *op. cit.*, p. 183–201 (*cf.* plus largement sur la question Gianluca Raccagni, *The Lombard League, 1167–1225*, Oxford, 2010, p. 182–183).

91 Huillard-Bréholles, *Historia diplomatica Frederici secundi*, t. II, part. 2, p. 675–677.

92 Rodenberg, *op. cit.*, t. I, n° 309 p. 234–235 et 310 p. 235–236 ; Huillard-Bréholles, *Historia diplomatica Frederici secundi*, t. II, part. 2, p. 678–680.

lombardes de restaurer les libertés de l'Église, qui avaient été bafouées, et de fournir un contingent de 400 chevaliers à la croisade, sur le point de voir le jour. La dodécapole lombarde devait financer pendant deux ans le séjour en Orient de ces combattants, en échange de la protection canonique de leur patrimoine et de leur famille. Le pape accepta, en outre, de relever les cités de toute responsabilité au cas où l'empereur se déroberait à ses obligations militaires. Il expédia, le 5 janvier, aux deux parties les engagements qu'elles devaient ratifier avant le 28 février 1227 par voie officielle. Si Frédéric II s'exécuta avec empressement, les cités lombardes repoussèrent jusqu'au 26 mars la confirmation de l'arbitrage pontifical. Le pape les conjura, sur son lit de mort, de ne pas donner une occasion supplémentaire à l'empereur de différer le secours de la Terre sainte, qui n'avait que trop tardé depuis la perte de Damiette[93].

Fidèle à ses convictions, Honorius III passa les dernières semaines de son existence à préparer le passage de l'empereur en Orient. Il prit Frédéric II sous la protection de saint Pierre, le 8 janvier 1227, avec son fils Henri de Souabe, qui devait assurer la régence pendant son absence. Les évêques de Mayence et de Bamberg reçurent la mission d'excommunier ou de frapper d'interdit les provocateurs, qui oseraient défier l'autorité du Saint-Siège à cette occasion. Le pape avertit, le 11 janvier, les évêques hongrois et allemands du transbordement attendu de l'empereur au mois d'août suivant.

> Que Dieu soit béni, s'exclama-t-il, pour fréquemment transformer les pires choses en bienfaits et commuer celles, que l'on redoute de dépenser, en gains profitables!

Honorius annonça à ses correspondants l'issue heureuse de la crise lombarde et l'armement de nombreux navires dans les ports du sud de l'Italie. Aux prédicateurs de la croisade, il enjoignit d'inciter le plus grand nombre de croisés possible à prendre la route de l'Orient, sous la menace de la censure ecclésiastique[94].

Le pape délégua, le même jour, en Allemagne le grand-maître de l'ordre teutonique, Hermann von Salza, dont l'action avait permis le dénouement favorable de la crise lombarde. Les princes allemands et magyars reçurent un vibrant appel à la croisade dans la perspective du « passage général » du mois d'août, à l'instar du roi André II de Hongrie. Le pape souhaitait que ceux, qui avaient déjà pris la croix, accompagnassent prioritairement

---

93 Rodenberg, *op. cit.*, t. I, n° 327 p. 246–248, 328 p. 248–249, 329 p. 249, 330 p. 250, 331 p. 250–251 et 342 p. 259–260 ; Pertz, *MGH, Legum*, t. II, p. 258–260 ; Racine, *op. cit.*, p. 199–200.

94 Rodenberg, *op. cit.*, t. I, n° 333 p. 251–252, 337 p. 255 et 334 p. 252–253.

l'empereur en Orient. Sa mort prématurée l'empêcha d'assister à une ultime dérobade du souverain à l'été 1227, qui devait ouvrir une crise durable entre l'Empire et le Sacerdoce. Le césaro-papisme auquel Honorius III croyait ne s'écroula pas instantanément, la première lettre de son successeur, Grégoire IX, ayant pour objet d'inciter Frédéric II à tenir ses engagements en tant que « prince chrétien, assistant humblement et dévotement les projets du Siège apostolique ». Cela n'est qu'après l'ajournement du transbordement de l'empereur que Grégoire IX rompra cet équilibre, sans trouver aucun souverain capable de reprendre le flambeau. Honorius avait, pour sa part, privilégié le dialogue, par réalisme autant qu'affection pour Frédéric II. L'étude de sa correspondance diplomatique révèle l'ampleur des efforts déployés à l'échelle du continent européen afin de faciliter le travail de l'empereur en Terre sainte[95].

4 L'organisation de la sixième croisade

L'historiographie moderne pare souvent du qualificatif de sixième croisade l'expédition menée en Terre sainte par Frédéric II de Hohenstaufen au tournant des années 1228–1229, ou le passage ultérieur du roi Thibaud de Navarre et du comte Richard de Cornouailles. Nous l'appliquerons, pour notre part, aux projets militaires déployés par la papauté à partir de 1223 dans la même optique. La situation de la Terre sainte n'était pas à brève échéance préoccupante, des trêves ayant été signées avec l'empire ayyoubide jusqu'en 1229. Philippe Auguste ne s'y trompa pas, en léguant en 1223 au roi Jean de Brienne et aux ordres militaires 155 000 marcs d'argent « afin qu'ils tiennent 300 chevaliers en armes pendant trois années, après que la trêve les liant aux Sarrasins aura été rompue ». Ces effectifs devaient s'ajouter aux couvents du Temple et de l'Hôpital, établis à Saint-Jean d'Acre[96].

Le pape reçut, la même année, un rapport circonstancié du patriarche melkite d'Alexandrie sur la situation de l'Égypte à l'issue de la cinquième croisade. Nous avons évoqué, à plusieurs reprises, l'œcuménisme de ce prélat grec qui avait été convié au concile de Latran IV par Innocent III. Le patriarche Nicolas fit état, dans sa dernière lettre, de la destruction de 115 églises chrétiennes par mesure de représailles et de l'imposition aux

95 Rodenberg, *op. cit.*, t. I, n° 335 p. 253–254 et 343 p. 261–262 ; Abulafia, *Frederick II*, p. 161–168.

96 Thomas C. Van Cleve, « The Crusade of Frederick II », *A history of the crusades*, éd. K.M. Setton, t. II, p. 429–462 ; Sidney Painter, « The Crusade of Theobald of Champagne and Richard of Cornwall, 1239–1241 », *op. cit.*, t. II, p. 463–486 ; Teulet, *Layettes du Trésor des Chartes*, t. I, n° 1546 p. 549.

chrétiens d'Égypte d'un tribut annuel de 100 000 dinars. Les melkites plaçaient leur espoir dans le passage prochain en Orient de l'empereur Frédéric II, qui pourrait disposer du soutien d'une dizaine de milliers de renégats, dispersés à travers « les terres des Sarrasins ». Que dire des partisans des Fatimides qui lorgnaient sur la venue des Latins pour chasser les Ayyoubides d'Égypte ? Ces éléments poussèrent Nicolas Ier à dépêcher à la Curie l'un de ses plus proches conseillers afin d'informer utilement Honorius III. Sa relation écrite conseille, pour sa part, aux croisés de remonter la branche bolbitine du Nil dans l'avenir afin d'aménager une base logistique sur l'île de Fuwa, qui domine une riche région agricole[97].

Le patriarche d'Alexandrie ne fut pas le seul correspondant à répondre favorablement aux initiatives diplomatiques d'Honorius III. La reine de Géorgie, Russudan, délégua à la fin de l'année 1223 un nonce à la Curie pour justifier l'absence de contribution géorgienne à la cinquième croisade. Une exhortation du pape était parvenue entre les mains de son prédécesseur pendant le séjour de Pélage d'Albano à Damiette, sans que l'armée ibère ne pût entreprendre quoi que ce soit. La faute en incombait aux généraux mongols Djebe et Süböteï, qui avaient tué près de 6 000 Géorgiens lors d'un raid éclair à travers le Caucase, facilité par l'emploi d'une croix processionnelle. La reine avait depuis lors succédé à son frère Georges IV († 18/01/1223) et appris la nouvelle de la venue prochaine de Frédéric II en Orient.

> Faites-nous savoir, déclara-t-elle, quand l'empereur devrait faire la traversée pour que nous envoyions notre connétable Ivané avec toute notre armée aider les chrétiens et libérer le Saint-Sépulcre à l'endroit, où vous lui aurez demandé d'être.

La reine ajouta à l'attention du pape qu'une grande partie de la noblesse ibère avait pris la croix dans l'optique de la venue de Frédéric II. Ce détail témoigne de l'ouverture de certaines chrétientés orientales à l'esprit de croisade, auquel le monde byzantin fut toujours réticent. L'adhésion à ce schéma de la Géorgie ne saurait surprendre du fait de ses relations intimes avec le royaume de Jérusalem et de ses luttes continuelles avec les principautés seldjoukides d'Anatolie[98].

Le pape répondit, le 12 mai 1224, avec beaucoup de déférence à la reine Russudan et à son amirspassalari, qui promettait d'affecter 40 000

---

97 Rodenberg, *op. cit.*, t. I, n° 233 p. 162–163.

98 Rodenberg, *op. cit.*, t. I, n° 251 p. 178–179 ; Pierre-Vincent Claverie, « L'apparition des Mongols sur la scène politique occidentale (1220–1223) », *Le Moyen Age*, 105 (1999), p. 608–610 ; Gilbert Dagron, « *Byzance entre le djihâd et la croisade, Quelques remarques* », *Le concile de Clermont de 1095 et l'appel à la croisade, Actes du Colloque Universitaire International de Clermont-Ferrand (23–25 juin 1995)*, Rome 1997, p. 325–337.

combattants à la croisade. Il annonça le passage de Frédéric II en Orient pour la Saint-Jean 1225 et invita ses correspondants à associer la noblesse ibère à l'organisation de leur expédition militaire en Palestine. Le Saint-Père accorda dans son enthousiasme l'indulgence plénière à l'ensemble des participants de la croisade, plusieurs princes géorgiens ayant adhéré au chalcédonisme à l'instar du connétable Ivané Mkhargrdzéli, qui souhaitait entrer en religion. Ces largesses témoignent de l'optimisme qui prévalait à la Curie, avant la reprise des hostilités entre la France et Angleterre à l'été 1224. Le financement de la croisade impliquait la mobilisation de l'épiscopat européen et de la Chambre apostolique, longtemps dirigée par l'évêque Pandolfo de Norwich. On ne peut être qu'impressionné, en parcourant les registres d'Honorius III, par la méticulosité de la comptabilité pontificale au début du XIIIe siècle. C'est ainsi que le pape chargea cinq ecclésiastiques différents de remettre à Guillaume de Montferrat, en février 1224, quelque 1 521 marcs d'argent et 280 marcs d'or, disséminés dans le nord de l'Italie[99].

L'origine de ces fonds semble assez difficile à établir, bien qu'une partie de ces sommes dût provenir du vingtième collecté durant la cinquième croisade. Le pape fait en effet allusion au virement de 521 marcs sterling par le camérier Pandolfo avant sa consécration épiscopale, le 29 mai 1222. Le marquis de Montferrat envisageait encore à cette date de se porter au secours du royaume de Jérusalem, contre la promesse de recevoir une contribution de 15 000 marcs d'argent de la papauté. Honorius III avait cru bon de confirmer les engagements du cardinal Hugolin, en assignant au marquis de Montferrat un délai de trois ans afin de passer en Orient. La réorientation de son expédition vers le royaume de Salonique se fit au prix de quelques économies, le pape réduisant la contribution du Saint-Siège à 10 000 marcs au début de l'année 1224. Ce cas de figure illustre la réactivité dont la Chambre apostolique sut faire preuve au gré de l'évolution des négociations avec le Saint-Empire[100].

« Tout délai s'avère extrêmement périlleux dans ce genre d'affaire », écrivait le pape en 1222 à trois archevêques français, confrontés à des difficultés financières. Il les incita à anticiper les rentrées d'argent liées à la collecte du vingtième dans leur province, afin de ne pas compromettre le déroulement des opérations militaires contre les Albigeois. Le financement de la sixième croisade souffrit jusqu'en 1225 de l'affectation de ces fonds à la cause

---

99 Rodenberg, *op. cit.*, t. I, n° 252 p. 179–180, 253 p. 180–181 et 254 p. 181–182 ; Marie-Félicité Brosset, *Histoire de la Géorgie de l'Antiquité au XIXe siècle*, t. I, Saint-Pétersbourg, 1849, § 325 p. 497 ; Rome, ASV, Reg. 12, n° 288–291 fol. 163 v°-164 r° (*cf.* Pressutti, *op. cit.*, t. II, n° 4814–4817 p. 217).

100 Konrad Eubel, *Hierachia catholica Medii Aevi*, t. I, Münster, 1913, p. 371 ; Rome, ASV, Reg. 11, n° 397 fol. 242 v° (*cf.* Pressutti, *op. cit.*, t. II, n° 4005 p. 74) ; *supra* p. 69.

d'Amaury de Montfort, même si le pape réorienta vers la Terre sainte la totalité du vingtième levé dans les provinces de Bourges et de Reims. L'archevêque Simon de Sully reçut l'ordre à ce titre d'expédier vers l'église Saint-Victor de Paris les sommes rassemblées dans les diocèses de Bourges, Clermont et Limoges avec les primes de rachat des vœux de croisade afférents. Honorius entendait réactiver les réseaux, qui avaient permis le financement prolongé de la cinquième croisade. De nombreux indults furent accordés à cette fin aux collecteurs apostoliques. L'archevêque de Reims, Guillaume de Joinville, fut ainsi autorisé à absoudre en 1222 les fraudeurs, clercs concubinaires et délinquants qui s'engageraient à amender leurs torts, en versant les sommes auxquelles ils s'étaient dérobés[101].

Ce privilège fut concédé en 1223 à l'archevêque Gauthier de Sens, dont plusieurs subordonnés s'étaient soustraits au paiement du vingtième. Le pape étendit son indulgence aux clercs concubinaires qui avaient été excommuniés massivement par le cardinal Guala Bicchieri, sans persister plus de deux ans dans leurs erreurs. Cet exemple démontre la volonté d'Honorius III de profiter de la prédication de la croisade pour moraliser les pratiques du bas-clergé. Le prélèvement du vingtième posait d'autres problèmes juridiques, dont le pape confiait la résolution aux décrétalistes de son entourage. Un clerc champenois adressa, par exemple, une supplique au printemps 1224, en pensant avoir été excommunié par l'évêque Milon de Nanteuil pour ne pas avoir acquitté de contribution sur une maison sise dans l'évêché de Beauvais. Le pape chargea, le premier mars 1224, l'abbé de l'église Saint-Jacques de Provins d'absoudre le contrevenant, malgré son extra-territorialité et le « mandat général » confié à l'évêque de Beauvais. La décision d'Honorius III avait vocation à faire jurisprudence, le droit canon interdisant à un prélat d'intervenir dans un évêché voisin[102].

Il est difficile d'apprécier la position de l'opinion occidentale à l'égard des projets de croisade du pape, bien que les troubadours de son époque aient déploré l'abandon des idéaux du XIIe siècle qui fédéraient les chrétiens autour de la lutte contre les « Sarrasins ». Ces critiques remettent rarement en question le bien fondé de la croisade, qui s'alliait en Orient à des missions d'évangélisation. La Terre sainte continuait d'exercer une attraction forte sur l'épiscopat occidental comme le révèlent plusieurs dispenses

---

[101] Horoy, *Honorii III Romani pontificis omnia opera*, t. IV, n° 180 col. 154, n° 93 col. 795–796, n° 102 col. 514 ; Rome, ASV, Reg. 11, n° 387 fol. 238 v° (*cf.* Pressutti, *op. cit.*, t. II, n° 3966 p. 69).

[102] Rome, ASV, Reg. 12, n° 4 fol. 83 r°-83 v° (*cf.* Pressutti, *op. cit.*, t. II, n° 4457 p. 154) ; Rome, ASV, Reg. 12, n° 321 fol. 168 r° (*cf.* Pressutti, *op. cit.*, t. II, n° 4830 p. 220).

concédées par Honorius III entre 1222 et 1225. Le premier bénéficiaire de ces largesses fut l'évêque moréote, Hugues d'Amyclée, dont le grand âge contrariait les projets de croisade anciens. Le pape chargea l'archevêque de Corinthe de l'absoudre de ses vœux de croisade contre la promesse d'envoyer des combattants en Orient lors du prochain passage général, supervisé par la papauté[103].

Les conditions furent légèrement différentes en 1224 pour l'évêque de Castro, Orlando, qui avait déposé à Gênes 200 petites livres afin de venir en aide à la Terre sainte. Le pape libéra l'évêque de ses engagements, en prenant en considération la « débilité de son corps » et les prescriptions du concile de Latran IV. Le droit canon offrait également la possibilité de repousser à une date ultérieure l'accomplissement d'un vœu de croisade. C'est cette solution que privilégia Honorius III en 1225, quand la population de Marseille remit en question la juridiction temporelle de son évêque. La sincérité de l'engagement de Pierre de Montlaur ne fait guère de doute, bien que ce dernier n'eût jamais l'occasion de gagner la Terre sainte avant sa disparition en 1229. Ce privilège revint, en revanche, à son frère Hugues qui se distingua en Orient sous l'uniforme du Temple dans les années 1240[104].

Il était d'usage que le pape concédât aux évêques les plus motivés le montant du vingtième collecté dans leur diocèse. Ce fut le cas de l'évêque de Turin, Giacomo di Carisio, dont la mort compromit le passage en Orient à l'automne 1226[105]. D'autres prélats virent leurs efforts récompensés à l'instar de l'évêque de Winchester, Pierre des Roches, qui assurait la prédication de la croisade dans les îles britanniques avec plusieurs délégués. Le chroniqueur Roger de Wendower affirme avec exagération que les agents de la papauté convainquirent 40 000 fidèles d'accompagner l'empereur Frédéric II en Orient[106]. Le pape témoigna, en tout cas, sa reconnaissance à celui « qui s'était dévoué tout spécialement au service du Crucifié », après avoir pris la croix en 1221. Par une bulle en date du 2 février 1227, Pierre des Roches vit ses biens placés sous la protection de saint Pierre et le versement de ses

---

103 Throop, *Criticism of the Crusade*, p. 41–44 ; Benjamin Z. Kedar, *Crusade and Mission. European Approaches toward the Muslims*, Princeton, 1984, p. 97–135 ; Pressutti, *op. cit.*, t. II, n° 4103 p. 91 (*cf. Bullarium Hellenicum*, n° 143) ; Eubel, *Hierachia catholica Medii Aevi*, t. I, p. 86.

104 Rome, ASV, Reg. 12, n° 418 fol. 186 v° (*cf.* Pressutti, *op. cit.*, t. II, n° 4962 p. 243) ; Eubel, *op. cit.*, t. I, p. 173 ; Horoy, *op. cit.*, t. IV, n° 142 col. 839 ; Claverie, *L'ordre du Temple en Terre sainte et à Chypre au XIIIe siècle*, t. I, p. 194.

105 Rome, ASV, Reg. 13, n° 376 fol. 148 r° (*cf.* Pressutti, *op. cit.*, t. II, n° 6051 p. 444).

106 Pressutti, *op. cit.*, t. II, n° 6157 p. 463 ; Christopher Tyerman, *England and the Crusades, 1095–1588*, Chicago, 1988, p. 99.

revenus, assuré durant son séjour outre-mer. Honorius III chargea les évêques de Salisbury et de Coventry de protéger les intérêts de l'évêque de Winchester, aussi longtemps qu'il serait absent de son évêché. Il est frappant de remarquer que Grégoire IX veilla à confirmer personnellement ces dispositions, en avril 1227, afin de démontrer la continuité de la politique pontificale[107].

Le paiement du vingtième revêtait une dimension universelle, dont seuls les établissements religieux les plus indigents pouvaient s'affranchir. Honorius exonéra, le 5 juillet 1223, la communauté érémitique de l'Isola di Strofaria, située dans le détroit de Messine, en tenant compte de l'aide inestimable qu'elle fournissait aux victimes des courants locaux[108]. L'évêque autrichien, Ulrich von Ortenburg, alerta le pape à la même époque sur les défauts de paiement de son prédécesseur, Ulschalk (1217–1220), qui avait renoncé à sa charge à cause d'une cécité prononcée. Honorius III autorisa l'évêque de Gurk à repousser au 24 juin 1224 le versement des arrérages dus au Siège apostolique, à condition de dresser un inventaire scrupuleux des sommes concernées. Ulrich von Ortenburg reçut l'assurance de ne pas être inquiété ou diffamé pour avoir suspendu le versement d'une contribution capitale pour le devenir de la Terre sainte. Ses scrupules tranchent avec les manœuvres dilatoires entreprises par de nombreux clercs, insensibles aux injonctions de la papauté[109].

Le pape affecta plusieurs évêques de Terre sainte à des missions diplomatiques, ou financières en rapport avec l'organisation de la croisade. C'est ainsi que l'évêque de Bethléem imposa aux Lucquois et aux Pisans en 1223 la signature d'une trêve de 13 mois, dont la rupture souleva la colère d'Honorius III en raison de ses conséquences néfastes pour le secours de la Terre sainte. L'élu Pélage de Lydda se vit, quant à lui, confier le soin de collecter des sommes dans le nord de la péninsule Ibérique, d'où il était originaire. Le pape fit l'éloge auprès des archevêques de Compostelle et de Braga, le 19 octobre 1225, de son engagement durable au service « des affaires du Crucifié ».

> Comme rien n'importe tant pour le salut des âmes que le soutien de la Terre sainte, continua-t-il, nous avons décrété que l'argent donné, promis ou légué en faveur de son secours à travers vos diocèses soit collecté en un point unique en vue d'être remis au susdit élu. Il chargera ses receveurs officiels de

---

107 Rome, ASV, Reg. 13, n° 529 fol. 169 r° (*cf.* Pressutti, *op. cit.*, t. II, n° 6222 p. 476) ; Lucien Auvray, *Les registres de Grégoire IX*, t. I, Paris, 1896, n° 18–19 col. 12.

108 Rome, ASV, Reg. 12, n° 204 fol. 64 v° (*cf.* Pressutti, *op. cit.*, t. II, n° 4417 p. 145) ; Fulvio Mazza, *Scilla, storia, cultura, economia*, Soveria Mannelli, 2002, p. 41.

109 Rome, ASV, Reg. 12, n° 78 fol. 115 r° (*cf.* Pressutti, *op. cit.*, t. II, n° 4544 p. 170).

> rapatrier ces sommes des différentes villes, bourgades et cités, et de les confier à de fidèles gardes sous le témoignage formel d'un certain nombre d'évêques et de chapitres [locaux].

Ce système s'accompagna d'une politique d'indulgence à l'égard des clercs, qui ne s'étaient pas acquittés de la totalité de leur contribution au vingtième levé par la papauté. Le chapitre cathédral de Lugo obtint ainsi l'absolution par l'élu de Lydda des religieux, dont l'état de santé avait perturbé involontairement la collecte du vingtième[110].

À ces fonds s'ajouta à partir de 1223 un fouage exceptionnel touchant l'ensemble des demeures laïques et ecclésiastiques de la chrétienté. Le pape était sûr qu'« une aide opportune pour la Terre sainte pourrait découler de la collecte, puis concentration de cette contribution sans la moindre difficulté ». Aussi invita-t-il l'ensemble des monarques européens à imposer leurs sujets à hauteur d'un sou tournois, par foyer et par mois, durant une durée de trois ans. Le roi Jean de Brienne défendit le principe de cette taxe à la cour de France et à la cour d'Angleterre avec le soutien du grand-maître de l'Hôpital, Garin de Montaigut. La contribution ne souleva pas l'opposition des clergés européens à la différence d'un projet de réforme bénéficiale, qui fut abandonné rapidement au cours de l'année 1226[111]. Les relations entre le Saint-Siège et la Couronne d'Angleterre souffrirent à cette époque de l'emprisonnement du seigneur normand, Falcaise de Bréauté, dont les turpitudes avaient attiré les foudres conjointes du roi et de l'archevêque Étienne Langton. Bien qu'excommunié et rebelle, Falcaise demeurait protégé par le droit canon du fait de son statut de croisé. Le pape parvint à obtenir son élargissement, sans être beaucoup payé de retour, Falcaise trouvant la mort dans la Marche d'Ancône avant d'avoir pu gagner la Terre sainte. D'autres croisés eurent plus de chance à l'instar d'un chevalier tournaisien, dont Honorius III annula le mariage après avoir pris connaissance des soupçons d'adultère qui pesaient sur son épouse[112].

---

110 Rome, ASV, Reg. 12, n° 182 fol. 56 r°-56 v° (*cf.* Pressutti, *op. cit.*, t. II, n° 4335 p. 131) et n° 107 fol. 123 r° (*cf.* Pressutti, *op. cit.*, t. II, n° 4583 p. 177) ; *Bullarium Terrae Sanctae*, n° 118 et 130. La trêve brisée par les Pisans courait de la Saint-Jean 1223 à la Saint-Jacques 1224, en l'absence d'un accord quadriennal.

111 Rodenberg, *op. cit.*, t. I, n° 226 p. 155–156 et 224 p. 151–152 ; Horoy, *op. cit.*, t. IV, n° 120 col. 342 ; Matthieu Paris, *Chronica majora*, éd. H.R. Luard, Londres, t. III, 1876, p. 82, 102–103 et 107–109.

112 Tyerman, *England and the Crusades, 1095–1588*, p. 225 ; Matthieu Paris, *Chronica majora*, t. III, p. 119–120 ; Rome, ASV, Reg. 12, n° 234 fol. 149 r° (*cf.* Pressutti, *op. cit.*, t. II, n° 4737 p. 203). Il est à noter que trois des compagnons de Falcaise de Bréauté furent épargnés par Henry III d'Angleterre contre la promesse solennelle d'aller combattre en Orient sous l'uniforme du Temple (*cf.* C. Tyerman, *op. cit.*, p. 225).

Le début de l'année 1224 présida à la désignation d'une cohorte d'ecclésiastiques, appelés à seconder l'action du légat Conrad de Porto dans les frontières du Saint-Empire. Ce fils du comte d'Egino IV d'Urach († 1230) comptait de nombreux appuis dans la noblesse germanique, malgré son passé monastique. Le pape lui adjoignit les services de prédicateurs confirmés comme Conrad de Marbourg, Gilles de Brabant, Salomon de Würzburg et le dominicain Jean de Strasbourg. Le Saint-Siège décida de nommer dans chaque évêché du Saint-Empire deux prédicateurs issus du clergé séculier et régulier. La procédure fut allégée dans les autres provinces de la chrétienté, où la prédication incombait à un évêque local. C'est ainsi que l'évêque de Roskilde reçut la mission de prêcher le Verbe de la Croix dans l'archevêché de Lund, dont il était l'un des sept suffragants. Le pape concéda à ses représentants la possibilité de prêcher dans les lieux frappés d'interdit et de réorienter vers Jérusalem les vœux de pèlerinage, formulés en faveur d'autres sanctuaires comme Compostelle. Une voie de salut devait être proposée aux incendiaires et malfaiteurs, qui n'auraient pas de mort sur la conscience. Le pape autorisa, par ailleurs, ses agents à s'attacher les services de prébendiers, dont les revenus continueraient d'être versés régulièrement. Il exigea toutefois qu'aucune église ne se départît de plus d'un clerc à des fins d'économie[113].

La protection de saint Pierre devait s'étendre sur le patrimoine des croisés en route vers la Palestine, aussi longtemps que leur retour ou décès ne serait pas annoncé officiellement. Le pape habilita les clercs à gager éventuellement, ou percevoir à distance, les revenus attachés à leur office durant une durée de trois ans. Cette disposition démontre que la philosophie du Saint-Siège avait peu évolué depuis 1221, même si chaque ecclésiastique devait confier la desserte de son sanctuaire à un vicaire pendant son absence. Honorius III se méfiait farouchement des pasteurs qui gagnaient la Terre sainte dans le seul but de se soustraire à leurs obligations sacramentelles. Aussi ordonna-t-il que ceux, qui rentreraient prématurément, reprennent leur service sans attendre le terme des obligations pesant sur leur cure. Le Saint-Père décida également de lutter contre les croisés gyrovagues, qui végétaient dans les ports de la chrétienté ou déambulaient après avoir arraché la croix brodée sur leur poitrine. Les prédicateurs de la croisade devaient les contraindre à prendre la route de l'Orient, sous peine d'anathème, afin d'assurer le succès de l'expédition[114].

---

[113] Paravicini Bagliani, *Cardinali di curia e «familiae» cardinalizie. Dal 1227 al 1254*, t. I, p. 12 ; Pressutti, *op. cit.*, t. II, n° 6157 p. 463 ; Horoy, *op. cit.*, t. IV, n 143 col. 552–554.

[114] Rodenberg, *op. cit.*, t. I, n° 244 p. 172–173.

Honorius III compléta ces mesures par des prescriptions liturgiques, en conformité avec sa conception universelle et pénitentielle de la croisade. Il ordonna ainsi que les prédicateurs du Saint-Siège organisent des processions mensuelles afin d'attiser la dévotion des fidèles en faveur de la Terre sainte. Cet effort devait être relayé, chaque jour, par la scansion d'un psaume à la gloire de la croisade (*Deus, venerunt gentes !*) et l'octroi de dix jours d'indulgence aux fidèles qui participeraient aux processions organisées par le clergé. Les offrandes récoltées lors de ces cérémonies devaient être conservées fidèlement dans l'optique du passage général à venir. Ces dispositions ne souffrirent nullement du report à l'année 1227 des projets de croisade de Frédéric II. Honorius intensifia en effet la campagne de prédication, qu'il avait lancée au printemps 1223 avant la tenue des négociations de San Germano. Il confia la responsabilité de la prédication de la croisade au nouveau patriarche de Jérusalem, Géraud de Lausanne, qui avait fait ses preuves comme abbé de Cluny et évêque de Valence. Les prélats de la chrétienté furent invités à témoigner leur hospitalité désintéressée au patriarche de Jérusalem, dont le temporel était aux mains des musulmans. Le pape détailla auprès du cardinal de Saint-Ange, le 12 mai 1225, l'ensemble des prérogatives qu'il avait accordées à son « vénérable frère » afin de prêcher le Verbe de la Croix et d'étudier les modalités de secours de la Terre sainte. L'une des plus emblématiques consistait à pouvoir concéder jusqu'à 20 jours d'indulgence aux fidèles venus l'écouter[115].

Le statut du patriarche de Jérusalem n'était pas en soi différent de celui des autres prédicateurs de la croisade. Le pape veilla cependant à l'honorer d'une manière spéciale, en l'autorisant à arborer son pallium en dehors de sa province ecclésiastique. Ce privilège n'était pas toujours bien accueilli en Occident, où certains évêques sourcilleux refusaient l'hospitalité à des primats orientaux[116]. L'esprit du pape se concentrait à cette époque sur la prédication de la croisade dans les frontières du Saint-Empire pour des raisons politiques, autant que techniques. Nombre de royaumes étaient en état de guerre larvée – comme la France et l'Angleterre – et Honorius III souhaitait que l'Église hongroise supervisât la lutte contre les hérétiques de Bosnie, qui passaient pour soutenir la cause cathare. Sa bienveillance accompagnait, en outre, les projets de *reconquista* développés dans la péninsule Ibérique par le roi Ferdinand III de Castille. Aussi accorda-t-il sans réserve,

115 Rodenberg, *op. cit.*, t. I, n° 244 p. 173 ; *Bullarium Terrae Sanctae*, n° 95–97.

116 *Bullarium Terrae Sanctae*, n° 100 ; Salimbene de Adam, *Cronica*, éd. O. Holder-Egger, *MGH, Scriptores*, t. XXXII, 1905–1913, p. 317–318.

le 26 septembre 1225, l'indulgence plénière aux chrétiens qui prendraient les armes contre les Almohades[117].

La gestion des affaires européennes n'empêchait pas le pape de promener un regard attentif sur les difficultés posées par l'organisation de la croisade. Il adressa à ce titre trois lettres au printemps 1225 à l'abbé Gilles de Middelbourg, qui arpentait la Flandre et le Brabant, après avoir pris part activement à la cinquième croisade. Ce docteur en droit civil et canon se heurtait à l'excommunication, ou à la pauvreté récurrente des fidèles qui se portaient à sa rencontre. Le pape l'habilita à absoudre toutes les personnes, qui avaient encouru les foudres du cardinal d'Albano pour avoir détourné de l'argent destiné à la croisade. Le Saint-Siège attendait un inventaire rigoureux des sommes susceptibles d'être récupérées en marge de cette procédure. Honorius III invita, par ailleurs, Gilles de Brabant à délier de leur serment de croisade les pauvres et infirmes, qui avaient pris la croix inconsidérément. Les plus indigents devaient associer leurs ressources financières afin de pouvoir envoyer un combattant armé en Orient et obtenir la rémission de leurs péchés. La réponse du pape devint intransigeante à propos d'une somme d'argent, dont l'évêque Godefroy de Cambrai et le duc Henri de Brabant refusaient de se défaire au titre de leur passage annoncé en Orient. Honorius III exigea que tous les détenteurs de ces fonds se désistent en faveur de l'abbé de Middelbourg, au grand dam de certains templiers et hospitaliers impliqués dans l'affaire[118].

La même rigueur dicta la conduite du pape lorsque l'évêque Pandolfo de Norwich s'éteignit le 16 septembre 1226. Honorius III pria Henry III d'Angleterre de respecter les termes de son testament, qui léguait « une grande partie de ses biens en aide à la Terre sainte, à son successeur et à l'Église de Norwich ». Le souverain pontife recommanda tout particulièrement au roi le frère de Pandolfo, Egidio, dont le procureur Lando était sur le point de gagner la Grande-Bretagne. Il accéda deux semaines plus tard, le 6 novembre 1226, à la requête d'un clerc de l'archevêché de Cantorbéry, qui était prêt à abandonner une partie de ses biens afin d'être délié d'un vœu de croisade inconsidéré. L'argumentation de maître William reçut un accueil

---

117 Horoy, *op. cit.*, t. IV, n° 155–156 col. 851–852 et t. V, n° 44 col. 175–176 ; Pressutti, *op. cit.*, t. II, n° 5664–5665 p. 372 (*cf.* Mansilla, *op. cit.*, n° 575–576 p. 430–432).

118 Rome, ASV, Reg. 13, n° 322 fol. 59 r° (*cf.* Pressutti, *op. cit.*, t. II, n° 5482 p. 337) ; Arnoud-Jan Bijsterveld et Dirk Van de Perre, *Het Mirakelboek en de Stichtingsgeschiedenis van de Ninoofse Abdij*, Louvain, 2001, n° 70 p. 163–164 (notice sur maître Gilles van Leeuw) ; Rodenberg, *op. cit.*, t. I, n° 272 p. 195 et 271 p. 194–195.

bienveillant de la part du pape, qui souhaitait le succès de la sixième croisade sur le plan militaire avant toute autre considération[119].

Aussi manifesta-t-il une grande satisfaction, en apprenant durant l'automne la prise de la croix du duc de Norvège, Skúli Bárdarson, qui passait pour l'un des seigneurs les plus puissants de Scandinavie. Skúli se proposait de financer à partir de ses revenus propres le transbordement de l'ensemble des croisés qui l'accompagneraient en Orient. L'offre se ne pouvait que séduire le pape, l'ancien régent de Norvège détenant un tiers des revenus du royaume depuis l'avènement de son cousin Håkon IV (1217–1263). Honorius III chargea l'archidiacre des Shetland de conférer au duc le montant du vingtième collecté dans le ressort de l'archevêché de Trondheim depuis cinq années. La mission risquait d'être pénible en raison de l'étendue de la province de Nidaros, qui regroupait une dizaine d'évêchés dispersés entre le Skagerrak, les îles Féroé et les Hébrides. Le Saint-Père tenta de la faciliter, en confiant à l'archevêque Thorer le soin de prêcher la croisade parmi les populations locales. Le primat de Norvège fut autorisé à absoudre les candidats à la croisade, sur lesquels pèserait une excommunication consécutive à des violences anticléricales. Le pape espérait fédérer ces contigents à ceux du roi croisé, Valdemar II de Danemark (1202–1241), qui venait de recouvrer la liberté après une détention humiliante en Allemagne (1223–1225)[120].

Les préparatifs de la croisade battaient leur plein à l'automne 1226 sur les bords du Rhin, malgré les agissements de faux prédicateurs en quête d'argent. Le pape plaça sous la protection de saint Pierre, le 13 novembre, les personnes, familles et biens des croisés de la province de Cologne qui s'apprêtaient à prendre la route de la Terre sainte. Il les autorisa à engager ou percevoir librement durant leur absence les revenus qui assuraient leur existence, en vertu des dispositions du droit canon. « L'indulgence générale » évoquée dans cette bulle est une émanation directe des mesures prises lors du concile de Latran IV afin de lutter contre l'usure. Honorius III confia la protection des croisés de Rhénanie au nouvel archevêque de Cologne, Heinrich von Müllenark, et à deux chanoines de l'église des

---

[119] Rome, ASV, Reg. 13, n° 362 fol. 146 v°-147 r° (*cf.* Pressutti, *op. cit.*, t. II, n° 6032 p. 441) ; Rome, ASV, Reg. 13, n° 370 fol. 147 v° (*cf.* Pressutti, *op. cit.*, t. II, n° 6043 p. 443).

[120] Horoy, *op. cit.*, t. IV, n° 1 col. 129 et 2 col. 129–130 ; Knut Gjerset, *History of the Norwegian People*, t. I, New york, 1915, p. 410–415 ; Rodenberg, *op. cit.*, t. I, n° 304 p. 230–231. Cette avanie lui avait été infligée par son ancien vassal, Heinrich Ier de Schwerin († 1228) (*cf.* Abulafia, *Frederick II*, p. 227–229).

Saints-Apôtres de Cologne[121]. Son attention s'étendit également aux rives de la Baltique, où de nombreux croisés se rassemblaient dans les parages de la ville neuve de Lübeck. Le pape conféra les mêmes privilèges aux croisés hanséates, qu'aux combattants rhénans, dans une série d'instructions adressées aux évêques de Schwerin et de Ratzebourg. Il invita en outre, le 28 novembre 1226, les Lübeckois à témoigner leurs faveurs aux combattants en partance pour la Prusse ou la Terre sainte, qui séjourneraient dans leur ville. Honorius III commit trois évêques du Mecklembourg à la protection des croisés transitant par la seconde ville d'Allemagne[122].

La détermination d'Honorius III ne faiblit pas durant ses derniers mois d'existence, malgré un contexte politique difficile. Il fallut toute son ingéniosité pour négocier un accord viable entre le Saint-Empire et la Ligue lombarde, qui s'affrontaient en Italie. Le pape notifia aux prédicateurs de la croisade au mois de janvier 1227 le transbordement prochain de l'empereur, « en espérant que Dieu ait décidé de juger sa cause et de rétablir Jérusalem comme dans les jours anciens ». Les évêques de Győr, Esztergom, Kalocsa et Hildesheim furent invités à redoubler leur prédication, au même titre que l'évêque de Winchester. Cette dernière injonction couronna un cycle de cinq années, passé à relancer la dynamique de la croisade par l'envoi de prédicateurs enflammés à travers le Saint-Empire. La France ne put participer à ces efforts en raison de la reprise des opérations militaires contre les Albigeois. Le cardinal Romain de Saint-Ange avait en effet béni au printemps 1226 les croisés, qui avaient pris la route du Midi après une nouvelle excommunication du comte Raymond VII de Toulouse. Cette erreur stratégique priva la Terre sainte de plusieurs dizaines de milliers de combattants et le royaume de France d'un monarque prometteur. Louis VIII succomba en effet à une crise de dysenterie, au retour de l'expédition, en laissant le trône de France à un fils âgé de douze ans[123].

Ainsi la croisade paraissait-elle liée irrémédiablement à la bonne volonté de Frédéric II au moment de la disparition d'Honorius III, le 18 mars 1227.

---

121 Hoogeweg, *Die Schriften des kölner Domscholasters, späteren Bischofs von Paderborn und Kardinal-bischofs von S. Sabina, Oliverus*, n° 10 p. 306 ; Rodenberg, *op. cit.*, t. I, n° 312 p. 236–237 et 313–314 p. 237.

122 Rodenberg, *op. cit.*, t. I, n° 314 p. 237–238 et 316 p. 238 ; Horoy, *op. cit.*, t. V, n° 17 col. 144–145 ; Charles Higounet, *Les Allemands en Europe centrale et orientale au Moyen Age*, Paris, 1989, p. 114–115.

123 Horoy, *op. cit.*, t. IV, n° 41–43 col. 173–174 ; Pressutti, *op. cit.*, t. II, n° 6157 p. 463 ; *Chronica regia Coloniensis*, éd. G. Waitz, *MGH, Scriptores rerum Germanicarum in usum scholarum*, t. XVIII, Hanovre, 1880, p. 252 et 257–258 ; Brial, *Gesta Ludovici octavi, Franciae regis*, p. 309–311.

Aucun des espoirs du pape ne devait cependant se concrétiser au cours de l'été suivant. Certes, le landgrave Louis de Thuringe gagna la Terre sainte avec le patriarche Géraud de Lausanne et le duc Henri de Limbourg. Mais l'empereur repoussa son embarquement jusqu'au 8 septembre, avant de s'arrêter à hauteur d'Otrante. L'indisposition qu'il invoqua n'abusa pas Grégoire IX, qui avait longtemps prêché le Verbe de la Croix dans la péninsule italienne. Le pape l'excommunia solennellement à Anagni, le 29 septembre 1227, avant de notifier sa décision à l'ensemble de la chrétienté dans une longue encyclique amère. Il y rappela les multiples dérobades de l'empereur depuis l'époque, où il avait reçu dans la basilique Saint-Pierre le diadème impérial des mains de son prédécesseur « d'heureux souvenir », Honorius. Non seulement Frédéric II avait failli à sa parole donnée, mais la Terre sainte n'avait reçu aucune des contributions financières et militaires, qu'il avait promises à San Germano[124].

Sa défection fut suivie par celle du duc Skúli Bárdarson qui engagea, sans états d'âme, sa flotte au service du roi Valdemar II de Danemark. Les projets d'Honorius III s'écroulèrent avec le retour prématuré en Europe de plusieurs dizaines de milliers de combattants déboussolés. Les chefs de la croisade décidèrent d'affecter les 800 chevaliers parvenus en Orient à la fortification de Césarée et de Jaffa, en attendant de recevoir des instructions complémentaires de la part du Saint-Siège. Grégoire IX ne manqua pas de relayer leurs interrogations auprès de l'opinion occidentale, consternée par la tournure des événements. Cette nouvelle querelle du Sacerdoce et l'Empire amena Frédéric II à prendre la route de l'Orient au mois de juin 1228, en état d'excommunication. Il parvint à obtenir la rétrocession pacifique de Jérusalem aux chrétiens et à imposer sa tutelle sur l'île de Chypre par le biais de cinq baillis hostiles aux Ibelins. Ce coup de force lui aliéna définitivement le soutien de la noblesse franque, qui épousa la cause du pape jusqu'à sa disparition en 1250. La Ville sainte retomba, pour sa part, dans l'escarcelle des musulmans dès 1244, après un sac ordonné[125].

Est-ce à dire que la politique orientale d'Honorius III fut un fiasco, malgré l'action continue de la Curie ? Ce jugement peut sembler sévère à la vue des ambassades déployées par le Saint-Siège afin de rétablir la paix au niveau européen durant une demi-douzaine d'années. Il appert

---

124 Potthast, *Regesta pontificum Romanorum*, t. I, p. 695 ; Rodenberg, *op. cit.*, t. I, n° 343 p. 261–262 et 368 p. 281–285.

125 Gjerset, *op. cit.*, t. I, p. 417 ; Roger of Wendover, *Chronica sive flores historiarum*, éd. H.O. Coxe, t. IV, Londres, p. 145–148 ; Prawer, *Histoire du royaume latin de Jérusalem*, t. II, p. 185–213.

qu'Honorius employa un nombre restreint de cardinaux dans la gestion de ces affaires, ainsi que la défense de l'Orient latin. Les cardinaux de Sainte-Praxède et d'Albano jouissaient de la confiance absolue du pape, malgré l'implication du second d'entre eux dans l'échec de la cinquième croisade. On trouve à côté de ces figures tutélaires du Sacré-Collège les cardinaux Romain de Saint-Ange et Conrad de Porto, qui relayèrent l'action d'Honorius en France et en Allemagne. Le choix du cardinal de Porto et de Sainte-Rufine fut particulièrement heureux dans la mesure où Conrad était à la fois jeune, brillant et populaire dans les rangs de la noblesse impériale, dont il était issu. Il avait d'ailleurs attiré l'attention du Saint-Siège, en prenant la direction en 1217 de l'abbaye de Cîteaux, après avoir administré avec rigueur ses filiales de Villers (1209–1214) et de Clairvaux (1214–1217)[126].

Son énergie lui valut une élection pontificale « par compromis », à la mort d'Honorius III en mars 1227, qui a retenu l'attention des historiens. Le jeune cardinal déclina cependant l'honneur qui lui était fait, par modestie autant qu'engagement en faveur de la croisade. C'est en effet à Conrad d'Urach qu'aurait dû incomber l'encadrement en Orient de la sixième croisade si la mort ne l'avait pas rattrapé, le 30 septembre 1227, dans le port de Bari où il attendait le transbordement de Frédéric II. Sa dépouille fut rapportée dans un parfum de sainteté à Clairvaux, où il avait formé le vœu par deux fois d'être inhumé. Ainsi disparut l'un des collaborateurs les plus zélés d'Honorius III, qui aurait pu contribuer à l'accomplissement de son œuvre dans des délais raisonnables. La diplomatie pontificale monopolisa sous son règne un nombre important d'ecclésiastiques de second rang, dont nous avons souligné l'action inlassable en faveur de la promotion des affaires de la Croix. Il convient de mentionner parmi ces serviteurs innombrables le camérier pontifical, Pandolfo, qui reçut en récompense l'évêché anglais de Norwich, et le sous-diacre Alatrino, auquel Honorius III conféra le rang de nonce apostolique lors de ses négociations avec Frédéric II[127].

Il serait aisé de discourir sur la médiocrité des résultats obtenus par ces envoyés à travers la chrétienté. Leurs démarches se heurtèrent à la duplicité ou à l'intransigeance des souverains temporels de l'époque, en dépit des efforts désespérés de Jean de Brienne pour plaider la cause des colonies franques de Syrie. Le pape ne put dès lors que subir les atermoiements de

[126] Paravicini Bagliani, *Cardinali di curia e « familiae » cardinalizie. Dal 1227 al 1254*, t. I, p. 12.

[127] Paravicini Bagliani, *La cour des papes au XIIIe siècle*, p. 213 ; Albert Battandier, « Essai de liste générale des cardinaux. Les cardinaux du XIIIe siècle », *Annuaire Pontifical Catholique*, (32) 1929, p. 115–116.

l'empereur Frédéric II et du marquis Guillaume de Montferrat, qui demeuraient les seuls potentats préoccupés par le sort des États latins d'Orient. Leur excommunication n'aurait servi en rien la cause de la Terre sainte, qui requérait une union du peuple chrétien, sans précédent. Honorius III tira, somme toute, le meilleur parti possible d'une situation politique héritée de son prédécesseur, Innocent III. Le césaro-papisme auquel il croyait ne pouvait résister raisonnablement aux ambitions personnelles de Frédéric II.

CHAPITRE III

ROME ET L'ÉGLISE LATINE D'ORIENT

On ne compte plus les historiens à avoir livré leur analyse sur les liens institués à la faveur des croisades entre le Siège apostolique et les patriarcats libérés de l'emprise musulmane. Wilhelm Hotzelt, Giorgio Fedalto et Bernard Hamilton ont étudié le maillage épiscopal instauré en Orient par les Latins, en tenant compte des contraintes locales et des idéaux véhiculés par la papauté grégorienne. Leurs recherches ont pâti de la perte des cartulaires épiscopaux de Terre sainte, même si ceux du chapitre du Saint-Sépulcre et de l'Église de Nicosie ont défié l'usure du temps. Il s'en est suivi des interrogations sans fin sur les frontières des diocèses créés en Orient par la papauté dans la foulée de la première croisade. Il ne semble pas que le pape Urbain II (1088–1099) ait songé clairement à concurrencer l'emprise de l'Église grecque, au moment de son appel de Clermont du 27 novembre 1095. Ses successeurs se firent cependant un devoir de calquer la structure épiscopale de l'Église latine sur celle de l'Église orthodoxe, après avoir toléré, un temps, un double maillage ecclésiastique. Les Francs bouleversèrent à cette occasion l'ordre établi, en créant des seigneuries épiscopales dotées de pouvoirs à la fois spirituels et temporels[1].

Ces innovations entraînèrent des querelles de ressorts entre les patriarcats d'Antioche et de Jérusalem, auxquelles Alexandre III (1159–1181) et Innocent III (1198–1216) ne purent mettre un terme. La Terre sainte servit de laboratoire institutionnel avant les conquêtes de Chypre et de Constantinople, en mêlant pour la première fois des populations chrétiennes de plusieurs rites. Un système de décimation original vit le jour afin de permettre à l'Église latine d'assurer ses missions liturgiques et caritatives. Les dîmes étaient prélevées sur les revenus de chaque seigneurie, sans pour autant peser sur les chrétiens orientaux ou les musulmans directement.

---

[1] Wilhelm Hotzelt, *Kirchengeschite Palästinas im Zeitalter der Kreuzzüge (1099–1291)*, Cologne, 1940 ; Giorgio Fedalto, *La Chiesa latina in Oriente*, t. I, Vérone, 1973 ; Bernard Hamilton, *The Latin Church in the Crusader States : the Secular Church*, Londres, 1980 ; Rudolf Hiestand, « Les canons de Clermont et d'Antioche sur l'organisation ecclésiastique des Etats croisés : Authentiques ou faux ? », *Autour de la Première Croisade : Actes du colloque de Clermont-Ferrand, 22–25 juin 1995*, éd. M. Balard, Paris, 1997, p. 29–37.

Ce postulat n'empêchait pas le clergé séculier d'hériter d'une partie du champart, ou *kharādj*, auquel les populations indigènes étaient assujetties. Les congrégations religieuses pouvaient s'affranchir, tout ou partiellement, de leurs redevances en négociant des conventions avec l'ordinaire, plus ou moins avantageuses. Ce mode de décimation était d'autant plus pertinent que certains évêchés ne comportaient, à la différence de l'Occident, qu'une seule paroisse. Aussi fut-il étendu à l'île de Chypre après sa conquête par les Latins, sans que le chevage levé par la noblesse ne puisse être imposé par l'Église[2].

On aura compris que l'élément économique était au cœur des préoccupations du clergé latin d'Orient à l'aube de l'avènement d'Honorius III. Le patriarcat de Constantinople n'échappait pas à la règle malgré sa situation contrastée. La *Partitio Romanie* de mars 1204 avait assigné aux Vénitiens la cathédrale Sainte-Sophie comme butin de guerre et Innocent III avait consacré Tommaso Morosini comme patriarche latin de Constantinople, après avoir invalidé symboliquement son élection. Ce geste avait permis au pape d'affirmer son autorité sur le clergé constantinopolitain, qui ne pouvait se réduire à des citoyens vénitiens. Lothaire de Segni avait dénié, par ailleurs, au patriarche Tommaso le droit de déposer des évêques incapables et de réduire le nombre pléthorique des évêchés créés avant 1204. Ces privilèges appartenaient au Siège apostolique, en tant que « mère de toutes les Églises » de la chrétienté. Les empiètements des barons francs avaient amené le légat Benoît de Sainte-Suzanne à négocier en 1206 la rétrocession au clergé latin de la quinzième part des propriétés et rentes seigneuriales, situées à l'est de la Thrace. L'Église était parvenue à des résultats supérieurs dans le royaume de Thessalonique, où la noblesse avait abandonné en mai 1210 l'ensemble des biens ecclésiastiques qu'elle détenait, contre le versement d'une taxe annuelle. Ces concordats inégaux devaient alimenter sous le règne d'Honorius III des tensions politiques et motiver de nombreuses interventions de la papauté en faveur de clercs indigents[3].

---

[2] Jean Richard, « Le paiement des dîmes dans les Etats des croisés », *Bibliothèque de l'Ecole des Chartes*, 150 (1992), p. 71–83 ; Id., « The Establishment of the Latin Church in the Empire of Constantinople (1204–1227) », *Mediterranean Historical Review*, 4 (1989), p. 45–62 ; Coureas, *The Latin Church in Cyprus, 1195–1312*, p. 5–6.

[3] Richard, « The Establishment of the Latin Church in the Empire of Constantinople (1204–1227) », p. 49–56 ; William Duba, « The Status of the Patriarch of Constantinople after the Fourth Crusade », *Diplomatics in the eastern Mediterranean, 1000–1500*, éd. A.D. Beihammer, M.G. Parani et C. Schabel, Leyde, 2008, p. 63–92.

1 La politique bénéficiale du Saint-Siège

« De rares points d'appuis des Latins en Méditerranée orientale ont reçu quelques évêques et des chanoines au XIVe siècle », clamait un spécialiste de la papauté, il y a quelques années, dans une synthèse éclairée. Ce constat découle du rétrécissement des possessions ultramarines aux mains des Latins, plus que d'une hypothétique réforme de la politique bénéficiale du Saint-Siège durant son séjour en Avignon. La preuve en est fournie par les 46 registres de suppliques, conservés par l'Archivio Segreto Vaticano (ASV) pour le quart de siècle courant de 1342 à 1366. La papauté romaine ne fut pas moins généreuse avec les « pauvres clercs », qui fréquentaient la Curie au XIIIe siècle. La coutume ne voulait pas que l'on conservât cependant à l'époque les textes des suppliques présentées au souverain pontife, y compris lorsque ces dernières revêtaient une forme particulière. Cet usage empêche de disposer pour le siècle de saint Louis de statistiques aussi parlantes que celles dressées pour le XIVe siècle. L'historien peut néanmoins envisager d'étudier les choix privilégiés par la papauté dans les collations de bénéfices, propres à l'Orient latin. Le taux d'enregistrement du pontificat d'Honorius III autorise, de plus, des comparaisons heureuses avec celui d'Innocent IV (1243–1254), qui vit une vingtaine de Ligures pourvus de bénéfices syriens[4].

La plupart de ces nominations dérivent du droit de collation reconnu à la papauté lors du concile de Latran IV à propos des églises vacantes depuis plus de trois mois. Le droit d'élection revenait au supérieur ecclésiastique immédiat, qui devait pourvoir le bénéfice vacant, sous trois mois, au profit d'un candidat local ou extérieur. Le pouvoir du pape se trouvait élargi par le fait que les chapitres concernés ne pouvaient fournir qu'un avis consultatif lors de ce second tour, à l'instar des « autres hommes prudents », éventuellement associés à l'élection. Le pouvoir de provision du Siège apostolique n'en demeurait pas moins restreint, en attendant la réserve des « bénéfices devenus vacants en cour de Rome ». Cette disposition accroîtra sensiblement l'influence du pape sur la gestion des églises locales après sa promulgation par Clément IV en 1265. Ses prédécesseurs jouissaient d'un pouvoir d'influence non négligeable à travers l'arbitrage des élections favorisant la

[4] Bernard Guillemain, *Les papes d'Avignon, 1309–1376*, Paris, 1998, p. 54 et 42 ; Claude Cahen, *La Syrie du Nord à l'époque des Croisades et la principauté franque d'Antioche*, Paris, 1940, p. 676 ; Hamilton, *The Latin Church in the Crusader States*, p. 306 (inventaire partiel) ; Arturo Ferretto, « I Genovesi in Oriente nel carteggio di Innocenzo IV », *Giornale storico e letterario della Liguria*, 1 (1900), p. 353–368 (catalogue d'actes).

fraction la plus nombreuse, ou la plus saine d'un chapitre. Les pressions séculières pouvaient mener à l'annulation pure et simple de l'élection si le pouvoir laïc abusait de ses droits éventuels de présentation. Le concile de Latran III avait prévu à ce titre l'excommunication des laïcs qui, sans l'assentiment des évêques, installent des clercs dans leurs églises, ou les déposent en distribuant des biens ecclésiastiques. Le Saint-Siège conférait, pour sa part, depuis 1137 des grâces expectatives aux clercs en quête d'un bénéfice ecclésiastique. Les évêques de la chrétienté se voyaient forcés de conférer le premier bénéfice vacant de leur chapitre cathédral à un protégé du pape, sans que ce mandement n'excède la durée de son pontificat[5].

Le droit de collation du pape s'exprimait directement dans les districts rattachés à son autorité comme la seigneurie hellénique de Livadia, qu'Otton de La Roche tenait en fief de saint Pierre depuis l'été 1214. Honorius III confirma, le 26 août 1223, son exemption de l'ordinaire, en reconnaissant les libertés et immunités accordées à l'église Saint-Nicolas près de l'Agora par l'ancien légat, Pélage d'Albano[6]. Le pape veillait scrupuleusement à la protection des libertés ecclésiastiques, que ses prédécesseurs n'avaient eu de cesse de proclamer. Aussi n'est-il pas étonnant qu'il ait rappelé en 1224 à l'archevêque Eustorge de Nicosie les prérogatives limitées, dont ce dernier jouissait dans les évêchés de Famagouste et de Paphos en matière de collation bénéficiale. Honorius III autorisa, par ailleurs, l'évêque de Famagouste à user de la censure ecclésiastique contre les personnes, qui avaient profité de son séjour à la cour pontificale pour accaparer divers biens et revenus de son Église. Ces déplacements étaient si coûteux que le pape n'avait pas craint d'inviter en 1217 les prélats de Constantinople à défrayer le patriarche Gervais pour sa participation au concile de Latran IV[7].

Nombre de décisions pontificales découlaient de motifs politiques ou économiques, autant que religieux. C'est ce qui conduisit Honorius III à confier la gestion de l'Église de Sidon à l'été 1216 à l'archevêque de Tyr, après le transfert de son pasteur à la tête du patriarcat de Jérusalem. Cette commende était subordonnée aux décisions que les légats du Saint-Siège

[5] García y García, *Constitutiones Concilii quarti Lateranensis*, § 23–25 p. 69–71 ; Henri Leclercq, *Histoire des conciles d'après des documents originaux par Charles-Joseph Hefele*, t. V, 2e part, Paris, 1913, can. 14 p. 1098–1099 ; Jean Gaudemet, *Eglise et cité. Histoire du droit canonique*, Paris, 1994, p. 512.

[6] Paul Fabre, *Le Liber censuum de l'Église romaine*, t. I, Paris, 1889–1904, n° 337–338 p. 584 ; Id., « Un vidimus de Conrad archevêque d'Athènes », *Mélanges d'archéologie et d'histoire*, 15 (1895), p. 75–76.

[7] *Bullarium Cyprium*, c-51 et c-52 p. 252–254 ; Pressutti, *op. cit.*, t. I, n° 667 p. 115 (*cf. Bullarium Hellenicum*, n° 22).

viendraient à prendre dans le cadre de la cinquième croisade. Le chapitre cathédral de Sidon continua cependant de percevoir librement les revenus épiscopaux, auxquels l'archevêque de Tyr pouvait prétendre. Il fallut une intervention personnelle du pape pour régler ce litige au mois de février 1218. Honorius confirma dans la foulée les prébendes dont Simon de Maugastel avait hérité au sein des chapitres de Tripoli et d'Antioche « en raison de la pauvreté de son Église ». Ces bénéfices étaient appelés à combler le manque de revenus occasionné par l'occupation prolongée par les Ayyoubides du château du Toron (Tibnīn). Leur collation prit fin au printemps 1229, au moment de la restitution de la forteresse aux Latins et du transfert de Simon de Maugastel sur le siège de Constantinople[8].

L'Église d'Antioche n'était pas à l'abri de ce genre d'impondérables. Aussi le pape autorisa-t-il en 1221 le patriarche Raniero da Castelvecchio à supprimer deux prébendes dans sa mense capitulaire afin d'assurer la défense du château de Qoçaïr. Le patriarche Pierre d'Angoulême avait restauré ses 18 canonicats originels à la fin du XIIe siècle, sans tenir compte de ces contraintes financières. C'est le même dénuement qui poussa le pape à céder, le 24 février 1218, les revenus de l'évêché hellénique d'Aulon à l'évêque de Kastoria, malgré l'oppositon du patriarche Gervais de Constantinople. Ce dernier avait en effet uni les sièges d'Aulon et de Daulia contre l'avis d'Innocent III, qui entendait conforter la position de Kastoria. Les progrès des forces épirotes mirent rapidement un terme à ce conflit[9]…

La prodigalité du Saint-Siège pouvait prendre des formes détournées lorsque ses protégés bénéficiaient de rentes disparates. L'élu de Lydda fut ainsi autorisé à percevoir en 1223 les revenus qui lui avaient été concédés dans l'Église d'Orense, dont il était originaire. Ce cumul fut autorisé aussi longtemps que l'Église de Lydda éprouverait des difficultés économiques, ou que la Terre sainte serait occupée par les musulmans. Le privilège d'Honorius III suggère que le chanoine Pélage avait profité d'un pèlerinage en Orient pour se faire élire évêque de Lydda. Un vicaire avait en effet thésaurisé pendant son absence prolongée les revenus qu'il percevait au sein du chapitre d'Orense. Certains évêchés jouissaient d'une assise matérielle importante en Europe à l'instar de celui de Bethléem, qui possédait

---

8 Hamilton, *The Latin Church in the Crusader States : the Secular Church*, p. 246–247 ; Klaus-Peter Kirstein, *Die lateinischen Patriarchen von Jerusalem*, Berlin, 2002, p. 445 ; *Bullarium Terrae Sanctae*, n° 3, 25 et 27 ; François-Alphonse Belin, *Histoire de la latinité de Constantinople*, Paris, 1894 (2e édition), p. 86.

9 *Bullarium Terrae Sanctae*, n° 58 ; Hamilton, *op. cit.*, p. 283 ; Pressutti, *op. cit.*, t. I, n° 1113 p. 187 (*cf. Bullarium Hellenicum*, n° 47).

plusieurs maisons en France et en Italie. Le pape reconnut en 1225 l'autorité pleine et entière de l'évêque Rainier sur ces établissements portés à la rébellion. Ce droit de réforme excluait cependant l'exercice de prérogatives épiscopales dans les chapelles de l'ordre hospitalier de Bethléem, qui dépendaient des évêchés de Savone et d'Auxerre[10].

La situation de l'Église constantinopolitaine n'était guère meilleure malgré l'intervention de Pélage d'Albano en faveur de la restitution au clergé de la douzième partie des terres et revenus seigneuriaux, situés à l'est de la ville de Makri (Μάκρη). Le patriarche Gervais de Constantinople convainquit Honorius III de la quasi-mendicité de son Église, après avoir obtenu la suppression de l'un de ses trois archidiaconats par nécessité. Deux mandements solennels furent adressés, les 11 et 12 juin 1218, au cardinal-légat de Sainte-Praxède afin de faire triompher l'équité du droit au mépris des accords antérieurs, confirmés par le Siège apostolique[11]. Le prévôt de l'église des Saints-Apôtres de Constantinople avait joint sa voix à celle du patriarche Gervais afin de convaincre le pape de la détresse du clergé impérial. Il obtint que le cardinal Colonna détermine le nombre de prébendes de son chapitre en fonction des revenus réels de son église afin de limiter la prolifération de clercs indigents. Honorius III rétrocéda, par ailleurs, à l'église des Saints-Apôtres la cure d'une ancienne paroisse byzantine, dont l'ordinaire avait pris le contrôle en 1204. Ces mesures permirent à la seconde église de Constantinople de retrouver son lustre ancien après la signature d'un accord avantageux en décembre 1219 avec le bayle impérial, Conon de Béthune[12].

La bienveillance d'Honorius III s'exerça également à l'égard du chapitre cathédral de Patras, auquel l'archevêque Antelme avait tenté de substituer en 1210 une communauté régulière. Les chanoines séculiers étaient parvenus à éjecter péniblement les chanoines de Saint-Ruf avec l'appui du prince Geoffroy Ier de Villehardouin. Leur premier réflexe fut de solliciter la confirmation de leur statut auprès d'Honorius III, en rappelant que son devancier avait confirmé « la première institution faite de chanoines réguliers, après

10 *Bullarium Terrae Sanctae*, n° 73 et 99 ; Rome, ASV, Reg. 9, n° 1028 fol. 244 v°-245 v° (*cf.* Pressutti, *op. cit.*, t. I, n° 1266 p. 208) ; Paul E. Riant, *Etudes sur l'histoire de l'Eglise de Bethléem*, Paris, 1889–1896, 2 vol.

11 Pressutti, *op. cit.*, t. I, n° 1207 p. 200, 1428 p. 236 et 1434 p. 237 (*cf. Bullarium Hellenicum*, n° 52, 61–62 ; par défaut Robert L. Wolff, « Politics in the Latin Patriarchate of Constantinople, 1204–1261 », *Dumbarton Oaks Papers*, 8 (1954), n° 3 p. 298).

12 Pressutti, *op. cit.*, t. I, n° 1424–1425 p. 236 et t. II, n° 3863 p. 53 (*cf. Bullarium Hellenicum*, n° 59, 60 et 119) ; Wolff, « Politics in the Latin Patriarchate of Constantinople, 1204–1261 », p. 265–271, Richard, « The Establishment of the Latin Church in the Empire of Constantinople (1204–1227) », p. 52–56.

que l'empire fut parvenu entre les mains des Latins ». Une bulle du 10 mars 1222 montre que Jean Colonna répondit à l'attente du chapitre de Patras à la demande d'Honorius III. Antelme abandonna ses projets tout en obtenant le droit de redéfinir les contours de la mense capitulaire, qu'il avait octroyée aux chanoines de Saint-Ruf. Le pape confirma, sans rechigner, le nouveau partage « des abbayes, casaux, possessions et autres biens de l'Église de Patras », effectué en présence de son légat *a latere*. Il défendit avec le même esprit d'équité, deux ans plus tard, les prérogatives du chanoine Pierre que le chapitre de Patras voulait priver de sa prébende à la suite d'un séjour prolongé en cour de Rome. Cette sanction allait clairement à l'encontre des privilèges pontificaux accordés au clergé constantinopolitain à la même époque[13].

Honorius III souhaitait améliorer les conditions d'existence du clergé latin d'Orient afin de valoriser les acquis de la quatrième croisade et d'asseoir la suprématie de l'Église romaine sur son homologue grecque. Ce souci avait été partagé par son prédécesseur Innocent III qui avait autorisé dès son avènement l'évêque Thibaud d'Acre à geler le nombre de canonicats de la cathédrale Sainte-Croix. Le pape avait consenti à diminuer, par ailleurs, d'un tiers en 1212 le nombre de canonicats instaurés au sein du chapitre de Tripoli, en l'absence d'une progression de ses revenus[14]. Honorius III suivit cet exemple en confirmant, entre 1217 et 1222, l'organisation capitulaire d'une série d'églises franques. Une douzaine de chanoines furent institués à Thèbes, dont le siège avait pourtant été pourvu au lendemain de la conquête de Constantinople. Le chapitre de l'église Saint-Michel du Boucoléon obtint la confirmation des 16 canonicats que Pélage d'Albano avait reconnus durant sa légation de 1213–1214. Le pape précisa dans son privilège du 13 avril 1217 l'interdiction d'augmenter ce nombre, « à moins que les possibilités de l'Église elle-même ne croissent grâce à Dieu »[15].

La même formulation fut utilisée au printemps 1218 à l'égard du chapitre de Saint-Démétrius de Thessalonique, au sein duquel Pélage d'Albano avait créé six canonicats durant sa légation. Cette ancienne possession de l'archevêché de Salonique comprenait une communauté mixte de chanoines réguliers et séculiers, dépendant de l'ordre du Saint-Sépulcre.

---

13 Pressutti, *op. cit.*, t. I, n° 1601 p. 267, t. II n° 3842 p. 49–50, 5077 p. 262–263 et 4496 p. 162 (*cf. Bullarium Hellenicum*, n° 73, 115, 216 et 180) ; Christopher Schabel, « Antelm the Nasty, first Latin Archbishop of Patras (1205-ca. 1241) », *Diplomatics in the eastern Mediterranean, 1000–1500*, p. 97–101 et 128–129.

14 Hageneder *et alii*, *Die Register Innocenz' III.*, t. I, n° 440 p. 663–664 ; Migne *Patrologia latina*, t. CCXVI, n° 163 col. 688–689.

15 Pressutti, *op. cit.*, t. I, n° 356 p. 63 et 500 p. 88 (*cf. Bullarium Hellenicum*, n° 9 et 12).

Sa constitution originale découlait d'une donation contestée de Boniface de Montferrat, à laquelle les légats Benoît de Saint-Suzanne et Pélage d'Albano avaient mis bon ordre avec l'accord d'Innocent III. Honorius III dut charger l'archevêque de Larissa de veiller à son application scrupuleuse en 1224 en raison des velléités d'exemption des frères du Saint-Sépulcre[16]. Il confirma durant cette décennie la création de onze canonicats dans la cathédrale d'Héraclée et le rétablissement d'une dizaine à Négrepont, ou Chalcis. Ces chiffres révèlent la pauvreté des sièges orientaux dont la correspondance d'Honorius déplore à l'envi « la ténuité des revenus et des autres ressources ». C'est à ce titre que le pape reconnut, en 1221, l'instauration de six canonicats au sein du chapitre de Famagouste et de huit autres dans celui de Paphos. Ces procédures fastidieuses furent accélérées par la présence à la Curie durant quatre années de l'évêque de Famagouste, Cesario d'Alagno (1221–1225)[17].

L'archevêché d'Athènes faisait figure de parent riche, à côté de ces évêchés étriqués, avec la cinquantaine de monastères et de villages qui constituaient son temporel depuis 1209. L'archevêque Conrad ne put cependant créer qu'une douzaine de canonicats, dont Honorius III confirma l'organisation, le 17 février 1222, à la requête du chapitre de l'Acropole. L'exiguïté contemporaine des chapitres chypriotes tient à deux facteurs complémentaires : la prédominance territoriale de l'archidiocèse de Nicosie à l'échelle de l'île et l'inscription des prébendes canoniales sur une mense épiscopale unique. Tel n'était pas le cas de la Romanie franque, qui suivait les usages de l'Église occidentale et, dans le cas d'Athènes, celui de la cathédrale de Paris. L'effondrement militaire de l'Empire latin de Constantinople amena cependant le pape à revoir en 1225 la composition du chapitre de la basilique Sainte-Sophie, qui disposait de 38 prébendes. Les progrès des Lascarides et des Comnènes réduisirent à 24 le nombre des chanoines de l'Église de Constantinople. Ces chiffres paraissent modestes à côté des 52 prébendes que comportait l'Église de Paris à l'époque, bien que la cathédrale Saint-Paul de Londres n'ait compté que 30 chanoines[18].

---

[16] Pressutti, *op. cit.*, t. I, n° 1193 p. 198, t. II, n° 4105 p. 92 et 5126 p. 273 (*cf. Bullarium Hellenicum*, n° 50, 145 et 221) ; Raymond Janin, « L'Église latine à Thessalonique de 1204 à la conquête turque », *Revue des études byzantines*, 16 (1958), p. 212–213. La communauté devait se conformer à une règle de vie définie en 1212.

[17] Pressutti, *op. cit.*, t. I, n° 3094 p. 506, t. II n° 4527 p. 167 (*cf. Bullarium Hellenicum*, n° 98 et 193) ; *Bullarium Cyprium*, c-30 p. 218–219, c-55 p. 256–258 (*per triennium*) et c-62 p. 270–271 (*per quatriennium*).

[18] Setton, *The Papacy and the Levant (1204–1571)*, t. I, p. 407–408 ; Jean Longnon, « L'organisation de l'Eglise d'Athènes par Innocent III », *Mémorial Louis Petit*, Bucarest, 1948,

La politique bénéficiale d'Honorius III ne s'écarte guère dans le détail de celle d'Innocent III, qui confirma durant ses 18 années de pontificat la collation de 25 prébendes ultramarines. Honorius ne semble s'être démarqué de son glorieux prédécesseur que sur un point, en refusant d'accorder la protection de saint Pierre aux clercs bénéficiers de Romanie. Il reconnut cependant les prérogatives en sommeil des évêchés *in partibus* de Bethléem et de Lydda, en confirmant les rentes de substitution perçues par leurs titulaires à travers la chrétienté[19]. Le souverain pontife confirma également en 1217 le doyenné du chapitre de Nicosie, que son prédécesseur avait concédé à un candidat malheureux à l'élection archiépiscopale de 1211. La reconduction de ce privilège dut faire l'objet d'âpres négociations avec le nouveau primat de Chypre, Eustorge de Montaigut. Le pape reconduisit cependant le doyen Durand dans ses fonctions, le 5 août 1217, sans faire d'allusion à ces barguignages éventuels. Il répondit favorablement, deux ans plus tard, à une grâce sollicitée par l'impératrice Yolande de Hainaut en faveur d'un chanoine constantinopolitain attaché à son service[20].

Le pontificat d'Honorius III présida au règlement d'un conflit ancien, surgi entre Tommaso Morosini et l'empereur Henri de Hainaut. Son frère Baudouin de Flandre s'était adjugé, au moment de la conquête de Constantinople, la prévôté d'une trentaine d'églises, sur lesquelles l'Église séculière n'avait aucun droit de regard. Le cardinal Benoît de Sainte-Suzanne décida d'en adjuger 23 à la collation directe du Saint-Siège durant sa légation, au grand dam de l'Église de Constantinople. Honorius III commença par confirmer l'annulation de cette disposition en 1217, sans vouloir se prononcer sur le fond de l'affaire. Il attendit le retour à la Curie du cardinal Jean Colonna, pour confirmer les droits de Robert de Courtenay sur 32 églises conventuelles de sa capitale. Le souverain pontife précisa qu'il ne s'agissait que d'un droit de présentation, soumis à l'aval du patriarcat de Constantinople selon les principes du droit canon. Sa décision visait à exalter l'empire et la personne de son monarque, en évitant le déclenchement de scandales retentissants. Cet arbitrage fut d'autant mieux accepté par l'Église de Constantinople que le Saint-Siège venait de confirmer, par deux

p. 336–346 ; *Bullarium Hellenicum*, n° 108 et 246 ; B. Plongeron, *Histoire des diocèses de France : Paris*, t. I, p. 189 ; Susan E. Kelly, *Charters of St Paul's, London*, Oxford, 2004, p. 46–49. Saint-Paul n'était alors que le quatrième chapitre séculier d'Angleterre.

19 *Infra* Tabl. 1 p. 149 ; *Bullarium Terrae Sanctae*, n° 91 et 119. L'élu de Lydda, Pelayo, avait notamment hérité de revenus appartenant à l'Église d'Acre grâce à la générosité de son pasteur Jacques de Vitry.

20 *Bullarium Cyprium*, c-10 p. 190–191, b-35 p. 160–161, b-37 et b-38 p. 164–168 ; Pressutti, *op. cit.*, t. I, n° 2131 p. 352 (*cf. Bullarium Hellenicum*, n° 87).

fois, l'ensemble de ses bénéfices et possessions foncières. Aussi la sentence du 28 septembre 1222 scella-t-elle une affaire vieille de quinze ans grâce à la sagesse de Jean Colonna[21].

Les registres d'Honorius III conservent la trace d'une vingtaine de grâces expectatives, octroyées à des clercs ultramarins entre 1216 et 1227. Un quart de ces mandements concernent l'île de Chypre, qui abritait quatre évêchés latins depuis le milieu des années 1190. Honorius épousa la cause au mois de juillet 1217 d'un clerc du roi Hugues Ier de Chypre, qui avait appris la vacance d'un bénéfice mineur au sein de l'Église de Limassol. L'évêque Foulques de Montaigut (1211–1218) se vit prier de conférer cette assise au susdit maître Guillaume, sous peine de subir les pressions répétées du patriarche de Jérusalem et de l'évêque d'Acre. Les agents de la papauté se heurtèrent à un mur d'indifférence de la part de l'évêque de Limassol, qui refusa à la fois d'obtempérer et de justifier les raisons de son opposition. Le pape décida de passer outre et chargea ses correspondants de forcer la main de Foulques de Montaigut. Sa disparition inopinée dut faciliter la réception de Guillaume comme « frère et chanoine » de l'Église de Limassol dans la seconde moitié de l'année 1218[22].

L'ingérence de la papauté n'était guère mieux tolérée par le chapitre cathédral de Nicosie au vu d'une anecdote contemporaine arrivée à un « pauvre clerc » chypriote. L'acolyte Adam, dont il s'agit, avait dû se rendre par deux fois à Rome, avant de recevoir un mandement du pape à la hauteur de ses espérances. Quelle ne fut pas sa surprise de voir l'archevêque Eustorge de Montaigut lui proposer la signature d'une transaction, à son retour à Nicosie, en présence du cardinal d'Albano ! Cette *compositio* n'avait pas d'autre objectif que de gagner du temps, en attendant le retour en Europe du légat d'Honorius III qui représentait une menace pour l'autorité d'Eustorge de Montaigut. Adam demeura plusieurs semaines dans l'expectative, avant de comprendre qu'il avait été berné par son supérieur. Il reprit la route de la Curie, où Honorius III lui fit une nouvelle fois bon accueil. Par un mandement en date du 21 janvier 1222, il ordonna la collation rapide d'une prébende à Adam « comme la fraude et la fourberie d'aucune personne ne doivent être encouragées ». Le patriarche d'Antioche, Raniero da Castelvecchio, fut chargé de l'application de cette mesure en lieu et place

21 Pressutti, *op. cit.*, t. I, n° 718 p. 124–125 et 3171 p. 518, t. II, n° 4123 p. 95 (*cf. Bullarium Hellenicum*, n° 32, 106 et 150) ; Wolff, « Politics in the Latin Patriarchate of Constantinople, 1204–1261 », n° 5 p. 301 (édition de document), p. 244–246 et 279 ; Fedalto, *op. cit*, t. I, p. 204–205.

22 *Bullarium Cyprium*, n° c-7 p. 187–188 et c-16 p. 197–199 ; *Bullarium Terrae Sanctae*, n° 33.

de l'archevêque de Nazareth, que le pape avait mandaté au début de l'année 1218[23].

Ce type de litige tient à l'âpreté des luttes d'influence qui se manifestaient dans les chapitres orientaux, ouverts à diverses nationalités. L'évêque Cesario d'Alagno expliqua à Honorius III en 1221 que ces querelles retardaient la collation des prébendes vacantes de son Église. Le pape lui accorda le droit de les conférer au candidat de son choix, en cas de divergence prolongée, avec l'assentiment de la majorité des voix du chapitre. La bienveillance d'Honorius III s'exerça en 1224 à l'égard d'un assis de l'Église de Limassol, qui remplissait son office depuis une quinzaine d'années, sans la moindre perspective d'évolution de carrière. Le pape chargea l'évêque et le chapitre de Limasol de conférer audit Roger un bénéfice confortable « afin que la dévotion de ceux, que l'on récompense, se réjouisse et que les autres se trouvent incités par leur exemple à servir fidèlement l'Église »[24]...

La papauté pouvait compter sur ses représentants officiels pour trancher un certain nombre de litiges, ou casser des élections épiscopales illégales. C'est ainsi que Pélage d'Albano pourvut l'Église de Corinthe en 1213 d'un archidiacre, qui dut attendre cinq ans pour percevoir les revenus attachés à son office. De tels manquements s'expliquent par la médiocrité de nombreux prélats incardinés en Grèce à l'instar d'un archevêque de Thèbes des années 1220, dont l'illettrisme entraîna la révocation. Son confrère Gauthier de Corinthe était si peu regardant de sa condition de clerc, qu'il avait été déposé en 1215 avec deux autres évêques compromis dans une sombre affaire de meurtre ![25] Ces anecdotes révèlent les limites de l'autorité du Saint-Siège en Orient, où certains prélats menaçaient ouvertement ses protégés. Honorius III parvint, malgré ces difficultés, à lotir deux sous-diacres pontificaux dans les chapitres cathédraux de Modon et Patras et à reclasser l'un de ses scriptors à Argos. Il concéda en outre, le 26 octobre 1223, une prébende constantinopolitaine à un favori du cardinal d'Albano, en permettant pour la première fois à un archidiacre italien de jouir d'une prébende ultramarine, dont un procureur pouvait recevoir l'investiture en son nom. L'affaire mit toutefois plus d'une année à aboutir en raison de la pugnacité d'un candidat local[26].

---

23 *Bullarium Cyprium*, n° c-13 p. 192–194 et c-43 p. 235–236.

24 *Bullarium Cyprium*, n° c-28 p. 216–217 et c-53 p. 254–255.

25 Pressutti, *op. cit.*, t. I, n° 1733 p. 288, t. II, n° 5430 p. 328 (*cf. Bullarium Hellenicum*, n° 78 et 240) ; Eubel, *Hierachia catholica Medii Aevi*, t. I, p. 210.

26 Pressutti, *op. cit.*, t. II, n° 5918 p. 419–420, 5089 p. 264, 4489 p. 161, 4543 p. 170 et 5436 p. 328–329 (*cf. Bullarium Hellenicum*, n° 250 (Pietro da Malpensa), 217 (Boemondo), 175 (Ugo), 199 et 241 (Marcellino)).

Cet exemple dissimule l'attachement réel du pape en faveur du clergé latin d'Orient, qui captait son attention. Comment interpréter sinon la dérogation qu'il accorda en février 1218 au chapitre cathédral de Viviers, qui avait conféré une prébende à l'archidiacre Pierre d'Antioche au mépris de sa procédure électorale ? Le Saint-Père chargea, quatre ans plus tard, l'évêque d'Amiens de conférer une prébende au chapelain du roi Démétrius de Thessalonique, qui affichait des origines picardes. Walter de Marvis (1219–1252) transgressa les recommandations du pape, en conférant la première prébende libre de son chapitre à un candidat local. Le chapelain Eustache obtint, à son retour à Rome, un ordre de collation formel dont l'application fut confiée à l'archidiacre Bernard de Ponthieu et à deux chanoines amiénois au printemps 1223[27]. Le pape témoigna les mêmes faveurs en 1225 à un chapelain suédois, qui entendait regagner l'archevêché d'Uppsala à l'issue d'un séjour de deux ans en Orient. L'archevêque Olov Basatömer exécuta si bien le commandement d'Honorius, que le diacre Jarler lui succéda sur le trône d'Uppsala en 1236[28].

De tous les chapitres ultramarins, celui de Tripoli est manifestement celui qui attirait le plus de candidats au début du XIIIe siècle. L'opulence de son port en faisait, avec Saint-Jean d'Acre et Tyr, l'une des cités les plus en vue du littoral syrien. Une demi-douzaine de bulles pontificales évoquent le destin agité de l'Église de Tripoli après la réduction du nombre de ses prébendes à douze unités sous le pontificat d'Innocent III. Son successeur accorda au mois d'août 1222 une grâce expectative à un diacre local qui ne percevait qu'une assise médiocre, malgré « sa science et ses mœurs louables ». Le patriarche Raoul de Mérencourt reçut la mission d'engager le chapitre de Tripoli à exécuter la volonté du pape avec le soutien de deux ecclésiastiques acconitains. Le diacre Évrard estima l'ordre de collation trop peu explicite pour regagner la Syrie, incontinent. Il sollicita auprès de la Chancellerie apostolique la rédaction d'un privilège développé afin de s'épargner un second voyage à la Curie, en cas de refus de la part de l'évêque de Tripoli. Le patriarche de Jérusalem fut chargé, le 9 octobre 1222, de n'accepter comme excuse éventuelle que les causes légitimes retenues par le droit canon, à savoir l'existence d'une grâce antérieure ou d'une impossibilité matérielle[29].

---

27 *Bullarium Terrae Sanctae*, n° 26 ; Pressutti, *op. cit.*, t. II, n° 3854 p. 52 et 4271 p. 120–121 (*cf. Bullarium Hellenicum*, n° 117 et 156) ; Hélène Millet, « L'élaboration de fastes pour l'Église de France : l'exemple d'Amiens », *Le clerc séculier au Moyen Âge*, Paris, 1993, p. 163.

28 Horoy, *Honorii III Romani pontificis omnia opera*, t. IV, n° 14 col. 912–913.

29 Migne *Patrologia latina*, t. CCXVI, n° 163 col. 688–689 ; *Bullarium Terrae Sanctae*, n° 70–72.

Le souverain pontife épousa la cause en 1226 d'un prêtre de la cathédrale de Tripoli, qui percevait un bénéfice mineur de sa mense capitulaire depuis plus de vingt ans. Honorius III dérogea à sa modération habituelle, en autorisant une augmentation éventuelle du nombre des prébendes servies par l'Église de Tripoli au mépris de ses statuts fondamentaux. Trois chanoines de l'Église de Beyrouth furent chargés de l'application de ce mandement « au nom de la révérence divine et pontificale », sous peine de censure ecclésiastique. La correspondance apostolique distingue clairement à cette époque les grâces expectatives – dont la mise en œuvre incombe à des *monitores* – des ordres de collation formels, confiés à des *executores*. Devant la pénurie de prébendes orientales, le Saint-Siège développa une stratégie subtile afin de satisfaire les demandes de ses protégés dans les meilleurs délais. Honorius III chargea ainsi, au début des années 1220, l'archevêque d'Apamée de conférer une prébende du patriarcat d'Antioche à un chanoine ivréen, issu de l'entourage du patriarche Pierre II († 1217). Cette grâce expectative devait au bout de six mois prendre la forme d'un ordre de collation, applicable dans n'importe quel chapitre d'outre-mer[30].

Un contentieux s'éleva avec le chapitre de Tripoli après que l'évêque Robert eut confié la prébende, qu'il occupait avant son élection, à un clerc d'origine marseillaise (G[uilhem] Anglic). Le chanoine Guillaume d'Ivrée fit appel de cette décision devant le Siège apostolique, qui confia l'examen de la cause à un auditeur confirmé. La disparition du clerc provençal amena le pape à suspendre la procédure contradictoire engagée, pour ordonner la collation immédiate de sa prébende à son adversaire[31]. Ces tensions indisposèrent l'évêque de Tripoli, dont les revenus pâtissaient de l'interdit jeté sur les domaines du comte Bohémond II à cause du « fait d'Antioche ». Il sensibilisa Honorius III aux difficultés qu'il éprouvait pour rétribuer les quarante assis et les douze chanoines, que comptait son Église. Le pape s'engagea, le 2 janvier 1227, à ne plus ordonner de réception dans le chapitre de Tripoli « afin qu'aucune charge n'incombe à ladite Église à cause de la multitude pesante des clercs ». Cette promesse n'engageait malheureusement pas son successeur, qui interféra dans les affaires du chapitre de Tripoli dès le mois de mai 1227. Honorius conféra, pour sa part, à l'évêque Robert un pouvoir de collation direct en cas de dissensions électorales au

30 *Bullarium Terrae Sanctae*, n° 123 et 138.

31 *Bullarium Terrae Sanctae*, n° 138 (*cf.* à propos des Anglic de Marseille Victor-Louis Bourrilly, « Essai sur l'Histoire Politique de la Commune de Marseille, des Origines à la victoire de Charles d'Anjou (1264) : Pièces justificatives », *Annales de la Faculté des Lettres d'Aix*, 13 (1921–1922), p. 31, 57, 74–75, 85, 105 et 148).

sein de son chapitre. Il subordonna cette prérogative à l'assentiment de la majeure partie de son chapitre afin de placer Robert en position de médiateur, comme l'évêque de Famagouste en 1221[32].

La papauté romaine n'entendait pas gérer à l'époque d'Honorius III les collations de bénéfices extérieures à son champ de compétence. Il en allait de même des élections épiscopales qui appartenaient au pouvoir des chapitres légalement institués en Terre sainte et en Grèce. Honorius III s'ingéra peu dans ce genre d'affaires à la différence d'Innocent III, qui avaient arbitré à 26 reprises des élections difficiles, ou pourvu d'autorité des sièges ultramarins. Cette disparité tient pour beaucoup à l'instauration d'un maillage ecclésiastique nouveau sur les ruines de l'Empire byzantin après 1204. Le pape géra des situations de crise, en déposant parfois d'un coup trois évêques indignes d'administrer les sacrements[33]...

Le pontificat d'Honorius III fut moins agité avec une dizaine d'interventions dans des processus électoraux. L'une des plus originales concerna la création du siège de Sparte que les conquérants latins avaient laissé vacant en 1204. Le prévôt du chapitre d'Andreville (Ανδραβίδα) avait convaincu Honorius de pourvoir le siège d'Oléna dont la capitale achéenne relevait, sans consulter l'archevêque Antelme de Patras. Le siège d'Oléna se trouva investi de la sorte de deux prélats concurrents au cours de l'année 1217, dont un seul reçut la confirmation du Saint-Siège. Honorius III consentit à conférer le diocèse de Sparte au candidat malheureux à la requête de l'impératrice Yolande de Hainaut. Son intronisation fut confiée à l'évêque Pierre d'Oléna et aux doyens des chapitres cathédraux de Céphalonie et de Coron, qui avaient jugé le différend portant sur l'évêché d'Oléna[34].

Honorius III intervint une seconde fois dans le ressort du patriarcat de Constantinople au moment du règlement de la succession du patriarche Maffeo (1221–1226), dont le patrimoine finança le déplacement de plusieurs nonces à la Curie. Une partie du chapitre de la basilique Sainte-Sophie soutenait la candidature de l'évêque de Beauvais, Milon de Nanteuil (1217–1234), malgré ses origines non vénitiennes. Le pape arbitra le conflit, en transférant sur le siège de Constantinople l'archevêque de Besançon, Jean

---

32 *Bullarium Terrae Sanctae*, n° 141 et 142 ; Lucien Auvray, *Les registres de Grégoire IX*, t. I, n° 118 col. 59.

33 *Infra* Tabl. 1 ; Fedalto, *op. cit.*, t. I, p. 214 et 237 ; Eubel, *op. cit.*, t. I, not. 2 p. 210.

34 Pressutti, *op. cit.*, t. I, n° 912 p. 154 (*cf. Bullarium Hellenicum*, n° 37). Deux bulles d'Honorius III qualifient à tort de *Cathalaunensis* le doyen de l'Église de Céphalonie, qui n'était en aucun cas originaire de Châlons-en-Champagne (*cf.* Pressutti, *op. cit.*, t. II, n° 5034 p. 255 (= *Bullarium Hellenicum*, n° 213)).

Tabl. 1 : La politique bénéficiale du Saint-Siège en Orient (1198–1227)[35]

Types d'intervention	Innocent III	Honorius III
Grâces expectatives et ordres de collation	13	23
Confirmations de prébendes et d'accords capitulaires	25	23
Transferts et nominations épiscopales	26	11
Duré du pontificat	18 ans	11 ans

Halgrin, qui avait participé activement à la prédication de la cinquième croisade. Jean d'Abbeville était un professeur de théologie réputé qui avait enseigné de longues années à Paris et en Picardie, avant d'être porté à la tête de l'Église bisontine au printemps 1225. Honorius III justifia son transfert par « l'urgente nécessité et l'évidente utilité de l'Église de Constantinople, si ce n'est de l'Église universelle ». Il invita, le 23 décembre 1226, le nouveau patriarche de Constantinople à savourer l'honneur que lui faisait le Siège apostolique, en témoignant le meilleur accueil possible aux chanoines chargés de préparer son passage en Orient. Jean Halgrin déclina pour des raisons de santé, semble-t-il, l'offre du pape, si bien que le siège de Constantinople resta vacant jusqu'au transfert de Simon de Maugastel en juillet 1229. La résolution de ce problème incomba au pape Grégoire IX qui n'en tint aucune rigueur à Jean Halgrin. Il l'éleva même à la dignité de cardinal-évêque de Sainte-Sabine lors du consistoire du 18 septembre 1227[36].

Une autre succession délicate advint au début du pontificat d'Honorius III, après la mort inopinée du patriarche d'Antioche, Pierre II d'Ivrée (1209–1217). Une délégation antiochénienne prit la route de la Curie afin d'obtenir la confirmation de l'élection du cardinal Pélage d'Albano, qui passait pour occuper une place éminente dans l'Église romaine. Le pape déclina, le 31 août 1217, la proposition qui risquait de compromettre le déroulement de la cinquième croisade. Il enjoignit au chapitre cathédral d'Antioche d'élire un nouveau candidat sous trois mois, ou de déléguer à la

---

35 D'après Migne, *Patrologia latina*, t. CCXIV-CCXVII, Paris, 1855 ; Hampe, « Aus verlorenen Registerbänden der Päpste Innozenz III. und Innozenz IV. », p. 545–567 ; Pressutti, *Regesta Honorii papae III*, Rome, 1888–1895, t. I-II.

36 Pressutti, *op. cit.*, t. II, n° 5500 p. 340 et 6123 p. 457 (*cf. Bullarium Hellenicum*, n° 245 et 252) ; Flori, *Prêcher la croisade (XIe-XIIIe siècle)*, p. 261–265 ; Jean-Barthélemy Hauréau, « Quelques lettres d'Honorius III et de Grégoire IX », *Notices et extraits des manuscrits de la Bibliothèque impériale*, 21, 1864, p. 9–10 ; Auvray, *Les registres de Grégoire IX*, t. I, n° 328 col. 201.

Curie un collège de chanoines susceptible de statuer avec son conseil. L'affaire traîna tellement en longueur qu'il fallut attendre le printemps 1219 pour trouver un successeur à Pierre d'Ivrée. Le souverain pontife finit par désigner le docteur parisien, Pietro Capuano le Jeune, qui avait hérité des qualités intellectuelles de son oncle Pierre de Saint-Marcel († 1214). Les talents de Pietro Capuano amenèrent Honorius III à reconsidérer durant l'été sa nomination à la tête de l'Église d'Antioche. Il éleva Pietro Capuano au cardinalat, après avoir confié l'administration du patriarcat d'Antioche à l'un de ses chapelains attitrés. L'archidiacre Grazia de Florence déclina, à son tour, l'honneur qui lui était fait pour d'obscures raisons. Le pape n'eut dès lors comme solution que de se tourner vers le vice-chancelier de l'Église romaine, Raniero da Castelvecchio, qu'il consacra de ses mains le 18 novembre 1219. Ce dernier prit la route de la Terre sainte avec la délégation antiochénienne, venue débattre à la Curie de l'élection d'un nouveau pontife[37].

Parmi ces ecclésiastiques se trouvait le clerc Filippo da Foligno, qui accompagna quelques années plus tard « Rainier de Toscane » en Italie. Le malheur voulut que le patriarche d'Antioche décède au cours de ce voyage mouvementé, le 15 septembre 1225. Le Saint-Siège décréta, à l'annonce de sa mort, une série de mesures conservatoires pour l'Église d'Antioche. Le chanoine Pierre, qui avait participé à l'élection de 1219, reçut la garde de ses revenus avec le chantre du chapitre et l'archidiacre de la cité[38]. Honorius III manda, par ailleurs, le 25 septembre au neveu de Raniero da Castelvecchio de remettre les clés du château de Qoçaïr à ces trois commissaires, sous peine d'excommunication. Il recommanda, le même jour, au chapitre d'Antioche la candidature de l'ancien chancelier du prince Raymond-Rubēn, qui était loin de faire l'unanimité. La vacance du siège d'Antioche dura dans ces conditions près de deux ans, au cours desquels Honorius III habilita l'archevêque de Tarse à diriger les offices de la cathédrale Saint-Pierre en tant que primat du patriarcat. Le pape finit par sommer, le 17 mars 1226, le chapitre cathédral d'élire un nouveau pasteur sous un mois, ou de déléguer à la Curie deux ou trois chanoines habilités à trancher la question[39].

Le règlement de la succession du patriarche Raoul de Mérencourt fut plus aisé en raison des pouvoirs de négociation élargis, accordés aux chanoines du Saint-Sépulcre qui se présentèrent devant le pape au printemps

---

[37] *Bullarium Terrae Sanctae*, n° 22, 36, 40 et 45–46 (*cf.* plus largement sur la question Pierre-Vincent Claverie, « Un patriarche latin d'Antioche méconnu : Grazia de Florence (1219) », *Le Moyen Age*, 117 (2011), p. 81–90).

[38] Auvray, *Les registres de Grégoire IX*, t. I, n° 118 col. 59 ; *Bullarium Terrae Sanctae*, n° 111.

[39] *Bullarium Terrae Sanctae*, n° 113, 112, 135 et 129 ; Cahen, *op. cit.*, p. 661.

1225. Ces derniers proposèrent la confirmation de l'élection du cardinal Thomas de Capoue (Tommaso del Vescovo) comme nouveau patriarche de Jérusalem, avant de se rabattre sur la candidature alternative de l'évêque Géraud de Valence, qui avait dirigé avec talent les abbayes de Molesme (1208/1209–1214) et de Cluny (1215–1220). Ce prélat vaudois passait pour avoir libéré la première abbaye d'Europe d'une dette de plus de 12 000 marcs d'argent qui paraissait incompressible. Il avait cotôyé longuement durant ces années la famille de Jean de Brienne, qui dut suggérer son nom aux chanoines sur le point de gagner la Curie au « passage de mars » 1225[40].

Le Saint-Père transféra Géraud de Lausanne sur le trône de Jérusalem, en veillant à lui laisser la jouissance d'une série de bénéfices importants, comme le prieuré clunisien de Sainte-Marie-de-Champagne. Honorius III justifia cette décision, le 10 mai 1225, en estimant son vénérable frère « privé de biens patriarcaux en raison de l'occupation de la Terre sainte par les païens ». Le pape confia, en outre, le soin au nouveau patriarche de Jérusalem de participer à l'élection de son successeur à l'évêché de Valence. Cette dispense canonique aboutit à l'élection de Guillaume de Savoie qui devait diriger l'Église de Valence pendant une douzaine d'années, avant de lorgner sur les sièges de Winchester et de Liège. Honorius III confirma son élection unanime, le 6 octobre 1225, en croyant avoir affaire à « un homme remarquable par l'honnêteté de ses mœurs, imbu de science cléricale, influent par la noblesse de sa naissance, aussi érudit dans les choses spirituelles que temporelles ». Il l'invita à protéger son Église contre les empiètements de plusieurs malfaiteurs notoires[41].

Cet exemple révèle le pouvoir d'ingérence des papes dans la gestion des Églises, en théorie autonomes. Un cas non moins étrange survint au moment du transfert de l'évêque de Famagouste, Cesario d'Alagno, sur le siège campanien de Salerne en septembre 1225. La collation de cet archevêché vacant depuis 1221 revenait au Saint-Siège à l'instar de quatre autres sièges apuliens, dépourvus de pasteurs. Honorius III invita le chapitre de Salerne à recevoir, sans barguigner, ce « lettré honnête, compétent, circonspect dans la gestion des matières spirituelles et temporelles ». Cette nomination rencontra l'hostilité de Frédéric II, qui exerçait son droit de régale

---

40 Auvray, *Les registres de Grégoire IX*, t. I, n° 56 col. 30–31 ; Jacques Laurent, *Cartulaires de l'abbaye de Molesme*, Paris, 1907, p. 174 ; Hotzelt, *op. cit.*, p. 190–191 ; p. 445.

41 *Bullarium Terrae Sanctae*, n° 94, 92–93 et 116–117 ; Alain Marchandisse, « Guillaume de Savoie. Un *monstrum spirituale et belua multorum capitum* sur le trône de saint Lambert ? », *Bulletin de la Société royale « Le Vieux-Liège »*, 13 (1997), p. 657–670 et 681–700.

sur les évêchés apuliens avec l'appui du juriste Roffroi de Bénévent. Aussi le pape confia-t-il la commende de l'Église de Famagouste à Cesario d'Alagno, « en attendant qu'il puisse résider pacifiquement à Salerne ». Ce privilège prit fin, le 15 janvier 1227, avec l'envoi d'une injonction solennelle au chapitre de Famagouste afin de procéder à l'élection canonique d'un nouveau pasteur. Si le successeur de Cesario d'Alagno n'est pas connu expressément, le nouvel archevêque de Salerne exerça, quant à lui, un pontificat fécond sur la côte amalfitaine dont il était originaire. Il s'éteignit le 31 août 1263, en laissant le souvenir d'un homme *« providus et largus per famam suam »*[42].

2 Le développement de la justice pontificale

L'étude de la politique bénéficiale d'Honorius III nous a amené à évoquer de nombreux litiges soumis à l'arbitrage du pape à la suite de collations contestées. L'examen de pareilles causes ne pouvait être jugé lors des trois réunions hebdomadaires du consistoire, qui s'imposèrent à partir du règne d'Innocent III. La papauté avait pris l'habitude depuis le XIIe siècle d'expédier en Orient des légats capables de trancher des conflits ardus et de veiller à la préservation des acquis de la réforme grégorienne. Elle s'appuyait, pour régler les litiges innombrables du clergé, sur des juges délégués dont les verdicts et procédures pouvaient faire l'objet d'appels en cour de Rome. L'accroissement incessant des appels interjetés auprès du Saint-Siège conduisit Innocent III à recourir à un personnel judiciaire, aussi compétent que dévoué. Il se tourna vers les membres de sa chapelle, qui remplirent à partir de 1202 des fonctions analogues à celles des cardinaux. Ces rapporteurs prirent le nom d'*auditores litterarum contradictarum* dans la mesure où leurs sentences reposaient sur la présentation de mémoires ou libelles contradictoires. Leur verdict était rendu lors d'audiences publiques, présidées par le vice-chancelier de l'Église romaine. Un second jugement pouvait être rendu, en cas de contestation légitime de l'une ou l'autre des parties, lors de la discussion qui pouvait suivre l'énoncé du verdict avec l'auditeur des lettres contradictoires[43].

---

[42] *Bullarium Cyprium*, n° c-64 p. 272, c-65 p. 272–273 et c-74 p. 283 ; Eubel, *Hierachia catholica Medii Aevi*, t. I, p. 429 ; *Bullarium Terrae Sanctae*, n° 124 ; Michele Manfredi, « Alagno, Cesario d' », *Dizionario Biografico degli Italiani*, t. I, Rome, 1960, p. 552–553. On ne connaît de son successeur, à ce jour, que l'initiale…

[43] Borwin Rusch, *Die Behörden und Hofbeamten der päpstlichen Kurie des 13. Jahrhunderts*, Königsberg-Berlin, 1936 ; Peter Herde, *Audientia litterarum contradictarum. Untersuchungen über die päpstlichen Justizbriefe und die päpstliche Delegationsgerichtsbarkeit vom 13. bis zum Beginn des 16. Jahrhunderts*, Tübingen, 1970, 2 vol.

Une cinquantaine de bulles démontrent la propension du clergé latin d'Orient à user de ces voies judiciaires dans le premier quart du XIIIe siècle. Il paraît opportun d'analyser en premier lieu les conflits épiscopaux qui révélaient, aux yeux des Byzantins, l'esprit de lucre de l'Église romaine. Le patriarcat de Constantinople fut le ressort le plus fécond en scandales durant le pontificat d'Honorius III en raison de sa constitution récente. Le patriarche Gervais semble avoir marché sur les pas de Thomas Morosini, en dépossédant une partie de ses métropolitains de leurs prérogatives canoniques. L'archevêque de Thèbes se plaignit ainsi de ses ingérences judiciaires répétées. Gervais se comportait en véritable légat apostolique, en entendant toutes les causes qui se présentaient à lui et en disposant des prébendes vacantes en Béotie. Il n'avait pas craint de réclamer la possession de l'ensemble des monastères de Thèbes à l'occasion d'une visite pastorale, en invoquant les pratiques de l'Église byzantine. L'une d'elles – la stavropégie – consistait à frapper d'une croix les sanctuaires placés sous la protection du patriarcat œcuménique. Le pape chargea en février 1217, puis en janvier 1218, l'abbé du monastère de Daphni de régler ces litiges avec le soutien de deux ecclésiastiques athéniens. Leur commission inclua l'examen d'un conflit portant sur la possession de l'église thébaine de Sainte-Marie de l'Agora, détenue par le patriarche Gervais[44].

De tels scandales ne pouvaient qu'inciter Honorius III à dépêcher un légat *a latere* dans les provinces arrachées à la domination hellénique. Son choix se porta sur le cardinal Jean Colonna auquel il signifia son soutien avec lyrisme, le 24 avril 1217 :

> Nous espérons dans le Seigneur, croyant dans la puissance de ses vertus que celui qui donne généreusement à tous, t'estime, toi, que nous connaissons pleinement par la fréquentation quotidienne et l'expérience des choses ! Il donnera à celui qui évangélise par la parole ses forces et à l'annonciateur de sa venue auprès du peuple chrétien la paix. Tel une colombe volant vers le Seigneur, tu rapporteras à l'Arche permanente le fruit qui plaît au goût et fascine par la suavité de son odeur.

Le pape habilita son légat *a latere* à déposer les évêques coupables de crimes et à unir ou démembrer les évêchés, auxquels des candidats aspireraient légitimement. Le cardinal de Sainte-Praxède se vit accorder le pouvoir de lever les excommunications ou interdits promulgués au nom du Saint-Siège, à condition de respecter les formes d'absolution canoniques.

---

[44] Jacques-Paul Migne, *Patrologia graeca*, t. CXL, Paris, 1887, § 9 col. 608 (lettre de 1223 du patriarche œcuménique, Germain II) ; *Bullarium Hellenicum*, n° 6–8 et 38. Cette pratique portait le nom concurrent de « stavropégiat ».

Ce privilège fut reconduit, après le séjour prolongé de Jean Colonna en Épire, afin de conférer à sa légation un caractère indiscutable[45].

Son successeur Nicolas de Reggio eut à arbitrer en 1225 une série de litiges surgis entre l'Église autocéphale du Sinaï et l'archevêché latin de Candie. Le légat d'Honorius III chargea l'évêque Marc de Sitia de faire rendre gorge aux moines orthodoxes, sans savoir que le pape avait confié l'examen de cette cause à ses confrères d'Ario et de Mylopotamos. Le conflit portait sur des dîmes, maisons et propriétés situées dans le diocèse de Candie et non de Troyes, comme l'ont écrit plusieurs auteurs abusés par une dyslexie des scribes pontificaux (*Trecensem* étant une corruption de *Cretensem*). Le pape confirma, le jour de Noël, les termes de la sentence rendue par ses juges délégués, avant de charger l'évêque de Iérapétra de protéger les moines du Sinaï contre les prétentions de l'archevêque de Candie[46].

Le clergé chypriote connut des tensions analogues après l'avènement d'Eustorge de Montaigut sur le siège de Nicosie peu avant 1215. Le prélat auvergnat tenta d'instaurer de nouvelles coutûmes que l'évêque Césaire de Famagouste rejeta avec vigueur. L'une d'elles consistait à accueillir le primat chypriote, à chacune de ses visites pastorales, en procession alors que l'usage prescrivait de le faire uniquement lors de son premier déplacement dans un évêché suffragant. L'archevêque de Nicosie autorisa, par ailleurs, l'absentéisme prolongé des assis des différents diocèses de l'île et tenta de constituer une réserve bénéficiale au profit de ses successeurs. Tout nouveau primat de l'île devait en effet recevoir, au moment de son investiture, un canonicat dans les chapitres de Paphos, Limassol et Famagouste. Eustorge de Montaigut n'hésita pas à faire suspendre Cesario d'Alagno, qui s'était dérobé à une procession solennelle, par son propre archidiacre ainsi que l'évêque de Paphos. Cette vilainie profita à l'archidiacre de Famagouste, qui prit le contrôle du temporel de l'évêché avec la complicité d'un chanoine excommunié. La crise prit des proportions telles qu'Honorius III ordonna, le 13 juillet 1218, le rétablissement immédiat de Cesario d'Alagno sur le siège de Famagouste. Le légat Pélage d'Albano reçut la mission parallèle de lever l'excommunication du chantre Nicolas de Famagouste,

---

45 Pressutti, *op. cit.*, t. I, n° 536 p. 94 et 1597 p. 267 (*cf. Bullarium Hellenicum*, n° 19 et 71).

46 Pressutti, *op. cit.*, t. II, n° 5765 p. 391 et 5780 p. 394 (*cf. Bullarium Hellenicum*, n° 247 et 248) ; Aloysius L. Tăutu, *Acta Honorii III, 1216–1227, et Gregorii IX, 1227–1241*, Vatican, 1950, not. 3 p. 194 ; Fedalto, *op. cit.*, t. I, p. 323 ; Nicholas Coureas, « The Orthodox Monastery of Mt. Sinai and Papal Protection of its Cretan and Cypriot properties », *Autour de la première croisade*, éd. M. Balard, Paris, 1996, p. 480. Ce dernier était un Vénitien du nom de Giacomo Madro, particulièrement cupide.

qu'Eustorge de Montaigut poursuivait de son hostilité. Ces conflits révèlent la patriarcalisation rapide du pouvoir d'Eustorge de Montaigut, au même titre que la scission du clergé chypriote en deux camps irréductiblement opposés[47].

L'évêque de Famagouste endura pendant plusieurs années la vindicte d'Eustorge de Montaigut, qui prenait un malin plaisir à conférer les sacrements aux laïcs qui usurpaient les dîmes de son diocèse. Honorius III blâma l'archevêque de Nicosie, le 30 décembre 1221, de cette conduite passible de poursuites canoniques. Certes, Eustorge de Montaigut n'entendait en confession que les fidèles disposant d'une résidence officielle dans son diocèse. Il n'en demeurait pas moins que son égoïsme affaiblissait les sentences d'excommunication de son suffragant ! On pourrait voir dans ce différend une simple erreur de coordination si Cesario d'Alagno n'avait nourri d'autres giefs à l'encontre de son métropolitain. Ses prédécesseurs avaient reçu d'Aimery de Lusignan les dîmes des régions de Pétalas, Constantia et Crotéqui, dont Célestin III avait confirmé la cession à l'époque où Honorius dirigeait la Chancellerie apostolique. Eustorge de Montaigut continuait cependant de percevoir les dîmes de ces districts, à commencer par celles des casaux de Milia et de Sigouri. Honorius III chargea le patriarche Raoul de Mérencourt et l'évêque Rainier de Bethléem de faire la pleine lumière sur cette affaire. Il n'est pas sûr que Cesario d'Alagno récupéra les dîmes de Milia et de Sigouri, qui avaient été cédées le plus régulièrement du monde en 1196 à l'Église de Nicosie. Le ressort de l'évêché de Famagouste n'intégra pas, en effet, au moment de sa création la totalité des diocèses grecs de Constantia et Karpassia, dont il entendait prendre la succession[48].

Les communautés régulières d'Orient n'échappaient pas à ce genre de rivalités, malgré le soin mis par la papauté pour confirmer régulièrement leurs constitutions. Une longue querelle s'éleva ainsi sous le pontificat d'Innocent III entre les chanoines séculiers et réguliers de l'église Saint-Démétrius de Thessalonique au sujet de la possession d'une prébende. Les juges délégués par la papauté furent pris de cours par le patriarche Gervais

---

47 *Bullarium Cyprium*, n° c-20 et c-21 p. 202–207 ; Louis de Mas Latrie, « Histoire des archevêques de Chypre », *Archives de l'Orient latin*, t. II A, 1884, p. 214–216 ; Luchaire, « Un document retrouvé », *Journal des Savants*, 1905, § XIV. p. 563 et 567 ; Coureas, *The Latin Church in Cyprus, 1195–1312*, p. 80.

48 *Bullarium Cyprium*, n° c-36 p. 226 et c-39 p. 230–231 ; Peter W. Edbury, « Latin Dioceses and Peristerona : A Contribution to the Topography of Lusignan Cyprus », *Επετηρίδα του Κέντρου Επιστημονικών Ερευνών*, t. VIII (1975–1977), p. 47–49 ; Jean Richard, « La succession de l'évêque de Famagouste et la remise en ordre de la collectorie de Chypre », *Mélanges de l'École Française de Rome, Moyen Âge*, t. 113 (2001), p. 638–640.

de Constantinople, qui organisa plusieurs audiences, perturbées par des incursions bulgares. Honorius annonça dans ces conditions au chapitre de l'église Saint-Démétrius, le 29 mai 1218, la désignation d'un nouveau collège judiciaire, dirigé par l'abbé de Chortiatis. Il révoqua, à titre préventif, les éventuelles sentences rendues par Gervais de Constantinople afin de permettre le réexamen de l'affaire. Certains de ses rescrits n'hésitaient pas à remettre en question des privilèges anciens du Saint-Siège. C'est de cette manière que Jean Colonna se vit confier en juillet 1218 l'arbitrage d'un litige né entre les chapitres d'Arkheion et de Saint-Michel du Boucoléon à la suite d'une donation provisoire du cardinal d'Albano. L'affaire était d'autant plus délicate à régler que le patriarche de Constantinople entendait pourvoir le siège d'Arkheion d'un évêque, conformément aux prescriptions du concile de Latran IV[49].

Gervais était loin d'être exempt de tout reproche au vu d'une enquête confiée au cardinal de Sainte-Praxède à la même époque. Certains esprits chagrins avaient averti Honorius III que de nombreux clercs avaient abusé du droit de stavropégiat, au moment de la conquête de Constantinople, pour s'emparer de monastères désertés par leur communauté. Ces vicaires s'étaient vus confirmer la possession des sanctuaires par le patriarcat latin au détriment des prérogatives du Saint-Siège. On ne sait quelle décision prit Jean Colonna, à son arrivée à Constantinople, pour réprimer ces abus. Il est probable qu'il marcha sur les pas de Benoît de Sainte-Suzanne, qui avait octroyé en 1206 plusieurs monastères vacants à des abbayes occidentales[50]. Le cardinal de Sainte-Praxède fut en tout cas intransigeant avec le duc d'Athènes, Otton de La Roche, qui battait ouvertement en brèche les termes du concordat défini à Ravennika avec l'Église latine. Parmi les partisans du duc figuraient les cisterciens de Daphni, qu'il avait installés au nord-ouest d'Athènes en 1211. Honorius III ordonna en 1222 la dispersion de la communauté qui avait bravé durant trois ans l'interdit jeté sur l'Attique par son légat. Il chargea l'évêque et l'archidiacre majeur de Négrepont de confier la garde du monastère à un groupe de moines et de convers vertueux, en attendant la constitution d'une nouvelle communauté. Le pape manda, à cette occasion, que l'on récupère l'héritage du feu évêque des

---

[49] Pressutti, *op. cit.*, t. I, n° 1391 p. 231 et 1531 p. 254 (*cf. Bullarium Hellenicum*, n° 58 et 67). Arkheion ou Archères était un faubourg de Constantinople, dépourvu d'évêché à l'époque byzantine. Il correspond au quartier d'Ortaköy de la commune actuelle de Beşiktaş (*cf.* Fedalto, *op. cit.*, t. I, p. 229).

[50] Pressutti, *op. cit.*, t. I, n° 1579 p. 263 (*cf. Bullarium Hellenicum*, n° 68) ; Erasmo Gattola, *Historia abbatiae Cassinensis per sæculorum seriem distributa*, part. 2, Venise, 1733, p. 491 (exemple de donation).

Thermopyles, sur lequel les cisterciens avaient fait main basse sans réserve[51].

L'héritage du bouteiller impérial, Milon II le Bréban, attisa tant de convoitise en 1224 que les deux collèges judiciaires désignés par Honorius III excommunièrent la totalité des chapitres de Constantinople, du Boucoléon, des Blachernes et de Saint-Georges de Mangana, compromis dans l'affaire. Le pape annula ces sentences, avant de confier le solde de la succession de Milon le Bréban à l'évêque de Salembrie et à deux prélats constantinopolitains. Cette décision n'accéléra guère le règlement de la succession du chevalier provinois, qui traîna jusqu'en 1228 en raison de l'âpreté des parties impliquées. L'évêque de Salembrie veilla cependant à remplir scrupuleusement la mission, qu'Honorius III lui avait assignée afin de redorer le blason de l'Église constantinopolitaine. Aussi le pape lui accorda-t-il de bonne grâce en 1225 l'application d'une sentence rendue par le cardinal d'Albano au nom du Siège apostolique. Le chancelier de l'Église de Constantinople aspirait alors à la perception d'une prébende et demie en vertu d'un privilège de Jean Colonna, dont le chapitre de Sainte-Sophie rejetait la légitimité. Gauthier y avait perdu une somme de 250 hyperpères, en plus du sceau du chapitre cathédral auquel était attaché un revenu de 15 hyperpères. Le cardinal d'Albano crut bon de repousser les arguments théologiques avancés par le chapitre de Constantinople, sans cependant accorder au chancelier Gauthier d'indemnités compensatoires[52].

Ces litiges ne révèlent qu'une partie de l'action régulatrice menée par le Saint-Siège en Orient durant les onze années de pontificat d'Honorius III. Des problèmes de discipline ecclésiastique amenèrent le pape à diligenter l'ouverture d'un certain nombre d'enquêtes à l'encontre de prélats diffamés en cour de Rome. La Romanie franque fut de loin la zone la plus féconde en scandales, la Terre sainte ne recelant qu'une affaire de vol de pierres précieuses, soumise en 1217 à l'expertise d'Eustorge de Montaigut. Ces querelles prenaient des dimensions inquiétantes dans l'Empire latin de Constantinople, où de nombreux abbés et moines rejetaient ouvertement l'autorité de l'Église romaine. L'abbé de Stiris avait fait le choix de « conférer à son existence l'odeur de la mort au lieu de celle de la vie », en dilapidant

---

[51] Pressutti, *op. cit.*, t. I, n° 1816 p. 301, t. II, n° 3904 p. 59 (*cf. Bullarium Hellenicum*, n° 79 et 125) ; Setton, *The Papacy and the Levant, 1204–1571*, t. I, p. 413–414 ; Gabriel Millet, *Le monastère de Daphni. Histoire, architecture, mosaïques*, Paris, 1899.

[52] Pressutti, *op. cit.*, t. II, n° 5166 p. 279, 5175 p. 281 et 5494 p. 339 (*cf. Bullarium Hellenicum*, n° 224–225 et 244) ; Jean Longnon, *Les compagnons de Villehardouin. Recherches sur les croisés de la quatrième croisade*, Genève, 1978, p. 48–55. Milon mourut, semble-t-il, le 19 avril 1224.

les possessions du monastère d'Osios Loukas en dépit des injonctions de l'évêque de Daulia. Par un mandement en date du 28 novembre 1217, Honorius III confia la correction de ses mœurs à trois chanoines béotiens et athéniens. Leur intervention ne pouvait faire l'objet d'aucun appel en cour de Rome, la défection de l'un d'entre eux ne suspendant nullement la procédure selon une disposition juridique d'Eugène III (1145–1153)[53].

Tel n'était pas le cas des diffamations qui pouvaient aboutir à la suspension de « dignités ecclésiastiques ». Le prévôt du chapitre des Saints-Apôtres de Constantinople dut venir prouver en personne à la Curie à la fin de l'année 1220 qu'il ne s'était nullement voué à l'ordre de saint François, comme certains de ses adversaires le prétendaient. Le témoignage du provincial de Romanie, Luca di Puglia, conduisit le pape à clore la procédure d'examen ouverte en Orient par son légat Jean Colonna[54]. Les religieux les plus avisés attendaient généralement le départ des agents du Saint-Siège pour essayer d'obtenir une réduction, ou une révision de leur peine, en produisant des éléments nouveaux. Cette démarche sourit en 1222 à l'évêque Hugues d'Amyclée, qui avait méprisé l'interdit lancé sur son évéché par le cardinal de Sainte-Praxède à l'occasion de tensions avec le prince Geoffroy Ier de Villehardouin. L'évêque d'Amyclée invoqua sa quasi-infirmité pour obtenir la révocation de la suspense, qu'il encourait pour ne pas avoir abandonné son évêché dans les délais impartis. Honorius III relaxa l'archidiacre de son Église et l'un de ses chapelains, qui avaient bravé la sentence du cardinal Colonna afin de continuer de percevoir leurs revenus ecclésiastiques[55].

Ces reproches semblent véniels à côté de ceux formulés à l'adresse de l'évêque d'Oléna en 1226 à la suite d'un concert de plaintes. Cet orgueilleux prélat rudoyait les chanoines de son chapitre avec lesquels il avait pourtant acquis au début de son pontificat le château d'Oléna. On l'accusait de rançonner les clercs de son diocèse sous des motifs fallacieux et de torturer les paysans qui rejetaient son autorité. Le pape ne cacha pas sa colère quand il apprit qu'il déniait aux chapelains de son diocèse tout droit d'appel devant

---

53 *Bullarium Terrae Sanctae*, n° 18 ; Pressutti, *op. cit.*, t. II, n° 3823 p. 47, t. I, n° 892 p. 151 (*cf. Bullarium Hellenicum*, n° 111 et 36) ; Paulus Rabikauskas, « « Auditor litterarum contradictarum » et commissions de juges délégués sous le pontificat d'Honorius III », *Bibliothèque de l'Ecole des Chartes*, 132 (1974), p. 238–241.

54 Pressutti, *op. cit.*, t. I, n° 2845 p. 471 et 3105 p. 508 (*cf. Bullarium Hellenicum*, n° 93 et 100) ; Girolamo Golubovich, *Biblioteca bio-bibliografica della Terra Santa e dell'Oriente francescano*, t. I (*1215–1300*), Quaracchi, 1906, p. 97, 99, 109, 128–129 et 135.

55 Pressutti, *op. cit.*, t. II, n° 4102 p. 91 et 4104 p. 91–92 (*cf. Bullarium Hellenicum*, n° 142 et 144).

le Siège apostolique. L'évêque Pierre semble avoir, de plus, tenté d'assassiner avec son neveu, Jean, le scriptor pontifical, Alessandro da Montefiascone, auquel Honorius III avait concédé la chantrerie d'Oléna. Autant d'éléments qui justifièrent l'ouverture d'une enquête officielle, avant son assignation en cour de Rome au tourant des années 1226–1227. Sa déposition dut être prononcée par Grégoire IX au lendemain de la mort d'Honorius III, au printemps 1227[56].

Un tel déshonneur fut épargné à l'archevêque Antelme de Patras, dont les prévarications et violences avaient entraîné la suspense à la fin du pontificat d'Innocent III. Cet ancien clunisien avait pourtant secondé l'abbé Hugues de Clermont dans les années 1180, avant de rejoindre l'ordre cistercien, puis l'abbaye bénédictine de La Chaise-Dieu. Il l'avait abandonnée au moment de la quatrième croisade « pour combattre longuement sous l'habit séculier » et intégrer le chapitre cathédral de Patras avec la réussite que l'on sait. Antelme appartenait à la lie du clergé, malgré sa générosité à l'égard des congrégations qui l'avaient accueilli dans sa jeunesse. Il était fréquent qu'il malmène les chanoines de son Église et l'on ne comptait plus les Moréotes dont il avait provoqué la mort par pendaison, emprisonnement ou mutilation ! L'un de ses sévices les plus humiliants avait consisté à faire fouetter publiquement un prêtre d'Andreville, dont la tête avait été placée entre les jambes. « Antelme le Malfaisant » passait pour avoir extorqué aux sujets de son Église la somme rondelette de 100 000 hyperpères et acquis de nombreux biens en Bourgogne. Son parcours serait resté dans l'ombre sans l'étude exhaustive, publiée récemment par Christopher Schabel[57].

Antelme accordait peu de crédit au droit canon et aux excommunications fulminées contre sa personne. Honorius III avait dû nommer deux commissions d'enquête, au lendemain de son élection pontificale, pour vérifier si l'archevêque de Patras avait continué de célébrer la messe alors qu'il était suspendu. Antelme en avait profité pour priver de ses revenus l'archidiacre Jean de Bénévent, qui avait dénoncé au cardinal de Sainte-Sabine ses travers. L'affaire traîna tellement en longueur que le pape confia le soin à Jean Colonna de trancher le différend, le 7 janvier 1221, avant de se saisir en personne du dossier. Il ordonna la restitution à Jean de Bénévent

---

56 Pressutti, *op. cit.*, t. II, n° 5918 p. 419–420 (*cf. Bullarium Hellenicum*, n° 250).

57 Alexandre Bruel, *Recueil des chartes de l'abbaye de Cluny*, t. V (*1091–1210*), Paris, 1894, n° 4454 p. 828–829, 4272 p. 636 et 4314 p. 674 ; Claudius Blanchard, *Histoire de l'abbaye d'Hautecombe en Savoie*, Chambéry, 1874, n° 15 p. 572–573 (legs de 1231) ; Pressutti, *op. cit.*, t. II, n° 5034 p. 255 (*cf. Bullarium Hellenicum*, n° 213) ; Christopher Schabel, « Antelm the Nasty, first Latin Archbishop of Patras (1205-ca. 1241) », *Diplomatics in the eastern Mediterranean, 1000–1500*, p. 126–137.

de son archidiaconé, le 9 septembre 1223, avec une indemnité compensatrice de 160 hyperpères. Cette décision entraîna la révocation du suppléant de Jean de Bénévent, qu'Antelme de Patras avait choisi dans l'entourage du pape dans l'espoir de gagner ses faveurs. Cette stratégie ne fut guère payante, Honorius III attendant le rapport d'une nouvelle commission judiciaire pour régler le sort de l'archevêque de Patras[58].

L'archevêque de Corinthe rendit au printemps 1224 un rapport accablant avec le sous-diacre pontifical, Pietro da Malpensa, et l'archidiacre Jacques. Les trois hommes prouvèrent qu'Antelme dilapidait les revenus de son archevêché, dont le temporel était administré par un laïc. Il avait bravé l'excommunication fulminée contre lui par le doyen de l'Église de Céphalonie et continué de célébrer la messe pendant sa période de suspense. Les agents du pape insistèrent sur l'absence de remords et d'absolution pour chacun des débordements commis par l'archevêque de Patras. Il avait ordonné un excommunié notoire et maintenu de nombreux clercs incontinents dans leur charge, en montrant lui-même le mauvais exemple. Aucun procédé ne semble l'avoir dégoûté, la falsification des privilèges pontificaux et impériaux lui étant aussi familière que le brigandage ! Antelme passait pour avoir entretenu des pirates et absous plusieurs meutriers de templiers. Ses détracteurs lui reprochaient d'avoir brimé le clergé grec et d'avoir désolé les abbayes de Galéa et de Gérochoma. Ces abus amenèrent le pape à suspendre Antelme de son ministère pendant une année et à confier la gestion des trois dernières menses épiscopales de l'Église de Patras à l'évêque de Coron[59].

Le Saint-Père usa d'une certaine finesse en associant à l'évêque de Coron le chanoine Lantelme, qui appartenait manifestement à la famille du prélat déchu. Le jugement d'Honorius III fut communiqué, le 10 juin 1224, aux intéressés et à l'archevêque Conrad d'Athènes, qui devait superviser la retraite d'Antelme dans un monastère de Romanie avec l'aide de deux chanoines corinthiens. Le pape autorisa Antelme à pouvoir conserver pendant ce temps de purgation son anneau épiscopal en signe d'autorité[60]. Il confia

---

[58] Pressutti, *op. cit.*, t. I, n° 1215 p. 201, 2959 p. 487, t. II, n° 4490 p. 161, 4654 p. 190 et n° 5034 p. 255 (*cf. Bullarium Hellenicum*, n° 53, 96, 176, 203 et 213) ; C. Schabel, *art. cit.*, p. 127–128.

[59] Pressutti, *op. cit.*, t. II, n° 5034 p. 255 (*cf. Bullarium Hellenicum*, n° 213) ; Fedalto, *La Chiesa latina in Oriente*, t. I, p. 266–267 ; Schabel, *art. cit.*, p. 130–131. Cette sanction ne dissuada par Antelme de reprendre ses activités de faussaire, par la suite, pour le plus grand profit de l'abbaye de Cluny (*cf.* Joseph Depoin, *Recueil de chartes et documents de Saint-Martin-des-Champs*, t. I, Ligugé-Paris, 1912, n° 31 bis p. 57–59.)

[60] Pressutti, *op. cit.*, t. II, n° 5034–5035 p. 255, 5095 p. 266 (*cf. Bullarium Hellenicum*, n° 213–214 et 218).

le soin à l'évêque de Coron et au chanoine Lantelme de restaurer la fabrique et les ornements de la cathédrale de Patras, en mobilisant les revenus épiscopaux de la présente année au cas où les montants des années précédentes suffiraient à peine à régler les dettes contractées par Antelme. La priorité allait dans l'esprit du pape à la satisfaction des créanciers, auxquels l'archevêque de Patras avait emprunté de larges sommes pour financer son séjour la Curie[61]. Cette affaire ne ruina pas la carrière du « malfaisant Antelme », qui tint pendant encore une quinzaine d'années les rênes de l'Église de Patras. Son neveu Lantelme ou Lantiaume devait perpétuer la tradition familiale, en montant sur le trône de Césarée dans la seconde moitié du XIIIe siècle[62].

Les laïcs représentaient une menace non moindre pour la stabilité de l'Église latine d'Orient, qui avait été fondée dans la foulée de la première croisade. Honorius III hérita, au lendemain de son élection pontificale, d'une querelle ardue, portant sur la possession de l'église Saint-Marc de Tyr. Les Vénitiens avaient obtenu à l'issue du siège de 1123–1124 un tiers de la surface de la ville, sur laquelle ils n'avaient pas tardé à édifier une chapelle nationale. L'archevêque de Tyr, Josse, entreprit de contester son exemption de l'ordinaire sous les pontificats de Célestin III et Innocent III avec une fortune variable. Son successeur Clarembaud de Broyes parvint à obtenir en 1216 la condamnation des Vénitiens pour défaut de comparution, malgré la volonté d'Innocent III de privilégier une solution diplomatique. Le premier réflexe de l'archevêque Simon de Maugastel fut d'obtenir la confirmation de cette sentence, au lendemain de l'élection d'Honorius III. Le pape accéda de bonne grâce à sa requête, en confiant le 22 août 1216 l'application de la sentence de son prédécesseur au patriarche de Jérusalem, ainsi qu'aux archevêques de Césarée et Nazareth. Honorius III espérait un dénouement rapide de l'affaire après les disparitions malencontreuses d'Innocent III et de l'abbé du Mont-Thabor, en charge de l'application de la sentence[63].

C'est le moment que choisit le doge de Venise pour appuyer le recours formulé auprès de la Curie par le procureur Giacomo Barbo afin de prouver

---

[61] Pressutti, *op. cit.*, t. II, n° 5062 p. 260 (*cf. Bullarium Hellenicum*, n° 215) ; Maurice Clément, « Recherches sur les paroisses et les fabriques au commencement du XIIIe siècle d'après les registres des Papes », *Mélanges d'archéologie et d'histoire*, 15 (1895), p. 407 (avec une erreur de datation de l'événement, placé en 1223).

[62] Schabel, *art. cit.*, p. 133–137 ; *Estoire d'Eracles*, p. 455. Lantiaume mourut en janvier 1266/1267.

[63] Marie-Luise Favreau-Lilie, « Die italienischen Kirchen im Heiligen Land (1098–1291) », *Studi Veneziani*, Nova Series, 13 (1987), n° 2 p. 87–90 (sentence d'Innocent III) et p. 48–75 ; *Bullarium Terrae Sanctae*, n° 3–4.

son impossibilité matérielle à restituer l'église Saint-Marc de Tyr à l'archevêque Simon. Le pape rétrocéda, le 8 mars 1217, à Giacomo Barbo la possession de l'église convoitée, avant de justifier sa décision auprès de l'archevêque de Tyr dans une lettre argumentée. Le Saint-Père n'entend pas juger dans cette future décrétale de la possession éminente de l'église Saint-Marc, qui revient de droit à l'Église de Tyr. Il applique seulement un principe d'équité, en considérant que Simon de Maugastel a outrepassé les délais prévus par le concile de Latran IV pour déléguer des nonces en Orient. Cette décision contribua d'autant moins à éclaircir le statut controversé de l'église Saint-Marc que les décrétalistes de l'époque prêtèrent des problèmes de discipline imaginaires à l'Église de Tyr à la suite d'une confusion avec l'archevêché de Tours[64].

Le pape souhaitait clore au plus vite ce différend préjudiciable à l'image de l'Église latine. Aussi confia-t-il le soin au cardinal Pélage d'Albano de juger l'affaire, le 8 mai 1218, en protégeant les prérogatives de l'Église de Tyr par la censure ecclésiastique. Le légat du pape fut habilité à recevoir les déposisitions de témoins impartiaux et de personnes âgées afin de rendre un verdict équitable. Il convenait, avant toute chose, qu'il remette les clés de l'église Saint-Marc aux Vénitiens afin d'honorer la promesse faite à Giacomo Barbo. Pélage d'Albano ne put exécuter le mandement d'Honorius en personne, du fait de son implication dans les opérations militaires de la cinquième croisade. Il délégua cette responsabilité, le 24 novembre 1218, à l'évêque Henri de Mantoue et à l'abbé du Mont-Sion qui séjournaient à Saint-Jean d'Acre. Les deux hommes décidèrent d'ouvrir un débat contradictoire entre l'archevêque Simon et le pléban Pietro da Murano, qui tourna court au mois de janvier 1219. Simon de Maugastel promit dans ce contexte au bayle Filippo Corner de régler le contentieux avant le 8 septembre 1221, sous peine de devoir rallier la Lagune au printemps suivant[65].

Le *Pactum Warmundi* de 1123 prévoyait la cession aux Vénitiens d'une église, artère et place dans chaque cité du royaume de Jérusalem avec un four et des bains publics. Ces dispositions ne réglaient pas le statut des sanctuaires concédés aux Vénitiens, bien qu'ils dussent être « libres de toute exaction comme le sont les propriétés du roi ». Innocent III avait

---

64 *Bullarium Terrae Sanctae*, n° 7 et 29 ; Emil Albert Friedberg et Emil Ludwig Richter, *Corpus juris canonici*, t. II, Leipzig, 1881, lib. 5, tit. 40, c. 28 col. 924–925 et lib. 5, tit. 9, c. 5 col. 791–792 ; Pressutti, *op. cit.*, t. II, n° 1288 p. 213.

65 *Bullarium Terrae Sanctae*, n° 30 et 34 ; Emmanuel-Guillaume Rey, « Chartes de l'abbaye du Mont-Sion », *Mémoires de la Société nationale des Antiquaires de France*, 48 (1887), p. 54–55 ; Favreau-Lilie, *art. cit.*, n° 3–6 p. 90–94. Giacomo Barbo avait chargé, le premier septembre 1218, Pietro da Murano de le représenter en Orient.

révoqué en 1208 les privilèges des églises nationales de Romanie, sans parvenir à débouter le patriarcat de Grado de son droit de tutelle sur les sanctuaires vénitiens. La situation du royaume de Jérusalem n'était guère différente en raison de l'étendue des privilèges accordés par le patriarche Gormond de Picquigny en 1123. Les questions de discipline étaient aussi importantes dans les ports agités de Syrie que les questions d'argent. L'archidiacre de l'Église d'Acre tenta d'obtenir, à ce titre, en 1225 la condamnation du chapitre de Saint-Marc de Venise, dont dépendaient les chapelles vénitiennes d'outre-mer. Le pape invita les parties à dépêcher à la Curie un procureur dûment informé pour la date du 2 février 1226. L'évêque de Castello reçut une notification de cette convocation en tant qu'ordinaire de Venise[66].

Jacques de Vitry se déplaça en personne à la Curie pour défendre sa cause. Il avait dénoncé dès 1217 le régime d'exemption des communautés italiennes d'Acre, qui permettait à leurs ressortissants de célébrer la messe, tout en étant frappés d'une sentence d'excommunication. Ces abus avaient conduit Honorius III à sommer les Génois, Vénitiens et Pisans d'Acre de se plier aux décisions de l'ordinaire « en tant que membres humblement soumis à la tête ». Il autorisa Jacques de Vitry, le 30 avril 1226, à anathématiser les personnes qui usurpaient ouvertement les dîmes et revenus de son Église. Trois évêques du patriarcat de Jérusalem furent chargés d'amener à résipiscence les adversaires de l'Église d'Acre, indépendamment du règlement de la querelle née autour de l'église Saint-Marc[67].

Le doge de Venise dépêcha à la Curie l'ancien podestat de Constantinople, Marino Storlato, qui jouissait de l'estime du pape. La résurrection de la Ligue lombarde accaparait tellement les pensées d'Honorius III au printemps 1226 qu'il décida de repousser l'examen final de la cause *sine die*. Il en alla de même du statut controversé de l'église Saint-Marc de Tyr, que Simon de Maugastel n'avait pu régler. La défense de ses intérêts incomba probablement à son suffragant d'Acre, qu'une série de querelles avait conduit – de son propre aveu – à la Curie. Jacques de Vitry ne manqua pas, en tout cas, de dénoncer le préjudice financier occasionné par un éventuel report d'audience, lorsqu'il comparut devant le consistoire. Honorius invita dans ce

---

66 Gottlieb L.F. Tafel et Georg M. Thomas, *Urkunden zur älteren Handels- und Staatgeschichte der Republik Venedig*, t. I, Vienne, 1856, n° 40 p. 84–89 et 41 p. 90–94, t. II n° 259 p. 225–226 ; Richard, « The Establishment of the Latin Church in the Empire of Constantinople (1204–1227) », p. 50 ; *Bullarium Terrae Sanctae*, n° 115 et 116.

67 Huygens, *Lettres de Jacques de Vitry*, n° II p. 79–9 ; *Bullarium Terrae Sanctae*, n° 53 et 129–130.

contexte le doge Pietro Ziani à prendre langue avec l'évêque d'Acre durant son séjour en Europe afin de convenir d'un accord amiable. L'affaire traîna tellement en longueur qu'il fallut attendre les 13 mai 1255 et 17 janvier 1261 pour que les évêchés de Tyr et d'Acre signent avec le pouvoir vénitien deux concordats définitifs. Le Saint-Siège devança cette procédure en plaçant sous son autorité directe en août 1247 les sanctuaires d'Acre et de Tyr, qui avaient alimenté un demi-siècle de procédure stérile[68].

Ces chicaneries tranchent avec la gravité de certaines affaires, qu'Honorius III dut trancher durant ses onze années de pontificat. La nouvelle parvint à la Curie à l'été 1217 que l'archevêque Guillaume de Philippes avait été assassiné par les sbires du despote Alexis Slav, avec lequel il venait de signer une convention. Plusieurs ecclésiastiques avaient décrit au pape la manière honteuse dont le prélat avait été arrêté dans sa cathédrale, puis exécuté sommairement à l'entrée du cimetière attenant. Honorius connaissait peut-être personnellement l'ancien évêque de Nézéros, qui avait reçu son pallium des mains d'Innocent III en 1212, sans toutefois prendre part au concile de Latran IV. Il chargea le patriarche Gervais de Constantinople de lancer un interdit sur les terres du « prince de Philippes », dont Henri de Hainaut avait fait son gendre et son vassal en 1208. Le pape requit l'aide du bayle impérial, Conon de Béthune, afin de soumettre les assassins de l'archevêque de Philippes par la force des armes. Il y a peu de chance que l'affaire aboutit, car Alexis Slav régnait en maître sur la partie occidentale des Rhodopes, après avoir abandonné en 1215 la forteresse de Tsépina pour établir sa capitale à Melnik. La censure ecclésiastique ne pouvait, en outre, que laisser de marbre ce prince bulgare, redouté par les Grecs comme les Latins[69].

Il en allait de même de certains barons de Romanie, insensibles aux objurgations du Saint-Siège. Honorius III répondit cependant favorablement en juin 1218 à une requête du prévôt de l'église des Saints-Apôtres de Constantinople, qui avait appris l'extension du concordat de Ravennika à l'ensemble des terres situées en deçà de Makri. Le pape chargea le

---

[68] *Bullarium Terrae Sanctae*, n° 132, 131 et 130 ; Favreau-Lilie, *art. cit.*, n° 7 p. 94–100 ; Tafel et Thomas, *op. cit.*, t. III, Vienne, 1857, n° 343 p. 31–38 et t. II, n° 312 p. 445–447. La convention passée avec l'Église d'Acre a longtemps été datée du 7 janvier 1260 à la suite d'une erreur de ponctuation de son texte. Elle fut en fait conclue le « dix-septième jour du mois de janvier de l'indiction 4 », soit le 17 janvier 1261, et confirmée le surlendemain par le chapitre d'Acre (*cf.* Tafel et Thomas, *op. cit.*, t. III, n° 344 p. 38).

[69] Pressutti, *op. cit.*, t. I, n° 722 p. 125 (*cf. Bullarium Hellenicum*, n° 34) ; Migne *Patrologia latina*, t. CCXVI, n° 56 col. 584–585 ; Luchaire, « Un document retrouvé », *Journal des Savants*, 1905, § III. p. 562 et 564 (liste de prélats) ; Georges Akropolitès, *The History*, § 24 p. 172 et not. 8–9 p. 174–175.

cardinal Colonna de veiller à la reconstitution du temporel du chapitre des Saints-Apôtres dans les différentes principautés concernées. L'opération ne put aboutir dans le cas de la principauté d'Achaïe qu'après la levée des différentes excommunications lancées à l'encontre de Geoffroy Ier de Villehardouin. Ce dernier refusa en effet longuement d'appliquer avec Otton de La Roche les termes de la convention de Ravennika, qu'Innocent III avait étendue à l'ensemble de la Grèce continentale, le 23 janvier 1215, par souci d'homogénéité[70].

Le pape confirma leur excommunication solennelle par Jean Colonna à la requête des archevêques de Corinthe, Patras, Larissa et Néopatras, qui devaient veiller au respect de l'interdit lancé sur leurs terres. Le patriarche de Constantinople ne tarda pas à se mêler des opérations au grand dam du cardinal Colonna, qui estimait être la seule personne compétente pour négocier l'absolution des barons fautifs. Le pape reconnut cette prérogative, avant de proposer à Geoffroy de Villehardouin le choix entre deux solutions : soit appliquer le concordat de Ravennika tel qu'il avait été défini en 1210, soit étendre à ses domaines l'accord négocié par Conon de Béthune avec l'Église de Constantinople en 1219. Le duc d'Achaïe mit plus d'une année à se décider, bien que Jean Colonna ait levé son excommunication et celle de ses vassaux dès l'hiver 1221–1222. Le légat d'Honorius III témoigna moins d'indulgence à l'égard de la communauté vénitienne de Constantinople, qui refusait d'appliquer les termes du concordat de 1219, confirmé par l'empereur Robert de Courtenay après son avènement. Les Vénitiens dépêchèrent plusieurs ambassades à la Curie, avant d'accepter d'abandonner les propriétés ecclésiastiques qu'ils occupaient depuis 1204 par droit de conquête. Le patriarche Maffeo de Constantinople reçut l'ordre de lever leur excommunication, le 11 avril 1223, à la condition expresse que les promesses du doge Pietro Ziani soient suivies d'effet[71].

Aucun prélat ne se trouvait à l'abri des empiètements des laïcs en Méditerranée orientale, comme le prouve une série de mandements contemporains. L'archevêque de Candie dénonça ainsi devant Honorius III au printemps 1219 les multiples déprédations qu'endurait le temporel de

---

70 Pressutti, *op. cit.*, t. I, n° 1434 p. 237 et 1816 p. 301 (*cf. Bullarium Hellenicum*, n° 62 et 79) ; Setton, *The Papacy and the Levant, 1204–1571*, t. I, p. 46–48. Ce dernier précepte fut confirmé sous une forme inchangée par Honorius III, le 19 janvier 1219.

71 Pressutti, *op. cit.*, t. I, n° 1819 p. 302, 3162–3163 p. 516–517, t. II, n° 3856 p. 52, 4480 p. 159, 3924 p. 52 et 4302 p. 125–126 (*cf. Bullarium Hellenicum*, n° 80, 103, 104, 118, 169, 128 et 157) ; Schabel, « Antelm the Nasty, first Latin Archbishop of Patras (1205-ca. 1241) », p. 115–119 ; Wolff, « Politics in the Latin Patriarchate of Constantinople, 1204–1261 », n° 6 p. 301–302 et p. 272.

son Église dans les provinces de Constantinople et de Crète. Le pape chargea trois ecclésiastiques crétois d'y mettre bon ordre, avant de soutenir les projets d'installation dans l'île des cisterciens de Saint-Thomas de Torcello (22 novembre 1223). L'archevêque de Nicosie se plaignait à cette époque d'être frustré de la possession d'une presterie dépendant des casaux d'Afanteia (ou Afaneia) et d'Ornithi, que le roi Aimery de Lusignan avait donnés à son Église en 1196. Le patriarche Raoul de Mérencourt fut appelé à enquêter et éventuellement réparer cette injustice au début de l'année 1222 avec l'aide de l'archevêque de Césarée et d'un chanoine antiochénien. Une presterie était à Chypre une subdivision du casal, héritée de l'époque byzantine, dont le statut pouvait osciller du fief à l'alleu tenu en « franche aumône ». Celle qui nous intéresse semble avoir été accaparée par le roi dans la partie orientale de la Mésorée, à la veille de sa disparition en 1205[72].

Certaines procédures pouvaient traîner en longueur et faire l'objet d'appels contradictoires devant des cours laïques et ecclésiastiques. Le pontificat d'Honorius III ne suffit pas du reste à régler le statut du village de Pyrgos, dont le chevalier Guillaume de Rivet disputait la propriété aux cisterciens de Belmont, originaires de Syrie. Guillaume de Rivet avait rejeté le verdict rendu en première instance par Eustorge de Montaigut, en affirmant que le fief de Pyrgos relevait exclusivement de la Couronne de Chypre. Cette impasse le conduisit à entamer une procédure de concilitation avec l'archevêque de Nicosie, qui échoua en 1221 ou 1222. Notre chevalier décida de porter sa cause devant le pape, après avoir été excommunié pour avoir pris le contrôle de Pyrgos par la force. Il délégua à la Curie un procureur qui ne parvint à obtenir l'annulation de la sentence, trois nouveaux juges délégués étant nommés par le Siège apostolique afin de trancher le litige. L'archevêque Simon de Maugastel reçut l'ordre d'examiner la légalité de l'appel de Guillaume de Rivet en cour de Rome, tandis que ce dernier tentait de prouver à Eustorge de Montaigut le statut féodal du village de Pyrgos[73].

L'archevêque de Nicosie refusa de reconnaître, au même titre que le cardinal d'Albano, les arguments développés par Guillaume de Rivet à cause

[72] Pressutti, *op. cit.*, t. I, n° 1950 p. 322 et t. II, n° 4573 p. 176 (*cf. Bullarium Hellenicum*, n° 85 et 202) ; *Bullarium Cyprium*, c-38 p. 228–230 ; Jean Richard, « Un monastère grec et son domaine chypriote : le monachisme orthodoxe et l'établissement de la domination franque », *Ρρακτικά τού Δεντέρου Διεθνούς Κυπρολογικού Συνεδρίου*, t. II, Nicosie, 1986, p. 71–72 ; N. Coureas, *op. cit.*, p. 86.

[73] *Bullarium Cyprium*, c-57 p. 259–263 ; Camille Enlart, « L'Abbaye cistercienne de Belmont en Syrie », *Syria*, 4 (1923), p. 1–22 ; Christopher Schabel, « Frankish Pyrgos and the Cistercians », *Report of the Department of Antiquities, Cyprus*, 2000, p. 349–360 ; Coureas, *The Latin Church in Cyprus, 1195–1312*, p. 40–41.

de son excommunication. Le chevalier chypriote comparut, peu de temps après, devant l'archevêque de Tyr avec un procureur de l'abbaye de Belmont, dont il contesta la légitimité en raison de la disparition récente de son supérieur. Le verdict qui s'en suivit fut probablement défavorable à Guillaume de Rivet, qui comptait gagner son procès sur la forme plus que le fond. Il expédia un nouveau procureur en cour de Rome, prétendant que l'évêque de Limassol avait reçu un mandement contradictoire du pape dont il ne savait que faire. Honorius III suspecta une ruse et déclara cette absolution conditionnelle, nulle et non avenue, en l'absence de preuves formelles. Il désigna trois nouveaux juges, le 17 août 1224, sans savoir que l'opiniâtreté de Guillaume de Rivet repousserait de treize ans la conclusion de ce procès homérique[74].

Certaines querelles apparaissaient pour le moins insolubles, à l'instar d'un litige opposant durant un demi-siècle l'Église de Bethléem à la Sérénissime. L'élu Pierre de Bethléem avait participé avec un certain nombre de Poulains de Terre sainte à la quatrième croisade. Deux bulles du mois d'août 1224 prouvent qu'il parvint à s'emparer, au moment du partage du butin, de l'une des icônes les plus prestigieuses de Byzance. Il s'agit de l'Hodigitria (Οδηγήτρια) qui était conservée jusqu'en 1204 dans un monastère voisin du palais du Boucoléon, où l'on se plaisait à attribuer sa peinture à l'apôtre Luc. L'œuvre représentait sur ces deux faces une Vierge à l'enfant et une scène de Crucifixion, rappelant le destin tragique du Christ. Pierre de Bethléem semble l'avoir confiée en 1205 à la garde du patriarche Thomas Morosini, avant de prendre la route d'Andrinople où il trouva la mort, le 14 avril, dans une bataille rangée. Le podestat vénitien, Marino Zeno, la transféra au cours de l'année 1207 dans le monastère du Pantocrator, où elle demeura jusqu'en 1261. Il essuya pour cela l'excommunication solennelle de Thomas Morosini, dont Innocent III transmit la teneur au patriarche de Grado afin de poursuivre les commanditaires de l'opération[75].

Ces sanctions furent si peu efficaces que le différend survécut jusqu'au pontificat d'Honorius III, qui prit fait et cause pour l'évêque Rainier de Bethléem. Il chargea l'évêque Jourdain de Padoue d'inciter le doge Pietro Ziani à restituer à l'Église de Bethléem l'icône convoitée, sans parvenir à des

---

74 *Bullarium Cyprium*, c-57 p. 259–263 ; Coureas, *ibidem* ; Jean Richard, « The Cistercians in Cyprus », *The Second Crusade and the Cistercians*, New York, 1992, p. 200. Guillaume s'éteignit cependant dès l'année 1230.

75 *Bullarium Terrae Sanctae*, n° 106–107 ; Paul É. Riant, « La part de l'évêque de Bethléem dans le butin de Constantinople en 1204 », *Mémoires de la Société nationale des Antiquaires de France*, 46 (1885), p. 225–228 ; Hageneder *et alii*, *Die Register Innocenz' III.*, t. XI, n° 24 (25) p. 29 (sentence d'Innocent III du 8 mars 1208).

résultats probants. L'évêque de Bethléem profita de ses voyages fréquents dans la péninsule italienne pour tenter d'infléchir personnellement le doge. Une bulle pontificale prétend que ce dernier repoussa sa démarche avec agressivité durant l'entrevue tendue, qu'ils eurent dans la seconde moitié de l'année 1223. Pietro Ziani invoqua l'insécurité de la plaine padane pour se dérober aux différentes citations de l'évêque de Padoue, dont Honorius III finit par annuler la commission. Elle échut au cours de l'année 1224 à l'évêque de Trévise, Tisone da Vidor, qui peina à obtenir de meilleurs résultats. Le pape tenta de régler lui-même le litige afin de limiter le préjudice occasionné à l'Église de Bethléem, dont il n'avait eu de cesse de protéger le temporel durant son pontificat[76].

Par une bulle en date du 4 août 1225, il somma le doge Pietro Ziani d'envoyer un représentant officiel à la Curie à la prochaine Toussaint afin de clore le contentieux. Le pape transmit ce mandement au plébain de l'église Saint-Paul de Venise, qui avait contribué à l'absolution de la communauté vénitienne de Constantinople, deux ans plus tôt, avec l'ancien podestat, Giacomo Tiepolo. L'affaire n'aboutit cependant jamais et les Byzantins replacèrent, après leur retour à Constantinople, l'icône dans son sanctuaire d'origine. La bonne volonté d'Honorius III se heurta, en l'espèce, à l'inflexibilité prolongée des autorités vénitiennes[77].

3 L'administration des ressorts orientaux

Les talents de gestionnaire d'Honorius III ont été soulignés par tous les historiens, qui ont inscrit sa politique orientale dans la continuité de celle d'Innocent III. Giorgio Fedalto a insisté notamment sur l'expérience exceptionnelle que le cardinal Cencio avait accumulée, en supervisant en 1192 l'établissement du *Liber censuum* de l'Église romaine. Honorius fut selon lui un pape rigoureux qui n'hésita pas à gourmander les patriarches de Constantinople, Gervais et Maffeo. La papauté se plaisait à exagérer, à son époque, l'ampleur des ressorts ecclésiastiques rattachés à son autorité en Orient[78]. Il est vrai que le *Liber censuum* prêtait 153 églises cathédrales au patriarcat d'Antioche sur la foi de notices byzantines, antérieures à la conquête arabe. Cet inventaire fut repris dans le *Provinciale* établi par la

76 *Bullarium Terrae Sanctae*, n° 106–107 et 91 ; P.E. Riant, *art. cit.*, p. 226–228.

77 *Bullarium Terrae Sanctae*, n° 106–107 ; Pressutti, *op. cit.*, t. II, n° 4302 p. 125–126 (*cf. Bullarium Hellenicum*, n°°157) ; Riant, *art. cit.*, p. 234.

78 Fedalto, *La Chiesa latina in Oriente*, t. I, p. 201–217 ; Hamilton, *The Latin Church in the Crusader States : the Secular Church*, Londres, p. 19–20.

Chancellerie apostolique en 1210–1212 et dans l'*aggiornamento* du *Liber censuum*, effectué en 1228. Ces listes étaient si éloignées de la réalité que les scribes pontificaux omettaient parfois trois ou quatres provinces, sans scrupule. Jean Richard a montré que les listes épiscopales avancées pour les patriarcats d'Antioche et de Jérusalem résultaient de notices grecques traduites afin d'appuyer les revendications des deux sièges sur la province d'Arabie[79].

Aussi nombre de sièges répertoriés dans le *Provinciale Romanae Ecclesiae* n'ont jamais été pourvus sous les pontificats d'Innocent III et d'Honorius III. D'autres ont pu être dotés d'évêques, sans que les archives pontificales n'en gardent le souvenir. C'est le cas de l'archevêché de Philippes auquel l'*aggiornamento* de 1228 prête trois suffragants alors qu'Innocent III avait reconnu l'autorité de son pasteur sur les sièges de Bilikia, Smoléna, Caesaropolis, Eleuthéropolis et Polystylon, c'est-à-dire Abdère. Les sièges de Chrysopolis et de Christopolis paraissent d'ailleurs avoir été fondus précocement dans l'archidiocèse de Philippes au vu du temporel prêté à l'archevêque Guillaume en mai 1212[80]. Les légats du Siège apostolique avaient toute autorité pour unir les sièges orientaux, ménacés par les « infidèles » ou les schismatiques. Tel n'était pas le cas des envoyés du patriarche de Constantinople, dont Honorius III condama l'outrecuidance le 18 août 1218, en rappelant qu'il ne jouissait aucunement de la plénitude du pouvoir que les patriarches œcuméniques avaient naguère invoquée pour tenter de scinder « la tunique du Christ, dépourvue de coutures ». Ce rappel à l'ordre permit au cardinal Colonna d'opérer un certain nombre de remembrements épiscopaux durant son séjour prolongé en Grèce entre 1218 et 1222[81].

Ces redécoupages affectèrent toutes les régions de Grèce, encore au pouvoir des Latins. L'archeveché de Corinthe reçut ainsi la cure de l'évêché de Zéména et la moitié du diocèse de Damala, « qui n'avait jamais été organisé à l'époque latine, ni peuplé par des Latins ». L'autre moitié de ce diocèse revint à l'évêché d'Argos, tandis que l'archevêché de Patras héritait du diocèse de Kernitsa, dont les revenus étaient insuffisants pour assurer

[79] Michael Tangl, *Die päpstlichen Kanzleiordnungen von 1200–1500*, Innsbruck, 1894, p. 23–28 ; Fabre, *Le « liber censuum » de l'Eglise romaine*, t. II, Paris, 1889, p. 4–6 ; Jean Richard, « Evêchés titulaires et missionnaires dans le *Provinciale Romanae Ecclesiae* », *École Française de Rome. Mélanges d'archéologie et d'Histoire*, 61 (1949), not. 2 p. 229–230.

[80] Fedalto, *La Chiesa latina in Oriente*, t. I, p. 199 et 228 ; Robert L. Wolff, « The Organization of the Latin Patriarchate of Constantinople, 1204–1261 », *Traditio*, t. VI (1948), p. 54–59 ; Fabre, *op. cit.*, t. II, p. 7 ; Migne *Patrologia latina*, t. CCXVI, n° 56 col. 584–585.

[81] Pressutti, *op. cit.*, t. I, n° 536 p. 94, 1597 p. 267 et 1585 p. 264–265 (*cf. Bullarium Hellenicum*, n° 19, 71 et 69) ; *Bullarium Terrae Sanctae*, n° 32 (exemplaire de Pélage d'Albano).

l'entretien d'un évêque. L'évêché de Modon hérita de la moitié du diocèse de Christianopolis, qui avait rang d'archevêché à l'époque byzantine. Sa seconde moitié revint à l'évêché voisin de Coron avec le temporel de l'ancien évêché de Véligosti. L'évêché de Céphalonie absorba, pour sa part, le diocèse de Zante avec son modeste ressort de 406 km^2. Le pape reconnut, le 11 mars 1222, la sujétion de l'Église d'Amyclée à celle de Sparte, en attendant la fusion des deux sièges éloignés de cinq kilomètres. L'archevêché d'Athènes prit à la même époque le contrôle de l'Église de Mégare, tandis que les diocèses de Carystos, Aulon et Oréos étaient rattachés à l'évêché de Négrepont pour des raisons financières. Cette dernière union ne manqua pas d'être répercutée dans un *provinciale* contemporain, malgré sa révocation dès le 18 septembre 1223. Le printemps 1222 présida également au rattachement du diocèce thrace d'Ainos à l'archevêché de Madyte après la perte de la ville de Trajanopolis par les Latins[82].

Les progrès des Épirotes amenèrent le cardinal Colonna à confier à l'archevêque de Larissa la cure de plusieurs évêchés vacants de la province d'Athènes. Par une bulle en date du 14 octobre 1222, Honorius III reconnut la sujétion à son autorité des évêchés de Daulia, des Thermopyles et de Coronée, en plus d'un hospice thébain acquis par ses prédécesseurs. Ce privilège inquiéta l'archevêque Conrad d'Athènes, qui obtint la confirmation des droits de son Église sur les évêchés administrés temporairement par l'archevêque de Larissa[83]. Le cardinal de Sainte-Praxède avait supervisé, peu de temps auparavant, le rattachement de l'Église de Marmara à la province d'Héraclée de Thrace, dont le pasteur venait de démissionner. Cette union n'avait pour objectif que d'assurer un train de vie décent à l'ancien archevêque, qui devait jouir des revenus de l'île de Marmara jusqu'à sa disparition. Honorius III chargea le patriarche Maffeo de Constantinople de veiller au respect de cette convention en septembre 1223, deux jours après avoir uni les sièges de Sparte et d'Élis[84].

---

[82] Pressutti, *op. cit.*, t. II, n° 3844 p. 50 et 4502 p. 163 (*cf. Bullarium Hellenicum*, n° 116 et 184) ; Eubel, *Hierachia catholica Medii Aevi*, t. I, p. 86 ; Paul Fabre, « Un vidimus de Conrad archevêque d'Athènes », *Mélanges d'archéologie et d'histoire*, 15 (1895), p. 74.

[83] Pressutti, *op. cit.*, t. II, n° 4134 p. 96 et 4529 p. 167–168 (*cf. Bullarium Hellenicum*, n° 151 et 195) ; Raymond-Joseph Loenertz, « Athènes et Néopatras. II. Régestes et documents pour servir à l'histoire ecclésiastique des duchés catalans (1311–1395) », *Archivum Fratrum Praedicatorum*, 28 (1958), p. 12–13 (sur l'*ecclesia Carmensis*).

[84] Pressutti, *op. cit.*, t. II, n° 4486 p. 160, 4508 p. 164 et 4505 p. 163–164 (*cf. Bullarium Hellenicum*, n° 172, 190 et 187) ; Fedalto, *La Chiesa latina in Oriente*, t. II, p. 130 et 149. Cette dernière union fut la conséquence directe du concordat signé avec Geoffroy de Villehardouin, le 4 septembre 1223.

Ces exemples révèlent le pragmatisme de la papauté, qui avait confirmé l'union des sièges de Saint-Myron et de Candie pour soulager l'archevêque de Crète « du travail, de la disette et de l'aiguillon de la pauvreté ». Le même argument fut utilisé en 1225 pour entériner le rattachement des Églises ruinées de Chalcédoine et de Stélari à celle de Constantinople[85]. La bonne volonté d'Honorius III fut impuissante, en revanche, à régler une querelle de ressort surgie entre les patriarcats d'Antioche et de Jérusalem après qu'un privilège apostolique eut autorisé le roi Baudouin Ier (1100–1118) à rattacher à son royaume l'ensemble des évêchés repris aux « infidèles ». Cette dérogation avait conduit la papauté à retirer de l'obédience du patriarcat d'Antioche la province de Tyr, avant d'en détacher les évêchés de Sidon et de Beyrouth sous le pontificat d'Eugène III. Diverses procédures d'appel repoussèrent l'application de cet arbitrage à l'année 1221, bien qu'Honorius III ait confié, au lendemain de son élection, la cure de l'Église de Sidon à l'archevêque de Tyr à titre conservatoire[86].

Honorius III n'excluait pas en 1216 de supprimer le siège de Sidon, dont la cité et la plus grande partie du temporel étaient aux mains des Ayyoubides. Il souhaitait que ses légats sur le point de gagner la Terre sainte pussent régler rapidement son sort. Le cardinal d'Albano rejeta finalement l'idée du pape en donnant, en 1219 ou 1220, un évêque à la cité de Sidon. Ce prélat ne tarda pas à rejeter l'autorité du patriarche Rainier d'Antioche sur le nord de la province de Tyr, avec le soutien de son confrère de Beyrouth. Honorius III les sermonna solennellement, avant de répondre aux réclamations contradictoires des patriarcats d'Antioche et de Jérusalem. À Raniero da Castelvecchio, il accorda en 1222 une immunité face aux sanctions que les Églises de Jérusalem et de Tyr pourraient décréter à son encontre, en réponse au démembrement de la Phénicie Maritime. Simon de Maugastel revendiquait, pour sa part, le rattachement à la province de Tyr des évêchés de Tripoli, Tortose et Gibelet, qui figuraient dans les *τακτικά* de l'époque byzantine. Le pape lui concéda, le 18 avril 1223, une immunité face aux sanctions que le patriarche d'Antioche pourrait être amené à décréter contre sa personne au titre de ces prétentions. Ces mesures repoussèrent

---

85 Pressutti, *op. cit.*, t. I, n° 1919 p. 317, t. II, n° 5429 p. 327–328 (*cf. Bullarium Hellenicum*, n° 82 et 239) ; Fedalto, *La Chiesa latina in Oriente*, t. I, p. 321, t. II p. 199 et 114 ; Leo Santifaller, *Beiträge zur Geschichte des lateinischen Patriarchats von Konstantinopel (1204–1261), und der venezianischen Urkunde*, Weimar, 1938, p. 200. L'adjectif *Stealiminensis* apparaît clairement comme un synonyme de *Stillariensis*.

86 Pressutti, *op. cit.*, t. I, n° 1391 p. 231 et 20 p. 5 (*cf. Bullarium Terrae Sanctae*, n° 59 et 3) ; John G. Rowe, « The Papacy and the Ecclesiastical Province of Tyre (1100–1187) », *Bulletin of the John Rylands Library*, 43 (1960–1961), p. 160–189.

l'arbitrage final du conflit aux premières années du pontificat d'Innocent IV (1243–1254), qui virent les évêchés de Sidon et de Beyrouth être rattachés définitivement au patriarcat de Jérusalem[87].

De tels procès étaient monnaie courante dans le patriarcat de Constantinople, dont les institutions ecclésiastiques étaient largement inféodées au pouvoir politique. Aussi n'est-il pas étonnant que la légation du cardinal Jean Colonna ait été signifiée en avril 1217 à une dizaine de magnats, dont le pape attendait l'appui indéfectible. Le cardinal de Sainte-Praxède quitta l'Italie avec une série d'instructions et l'ensemble des prérogatives reconnues au pape en matière canonique. Son statut plein de légat *a latere* le dispensait de solliciter l'avis, ou la confirmation du souverain pontife pour les décisions qui lui semblaient les plus aisées à prendre. Une de ses premières missions consista à convaincre les Vénitiens d'abandonner à l'Église constantinopolitaine la douzième partie des propriétés cléricales, dont ils s'étaient emparés en 1204. La résistance des Vénitiens ne l'empêcha pas de négocier une convention avec le bayle Conon de Béthune sur les propriétés et les revenus ecclésiastiques, que détenaient les barons francs en Asie et en Grèce centrale. Ces dispositions présidèrent à la négociation d'un accord plus large avec la noblesse, le 15 décembre 1219, dont Honorius III confirma la teneur à la suite de l'empereur Robert de Courtenay au printemps 1222[88].

Cette *compositio* accorda le privilège du for ecclésiastique à l'ensemble des clercs de l'empire, en réglant un certain nombre de détails matériels. L'on décida d'affecter ainsi deux papas aux villages comptant de 25 à 70 feux et quatre à ceux, dont la population compterait entre 70 et 100 feux. Les établissements religieux acceptèrent de payer l'akrostikon prélevé du temps du *basileus* Alexis III (1195–1203), en échange de la restitution de leur patrimoine foncier. Une franchise absolue fut accordée aux églises touchant moins de 100 hyperpères de revenus annuels, soit l'équivalent d'un fief chevaleresque. La noblesse accepta de céder au clergé la onzième partie de toutes les possessions, qu'elle détenait à l'ouest de Makri, en plus d'une rente annuelle de 3 000 hyperpères, assise sur ses fiefs de bourse et ses casaux indivisibles. L'on convint de soumettre les fiefs de rente de

87 *Bullarium Terrae Sanctae*, n° 3, 59, 68 et 74 ; Pierre-Vincent Claverie, « La contribution des sources diplomatiques à l'histoire ecclésiastique de Tyr durant les croisades », *Tyr dans les textes l'Antiquité et du Moyen Âge*, éd. J. Aliquot, P.-L. Gatier et L. Nordiguian, Damas, 2011, p. 211–212.

88 Pressutti, *op. cit.*, t. I, n° 526 p. 92, 1600 p. 267, 584 p. 101–102, 668 p. 115, 3157 p. 516 et t. II, n° 3863 p. 53 (*cf. Bullarium Hellenicum*, n° 18, 72, 20, 23, 102 et 119 ; par défaut Wolff, « Politics in the Latin Patriarchate of Constantinople, 1204–1261 », n° 4 p. 298–301).

300 hyperpères à une taxation supplémentaire d'un onzième, les Latins devant payer la dîme sur l'ensemble de leurs revenus et productions agricoles. Une assiette d'un trentième fut définie parallèlement pour leurs sujets chrétiens, en attendant l'instauration d'une décimation universelle à l'horizon 1229[89].

Jean Colonna s'aliéna le soutien du clergé latin au cours de l'année suivante, en allouant au patriarcat de Constantinople le tiers des legs effectués en faveur des établissements religieux de son ressort. Honorius III notifia, le 19 octobre 1223, aux prélats concernés que cette assiette ne pèserait pas sur les septième, trentième et vingtième parts des donations affectées à la décoration des églises, leur entretien et leur éclairage. Cette décision s'inspirait d'un rescrit d'Innocent III, adressé au monastère berrichon de Déols. L'application de cette mesure fut confiée à l'évêque de Salembrie et à deux prélats du patriarcat de Constantinople, appartenant au clergé régulier. Ce choix ne fut pas innocent, trois couvents cisterciens de la capitale ayant conduit la fronde contre le patriarche Maffeo (Saint-Étienne, Saint-Ange et Sainte-Marie d'Aberkios). Ce dernier n'eut qu'à s'incliner avec l'ensemble des évêques de Romanie, avant que la disposition d'Honorius III n'influence le droit canon[90].

Divers indices prouvent que les relations entre les sièges patriarcaux de Rome et de Constantinople furent loin d'être idylliques durant le pontificat d'Honorius III. Le pape annula dès le 11 février 1217 la sentence d'excommunication fulminée par le patriarche Gervais contre Geoffroy de Villehardouin et Otton de La Roche pour vice de forme. Le duc d'Achaïe connaissait si bien la procédure définie à Latran IV qu'il obtînt un indult, l'année suivante, afin de pouvoir assister à la messe dans les lieux frappés d'interdit. Honorius III dressa, de son côté, un véritable réquisitoire contre les abus commis par les légats du patriarche Gervais à travers la Romanie. Ces derniers privaient les évêques diocésains de leur juridiction et droit d'appel devant le Siège apostolique, en n'hésitant pas à excommunier les prélats qui doutaient de la validité de l'interdit lancé sur l'Attique et l'Achaïe. Que dire de l'archevêque de Larissa, qui avait été chargé de pourvoir l'archidiaconé vacant d'Andreville d'autorité, et des chanoines constantinopolitains

---

[89] Pressutti, *op. cit.*, t. II, n° 3863 p. 53 (*cf. Bullarium Hellenicum*, n° 119) ; Setton, *The Papacy and the Levant, 1204–1571*, t. I, not. 16 p. 48.

[90] Pressutti, *op. cit.*, t. II, n° 4536 p. 169, 4540 p. 169–170 et 4563–4564 p. 174 (*cf. Bullarium Hellenicum*, n° 196–197 et 200–201) ; Clément, « Recherches sur les paroisses et les fabriques au commencement du XIIIe siècle d'après les registres des Papes », p. 404 et 406 ; Grégoire IX, *Liber Extra*, lib. 5, tit. 40, c. 31, éd. E.A. Friedberg et E.L. Richter, *Corpus juris canonici*, t. II, col. 926.

qui avaient relevé d'excommunication un chevalier thébain au mépris des droits de l'ordinaire ? Le pape somma le patriarche de révoquer ces sentences irrégulières le 31 mars 1218, sous peine de poursuites aggravées[91].

Ces relations difficiles ne s'améliorèrent guère après le transfert sur le siège de Constantinople de l'évêque Maffeo d'Equilio. Le pape regretta ouvertement, le 18 mai 1222, d'avoir élevé le modeste évêque de Jesolo à une charge si haute. Ce dernier n'avait eu en effet de cesse, depuis son arrivée dans la capitale impériale, que de piller le mobilier de la basilique Sainte-Sophie, en dépouillant les autres églises de leurs parements de cuivre et de plomb. Ces agissements proscrits jadis par Pélage d'Albano donnaient au patriarche de Constantinople « l'image d'un mercenaire plus que d'un pasteur ». Maffeo d'Equilio négligeait de célébrer la messe et fréquentait, sans états d'âme, les excommuniés dont il aurait dû fuir la présence. Ayant passé un pacte secret avec les Vénitiens, il n'hésitait pas à absoudre certains laïcs excommuniés par le cardinal Colonna et à juger des causes réservées à la compétence du Saint-Siège. Autant d'abus méritaient une sanction exemplaire ! Honorius préféra la voix du dialogue par inspiration et sagesse. Son admonition porta ses fruits au point qu'il accordât en 1225 à Maffeo le droit de n'être excommunié que par un représentant officiel du Siège apostolique. L'autorité du patriarche de Constantinople était à cette époque si amoindrie que le pape dut enjoindre au clergé de Romanie de respecter ses citations à comparaître et sentences ecclésiastiques, comme s'il appartenait au collège des cardinaux[92]...

Le revirement du Saint-Siège fut consécutif à une rencontre entre les deux hommes, placée sous le signe de la réconciliation. Honorius III souhaitait entraver le moins possible l'action de ses légats *a latere*. Aussi prévint-il en 1223 le patriarche Raoul de Mérencourt que sa légation temporaire s'effacerait au moment de l'arrivée en Orient d'un représentant officiel du Saint-Siège. Les évêques de Grèce et de Syrie étaient invités traditionnellement à obéir aux « préconisations et décisions salutaires », que le légat du pape formulerait au cours de sa mission. Le clergé régulier du diocèse de Jérusalem reçut au printemps 1223 une injonction spéciale en raison de son insoumission chronique au patriarche Raoul, dont il partageait les

91 Pressutti, *op. cit.*, t. I, n° 332 p. 59, 1483 p. 246, 1206 p. 200 (*cf. Bullarium Hellenicum*, n° 5, 64 et 51).

92 Pressutti, *op. cit.*, t. II, n° 3963 p. 68, 5439 p. 329 et 5424–5425 p. 327 (*cf. Bullarium Hellenicum*, n° 129, 242 et 237) ; Wolff, « Politics in the Latin Patriarchate of Constantinople, 1204–1261 », p. 278 ; Fedalto, *La Chiesa latina in Oriente*, t. I, p. 217 ; Belin, *op. cit.*, p. 86 (à la date fautive du 17 juin 1222).

conditions d'exil sur le littoral[93]. Honorius III défendit avec force durant cette période les prérogatives de l'Église d'Apamée, qui subissait les pressions des laïcs et des musulmans. L'archevêque Anselme fut autorisé à commercer librement dans la principauté d'Antioche et à répondre aux plaintes de ses vassaux qu'en temps et en heure. Le chapitre d'Apamée fut, par ailleurs, sommé le 16 août 1225 de suivre des règles électorales rigoureuses afin d'éviter la dispersion de son temporel en période de vacance épiscopale[94].

Le statut du clergé latin de Cilicie était encore plus incertain depuis la capture de Raymond-Rubēn au début de l'année 1221. Le bayle Kostandin de Paperawn exila les archevêques de Tarse et de Mamistra, qu'il soupçonnait de collusion, avec l'ensemble de leurs chapitres. Le pape sollicita par deux fois l'intervention du catholicos Constantin Ier Partzerberd, avant de se tourner vers les évêques de la province de Jérusalem. Il les invita à faire pression sur le catholicos arménien et la noblesse cilicienne afin de faciliter la restauration des sièges occupés. Cette médiation se révéla infructueuse et Honorius III confirma en 1226 l'élection d'un nouvel archevêque de Tarse, qu'il consacra de ses mains. Le chapitre de Tarse s'était tellement compromis avec le prince Bohémond IV d'Antioche, que le nouveau métropolitain sollicita le droit de relever de leur excommunication huit clercs frappés d'anathème. Honorius III refusa d'accorder le bénéfice de l'absolution à ceux, « qui avaient participé aux crimes » du comte de Tripoli activement. Il exhorta, par ailleurs, Kostandin de Paperawn à restaurer et accroître les privilèges de l'Église de Tarse « afin que rien ne demeure dans sa conscience, qui puisse offenser les yeux de la Majesté divine ». Ces mesures n'aboutirent jamais en raison de la défiance accrue des Arméniens à l'égard des Francs[95].

Le pape entendait associer le clergé latin d'Orient à la réforme globale de l'Église, élaborée lors du concile de Latran IV. Il confirma à ce titre les décrets synodaux promulgués par le cardinal d'Albano en vue de sacraliser les processions constantinopolitaines et d'interdire les charges de tabellion à des clercs minorés. Il témoigna la même rigueur à l'égard des palliums remis au nom du Saint-Siège par le patriarche de Constantinople, auquel

93 *Bullarium Terrae Sanctae*, n° 76, 77 et 75 ; Horoy, *op. cit.*, t. V, n° 173 col. 122–123.

94 *Bullarium Terrae Sanctae*, n° 109, 148 et 110.

95 *Bullarium Terrae Sanctae*, n° 87, 135, 137 et 136 ; Hamilton, *The Latin Church in the Crusader States : the Secular Church*, p. 227 et 340 ; Id., « The Armenian Church and the Papacy at the Time of the Crusades », *Eastern Churches Review*, 10 (1978), p. 77–78, Cahen, *La Syrie du Nord à l'époque des Croisades*, p. 686.

les pères conciliaires avaient reconnu le second rang dans l'Église universelle en 1215[96].

Cela n'est sans doute pas un hasard si la Chancellerie pontificale enregistra au mois de novembre 1219 trois lettres pastorales d'après l'exemplaire délivré au patriarche Raniero da Castelvecchio. Ces encycliques avaient pour objectif de promouvoir l'enseignement parmi les membres du clergé, chaque Église métropolitaine devant entretenir depuis 1215 un maître ainsi qu'un docteur en théologie. Les évêques syriens furent invités à appliquer les décisions disciplinaires prises lors du concile de Latran IV, en veillant à la solennité du sacrement eucharistique délivré durant la messe[97]. Ils apprirent à cette occasion la décision du pape de prohiber l'enseignement du droit civil à l'Université de Paris, où l'on professait déjà le droit canon, la théologie et la médecine aux côtés des arts libéraux[98]. Ces mesures permirent à la Terre sainte de compter au milieu du siècle quelque 30 intellectuels de haut rang, après la confirmation par Grégoire IX des dispositions de son prédécesseur. Une dizaine de clercs orientaux bénéficièrent, il est vrai, à partir des années 1240 de bourses d'études pontificales à l'Université de Paris, dont le nombre ne tarda pas à doubler[99].

La moralité du clergé latin d'Orient inquiétait moins le pape que la défense des libertés ecclésiastiques, sur lesquelles le Siège apostolique veillait jalousement. Plusieurs canons du concile de Latran IV avaient dénoncé les abus du pouvoir séculier sur le plan bénéficial et réaffirmé la plénitude du pouvoir pontifical. Il n'est pas étonnant dès lors qu'Honorius III ait ratifié avec empressement en 1218 les modalités d'élection des patriarches de Constantinople, ouvertes aux prélats des églises conventuelles de la capitale. Il en alla de même du droit de patronage du monastère de Kalama (Καλαμάς), que l'empereur Henri de Hainaut avait concédé à l'archevêché de Thèbes à la veille de sa mort. Le pape prenait en considération dans ses décisions trois facteurs principaux : « la lumière de la charité », « l'exemple

---

96 Pressutti, *op. cit.*, t. I, n° 3167 p. 517 et 1658 p. 276 (*cf. Bullarium Hellenicum*, n° 105 et 77) ; García y García, *Constitutiones Concilii quarti Lateranensis*, § 5 p. 52 ; Luchaire, *Innocent III. Le concile de Latran et la réforme de l'Église*, Paris, 1908, p. 70–71.

97 *Bullarium Terrae Sanctae*, n° 42–44 ; García y García, *op. cit*, § 11 p. 59–60.

98 Heinrich Denifle et Émile Châtelain, *Chartularium Universitatis Parisiensis*, t. I, Paris, 1889, n° 8 p. 67–68 et 16 p. 75–76.

99 Denifle et Châtelain, *op. cit.*, t. I, n° 59 p. 114–116, 180 p. 212, 324 p. 372 et 527 p. 638–639 ; James A. Brundage, « Latin Jurists in the Levant : the Legal Elite of the Crusader States », éd. M. Shatzmiller, *Crusaders and Muslims in Twelfth-Century*, Leyde, 1993, table 3 p. 36–39 ; Favreau-Lilie, « Die italienischen Kirchen im Heiligen Land (1098–1291) », p. 96 et 99 ; Ferretto, « I Genovesi in Oriente nel carteggio di Innocenzo IV », n° XXXII p. 361–362, XXXV p. 362–363 et LV p. 366 (mention de 7 maîtres supplémentaires, dont 2 écolâtres).

de la générosité » et « le miroir de l'honnêteté ». C'est en ces termes qu'il justifia au printemps 1218 la consécration de l'élu de Nicomédie, qui souhaitait résigner sa charge à la suite de la reconquête de la ville de Nicomédie par les Byzantins. Si cette cérémonie n'eut probablement jamais lieu, le pape veilla personnellement en 1222 à l'observance des constitutions ecclésiastiques promulguées par le cardinal Colonna durant sa légation à Constantinople. Les doyens de trois chapitres constantinopolitains furent chargés de l'application de ces ordonnances ratifiées par le patriarche Maffeo et les autres prélats de la Seconde Rome[100].

Honorius III cherchait, à la suite d'Innocent III, à harmoniser le statut des différentes Églises de Romanie. C'est ainsi qu'il confirma en 1219 l'extension aux ressorts des archevêchés de Salonique, Serrès, Larissa, Néopatras, Thèbes, Athènes et Corinthe des termes du concordat de Ravennika, négocié en 1210. Il valida, le 17 mars 1222, l'accord signé par Jean Colonna et Conon de Béthune en décembre 1219 à l'issue de deux mois d'intenses négociations. Une livraison spéciale de cette bulle fut adressée, le 18 mars 1222, aux prélats de l'Empire latin de Constantinople, qui aspiraient à percevoir des revenus compensatoires en Grèce centrale et en Morée. Les évêques de Madyte et d'Adramytte reçurent le soin de veiller à l'application de cette convention, en pouvant citer à comparaître les fidèles situés à plus de deux jours de marche de leurs ressorts ecclésiastiques[101].

Un tel concordat ne pouvait manquer de soulever des problèmes juridiques en raison de la diversité de ses clauses. Le pape reconnut en avril 1223 la sujétion des hôtes des différents cloîtres de Constantinople au pouvoir temporel, à la condition qu'ils n'appartiennent pas au clergé ou à son personnel direct. Il confia le soin parallèlement au patriarche Maffeo d'élaborer des modalités d'imposition pour les fiefs de moins de 300 besants de revenus, que de nombreux Vénitiens possédaient à travers la Grèce. Ces consignes gagnèrent les rives du Bosphore en compagnie de l'archevêque d'Héraclée, que le patriarche Maffeo avait dépêché à la Curie. Honorius III chargea le nonce de Maffeo de régler une question ardue, à son retour en Orient, avec le concours des évêques de Madyte et de Salembrie. Le clergé de Constantinople se plaignait en effet de l'attitude ambiguë du patriarche,

---

[100] García y García, *Constitutiones Concilii quarti Lateranensis*, § 5 p. 52, 25 p. 71, 53 p. 94 et 61 p. 100–101 ; Pressutti, *op. cit.*, t. I, n° 1174 p. 196, 1234 p. 204, 1354 p. 225, t. II, n° 4085–4086 p. 87 (*cf. Bullarium Hellenicum*, n° 48, 54, 56 et 139–140) ; Delisle, « Lettres inédites d'Innocent III », n° 9 p. 409–410 ; Fedalto, *La Chiesa latina in Oriente*, t. II, p. 170.

[101] Pressutti, *op. cit.*, t. I, n° 1816 p. 301, t. II, n° 3863 p. 53, 3869 p. 54–55 et 3886–3887 p. 57 (*cf. Bullarium Hellenicum*, n° 79, 119, 121 et 123–124) ; Tafel et Thomas, *Urkunden zur älteren Handels- und Staatgeschichte der Republik Venedig*, t. II, n° 257 p. 215–221.

qui avait obtenu l'assignation d'un quart des possessions et des revenus, devant revenir au clergé latin au-delà de la ville de Makri. Maffeo d'Equilio s'était estimé heureux des concessions effectuées par le cardinal Colonna, avant d'exiger la totalité de la onzième partie des domaines devant revenir à l'Église latine à l'extérieur de la ville de Constantinople. Le pape soutint, sans surprise, les revendications du clergé constantinopolitain qui aspirait à un partage équitable[102].

Sa détermination se heurta en Morée à la rouerie de Geoffroy Ier de Villehardouin, qui usurpait nombre de possessions ecclésiastiques, après avoir banni ou incarcéré leurs propriétaires légitimes.

> Le Seigneur pourtant, déclara le pape, t'a estimé et enrichi grandement, en transférant l'Empire des Grecs aux Latins à cause de leur désobéissance.

Honorius III rappela, le 15 mars 1222, les circonstances dans lesquelles Geoffroy avait obtenu son absolution de la main du cardinal Colonna, avant de dépêcher une ambassade à la Curie. Aucun des trois membres de cette légation n'avait accepté de ratifier la convention signée en 1219 par le cardinal de Sainte-Praxède avec le bayle Conon de Béthune. Le souverain pontife chargea en conséquence les archevêques de Thèbes et d'Athènes de contraindre Geoffroy à changer d'attitude avec l'appui de l'évêque de Négrepont. Il leur laissa un temps de dialogue de quatre mois, avant de renouveler l'excommunication du duc d'Achaïe et de ses vassaux. L'archevêque de Corinthe reçut la charge parallèle de faire plier le duc d'Athènes, Otton de La Roche, qui s'était rendu coupable de méfaits comparables. Les agents de la papauté furent menacés d'une suspense *a sacris*, en cas de négligence ou complaisance éventuelle[103].

Seul l'évêque de Négrepont se déroba à ses obligations au vu de l'absolution que lui conféra Honorius III après le règlement de l'affaire en septembre 1223. Les ducs d'Athènes et d'Achaïe expédièrent deux légations à la Curie, qui convinrent d'accords séparés avec les cardinaux d'Albano, de Sainte-Sabine et de Sainte-Praxède. Le chevalier moréote, Pierre d'Aleman, signa au nom de Geoffroy Villehardouin un concordat inspiré de celui de Ravennika, qui soumettait les propriétés ecclésiastiques au paiement d'un

---

[102] Pressutti, *op. cit.*, t. II, n° 4306 p. 126, n° 4324 p. 129, 4307 p. 126–127 et 4541 p. 170 (*cf. Bullarium Hellenicum*, n° 159, 161, 160 et 198 ; par défaut Wolff, « Politics in the Latin Patriarchate of Constantinople, 1204–1261 », n° 7 p. 302–303 (mandement du 24 octobre 1223)).

[103] Pressutti, *op. cit.*, t. II, n° 3856 p. 52 et 3924 p. 62 (*cf. Bullarium Hellenicum*, n° 118 et 128) ; Setton, *The Papacy and the Levant, 1204–1571*, t. I, p. 47–48 et 412–415 ; Schabel, « Antelm the Nasty, first Latin Archbishop of Patras (1205-ca. 1241) », p. 116–118.

akrostikon équivalent à celui de l'époque byzantine. Les villages comptant de 25 à 70 feux devaient accueillir deux papas qui ne pouvaient être inquiétés physiquement, ni conduits à célébrer la messe dans des paroisses latines. Geoffroy de Villehardouin s'engagea, par ailleurs, à verser aux églises situées à l'ouest de la passe de Mégare une rente compensatoire de 1 000 hyperpères pour les dommages qu'elles avaient subis depuis 1204. Les sièges de Corinthe et de Patras furent les mieux lotis avec une rente de 170 hyperpères, qui devait s'abaisser à 150 hyperpères pour les évêchés de Sparte-Amyclée, Coron, Modon et Oléna. L'Église d'Argos ne devait recevoir que 60 hyperpères de rente en raison de la signature d'une convention séparée avec Otton de La Roche pour le reste de son ressort ecclésiastique[104].

Le pape concéda à Geoffroy Ier de Villehardouin et Otton de La Roche la jouissance d'une série d'églises grecques, dont la restitution posait des problèmes de sécurité. Les deux hommes s'engagèrent à payer un cens récognitif de 100 hyperpères pour les sanctuaires appartenant à l'Église de Constantinople, et à ne pas hypothéquer les droits du clergé sur les églises désaffectées ou ruinées. Ces clauses impliquaient une prestation de serment de la part des différentes parties incriminées. Si Honorius III se contenta de lettres patentes de la part de Geoffroy de Villehardouin, il n'en fut pas de même du clergé de Patras qui dut promettre de respecter la convention négociée par Pierre d'Aleman. Les évêques de Coron et de Modon reçurent la mission d'enregistrer ces serments et d'inventorier les possessions de l'Église de Patras, avant de pouvoir lever l'interdit frappant la Morée. Un mandement pontifical fut adressé, le 9 septembre 1223, à l'évêque d'Argos et au scriptor pontifical, Hugues, dont le pape attendait un inventaire exhaustif des églises détruites à travers le Péloponnèse[105].

La longueur du conflit impliquait de suivre une procédure aussi méticuleuse que progressive afin de réconcilier l'Église latine avec la noblesse moréote. C'est dans cet esprit qu'Honorius III accorda la protection de saint Pierre à la famille de Geoffroy de Villehardouin, au moment même où il

---

104 Pressutti, *op. cit.*, t. II, n° 4482 p. 159–160 et 4477 p. 158 (*cf. Bullarium Hellenicum*, n° 170 et 166) ; Schabel, *art. cit.*, p. 118–119. La famille d'Aleman semble avoir été d'origine gasconne à la différence du lignage syrien des Aleman, natif d'Alsace (*cf.* Ernst Gerland, *Neue Quellen zur Geschichte des Lateinischen Erzbistums Patras*, Leipzig, 1903, p. 14–15 ; Reinhold Röhricht, *Regesta Regni Hierosolymitani*, t. I, Innsbruck, 1893, n° 933 p. 247–248 ; Nielen, *Lignages d'Outre-Mer*, p. 68–120).

105 Pressutti, *op. cit.*, t. II, n° 4478–4479 p. 158–159, 4514 p. 165, 4483 p. 160, 4488 p. 161, 4506 p. 164 et 4489 p. 161 (*cf. Bullarium Hellenicum*, n° 167–168, 192, 171, 174, 188, 175) ; Schabel, *art. cit.*, p. 118–119.

chargeait un collège de prélats de percevoir une caution de 1 000 hyperpères de la part du prince de Morée. Pierre d'Aleman avait dépeint avec assez de réalisme la complexité de la Grèce franque pour que le pape abandonnât généreusement aux ducs d'Achaïe et d'Athènes les propriétés ecclésiastiques, pour lesquelles ils n'avaient jamais été inquiétés par Jean Colonna. Geoffroy de Villehardouin obtint le privilège appréciable de pouvoir assister librement à la messe et communier avec les membres de son ost, qui feraient étape dans un lieu frappé d'interdit. La noblesse attique, qui avait soutenu farouchement Otton de La Roche, bénéficia également de mesures de clémence. L'archevêque d'Athènes reçut l'ordre d'absoudre les excommuniés qui auraient dû venir plaider leur cause à Rome, contre le versement d'une indemnité équivalente à leurs frais de voyage. Le conflit ne tarda pas à se résorber, bien que la délimitation des propriétés civiles et ecclésiastiques de l'archevêché de Patras fût encore pendante à la date du 27 juillet 1224[106].

Il est douteux que le Siège apostolique soit parvenu à des résultats aussi favorables sans la délégation en Orient de représentants compétents. Le même scénario se produisit en 1220 dans l'île de Chypre, où les biens d'Église alimentaient des querelles sans fin entre le clergé séculier et les barons francs. Les deux parties convinrent d'un accord, que le cardinal Pélage d'Albano confirma dans son palais de Damiette le 16 mai 1221. Le pape mit sept mois à valider cette *compositio* portant « sur plusieurs dîmes, questions d'obédience, possessions ainsi que terres et endroits, que les églises, abbayes et monastères possédaient en Chypre à l'époque des Grecs ». Il rappela à la reine Alix de Champagne et aux évêques de l'île les « admonitions répétées » du cardinal d'Albano, qui avaient contribué à dénouer la crise malgré son séjour sur les bords du Nil. Dans une lettre en date du 30 décembre 1221, Honorius recommanda à la reine l'évêque Cesario d'Alagno qui avait représenté fidèlement l'Église de Chypre auprès du Saint-Siège. Il rejeta cependant une requête formulée par la reine en faveur des prêtres orthodoxes de l'île, qui échappaient à la sujétion des Latins. Le pape confia le soin au patriarche de Jérusalem de les soumettre à l'autorité de l'Église romaine avec le concours des archevêques de Tyr et de Césarée[107].

106 Pressutti, *op. cit.*, t. II, n° 4500–4501 p. 163, 4503 p. 163, 4507 p. 164, 4504 p. 163, 4509 p. 164 et 5098 p. 267 (*cf. Bullarium Hellenicum*, n° 182, 183, 185, 189, 186, 191 et 219).

107 Nicholas Coureas et Christopher Schabel, *The Cartulary of the Cathedral of Holy Wisdom of Nicosia*, Nicosie, 1997, n° 84 p. 220–222 et 82 p. 216–219 ; *Bullarium Cyprium*, c-32 p. 220–221, c-33 p. 221–223 et c-35 p. 223–225.

Le printemps 1222 offrit l'opportunité à Honorius III de soutenir directement les prétentions du clergé chypiote. Il confirma le mode de prélèvement des dîmes chypriotes, qui portaient sur l'ensemble des propriétés des laïcs selon le principe suivi dans le royaume de Jérusalem. Il invita dans la foulée la reine Alix de Champagne à veiller à la restitution au clergé de l'ensemble des possessions, que les cathédrales et monastères grecs passaient pour avoir déténues dans l'île avant 1191. Ces revendications aboutirent à la signature d'une nouvelle concorde sous les auspices du cardinal d'Albano et des maîtres du Temple et de l'Hôpital, qui souhaitaient éviter une rupture entre les deux parties. L'accord de 1220 fut étoffé de trois nouveaux articles relatifs au statut du clergé orthodoxe, qui devait diminuer en nombre, bien que la reine eût accepté d'affranchir de toute capitation et corvée les prêtres et diacres grecs en activité. Le clergé latin s'engagea à ne pas inquiéter la noblesse et la Couronne chypriote au sujet des biens ecclésiastiques, que ces dernières détenaient par droit de conquête. La convention du 14 septembre 1222 fut de loin la plus défavorable de toutes celles négociées sous l'égide du Saint-Siège en Orient. Elle n'en fut pas moins confirmée par Honorius III dans des termes inchangés le 21 janvier 1223[108].

L'accord se révéla difficile à mettre en œuvre, en raison de la réticence de la noblesse chypriote à respecter ses engagements. Les revenus des évêchés chypriotes progressèrent cependant tellement qu'Honorius III dut sommer les chapitres de Famagouste, Limassol et de Paphos d'augmenter le nombre de leurs chanoines. Les partisans de Philippe d'Ibelin refusèrent d'appliquer la convention, en dénonçant la forme anticanonique de la confirmation du pape. Cette provocation ne pouvait qu'ulcérer un successeur de Grégoire VII, insensible à la justice des hommes ! Honorius III rejeta, le 16 mai 1224, les arguties brandies par les barons chypriotes, en rendant hommage aux efforts incessants déployés en cour de Rome par l'évêque de Famagouste. Il confia le soin à trois prélats syriens d'amener la noblesse chypriote à résipiscence, sans parvenir à des résultats rapides. Le bayle Philippe d'Ibelin et le connétable Gauthier de Césarée interjetèrent en effet un appel auprès d'Eustorge de Montaigut, qui repoussa l'application de la convention d'une année. Les pensées du pape étaient accaparées à cette époque par les difficultés matérielles du patriarcat d'Antioche, dont les

---

108 *Bullarium Terrae Sanctae*, n° 62 ; *Bullarium Cyprium*, c-46 et c-47 p. 238–245 (*cf.* par défaut L. de Mas Latrie, *Histoire de l'île de Chypre sous le règne des princes de la maison de Lusignan*, t. III, Paris, 1855, p. 619–622) ; Coureas, *The Latin Church in Cyprus, 1195–1312*, p. 13–18.

droits épiscopaux étaient battus en brèche par la noblesse franque. Le patriarche Raniero da Castelvecchio obtint le privilège de pouvoir récupérer les colons de son Église, qui rejoignaient le casal du Pont-de-Fer (Jisr-al-Ḥadīd) afin d'échapper à leur servitude[109].

L'Église d'Antioche figure en tête des sièges syriens honorés par la papauté sous Honorius III en raison de la fréquence de ses successions et des frasques du prince Bohémond IV. C'est dans ce contexte que le Saint-Père habilita en avril 1219 le doyen du chapitre d'Antioche à continuer de percevoir les fruits de sa prébende durant son pèlerinage à Rome, puis Saint-Jacques de Compostelle. Raniero da Castelvecchio sollicita, pour sa part, la confirmation de la reconduction du chanoine Oprando à la tête de la chancellerie patriarcale afin d'enrayer d'éventuelles tensions avec la faction capitulaire, à laquelle il s'opposait. Les prébendes syriennes étaient si convoitées que l'abbé de Saint-Paul d'Antioche réclama, six ans plus tard, une dispense face aux grâces expectatives qui excédaient les capacités de collation de son couvent. Honorius III lui accorda cette dérogation en considérant que « l'on ne doit pas labourer un champ avec un âne et un bœuf, ni s'habiller avec une étoffe hybride de laine et de lin (Deutéronome, 22, 10–11) ». Cette métaphore renvoyait à l'association inopportune de clercs réguliers et séculiers au sein d'une communauté bénédictine. Le monastère Saint-Paul attisait la convoitise des clercs comme des laïcs après l'annulation en 1216 de l'élection d'un abbé désigné par Bohémond IV d'Antioche[110].

Le comte de Tripoli défia durant des années l'autorité du Siège apostolique, qui avait jeté l'interdit sur ses domaines en 1219. La situation s'éternisant, Honorius III habilita l'évêque de Tripoli à entendre la messe dans la chapelle de son palais à huis clos. L'office devrait être célébré selon le droit canon à voix basse et sans tintement de cloches afin de ne pas semer le trouble dans l'esprit des fidèles. De tels indults étaient fréquents pour les prélats dont les sièges cathédraux étaient occupés par les « indifèles », à l'instar de l'archevêque d'Apamée qui célébrait la messe dans une chapelle exiguë de Lattaquié. L'évêque de Tripoli obtint pour sa part, le 4 janvier 1227, le droit de s'entretenir avec le comte de Tripoli pour des questions regardant « les droits et autres utilités de son Église ». L'archevêque de

---

[109] *Bullarium Cyprium*, c-54 p. 255–256, c-55 p. 256–258 et c-60 p. 265–266 ; *Bullarium Terrae Sanctae*, 105 et 102. Le rescrit du pape du 16 mai 1224 jouit ultérieurement du statut de décrétale en raison de sa portée symbolique (*cf.* Grégoire IX, *Liber Extra*, lib. II, tit. 30, cap. 8, éd. E.A. Friedberg et E.L. Richter, *Corpus juris canonici*, t. II, col. 447–448).

[110] *Bullarium Terrae Sanctae*, n° 39, 46 et 120 ; Migne *Patrologia latina*, t. CCXVI, n° 219 col. 747.

Nicosie, Eustorge de Montaigut, s'était montré plus intransigeant avec le prince d'Antioche, dont il avait relayé spontanément l'excommunication dans son ressort ecclésiastique. Le pape n'avait pas manqué d'accorder une immunité juridique au primat chypriote contre les poursuites éventuelles, que le comte de Tripoli pourrait lancer à son encontre en représailles[111].

Eustorge de Montaigut bénéficia de plusieurs privilèges susceptibles d'asseoir son autorité sur l'Église chypriote, bien que le pape ne lui ait jamais accordé le privilège d'exercer son office pontifical dans l'ensemble de l'île. Cette allégation de Louis de Mas Latrie découle d'une erreur d'analyse d'un copiste dépêché au Vatican par l'académicien Gabriel de La Porte du Theil au XVIIIe siècle. Il n'en demeure pas moins qu'Honorius III concéda au primat de Chypre le droit d'absoudre les laïcs qui avaient levé la main sur des ecclésiastiques. La procédure imposait au coupable de prêter un serment purgatoire après avoir amendé ses torts, les violences commises à l'encontre des prélats devant être soumises à l'absolution du pape au même titre que les crimes de sang et les lésions irréparables. Eustorge de Montaigut obtint également, le 17 décembre 1221, le privilège insigne d'arborer son pallium lors des fêtes solennelles de l'Église de Nicosie. Ces dernières comprenaient, à côté des festivités attachées à la sainte Croix, aux vigiles de Noël et à la Pentecôte, les fêtes de saint Thomas Becket († 1170), saint Michel, saint Laurent, saint Martin et saint Nicolas[112].

Le Siège apostolique dispensa des faveurs analogues aux clercs de Romanie, dont le comportement ne prêtait à aucune critique. C'est ainsi qu'Honorius III renvoya auprès de Jean Colonna en 1220 un cistercien qui souhaitait retrouver son statut ecclésiastique antérieur. Nous avons vu comment le Saint-Siège avait ordonné en 1222 la dispersion de la communauté de Daphni, qui avait méprisé l'interdit lancé sur l'Attique par le cardinal de Sainte-Praxède. Le chapitre général de Cîteaux désigna un nouvel abbé, qui sollicita l'appui du Saint-Siège afin de reconstituer le temporel de son monastère. Par une bulle en date du 8 octobre 1224, Honorius III l'habilita à réadmettre dans sa communauté deux anciens moines « qui avaient géré par le passé les possessions et autres biens de sa maison »[113].

De nombreuses bulles de confirmation témoignent de l'attention portée par le Siège apostolique aux établissements religieux de Romanie, en

---

111 *Bullarium Terrae Sanctae*, n° 144, 79, 145 et 85.

112 *Bullarium Cyprium*, c-44 p. 237, c-29 p. 217–218 et c-34 p. 223.

113 Pressutti, *op. cit.*, t. I, n° 2476 p. 409, t. II, n° 3904 p. 59 et 5122 p. 272 (*cf. Bullarium Hellenicum*, n° 88, 125 et 220). Le destin ultérieur du cistercien Gilbert n'est pas documenté par les archives pontificales.

perpétuelle évolution. Plusieurs donations remontaient à la légation du cardinal Benoît de Sainte-Suzanne sur les rives du Bosphore. Le chapitre de Saint-Michel du Boucoléon obtint ainsi en 1217 la confirmation de ses droits de propriété sur le monastère saint Phocas de Mesochori (Ortaköy). Le pape confirma la convention négociée par Pélage d'Albano entre le chapitre du Boucoléon et l'abbaye cistercienne de Saint-Ange à propos des domaines bosphoriens du monastère. Trois doyens constantinopolitains furent chargés de veiller à l'application rigoureuse de cet accord dans un avenir proche. L'abbaye du Mont-Cassin obtint à la même époque, par deux bulles solennelles, la confirmation de ses droits de propriété sur l'abbaye de Sainte-Marie-Évergète. Honorius III attendait que les moines italiens continuent de pourvoir aux besoins des cénobites grecs, qu'ils avaient trouvés dans le monastère au moment de sa dévolution à leur congrégation. Les moines en place s'affranchirent tellement de la tutelle de l'abbé Stefano Ier que le pape les somma, le 17 novembre 1221, d'obéir à ses délégués, après avoir confirmé les droits de l'abbaye du Mont-Cassin sur le monastère constantinopolitain[114].

Honorius III accorda une attention équivalente au chapitre de l'église Saint-Démétrius de Thessalonique, qui abritait six chanoines du Saint-Sépulcre. Il confirma les possesions urbaines et rurales du chapitre en 1218 et 1222, en évoquant le monastère Saint-Luc de Stiris, qui a traversé la postérité sous le nom d'Osios Loukas. Ce vaste temporel comprenait un chapelet de possessions dispersées entre Mygdonia, Ossa et Ormylia dans la Chalcidique de Thrace[115]. Il en va de même des possessions de l'Hôpital Saint-Jacques d'Andreville, inventoriées méticuleusement dans une bulle du 27 mai 1218. Ces dernières comprenaient – en plus du noyau foncier de l'Hôpital, confirmé par Pélage d'Albano en 1214 – plusieurs casaux et maisons situées à Amorgos, Vastiana, Mégare, Ravennika, Serrès, Salembrie et Pégaï, en Asie mineure. À ces biens immobiliers, il convient d'ajouter deux églises de Zante et Athènes, placées sous le vocable de saint Léon et sainte Barbe. Le privilège d'Honorius III témoigne du développement rapide de l'Hôpital Saint-Jacques, qui ne comptait en 1214 que trois établissements sis à Andreville, Makri – en Attique – et Pégaï. Il finira par tomber sous la

---

114 Pressutti, *op. cit.*, t. I, n° 501–502 p. 88 et 503 p. 88–89 (*cf. Bullarium Hellenicum*, n° 13–15) ; Belin, *Histoire de la latinité*, p. 60–63 ; Gattola, *Historia abbatiae Cassinensis*, part. 2, p. 492.

115 Pressutti, *op. cit.*, t. I, n° 1192 p. 198 et 4106 p. 92 (*cf. Bullarium Hellenicum*, n° 49 et 146) ; Charles Diehl, *Présentation du monastère d'Osios Loukas*, Paris, 1889.

coupe des templiers en 1246 après une tentative d'affiliation à l'ordre teutonique[116].

La bienveillance d'Honorius III s'étendit en 1221 au couvent cistercien de Notre-Dame d'Aberkios, dont l'abbesse Béatrice obtint la confirmation de l'ensemble des possessions orientales. Parmi ces domaines figuraient une grange, sise près de la porte romaine de Constantinople, et une autre voisine de Palormo, sur la rive orientale du Bosphore. Le Siège apostolique confirma la donation de plusieurs casaux effectuée par Geoffroy de Merry, Matthieu de Clermont et Isabelle de Bracheux, aux côtés de revenus cédés par Beuve de Saint-Sépulcre, Philippe d'Aberkios, Jean de Cormeilles et Conon de Béthune le Jeune. L'abbaye d'Aberkios reçut une pleine exemption de l'ordinaire, les sentences du patriarcat de Constantinople s'arrêtant aux limites de sa clôture. L'éloignement de la ville de Constantinople amena l'abbé de Cîteaux à soumettre le couvent d'Aberkios aux visites pastorales de l'abbé de Saint-Ange, en révoquant une convention antérieure passée avec le monastère Sainte-Marie-Madeleine d'Acre. Le souverain pontife confirma ces dispositions le 9 septembre 1223, en considérant le caractère annuel de ces tournées d'inspection[117].

Il en alla de même, le 19 février 1222, des droits du couvent de Saint-Paul *in Urbe* sur le monastère de Monomaque, au diocèse de Chalcédoine. Honorius III confirma le cens annuel, que le prévôt de l'église de Saint-Georges de Mangana versait au monastère romain au titre de l'occupation des lieux. Le cardinal de Sainte-Praxède avait convenu que le loyer initial d'un marc d'argent doublerait à la disparition du prévôt. Il avait également attribué à la basilique Saints-Côme-et-Damien de Rome une ancienne dépendance du monastère de la Vierge Hodigitria de Constantinople. Il s'agit du métoque de Tosipa ou Tasipa, dont le pape entérina la cession au début du mois de juillet 1222. Les chanoines de Saint-Jean de Latran avaient hérité dans la ville voisine de Chalcédoine d'un monastère, qui aspirait au même privilège. Deux bulles du 14 février 1223 confirmèrent les droits des

[116] Pressutti, *op. cit.*, t. I, n° 1382 p. 229 (*cf. Bullarium Hellenicum*, n° 57) ; E. Strehlke, *Tabulae Ordinis Theutonici*, n° 129 p. 129–131 et 131–136 p. 132–136 ; Andreas Kiesewetter, « L'Ordine Teutonico in Grecia e in Armenia », *L'Ordine Teutonico nel Mediterraneo. Atti del convegno internazionale di studio, Torre Alemanna (Cerignola) - Mesagne - Lecce, 16–18 ottobre 2003*, éd. H. Houben, Galatina, 2004, not. 61 p. 86. Ce temporel comprenait deux casaux moréotes du nom de Beaurepas et de La Redonie, localisés près d'Andreville.

[117] Pressutti, *op. cit.*, t. I, n° 3123 p. 511 et t. II, n° 4487 p. 160–161 (*cf. Bullarium Hellenicum*, n° 101 et 173) ; Longnon, *Les compagnons de Villehardouin*, p. 91–98, 74 et 146–149 ; Louis Vuilhorgne, « Pierre de Bracheux », *Mémoires de la Société académique d'Archéologie, Sciences et Arts du département de l'Oise*, 14 (1889), p. 733 et 748 (à propos d'Isabelle de Bracheux).

chanoines lateranais sur ce couvent et le monastère de Sainte-Marie de Chalcis (*Sancta Maria de Cathicio*), que le cardinal Benoît de Sainte-Suzanne leur avait concédé dans l'archipel des Princes[118].

L'œuvre du cardinal Colonna bénéficia d'un soutien analogue de la part d'Honorius III avec la confirmation, le 10 mars 1222, d'une convention relative au partage des revenus de l'Église de Patras. La cathédrale Saint-André devait recevoir la totalité des revenus de cire du bourg castral de Patras et la production d'huile de son oliveraie à des fins d'éclairage. Deux gardes devaient être affectés au service de la cathédrale et à la surveillance du casal de Saint-Théodote, qui appartenait en indivis à l'archevêque et au chapitre séculier. Sa gestion devait refléter ce statut pour éviter d'éventuelles contestations. Le doyen du chapitre était, par ailleurs, un ecclésiastique méritant auquel Jean Colonna avait concédé la chantrerie de la cathédrale d'Argos en raison de la modestie de ses revenus. Honorius III confirma ces dispositions, avant de proclamer la sujétion directe de l'Église de Patras au Siège apostolique. Sa soustraction à l'autorité du patriarcat de Constantinople avait été réclamée vainement par l'archevêque Antelme sous le pontificat d'Innocent III. Honorius III accéda à cette requête en considérant, le 6 juillet 1222, que « Patras et plusieurs autres Églises de l'Empire de Constantinople avaient été par le passé directement sujettes du Siège apostolique, bien qu'à l'époque du schisme elle s'en soit détachée comme les autres ». Cette exemption fut également accordée à l'Église de Madyte, qui avait été autocéphale à l'époque byzantine[119].

Les registres pontificaux conservent les textes de nombreux autres privilèges, délivrés par le cardinal de Sainte-Praxède durant sa légation en Orient. Il en va ainsi des dîmes de l'abbaye de Panagia et des revenus de la trésorerie de Corinthe, concédés au printemps 1222 à l'archidiacre de cette cité. Le pape confirma le partage des revenus de la trésorerie de Corinthe, effectué entre Jacques et un chanoine du chapitre, désargenté. L'année 1223 lui permit de confirmer le patrimoine foncier acquis par l'église Sainte-Marie des crucifères de Négrepont. Cette communauté canoniale avait

---

118 Pressutti, *op. cit.*, t. II, n° 3803 p. 43, 4071 p. 85 et 4256–4257 p. 117 (*cf. Bullarium Hellenicum*, n° 109, 137 et 153–154) ; Eugène Dallegio d'Alessio, « Les sanctuaires urbains et suburbains de Byzance sous la domination latine (1204–1261) », *Revue des études byzantines*, 11 (1953), p. 55–56 et 60 ; Eugène Marin, *Les moines de Constantinople depuis la fondation de la ville jusqu'à la mort de Photius (330–898)*, Paris, 1897, p. 35 et 402.

119 Pressutti, *op. cit.*, t. II, n° 3841 p. 49, 4028 p. 78 et 4075 p. 85–86 (*cf. Bullarium Hellenicum*, n° 114, 133 et 138) ; Schabel, « Antelm the Nasty », p. 98–99. Le pape étendit cette exemption au siège d'Ainos, rattaché récemment à l'archevêché de Madyte, afin de couper cours à toute forme de contestation.

entrepris la construction d'un hôpital à Thessalonique, auquel Jean Colonna avait cédé la propriété de l'église Saint-Ange de la ville avec celle d'une île et d'un casal voisin (Kyriakaiika). Honorius III promit d'augmenter ses revenus d'une centaine d'hyperpères avec le patrimoine résiduel de l'église Saint-Ange, dont les Latins pourraient prendre le contrôle prochainement. Ces dispositions restèrent à l'état de vœu pieux après la reconquête de Salonique par les forces épirotes en décembre 1224[120].

L'action du Siège apostolique s'inscrivait dans une perspective prolongée, comme le démontre la confirmation en 1223 des statuts de l'Église chypriote, établis par le cardinal Pierre de Saint-Marcel le 10 mars 1204. Le chapitre de la cathédrale Sainte-Sophie de Nicosie délégua auprès du pape un chanoine, qui obtint la confirmation d'une huitaine d'articles applicables dans les quatre évêchés de l'île. Ces dispositions assuraient aux chanoines latins un droit à la formation et une sécurité financière, en cas de capture inhérente à l'exercice de leurs fonctions. La prébende d'un chanoine endetté devait être, par ailleurs, affectée au règlement de ses créanciers durant une année, en cas de décès anticipé de sa part. Pietro Capuano l'Ancien avait enjoint aux différents prélats de l'île de restreindre les sentences ecclésiastiques aux cas de concubinage notoire et de rétension de dîmes. Les conspirations contre le haut-clergé devaient, en échange, être impitoyablement sanctionnées, l'absolution des coupables ne pouvant être délivrée que par le Saint-Siège ou l'archevêque de Nicosie. Un article prévoyait, enfin, que l'on autorise les seigneurs fonciers de l'île à nommer des chapelains dans les casaux éloignés des centres urbains, en respectant les droits paroissiaux[121].

Honorius III accorda la même attention aux communautés régulières de Chypre et de Terre sainte. Il confirma, le 7 novembre 1224, les conditions d'installation des chanoines réguliers de Bellapaïs sur un éperon de la région de Cérines, cédé par Guy de Lusignan entre 1192 et 1194. Le roi Hugues Ier avait adjoint au site de Tavlos le village d'Episkopia, qui donna longtemps son nom au monastère. L'archevêque Alain de Nicosie (1196–1205) avait doublé ces libéralités, en cédant aux chanoines augustiniens les dîmes de la région de Bellapaïs, à l'exception de celles versées par l'ordre de

---

120 Pressutti, *op. cit.*, t. II, n° 3994–3995 p. 73, 4305 p. 126 (*cf. Bullarium Hellenicum*, n° 130–131 et 158) ; David Jacoby, « La consolidation de la domination de Venise dans la ville de Négrepont (1205–1390) : un aspect de sa politique coloniale », *Bisanzio, Venezia e il mondo greco* (*XIII-XV secolo*), Venise, 2002, not. 55 p. 161–162.

121 *Bullarium Cyprium*, c-48 p. 246–250 ; Coureas, *The Latin Church in Cyprus, 1195–1312*, p. 91–92.

Cîteaux. Le pape reconduisit ces dispositions, avant de prendre le couvent de Bellapaïs sous la protection de saint Pierre, le 8 mars 1225. Il confirma son affiliation à l'ordre de Prémontré et le caractère augustinien de sa règle de vie. L'abbaye de Bellapaïs possédait déjà à cette date plusieurs bois, moulins et terres au sein du casal voisin de La Presterie. Le Saint-Père exonéra les frères du paiement de toute dîme sur les novales qu'ils souhaitaient mettre en culture, ou concéder à des paysans. Il reconnut les droits d'asile, de sépulture et d'exemption de l'ordinaire de la communauté, qui pourrait continuer de célébrer la messe en période d'interdit, en usant de discrétion. Le privilège du pape entérina les conditions d'élection d'un nouvel abbé selon « l'avis commun des frères, ou de la majeure partie des frères issus d'un conseil plus sain ». Il ne fait pas grand doute que cette bulle solennelle fut souscrite par les cardinaux présents aux côtés d'Honorius afin d'inscrire dans le marbre les privilèges fondamentaux de l'abbaye de Bellapaïs[122].

Il en alla de même de la bulle *Quotiens illud a nobis*, délivrée le 7 juillet 1217 au chapitre du Saint-Sépulcre de Jérusalem. Ce privilège établi par le chancelier Raniero da Castelvecchio confirma l'ensemble des possessions acquises par le chapitre hiérosolymitain au cours du XIIe siècle. Ce patrimoine diversifié incluait les dîmes de l'évêché de Jérusalem, cédées par le patriarche Arnoul de Choques (1112–1118), en plus des dîmes de deux domaines tyriens, abandonnées par l'ordinaire vers 1163. Une grande partie de ce patrimoine était tombé sous la coupe des musulmans en 1187, à l'instar de l'église de Naplouse que le patriarche Armaury de Nesle avait donnée à l'ordre sous le règne d'Amaury de Jérusalem (1163–1174). Le roi lui-même avait cédé aux frères du Saint-Sépulcre une pièce de terre dans le bourg neuf de Naplouse, dont Honorius III confirma la possession avec un casal de la région d'Ascalon, offert après 1153. L'ordre avait développé une politique foncière efficace, en obtenant la décimation de trois propriétés de Haïfa et en achetant une demi-douzaine de casaux aux nobles Hugues d'Ibelin et Jean Gothman. Il avait hérité, par ailleurs, de droits de pêche et de corvée en Galilée sous le principat de Guillaume II de Bures (1148–1158). Honorius III se fit un devoir de confirmer ces prérogatives, au même titre que les droits de gîte reconnus au prieur du Saint-Sépulcre dans les abbayes du Temple du Seigneur, du Mont des Oliviers, du Mont-Sion et de Sainte-Marie de Josaphat lors de leurs fêtes rituelles. La communauté

122 *Bullarium Cyprium*, c-58 p. 263–264, d-8 p. 296–298 et c-61 p. 266–269 ; Louis de Mas Latrie, « Histoire des archevêques de Chypre », *Archives de l'Orient latin*, t. II A, 1884, p. 208–209 (à propos d'Alain de Nicosie) ; Angel Nicolaou-Konnari et Chris Schabel, *Cyprus, Society and Culture 1191–1374*, Leyde, 2005, p. 173–174.

augustinienne reçut en sus le privilège de pouvoir excommunier les laïcs, qui profiteraient de l'absence du patriarche de Jérusalem pour tenter d'accaparer ses dîmes[123].

Honorius III souhaitait honorer, comme il se devait, le premier chapitre de Terre sainte. C'est dans cet esprit qu'il enjoignit aux prélats de la chrétienté d'exempter ses possessions européennes du paiement du vingtième affecté au financement de la croisade. Le prieur du Saint-Sépulcre avait rapporté, en outre, au Siège apostolique que de nombreux évêques se plaisaient à excommunier les frères du Saint-Sépulcre, dès que des litiges se faisaient jour. Le pape condamna ces procédés, le 4 juillet 1217, en reconnaissant la franchise fiscale de l'ensemble des terres acquises par l'ordre avant le concile de Latran IV. Il accorda la protection de saint Pierre, trois ans plus tard, à « l'église du très glorieux Sépulcre du Seigneur » et à l'ensemble de ses possessions et biens. Ce privilège présente le mérite d'inventorier une série d'églises d'Acre, Tyr, Antioche, Constantinople et Thessalonique aux côtés de sanctuaires apuliens, mieux connus. Il mentionne au niveau foncier deux établissements ou *tenimenta* situés à Tripoli et Gibelet, ainsi qu'un casal chypriote cédé par le roi Aimery de Lusignan au printemps 1201 (Pendas). Le pape confirma les possessions acquises par l'ordre depuis 1165, en omettant la presterie de Lacridon, au diocèse de Paphos. Cet oubli semble imputable à la modestie de l'endroit, qui n'abritait que cinq parèques en 1210. Honorius III fut moins négligeant à l'égard des privilèges fondamentaux du Saint-Sépulcre, dont il confirma la validité à la suite du pape Adrien IV (1154–1159). Parmi ceux-ci, figurait l'autorisation de célébrer l'office divin à huis clos et à voix basse en cas d'interdit[124].

La bienveillance du Saint-Siège s'exerça également à l'égard de la communauté érémitique, qui s'était installée sur les pentes du Carmel dans les dernières années du XIIe siècle. Par une bulle en date du 30 janvier 1226, Honorius III confirma la norme de vie que le patriarche Albert Avogadro (1205–1214) avait conférée au doyen de la communauté, Brocard, peu avant le concile de Latran IV. Cette dernière entendait aligner la vie des disciples de Brocard sur le mode de fonctionnement des laures byzantines, dont les membres vivent dans des cellules isolées en dehors des offices et des assemblées conventuelles. Albert Avogadro rédigea une quinzaine d'articles qui firent jurisprudence jusqu'en 1247. Ils prescrivaient l'élection du prieur de la

123 *Bullarium Terrae Sanctae*, n° 9.

124 *Bullarium Terrae Sanctae*, n° 10, 8 et 50 ; *Bullarium Cyprium*, c-25 p. 212–213 ; Geneviève Bresc-Bautier, *Le Cartulaire du Chapitre du Saint-Sépulcre de Jérusalem*, Paris, 1984, n° 174 p. 332 et n° 178 p. 335–336.

communauté à l'unanimité et le partage d'un oratoire, dont les ruines ont été dégagées dans le Carmel en amont de la source d'Élie. Les ermites devaient jeûner tous les jours de la semaine et se livrer à des activités manuelles afin « que le Diable les trouve toujours occupés ». Honorius III confirma avec d'autant plus d'empressement leur « formule de vie », qu'Albert Avogadro avait invité Brocard à se comporter comme l'esclave de la communauté afin d'honorer les commandements du Christ (Marc, 10, 43–44)[125].

De telles faveurs n'étaient pas réservées au clergé régulier, qui perpétuait l'héritage des Pères du Désert « dans le silence et l'espérance ». C'est à ce titre qu'Honorius III accorda la protection de saint Pierre le 2 janvier 1227 à l'évêque Robert de Tripoli, qui souhaitait préserver le temporel de son l'Église de la convoitise des laïcs. Ce type de document supplée avantageusement la perte des cartulaires de Terre sainte, à l'instar d'une bulle du 17 mars 1225, délivrée à l'évêque Barthélemy de Valénie. Ce privilège inventorie le temporel de l'Église de Bāniyās, qui comprenait trois casaux et demi dispersés dans le Djebel Ansarieh et la plaine de Rūdj. Le pape confirma la possession des églises de Margat et de Khirbet al-Aarūs, cédées par le feu Renaud II Mazoir, aux côtés de diverses dîmes relevant de l'évêché de Lattaquié. Cette liste revêtait une importance considérable pour l'évêque de Valénie, qui avait pu négocier en 1193 un accord avec l'ordre de l'Hôpital, en arguant d'un privilège apostolique du pape Urbain III. Les hospitaliers avaient pris le contrôle de la région, sept ans plus tôt, en s'engageant à verser aux Mazoir une rente compensatoire de 2 200 besants sarracénats[126].

Le Saint-Siège faisait donc clairement figure de protecteur et d'arbitre suprême des institutions ecclésiastiques de Terre sainte au début du XIIIe siècle. L'étude de la politique bénéficiale d'Honorius III confirme ce jugement, sans déceler de dérives népotistes dans les collations ordonnées par le pape durant ses onze années de pontificat. Certes, ce dernier lotit un certain nombre de scriptors pontificaux en Orient ; mais ces mesures épargnèrent les colonies franques de Syrie, qui devaient accueillir sous les règnes de Grégoire IX et d'Innocent IV un nombre important de Romains et

---

[125] *Bullarium Terrae Sanctae*, n° 125 ; Melchor de Santa Maria, « Carmelitarum regula et ordo decursu XIII saeculi », *Ephemerides Carmeliticae*, 2 (1948), p. 51–64 et en particulier les p. 54–55 ; Andrew Jotischky, *The Carmelites and Antiquity. Mendicants and Their Pasts in the Middle Ages*, Oxford et New York, 2002, p. 1–17.

[126] *Bullarium Terrae Sanctae*, n° 143 et 90 ; François Chandon de Briailles, « Lignages d'outre-mer, les seigneurs de Margat », *Syria*, 25, 1946–1948, p. 231–258 ; Jean-Pascal Fourdrin, « Qastūn et Chastel de Ruge », *Syria*, 72 (1995), p. 416–418. L'auteur y propose notamment une nouvelle identification du village de La Rousse ou *Rossa*.

de Génois. On a reproché à Honorius III d'avoir écrasé les velléités d'indépendance des patriarches de Constantinople, en digne héritier d'Innocent III. Cette critique semble abusive au vu des relations consensuelles qu'il entretint durant une décennie avec les patriarches de Jérusalem et d'Antioche. L'épiscopat syrien participa d'ailleurs activement à la prédication de la sixième croisade, que le pape appelait de ses vœux après avoir digéré la perte de la ville de Damiette[127].

Sa correspondance suivie avec le cardinal Colonna révèle la gravité des manquements observés dans l'Empire latin de Constantinople, où de véritables seigneuries ecclésiastiques avaient vu le jour. Le pape protégea les faibles de l'arbitraire des puissants, en sermonnant les prélats qui abusaient ouvertement de leurs pouvoirs spirituels et temporels. Les lourdeurs de la justice pontificale expliquent les condamnations tardives de Pierre d'Oléna et d'Antelme de Patras, qui donnaient une piètre image de l'Église latine en terre grecque. On ne peut être que frappé, à cet égard, par la légèreté de la peine finalement retenue contre l'archevêque de Patras, qui menait un train de vie laïque en dépit de ses origines monastiques. Il est évident qu'Honorius III ne voulait se départir de son expertise pour l'analyse d'un certain nombre de questions stratégiques. La même indulgence s'appliqua à l'impérieux Eustorge de Montaigut qui tyrannisait le clergé chypriote, tout en œuvrant en faveur de la conservation de l'île d'Aphrodite dans le giron de la latinité. Ces prélats affichaient, malgré leurs excès, de réelles qualités dans les domaines politiques et militaires.

Leur action isolée avait peu de chance d'améliorer le sort de l'Église latine, exposée à la convoitise des laïcs. Aussi le pape décida-t-il de confier l'application des dispositions du concile de Latran IV à des légats capables de négocier sur un pied d'égalité avec la noblesse. C'est dans ce contexte qu'une série de concordats permit d'asseoir au début des années 1220 les revendications foncières du clergé, qui avaient été muselées sous le pontificat d'Innocent III. Le cardinal-évêque d'Albano ne semble avoir rien envié sur ce point à son confrère Jean Colonna, qui dut concilier les prétentions contradictoires de l'empereur, de la noblesse franque, des colons vénitiens, du clergé constantinopolitain et des patriarches de Constantinople, Gervais puis Maffeo d'Equilio ! La diversité de ces parties explique les succès mitigés rencontrés par le pape dans l'application de ses arbitrages. La Terre sainte franque n'échappa guère à ces difficultés, en dépit de la

[127] Wolff, « Politics in the Latin Patriarchate of Constantinople, 1204–1261 », p. 284–285 ; Fedalto, *La Chiesa latina in Oriente*, t. I, p. 503 ; Richard, « The Establishment of the Latin Church », p. 57–58.

détermination de Jacques de Vitry et de Simon de Maugastel à briser l'esprit d'indépendance des sanctuaires italiens. Honorius III fit preuve d'une réactivité remarquable, en remodelant constamment durant son pontificat la structure épiscopale de la Romanie, où subsistait un important clergé grec. Le Saint-Siège nourrit le rêve illusoire pendant cette période d'avoir rétabli l'unité de l'Église universelle, en entretenant des relations cordiales avec le siège d'Alexandrie.

CHAPITRE IV

LES RELATIONS AVEC LES ÉGLISES GRECQUE ET ORIENTALES

Il serait anachronique d'utiliser le terme d'œcuménisme pour qualifier les efforts entrepris par la papauté médiévale afin d'établir un dialogue fructueux avec les chrétientés orientales. Certes, l'Église romaine ne méprisait pas l'objurgation du Christ, rapportée par saint Jean (17, 21) :

> Que tous soient un, comme toi, Père, tu es en moi, et comme je suis en toi, afin qu'eux aussi soient un en nous, pour que le monde croie que tu m'as envoyé!

Mais cette injonction supposait que l'ensemble des Églises chrétiennes reconnaissent la suprématie du Siège apostolique, qui était le seul à pouvoir aspirer au rang d'universel et à user des insignes impériaux, qu'il prétendait tenir de l'empereur Constantin Ier. Ces revendications avaient longtemps été partagées par le patriarcat œcuménique de Constantinople, qui s'était instauré à l'époque de Michel Cérulaire (1043–1058) en contre-pouvoir de la puissance impériale. Ce bras de fer n'avait duré qu'un temps, alors que la papauté romaine était sortie victorieuse de la querelle des investitures, qui l'avait opposée durant un demi-siècle au Saint-Empire romain germanique. C'est dans ce contexte qu'Innocent III avait déclaré en 1198 à l'évêque de Faenza, qu'il transférait sur le siège de Pavie :

> Pour autant que nous soyons le successeur du prince des apôtres, nous ne sommes pas son vicaire, ni le vicaire de n'importe quel autre apôtre ou homme, mais bien le Vicaire de Jésus-Christ lui-même[1].

Une vingtaine de prélats de Romanie et de Terre sainte avait participé, une quinzaine d'années plus tard, au concile de Latran IV destiné à réformer l'Église et à organiser la libération des Lieux saints. Parmi ces pasteurs, figuraient le patriarche des Maronites, Jérémie d'Amchite (1199–1230), ainsi que les patriarches latins de Jérusalem et de Constantinople, leur confrère d'Antioche ayant envoyé l'évêque de Tortose pour le représenter. Trois des soixante-dix canons promulgués à l'issue des débats fixèrent les règles de

---

[1] Jean Meyendorff et Aristeides Papadakis, *L'Orient chrétien et l'essor de la papauté*, Paris, 2001, p. 63–78 ; *MGH, Epistolae selectae in usum scholarum*, éd. E. Caspar, t. II-I (*Gregorii VII registrum lib. I-IV.*), Berlin, 1920, n° II, 55 a p. 202 et 204 ; Gilbert Dagron, *Empereur et prêtre. Étude sur le « césaropapisme » byzantin*, Paris, 1996, p. 242–248 ; Hageneder *et alii*, *Die Register Innocenz' III.*, t. I, n° 326 p. 473.

fonctionnement de l'Église latine d'Orient et ses relations avec les Églises indigènes[2]. Les pères conciliaires reconnurent la prééminence du patriarcat de Constantinople devant les sièges d'Alexandrie, d'Antioche et de Jérusalem, en réaffirmant la suprématie de l'Église romaine dont la *Donation de Constantin* s'était fait le relais dès le IXe siècle. Ils autorisèrent, en outre, les patriarches orientaux à arborer une croix processionnelle lors de leur déplacement à l'extérieur de Rome et des lieux fréquentés par les légats du Siège apostolique. Dans toutes les provinces placées sous leur juridiction, les fidèles devaient pouvoir leur soumettre le jugement des évêques, en disposant d'un droit d'appel auprès du Saint-Siège (*salvis appellationibus ad Sedem Apostolicam interpositis*). Ces dispositions influencèrent durablement le droit canon après leur inclusion dans le *Liber Extra* de Grégoire IX en 1234[3].

Il en alla de même des dispositions relatives aux fidèles de rite grec, rattachés à l'obédience romaine. Les pères conciliaires menacèrent d'excommunisation et de déposition sacerdotale les papas qui rebaptiseraient des enfants baptisés selon le rite latin, ou qui nettoieraient les autels sur lesquels les Latins avaient célébré la messe. Le clergé occidental souhaitait « bannir de l'Église de Dieu un tel scandale afin qu'il y ait plus qu'un troupeau et un pasteur, les Grecs se conformant à l'obédience de l'Église romaine comme des fils vis-à-vis de leur mère ». Le concile décida également de rendre universel le prélèvement de la dîme qui épargnait traditionnellement les fidèles de rite oriental. Il était apparu que plusieurs seigneurs de Romanie et de Terre sainte profitaient de cette dispense pour concéder l'exploitation de leurs domaines à des chrétiens orientaux. Les pères conciliaires décidèrent de soumettre ces communautés au paiement de la dîme « afin de pourvoir aux dépenses des Églises concernées, sous la menace de la censure ecclésiastique ». Ils décrétèrent, par ailleurs, à des fins de rendement que la dîme fût prélevée avant tout autre cens, impôt ou redevance[4].

Ces prescriptions furent loin de porter leurs fruits rapidement, comme en témoigne une lettre de Jacques de Vitry du printemps 1217, adressée à

---

[2] Luchaire, « Un document retrouvé », p. 562 et 564 ; García y García, *Constitutiones Concilii quarti Lateranensis*, § 4 p. 51–52, 5 p. 52 et 53 p. 94.

[3] García y García, *op. cit.*, § 5 p. 52 ; Horst Fuhrmann, *MGH, Fontes juris Germanici antiqui in usum scholarum*, t. X, Hanovre, 1968, § 11 p. 82–83 ; Johannes Fried, « *Donation of Constantine* » *and* « *Constitutum Constantini* » *: The Misinterpretation of a Fiction and its Original Meaning*, Berlin, 2007 ; Grégoire IX, *Liber Extra*, lib. V, tit. 33, cap. 23, éd. E.A. Friedberg et E.L. Richter, *Corpus juris canonici*, t. II, col. 866.

[4] A. García y García, *Constitutiones Concilii quarti Lateranensis*, § 4 p. 51–52 et 53–54 p. 94–95 ; Grégoire IX, *Liber Extra*, lib. III, tit. 42, cap. 6 et lib. III, tit. 30, cap. 32–33, éd. E.A. Friedberg et E.L. Richter, *Corpus juris canonici*, t. II, col. 647–648 et 568.

son entourage. Les melkites ou « Syriens » étaient enclins selon lui aux mêmes erreurs que les Byzantins, en usant de pains fermentés pendant l'eucharistie et en purifiant les autels sur lesquels les Latins venaient de célébrer. Ils récusaient de plus le *Filioque* que le pape Benoît VIII avait rajouté au *credo* de l'Église romaine en 1014, en rompant avec la réserve de ses prédécesseurs. Cette novation d'origine wisigothique avait joué un rôle important lors des tensions entre les Églises latine et grecque en 1054. Les relations avec les chrétiens, qui ne suivaient pas la « loi de Rome », répondaient au XIIe siècle à une certaine condescendance, impliquant la confirmation des élections épiscopales effectuées au sein des communautés taxées d'hérésie. Celles-ci rassemblaient essentiellement les nestoriens, jacobites et Arméniens, dont les ancêtres avaient rejeté les décrets du concile de Chalcédoine de 451. Celles qui suivaient la « loi de Rome » virent leur statut évoluer après la conquête de Chypre et de la ville de Constantinople selon des modalités variables. Les modèles d'intégration élaborés par la papauté souffrirent en effet des ambitions politiques de la principauté d'Épire à l'échelle de la Grèce post-byzantine[5].

1 La politique mouvante de Théodore Doukas

Nous avons vu qu'Honorius III partageait la vision de son prédécesseur à propos du destin tragique subi par l'Empire byzantin en 1204. Le « juste jugement de Dieu » avait châtié les Byzantins de leur orgueil immémorial et fourni au Siège romain l'opportunité de réduire le Schisme d'Orient. La soumission inconditionnelle des orthodoxes ne pouvait que suivre la prise symbolique de leur capitale, bien que des principautés dissidentes aient vu le jour à Nicée et Trébizonde. Comme l'ont écrit deux éminenents spécialistes de l'Église ortodoxe :

> Tout se réduisait à une simple question de juridiction, à résoudre par l'absorption de l'Orient dans la structure administrative romaine. Transformer les Byzantins en fils loyaux ou les « réduire » était le but final.

Tous les pouvoirs qui s'élevaient contre cet ordre établi étaient perçus comme illégitimes, en raison du « transfert de l'Empire des Grecs entre les mains des Latins ». Parmi ces derniers se distingua très rapidement le sébaste épirote, Michel Doukas (1204–1215), que les chroniqueurs

[5] Huygens, *Lettres de Jacques de Vitry*, Leyde, 1960, n° 2 p. 84–85, 92 et 96 ; Mas Latrie, *Chronique d'Ernoul et de Bernard le Trésorier*, p. 209–210 ; *Estoire d'Eracles*, p. 507 ; Meyendorff et Papadakis, *op. cit.*, p. 43–44 et 139 ; Hamilton, *The Latin Church in the Crusader States*, p. 310–360.

occidentaux présentèrent comme un envoyé de l'empereur Baudouin de Flandre qui « s'était fait duc, de l'avis des Grecs » présents dans la région de Durrës. La réalité est un peu différente, car l'ancien gouverneur du thème asiatique de Mylasa s'était en fait affranchi de la tutelle de Boniface de Montferrat, qui désirait étendre son influence en Grèce continentale en vertu des termes de la *Partitio Romanie*[6].

Michel avait trois demi-frères du nom de Constantin, Théodore et Manuel, qui aspiraient à lui succéder, en l'absence d'héritier mâle. Il porta sa préférence sur Théodore, peu avant son assassinat par un serviteur d'origine latine. Théodore Doukas gagna l'opprobre des chroniqueurs byzantins, en acceptant de succéder à son frère comme souverain indépendant alors qu'un serment d'allégeance le liait à l'empereur de Nicée, Théodore Lascaris (1204–1221). Il fut pour les Latins pendant une quinzaine d'années l'adversaire le plus redoutable à l'est de l'Adriatique et, pour le pape Honorius III, une source d'inquiétude constante[7].

Il captura en effet au printemps 1217 l'empereur Pierre de Courtenay avec le cardinal Jean Colonna, qui devait « arracher, abattre, ruiner, bâtir ainsi que planter » en Orient au nom du Saint-Siège (Jérémie, 1, 10). Les conditions de cette capture restent mystérieuses malgré la propension des sources occidentales à souligner la félonie du duc d'Épire. Le récit le plus développé reste celui de l'*Estoire d'Eracles*, qui évoque la prestation d'un serment de fidélité par Théodore Doukas au nouvel empereur latin. Il relate dans ce cadre l'envoi du chevalier Herbert du Chaumeril auprès de Théodore Doukas et la venue de ce dernier au campement de Pierre de Courtenay avec une centaine d'hommes à cheval[8]. Les historiens byzantins reconnaissent que l'empereur latin de Constantinople disposait d'une « très grande armée », susceptible d'assurer sa protection jusqu'aux rives du Bosphore. Il semble que Théodore Doukas viola un serment de non-agression pour s'emparer de la personne de l'empereur à l'occasion d'un déjeuner champêtre. La *Chronique d'Ernoul* place l'épisode dans un kastron épirote, où les deux hommes auraient fait relâche un soir, sans que l'on puisse trancher la question. Le comte Guillaume Ier de Sancerre (1191–1217) partagea,

---

[6] Meyendorff et Papadakis, *op. cit.*, p. 244–245 ; Aubry de Trois-Fontaines, *Chronica*, éd. P. Scheffer-Boichorst, *M.G.H. Scriptores*, t. 23, 1874, p. 886 ; Lucien Stiernon, « Les origines du despotat d'Épire : Á propos d'un livre récent », *Revue des Etudes byzantines*, 17 (1959), p. 90–126.

[7] Georges Akropolitès, *The History*, § 14–25 p. 144–179.

[8] Pressutti, *op. cit.*, t. I, n° 1600 p. 267 (*cf. Bullarium Hellenicum*, n° 72) ; *Estoire d'Eracles*, p. 290–293.

quoi qu'il en soit, la captivité humiliante de Pierre de Courtenay avec le cardinal-évêque de Sainte-Praxède[9].

Honorius III décida de dépêcher auprès de Théodore Doukas son chapelain André afin d'obtenir l'élargissement du cardinal Colonna.

> Tu t'es rendu coupable, déclara-t-il, d'une chose dure, amère, à la fois pernicieuse par l'exemple et hautement dispendieuse, en ne redoutant aucunement le Seigneur et en attaquant l'Église (...). Voilà bien un crime détestable que celui qui a consisté à étendre tes mains téméraires sur notre fils aimé, Jean, cardinal-prêtre de Sainte-Praxède et légat du Siège apostolique, et à ne pas craindre de le garder captif!

Le pape ne cacha pas sa surprise, en voyant le duc d'Épire perpétrer une « injure atroce » contre l'Église universelle et l'ordre clérical, qu'il aurait dû respecter. Comment dès lors ne pas envisager la possibilité de lâcher un flot ininterrompu de croisés sur ses territoires afin de l'amener à résipiscence ? Honorius III employa une formule pleine de subtilité, en déclarant ne pouvoir repousser très longtemps le jugement de Dieu, ni dissimuler à sa face les errements du duc d'Épire... Le recours à la force armée était le plus sûr moyen d'imposer à Théodore Doukas une pénitence exemplaire au milieu d'un champ de ruines. Le pape crut bon d'assortir ses menaces d'une série de pressions diplomatiques[10].

Au roi André II de Hongrie, il rapporta le 28 juillet 1217 la capture de Pierre de Courtenay par le « néfaste et perfide Théodore » et la mort d'une bonne partie de ses compagnons. Honorius III craignait pour la vie de Jean Colonna au cas où une issue rapide tarderait à se dessiner. Aussi exhorta-t-il André II à dépêcher des nonces officiels auprès de Théodore Doukas afin de hâter la libération des deux hommes. Pierre de Courtenay n'était-il pas le beau-père du roi et un rempart naturel contre la « férocité des païens », qui avait redoublé à l'annonce de sa capture ? Les mêmes prières furent adressées au bayle Conon de Béthune et au prince d'Achaïe, Geoffroy de Villehardouin, qui était en mesure de menacer militairement les côtes épirotes. Il en alla de même du doge Pietro Ziani, dont la marine régnait en maîtresse dans l'Adriatique. *« Nous croyons fermement, clama Honorius III, qu'il leur restituera la liberté par égard pour vous. Il craindra la grandeur de votre puissance, que vos nonces pourront souligner avec prudence devant sa*

---

[9] Georges Akropolitès, *The History*, § 14 p. 145 ; Théodore Skoutariotès, *Χρονική*, éd. K.N. Sathas, *Μεσαιωνική Βιβλιοθήκη*, t. VII, Paris, 1894, p. 461 ; Mas Latrie, *Chronique d'Ernoul*, p. 392–393 ; Nicol, *The Despotate of Epiros*, p. 51–52.

[10] Pressutti, *op. cit.*, t. I, n° 687 p. 120 (*cf. Bullarium Hellenicum*, n° 24).

personne à la suite des conseils que vous leur donnerez, au cas où vous ne pourriez obtenir l'exaucement de vos prières[11] »…

Le pape ne craignit pas d'associer à ses démarches diplomatiques l'archidiacre de Thessalonique et le métropolite d'Éphèse, Nicolas Mésaritès, qui avait participé en 1213 à un débat infructueux sur le rapprochement des Églises latine et grecque. Il l'engagea à intervenir auprès du « noble Théodore Comnène » efficacement afin de jouir dans l'avenir de la faveur et de la grâce spéciale du Siège apostolique. Honorius III pécha sans doute par optimisme, en prêtant au primat d'Asie la volonté de servir l'Église romaine comme un fils… Cette lettre démontre néanmoins l'échange de courriers réguliers entre le Saint-Siège et les prélats orthodoxes, animés d'un esprit de dialogue, malgré les réticences de certains byzantinistes. Cette politique devait s'avérer payante, bien que Pierre de Courtenay et Guillaume de Sancerre ne pussent en profiter à cause de l'instransigeance de Théodore Doukas[12].

Le pape comprit rapidement la situation dans laquelle se trouvait acculé l'Empire latin de Constantinople. Il intima l'ordre au patriarche Gervais de mettre en sommeil la querelle foncière, qui l'opposait depuis plusieurs mois au bayle Conon de Béthune et aux barons de l'empire. Il déclara, le 10 août 1217, avoir pris en considération « l'état dudit empire, qui est perturbé et ébranlé à cause de la mort lamentable de l'empereur de fraîche mémoire, Baudouin (en fait Henri), et du malheur déplorable qui est arrivé à notre très cher fils dans le Christ, l'illustre empereur de Constantinople, Pierre, et à notre fils aimé, Jean, cardinal-prêtre du titre de Sainte-Praxède, par ailleurs légat du Siège apostolique, dont on attendait l'action réformatrice et consolidatrice ». Le pape décida d'absoudre les barons constantinopolitains de l'excommunication que des juges délégués d'Innocent III avaient fulminée à leur encontre, sans se prononcer sur le fond de l'affaire. Il justifia sa décision par la crainte de voir « la malice des Grecs, si elle venait à trouver les Latins divisés au sein du territoire de l'empire, se dresser plus vivement encore contre eux ». Cette succession de malheurs avait eu pour conséquence de renforcer « l'audace nouvelle » des Byzantins et de faire craindre aux cardinaux l'émergence d'une crise entre le Règne et le Sacerdoce, sans précédent[13].

---

[11] Pressutti, *op. cit.*, t. I, n° 684 p. 119, 688 p. 120, 689 p. 120 et 685 p. 119 (*cf. Bullarium Hellenicum*, n° 25–28).

[12] Pressutti, *op. cit.*, t. I, n° 691 et 690 p. 120 (*cf. Bullarium Hellenicum*, n° 30 et 29) ; W. Norden, *Das Papsttum und Byzanz*, n° 1 p. 747–748. Ce dernier auteur s'interroge sur l'identité dudit « évêque d'Éphèse ».

[13] Pressutti, *op. cit.*, t. I, n° 720 et 722 p. 125 (*cf. Bullarium Hellenicum*, n° 33–34 ; par défaut Wolff, « Politics in the Latin Patriarchate of Constantinople, 1204–1261 », n° 1

Aussi le pape adressa-t-il, le 4 novembre 1217, une encyclique vibrante aux évêques français afin de dénoncer « la capture et la détention indigne » de Pierre de Courtenay. Le pape redoutait un enchaînement de catastrophes « comme la timidité trompeuse des Grecs s'était transformée, dit-on, en une audace si grande qu'un grave péril menaçait les Latins établis dans l'empire, en l'absence d'un secours rapide ». Ces considérations géopolitiques n'auraient pas dû en théorie décider le pape à intervenir militairement en Grèce. Le duché d'Épire était une puissance schismatique, qui ne menaçait pas le dogme chrétien à la différence des hérétiques, qui pouvaient motiver l'organisation d'une croisade. Honorius III n'entendait pas verser dans ces considérations juridiques en raison de l'injure subie par le Saint-Siège avec la capture du cardinal de Sainte-Praxède. Aucune nouvelle rassurante n'étant parvenue d'Épire, le pape décida de recourir à la force armée afin de hâter la libération des deux captifs. Il présenta l'attitude de Théodore Doukas comme une offense infligée au Christ, que les fidèles de France devaient châtier en prenant la croix sans tarder. Les croisés sur le point de gagner la Terre sainte ne devaient cependant être déviés de leur objectif premier sous aucun prétexte. Le pape chargea l'archevêque de Sens de convaincre le frère de l'empereur, Robert de Champignelles († 1239), de se porter à son secours prestement. Il autorisa, pour ce faire, Pierre de Corbeil à délier le futur bouteiller de France du vœu de croisade, que ce dernier avait prononcé pour avoir combattu illégalement en Angleterre[14].

Cette campagne de prédication s'accompagna de l'envoi d'une délégation héllénophone auprès de Théodore Doukas, qui avait reçu avec bienveillance le chapelain André. Celle-ci comprenait l'évêque de Crotone, Jean, et un ermite syrien du nom d'Éphrem, qui appartenait au monastère de Saint-Théodose Cénobiarque. Les deux hommes parvinrent à obtenir la promesse de la libération de Jean Colonna et un acte de soumission de Théodore Doukas, dont le pape les félicita le 26 janvier 1218. Honorius III chargea l'évêque de Crotone d'absoudre Théodore Doukas de l'excommunication, qui pesait sur ses épaules après le rapatriement du cardinal de Saint-Praxède à Brindisi, ou tout autre lieu sûr. L'évêque de Crotone devait veiller en outre à astreindre les Latins, qui servaient le duc d'Épire, à affecter la dixième part de leurs revenus en aide à la Terre sainte durant trois ans. Ces mesures avaient vocation à asseoir l'autorité de l'Église romaine à l'est de l'Adriatique, en marginalisant l'insoumission politique de l'Épire.

p. 296–297). Innocent III avait réclamé, en janvier 1216, le soutien actif d'Henri de Hainaut en faveur du clergé constantinopolitain (*cf.* Hampe, « Aus verlorenen Registerbänden der Päpste Innozenz III. und Innozenz IV. », n° 15 p. 561–562).

14 Pressutti, *op. cit.*, t. I, n° 859 p. 146 (*cf. Bullarium Hellenicum*, n° 35).

Le pape avertit le doge Pietro Ziani et les croisés stationnés en Romanie ainsi que dans le sud de l'Italie de la réintégration de Théodore Doukas dans la communauté des fidèles. Le clergé d'Ancône fut chargé dans ce contexte de poursuivre les contrevenants, qui oseraient porter les armes contre le duché d'Épire[15].

La capture de Jean Colonna offrit la possibilité à Théodore Doukas d'obtenir la reconnaissance de son autorité sur l'Albanon et l'Acarnanie. Le pape lui reconnut le titre de duc que la Chancellerie apostolique lui refusait auparavant. Il accorda la protection de saint Pierre, le 25 janvier 1218, à ses domaines en répondant favorablement à « l'adoption spirituelle » que Théodore sollicitait. Ce geste revenait pour Honorius III à détacher l'Épire de l'autorité du patriarcat de Nicée pour la placer dans la sujétion directe du Siège apostolique. Théodore Doukas était conscient de cette intepprétation politique, en reconnaissant la primauté et l'autorité du siège romain sur ses territoires. Le pape le félicita de cette dévotion dans une longue lettre, l'invitant à prouver par l'exemple son attachement au Saint-Siège. Honorius III déclara avoir accédé aux requêtes du duc d'Épire, après avoir consulté le Sacré-Collège et imploré Dieu de l'inciter à persévérer dans la même voie. Il engagea, par ailleurs, Théodore Doukas à relâcher l'ensemble des prisonniers encore en son pouvoir (*pauperes et alios*) afin de bénéficier pleinement de la miséricorde divine attachée à son absolution. *« Les Écritures, clama le pape, ne disent-elles pas que le jugement est sans miséricorde pour qui n'a pas fait au préalable miséricorde* (*Jacques, 2, 13*) »[16] *?*

La reconnaissance de la primauté romaine représentait pour Théodore Doukas une arme psychologique dans ses rapports conflictuels avec l'Empire de Nicée. Thédore Lascaris disposait du soutien du patriarche Manuel Sarantènos (1216–1222), qui le considérait comme le seul *basileus* susceptible de régner sur le monde byzantin. Cette alliance objective ne pouvait que déplaire à Théodore Doukas qui se posait en héritier des Anges et des Comnènes, qui avaient régné à Constantinople aux XIe et XIIe siècles. C'est dans cette optique que le duc d'Épire délégua auprès d'Honorius III l'évêque de Trogir, Gregorio Trigano (1206–1253), dont les origines florentines garantissaient un échange de vues direct avec le Siège apostolique. Honorius III décida de dépêcher en Épire, le 27 avril 1218, l'archevêque Pellegrino Ier de Brindisi, en louant la dévotion et l'honnêteté de l'évêque de Trogir.

[15] Pressutti, *op. cit.*, t. I, n° 1029 p. 174, 584 p. 101–102, 1030 p. 174–175 et 1031 p. 175 (*cf. Bullarium Hellenicum*, n° 42, 20 et 43–44).

[16] Pressutti, *op. cit.*, t. I, n° 1023–1024 p. 174 (*cf. Bullarium Hellenicum*, n° 40 et 41). Précisons que Théodore Doukas n'arbora jamais le titre de despote à l'instar de son prédécesseur Michel Ier, malgré son rang de prince.

Le Saint-Siège espérait négocier à cette date la libération de Pierre de Courtenay et la signature d'un traité de paix avantageux avec Théodore Doukas. L'accord ne survint jamais et Honorius III n'hésita pas à excommunier, une nouvelle fois, le duc d'Épire après la libération de Jean Colonna. Par une bulle solennelle en date du 11 décembre 1220, le Saint-Père enjoignit aux prélats des ports italiens et siciliens de dissuader les Latins « de le rejoindre et de lui fournir la moindre aide ou faveur », aussi longtemps qu'il demeurerait anathématisé[17].

Théodore Doukas pratiquait une *realpolitik* performante, en dialoguant concurremment avec la papauté et le patriarcat œcuménique. C'est à ce titre qu'il reçut au mois de décembre 1219 une lettre du patriarche Manuel Sarantènos, l'informant de la tenue d'un synode panorthodoxe le 29 mars suivant à Nicée. Le patriarche souhaitait délibérer avec les évêques des provinces de Constantinople, d'Alexandrie, d'Antioche et de Jérusalem de l'opportunité de dépêcher une ambassade à Rome afin de refaire l'unité de la chrétienté. Les évêques Andronic de Sardes et Georges de Cyzique reçurent la mission de proposer au pape d'inscrire son nom dans la liturgie orthodoxe, contre l'arrêt de son soutien à l'Empire latin de Constantinople. La papauté devait mettre trois décennies avant d'accepter d'envisager une pareille issue pour ce qui ne lui paraissait qu'une rupture d'obédience marginale. Le clergé épirote manifesta, quant à lui, peu d'intérêt en faveur de l'initiative de Manuel Sarantènos, si l'on se fie à une lettre de Jean Apokaukos du printemps 1222. Le métropolite de Naupacte se prononça en effet contre l'envoi d'une ambassade nicéenne à Rome, aussi longtemps que des Latins occuperaient une parcelle du sol grec. Un concile suffirait à rétablir l'unité de la chrétienté selon lui après un sursaut national des Byzantins[18].

Les tensions étaient sensibles entre le clergé « occidental » et le patriarcat œcuménique, qui rejetait l'intrusion de l'archevêque d'Ochrid dans le règlement d'élections épiscopales propres à l'Épire et à la Thessalie. Bien qu'il ne s'agisse pas à proprement parler d'un schisme, ces querelles tendaient à conforter le rôle d'arbitre suprême que le pape jouait dans les Balkans depuis qu'Innocent III avait accordé le rang primatial à l'archevêché bulgare de Tărnovo. Théodore Doukas ne réfrénait pourtant nullement

---

[17] Apostolos D. Karpozilos, *The Ecclesiastical Controversy between the Kingdom of Nicaea and the Principality of Epiros (1217–1233)*, Thessalonique, 1973 ; Pressutti, *op. cit.*, t. I, n° 1261 p. 208 et 2858 p. 473 (*cf. Bullarium Hellenicum*, n° 55 et 95) ; Norden, *Das Papsttum und Byzanz*, n° 3 p. 749 ; Thomas de Split, *Historia pontificum Salonitarum et Spalatinorum*, p. 577.

[18] Vitalien Laurent, *Les regestes des actes du patriarcat de Constantinople*, t. I, fasc. IV, *Les regestes de 1208 à 1309*, Paris, 1971, n° 1222–1224 p. 29–30 et 1230 p. 34–35 ; Vasily Vasilievsky, « Epirotica saeculi XIII », *Vizantiiskii Vremennik*, t. III (1896), n° 15 p. 265–267 ; Meyendorff et Papadakis, *op. cit.*, p. 264.

ses entreprises militaires contre le royaume de Salonique et l'Empire de Constantinople. Aussi le pape chargea-t-il, le 21 mars 1222, le patriarche Maffeo de Constantinople de prendre sous sa protection l'archevêque de Serrès, que Théodore avait réduit à l'exil en digne « fil de Bélial ». Le duc d'Épire reçut, six mois plus tard, une injonction solennelle en vue de signer un traité de paix avec Robert de Courtenay. Honorius III rappela comment il avait commis un odieux sacrilège en capturant le cardinal Colonna, avant d'amender ses torts.

> Bien que nous nous taisions, continua le pape, tu n'ignores pas que les ferments de l'unité progressent et que les éléments désagrégés disparaissent. C'est pourquoi la discorde s'exerce aux dépens de l'une et l'autre partie des hommes qui s'affrontent quand elle n'est pas mise en sommeil, en perdant l'une ou l'autre ; de même que la concorde aspire à la conservation, la complaisance et l'opulence[19].

La formule de salutation de cette lettre (*spiritum consilii sanioris*) montre que Théodore Doukas était toujours sous le coup de l'excommunicaiton décrétée en 1220. Il y avait peu de chance qu'il compatisse dès lors au sort du « très chrétien empereur » Robert, pour l'avenir duquel Honorius s'inquiétait. Les objurgations du pape restèrent lettre morte à tel point qu'il dut charger le clergé brindisien au printemps 1223 de menacer d'excommunication les Latins, qui voudraient acheminer des chevaux, armes et provisions jusqu'en Épire. Honorius prohiba l'enrôlement de mercenaires, navires et marins catholiques, sans se faire trop d'illusions sur la portée de cette interdiction. Il décida, l'année suivante, de conférer une dimension spirituelle à l'expédition de secours que Guillaume de Montferrat se proposait de conduire en Grèce, en lui adjoignant un légat apostolique. L'évêque Nicolas de Reggio reçut le pouvoir d'excommunier « l'ensemble des Grecs et Latins, qui auront osé soutenir le maudit et excommunié Théodore ou l'un de ses complices, ou qui oseront s'opposer au marquis ou à l'un de ses aides d'une quelconque manière ». Le souverain pontife habilita son légat à absoudre de leurs sentences les auteurs de rapines et de sacrilèges qui se présenteraient spontanément à lui, ainsi que les transfuges en provenance du camp adverse[20].

---

19 Laurent, *Les regestes des actes du patriarcat de Constantinople*, t. I, fasc. IV, n° 1227–1230 p. 32–36 ; Meyendorff et Papadakis, *op. cit.*, p. 259–261 et 298–299 ; Pressutti, *op. cit.*, t. II, n° 3877 p. 56 et 4121 p. 94–95 (*cf. Bullarium Hellenicum*, n° 122 et 148).

20 Léopold Delisle, « Mémoire sur les actes d'Innocent III », *Bibliothèque de l'Ecole des Chartes*, t. 19 (1858), p. 27 ; Pressutti, *op. cit.*, t. II, n° 4121 p. 94–95, 4354 p. 134 et 5132 p. 274 (*cf. Bullarium Hellenicum*, n° 148, 163 et 222).

Le pape envisagea une absolution de Théodore Doukas au cas où ce dernier conviendrait de signer un traité de paix avec Guillaume de Montferrat. Il souhaitait faire de l'évêque de Reggio d'Émilie le conseiller ainsi que le confesseur du marquis avec le soutien financier du clergé situé dans un rayon de 20 jours de marche. L'affaire échoua piteusement et les Épirotes arrachèrent à la domination des Latins Thessalonique et Andrinople au tournant des années 1224–1225. La mort prématurée de Guillaume de Montferrat priva le Saint-Siège de tout instrument de pression sur le duc d'Épire, dont les armées menaçaient les murs de Constantinople et d'Athènes. Ces succès permirent à Théodore Doukas d'aspirer à la pourpre impériale, après avoir expulsé de Salonique le métropolite Constantin Mésopotamitès, qui défendait les intérêts de l'empereur de Nicée, Jean Vatatzès. L'archevêque d'Ochrid accepta de couronner Théodore *basileus* durant le printemps ou l'été 1227, au grand dam du patriarche œcuménique, Germain II. Ce dernier réunit un synode afin de condamner ce crime de lèse-majesté, deux autocrates grecs ne pouvant régner concommitament[21].

Cette injonction ne fit pas reculer Théodore Doukas, qui réunit un concile du clergé épirote à Arta pour décider de la suite à donner aux événements. L'empereur proposa de constituer en Église autonome les provinces ecclésiastiques comprises dans les limites de son empire. Cet acte aurait abouti à un schisme intolérable pour les évêques épirotes qui assimilaient l'autocéphalie à une forme d'anarchie. Il fallut toute la diplomatie du métropolite de Corcyre, Georges Bardanès, pour que Théodore Doukas n'ouvre pas sans tarder des pourparlers avec l'Église romaine. Georges Bardanès affirme, dans une lettre postérieure au patriarche Germain II de Constantinople, qu'il a dû se rendre à plusieurs reprises au palais du *basileus* afin d'éviter l'envoi d'une ambassade à la Curie. On ne peut qualifier d'effets de manche ces menaces en raison de l'empressement de Bardanès à rapporter au patriarche œcuménique ses démarches répétées. Certes, le métropolite de Corcyre cherchait à obtenir la confirmation de son élection, qui ne s'était pas déroulée d'une manière très canonique en 1219. Il n'en demeure pas moins que Théodore Doukas envisageait de se soumettre réellement à l'autorité du pape, en échange de la reconnaissance de son titre impérial[22].

---

[21] Pressutti, *op. cit.*, t. II, n° 5132–5133 p. 274 (*cf. Bullarium Hellenicum*, n° 222 et 223) ; Laurent, *Les regestes des actes du patriarcat de Constantinople*, t. I, fasc. IV, n° 1239 p. 47 et 1244 p. 52 ; Georges Akropolitès, *The History*, § 21–25 p. 162–173 ; Donald M. Nicol, *The Despotate of Epiros, 1267–1479*, Cambridge, 1984, not. 6 p. 4–5 (dissertation chronologique).

[22] Raymond-Joseph Loenertz, « Lettre de Georges Bardanès, métropolite de Corcyre, au patriarche œcuménique Germain II, 1226–1227 c. [1228 c] », *Byzantina et Franco-Graeca*, Rome, 1970, p. 467–501.

Les évêques épirotes confièrent le soin au métropolite de Naupacte, Jean Apokaukos, de transmettre au patriarcat œcuménique une dizaine de revendications, en dénonçant son silence épistolaire prolongé. Le patriarche Germain II n'avait en effet adressé aucune lettre pastorale, en cinq ans de pontificat, aux évêques « occidentaux » qui partageaient sa communion de foi. Un tel isolement eût été inconcevable en cas de rattachement à l'obédience romaine, la Chancellerie apostolique délivrant plusieurs dizaines de milliers de bulles par an au XIIIe siècle. Les évêques épirotes prévinrent le patriarcat œcuménique de la tutelle étroite exercée sur leur Église par Théodore Doukas. Ce dernier n'entendait introniser aucun évêque nicéen à l'intérieur de son empire, ni autoriser de correspondance officielle avec le patriarcat œcuménique. Devant une telle impasse, les pères conciliaires demandèrent au patriarche de conférer à leur assemblée un droit d'investiture, qui permettrait de renouveler les sièges épirotes vacants de leur propre chef. L'empereur en faisait la condition *sine qua non* pour autoriser des recours ecclésiastiques devant le siège nicéen, qu'il accusait de collusion ouverte avec Jean Vatatzès. L'autorisaton du patriarche permettrait également de commémorer son nom dans la liturgie « occidentale » selon l'usage traditionnel[23].

Les évêques épirotes aspiraient, tout autant, à la régularisation de plusieurs élections épiscopales réalisées à Durrës, Thessalonique et Corcyre. Ils invoquèrent les difficultés politiques du moment pour justifier l'éviction du métropolite Constantin Mésopotamitès et la nomination à la tête de l'Église de Durrës d'un prélat autochtone. Théodore Doukas était prêt à faire allégeance au pape, en cas de refus du siège nicéen, afin d'assurer l'autonomie juridique des Églises de son empire. Aussi les évêques épirotes prièrent-ils le patriarche Germain de répondre à leur proposition dans un délai incompressible de trois mois. Ils n'hésitèrent pas à critiquer au passage sa position intransigeante à l'égard des prétentions impériales de Théodore Doukas, qui s'appuyaient sur une généalogie illustre et des mérites incontestables. Leur ultimatum partit pour la Bithynie, quelques semaines après le décès d'Honorius III et l'avènement de son successeur, Grégoire IX[24].

Il essuya une fin de non-recevoir du patriarcat œcuménique, une douzaine de mois plus tard, lors d'un synode tenu à Salonique. Les évêques

---

23 Loenertz, *art. cit.*, p. 471 ; Paravicini Bagliani, *La cour des papes au XIIIe siècle*, p. 94–95.

24 Loenertz, *art. cit.* p. 471–472 ; Lucien Stiernon, « Les origines du Despotat d'Épire », *Actes du XIIe congrès international d'Études byzantines*, t. II, Belgrade, 1964, p. 197–202 ; Nicol, *op. cit.*, not. 6 p. 4–5.

épirotes chargèrent Georges Bardanès de signifier leur rupture d'obédience au patriarche Germain dans une lettre solennelle. L'évêque de Corcyre y dénonça l'intransigeance du nonce du patriarche, Nicolas Kaloèthès, en soulignant les efforts du clergé « occidental » en vue de préserver l'unité de l'Église orthodoxe. Bardanès s'engagea, à titre personnel, à tout faire pour que Théodore Doukas ne soumette pas les évêchés épirotes « au pape de Rome, qui se vante de siéger sur la chaire de saint Pierre et qui revendique le monopole des clefs ». Il parvint à tenir cette promesse jusqu'à la capture humiliante de Théodore par le tsar de Bulgarie, Jean II Asen, le 9 mars 1230. L'union des Églises grecque et latine fut, de la sorte, repoussée de 44 ans[25].

2 La sujétion des chrétiens orientaux

La prééminence du Siège apostolique fut longtemps une pierre d'achoppement dans les relations gréco-latines, entachées de considérations politiques. Il avait fallu attendre le VIIe siècle pour que le pape dispose d'un apocrisiaire permanent à Constantinople et que l'exarchat de Ravenne reconnaisse sa suprématie politique sur le nord de l'Italie. Nombre de souverains pontifes de l'époque étaient pourtant de culture grecque à l'instar des papes Théodore Ier (642–649) et Agathon (678–681), qui s'investirent activement dans la lutte contre le monothélisme. La Sicile normande permit à la papauté d'élaborer un système d'intégration basé sur une coexistence pacifique des communautés latine et grecque. Quand une cité mixte comptait un évêque latin, ce dernier devait ordonner les clercs de rite grec, bien que la tutelle de ces derniers revînt à un protopapas, ou *archipresbyter Grecorum*. L'évêque latin pouvait célébrer la messe en grec, à condition de ne générer aucun préjudice aux chanoines grecs du diocèse. Le Siège apostolique veillait à assurer la subsistance des moines orthodoxes, évincés par des Latins, et à éviter la cohabitation de deux évêques de rite différent dans la même cité. C'est ce qui se produisit en 1198 à Santa Severina, où Innocent III annula l'élection d'un prélat latin susceptible de porter atteinte à la communauté hellénophone de la ville[26].

---

[25] Loenertz, *art. cit.* p. 475–484 ; Laurent, *Les regestes des actes du patriarcat de Constantinople*, t. I, fasc. IV, n° 1254–1255 p. 60–61 ; Georges Akropolitès, *The History*, § 25 p. 178–179.

[26] Jean Durliat, « Théodore Ier », *Dictionnaire historique de la papauté*, p. 1620–1621 ; Id., « Agathon », *op. cit.*, p. 60–61 ; Richard, « The Establishment of the Latin Church in the Empire of Constantinople (1204–1227) », p. 45 ; Tăutu, *Acta Honorii III, 1216–1227, et Gregorii IX, 1227–1241*, n° 8 p. 26 et 76 p. 104.

Jean Richard a montré comment ce système fut étendu à partir de 1204 à la Romanie franque au détriment du *modus vivendi* établi en Terre sainte. Le maintien d'un patriarcat grec autonome empêcha un rapprochement significatif des clergés grec et latin, malgré l'envoi de plusieurs légats apostoliques en Orient. Le cardinal de Saint-Praxède dénonça au printemps 1218 les irrégularités que le clergé et la population grecque commettaient au mépris de l'ordre établi. Nombre de papas allaient se faire ordonner en territoire grec et continuaient de célébrer la messe dans les églises frappés d'interdit, en rejetant sans complexe l'autorité des prélats latins. Les remembrements ecclésiastiques étaient si peu respectés que les évêques des deux communautés avaient pris l'habitude de consacrer des prélats en dehors de leur ressort et de percevoir des dîmes, qui leur échappaient théoriquement. Que dire des populations locales, qui ne brillaient pas par leur piété extrême ? De nombreux Grecs profitaient de l'anarchie ambiante pour répudier, sans états d'âme, leurs femmes et l'on ne comptait plus les églises, dîmes et abbayes accaparées par des laïcs des deux rites. Jean Colonna fit part de son découragement profond de voir les fidèles excommuniés par l'Église persister dans leurs erreurs premières[27].

Honorius III l'invita, le 18 août 1218, à recourir à l'ensemble des procédures ecclésiastiques et civiles existantes afin d'obtenir satisfaction. Il l'engagea à faire preuve de discernement dans ses sanctions en raison de « l'état fragile » de l'Empire de Constantinople. Cette tolérance ne devait s'étendre en aucun cas au sacrement du mariage, « qui existe non seulement chez les Latins et les Grecs, mais aussi chez les fidèles et les infidèles ». Le pape engagea son légat à confirmer les indulgences octroyées naguère par le cardinal d'Albano, en refusant de se prononcer sur les exemptions et les remembrements épiscopaux, plus récents. Il souhaitait consulter sur ce sujet le Sacré-Collège qui avait déserté la ville de Rome, au plus fort de l'été, à cause de la morbidité de l'air. Aussi se contenta-t-il de confirmer l'union ancienne des sièges de Candie et de Saint-Myron, avant de se pencher au printemps 1222 sur les unions réalisées par Jean Colonna. C'est à cette occasion qu'il détacha le siège rebelle de Chios de la province de Rhodes pour le rattacher à celle de Mytilène. Il en fut de même de l'évêché d'Assos qui dépendait de la province d'Éphèse, tout en étant passé sous le contrôle des Latins. Ces décisions furent de peu de portée en raison de la reconquête rapide de l'île de Lesbos par Jean III Vatatzès. Cette opération militaire mit

---

[27] Richard, *art. cit.*, p. 45–62 ; Pressutti, *op. cit.*, t. I, n° 1586 p. 265 (*cf. Bullarium Hellenicum*, n° 70).

un terme à la fusion temporaire des sièges de Mytilène et de Méthymne, décrétée pour des raisons financières[28].

Le pape transigeait rarement avec les questions de justice, qui pouvaient gagner le cœur des populations indigènes. C'est à ce titre qu'il chargea à l'été 1220 Jean Colonna de rétablir dans leurs droits les archevêchés et évêchés de Romanie, qui avaient été dépouillés de plusieurs sanctuaires à l'époque byzantine par le patriarcat œcuménique. Le cardinal de Sainte-Praxède reçut le pouvoir d'absoudre, par ailleurs, par une simple « promesse manuelle » les moines et ermites grecs, qui rejetaient ouvertement l'autorité de l'Église romaine. Nombre de rebelles avaient été expulsés par le passé des sanctuaires qu'ils occupaient, pour avoir refusé de prêter un serment d'allégeance à la personne du pape[29].

Tel avait été le cas des moines bithyniens de Rufin, dont Pélage d'Albano avait confié en 1214 le monastère aux cisterciens du couvent Saint-Ange de Constantinople. Le cardinal Colonna confirma cette curatelle durant sa légation, en exigeant que les cisterciens s'établissent en Bithynie. Le développement de leur couvent les conduisit à solliciter auprès d'Honorius III une dispense en 1222, à laquelle le pape conféra une dimension quinquennale. Quatre « moines blancs » furent chargés de l'entretien du monastère de Rufin, en attendant son éventuelle rétrocession à l'Église de Constantinople contre le versement d'une rente foncière de 300 hyperpères. Il semble que de nombreux fidèles convoitaient les dépendances de cet *apostoleion*, pourvu au IVe siècle de reliques de saint Pierre et saint Paul. Une commission fut en effet délivrée à l'archevêque de Nicomédie et aux doyens de Sainte-Marie des Blachernes et de Saint-Georges de Mangana afin de protéger son temporel[30].

La correspondance du cardinal Colonna convainquit très tôt Honorius III du besoin de corriger les mœurs du clergé oriental et des laïcs, qui bafouaient les libertés fondamentales de l'Église. Il chargea au printemps 1219 l'archevêque de Crète de réformer les pratiques des évêques, abbés et clercs de sa province qui violaient les principes élémentaires du droit canon. Le pape lui concéda le privilège de pouvoir relever de leur excommunication les clercs et fidèles de rite grec et latin, qui consentiraient

---

[28] Pressutti, *op. cit.*, t. I, n° 1586 p. 265, 1919 p. 317, t. II, n° 3833–3834 p. 48 et 3844 p. 50 (*cf. Bullarium Hellenicum*, n° 70, 82, 112, 113 et 116).

[29] Pressutti, *op. cit.*, t. I, n° 2607 p. 432 (*cf. Bullarium Hellenicum*, n° 91).

[30] Pressutti, *op. cit.*, t. II, n° 3914 p. 60–61 (*cf. Bullarium Hellenicum*, n° 126) ; Louis Duchesne, « Inscription chrétienne de Bithynie », *Bulletin de correspondance hellénique*, 2 (1878), p. 292–293. Ce monastère abritait de nombreuses sépultures aristocratiques, dont le transfert à Constantinople n'était guère envisageable.

à amender leurs torts, en l'absence d'un représentant officiel du Saint-Siège dans son ressort. Ces sanctions n'avaient que peu de poids sur les papas qui reconnaissaient l'autorité du patriarche de Nicée, Manuel Sarantènos, et considéraient les Latins comme des schismatiques, autant que des occupants. Le pape réprouvait l'usage de la violence à leur encontre à la différence des hérétiques de Bosnie, dont son chapelain Acconzio supervisait l'éradication avec l'appui du clergé ragusain. Le début des années 1220 vit cependant les tensions se multiplier et les prêtres latins lever la main, de plus en plus fréquemment, sur leurs homologues grecs. Le pape habilita au printemps 1222 les évêques de l'Empire de Constantinople à absoudre les coupables de pareilles voies de fait, en reconnaissant la recrudescence des actes d'hostilité à l'égard du clergé latin[31].

La résistance du clergé orthodoxe s'intensifia après l'élection sur le trône œcuménique, le 4 janvier 1223, du patriarche Germain II, qui avait subi les vexations des Latins à Achyraous en Mysie. Il notifia son élévation sur le trône de Nicée à la population grecque de Constantinople dans une encyclique nourrie de métaphores bibliques. Son épître rendit grâce à la fidélité de la population hellène à sa foi première, malgré l'absence d'un pasteur sur les rives du Bosphore. Germain II l'exhorta à « garder intact le dépôt de la foi reçue au baptême », en refusant d'y ajouter ou retrancher quoi que ce soit. Cette injonction visait à éviter l'adoption par une partie du clergé grec de la doctrine du *Filioque*, que l'Église latine tentait d'imposer à son homologue byzantine depuis un siècle et demi. Le patriarche de Nicée menaça la population constantinopolitaine des pires châtiments divins au cas où elle se détournerait des fondements de sa foi, en cédant à la tentation. Il l'assura du soutien de la Vierge et de l'intervention inéluctable du Christ en faveur de sa délivrance. Cette rhétorique fut si efficace qu'un nombre important de moines bithyniens prirent la route de Nicée pour témoigner leur soumission au patriarche Germain. L'archevêque de Nicomédie se plaignit auprès d'Honorius III de la menace représentée par cette rupture d'obédience. Le pape l'autorisa à faire appel au bras séculier afin de soumettre les sujets les plus récalcitrants[32].

---

[31] Pressutti, *op. cit.*, t. I, n° 1929 p. 319, 1920 p. 317 et t. II, n° 3866 p. 54 (*cf. Bullarium Hellenicum*, n° 84, 83 et 120) ; Horoy, *op. cit*, t. IV, n° 133 col. 110–111 ; p. 471. Le christianisme bosnien survécut, pour sa part, aux tentatives d'éradication de l'Église latine jusqu'en 1463. Il présentait une réelle unité théologique, rituelle et hiérarchique avec le catharisme et le bogomilisme (*cf.* Miller, *Essays on the Latin Orient*, p. 460–497 ; Malcolm Lambert, « Le problème des Chrétiens bosniaques », *Heresis*, 23 (1994), p. 29–50).

[32] Spyros N. Lagopates, *Γερμανός ο Β', πατριάρχης Κωνσταντινουπόλεως-Νικαίας* (1222–1240), Tripoli, 1913, lignes 10–19 p. 216 (actuel Balıkesir) ; Laurent, *Les regestes des actes du patriarcat*

De telles solutions ne pouvaient qu'aggraver les tensions existant entre les clergés grec et latin avant la signature d'une trêve attendue entre les Empires de Constantinople et de Nicée en 1225. Le clergé grec transigeait plus volontiers avec le pouvoir politique en place qu'avec le clergé latin, animé de prétentions spirituelles. Ainsi s'explique l'abandon du monastère de Cédronon, dont un métoque macédonien revint en 1220 au couvent de l'église Sainte-Praxède de Rome. Honorius III confirma ces dispositions au mois de juin 1222, avant d'excommunier solennellement « tous ceux qui s'allieraient aux Grecs contre l'Empire de Constantinople ». « La défense de l'empire et l'état du pays » justifiait la prise de certaines mesures d'exception. L'une d'elles autorisa Geoffroy Ier de Villehardouin à soumettre à un régime féodal pendant vingt ans les abbayes grecques, qui échappaient à l'autorité de l'Église latine avant l'extension du concordat de Ravennika aux frontières de la Morée. Ce type de convention ne pouvait qu'alimenter la frustration du clergé grec, dont une part substantielle du patrimoine servit à financer la mission de secours de Guillaume de Montferrat en 1225[33].

L'Église romaine porta un rude coup aux sentiments unionistes développés par une partie de la population grecque résidant en territoire latin. Cette désaffection découle autant de l'augmentation des prétentions temporelles de la papauté, que de la montée en puissance de l'Empire de Nicée qui abritait un patriarcat de plus en plus influent. Le concordat de Ravennika avait en effet assuré une impunité au clergé grec résidant en territoire latin face à l'arbitraire des barons francs. Leur patrimoine ne pouvait être saisi qu'en cas de défaut de paiement de l'akrostikon, les personnes et familles des papas grecs étant exemptes de toute arrestation arbitraire. Les descendants des prêtres orthodoxes ne pouvaient cependant bénéficier du privilège du for ecclésiastique qu'après leur ordination par le clergé latin. Toute entorse à ces principes était passible d'excommunication pour les seigneurs qui tenteraient d'entretenir un clergé dissident. Ces dispositions furent durcies, le 23 janvier 1215, par l'assujettissement des Grecs au paiement de la dîme dans la foulée du concile de Latran IV[34].

Les concordats signés en 1219 et 1223 avec la noblesse franque précisèrent certains détails techniques, à l'origine de tensions financières avec le clergé

---

de Constantinople, t. I, fasc. IV, n° 1233 p. 42–43 ; Pressutti, *op. cit.*, t. II, n° 4494 p. 162 (*cf. Bullarium Hellenicum*, n° 178).

[33] Pressutti, *op. cit.*, t. II, n° 4033 p. 79, 4059–4060 p. 83, 4497 p. 162, 5186 p. 283, 5189 p. 284 et 5270 p. 298 (*cf. Bullarium Hellenicum*, n° 134, 135, 136, 181, 226–227 et 231 (*tam Grecis quam Latinis*)) ; Marin, *Les moines de Constantinople depuis la fondation de la ville*, p. 211 et 531.

[34] Pressutti, *op. cit.*, t. I, n° 1816 p. 301 (*cf. Bullarium Hellenicum*, n° 79).

latin. Il en allait ainsi du nombre de papas affectés dans les hameaux de l'Empire de Constantinople et de la principauté de Morée en vertu d'une échelle exponentielle. Chaque communauté comprenant de 25 à 70 feux devait en abriter deux. Ce chiffre doublait à partir de 70 feux, pour atteindre le nombre de six prêtres pour les communautés comptant plus de 125 familles, soit 600 habitants. Il fut convenu, par ailleurs, que les casaux de moins de 25 feux s'associeraient avec certains écarts afin de pouvoir héberger dans un presbytère deux pasteurs. Le concordat signé avec Conon de Béthune ordonna que « le reste des papas ruraux s'acquitteraient de ce qui avait été imposé par les empereurs latins et qu'ils seraient libres avec leurs familles de toute corvée, servitude, exaction et taille d'origine laïque ». Les prêtres liés au service d'églises cathédrales ne devaient payer d'impôts que pour les terres assujetties à l'akrostikon du vivant de l'empereur Alexis III Ange (1195–1203). Honorius III insista pour qu'aucun papas ne soit ordonné en dehors de ce cadre juridique et que Geoffroy de Villehardouin soumette au paiement de la dîme les communautés qui y échappaient depuis huit ans. Le clergé uniate de Romanie subit ces dispositions, sans pouvoir plaider sa cause auprès de la papauté[35].

Les supérieurs de nombreux monastères se dérobèrent au paiement des dîmes pesant sur leurs domaines, malgré des démonstrations de fidélité à l'égard de l'Église latine. Le pape dénonça au printemps 1222 les agissements de « ces ouailles d'apparat qui sollicitaient des indulgences apostoliques et voulaient jouir de leur bénéfice, sans renoncer au vice de leur rébellion ». Le clergé grec n'était pas plus défavorisé en soi, que le bas-clergé latin qui subissait les pressions fiscales de l'épiscopat. Honorius III s'en inquiéta au mois de septembre 1223, après avoir reçu à la Curie un concert de plaintes contre les prélats de la partie occidentale de l'Empire de Constantinople. Il les exhorta à rendre justice aux clercs victimes des excès de zèle de leurs vicaires. Certains Grecs uniates profitèrent de la politique d'ouverture de la papauté pour réaliser de belles carrières à l'ombre du pouvoir franc. Le diocèse d'Oréos fut ainsi administré entre 1222 et 1224 par un vicaire de l'évêque de Négrepont d'origine byzantine, qui s'opposa au rétablissement d'un nouvel évêque latin dans la cité. L'homme jouissait de suffisamment de pouvoirs pour refouler avec superbe le protégé d'Honorius, qui entendait gérer l'évêché d'Oréos avec l'aide d'un nouvel archidiacre. Le pape chargea, le 28 janvier 1224, les archevêques de Thèbes et d'Athènes de

---

[35] Pressutti, *op. cit.*, t. II, n° 3863 p. 53 et 4480 p. 159 (*cf. Bullarium Hellenicum*, n° 119 et 169 ; par défaut Wolff, « Politics in the Latin Patriarchate of Constantinople, 1204–1261 », n° 4 p. 298–301).

mettre un terme à ce scandale avec l'appui du prieur de l'abbaye du Temple du Seigneur d'Athènes[36].

La sujétion du clergé grec prit des formes différentes dans l'île de Chypre, où la papauté avait institué en 1196 quatre diocèses latins autour des cités de Nicosie, Paphos, Limassol et Famagouste. La coexistence de quatorze, puis treize évêchés grecs posait des problèmes d'obédience auxquels la noblesse et le clergé tentèrent de répondre au mois d'octobre 1220 lors d'un parlement tenu à Limassol. Le pape confirma, le 17 décembre 1221, les termes de la convention négociée avec « l'assentiment et le conseil » de la reine Alix de Chypre et du cardinal Pélage d'Albano, qui séjournait à cette époque en Égypte[37].

Il n'est pas certain que l'Église orthodoxe ait été associée à ces négociations, bien que les deux tiers des articles de la convention traitent de ses droits et devoirs envers l'Église latine. La noblesse et la monarchie chypriote devaient veiller à ce que les diacres et prêtres de rite grec reconnaissent l'autorité des évêques latins de leur diocèse et soient francs de toute corvée ou capitation, contraires à leurs fonctions sacerdotales. L'aristocratie franque obtint une série d'avantages à la hauteur des acquisitions territoriales qu'elle avait réalisées sur le dos du clergé grec lors de la conquête de l'île. L'Église latine s'engagea ainsi à proscrire l'ordination de paysans en fuite et à interdire au clergé rural tout déplacement abusif. Les contrevenants pouvaient faire l'objet d'une arrestation, puis réduction à leur servitude première. L'épiscopat pouvait concéder des autorisations de déplacement aux clercs implantés en milieu rural, à condition de pourvoir leur cure d'un remplaçant temporaire. L'ensemble de ces clauses concernait le statut des parèques, qui étaient soumis à l'époque byzantine à la domination de l'empereur ou d'un dynaste. Ces paysans étaient devenus après la conquête des serfs ou « hommes de corps », attachés à la glèbe et à un seigneur latin[38].

---

[36] Pressutti, *op. cit.*, t. II, n° 3823 p. 47, 4495 p. 162 et 4730 p. 202 (*cf. Bullarium Hellenicum*, n° 111, 179, et 205). Le pape reconnut, la même année, le droit de patronage de l'ancienne impératrice, Marguerite de Constantinople, sur un couvent grec de Hongrie qui avait rejeté la tutelle du Saint-Siège jusqu'à une campagne de restauration providentielle (*cf.* Pressutti, *op. cit.*, t. II, n° 5226 p. 290 ; *Bullarium Hellenicum*, n° 229).

[37] Coureas et Schabel, *The Cartulary of the Cathedral of Holy Wisdom of Nicosia*, n° 84 p. 220–222 et 82 p. 216–219 (actes originaux) ; *Bullarium Cyprium*, n° c-32 p. 220–221 (confirmation d'Honorius III).

[38] Hill, *A History of Cyprus*, t. III, p. 1044 ; Coureas, *The Latin Church in Cyprus*, p. 259 ; Jean Richard, « La seigneurie franque en Syrie et à Chypre : modèle oriental ou modèle occidental », *117e Congrès national des sociétés savantes, Clermont-Ferrand, 1992, section d'histoire médiévale et de philologie*, Paris, 1993, p. 163–164.

Trois articles supplémentaires fixèrent le sort des communautés monastiques de l'île qui avaient survécu à la conquête franque, comme Kykko, Enkleistra et Makhairas. Les élections abbatiales devaient requérir l'assentiment du seigneur du lieu et de l'ordinaire « afin qu'une bénédiction réglementaire soit dispensée à l'élu ». Toute élection irrégulière devait être cassée, les hiéromoines devant répondre sur le plan spirituel à l'archevêque de Nicosie et à l'évêque latin, dont leur monastère relevait. Aucun novice ou convers ne pouvait, par ailleurs, intégrer de monastère sans avoir reçu l'aval de son seigneur temporel, sous peine de retomber en servitude. L'Église latine et la monarchie confirmèrent, en échange, la totalité du patrimoine de l'Église grecque et les multiples donations opérées à son profit par la noblesse franque. Ces aumônes prouvent que les Latins ne considéraient plus le clergé grec comme foncièrement schismatique et que des échanges pacifiques s'étaient noués entre les deux communautés, malgré les vitupérations amères de Néophyte le Reclus (1134–1219)[39].

La plupart de ces dispositions furent reprises dans un nouvel accord négocié au cours de l'été 1222 avec le soutien du cardinal d'Albano. Le pape s'immisça entre temps dans la gestion des évêchés grecs de Chypre, qui battaient en brèche les principes définis dans le quatrième canon du concile de Latran IV. Il semblait en effet « monstrueux qu'un corps ait plusieurs têtes » et que deux hiérarchies distinctes subsistent dans l'île d'Aphrodite. Honorius III ordonna, le 30 décembre 1221, l'expulsion des évêques orthodoxes qui rejetaient l'autorité de l'Église latine, tout en déclarant vouloir préserver les mœurs et rites du clergé grec dans la mesure du possible. Cette dispense fut accordée à la reine Alix à la condition que l'honnêteté ecclésiastique et les âmes des fidèles ne souffrent pas du maintien de la liturgie grecque[40]. Une telle dérogation n'était pas concevable à l'époque dans les terres de mission telles que la Livonie, où la papauté tentait d'imposer sa liturgie aux fidèles de rite grec. À Chypre, elle considéra comme intrus les prélats orthoxoxes qui s'étaient maintenus dans l'île sans mandat apostolique ou accord des évêques latins, à l'instar de l'archevêque Néophyte. Le Siège apostolique souhaitait officiellement ne pas raviver « l'ancien schisme grec », que la prise de Constantinople lui avait donné l'impression

---

[39] Coureas et Schabel, *The Cartulary of the Cathedral of Holy Wisdom of Nicosia*, n° 84 p. 221 (original) et 82 p. 215 (confirmation du légat Pélage) ; Coureas, *The Latin Church in Cyprus*, p. 265 et 253.

[40] García y García, *Constitutiones Concilii quarti Lateranensis*, § 4 p. 51–52 ; *Bullarium Cyprium*, c-35 p. 223–225 et c-37 p. 227–228 ; Joseph Gill, *Byzantium and the Papacy, 1198–1400*, New Brunswick, New Jersey, 1979, p. 58.

de réduire. Aussi, le 3 janvier 1222, confia-t-il le soin au patriarche de Jérusalem et aux archevêques de Tyr et de Césarée de révoquer les abbés, prêtres et diacres qui rejetteraient l'autorité de l'Église romaine[41].

Honorius III émit, deux semaines plus tard, un privilège insigne en faveur d'Eustorge de Montaigut, qui lui avait signalé la présence à Chypre de communautés melkites, jacobites et nestoriennes acéphales. Il chargea le patriarche Raoul de Mérencourt et deux évêques du patriarcat de Jérusalem de les placer sous l'autorité de l'archevêque de Nicosie et des différents évêques latins de sa province, en recourant au besoin à la censure ecclésiastique. Cette décision était sur le plan juridique pour le moins contestable, les hérétiques devant abjurer les erreurs supposées de leurs Églises, avant de pouvoir rentrer dans la communauté des fidèles. Plusieurs historiens ont démontré que ces contingences doctrinales pesaient médiocrement sur les relations entretenues par les Latins avec les jacobites depuis le XIIe siècle. Faut-il rappeler que le comte Joscelin II d'Édesse avait été confessé sur son lit de mort, en 1159, par un métropolite miaphysite, même si la papauté attendit 79 ans pour reconnaître la validité des sacrements délivrés par le clergé jacobite ? La décision d'Honorius III conforta, quoi qu'il en soit, les aspirations patriarcales d'Eustorge de Montaigut[42].

La mission confiée au patriarche Raoul de Mérencourt aboutit à la suppression de dix des quatorze sièges épiscopaux, que comptait l'Église orthodoxe en 1191. Ces dispositions furent validées lors d'une convention signée avec la noblesse chypriote le 14 septembre 1222, sous les auspices du cardinal d'Albano et des grands-maîtres des ordres militaires. Ce document soumit les sièges de Soléa, Arsinoé, Lefkara et Karpassia à l'autorité des quatre évêques latins de l'île et décida de limiter l'ampleur du clergé régulier grec, qui privait la noblesse de bras utiles. L'ordinaire s'engagea à définir avec le pouvoir royal le nombre maximum de frères admissibles à l'échelle de chaque monastère orthodoxe. Ces décisions troublèrent le clergé grec qui dépêcha une mission de représentation auprès du patriarcat de Nicée afin de requérir ses conseils. Cette dernière fut conduite par l'évêque Léontios

---

41 Tăutu, *Acta Honorii III, 1216–1227, et Gregorii IX, 1227–1241*, n° 89 p. 118–119 ; Laurent, *Les regestes des actes du patriarcat de Constantinople*, t. I, fasc. IV, n° 1218 p. 21–22. Il semble que le prédécesseur de Néophyte ait reconnu, un temps, la suprématie de l'Église romaine.

42 *Bullarium Cyprium*, c-41 p. 233–234 ; Coureas, *op. cit.*, not. 56 p. 256 ; Hamilton, *The Latin Church in the Crusader States*, p. 349 et 355 ; Peter Kawerau, *L'Eglise jacobite au Moyen Age et la renaissance syrienne*, trad. A. Fretay, Montpellier, 1983, p. 65–67 ; Jean-Baptiste Chabot, *Chronique de Michel le Syrien, patriarche jacobite d'Antioche* (*1166–1199*), t. III, Paris, p. 295 ; Tăutu, *op. cit.*, n° 239 p. 318 (bulle du 7 juin 1238).

de Soléa et l'abbé Léontios d'Absinthi, peu de temps après l'expulsion de Chypre de l'archevêque Néophyte. Certains auteurs ont voulu placer à la date du mois de septembre 1222 cette ambassade, en se fondant sur une lettre du patriarche Germain II, rédigée durant l'an 6731 de la Création du Monde. Cette épître ne fut cependant écrite qu'après l'élévation patriarcale de Germain II le 4 janvier 1223, même si une mission chypriote a pu rejoindre la cour de Nicée, au lendemain de la disparition du patriarche Manuel Sarantènos[43].

Le rescrit du patriarche Germain peut se concevoir comme une réponse à la confirmation du concordat de Famagouste, effectuée par Honorius III le 21 janvier 1223 à la requête de l'épiscopat latin. Sa rubrique la présente en effet comme une réponse officielle du patriarche Germain et du sacré synode à la population de Chypre, « où les Latins exigeaient la soumission du seigneur Néophyte qui y exerçait le sacerdoce suprême ». Elle use de nombreuses citations bibliques pour dépeindre la quiétude dans laquelle baignait l'île de Vénus, avant sa conquête par Richard Coeur de Lion en 1191 :

> Le criminel Satan n'y avait aucune place, lui qui permet à la convoitise de se développer et qui menace de détruire la terre et la mer. C'est pourquoi il arme des mains barbares et excite une race hostile contre l'Église toute bienveillante. Selon la vision de Daniel (Daniel, 7, 7 et 19) il dévore avec ses dents certains peuples, en découpe d'autres avec ses ongles quand il ne les piétine pas, en les poussant collectivement à leur perte. Les Latins se sont en effet regroupés pour attaquer les Chypriotes, l'un d'entre eux envahissant la mer immense et tout ce qui s'y trouve, en portant plus impétueusement son regard sur l'île dont il ne pouvait détacher ses yeux. Il l'attacha au contraire à ses propres limites, le flot se brisant en soi-même conformément aux freins imposés par la providence du Créateur (Job, 38, 11)[44].

Le patriarche œcuménique oppose ces péripéties aux dangers spirituels représentés par une soumission inconsidérée de la population grecque à l'obédience romaine. « *L'audace des Italiens, dit-il, a dépassé ses limites traditionnelles et le flot de leur colère s'est répandu, en courant au-delà des bornes et en envahissant le monde extérieur. Une atroce tempête s'est déclarée de cette manière dans la fameuse île de Chypre jadis, alors qu'un pacte secret la protégeait de la mer et que l'onde s'apaisait à son contact. Ce déluge a*

[43] *Bullarium Cyprium*, c-47 p. 239–245 ; Coureas, *op. cit.*, p. 323 ; Laurent, *op. cit.*, t. I, fasc. IV, n° 1234 p. 43–45. L'année 6731 de la Création du Monde courait selon le calendrier byzantin du 1er septembre 1222 au 31 août 1223 (*cf.* Venance Grumel, *Traité d'études byzantines*, t. I : *La chronologie*, Paris, 1958, p. 220).

[44] *Bullarium Cyprium*, c-47 p. 239–245 ; Migne, *Patrologia graeca*, t. CXL, Paris, 1887, § 3 col. 603.

détruit assurément les beautés créées à ce jour et jeté à terre toutes les choses qui émergeaient du sol. Il a atteint dans la foulée les enveloppes charnelles des hommes. Mais cette calamité était cependant supportable, pour autant qu'elle soit grave, dans la mesure où elle engendrait un préjudice corporel et une destruction des corps qui sont conçus en peu de temps et déliés de leur attache terrestre peu après. Aujourd'hui, en revanche, un phénomène s'est manifesté à l'encontre des âmes et passe pour agiter le discours droit de la piété ! En effet, avec les combattants un nombre non négligeable de prêtres de leur race a envahi l'île, perturbé les églises et refusé d'épargner les offices divins effrontément[45] ».

Cette rhétorique amène le patriarche Germain à livrer son opinion sur les exigences canoniques des « Italiens », qui l'ont poussé à fuir Constantinople en 1204. Ils en énumèrent trois qui consistent à prêter un serment de fidélité aux Latins par le biais des mains, à notifier toute élection ecclésiastique à l'archevêque de Nicosie, et à permettre à n'importe quel clerc orthodoxe de faire appel auprès de sa personne d'un jugement rendu par un tribunal grec. Le saint synode ne semble pas avoir pris de positions fortes contre ces prétentions, avant qu'un groupe de clercs et laïcs constantinopolitains ne le mette en garde contre « la perversité des Latins » et leur soif de pouvoir. Le patriarche souhaitait en effet procéder avec diplomatie afin d'assurer la survie de l'Église chypriote dans le respect des canons, traditions et usages de l'Église orthodoxe. Abandonnant le principe d'économie, il engage la population chypriote à refuser tout serment d'allégeance à l'Église romaine et à satisfaire ses autres exigences dans la mesure où l'obtention d'un bien spirituel justifie le sacrifice d'un bien matériel[46].

Le rescrit de Germain II dresse un vibrant éloge de l'esprit de résistance de la population constantinopolitaine, dont le patriarcat œcuménique partage le scepticisme à l'égard des intentions de la papauté :

> Les Constantinopolitains disent « que votre lumière brille devant les hommes non seulement par vos œuvres, mais en premier lieu à travers vos paroles » (Matthieu, 5, 16) et que rien de ténébreux ou d'obscur ne soit dissimulé dans vos décrets. Nous pouvons inventorier les tromperies des Latins du fait de notre expérience personnelle. Nous avons dû supporter un grand labeur quand nous avons côtoyé les Latins, en raison d'un séjour prolongé en geôle. Nous avons été expulsé de notre patrie, frappé d'humiliations à cause de

---

[45] Migne, *Patrologia graeca*, t. CXL, § 4 col. 604 et 606 (*cf.* Laurent, *op. cit.*, n° 1234 p. 43–44).

[46] Migne, *Patrologia graeca*, t. CXLVII, Paris, 1865, § C col. 465–466 et t. CXL, § 9–13 col. 608–612.

> l'ornement de notre barbe et instruit à travers cela pleinement des tromperies de ces hommes. Les Latins disent une chose, mais en dissimulent une autre dans leurs mensonges. Ils demandent que nous mettions nos mains dans les leurs et prétendent que cela ne constitue en rien une faute ou une erreur répréhensible, alors que cela en est bien une que la trahison de la foi transmise par les Anciens et la réduction à l'obédience de leur Église, sans parler des prérogatives extravagantes que la Vieille Rome entend usurper[47] !

Ces convictions confèrent aux dernières lignes de la lettre de Germain II un ton offensif, qui dut rassurer l'épiscopat chypriote, en mal de pasteur :

> Vous aussi, frères chypriotes dans le Christ, soyez les imitateurs de l'Église de Constantinople, dont les pasteurs imitent vos papas en soufflant incessamment dans les flûtes des sermons et en récitant des chants aussi adoratoires que salutaires ! Que les moutons chypriotes prennent exemple sur les troupeaux constantinopolitains ! Ceux-là furent privés de pasteurs durant un long moment et amenés à partager leur repas avec les loups, après avoir tondu l'ornement de leur barbe et aiguisé leurs crocs. Ils épargnèrent toutefois le sceau de la foi et toutes les embûches éventuelles, et confondirent les loups vainement envieux. Si de ceux-là plusieurs, peu à vrai dire, furent enragés par quelque dureté ou morsure, la plupart affluèrent vers le baume de Galaad (Jérémie, 8 ; 22) et les médecins spirituels de ce lieu. Ils recouvrèrent auprès d'eux leur santé première, inaltérée, et les louanges de l'Invulnérable et Immanent, ainsi que celles de celui qui en procède (i.e. le Christ) en raison de la connaissance de leur infirmité et de leur détermination à chercher rapidement un remède[48].

Les recommandations du patriarche Germain semblent avoir porté partiellement leurs fruits au vu d'une nouvelle correspondance adressée à la population chypriote après la disparition d'Honorius III. Cette lettre du mois de juillet 1229 entend conforter la foi des habitants de l'île de Chypre, attachés à l'orthodoxie, et démontrer la vanité des prétentions de l'Église latine sur les fidèles de rite grec. Ses développements théologiques en font une œuvre plus aboutie et plus incisive que le rescrit adressé à l'épiscopat chypriote après la promulgation du concordat de Famagouste. L'inclusion dans son adresse des communautés melkites de Chypre révèle la volonté de contrecarrer les aspirations hégémoniques de l'archevêché de Nicosie sur les chrétiens orientaux. Le patriarche œcuménique se félicite de l'attention réservée à son premier courrier, qu'il a semé dans un terrain fertile comme du bon grain. Il prend appui sur ce bilan flatteur pour mener une longue réflexion ecclésiologique sur l'indépendance des patriarcats fondés dans

[47] Migne, *Patrologia graeca*, t. CXL, § 12 col. 609.
[48] Migne, *Patrologia graeca*, t. CXL, § 15 col. 62.

l'Antiquité. Aucun siège apostolique ne peut selon lui empiéter sur un ressort voisin, sans encourir l'excommunication ou la damnation[49].

Cet équilibre n'altère en rien l'unité ainsi que l'universalité de l'Église du Christ, que les théologiens byzantins placent sur un plan mystique, à la différence des Latins. « *Nous savons en effet, déclare le patriarche, que nous sommes tous liés par le baptême chrétien et qu'il n'y a qu'un seul maître et guide en la personne du Christ, qui est à travers le monde le chef de tous les chrétiens. En étant honorés par la dignité pontificale, nous sommes tous également frères et membres du corps du Christ. La vérité est ainsi établie et le Christ en témoigne, en tant que Vérité incarnée, avec ceux qui le virent et qui furent ses ministres (Luc, 1, 2). L'Italien orgueilleux ne veut nullement de cela et ne supporte pas que le Christ soit le chef, ou puisse être appelé ainsi. Rejetant cette organisation, il revendique ce titre pour le pontife de la Vieille Rome et tente de remodeler les cinq patriarcats existant au profit de l'un d'entre eux. Il entend également établir son trône dans les nues et l'assimiler au Très-Haut (Isaïe 14, 13–14). Je proclame que les nues dominent les sièges pontificaux dont elles sont plus élevées, même si elles sont destinées [à terme] aux patriarches. Par elles, sont exaltées sans distinction les réalités terrestres et l'averse volontaire et mystique de la doctrine spirituelle. De combien de larmes sont-elles dignes et de gémissements quand l'esprit ténébreux de l'orgueil, qui cause les plus grands méfaits, aura vaincu cette classe d'hommes nombreuse*[50] *?* »

Cette démonstration débouche sur une réfutation méthodique du *Filioque*, qui permet au patriarche Germain de souligner les errements de la papauté :

> La première faute, toute aussi grande des Latins, concerne l'interdiction de toute addition au symbole de la foi. Que personne n'envisage de le faire, les coupables s'exposant à l'anathème perpétuel du saint et œcuménique synode. Que se réfère, celui qui le désirera, au premier canon du sixième synode général[51], qui précise ces dispositions dans sa dernière partie : « Si quelqu'un parmi l'ensemble ne respecte pas les susdits décrets inspirés par la piété, ni ne les soutient par la pensée ou la prédication, mais se révèle y être hostile, qu'il soit anathème selon le décret précédemment exposé par les saints et bienheureux pères et qu'il soit banni et retranché de la liste des chrétiens ! Nous décrétons en effet et déclarons ne pouvoir ajouter ou retirer quoi que ce soit à ce qui a été défini précédemment ». Ainsi s'exprime le susdit

---

[49] Migne, *Patrologia graeca*, t. CXL, § 1–11 col. 613–622 (*cf.* V. Laurent, *op. cit.*, n° 1250 p. 56–57).

[50] Migne, *Patrologia graeca*, t. CXL, § 5 col. 615 et 618.

[51] Il s'agit du concile œcuménique de Constantinople III, tenu en 680–681.

> canon. Qu'aucune personne instruite n'ignore que le pape[52] de cette époque a reconnu, par le biais de ses vicaires, les dogmes et canons formulés durant l'ensemble de ce synode œcuménique[53] !
>
> Que faut-il ajouter de plus ? Que les pontifes actuels de la Vieille Rome ne soutiennent, ni ne chérissent les pontifes de la Vieille Rome, qui vivaient à l'époque des sept conciles œcuméniques et sacrés. Ils se détournent, de la sorte, à la fois des Grecs et de leurs prédécesseurs et ne s'appuyent sur rien, en ne reconnaissant nullement ce qui a été édicté et confirmé synodalement par ces derniers. Les Italiens sont de nos jours les introducteurs d'une nouvelle foi et d'un nouveau dogme, de même que les inventeurs de canons supplémentaires. Ils cherchent de ce fait un autre Christ et d'autres apôtres ! En effet, les pères de ces synodes, guidés par le souffle de la volonté divine et leur fidélité à Dieu, ne crurent nullement que l'Esprit saint tirait son existence de deux personnes. Ils prêtèrent foi, en revanche, au Christ – comme pour tout le reste – à propos des manifestations de l'Esprit saint, après qu'il eut montré que celui-ci procède du Père (Jean, 15, 26)[54].

Ces arguments théologiques témoignent de la vigueur de la polémique byzantine, qui distinguera au XIIIe siècle 104 sujets de divergence dans les pratiques de l'Église latine, contre 27 un siècle et demi plus tôt. Cette exaspération des rancoeurs s'incarne dans les consignes transmises à la population chypriote, que la papauté voudrait soumettre à ses lois particulières. Le patriarche œcuménique conseille aux fidèles de prier dans leur maison, plutôt que de fréquenter les églises desservies par des clercs qui se seraient compromis avec les Latins. Les prêtres, qui se seraient soumis d'une quelconque manière à l'Église romaine ou auraient prêté un serment d'allégeance au pape, doivent être considérés comme anathèmes, en attendant leur absolution par le saint synode. Leur sanctuaire ne pourra rouvrir ses portes qu'après la notification orale de leur rupture d'obédience à l'archevêque de Nicosie et à ses suffragants. Le patriarche œcuménique engage, par ailleurs, le clergé chypriote à désobéir aux évêques ralliés à Rome et à considérer comme invalide toute excommunication fulminée en retour. L'eschatocole de sa lettre invite les Chypriotes à emporter leur foi inviolée dans la tombe, en mettant en avant le salut de leurs âmes. Cette réglementation pointilleuse alimentera des conflits au sein du clergé insulaire après le retour d'exil de Néophyte et sa soumission forcée aux Latins. Le clergé uniate en profitera pour solliciter auprès de la papauté en 1250 le

---

52 Il s'agit du pape Léon II, car son prédécesseur Agathon était décédé pendant le déroulement du concile.

53 Migne, *Patrologia graeca*, t. CXL, § 6 col. 617.

54 Migne, *Patrologia graeca*, t. CXL, § 7 col. 617 et 619.

rétablissement des évêchés supprimés, sans obtenir pour autant satisfaction[55].

Divers documents attestent l'extension de cette politique au littoral syrien durant les dernières années de pontificat d'Honorius III. La paternité de ces mesures revient cependant au pape Lucius III (1181–1185), qui décida de placer les communautés grecques et arméniennes du diocèse de Valénie sous l'autorité de l'évêque latin du lieu, en arguant de leur acéphalie. Son successeur Urbain III renouvela ces dispositions, avant qu'Honorius III ne les entérine le 17 mars 1225 à la requête de l'évêque Barthélémy, qui obtint un droit de regard sur l'ensemble des futures églises et chapelles de son diocèse. Les historiens ont déduit de ce précédent une ouverture progressive du Saint-Siège au dialogue interreligieux à l'époque où les templiers devaient emporter des autels portatifs en Cilicie afin de préserver l'orthodoxie de leurs pratiques. Il semble que la papauté ait considéré en fait très tôt les communautés acéphales comme des brebis égarées, que de bons pasteurs pourraient ramener facilement dans le giron de l'Église. Le peu d'instruction des fidèles autorisait les plus grands espoirs en la matière, les questions de schisme et d'hérésie demeurant l'apanage du haut-clergé[56].

La papauté entretenait l'illusion d'une fusion des communautés orthodoxes d'Orient, en étendant le paiement de la dîme aux fidèles de rite grec. Cette décision ne fut appliquée en Terre sainte qu'une dizaine d'années après sa formulation lors du concile de Latran IV, en raison d'un mode de décimation spécifique. Honorius III autorisa dans ce contexte seulement en 1225 Raniero da Castelvecchio à assujettir au prélèvement de la dîme les fidèles grecs de son patriarcat. Cette décision ne fut pas motivée par l'invocation du cinquante-troisième canon du concile de Latran IV, mais par une dissertation sur l'universalité de la dîme et le fait qu'il était difficile de distinguer en Orient les Latins des Grecs et des barbares[57]…

Cet argument doit être regardé comme particulièrement spécieux, le Saint-Siège ayant autorisé, quelques années plus tôt, la déposition devant les cours ecclésiastiques des Grecs, Syriens et Arméniens qui permettraient de reconstituer le temporel des diocèses d'Apamée et d'Antioche.

[55] Coureas, *op. cit.*, p. 252 et 273 ; Migne, *Patrologia graeca*, t. CXL, § 8–10 col. 619–622 ; Laurent, *op. cit.*, n° 1252 et 1253 p. 59–60 ; *Bullarium Cyprium*, e-42 p. 381–385.

[56] *Bullarium Terrae Sanctae*, n° 90 ; Hamilton, *The Latin Church in the Crusader States*, p. 206.

[57] *Bullarium Terrae Sanctae*, n° 101 ; García y García, *Constitutiones Concilii quarti Lateranensis*, § 53 p. 94.

L'assujettissement des Grecs s'insère en fait dans une lutte farouche contre les prétentions du patriarche melkite, Siméon II, qui amena le clergé orthodoxe à fournir un cautionnement moral et financier à l'Église latine, sous peine de déchéance[58]. Il est cependant excessif de prétendre que Siméon alla jusqu'à excommunier le pape, après avoir pris part à des débats théologiques organisés en 1234 en Anatolie. Le rapport des nonces pontificaux démontre la cordialité des échanges conduits par le patriarche Germain II, malgré les accusations réciproques d'hérésie. La rumeur découle en fait d'une allégation de Matthieu Paris sur l'excommunication supposée du pape par le patriarche Germain II en 1238[59].

3 Les échanges diplomatiques avec les Églises gréco-orientales

Ces vitupérations s'expliquent par le contexte colonial de la Terre sainte et l'inscription dans le droit canon de la suprématie romaine à l'issue de la querelle des investitures. Les croisés remplacèrent en effet dans la foulée de la première croisade les patriarches melkites de Jérusalem et d'Antioche par des prélats latins, en rompant le dialogue sur l'union des Églises noué depuis 1054. Une exacerbation de ces tensions survint après le sac de Thessalonique par les Normands en 1185 et l'élévation sur le trône œcuménique du patriarche Dosithée de Jérusalem en 1189. Le canoniste Théodore Balsamôn estima qu'un orthodoxe ne pouvait entendre la messe, ni recevoir la communion aux côtés des Latins, quelques années avant que le patriarche Jean X Kamatéros réfute méthodiquement les arguments développés par Innocent III afin d'asseoir la prééminence de l'Église romaine[60].

« Nous déclarons, dit-il dans une lettre cinglante, que Pierre fut placé par le Christ avant les autres disciples et précède en honneur les autres et fut exalté par cette primauté. Si nous croyons que l'Église de Rome est la première en rang et en honneur – comme parmi des sœurs d'égal honneur – parmi les autres Églises de Dieu honorées du rang patriarcal, à aucun moment nous n'avons enseigné qu'elle est leur mère ou qu'elle les englobe. Une telle primauté et un tel honneur lui ont été accordés avec les années, non parce que Pierre

---

58 *Bullarium Terrae Sanctae*, n° 56, 66 et 103 ; Hamilton, *op. cit.*, p. 317 et 319.

59 Cahen, *La Syrie du Nord à l'époque des Croisades et la principauté d'Antioche*, p. 680 ; Golubovich, *Biblioteca bio-bibliografica della Terra Santa e dell'Oriente francescano*, t. I, p. 163–169 ; Matthieu Paris, *Chronica majora*, t. III, p. 518–519 (*cf.* Norden, *Das Papsttum und Byzanz*, p. 348–358).

60 Alain Ducellier, « Byzance et la papauté », *Dictionnaire historique de la papauté*, p. 250 ; Meyendorff et Papadakis, *L'Orient chrétien et l'essor de la papauté*, p. 184–202 ; Hamilton, *op. cit.*, p. 1–85.

avait été fait évêque de Rome par le Christ (assurément, ce n'est point une tradition soutenue ou transmise par l'Écriture sainte) ou parce qu'il y est mort. En fait, le premier argument limite l'honneur octroyé à l'apôtre, en confinant à Rome seule l'homme qui fut envoyé aux Hébreux circoncis partout dans le monde ; le second ne saurait être une source de fierté pour Rome. Un tel honneur a été accordé à votre Église parce qu'à cette époque, Rome était exaltée par un empereur et un sénat qui ne s'y trouvent plus maintenant[61] ».

Lothaire de Segni reprochait à cette époque aux Byzantins de tenir les chiens en meilleure estime que les croisés, en reprenant des accusations formulées au moment de la troisième croisade contre Dosithée de Jérusalem (1189–1191). Le traumatisme de la quatrième croisade n'améliora pas les choses, le patriarche Germain II dénonçant dans les années 1230 « la violence et la tyrannie » pratiquée par l'Église romaine. Cette diatribe semble avoir été adressée au patriarche de Jérusalem, Athanase II, au lendemain du traité de Jaffa (11/02/1229) et du supplice des martyrs de Chypre (1231), malgré la volonté de certains auteurs de placer sa rédaction en 1224. La question consiste dès lors à évaluer avec précision la nature des ouvertures formulées par Honorius III à l'égard du monde orthodoxe durant son pontificat[62].

Une thèse récente a démontré l'indifférence relative des élites européennes au sort des Grecs après la quatrième croisade, qui vit un déferlement de reproches critiquer leurs pratiques cultuelles. Il semble que la papauté ait partagé très tôt ce point de vue, même si de nombreux chroniqueurs continuèrent de dénoncer « l'insolence ordinaire des Grecs ». Il suffit d'examiner les relations diplomatiques nouées avec le royaume de Géorgie pour se convaincre de l'ouverture d'esprit du Saint-Siège. Innocent III avait demandé en 1211 au roi Georges IV de se porter au secours du royaume de Jérusalem, tout en ignorant que la réalité du pouvoir était alors assuré par sa mère, Tamar. Pélage d'Albano renouvela cet appel à l'aide en 1221, en considérant les Géorgiens comme des chrétiens en communion avec Rome. Ceux-ci avaient compris les avantages qu'ils pourraient retirer d'une reconnaissance symbolique de la suprématie romaine dans le cadre

---

61 Aristeides Papadakis et Alice-Mary Talbot, « John X Camaterus confronts Innocent III. : An unpublished correspondence », *Byzantinoslavica*, 30 (1972), p. 33–41 et pour l'extrait qui nous intéresse p. 39–40.

62 Michael Angold, « Greeks and Latins after 1204 : A Perspective of Exile », *Latin and Greeks in the Eastern Mediterranean after 1204*, Londres, 1989, p. 66 ; Venance Grumel, « Jérusalem entre Rome et Byzance. Une lettre inconnue du patriarche de Constantinople Nicolas III à son collègue de Jérusalem », *Echos d'Orient*, 38 (1939), p. 104–117 (1230–1236) ; Jean Darrouzès, « Les documents byzantins du XIIe siècle sur la primauté romaine », *Revue des études byzantines*, 23 (1965), p. 43–51 ; Meyendorff et Papadakis, *op cit.*, p. 185–186 (1224).

agité de l'Orient des croisades. Aussi la reine Russudan expédia-t-elle une lette révérencieuse en 1223 au « très saint pape, père et seigneur de tous les chrétiens, détenteur du siège du bienheureux Pierre ». Honorius III répondit à cette ambassade en accordant une indulgence plénière aux combattants géorgiens qui participeraient à la libération de la Terre sainte. Ce geste témoigne d'un sentiment de suzeraineté à l'égard des Églises géorgienne et abkhazienne, que ne dut pas rejeter expressément l'évêque d'Ani, dépêché en Europe par la reine Russudan. L'union des Églises attendra cependant encore deux décennies, avant d'être étudiée sérieusement par les théologiens des deux camps[63].

L'exemple de la Géorgie illustre la voie diplomatique privilégiée par la papauté dans ses relations avec les chrétientés orientales. Les nonces du Saint-Siège assumaient l'acheminement vers les Balkans et le Caucase d'une correspondace d'ordre politique, qui recelait des allusions explicites à la plénitude du pouvoir revendiquée par le Siège apostolique. Un débat s'ouvrait, en cas de réponse favorable de la part des souverains orientaux, sur une union religieuse impliquant l'acception du *credo* catholique. Il était rare que la papauté dialogue directement avec l'épiscopat oriental, en l'absence de missionnaires susceptibles de diffuser ses idéaux avant l'avènement des ordres mendiants. C'est ainsi que le patriarche Aimery de Limoges avait négocié lui-même la soumission à l'obédience romaine de l'Église maronite, qui passait pour véhiculer des croyances monothélites[64].

Le chef de cette Église fut le seul primat de rite oriental à assister au concile de Latran IV, en l'absence du catholicos arménien, Jean VI, et du patriarche melkite d'Alexandrie, Nicolas Ier, dont la latinophilie est bien connue. L'absence de Nicolas s'explique plus par son impossibilité matérielle à quitter l'Égypte ayyoubide, que sa volonté de préserver ses relations privilégiées avec le patriarcat de Nicée. Le chroniqueur Aubry de Trois-Fontaines affirme en effet « qu'il fit ce qu'il put, en envoyant à sa place son diacre Germain ». Nicolas fut associé, cinq ans plus tard, au projet de synode panorthodoxe nourri par le patriarche Manuel Sarantènos en vue de refaire l'unité de la chrétienté. Malgré l'échec de ces projets, Nicolas continua d'entrenir avec Honorius III une correspondance suivie et de

---

63 Carrier, *L'image des Byzantins et les systèmes de représentation selon les chroniqueurs occidentaux des croisades*, p. 427–451 ; Rodenberg, *op. cit.*, t. I, n° 251 p. 178–179 et 253 p. 180–181 ; Michel Tamarati, *L'Église géorgienne des origines jusqu'à nos jours*, Rome, 1910, p. 414–420 (analyse et traduction des lettres).

64 Jean Richard, *La papauté et les missions d'Orient au Moyen Âge (XIIIe-XVe siècles)*, Rome, 1998 (2e édition), p. 47–61 ; Boutros Dib, *Histoire du Liban des origines au XXe siècle*, Paris, 2006, p. 254–255.

participer à la gestion de *commonwealth* byzantin jusqu'à sa disparition en 1243. La papauté ne semble jamais l'avoir tenu pour schismatique, bien qu'il n'ait pas reconnu sa suprématie dans les termes imposés en 1242 au patriarche melkite d'Antioche[65].

Cette soumission s'explique par la situation marginale du patriarche David, qui résidait jusqu'à cette date à Nicée. Son entrée à Antioche impliqua une reconnaissance de la primauté romaine et de l'autorité de son homologue latin, Albert de Rezzato. Tel ne fut pas le cas du patriarche œcuménique Germain II, dont l'autorité s'accrut au fur et à mesure du développement de l'Empire de Nicée. Honorius III n'éprouva pas le besoin de nouer des relations directes avec sa personne, en considérant le siège de Constantinople occupé par un patriarche légitime, en communion avec Rome. Ce mythe forgé au moment de la quatrième croisade rendit les négociations difficiles avec l'Église byzantine jusque dans les années 1240. Les premiers pourparlers n'intervinrent d'ailleurs qu'après la disparition d'Honorius III, à l'occasion du séjour de cinq franciscains à la cour de Nicée. Le patriarche Germain adressa au pape Grégoire IX et aux cardinaux deux appels vibrants à l'union, auxquels ces derniers répondirent par voie épistolaire, puis diplomatique au cours des années 1232–1234. L'ironie veut que le texte des débats organisés à Nicée, puis Nymphée, par les autorités byzantines nous soit parvenu grâce à une copie du *Liber censuum*, constitué par Honorius III dans sa jeunesse. Cette prise de contact présida à l'échange de nombreuses professions de foi et déclarations d'intention dans l'optique de la tenue d'un hypothétique concile œcuménique[66].

Honorius III manifesta une grande bienveillance à l'égard des monastères orthodoxes, qui avaient reconnu la primauté romaine afin de conserver la jouissance de leur patrimoine. Ses registres conservent le texte d'un privilège octroyé le 28 septembre 1218 au couvent de Saint-Mélèce du mont Kithairon, dont Innocent III avait confirmé les possessions à la veille de sa mort. Les moines attiques cultivaient de nombreuses terres et vignes, dont Honorius confirma la possession avec l'ensemble des « libertés et immunités concédées au monastère par les empereurs, princes et fidèles, de même

---

65 Luchaire, « Un document retrouvé », p. 562 et 564 ; Aubry de Trois-Fontaines, *Chronica*, p. 903 ; Laurent, *opt. cit*, n° 1224 p. 30–31, 1278 p. 85–86 et 1282 p. 88–89 ; Rodenberg, *op. cit.*, t. I, n° 233 p. 162–163 ; Richard, *La papauté et les missions d'Orient au Moyen Âge (XIIIe-XVe siècles)*, p. 50–51 et 58.

66 Meyendorff et Papadakis, *op. cit.*, p. 263–264 ; V. Laurent, *opt. cit*, n° 1256 p. 62–65, 1257 p. 65–68 et 1267–1277 p. 76–85 ; Girolamo Golubovich, « Disputatio Latinorum et Graecorum », *Archivum Franciscanum Historicum*, 12 (1919), p. 428–470 ; Fabre, *Le Liber censuum de l'Église romaine*, t. II, § 6 p. 36.

que les coutumes anciennes et raisonnables en vigueur ». Le Saint-Père valida également la procédure d'élection des higoumènes locaux, à la condition qu'aucune fourberie ou violence ne fausse le suffrage obtenu dans le respect de la règle du monastère. Un second privilège exempta le couvent d'Osios Mélétios du paiement des dîmes pesant sur les terres exploitées par ses soins avant le concile de Latran IV. Les terres sous-inféodées à des paysans ne pouvaient prétendre à cette franchise, au même titre que les terrains mis en culture après 1215. Le pape accorda ce privilège à trois monastères orthodoxes, érigés sur les pentes du Pentélique, qui avaient reconnu l'autorité de l'Église romaine. Les communautés de Saint-Ange, Saint-Nicolas et Saint-Sauveur de Platania jouirent de la sorte des mêmes prérogatives que les monastères latins de Romanie[67].

La faveur du Saint-Siège s'exerça à l'égard d'autres congrégations implantées en territoire latin. Le pape confirma ainsi, dès le 25 octobre 1216, les possessions et privilèges du monastère melkite de Saint-Théodose Cénobiarque qui s'élevait dans le désert de Judée depuis près de sept siècles. Cette laure perpétuait le souvenir d'un ermite cappadocien du Ve siècle qui avait séjourné à Jérusalem puis Bethléem, avant de se retirer au désert avec un nombre considérable de disciples. Ces cénobites adoptèrent la règle de saint Basile le Grand qui permit à leur monastère de compter rapidement 400 moines issus de Palestine, Géorgie et Arménie. L'engagement de Théodose dans la lutte contre le monophysisme lui valut le soutien indéfectible du pape Félix IV et l'honneur d'être choisi comme patron de plusieurs *coenobia* palestiniens après sa disparition en 529. Sa laure passait pour se dresser à l'endroit où les Mages auraient été mis en garde par un ange durant leur progression vers Bethléem. Cet épisode apocryphe facilita le développement du monastère et la multiplication des pèlerinages vers le désert de Juda, qui abritait d'autres lieux saints. Il prit à l'époque croisée le vocable de *Sanctus Theodosius Cenobiarca de Laberia*, que certains auteurs ont relié à tort avec la Hongrie ou la cité romaine de Verria. Il ne s'agit ni plus, ni moins d'une allusion au désert du Néguev, que les Arabes qualifiaient d'al-barriya et les Francs de La Berrie[68].

---

[67] Pressutti, *op. cit.*, t. I, n° 1627 et 1630 p. 271 (*cf. Bullarium Hellenicum*, n° 75–76) ; Anastasios K. Orlandos, « Η μονή του Οσίου Μελετίου και τα παραλαύρια αυτής », *Αρχείον των Βυζαντινών Μνημείων της Ελλάδος*, t. V (1939–1940), p. 34–118 (notice sur le monastère de Saint-Mélèce). Il est à noter qu'Osios Mélétios apparaît dans la documentation pontificale comme élevé sur les pentes du mont Miopolée qui domine le golfe de Corinthe.

[68] *Bullarium Terrae Sanctae*, n° 5 ; Edmund Weigand, « Das Theodosioskloster », *Byzantinische Zeitschift*, t. XXXII (1914–1919), p. 167–216 ; Richard, « Un monastère grec et son domaine chypriote », p. 61–62.

Les moines de Saint-Théodose semblent avoir tissé des relations cordiales avec le clergé latin de Terre sainte et la noblesse franque, malgré leur attachement à l'orthodoxie. L'higoumène Nicolas chargea un moine du nom d'Éphrem de prendre la route de Rome durant l'été 1216 afin d'obtenir la confirmation des possessions orientales du monastère par la papauté. Honorius III répondit avec empressement à cette demande, bien que certaines donations échappassent à ses compétences à l'instar d'une rente de 13 canthares de cire, concédée dans la ville ukrainienne d'Halicz. La laure de Saint-Théodose possédait un patrimoine non négligeable en Terre sainte avec une église, un hôpital et diverses dépendances, dont un four dans la ville même de Jérusalem. Les moines détenaient, par ailleurs, des terres à Rama, Ascalon, et Jaffa avec divers hôpitaux voués à l'accueil des pèlerins. Leur congrégation possédait dans le port de cette dernière ville deux nefs, franches de toute redevance douanière, qui pouvaient commercer avec l'ensemble du bassin méditerranéen grâce à un privilège royal. À l'extérieur de la ville se dressaient un hôpital et une église dédiée à saint Jonas, de facture très ancienne. La laure possédait, semble-t-il, à Gibel une obédience ou grange, une place et une église dédiée à saint Pierre et saint Paul. Cette dernière identification reste précaire en raison de la forme *Zevel*, portée dans les deux confirmations d'Honorius III qui nous sont parvenues. Son évocation avant les possessions cypriotes et hongroises du couvent laisse cependant sous-entendre une digression géographique, allant du sud de la Palestine vers le centre de l'Europe[69].

Le monastère possédait un important temporel dans l'île de Chypre, d'origine impériale. Jean Richard a identifié, il y a une vingtaine d'années, la plupart des tenures possédées par les moines dans la vallée du Khapotami qui prend sa source dans le Troodos pour se jeter dans la mer, à une vingtaine de kilomètres au sud-est de Paphos. Celles-ci s'insèrent dans un triangle passant par Kouklia, Pano Arkhimandrita, Platanisteia et la mer, dont l'abbaye possède le rivage compris entre la plage de Pissouri et les falaises de Petra tou Roumiou. En tête de ce patrimoine, vient le monastère de Saint-Théodose d'Acre ou *Acra*, qu'il semble possible d'identifier avec l'église d'Ayios Theodosios, située dans la périphérie de Pano Arkhimandrita. Diverses possessions sont évoquées par la suite à Glyphia, Pissouri, Alekhtora et Yerakies, où les moines byzantins possédaient des pêcheries[70].

---

69 *Bullarium Terrae Sanctae*, n° 5 et 24 ; Richard, « Un monastère grec et son domaine chypriote », p. 63.

70 *Bullarium Terrae Sanctae*, n° 5 ; Richard, « Un monastère grec et son domaine chypriote », p. 63–64.

L'église Saint-Cassien est une ruine proche du village de Glyphia et l'église Saint-Georges de Pyrgos un sanctuaire détruit, qui devait se dresser à l'embouchure du Khapotami. La densité des toponymes livrés par la confirmation d'Honorius III donne une image dynamique de cette région partiellement boisée. Sa fertilité est attestée par la présence de plusieurs fontaines, moulins et vergers, tranchant avec les vignes et oliveraies que l'on rencontre dans le reste de l'île. La laure de Saint-Théodose possédait, en dehors de cette zone, une série de biens à Kissousa, Polemidhia, Limassol, Letymvou et Nicosie avec, dans cette dernière ville, un hôpital et une église dédiée à Saint-Nicolas. Les Lusignan semblent avoir laissé à la congrégation orientale la jouissance de ces propriétés, à l'instar des empereurs latins de Constantinople dont relevaient au XIIIe siècle plusieurs églises et un hôpital[71].

Honorius III ne se contenta pas de confirmer cet important temporel par deux fois, le 25 octobre 1216 et le 29 janvier 1218. Il étendit aux possessions de Saint-Théodose le mode de décimation en usage dans l'Église catholique, en l'autorisant à admettre dans ses rangs des novices d'une manière régulière et à se procurer du saint chrême auprès du clergé latin. Ces clauses sous-entendent que le couvent oriental était entré dans l'obédience de l'Église romaine et qu'il s'était engagé à respecter ses interdits et excommunications. Le pape prit d'ailleurs soin de conditionner la validité de sa protection au respect de ces engagements dans les bulles solennelles, que son chancelier Raniero délivra à deux reprises au moine Éphrem. Le renouvellement de ces privilèges s'accompagna d'une exonération totale des dîmes susceptibles d'être réclamées au monastère judéen. Le souverain pontifie ne cacha pas sa volonté de récompenser la dévotion du moine Éphrem, qui était parvenu à négocier la libération du cardinal Colonna avec l'évêque hellénophone de Crotone. Le moine palestinien regagna dans la foulée la laure de Saint-Théodose, qu'il avait quittée à l'été 1216[72].

Un autre grand monastère oriental bénéficia de la faveur du Saint-Siège sous le pontificat d'Honorius III. Il s'agit de l'abbaye Sainte-Catherine du Sinaï qui avait été fondée par l'empereur Justinien à l'endroit supposé, où Moïse aurait entendu la voix de Dieu s'élever d'un buisson ardent (Exode, 3, 2). Une église de rite grec dédiée à Sainte-Marie s'élevait sur les pentes de la montagne de l'Horeb, au sommet de laquelle le prophète hébreu avait reçu les tables de la Loi durant une retraite de quarante jours

---

[71] *Bullarium Terrae Sanctae*, n° 5 ; Richard, « Un monastère grec et son domaine chypriote », p. 63–64.

[72] *Bullarium Terrae Sanctae*, n° 5, 24 et 23 ; Tăutu, *Acta Honorii III, 1216–1227*, n° 8 p. 26.

et quarante nuits (Exode, 34, 28). Elle avait bénéficié du soutien constant de la papauté à travers le temps, le pape Grégoire Ier allant jusqu'à édifier un hospice dans la clôture du monastère en 603. Les sources pontificales mentionnent, du reste, la présence constante de représentants de l'abbaye en Occident à partir du XIe siècle de notre ère. L'higoumène de Sainte-Catherine avait pris, quelque temps plus tôt, le titre d'évêque du Sinaï en raison du monothélisme déclaré des prélats installés sur le siège voisin de Phārān. La conquête arabe entraîna une islamisation des tribus saracènes du sud du Sinaï, que l'évêque Nathyr avait converties au cours du Ve siècle. La disparition des communautés chrétiennes d'Al-Faramā et d'al-'Arīsh concourut à asseoir l'autorité progressive des abbés de Sainte-Catherine sur la totalité de la péninsule sinaïtique[73].

Il n'est pas étonnant dès lors qu'Honorius III ait témoigné une grande déférence à l'égard de l'évêque Siméon Ier, qui délégua une mission diplomatique auprès du Saint-Siège durant l'année 1217. Les Latins considéraient l'évêché du Sinaï comme un siège de la province de Rabbath Ammon, soumis à l'autorité de l'archevêque de Kérak (al-Karak). Cette évidence n'émerge pas clairement du *Provinciale* dressé sous le pontificat d'Innocent III, qui considère les sièges de Kérak et du Sinaï soumis à l'autorité de « l'archevêché de Lydda », bien que ce dernier dépendît à l'époque de la province de Césarée. Les scribes pontificaux commirent une erreur grossière en plaçant parallèlement la cité de Kérak à la tête d'une province ecclésiastique centrée sur l'Arabie moabitique, c'est-à-dire la Jordanie[74].

Il semble que ces confusions procèdent de notices concurrentes, produites par les patriarcats d'Antioche et de Jérusalem afin de justifier leurs prétentions sur la province de Bosra, initialement antiochénienne. Le *Livre des assises* de Jean d'Ibelin († 1266) demeure la meilleure source susceptible de nous éclairer sur le statut de l'évêché du Sinaï durant les croisades. Il mentionne en effet parmi les archevêchés du patriarcat de Jérusalem :

> L'arcevesque du Babet, que les Greus apelent Filadelfe, qui au tens le roi Amauri fut translaté au Crac et est apelé arcevesque de la Pierre dou Desert. (...) Si a .I. sufragant : l'evesque de Faraon qui ores est a Monte Synai.

Ce développement fait allusion à la sujétion pendant une vingtaine d'années de l'évêché du Sinaï à l'archevêque de Kérak, dont le siège fut conquis

[73] *Bullarium Terrae Sanctae*, n° 20 ; Jean-Michel Mouton, *Le Sinaï médiéval, un espace stratégique de l'islam*, Paris, 2000, p. 45–75 ; Georg Hofmann, « Sinai und Rom », *Orientalia Christiana*, 9 (1927), fasc. 3, p. 219–299.

[74] Khalil Samir, « Archevêques du Sinaï au 13e siècle », *Orientalia Christiana Periodica*, 52 (1986), n° 2, p. 361–377 ; Tangl, *Die päpstlichen Kanzleiordnungen von 1200–1500*, p. 25–26.

par Saladin en 1188. Les assertions de Jean d'Ibelin sont confirmées par divers témoignages locaux qui démontrent l'adéquation existant entre les structures féodales et religieuses de la Syrie franque. Ernoul de Gibelet clame ainsi dans sa chronique qu'« apriès si est Mons Synaï, en la terre le seignor le Crac ». Sa description mentionne, en outre, la présence d'un oratoire au sommet du Sinaï, desservi par treize moines grecs[75].

La soumission du Sinaï à l'emprise franque ne fait guère de doute, bien que les moines de Sainte-Catherine aient dissuadé en 1116 le roi Baudouin Ier de Jérusalem de visiter leur sanctuaire. Ils redoutaient à cette date des représailles du pouvoir fatimide, qui avait pillé le monastère en 1091 malgré sa possession d'un pseudo-firman de Mahomet, forgé au IXe siècle à des fins pacifiques. Il est probable que le Sinaï ne comptait au XIIe siècle aucun sanctuaire latin, susceptible d'être soumis à l'autorité de l'higoumène de Sainte-Catherine. Cet isolement facilita son rattachement symbolique à la province de Kérak, qui avait cessé d'exister à l'époque d'Honorius III depuis trois décennies. La sujétion des moines byzantins à l'Église romaine semble avoir été toute relative, un diptyque des années 1166 témoignant de la commémoraison dans la liturgie sinaïtique des patriarches orthodoxes de Jérusalem, Constantinople, Alexandrie et Antioche. Il n'en demeure pas moins que les moines byzantins entretenaient d'excellents rapports avec les princes d'Outre-Jourdain, auxquels ils concédèrent avant l'effondrement du royaume de Jérusalem des reliques insignes[76].

Aussi Honorius III se fit-il un devoir de confirmer, le 6 août 1217, les possessions et privilèges concédés par les souverains et prélats orientaux à l'Église du Sinaï depuis les origines. La démarche des moines de Sainte-Catherine s'inscrit dans une politique de dialogue avec les autorités latines, qui avait conduit l'évêque Siméon Ier à prendre la route de Venise après la quatrième croisade afin de reconstituer le patrimoine crétois de son Église. Le pape confirma l'ensemble des possessions du monastère de Sainte-Catherine, en commençant par sa clôture et le mont Sinaï. Il y adjoignit les domaines de Rabwa, Fukra et Lijja dont la localisation reste incertaine. Aucun d'entre eux n'apparaît en effet dans l'intéressant inventaire foncier, que livre le Copte Abū'l-Makārim au début du XIIIe siècle. Le privilège

---

75 Richard, « Evêchés titulaires et missionnaires dans le *Provinciale Romanae Ecclesiae* », not. 2 p. 229–230 ; Jean d'Ibelin, *Le livre des Assises*, § 226 p. 591 et 231 p. 597 ; Peter W. Edbury, *John of Ibelin and the Kingdom of Jerusalem*, Woodbridge, 1997, p. 181–182 ; Mas Latrie, *Chronique d'Ernoul*, p. 68–69.

76 Mouton, *Le Sinaï médiéval*, p. 78–79, 73–74 et 106–112 ; Hamilton, *The Latin Church in the Crusader States*, p. 185 ; Arthur Bertrand de Broussillon, *La maison de Craon*, t. I, Paris, 1893, n° 138 p. 101.

d'Honorius III mentionne, en revanche, la ville de Rāya et sa palmeraie qui s'étendent sur la côte occidentale du Sinaï. Il en va de même de la vaste palmeraie de Fārān et de plusieurs maisons situées au Caire. Le pape ajoute à ces possessions un casal proche de la capitale égyptienne et un domaine courant le long de la mer Rouge. Sa liste néglige le village de Diğisfa, que Saladin avait concédé aux moines grecs vers 1175, en raison de sa confiscation probable par ses successeurs. Tel n'est pas le cas de l'obédience Saint-Michel d'Alexandrie, qui apparaît mentionnée avec un accès à la Méditerranée et une franchise douanière[77].

Le monastère Sainte-Catherine avait acquis plusieurs domaines en Syrie-Palestine, qui étaient pour une grande partie d'entre eux tombés sous le contrôle des Ayyoubides. C'était le cas des vignes et oliveraies, qu'il possédait dans le Wādi Mūsa, ainsi qu'à Šawbak ou Montréal avant 1188. À ces domaines, s'ajoutait un hôpital hiérosolymitain avec une obédience placée sous le vocable de Moïse et plusieurs maisons dotées d'un four autonome. Les moines de Sainte-Catherine possédaient à Damas une église dédiée à saint Georges et trois vergers dans la Ghūta. Leurs possessions en territoire latin n'étaient pas moindres avec une série d'obédiences et de maisons sises à Jaffa, Acre et Antioche. Les moines possédaient, par ailleurs, un hôpital dans la cité de Lattaquié et un ensemble de trois casaux dans son arrière-pays. Les *basileis* leur avaient concédé à Constantinople deux confréries au sein de l'église de Saint-Geroges de Mangana et une rente d'une livre d'or, assise sur les revenus du kommerkion[78]. Honorius III confirma ces possessions avec une série de propriétés crétoises, qui ne cessaient d'attirer la convoitise des laïcs depuis la transformation de l'île en colonie de peuplement. Le pape avait enjoint au mois de juillet 1217 à la noblesse vénitienne de restituer aux moines grecs les biens qui leur appartenaient, en associant à ces déprédations le tout nouvel archevêque de Candie, Giacomo Madro. Il semble que ce dernier accablait les moines grecs de dîmes et de prélèvements indus, après avoir autorisé ses satellites à piller l'une de leur filiale. L'affaire parut suffisamment grave pour que le pape charge le patriarche Gervais de Constantinople d'obtenir réparation sous la menace de la censure ecclésiastique[79].

---

77 *Bullarium Terrae Sanctae*, n° 20 ; Louis Cheikho, « Les archevêques du Sinaï », *Mélanges de la Faculté orientale de l'Université Saint-Joseph*, Beyrouth, 1907, p. 417 ; Jean-Michel Mouton et Andrei Popescu-Belis, « Une description du monastère Sainte-Catherine du Sinaï au XIIe siècle : le manuscrit d'Abū'l-Makārim ; *Arabica*, 53 (2006), fasc. 1, p. 26–28. Précisons que la ville actuelle de Rāya s'élève sur les ruines de l'antique Raythou.

78 *Bullarium Terrae Sanctae*, n° 20.

79 Georg Hofmann, « Lettere pontificie edite ed inedite intorno ai monasteri del Monte Sinai », *Orientalia Christiana Periodica*, 17 (1951), p. 298–299 ; Coureas, « The Orthodox

Le temporel du monastère Sainte-Catherine comprenait dans l'île de Crète trois casaux importants et une série d'églises placées sous les vocables de saint Sauveur, saint Georges et saint Siméon. À Sclavovathia, la congrégation possédait des maisons, terres et vignes et à Machrendichon et Ayios Nikolaos un moulin avec plusieurs terres de rendement. À cela s'ajoutaient un vaste domaine centré autour du monastère Saint-Jean-Chrysostome de Roukani et une série de vignes localisées à Kounavi, Péza, Aitania et Ayies Paraskies, au sud de Candie. L'Église du Sinaï possédait également à Candie une église double dédiée à saint Nicolas et sainte Barbe – réédifiée ultérieurement – et une maison à Stratigos. Les *basileis* lui avaient accordé, par ailleurs, une franchise fiscale pour ses exportations maritimes et terrestres, dont le pape confirma le principe malgré son origine laïque. Cette protection pontificale fit de l'Église du Sinaï le seul couvent orthodoxe à préserver ses métoques crétois avec celui de Saint-Jean de Patmos, qui jouissait d'une grande réputation en Occident. Malgré les accusations de certains historiens orthodoxes, portés à l'exagération, la papauté soutint les revendications de ces hauts lieux de la chrétienté contre la convoitise des Vénitiens[80].

C'est ainsi qu'Honorius III prit sous la protection de saint Pierre, le 4 décembre 1223, le temporel du monastère Sainte-Catherine, en confirmant les « libertés et immunités concédées à son ordre par les patriarches, archevêques et évêques, de même que les libertés et exemptions fiscales accordées par les rois, princes et autres fidèles du Christ ». Ce privilège entérinait l'accord signé par l'évêque Siméon avec le doge de Venise en 1212, en exemptant de toute dîme les terres exploitées par les moines avant 1215. Un privilège du 20 janvier 1226 mentionne l'acquision récente de vignes dans le territoire de Stérianon ou Stironas, dans le centre de la Crète. La même bulle mentionne la possession théorique par l'Église du Sinaï à Chypre de « maisons et revenus d'une livre d'or, assis sur le kommerkion, avec des prés, terres, vignes, bois, droits d'usage et de pâture dans les bois et dans les plaines, dans les eaux et dans les moulins, sur les voies et les chemins, en plus de toutes les autres libertés et immunités ». Cette formule juridique

---

Monastery of Mt. Sinai and Papal Protection of its Cretan and Cypriot properties », p. 478 ; David Jacoby, « La colonisation militaire vénitienne de la Crète au XIIIe siècle : une nouvelle approche », *Le partage du monde*, Paris, 1998, p. 297–313.

80 *Bullarium Terrae Sanctae*, n° 20 ; Silvano Borsari, *Il dominio veneziano a Creta nel XIII secolo*, Naples, 1963, p. 15 ; Claire Bonnélie, « Contribution à l'étude de l'Église orthodoxe en Crète vénitienne (XIIIe-XIVe siècle) », *Positions des thèses soutenues par les élèves de la promotion de 2000*, Paris, 2000, p. 45–46 ; Jean-Baptiste Chabot, « A propos du couvent du Mont Sinaï », *Revue de l'Orient chrétien*, 5 (1900), p. 495.

renvoie manifestement à un privilège octroyé par la régente Alix de Champagne après la mort du roi Hugues Ier. La confirmation pontificale du 6 août 1217 ne mentionne en effet que les demeures détenues par l'ordre dans l'île d'Aphrodite avec la rente douanière concédée par le pouvoir byzantin avant 1191. Le pape reconnut les modalités d'élection des évêques du Sinaï et la validité de leurs anathèmes, en les considérant en parfaite communion avec Rome. Il menaça, par ailleurs, d'excommunication les fidèles qui oseraient occuper les cimetières et églises de la congrégation[81].

La correspondance d'Honorius III révèle son attachement à veiller à l'application rigoureuse de ces privilèges en Orient. C'est ainsi qu'il sermonna, le 16 mai 1224, l'archevêque de Candie qui avait excommunié avec les évêques de Iérapétra et de Chersonissos plusieurs frères de Sainte-Catherine, coupables de rétention de dîmes. Le pape justifia son intervention par l'équité devant régner entre les clergés grec et latin :

> Parce que vraiment nous ne voulons, ni ne devons d'un mouvement des yeux négliger le préjudice indû perpétré à l'encontre du susdit évêque et des susdits frères, en déclarant la sentence contraire à l'indulgence du Siège apostolique, nous t'engageons par cet écrit pontifical à mettre un terme aux agressions indues contre les susdits [frères] afin qu'il ne reste aucune matière à réclamation et que nous ne soyons contraint de pourvoir autrement à cette situation[82].

Ce sujet de friction poussa Honorius III à renouveler en 1226 les termes de sa bulle *In eminenti Apostolice Sedis* de 1217, en précisant le statut des dîmes susceptibles d'être réclamées à l'Église du Sinaï. Le pape se méfiait tellement de l'archevêque de Candie qu'il avait confié le soin, l'année précédente, au patriarche de Constantinople et aux évêques d'Ario et de Mylopotamos de sanctionner les colons qui avaient subtilisé des biens au couvent de Sainte-Catherine. Il souhaitait que ces mauvais sujets fassent amende honorable des violences qu'ils avaient commises à l'encontre des moines et restituent le fruit de leurs rapines. Le Saint-Père n'hésita pas à écrire en juillet 1226 au duc de Candie, Marino Soranzo, afin de l'inciter à protéger efficacement les biens et personnes du couvent de Sainte-Catherine, situés en Crète. Cet appel au bras séculier témoigne de la difficulté de mettre aux pas les adversaires de l'Église du Sinaï, dont l'archevêché de Candie faisait partie au vu d'une commission délivrée en 1225 à l'évêque

---

81 *Bullarium Terrae Sanctae*, n° 80, 122 et 20 ; N. Coureas, *art. cit.*, p. 477 ; Richard, « Un monastère grec et son domaine chypriote : le monachisme orthodoxe et l'établissement de la domination franque », p. 65.

82 Pressutti, *op. cit.*, t. II, n° 5000 p. 249 (*cf. Bullarium Hellenicum*, n° 210) ; Coureas, *art. cit.*, p. 479.

de Iérapétra. Il ne fait guère de doute que l'Église du Sinaï entretenait à cette époque un procureur en cour de Rome. Aussi est-ce sans surprise que Grégoire IX confirma en 1227 l'ensemble des possessions du monastère de Sainte-Catherine à l'instar de son prédécesseur, « le pape de très heureux souvenir, Honorius III »[83].

Ces relations diplomatiques contribuent à pondérer le jugement péremptoire porté par les byzantinistes sur « l'arrogance et l'intransigeance » de l'Église romaine en matière de dialogue interreligieux avant les années 1240. Honorius III était, certes, un ardent défenseur de la primauté romaine et de ses dogmes discutables. Sa correspondance révèle, néanmoins, un grand respect à l'égard des liturgies orientales et des lieux saints de la chrétienté, situés en territoire musulman. C'est ainsi que le pape considère les Églises géorgienne, sinaïtique et alexandrine en communion parfaite avec Rome, malgré leur autocéphalie proclamée. Certains historiens l'ont accusé d'avoir tenté de latiniser l'Église chypriote en profondeur, avant d'adopter un concordat favorable à l'émergence d'un clergé uniate. Sa correspondance se veut plus mesurée en préconisant l'unification des hiérarchies ecclésiastiques de l'île, sans porter atteinte à la liturgie byzantine du clergé grec. Cette approche hiérarchique n'imposait qu'un ralliement formel à l'Église romaine, auquel le *basileus* Théodore Doukas songea un temps, en plus du paiement de la dîme dans les diocèses pourvus d'évêques latins.

Ce système se heurta en Grèce au conservatisme du clergé orthodoxe et au dynamisme du patriarcat de Nicée, après l'avènement du patriarche Germain II. Ce polémiste hors pair tenta de dénoncer la démesure de l'Église Romaine et d'organiser la résistance des clergés grec et chypriote contre les modalités de sujétion élaborées par le Saint-Siège. Un nombre croissant de papas et de moines prirent l'habitude de venir chercher leur investiture à Nicée, ou d'interroger le Siège œcuménique sur le degré de relations à entretenir avec le pouvoir franc. Ces réactions n'auraient sans doute pas été aussi été virulentes si le clergé orthodoxe avait été associé aux négociations relatives à son statut, comme un véritable clergé uniate. Son exclusion des concordats signés en territoire latin contribua à renforcer l'autorité du patriarcat œcuménique, auréolé par les succès militaires de Jean Vatatzès. La papauté demeura manifestement prisonnière d'une trop

---

[83] *Bullarium Terrae Sanctae*, n° 20 et 122 ; Hofmann, « Lettere pontificie edite ed inedite intorno ai monasteri del Monte Sinai », p. 300–303 ; Coureas, *art. cit.*, p. 479–480 ; Pressutti, *op. cit.*, t. II, n° 5765 p. 391 et 5780 p. 394 (*cf. Bullarium Hellenicum*, n° 247–248).

grande rigueur institutionnelle dans ses relations avec les Églises schismatiques. La faute incombe partiellement à un déficit de communication entre les mondes latin et grec avant l'expansion des ordres mendiants en Orient. Si Honorius III parvint à s'entourer de quelques nonces performants comme Jean de Crotone, beaucoup de prélats ne maîtrisaient pas le grec à l'instar de l'évêque Henri de Paphos, que Grégoire IX préféra transférer en 1239 à Nazareth à cause de l'inhospitalité de son diocèse[84].

[84] *Bullarium Cyprium*, d-32 p. 330–331 (« (...) *qui, propter loci infirmitatem, non potest in episcopatu suo sine periculo manere, et alias non est ibidem ejus mora utilis cum Grecorum* (...) *ydioma et ritus ignoret* (...) »).

CHAPITRE V

LE PATRONAGE DES ORDRES MILITAIRES

L'influence politique de la papauté n'aurait sans doute pas atteint son paroxysme sans l'existence de congrégations religieuses, vouées à la défense de ses prérogatives en Orient. Il s'agit des ordres militaires, dont les auteurs syriaques et arméniens ont souligné dès le milieu du XIIe siècle la combativité ainsi que la dévotion exemplaire. Ces chevaleries, ou *militie*, apparaissent comme une pure production des croisades, liée à la pacification des routes puis des frontières du royaume de Jérusalem. La première d'entre elles est l'ordre des « pauvres co-chevaliers du Temple de Salomon », fondé aux alentours de 1120 par le chevalier champenois, Hugues de Payns, avec le soutien du roi Baudouin II de Jérusalem. Les templiers virent leur règle primitive confirmée par la papauté en 1129 et leur statut de moines-soldats reconnu par l'opinion publique en quelques décennies. Ils servirent d'émules aux frères de l'Hôpital de Saint-Jean de Jérusalem, qui avaient développé, au lendemain de la conquête de la Ville sainte, un hospice amalfitain édifié à proximité du Saint-Sépulcre. Les hospitaliers participèrent à partir de 1136 à la défense de la marche méridionale du royaume de Jérusalem, qui s'agrandit en 1153 de la ville d'Ascalon[1].

Leur ordre se structura progressivement en trois classes de frères chevaliers, servants et chapelains, qui influencèrent la plupart des ordres ibériques créés afin de lutter contre les Maures au cours du XIIe siècle. La papauté considérait la chrétienté menacée par des ennemis extérieurs et intérieurs, qu'un sermon de Jacques de Vitry († 1240) décrit d'une manière très explicite. « *Les Juifs, dit-il, s'en prennent à l'Incarnation du Christ, les hérétiques à la vérité des Écritures* (*les uns comme les autres attaquant la foi du Christ*)*, les schismatiques à l'obéissance et à l'unité de l'Église, les Sarrasins et les païens à la paix de l'Église, les tyrans et les mauvais chrétiens à ses libertés et les faux frères* (*ou faux moines*) *à sa charité. Contre les Juifs et les hérétiques, le Christ oppose de saints docteurs, pourvus de bon sens, afin qu'ils comprennent les Écritures* (*Luc, 24, 27*)*. Contre les schismatiques, il oppose la*

[1] Marie-Anna Chevalier, « La vision des ordres religieux-militaires par les Chrétiens orientaux (Arméniens et Syriaques) au Moyen Age (du début du XIIe siecle au début du XIVe siecle) », *Crusades*, 5 (2006), p. 55–84 ; Alain Demurger, *Les templiers. Une chevalerie chrétienne au Moyen Age*, Paris, 2005 ; Jonathan Riley-Smith, *The Knights of St-John in Jerusalem and Cyprus (1050–1310)*, Londres, 1967.

communion des saints, le gouvernement des prélats et l'obéissance des clercs. Contre la violence des païens et des Sarrasins, c'est une épée matérielle ; contre les tyrans et les faux frères un glaive spirituel, qui s'exerce également à l'encontre des hérétiques et des schismatiques afin qu'ils soient forcés d'intégrer ou de réintégrer les rangs de l'Église[2] ».

Le même sermon contient une allusion intéressante à la théorie des deux glaives formulée par Bernard de Clairvaux au milieu du XIIe siècle :

> Comme l'Église a deux glaives à propos desquels le Seigneur a déclaré dans l'Évangile : « Cela suffit (Luc, 22, 38) », l'un doit être exercé spirituellement par les prélats et l'autre par les princes et les combattants chrétiens. D'où le fait que [saint] Bernard ait déclaré au pape Eugène [III] : « Du glaive matériel nous trouvons une occurrence dans la parole du Christ à Pierre : « Remets ton épée à sa place (Matthieu, 26, 52) » ! Le tien, s'il ne peut être dégainé par ta main, procède de ta volonté. Chacun des deux t'appartient, bien que celui de l'Église doive être exercé par ses soins. Le glaive du Sacerdoce doit découler de sa volonté, mais être appliqué par une main armée sur ordre de l'empereur ». Les frères des ordres militaires ont vocation à s'acquitter de cette mission afin de défendre l'Église du Christ à l'aide du glaive matériel. Ils le font activement contre ceux qui sont en dehors de l'Église, à savoir les Sarrasins de Syrie, les Maures d'Espagne, les païens de Prusse, Livonie et de Comanie, et par un commandement supérieur contre les schismatiques de Grèce et les hérétiques qui sont dispersés à travers l'Église universelle[3].

Jacques de Vitry croit, à l'instar des papes de son temps, à la complémentarité des ordres militaires qui combattent sur les différents fronts de la chrétienté. *« Ils semblent avoir été préfigurés, dit-il, dans le premier chapitre du Livre de Zacharie par quatre chevaux roux ou rouge, blanc, noir et bai (Zacharie, 1, 8). Par roux, l'on représente les frères de la chevalerie du Temple, qui portent une croix rouge* [*sur leurs vêtements*]. *Par blanc, l'on représente les frères de l'Hôpital de Saint-Jean de Jérusalem, qui sont marqués d'une croix blanche. Par noir, l'on figure les frères de l'Hôpital de Sainte-Marie des Allemands qui portent une croix noire, tandis que les chevaux bais représentent les frères espagnols de* [*Saint-Jacques de*] *l'Épée et de Calatrava, ainsi que les frères dits de la Chevalerie du Christ de Livonie et de Prusse qui diffèrent par la variété de leurs statuts et coutumes. Tous cependant s'investissent dans la défense conjointe de l'Église contre les infidèles*[4] ».

---

[2] Jean-Baptiste Pitra, *Analecta novissima spicilegii Solesmensis. Altera continuatio*, t. II, Frascati, 1888, p. 405.

[3] Pitra, *Analecta novissima spicilegii Solesmensis. Altera continuatio*, t. II, p. 405.

[4] Pitra, *op. cit.*, t. II, p. 405. La Comanie correspond aux steppes actuelles du sud de la Russie dans lesquelles nomadisaient des Turcs Qipčaq, que l'Église hongroise entreprit de

Cette vision était partagée par le Saint-Siège, qui concevait depuis Innocent III la chrétienté comme une mosaïque de royaumes soumis à l'autorité du pape. La correspondance d'Honorius III témoigne de la priorité accordée à la reconquête des Lieux saints dans ce contexte. C'est ainsi qu'il déclara aux prélats de France le 25 juillet 1216 :

> Nous désirons cela et ordonnons que vous exhortiez attentivement les croisés de vos diocèses à ne pas laisser leurs cœurs s'affliger par la disparition de notre susdit prédécesseur, ni redouter que le secours de la Terre sainte en pâtisse puisque, si notre capacité semble inférieure à la sienne, nous aspirons cependant par des vœux non moindres à la libération de cette terre[5].

Cette préférence ne détourna cependant pas le pape des autres théâtres d'opérations de la chrétienté, où des ordres militaires combattaient depuis plusieurs décennies. Jacques de Vitry évoque dans son sermon « aux frères des ordres militaires, frappés de la marque de la chevalerie du Christ » plusieurs de ces congrégations apparues dans la seconde moitié du XIIe siècle. La première de ces milices émergea en 1164 autour de la ville de Calatrava, que le roi Sanche III de Castille avait concédée, six ans plus tôt, à un couvent cistercien de Navarre. L'ouest de la péninsule présida à la naissance en 1170 de l'ordre de Saint-Jacques de l'Épée, ou Santiago, qui transféra dès l'année 1174 son quartier-général à Uclés dans la province de Cuenca. Cette confrérie chevaleresque ne tarda pas à s'émanciper de la tutelle de l'Église de Compostelle pour entrer dans la vassalité directe du Saint-Siège[6].

Il en fut de même de l'ordre teutonique qui vit le jour durant le long siège d'Acre de 1189–1191. Les fondateurs de cet hôpital étaient des marchands de Brême et de Lübeck qui cédèrent progressivement le pas à des aristocrates allemands, gagnés à l'idéal belliqueux des templiers. Les papes Célestin III et Innocent III encadrèrent la militarisation progressive de l'ordre teutonique, avant de mobiliser ses troupes en faveur de la croisade. Une faveur semblable accompagna le développement de l'ordre du Christ de Livonie, qui adopta en 1204 la règle du Temple et un uniforme blanc, orné d'une épée surmontée d'une croix pattée de couleur rouge. Ainsi naquirent les

---

convertir au christianisme dans les années 1220 (*cf.* Richard, *La papauté et les missions d'Orient au Moyen Âge*, p. 20–26).

[5] Nora Berend, « The Concept of Christendom : A Rhetoric of Integration or Disintegration ? », *Hybride Kulturen im mittelalterlichen Europa-Hybrid Cultures in Medieval Europe*, éd. M. Borgolte et B. Schneidmüller, Berlin, 2010, p. 56 et 59 ; Pressutti, *op. cit.*, t. I, n° 4 p. 2 (*cf.* Rome, ASV, Reg. 9, n° 2 fol. 1 v°).

[6] Enrique Rodríguez-Picavea Matilla, « La Orden de Calatrava en la Meseta Meridional castellana : encomiendas y distribución geográfica de las propiedades (1158–1212) », *Hispania*, 179 (1991), p. 875–899 ; Derek W. Lomax, *La Orden de Santiago (1170–1275)*, Madrid, 1965, p. 1–28.

chevaliers Porte-Glaive, qui contribuèrent à l'évangélisation des rives de la Baltique durant deux décennies, les armes à la main[7].

Il peut sembler abusif dans un ouvrage sur la question d'Orient d'évoquer le destin de ces congrégations sous le pontificat d'Honorius III. Divers chercheurs nous ont encouragé à envisager ces relations sous un angle général afin de faire ressortir les disparités de traitement accordées aux différentes milices et les liens privilégiés tissés entre le front et l'arrière. Les ordres de Terre sainte tiraient en effet une grande partie de leurs ressources des domaines fonciers, que la ferveur des fidèles leur avait permis de constituer en Occident. Étudier leurs rapports avec la papauté en dehors de ce contexte peut sembler aussi présomptueux, que d'ignorer les fonctions importantes dévolues à certains de leurs membres à la Curie. Il semble utile de suivre une approche thématique afin de mettre en évidence les principes suivis par le Siège apostolique dans ses relations avec les ordres militaires. On ne peut entamer cette réflexion sans évoquer brièvement le financement de la cinquième croisade et la protection canonique fournie aux ordres combattants par le Saint-Siège. Mais la papauté intervint également à plusieurs reprises sous le pontificat d'Honorius III dans les domaines politiques et disciplinaires, où les milices excellaient ou péchaient selon les hasards du temps et de l'espace. Nous verrons à ce titre que les ordres militaires remplirent dans le premier quart du XIIIe siècle des missions souvent confiées par la suite aux ordres mendiants.

1 Le financement de la cinquième croisade

Cela n'est pas un hasard si la première bulle émise par Honorius III, le lendemain de son couronnement, fut adressée au roi de Jérusalem, Jean de Brienne, et aux maîtres du Temple et de l'Hôpital qui attendaient le déclenchement de la croisade décrétée lors du concile de Latran IV. Les encycliques adressées à l'ensemble du clergé européen se firent l'écho des projets nourris par le pape afin de libérer la cité de Jérusalem, conquise par Saladin en 1187. Un nombre important de documents démontre que le Saint-Père veilla personnellement à la collecte des sommes dévolues à la croisade, en concertation avec les ordres militaires. Il demanda ainsi à l'abbé Géraud de Cluny, le 12 novembre 1216, de rassembler la vingtième part des revenus ecclésiastiques, que son ordre devait adresser à la

[7] Sylvain Gouguenheim, *Les chevaliers teutoniques*, Paris, 2008 ; Klaus Militzer, « Porte-Glaive, ordre des », *Prier et combattre. Dictionnaire européen des ordres militaires au Moyen Âge*, éd. N. Bériou et P. Josserand, Paris, 2009, p. 729–730.

trésorerie du Temple de Paris. Une encyclique contemporaine révèle le système de collecte opérée par la Chambre apostolique. Les archevêques de la chrétienté recevaient en même temps que les commandeurs du Temple et de l'Hôpital l'injonction de collecter le vingtième levé au titre de la croisade. La Chancellerie apostolique veillait à répercuter auprès des états-majors des ordres militaires les progrès réalisés dans la collecte des sommes, comme l'illustre une bulle du 13 août 1218 faisant suite à un rapport des événements survenus en Orient[8] :

> Voulant consacrer le ministère de notre humilité à cette opération divine, nous avons envoyé à plusieurs reprises des lettres vers les cités de Gênes, Venise et du reste de l'Italie, dans les ports desquelles les croisés s'assemblaient et devaient se regrouper, en exhortant et engageant attentivement les évêques ainsi que les recteurs de ces terres à les exhorter rapidement à prendre la direction de la cité de Damiette, au nom de Dieu Sabaoth, afin d'accélerer votre secours. (…) Comportez-vous entre-temps comme des fidèles serviteurs et puissants chevaliers de Jésus-Christ, fermes et constants. Il est nécessaire que vous soyez unis et apaisés – presque comme un seul homme – et que vous serviez Dieu, votre seigneur, d'une seule voix. Abstenez-vous de toutes les choses qui offensent la Majesté divine, pour autant que la fragilité humaine le permette ! Vous pourrez de cette manière mériter pleinement l'aide supérieure que nous nous efforçons de vous apporter par nos prières et celles des autres fidèles.

Ces lignes témoignent de l'assimilation dans l'esprit d'Honorius III du croisé idéal à un chevalier placé temporairement sous les ordres de l'Église romaine afin d'accomplir la volonté du Dieu des armées d'Israël, alias Elohei Tzevaot[9].

L'engagement des templiers et des hospitaliers alimenta en Europe des rumeurs infamantes, qui parvinrent aux oreilles de la papauté au printemps 1218. Ces calomnies semblent avoir été le fait de combattants de retour d'Orient, plus que de marchands envieux de leurs pratiques bancaires. Le pape répondit aux clergés sicilien et espagnol à la fin du mois de novembre qu'il n'y avait pas de meilleurs défenseurs de la foi à la surface de la terre que les frères de l'Hôpital et du Temple, qui aspirent à recevoir la couronne des martyrs et à soulager les pauvres. Les nombreuses donations, qu'ils reçoivent, sont d'ailleurs les gages les plus sûrs pour les fidèles d'une vie heureuse dans l'Au-delà. Aussi n'est-il pas étonnant que le Diable

---

[8] Pressutti, *Regesta Honorii papae III*, t. I, n° 1–3 p. 1–2, 101–102 p. 18, 111 p. 19 et n° 1580–1581 p. 263–264 (*cf.* pour une édition *Bullarium Terrae Sanctae*, n° 1 ; Horoy, *op. cit.*, t. II-B, n° 1–2 col. 1–5 et 57 col. 80).

[9] Horoy, *op. cit.*, t. III, n° 8 col. 12–13.

cherche à contrecarrer leurs projets, « en excitant des langues malfaisantes contre eux » ! Ces rumeurs ont conduit le pape à ordonner une enquête rapide outre-mer qui a démontré l'innocence éclatante des templiers et des hospitaliers, qui n'entretiennent pas moins de 2 000 hommes et 700 montures dans l'ost de Damiette. Le légat Pélage d'Albano a en effet loué leur implication dans le déroulement de la croisade, en estimant indispensables les dépenses qu'ils consentent chaque jour en faveur des pauvres et des différents types de combattants de l'armée (*in militibus, servientibus, balistariis ac aliis personis ad pugnandum*). Autant d'éléments qui conduisent Honorius III à enjoindre au haut-clergé d'organiser des campagnes de prédication rapprochées afin de rétablir l'honneur bafoué des templiers et des johannites, en convainquant les fidèles de l'utilité de leurs donations[10].

Cet exemple démontre la détermination de la papauté à lever le maximum de fonds en en faveur de l'ost de Damiette, engagée dans une guerre de position avec les forces ayyoubides. Aucune région d'Europe n'échappa à cette contribution extraordinaire, bien que certains ordres religieux fussent exemptés par nature, ou dérogation spéciale du Siège apostolique. Le pape dépêcha deux frères du Temple et de l'Hôpital en Allemagne afin de recueillir les sommes centralisées par l'archevêque Gerhard de Brême. Cet ordre de mission s'étoffa cependant sensiblement au fil des mois. Les frères Martin et Jean délégués en Allemagne reçurent ainsi l'ordre le 19 janvier 1219 de collecter, en plus du vingtième pesant sur les ecclésiastiques, les primes attachées au rachat des vœux de croisade et le cens dû à l'Église à travers l'empire. Ces prérogatives étaient partagées par les sous-diacres et chapelains pontificaux, qui remplissaient des fonctions analogues aux quatre coins de l'Europe. Le coût exorbitant des machines de guerre amena la papauté au bord du gouffre financier après l'investissement de 20 000 marcs d'argent dans le financement d'une escadre romaine. Honorius III parvint cependant à rassembler 5 000 marcs supplémentaires durant l'hiver 1218, qui gagnèrent la Terre sainte sous la forme de deux enveloppes séparées en mai 1219. Ces sommes devaient être affectées avec l'accord du légat Pélage d'Albano à l'achat de galères, de machines de siège et de tout autre appareil nécessaire à la prise de Damiette[11].

---

[10] Rodenberg, *Epistolae saeculi XIII e regestis pontificum Romanorum selectae per G.H. Pertz, in MGH, Epistolae saeculi etc.*, t. I, n° 79 p. 57–58 (lettre en date du 24 novembre 1218) ; Mansilla, *La documentación pontificia de Honorio III (1216–1227)*, n° 197 p. 155 (lettre en date du 29 novembre 1218).

[11] Pressutti, *op. cit.*, t. I, n° 1779 p. 295, 1815 p. 301 et 1824 p. 303 ; Claverie, *L'ordre du Temple en Terre sainte et à Chypre au XIII*e *siècle*, t. II, n° 1 p. 411–412.

La Chambre apostolique attendait à cette époque une contribution importante des hospitaliers au vingtième levé en Europe. Les registres pontificaux révèlent l'action jouée par le Temple de Paris dans la centralisation des sommes collectées en France. Les évêques de Noyon et de Meaux reçurent l'ordre, au printemps 1219, de remettre au templier Aymar les sommes qu'ils avaient collectées depuis deux ans afin d'envisager leur transfert en Orient. Le trésorier du Temple de Paris travaillait alors, main dans la main, avec deux nonces pontificaux, issus du Temple de l'Hôpital. Le pape lui demanda, le 15 juin 1219, de faire parvenir à l'évêque d'Albano les sommes que les prélats français venaient de lui virer. Une lettre du mois de septembre évalue à 16 000 marcs d'argent, soit 3,9 tonnes de numéraire, la somme sur le point de gagner le delta du Nil par le truchement de « différents nonces, prudents et loyaux ». La circulaire adressée au cardinal d'Albano stipule que les enveloppes devaient être produites en présence du patriarche et du roi de Jérusalem, ainsi que des maîtres de l'Hôpital, du Temple et de l'ordre teutonique, en vue de leur dépense[12].

La prise de Damiette ne ralentit pas la contribution de la papauté, qui avait débloqué la somme appréciable de 30 000 marcs d'argent en près d'une année. Frère Aymar reçut l'ordre, le premier juillet 1220, de ponctionner à hauteur de 6 000 marcs la contribution au vingtième de l'Église d'Angleterre qui était centralisée à Paris. Honorius III utilisa des termes affectueux pour décrire la confiance qu'il plaçait dans le trésorier de la maison du Temple de Paris :

> Nous recommandons par de dignes louanges auprès du Seigneur ta discrétion, étant donné que tu as veillé à appliquer ta diligence à l'affaire du vingtième, afin que tu te rendes digne de notre grâce et de celle du Seigneur. À cause de cela et comme nous portons ta personne au plus profond de notre être, nous envisageons de répondre à ta sollicitude sans tarder.

Le pape entendait favoriser la carrière de frère Aymar au sein du Temple, ou de la Curie. Toujours est-il qu'il ordonna à la Chancellerie apostolique d'adresser une notification de son ordre de virement à Pélage d'Albano afin de pouvoir disposer d'un inventaire méticuleux des sommes parvenues en Orient. Cette demande découle autant de l'insécurité des voies de communication de l'époque, que de la somme imprécise de 4 000 à 6 000 marcs d'argent que le commandeur de l'Hôpital de Paris devait envoyer parallèlement au Levant[13].

---

[12] Pressutti, *op. cit.*, t. I, n° 1955 p. 323, 1998 p. 330, 2114 p. 350 et 2195 p. 365. Le pape associe à ces dignitaires dans sa lettre le chef de l'ost pontifical dépêché en Orient, Giacomo d'Andria.

[13] Pressutti, *op. cit.*, t. I, n° 2513–2514 p. 415, 2517 p. 416 et 2519 p. 416.

Le souverain pontife adressa, le 24 juillet 1220, un rapport financier à Pélage d'Albano, qui révèle l'investissement des ordres militaires dans les collectes effectuées à l'échelle de la chrétienté. Il mentionne à cette occasion l'acheminement de 5 000 onces d'or par le biais du Temple et de l'Hôpital après le départ du cardinal d'Albano de la Curie. La Chambre apostolique a transmis au légat pontifical, par la suite, 5 000 onces par le biais de l'évêque Rainier de Bethléem et de teutoniques en partance pour l'Orient.

> Nous avons ordonné également, dit le pape, que 13 000 marcs [d'argent] sur le vingtième collecté en Angleterre te soient remis par nos fils aimés, les frères de la milice du Temple, Hugh of St. George, John of Neville, Gerald of Surrey et Roger English d'Engleburgh, et que l'on œuvre afin de te transmettre le reste avec célérité.

La suite de sa lettre annonce le transfert imminent par les ordres militaires de 1 711 marcs d'argent et 38 marcs d'or, collectés en Hongrie. Les maîtres du Temple et de l'Hôpital d'Espagne ont reçu l'ordre d'expédier, pour leur part, en Égypte 65,5 marcs d'or et 25 642 maravédis en compagnie de 754 oboles, richement titrées en or. Le pape a souhaité accroître ces sommes des 353 marcs d'argent et 5 100 livres que le chanoine Cencio est parvenu à collecter dans la péninsule Ibérique[14].

Les registres pontificaux signalent, en marge de cette lettre, le virement par les templiers au cours des mois écoulés de 5 000 marcs d'argent provenant d'Angleterre et 6 000 onces d'or collectées en France. La bienveillance d'Honorius III à l'égard du trésorier Aymar se changea en réprobation quand la Curie apprit l'envoi inopiné de 13 000 marcs d'argent – soit 3,25 tonnes de fin – en Orient. Honorius III accusa le trésorier du Temple de Paris de déployer dans ses activités un zèle excessif, sous-entendant son propre désintéressement de la question :

> N'est-il pas légitime que nous nous étonnions quand une chose qui nous appartient se trouve exercée par un autre sans notre autorisation et que, bien qu'elle nous incombe, il trouve bon d'en disposer sans notre bon plaisir ? Sache que les affaires de la Terre sainte nous pressent et que nous avons pour sa libération ordonné la collecte du vingtième à travers le monde, supportant à cause de cela le poids d'importantes dépenses, un labeur continu et une sollicitude infatigable!

Le pape somma frère Aymar de s'abstenir de pareilles initiatives à l'avenir, sans toutefois compromettre sa carrière au sein du Temple qui se prolongea

---

14 Rodenberg, *op. cit.*, t. I, Berlin, n° 124 p. 89–90.

jusqu'en 1227. Son indiscipline parut sur le moment insupportable à Honorius, qui avait déclaré en 1219 aux maîtres du Temple et de l'Hôpital vouloir faire toujours davantage pour la Terre sainte (*magis et magis*)[15].

La chose était si vraie que le pape préférait vivre d'expédients, plutôt que de diminuer le poids de sa contribution à la croisade. Il s'en ouvrit, le 18 août 1220, à son légat en Angleterre, en avouant crouler sous les dettes après avoir envoyé en Orient l'ensemble des recettes de la Chambre apostolique, soit en trois ans 104 000 marcs d'argent. L'élu de Norwich reçut l'ordre de transmettre aux templiers et aux hospitaliers les sommes dues au titre du denier de Saint-Pierre, du cens de l'Église romaine et du vingtième ecclésiastique. La détermination du pape n'épargna durant l'année 1220 que les templiers de Romanie, qui obtinrent le privilège symbolique de conserver les legs effectués pour le secours de la Terre sainte. La capitulation de Barāmūn ne diminua pas les efforts financiers des templiers, qui collectèrent en Castille 4 706 áureos et 1 649 maravédis au cours des années 1221–1222. Ces fonds durent être reconvertis dans le financement des opérations militaires de Guillaume de Montferrat, ou conservés dans l'attente du passage de Frédéric II en Orient[16].

2 La protection canonique du Saint-Siège

Les ordres militaires tiraient leur légitimité au Moyen Âge de la tutelle que la papauté exerçait sur leurs institutions confirmées par voie conciliaire ou apostolique. L'examen des Archives vaticanes laisse apparaître l'émission d'une abondance de privilèges en faveur de l'ordre teutonique, qui avait été fondé à Acre durant la troisième croisade. Les historiens en ont déduit qu'Honorius III était mieux disposé à l'endroit de l'ordre naissant que son prédécesseur Innocent III. Du fait de son attention à l'égard des Staufen, il aurait été le grand artisan du développement de l'ordre durant ses onze années de pontificat. Il est vrai qu'Honorius confirma dans une bulle solennelle, le 8 décembre 1216, la protection accordée aux teutoniques par ses prédécesseurs immédiats. Cette nouvelle version de la bulle *Effectum justa postulantibus*, rédigée par ses soins en 1196, dresse un inventaire des

15 Rodenberg, *op. cit.*, t. I, n° 124 p. 90–91 ; Pressutti, *op. cit.*, t. I, n° 2600 p. 431 et 1824 p. 303 ; Gérard Sivéry, « Aymar, frère », *Prier et combattre. Dictionnaire européen des ordres militaires au Moyen Âge*, p. 134.

16 Rodenberg, *op. cit.*, t. I, not. b p. 91 Pressutti, *op. cit.*, t. I, n° 2620 p. 435 et 3450 p. 560 ; Carlos Perreira Martínez, « Panorámica de la Orden del Temple en la Corona de Galicia-Castilla-León », *Criterios, res publica fulget*, 6, 2006, p. 173–204. La levée de ces fonds incomba au commandeur Diego Manso et au chevalier Miguel ou Michel, qui occupait les fonctions de maréchal du Temple dans la province d'Espagne.

privilèges spirituels et temporels accordés à l'ordre outre-mer. « *La justice, la vigueur de l'équité et l'ordre de la raison, déclare le pape, commandent d'accorder aux postulants ce qu'ils désirent, surtout lorsque la piété soutient la volonté des demandeurs et que la vérité n'abandonne pas cette dernière. C'est pourquoi nous accédons, en l'honneur du Seigneur, à votre demande des plus justes, en accordant notre protection ainsi que celle de saint Pierre au susdit Hôpital de Sainte-Marie des Allemands, auquel vous vous êtes liés en offrande, sur la base de la décision heureuse de nos prédécesseurs Célestin* [*III*] *et Innocent* [*III*][17] ».

Le privilège du pape reconnaît « la juste et canonique possession » des biens que l'ordre a acquis depuis 1192, en mentionnant son hôpital d'Acre, ses maisons d'Ascalon, Rama, Césarée, Jaffa et Tyr, ainsi que les casaux de Zamzi, Capharsin (Kafr Jāsīf) et Betzal, sans oublier la voûte que les frères détiennent à proximité de la porte Saint-Nicolas d'Acre. Honorius III mentionne, en dehors de la Terre sainte, une cour de Chypre, dite de Saint-Georges, et deux villages situés en Petite-Arménie. La suite de son privilège exempte l'ordre teutonique du paiement de dîmes sur les novales qu'il exploite et de la moindre redevance pour le chrême ou l'huile sainte, nécessaires à ses célébrations. Les teutoniques se voient confirmer la liberté de sépulture de leurs cimetières et l'immunité de leurs clôtures, avant d'obtenir l'assurance de ne pouvoir élire dans l'avenir comme maître qu'un chevalier (*nisi militaris et religiosa persona*). Cette mesure sollicitée par Hermann von Salza témoigne de l'aristocratisation de la congrégation fondée par des marchands de Lübeck. Le pape autorise pour la première fois la modification de ses statuts, à l'invite du grand-maître, avec l'avis conforme de « la plus saine part du chapitre ». Il affranchit en outre l'ordre teutonique de toute sujétion séculière et l'autorise à édifier des églises et des cimetières dans les « lieux déserts », qu'il pourra être amené à conquérir. Une clause comminatoire prévoit selon l'usage une triple admonestation, suivie d'une excommunication en bonne et due forme, pour les ecclésiastiques et les laïcs qui prendraient le risque d'enfreindre la constitution du pape[18].

Une partie de ses privilèges fut renouvelée dans la bulle *Etsi neque qui* du 15 décembre 1220, qui plaça l'ordre sur un rang d'égalité avec les templiers et les hospitaliers. Le pape affranchit les teutoniques de toute rétrocession des

---

[17] Danielle Buschinger et Mathieu Olivier, *Les chevaliers teutoniques*, Paris, 2007, p. 39 ; Pressutti, *op. cit.*, t. I, n° 161 p. 30 (*cf.* pour une édition Ernst Strehlke, *Tabulae Ordinis Theutonici*, n° 303 p. 272–274).

[18] Buschinger et Olivier, *op. cit.*, Paris, 2007, p. 39 ; Pressutti, *op. cit.*, t. I, n° 161 p. 30 (*cf.* pour une édition Strehlke, *op. cit.*, n° 303 p. 272–274).

butins qu'ils pourraient réaliser sur le dos des « païens », en réglementant la vie intérieure de l'ordre. Il interdit solennellement à ce titre les retours à la vie séculière des frères susceptibles de gagner un tiers ordre, en cas d'insoumission aux statuts teutoniques. La bulle d'Honorius III précise les modalités de réception des frères et le statut des confrères qui auront cédé leurs biens à l'ordre, tout en en conservant l'usufruit. Leurs cérémonies funèbres pourront être célébrées dans les églises de l'ordre si un interdit frappe leur diocèse de résidence. Le pape autorise, dans le même esprit, les teutoniques à ouvrir, une fois par an, les églises qu'ils possèdent dans les cités, châteaux ou bourgs frappés d'interdit afin de pouvoir y recueillir des aumônes[19].

Ce privilège symbolique ne pouvait qu'exaspérer le clergé séculier qui avait dénoncé au moment du concile de Latran III les abus commis en la matière par les templiers et les hospitaliers. Honorius III accéda également à la demande des teutoniques d'étendre à l'ensemble des serviteurs de l'ordre le bénéfice des bienfaits accordés par le Siège apostolique. La bulle *Etsi neque qui* entérine incontestablement le développement de l'ordre, qui commença à l'époque à arborer un manteau blanc en Terre sainte. Elle est le second privilège pontifical, après la bulle *Effectum justa postulantibus* du 8 décembre 1216, à mentionner le statut des frères servants admis dans l'ordre teutonique depuis deux décennies :

> Nous statuons également que l'organisation des frères de l'Hôpital, pour les pauvres et les infirmes, et celle véritable des frères de la chevalerie du Temple soient perpétuellement observées autour des clercs, des chevaliers et des autres frères à l'intérieur de votre maison selon ses principes[20].

La générosité du pape s'explique par les séjours répétés à la Curie du grand-maître Herman von Salza (1209–1239), qui fut l'un des plus fins négociateurs de la première moitié du XIIIe siècle. La moitié des 116 privilèges accordés à l'ordre teutonique par Honorius III vit ainsi le jour durant le séjour prolongé d'Hermann von Salza à Rome en janvier 1221. Le pape veilla à cette occasion à accorder solennellement aux teutoniques « l'ensemble des libertés, immunités et indulgences », concédées par le Siège apostolique aux templiers et hospitaliers. Il est révélateur que la Chancellerie apostolique n'ait enregistré qu'une faible part des privilèges octroyés aux ordres militaires de manière pléthorique[21].

---

[19] Pressutti, *op. cit.*, t. I, n° 2867 p. 474–475 ; Strehlke, *op. cit.*, n° 306 p. 275–279.

[20] Pressutti, *op. cit.*, t. I, n° 161 p. 30 et n° 2867 p. 474–475 ; Strehlke, *op. cit.*, n° 306 p. 275–279.

[21] Gouguenheim, *Les chevaliers teutoniques*, p. 102 ; Strehlke, *op. cit.*, n° 309 p. 281.

L'année 1221 fait manifestement figure d'année faste en ce qui concerne l'attention portée par la papauté aux milices. Honorius III entérina en effet la fusion de l'ordre de Monfragüe avec celui de Calatrava, fondé en 1158 afin de sécuriser la rive gauche du Rio Guadiana, en aval de Tolède. Les frères de Monfragüe appartenaient à une branche castillane de l'ordre de Montjoie, qui avait refusé à la fin du XIIe siècle l'absorption de leur couvent par l'ordre aragonais du Saint-Rédempteur de Teruel. Le pape profita de cette occasion pour confirmer le statut des terres exploitées par l'ordre de Calatrava dans la péninsule Ibérique. Le concile de Latran IV avait exempté du paiement de la dîme les terres cultivées par les calatravans avant 1215, en affranchissant leurs novales de toute redevance. Le pape enjoignit à l'ordre de verser au clergé séculier les dîmes afférentes aux terres acquises après 1215, en reprenant les termes d'une bulle adressée aux templiers le 17 janvier 1219[22].

L'année 1221 vit également la confirmation par la papauté d'un nouvel ordre créé afin de lutter contre le catharisme. Le pape Honorius III fut invité, le 7 juin 1221, à approuver la fondation de la Chevalerie de la Foi de Jésus-Christ, appelée à combattre les hérétiques dans les provinces de Narbonne et d'Auch. Le destin de cet ordre éphémère est mal connu après le déplacement à la Curie de son fondateur Pierre Savary et de plusieurs de ses membres, qui souhaitaient adopter la règle du Temple[23]. Il en va de même de l'ordre de Saint-Samson de Constantinople auquel le pape accorda, le 14 juillet 1222, le bénéfice intégral des chevaux et des armes légués par les fidèles en sa faveur. Ce privilège fut justifié par l'investissement des frères « dans la défense de l'empire qui est envahi diversement par les Grecs » et leurs actions caritatives en faveur des pauvres et des infirmes. Le siège de l'ordre était un ancien *xénodochion* byzantin, situé au nord-est de la basilique Sainte-Sophie, dans lequel une communauté latine s'était implantée vers 1208. Henri de Hainaut lui confia la garde du château de Garelli, dont Innocent III confirma la possession en mars 1210 avec une série de maisons, domaines, terres et vignes proches de la capitale impériale. L'ordre prit l'habitude de verser à cette époque un cens annuel de trois hyperpères à l'Église romaine pour prix de son exemption de l'ordinaire. Il hérita en outre, en 1218, d'un hôpital et d'une demeure dans la ville de

---

22 Alain Demurger, *Chevaliers du Christ. Les ordres religieux-militaires au Moyen Âge* (*XIe–XVIe siècle*), Paris, 2002, p. 64 et 93–94 ; Pressutti, *op. cit.*, t. I, n° 1806 p. 300. Le rattachement de l'ordre de Monfragüe à celui de Calatrava fut décrété, le 23 mai 1221, par le roi Ferdinand III de Castille *« considerans penuriam et annullationem ordinis* de Montfrac, *qui licet quondam magnus fuerit a miniculo indiget jam extremo »* (*cf.* Alan J. Forey, « The Order of Mountjoy », *Speculum*, 46 (1971), p. 263).

23 A. Demurger, *Chevaliers du Christ*, p. 293–294 ; Pressutti, *op. cit.*, t. I, n° 3502 p. 569.

Douai à l'initiative de l'archevêque Garin de Thessalonique, qui en était originaire[24].

Les registres pontificaux conservent la copie de plusieurs privilèges contemporains émis en faveur de l'Hôpital du Saint-Esprit, qui avait vu le jour dans les années 1180 à Montpellier. Son maître Bernard vit ses possessions, biens et privilèges confirmés en 1225 avec l'assurance de ne relever hiérarchiquement que du Saint-Siège[25]. Si Honorius III accompagna le développement de nouveaux ordres, il ne négligea pas les ordres plus anciens dont les archives contiennent de nombreux actes de son pontificat. C'est le cas de l'Hôpital de Saint-Jacques d'Altopascio qui n'accéda jamais au statut d'ordre militaire, malgré sa localisation sur une portion ardue de la *Via Francigena* reliant Rome au sud de l'Angleterre[26]. Les privilèges contemporains octroyés au Temple et à l'Hôpital peuvent faire l'objet d'une analyse statistique en raison de leur exhaustivité. Les fonds conservés aux Archives nationales de France sont assez révélateurs de la bienveillance manifestée par l'ancien camérier Cencio à l'égard des procureurs des ordres combattants. Près d'un sixième des privilèges octroyés aux templiers entre 1155 et 1312 datent de ses onze années de pontificat, alors qu'elles ne représentent que 7 % de la période considérée. Ces chiffres éloquents sont partagés par les hospitaliers qui reçurent 241 bulles pontificales entre 1216 et 1227[27].

L'examen des privilèges concédés aux templiers recèle des informations intéressantes sur les pratiques de la Curie et la stratégie des ordres militaires. Les séries L et M des Archives nationales conservent en effet une trentaine de bulles émises lors de trois périodes fastes, correspondant aux

---

24 Pressutti, *op. cit.*, t. II, n° 4088 p. 87 ; Migne, *Patrologia latina*, t. CCXVI, n° 17 col. 217 ; Raymond Janin, *Constantinople byzantine*, Paris, 1964, p. 40 ; Fabre, *Le Liber censuum de l'Église romaine*, t. II, p. 6. Le nom de ce dernier a souvent malheureusement été déformé en Guillaume par l'historiographie occidentale (*cf.* Jean-Vincent Bacquart, « Saint-Samson de Constantinople, ordre de », *Prier et combattre*, p. 824).

25 Pressutti, *op. cit.*, t. II, n° 5422 p. 326 et 5433 p. 328 ; Daniel Le Blévec, « Saint-Esprit, ordres des Hospitaliers du », *Prier et combattre. Dictionnaire européen des ordres militaires au Moyen Âge*, p. 815–816.

26 Pressutti, *op. cit.*, t. II, n° 3749 p. 35, 3836 p. 49, 4315 p. 128 et 4688 p. 195 ; Jean-Michel Poisson, « Altopascio, ordre de San Jacopo d' », *Prier et combattre. Dictionnaire européen des ordres militaires au Moyen Âge*, p. 84 ; Elena Bellomo et Kristjan Toomaspoeg, « Via Francigena », *op. cit.*, p. 956–957.

27 Demurger, *Chevaliers du Christ*, Paris, 2002, p. 293–294 ; Auguste de Loisne, « Bulles de papes pour l'ordre du Temple conservées aux archives nationales (1155–1312) », *Bulletin philologique et historique du comité des travaux historiques*, 1917, p. 171–236 ; Joseph Delaville Le Roulx, *Cartulaire général de l'ordre des Hospitaliers de Saint-Jean de Jérusalem (1100–1310)*, t. II, Paris, 1897, n° 1477–1849 p. 192–357, t. IV, 1901–1906, n° 1597 bis et 1741 bis p. 273, 1741 ter, 1746 bis, 1767 bis et 1767 ter p. 274, n° 1769 bis, 1770 bis, 1775 bis et 1815 bis p. 275, n° 1849 bis p. 276, n° 1849 ter p. 276–277, n° 1851 bis et 1854 bis p. 277.

mois de décembre 1216, janvier 1217 et avril 1220. Honorius III confirma cependant, dès le 11 août 1216, la bulle *Religiosos viros fratres* de son prédécesseur Innocent III, qui ordonnait aux prélats de la chrétienté de dissuader les fidèles d'exiger des templiers des droits de péage, de vente, de passage et de cauchiage aux portes des villes, sous peine d'excommunication. Il est intéressant de remarquer que la première vague de privilèges accordés aux templiers et aux hospitaliers ne s'écarta guère de cette perspective. Le Saint-Père renouvela une huitaine de privilèges concédés par ses prédécesseurs Urbain III (1185–1187) et Innocent III (1198–1216). Parmi les bulles émises au début du pontificat d'Honorius III, figure une intéressante dérogation à l'égard des lettres apostoliques contraires aux intérêts du Temple, dont les teutoniques ne disposeront qu'en 1221. Les templiers se voient confirmer dans cette première vague de privilèges des droits de présentation dans les églises de leurs domaines, dont les revenus peuvent être affectés à la défense de la Terre sainte en cas de vacance. Le produit des offrandes effectuées dans ces sanctuaires ne devait revenir aux templiers que si ces derniers veillaient à entretenir dignement leurs vicaires[28].

Le pape renouvela, le 15 décembre 1216, la bulle *Cum Apostolica Sedes* de son prédécesseur Eugène III, qui ordonnait aux prélats de la chrétienté de laisser les templiers user librement de la sépulture ecclésiastique lorsque ces derniers n'étaient pas excommuniés ou interdits nominativement. Honorius III accompagna ce précepte général d'une injonction en vue de permettre la collecte par les templiers des aumônes et legs détournés par certains pasteurs indélicats. Une autre bulle enjoignit aux prélats de la chrétienté de ne prétendre qu'au quart des biens laissés par testament aux templiers, en exonérant de ce prélèvement les armes et les chevaux destinés à la défense de la Terre sainte. L'exposé des motifs de cette bulle révèle l'attachement du pape à la cause des templiers à travers une admonestation solennelle de l'épiscopat occidental :

> Si vous faisiez attention à la grande révérence que l'on doit à [nos] très chers fils, les frères de la chevalerie du Temple, jamais vous ne vous trouveriez en train de leur faire des difficultés ou de molester ceux qui passent pour être liés, par une pieuse sollicitude, au soutien, à la protection et à l'aide de la terre de Jérusalem[29].

La seconde vague de privilèges concédés par Honorius III en janvier 1217 allie des dispositions anciennes à des exemptions nouvelles. Le Saint-Père renouvelle un privilège d'Alexandre III, assurant aux templiers leur

---

[28] Loisne, *art. cit.*, n° 19–45 p. 184–195.
[29] Loisne, *art. cit.*, n° 24–27 p. 186–188.

immunité face aux excommunications décrétées sans l'aval du Saint-Siège. Il rappelle le 30 janvier au haut-clergé qu'il ne doit excommunier sous aucun prétexte les templiers, qui n'ont d'autre évêque que le pape. Cette mise au point fait suite à une bulle en date du 18 janvier, par laquelle le pape ordonne aux archevêques, évêques, abbés, prieurs et autres prélats des églises de faire respecter les personnes et biens du Temple, sous peine d'anathème. L'exposé des motifs de cette lettre révèle, une fois de plus, l'admiration d'Honorius III pour les templiers :

> Comme [nos] fils aimés, les frères de la chevalerie du Temple, à l'instar de vrais Macchabées portant la croix du Seigneur sur leur propre corps, s'exposent à des périls extrêmes pour la défense de la chrétienté, et, abandonnant les désirs charnels, se sont érigés en disciples de Jésus-Christ, il est digne et conforme à la raison qu'ils puissent être tranquilles et à l'abri des persécutions des oppresseurs – étant donné que nous aimons sincèrement dans le Seigneur lesdits frères – par le lien de la religion et de son honnêteté, et que nous œuvrons afin d'exhaler et de maintenir par tous les moyens leur réputation qui par la grâce de Dieu est universelle (...)[30].

Les registres pontificaux conservent la trace d'un privilège important concédé aux templiers dans la foulée de la bulle *Effectum justa postulantibus*, accordée aux teutoniques en décembre 1216. Ce précepte autorise les templiers et les hospitaliers à édifier des églises, oratoires et cimetières sur les terres arrachées aux Sarrasins, dont ils ont hérité par droit de conquête ou fait l'acquisition légale[31]. Un autre privilège du mois de janvier 1227 révèle la bienveillance du pape à l'égard des fidèles qui visiteront l'église du Temple de Paris, le jour anniversaire de sa dédicace. Certes les 15 jours d'indulgence qu'il octroie aux pèlerins font pâle figure à côté des un an et quarante jours, accordés au même sanctuaire par le pape Nicolas IV en 1289 ! Cette indulgence est cependant caractéristique de la politique du Saint-Siège au commencement du siècle, l'église mère de l'Hôpital de Saint-Jean n'héritant que d'une remise de 20 jours de pénitence à la fin de l'année 1226[32]...

La dernière vague de privilèges accordés par Honorius III aux templiers s'étale entre les 22 et 25 avril 1220, en raison des délais imputables aux relectures effectuées par la Chancellerie apostolique. Le protocole voulait en effet que les décisions du pape fussent consignées par ses notaires sur une

---

[30] Loisne, *art. cit.*, n° 28–32 p. 188–191.

[31] Pressutti, *op. cit.*, t. I, n° 257 p. 47, Delaville Le Roulx, *op. cit.*, t. II, n° 1528 p. 207 (exemplaire non enregistré).

[32] Loisne, *op. cit.*, n° 30 p. 189–190 et 161 p. 229 ; Delaville Le Roulx, *op. cit.*, t. II, n° 1849 p. 357.

feuille volante à l'issue de chaque audience publique. Cette minute était remise au procureur du Temple en cour de Rome, qui s'adressait à un scriptor pontifical pour en tirer une forme amplifiée, susceptible d'être promulguée. La lettre gagnait alors le bureau du notaire, en charge de l'affaire, pour un examen attentif avant son scellement par les deux bullateurs officiels de la Curie. Le pape renouvela de cette manière en avril 1220 deux privilèges d'Eugène III de 1145 et 1151, en plus de sa bulle *Justis petentium desideriis*, relative aux produits des églises templières. Il chargea, par ailleurs, les prélats d'empêcher la confiscation des offrandes faites aux templiers et autorisa l'absolution des frères coupables de violences à l'encontre de religieux ou de confrères de l'ordre. Il est intéressant d'observer que la plupart de ces privilèges furent étendus aux teutoniques au moment du séjour d'Hermann von Salza à la Curie au mois de janvier 1221. Ces exemples montrent l'application de la papauté à prodiguer aux ordres militaires des privilèges équivalents. Il serait cependant vain de réduire le pontificat d'Honorius III à la lente et patiente reconduction de privilèges entachés d'une période de validité variable en fonction des principes du droit canon. De nombreux exemples montrent en effet que la papauté attendait, en échange, une pleine et entière soumission de la part de ses « fils aimés »[33].

3 Les interventions politiques de la papauté

Honorius III arbitra durant ses onze années de pontificat nombre de litiges opposant les ordres militaires à des puissances séculières ou ecclésiastiques de leur temps. L'une de ses missions les plus ardues consista à défendre l'implantation des teutoniques dans le royaume de Hongrie. Le roi André II avait cédé à l'ordre, le 7 mai 1211, la terre de Borza en Transylvanie, en spécifiant qu'une partie de l'or ou de l'argent découverts sur place reviendrait aux teutoniques. Les teutoniques signèrent en 1213 un accord avec l'évêque de Transylvanie, Guillaume de Weissenbourg, afin de pouvoir percevoir les dîmes du Burzenland et de choisir ses pasteurs. Honorius III confirma le 19 avril 1218 cette convention, sans soupçonner les tensions grandissantes qui se faisaient jour dans l'arc carpatique[34].

Le roi André II envisagea de reprendre le Burzenland aux teutoniques, après avoir concédé des droits théoriques sur la Slavonie aux hospitaliers.

---

33 Loisne, *op. cit.*, n° 36–41 p. 192–194 ; Paravicini Bagliani, *La cour des papes au XIIIe siècle*, p. 92–93.

34 Pressutti, *op. cit.*, t. I, n° 1243 p. 205 ; S. Gouguenheim, *Les chevaliers teutoniques*, p. 43–49.

Il agrandit cependant leur territoire, le 3 mai 1222, dans un acte confirmé par Honorius III en fin d'année :

> Nous avons vu, dit-il, entre autres choses dans les privilèges de notre très cher fils dans le Christ, le roi de Hongrie, qu'il vous avait accordé la terre dite de Borza, alors déserte et inhabitée, sous le sceau de la piété afin que vous la possédiez librement et perpétuellement. (…) Il a autorisé en outre n'importe quel propriétaire de son royaume à disposer de la libre faculté de vous faire des dons et vous a concédé le droit de jouir du fait qu'aucune personne ne peut imposer vos terres situées au-delà de la Transylvanie, ou tenter de vous porter atteinte. Il vous a, de ce fait, accordé et conféré les droits et les usages qu'il devait exercer sur vos terres[35].

Les teutoniques en profitèrent pour solliciter auprès du pape la nomination d'un doyen pour le Burzenland, dont la collation revenait légitiment à l'évêque de Transylvanie, Renaud. Le pape y répondit favorablement, le 12 janvier 1223, en stipulant que cette terre n'avait d'autre évêque que le pontife romain, en attendant son érection au rang d'évêché. La papauté souhaitait affirmer son autorité sur les franges de la chrétienté au détriment de l'Église magyare. Honorius III poussa cette démarche jusqu'au bout, en prenant officiellement « sous le droit et la propriété de saint Pierre » la terre de Borza le 30 avril 1224. Cette décision servit de modèle à Grégoire IX quand il eut à régler le statut de l'évêché voisin de Comanie[36].

Le roi de Hongrie réagit assez violemment à l'ingérence de la papauté dans les affaires intérieures de la Transylvanie. Il envahit au printemps 1225 le Burzenland, en tuant plusieurs teutoniques qui s'opposaient à leur éviction. Le pape l'enjoignit, le 12 juin, de cesser ses exactions contre les teutoniques, qu'il avait installés dans la terre de Borza et sur le revers oriental des Alpes de Transylvanie. Il chargea parallèlement trois abbés austro-hongrois de mener une enquête sur les usurpations de terres, éventuellement commises par les teutoniques. Honorius III justifia son intervention par le profit que la Terre sainte pourrait retirer du maintien de l'ordre teutonique en Transylvanie. Sa vision rejoignait incontestablement celle d'Innocent III à l'égard de l'utilité de l'Empire latin de Constantinople pour la reconquête des Lieux saint. Le pape avertit parallèlement le commandeur des teutoniques dans le Burzenland de son intervention auprès du roi de Hongrie,

---

35 Pressutti, *op. cit.*, t. II, n° 4172 p. 103 (*cf.* Horoy, *op. cit.*, t. IV, n° 35 col. 254–255 (19/12/1222)) ; Zsolt Hunyadi, *The Hospitallers in the Medieval Kingdom of Hungary, c. 1150–1387*, Budapest, 2010, p. 35.

36 Pressutti, *op. cit.*, t. II, n° 4187 p. 105–106 ; Harald Zimmermann, *Der Deutsche Orden im Burzenland*, Cologne, 2000, n° 11 p. 178–179 ; Richard, *La papauté et les missions d'Orient au Moyen Âge*, p. 24–25.

dont il attendait de voir la faveur et la bienveillance à l'égard de l'ordre renaître sous peu. Il relança les négociations le 27 octobre 1225, sans parvenir à débloquer la situation. L'enquête confiée aux abbés de Lilienfeld, Egres et Kerz confirma au début de l'année 1226 que les hommes d'Hermann von Salza avaient usurpé certaines terres. Honorius III invita le roi une nouvelle fois à faire machine arrière, après avoir chargé les évêques d'Oradea et de Győr d'obtenir justice des teutoniques[37].

L'ancien camérier pontifical ne craignit pas d'implorer l'intercession de la reine Yolande de Hongrie et de charger l'évêque de Veszprém d'animer une campagne de lobbying parmi l'épiscopat hongrois. Le roi fit la sourde oreille dans les derniers mois d'existence du pape, après avoir reçu une décrétale l'autorisant à annuler les aliénations contraires à l'intérêt supérieur de son royaume. Cette bulle du 15 juillet 1225 a été diversement appréciée par les historiens qui y ont distingué une erreur stratégique d'Honorius III, ou un élément de détente dans ses relations avec André II de Hongrie. Le fait est qu'aucun pontife romain ne parvint à réinstaller les teutoniques en Transylvanie au cours du XIIIe siècle[38].

L'Europe orientale faisait office à cette époque de front pionnier de la chrétienté après l'érection d'un évêché latin à Üxküll (Ikšķile), sur les bords de la Dvina, en 1186. Le troisième évêque du lieu, Albert de Buxhöveden, avait transféré l'évêché de Livonie sur le site côtier de Riga en 1201 afin de disposer de l'appui des marchands des villes hanséatiques. S'en était suivi la fondation d'une confrérie de chevaliers voués à défendre les conquêtes réalisées par les croisés germaniques. Cet ordre du Christ de Livonie rudoya dans sa soif d'expansion les populations baltes du cours inférieur de la Dvina. Leurs plaintes parvinrent aux oreilles d'Honorius III qui chargea, le 8 février 1222, l'évêque Bernard de Selburg (Sēlpils) de mettre un terme à ces agissements avec l'aide d'ecclésiastiques locaux[39].

Cette future décrétale se révèle accablante pour les ordalies pratiquées par les Porte-Glaive sur les bords de la Baltique :

> Nos fils aimés, récemment baptisés en Livonie, dit Honorius III, nous ont adressé une grave plainte contre les frères engagés dans la promotion de

---

[37] Pressutti, *op. cit.*, t. II, n° 5531–5532 p. 345–346, n° 5525 p. 344, n° 5702 p. 319 et 5831 p. 404 ; Gouguenheim, *op. cit.*, p. 43–51.

[38] Horoy, *op. cit.*, t. V, n° 100–101 col. 35–36 ; Grégoire IX, *Liber Extra*, lib. II, tit. 24, cap. 33, éd. E.A. Friedberg et E.L. Richter, *Corpus juris canonici*, t. II, col. 373 ; Gouguenheim, *op. cit.*, p. 51–53.

[39] Pressutti, *op. cit.*, t. II, n° 3787 p. 41 ; Friedrich Benninghoven, *Der Orden der Schwertbrüder : Fratres milicie Christi de Livonia*, Cologne, 1965, p. 172. Nous devons cette dernière référence à l'obligeance de Kristjan Toomaspoeg qui a relevé l'erreur d'adresse de cette lettre « aux frères de l'ordre du Temple ».

> l'ordre du Temple (sic) en Livonie et contre certains avoués et juges qui exercent sur eux un pouvoir temporel. Quand ils sont accusés de quelque crime que ce soit, ces derniers leur font subir le jugement d'un fer ardent de telle manière que, si une plaie en découle, ils infligent auxdits baptisés une peine civile, par laquelle ils suscitent auprès des convertis ou ceux sur le point de se convertir le scandale et la terreur. Comme naturellement ce type de jugement est profondément interdit par les sanctions canoniques et légitimes, dans la mesure où l'on provoque de la sorte Dieu, nous ordonnons que tu incites lesdits frères et les autres [juges] à abandonner leur oppression à l'égard des convertis, en usant d'un avertissement préalable et de la censure ecclésiastique en cas d'appel infructueux[40].

Cette bulle éloquente ne pouvait que satisfaire l'évêque de Selburg, qui nourrissait quelque rancœur à l'encontre de l'ordre. Le pape lui confia le soin de dissuader durablement les Porte-Glaive de s'attaquer aux biens et personnes des Baltes gagnés à la foi chrétienne. Un mandement fut adressé parallèlement à l'abbé et au prieur du couvent cistercien de Saint-Nicolas de Dünamünde (Daugavgrīva) afin de pousser les chevaliers à rendre à l'évêque Bernhard zur Lippe les biens, qu'ils lui avaient enlevés sur la frontière de la principauté de Polotsk. Cette mise au pas n'empêcha pas les « frères de l'Épée » de prendre le contrôle de l'évêché de Selburg, qui se fondit en 1226 dans celui de Sémigallie, érigé plus à l'ouest[41].

Les progrès des chevaliers Porte-Glaive devaient beaucoup à cette époque au soutien du pape qui rêvait de rattacher la Livonie au patrimoine de Saint-Pierre. Si Honorius III autorisa en 1226 les Porte-Glaive à enrôler les pèlerins sur le point de rentrer en Allemagne, il chargea l'évêque Guillaume de Modène de parcourir la Livonie afin d'expliquer aux convertis leurs droits effectifs. La bienveillance du pape émane des instructions générales que reçut son légat le 19 novembre 1225 :

> Vous devez protéger tous ceux qui ont été touchés par la foi, par la suzeraineté particulière de l'Église romaine, et promettre une certaine liberté à ceux qui seraient prêts à se convertir.

Guillaume de Modène profita de son séjour pour négocier une série de conventions entre l'ordre du Christ de Livonie et les évêques de Riga et de Leal (Lihula), qui subissaient ses empiètements fonciers. Honorius III confirma trois de ces conventions le 10 décembre 1226, avant de commettre Albert de Buxhöveden à la résolution d'un litige opposant l'ordre à l'évêque de Sémigallie, Lambert. Le pape invita l'évêque de Riga à révoquer les

---

40 Grégoire IX, *Liber Extra*, lib. V, tit. 35, cap. 3, éd. E.A. Friedberg et E.L. Richter, *op. cit.*, t. II, col. 878.

41 Pressutti, *op. cit.*, t. II, n° 3786 p. 40 et 3788 p. 41 ; Nicolas Bourgeois, « Les Cisterciens et la croisade de Livonie », *Revue historique*, 633 (2005), fasc. 3, p. 521–560.

sentences ecclésiastiques fulminées par son confrère estonien, en résolvant le problème au plus vite. Cette mission préfigura l'élévation de l'évêché de Riga au rang de siège métropolitain qui survint en 1255. Elle témoigne de la volonté du pape de ménager les chevaliers Porte-Glaive, dont il admirait la vocation religieuse et militaire[42].

Il est révélateur que son pontificat ait présidé à l'apparition à travers la chrétienté des premiers évêques issus des ordres militaires. Nous savons qu'il admonesta, le 29 janvier 1224, le chapitre cathédral et le clergé du diocèse de Passau qui refusaient d'obéir à son nouveau pasteur sous prétexte de son appartenance à l'ordre teutonique. L'évêque Gebhard Ier von Plain n'entretenait pourtant pas des rapports cordiaux avec Hermann von Salza, qui avait obtenu sa condamnation à la Curie à propos d'un différend foncier, entaché d'insubordination. Le pape planifia en avril 1221 la réintégration de Gebhard dans l'ordre teutonique, avant de confirmer, un an plus tard, son élection à la tête de l'Église de Passau après l'intervention de l'empereur Frédéric II[43]. L'année 1226 vit pour la première fois un templier accéder à l'épiscopat. Cette élection eut lieu dans le sud de la péninsule italienne, où le petit évêché de Lavello avait été uni au siège de Venosa en 1218. Le chapitre cathédral décida pourtant d'élire au début de l'année 1226 un chapelain du Temple comme pasteur. Le pape cassa cette élection avant de recevoir un « témoignage élogieux » sur le frère Richard, qui l'amena à revoir sa position. Il chargea, le premier juin 1226, l'évêque de Melfi et un chanoine de Bari de soumettre le candidat à un examen de passage, en mettant en avant l'honneur attaché à la charge de pontife. Cette décision révèle le pouvoir du pape en matière de découpage ecclésiastique, au même titre que le lobbying pratiqué par les ordres militaires à la Curie[44].

Le monde méditerranéen n'échappa pas aux tensions qui se faisaient jour dans le reste de la chrétienté dans le premier quart du XIIIe siècle. La péninsule Ibérique fut à ce titre, à la fois, le théâtre d'exploits militaires et de rivalités incessantes entre les pouvoirs politiques en place. Le pape ménagea la chèvre et le chou, en accordant son soutien aux ordres militaires engagés dans la *Reconquista*. C'est ainsi qu'il accorda la protection de saint Pierre, en janvier 1217, aux châteaux templiers de Roda et de Castelo Branco, au Portugal, en échange d'un cens annuel d'une once d'or. Honorius

---

42 Pressutti, *op. cit.*, t. II, n° 6068 p. 448 et 6091 p. 452 ; Érik Christiansen, *Les croisades nordiques*, Lorient, 1996, p. 210 ; Strehlke, *op. cit.*, n° 236–240 p. 229–230.
43 Pressutti, *op. cit.*, t. II, n° 4736 p. 203 et t. I n° 3231 p. 528.
44 Pressutti, *op. cit.*, t. II, n° 5969 p. 429.

reçut à l'automne 1217 un récit détaillé de la victoire d'Alcácer do Sal, remportée sur les émirs de Séville, Cordoue, Jaén et Badajoz par une coalition chrétienne. Il félicita, le 12 janvier 1218, les évêques de Lisbonne et d'Évora qui dirigeaient l'expédition avec l'appui du maître du Temple en Espagne, Pedro Alvítiz, et du commandeur santiaguiste de Palmela, Martín Peláez Barragán. Sa lettre n'oublia pas d'associer à cette victoire le prieur de Castille de l'ordre de l'Hôpital, qui avait joint ses forces dans la bataille. Ce triomphe n'empêcha pas les mesquineries de prospérer entre les ordres militaires comme à l'accoutumée. Le maître de Calatrava, Gonzalo Ibáñez de Novoa, se plaignit à la fin de l'année 1220 de l'indulgence coupable des hospitaliers à l'égard des déserteurs de son ordre, désireux de poursuivre la lutte contre les « infidèles ». Le pape interdit au prieur de l'Hôpital d'Espagne de recevoir ces fugueurs sans l'aval des calatravans. Cette interdiction décrétée pour des raisons morales incita les deux ordres à passer des conventions sur le modèle des accords conclus en Orient entre le Temple et l'Hôpital[45].

Les calatravans se plaignirent à la même époque auprès du pape de leur impuissance à répondre aux attaques des musulmans à cause des trêves négociées par le roi de Léon avec ses voisins. Le pape ne pouvait guère aller contre la volonté d'Alphonse IX (1188–1230) qui avait cédé en 1217 la forteresse d'Alcántara aux calatravans, en exigeant qu'ils observent scrupuleusement ses périodes de paix et de guerre avec les Maures. Lui-même avait tenté de relancer le bellicisme du roi après la victoire d'Alcácer do Sal, sans grand succès. Le Saint-Père répondit néanmoins à l'inquiétude des calatravans, en accordant l'indulgence plénière aux fidèles qui contribueraient à la fortification de leurs châteaux d'Estrémadure[46].

Il répondit tout aussi favorablement aux sollicitations des santiaguistes qui avaient élevé Martín Barragán au rang de grand-maître à la suite de García González de Arauzo (1212–1217). Le pape accepta de soutenir les efforts déployés par le profès Gil García de Zagra afin de contribuer à la lutte contre les Maures sur les marges du royaume d'Aragon. Il invita le roi Jacques Ier à dispenser sa faveur au groupe de chevaliers commandés par Gil García et à faciliter leurs achats de vivres et de matériel. L'épiscopat castillan et aragonais fut chargé, le 22 novembre 1222, de relayer ce courrier par des pressions diplomatiques sur la personne du roi. Honorius III confirma solennellement, l'année suivante, la donation aux santiaguistes

45 Pressutti, *op. cit.*, t. I, n° 327 p. 58, 997 p. 170 et n° 2889–2890 p. 478.

46 Philippe Josserand, *Église et pouvoir dans la péninsule Ibérique. Les ordres militaires dans le royaume de Castille (1252–1369)*, Madrid, 2004, p. 228 et 602 ; Pressutti, *op. cit.*, t. I, n° 997 p. 170.

du château de Castrotorafe, opérée par Ferdinand II de Castille en 1172 contre l'avis des hospitaliers. Il témoigna, par ailleurs, sa faveur au nouveau maître García González de Candamio, en confirmant l'ensemble des possessions, statuts et privilèges santiaguistes[47].

L'année 1225 fut tout aussi riche en événements pour la Curie avec le déclenchement d'un procès entre les frères de Monfragüe et l'ordre de Calatrava, qui les avait expulsés de leur commanderie et réduits à la mendicité. Honorius III chargea l'évêque, le doyen et l'archidiacre de l'Église de Burgos de pousser les calatravans à subvenir aux besoins des frères de Monfragüe, en négociant si possible une convention entre les deux parties. La décision du pape témoigne d'une grande humanité à l'égard des frères de Monfragüe qui accusaient la cour de Castille de couvrir les agissements peu recommandables de don Gonzalo Ibáñez de Novoa. Le chevalier Alonso Téllez de Meneses sensibilisa le pape, quelques semaines plus tard, à la vulnérabilité de son château situé à une quarantaine de kilomètres au nord de Badajoz. Honorius III ordonna aux hospitaliers, calatravans, templiers et frères d'Uclés, le 15 juillet 1225, de secourir le château d'Alburquerque à chaque fois que son maître leur en ferait la demande. Cette décision assura la pérennité de la seigneurie d'Alburquerque, que le roi Ferdinand III de Castille avait arrachée aux Almohades en 1217[48].

Le sort des chrétiens n'était guère plus avantageux à cette époque en Orient, où une longue guerre de succession sévissait dans la principauté d'Antioche. L'un des premiers gestes politiques d'Honorius III fut de recommander aux ordres militaires le vainqueur du conflit le 25 juillet 1217. Le prince Raymond-Rubēn avait de bonnes chances à cette date-là de succéder à son grand-oncle Léon Ier sur le trône d'Arméno-Cilicie. Le pape félicita le roi de son choix, sans se douter que les événements allaient prendre un tour tragique. Le jeune prince d'Antioche se brouilla en moins d'une année avec son oncle et le clergé latin, auquel il imposa de nouvelles redevances. Léon disparut en 1219, en laissant trois héritiers se disputer le trône de Petite-Arménie. Le comte de Tripoli, Bohémond, profita de ces intermèdes pour reprendre la ville d'Antioche à Raymond-Rubēn qui n'eut d'autre recours que de se réfugier en Cilicie. L'affaire rejaillit sur l'ordre de

---

[47] Pressutti, *op. cit.*, t. II n° 4152 p. 100, 4461 p. 155 et 4464 p. 155–156 ; Mansilla, *La documentación pontificia de Honorio III (1216–1227)*, n° 295 p. 223.

[48] Pressutti, *op. cit.*, t. II n° 5354 p. 314–315 ; D. Mansilla, *La documentación pontificia de Honorio III (1216–1227)*, n° 569 p. 421–422. Cette édition amende la transcription antérieure de Delaville Le Roulx, sans identifier correctement le château concerné (*cf.* Delaville Le Roulx, *op. cit.*, t. II, n° 1819 p. 340–341).

l'Hôpital à qui Raymond-Rubēn avait cru bon de céder la citadelle d'Antioche, en prenant la fuite. Bohémond IV entreprit le siège de la forteresse qui lui valut une excommunication en bonne et due forme de la part de la part du légat pontifical, Pélage d'Albano, avant d'essuyer la réprobation du Saint-Siège[49].

Les mois qui suivirent permirent à Bohémond IV de prendre le contrôle d'Antioche et de mettre sous séquestre un grand nombre de propriétés hospitalières. Les templiers qui le fréquentaient à Acre, Antioche et Tripoli furent excommuniés impitoyablement par l'ordinaire et il fallut l'intervention d'Honorius III pour obtenir leur absolution ! Bohémond saccagea dans son élan la maison de l'Hôpital de Tripoli, en tuant un frère qui s'opposait à son passage, tandis qu'un second était écorché par ses hommes[50]. Le pape autorisa à la fin de l'année 1225 les hospitaliers à user de la force afin de repousser les assauts du comte de Tripoli, qui n'appartenait plus à la communauté des fidèles... Cette licence fut étendue aux amis, c'est-à-dire alliés ou mercenaires de l'Hôpital, ainsi qu'aux « fidèles sujets » de l'Église romaine. C'est le moment que choisit une délégation tripolitaine pour requérir le soutien de l'empereur Frédéric II auprès du pape. Honorius III refusa de lever l'excommunication de Bohémond IV, tant qu'il refuserait d'amender ses torts par un serment solennel devant un représentant du Siège apostolique. Un collège de cardinaux transmit ces conditions aux envoyés du comte de la part du pape qui ne pouvait relationner avec des excommuniés[51].

La papauté accentua la pression en février 1226 en habilitant l'Hôpital à user de la force afin de récupérer la citadelle d'Antioche, occupée par les troupes comtales. Le grand-maître de l'Hôpital, Garin de Montaigut, estima les mesures insuffisantes à cause de la faveur dont jouissait Bohémond en Orient. Il obtint d'Honorius III à la fin de l'année 1226 que les évêques de Valénie et de Tortose contraignent la population de la principauté à n'approcher le comte sous aucun prétexte. L'ordre du Temple reçut une dérogation du fait de son implantation dans le comté de Tripoli, à condition de ne partager aucune messe ou repas avec l'intéressé. Les derniers mois d'existence du pape ne présidèrent à aucun déblocage de la situation en raison de l'entêtement de Bohémond IV. Honorius III interdit à la population syrienne, le 23 janvier 1227, d'aider ou de conseiller le comte de Tripoli de la

[49] Pressutti, *op. cit.*, t. I, n° 676–677 p. 118 ; Riley-Smith, *The Knights of St. John in Jerusalem and Cyprus, c. 1050–1310*, p. 158–160.
[50] *Bullarium Terrae Sanctae*, n° 88 et 126.
[51] Pressutti, *op. cit.*, t. II, n° 5759 p. 390 ; *Bullarium Terrae Sanctae*, n° 124.

moindre manière que ce soit. Il amenda cependant sa position, après avoir reçu un concert de plaintes en provenance d'Orient. Les évêques de Valénie et de Tortose reçurent l'ordre dans ces conditions, le 17 février, de ne sanctionner que les complices ou amis du comte, associés à ses turpitudes. Cette dernière mesure ne régla pas le contentieux qui perdura jusqu'en 1233[52].

L'action politique d'Honorius III ne négligea pas l'île de Chypre, arrachée à la domination byzantine en 1191 et érigée en royaume grâce à la volonté de l'empereur Henri VI. Le pape apprit la disparition au cours de l'été 1218 du roi Hugues Ier de Lusignan, qu'une fièvre foudroyante avait terrassé en début d'année. Il présenta ses condoléances à la reine Alix de Champagne, le 12 juillet, en lui annonçant sa décision de prendre son royaume sous la protection de saint Pierre. Le légat Pélage d'Albano et les maîtres du Temple et de l'Hôpital reçurent une missive d'Honorius III, déplorant que certains agitateurs n'envisagent de porter atteinte à la famille royale en période de deuil. Les ordres militaires se virent attribuer la responsabilité de dissuader par la force ceux qui souhaiteraient profiter de la régence d'Alix de Champagne pour perturber l'ordre établi. Templiers et hospitaliers se montrèrent à la hauteur de cette mission, en négociant en 1223 un accord sur le régime décimal de l'île entre la reine et le clergé chypriote. Il n'est pas étonnant dès lors qu'Honorius III leur ait recommandé, le 15 février 1226, la personne du roi Henri Ier qui entamait sa neuvième année sous la régence du bayle Philippe d'Ibelin[53].

Le sort des États latins d'Orient était un sujet d'inquiétude constant pour le pape qui avait hérité d'une situation complexe à la mort de son prédécesseur. Il chargea en 1220 les ordres du Temple et de l'Hôpital de négocier la libération de marins de Gaète, dont le navire avait été détourné vers Alexandrie. Ce port du Latium servait alors de lieu de rassemblement pour les croisés d'Europe du Nord, désireux de gagner l'Orient au plus vite[54]. L'enlisement de la cinquième croisade poussa le pape à conseiller, l'année suivante, à Pélage d'Albano et aux maîtres du Temple et de l'Hôpital de négocier une paix profitable avec les Ayyoubides, au moment où les chrétiens s'apprêtaient à entreprendre une folle marche vers Le Caire. Honorius III annonçait dans ce courrier le passage imminent en Orient de

---

52 Pressutti, *op. cit.*, t. II, n° 5843 p. 406, 6105–6106 p. 454, 6197 p. 471 et 6243 p. 480 ; J. Riley-Smith, *op. cit.*, p. 160–162.

53 Pressutti, *op. cit.*, t. I, n° 1522–1524 p. 252–253, t. II n° 5822 p. 402.

54 Pressutti, *op. cit.*, t. I, n° 2639 p. 438 ; Richard de Saint-Germain, *Chronica*, éd. G.H. Pertz, *Monumenta Germaniae Historica, Scriptores*, XIX (1866), Hanovre, p. 339.

l'empereur Frédéric II et du marquis Guillaume de Montferrat avec une armée importante[55].

Ces transbordements furent ajournés *sine die* et il fallut attendre le 28 novembre 1224 pour voir le pape confirmer les intentions de Guillaume VI de Montferrat. Les templiers et hospitaliers de Romanie durent financer son expédition de secours en direction du royaume de Salonique, en sacrifiant la moitié de leurs revenus annuels. Cette atteinte à leurs exemptions fiscales fut justifiée par l'urgente nécessité dans laquelle se trouvait l'Empire latin de Constantinople après la chute de Salonique entre les mains du duc d'Épire, Théodore Doukas. Les projets du pape furent contrariés par la lenteur des préparatifs de Guillaume de Montferrat, qui ne gagna la Grèce qu'en 1226 pour y trouver la mort sans honneur. La détermination d'Honorius III parvint à des résultats plus probants en matière de discipline ecclésiastique, comme le prouvent de nombreuses bulles conservées au Vatican[56].

4 Les arrêts ou commandements de la cour de Rome

Par « cour de Rome » on entendait au Moyen Âge l'ensemble des services de la Curie, qui supervisaient le règlement des litiges ecclésiastiques. Le dépouillement des registres d'Honorius III montre que les ordres militaires ont subi ou bénéficié de nombreuses sentences exécutoires, prononcées au nom du pape. Il convient de distinguer de ces arbitrages les décisions disciplinaires, inspirées par des suppliques en provenance des ordres militaires. Ce fut le cas en 1219 après la réception de la plainte d'un lettré, qui souhaitait abandonner la maison du Temple de Marseille, sans disposer d'une charte de congé accordée par le grand-maître de l'ordre. Honorius III engagea le commandeur de Marseille à ne pas molester maître Roland, qui avait gagné l'abbaye Saint-Victor de Marseille pour des motifs spirituels[57].

Certains transfuges regrettaient leur choix à l'instar d'un dénommé Thomas, qui sollicita l'appui du Siège apostolique à la fin de l'année 1224. Honorius III demanda, le 22 janvier 1225, au grand-maître Pierre de Montaigut de faciliter son retour au sein de l'ordre du Temple après une expérience malheureuse au sein d'un ordre contemplatif, dont il n'avait pu

55 Pressutti, *op. cit.*, t. I, n° 3478 p. 565.

56 Pressutti, *op. cit.*, t. II, n° 5186 p. 283 ; Settia, « Guglielmo VI, marchese di Monferrato », p. 763.

57 Pressutti, *op. cit.*, t. I, n° 1971 p. 325.

supporter l'austérité. La lettre d'Honorius III précise que l'intéressé avait quitté l'ordre d'une manière régulière, ce qui était loin d'être la règle à l'époque. Le pape lui-même avait dû dissuader en 1223 les cisterciens, templiers et hospitaliers d'admettre dans leurs rangs des profès, qui s'étaient engagés préalablement en faveur de l'ordre de Grandmont[58].

Cencio Camerario régla durant son pontificat une affaire encore plus délicate, survenue dans le Velay à la fin de l'année 1219. Le chevalier Bertrand de Cares prémédita l'assassinat près du village de Saint-Germain-Laprade de l'évêque du Puy, Robert de Mehun, qui l'avait excommunié pour diverses déprédations contre des biens ecclésiastiques. Les meurtriers allèrent demander l'absolution de leur faute auprès d'Honorius III, après avoir essuyé la vindicte de la population anicienne. Le pape les fit patienter de longues heures à l'extérieur de son palais dans une nudité absolue afin de leur faire ressentir le poids de leur crime. Il imposa ensuite une lourde pénitence aux coupables, dont l'exécution revint le 10 juillet 1220 aux évêques de Viviers et de Saint-Paul-Trois-Châteaux. Le souverain pontife contraignit les assassins de Robert de Mehun à résigner l'ensemble des fiefs qu'ils tenaient de l'Église anicienne, à titre préventif autant que symbolique. Les complices de Bertrand de Cares devaient passer le prochain Carême à mendier dans les rues du Puy-en-Velay en tenue de pénitents, en veillant à observer deux jours de jeûne par semaine. Ils devaient gagner, au terme de cette pénitence, la Terre sainte afin de combattre les « infidèles » durant deux ans et observer un jeûne pénitentiel le reste de leur vie, le jour de la Passion du Christ[59].

Ces dispositions furent durcies pour Bertrand de Cares, qui avait porté le coup fatal à l'évêque du Puy aux abords de l'abbaye de Doue. Le pape le condamna à mendier pendant trois carêmes consécutifs dans la ville du Puy en jeûnant trois jours par semaine, avant d'aller servir en Terre sainte durant une période de sept ans. Honorius III renforça ces sanctions de séances de flagellation publique durant le séjour de Bertrand de Cares au Puy, assorties de 80 jours de jeûne par an – en plus du vendredi – le reste de sa vie. Le chevalier vellave devait se voir offrir la possibilité d'intégrer l'ordre cistercien ou cartusien à l'issue de sa pénitence dans les rues du Puy[60].

---

[58] Pressutti, *op. cit.*, t. II, n° 5794 p. 397 ; Horoy, *op. cit.*, t. IV, n° 131 col. 350–351. Le prieur Pierre Caturcin (1216–1228) avait argué des différents privilèges dont disposait son ordre pour obtenir une condamnation de ces pratiques déloyales.

[59] Pressutti, *op. cit.*, t. I, n° 2543 p. 420 (*cf.* pour une édition Brial, *Recueil des historiens des Gaules et de la France*, XIX (1880), p. 703 (2e édition)).

[60] Pressutti, *op. cit.*, t. I, n° 2543 p. 420 (*cf.* pour une édition Brial, *Recueil des historiens des Gaules et de la France*, XIX (1880), p. 703–704 (2e édition)).

Bertrand de Cares préféra gagner la Terre sainte, après avoir été relevé de son excommunication par le cardinal Niccolò Chiaramonti. Notre chevalier y essuya toutefois une fin de non-recevoir du patriarche Raoul de Mérencourt, en l'absence d'injonction officielle de la Chancellerie apostolique. Il exposa son problème au grand-maître du Temple, Pierre de Montaigut, qui accepta de l'intégrer dans son ordre pendant une année, avant de l'envoyer à la Curie requérir l'aval du pape. Honorius III valida cette solution le 15 décembre 1224, en priant Pierre de Montaigut de déduire des sept années de pénitence la période de service déjà accomplie par Bertrand de Cares. Il y a fort à parier que cette décision fut dictée au souverain pontifie par la disparition de Raoul de Mérencourt, dont la succession traînait en longueur, et par la qualité du rapport de Pierre de Montaigut sur Bertrand de Cares[61].

Les registres d'Honorius III conservent les traces de rivalités survenues entre les ordres militaires, ou les différents membres d'une même congrégation. Le commandeur du Temple dans les royaumes de Castille, Léon et Portugal sollicita ainsi en 1223 l'appui du Siège apostolique, avant de se soumettre à la justice de ses pairs. *« Nous avons compris, écrit le pape à Pierre de Montaigut, que [notre] fils aimé, Pedro Alvítiz, maître de la maison de la chevalerie du Temple en Espagne, qui est un homme à la fois religieux, magnanime et honnête, en combattant virilement et puissamment les Sarrasins durant pas moins de sept ans, a maintenu les châteaux, villages et vastes domaines voisins de leurs confins. Toutefois en fournissant fréquemment une armée nombreuse aux rois [chrétiens], il s'est trouvé contraint de s'exposer aux poids de dettes multiples afin de dépenser le nécessaire. Il est possible qu'il ait géré de la sorte utilement les affaires de votre maison. Il apparaît cependant qu'il ait failli, d'une manière ou d'une autre, en contractant concrètement des créances. Pour autant que l'on puisse parler juridiquement de délit, celui-ci ne déplaît pas à Dieu mais le satisfait au contraire, en ne lésant rien de pieux, si ce n'est les ennemis du nom chrétien »*[62] !

On comprend, à la lecture de ces lignes, l'admiration du pape pour l'un des héros de la bataille d'Alcácer do Sal, promu exécuteur testamentaire du roi Alphonse II de Portugal en 1221. La bulle d'Honorius III invita en conséquence le grand-maître du Temple à encenser plus que sanctionner Pedro Alvítiz lors de l'examen de sa cause en Terre sainte. Les prud'hommes du Temple se jugèrent incompétents en raison de l'ampleur des sommes

[61] *Bullarium Terrae Sanctae*, n° 86.
[62] Mansilla, *La documentación pontificia de Honorio III* (1216–1227), n° 447 p. 324–325.

dépensées par le maître d'Espagne. Ils le renvoyèrent à la Curie, en laissant au pape la possibilité de le priver de son manteau[63]. Honorius III engagea Pierre de Montaigut à le traiter avec déférence le 29 mars 1224, après avoir imaginé un règlement amiable de l'affaire. Pedro Alvítiz devait remettre entre les mains de la papauté avant le premier août 1225 les sommes d'argent qu'il avait engagées, sans prendre le soin de consulter le pape (*nobis inconsultis*). La décision d'Honorius III laisse entendre que ces fonds relevaient de la décime collectée à travers l'Europe au titre de la croisade. La chose n'est pas étonnante au vu du rôle prépondérant joué par la commanderie castillane de Ponferrada dans la centralisation du vingtième levé par la papauté. Pedro Alvítiz parvint, quoi qu'il en soit, à rembourser les sommes qu'il devait et à être confirmé dans ses fonctions jusqu'au printemps 1227[64].

Le pontificat d'Honorius III présida au développement de querelles plus sérieuses dans la péninsule Ibérique entre les ordres du Temple et de Santiago, dont les domaines s'entremêlaient étroitement. Le pape confia à l'été 1220 le soin aux évêques de Zamora et de Léon de conduire deux enquêtes sur les violences, que les templiers étaient censés avoir commises contre la commanderie santiaguiste d'Alcañiz et plusieurs propriétés voisines. L'évêque d'Astorga reçut la charge de conduire une enquête parallèle sur les agissements, dont les santiaguistes accusaient le commandeur du Temple de Plasencia, en Estrémadure[65].

Ces tensions étaient fréquentes en Orient, où les ordres militaires défendaient leurs privilèges avec opiniâtreté. Les templiers n'hésitèrent pas à dénoncer à Honorius III en 1222 le plagiat vestimentaire, auquel les chevaliers teutoniques se livraient depuis plusieurs mois en Terre sainte. Les Allemands avaient déjà tenté d'arborer en 1210 le manteau de laine blanc, qui faisait la réputation et la spécificité du Temple à travers la chrétienté. Innocent III avait chargé le patriarche de Jérusalem, Albert de Verceil, d'amener les teutoniques à résipiscence, en sermonnant Hermann von Salza vertement. L'affaire rebondit durant la cinquième croisade pendant laquelle les Allemands abandonnèrent le manteau d'estanfort qu'ils portaient depuis 30 ans. Un chroniqueur de Terre sainte nous apprend que ce pallium ne comportait pas encore la célèbre croix noire de l'ordre, mais une

[63] Pressutti, *op. cit.*, t. II, n° 4403 p. 142 ; António Brandão, *Quarta parte da Monarchia Lusitana*, Lisbonne, 1632, n° 13 p. 269–271.

[64] *Bullarium Terrae Sanctae*, n° 83 (pièce oubliée par Demetrio Mansilla Reoyo dans son bullaire d'Honorius III) ; Gonzalo Martínez Díez, *Los templarios en la Corona de Castilla*, Palencia, 1993, p. 40, 42 et 64.

[65] Mansilla, *La documentación pontificia de Honorio III (1216–1227)*, n° 296–298 p. 223–225.

simple roue frappée d'une demi-croix noire. Le coup de force des teutoniques eut lieu après la concession à l'ordre d'une rente annuelle de 200 onces d'or par le roi de Sicile, Frédéric Ier, en juin 1217[66].

Les templiers exprimèrent leur indignation auprès du Siège apostolique, en découvrant les modifications apportées à la donation de 1217 dans un nouveau privilège délivré à Catane au mois de décembre 1221. La rente accordée pour l'achat de vêtements *ad usus hiemales* avait été dévoyée afin de permettre à l'ordre de copier l'uniforme du Temple. Les protestations des templiers se heurtèrent à la volonté conciliatrice d'Honorius III, qui confirma le 19 avril 1222 les termes de la donation de Catane, en révoquant un de ses privilèges antérieurs. Le Saint-Père prit soin d'inviter les templiers à abandonner leur rancœur pour se joindre aux teutoniques dans un esprit de « charité et d'unité » retrouvée. Les liens unissant les deux ordres depuis 1198 étaient, à ses dires, les plus sûrs garants d'une réconciliation inéluctable. Honorius III recourut, devant des arguments aussi spécieux, à une mise en garde formelle contre toute velléité de discussion, assimilée à une double offense à sa personne et à celle de l'empereur. Le pape ne versait cependant pas dans un angélisme aveugle à l'égard de Frédéric II, dont l'ajournement de la croisade avait suscité une sévère réprimande en novembre 1221. La Curie croyait néanmoins encore en 1222 à son embarquement prochain pour l'Orient au vu des préparatifs de sa flotte. Les événements en décidèrent autrement, en repoussant à l'année 1228 le départ en croisade de l'empereur[67]...

Les ordres militaires entretinrent plusieurs contentieux sous le pontificat d'Honorius III avec le clergé séculier qui admettait mal leurs multiples exemptions. Les templiers sollicitèrent à ce titre la confirmation en 1217 d'une sentence rendue par Innocent III à propos du statut de l'église de Tomar, qui abritait le siège de leur ordre au Portugal. Honorius III renouvela l'arbitrage rendu par son prédécesseur, le 31 mai 1209, afin de repousser les revendications éventuelles de l'évêque de Lisbonne sur le sanctuaire de Tomar. Les templiers subissaient à l'époque, en tant que seigneurs fonciers, de multiples vexations de la part des communes en voie d'autonomie. Honorius III s'inquiéta en 1220 d'une querelle qui les opposait aux échevins d'Ypres, avant d'ouvrir au mois de juin 1222 une enquête sur le statut juridique des maisons qu'ils occupaient dans la ville de La Rochelle. Le roi

---

66 Claverie, *op. cit.*, t. II, p. 193–194 ; M.R. Morgan, *La continuation de Guillaume de Tyr, 1184–1197*, Paris, 1982, p. 99 ; Kristjan Toomaspoeg, *Les teutoniques en Sicile* (*1197–1492*), Rome, 2003, n° 37 p. 572 (24/06/1217) et n° 42 p. 573 (3/01/1218).

67 Pressutti, *op. cit.*, t. II, n° 3927–3928 p. 63, t. I, n° 1172 p. 195.

d'Angleterre, Henry III, accusait l'ordre d'assimiler à des terres vacantes les biens-fonds, qu'il avait hérités de ses prédécesseurs, Henry II et Richard Ier. Le pape chargea les abbés saintongeais de La Grâce-de-Dieu, de Saint-Léonard-des-Chaumes et de La Rochelle de procéder à une enquête approfondie afin d'établir les droits de chaque partie. Conscient de la dimension politique du problème, il invita ses agents à lui adresser un rapport circonstancié en cas d'imbroglio juridique de manière à arbitrer l'affaire en dernier ressort[68].

L'ordre du Temple était parvenu à cette époque à un degré de puissance, qui lui permettait de prendre le contrôle de diocèses entiers en Terre sainte. L'évêque Durand de Tortose dressa au cours de l'année 1224 un réquisitoire sévère contre les empiètements, dont l'ordre se rendait coupable dans son diocèse sur le plan féodal et ecclésiastique. Les templiers n'avaient pas craint de confier la desserte de deux églises locales à des prêtres grecs, sans consulter l'ordinaire auquel la tutelle de l'ensemble des églises de la cité revenait en vertu d'une convention de 1152. Que dire des dîmes que les templiers refusaient d'acquitter sur le tribut qu'ils extorquaient aux Assassins du château d'al-Khawābī et des sanctions canoniques que leurs chapelains renâclaient à appliquer ? Honorius III exhorta le grand-maître Pierre de Montaigut à amender ses torts le 10 janvier 1225, en cessant de léser les « hommes, pêches, forêts et autres biens » relevant de l'Église de Tortose. Le souverain pontife confia le soin aux archevêques de Tyr et de Césarée de veiller à la régularisation de la situation avec l'aide de Jacques de Vitry. Cette intervention n'empêcha pas la reprise du conflit au milieu du siècle[69].

Les règlements du Siège apostolique pouvaient être longs à aboutir comme le démontre un accord négocié en 1225 entre l'archevêque de Bourges, Simon de Sully, et les templiers berrichons, qui refusaient de voir leurs hommes se fédérer en communes. L'affaire avait été confiée en première instance au chancelier de l'Église de Chartres, qui l'avait renvoyée devant le pape en raison de ses implications féodales. Honorius III en confia le règlement à l'un de ses chapelains, après avoir reçu devant le consistoire l'archevêque de Bourges et le procureur du Temple, frère Gérard. Le souverain pontife confirma, le 21 mai 1225, l'arbitrage rendu par son auditeur en faveur de l'archevêque de Bourges, qui invoquait des droits immémoriaux dans son diocèse. Les templiers sauvèrent la face en exonérant de tout lien

---

[68] Pressutti, *op. cit.*, t. I, n° 295 p. 53 (*cf.* pour une édition Horoy, *op. cit.*, t. II-B, n° 184 col. 225–227), n° 2761 p. 458, t. II, n° 4051 p. 82 (*cf.* pour une édition Horoy, *op. cit.*, t. IV, n° 223 col. 197–198).

[69] Pressutti, *op. cit.*, t. II, n° 5266 p. 297 (*cf. Bullarium Terrae Sanctae*, n° 89) ; Claverie, *L'ordre du Temple en Terre sainte et à Chypre au XIIIe siècle*, t. II, p. 145–146.

vassalique les villages de Jussy-le-Chaudrier, Valençay et Villeville, dont les habitants ne devaient reconnaître que l'autorité spirituelle de Simon de Sully. Un scandale plus grand survint en Artois en 1224 après l'ouverture d'églises templières et hospitalières à des clercs frappés d'excommunication. L'évêque Pons d'Arras obtint du Siège apostolique une condamnation formelle de ces pratiques préjudiciables à l'exercice du droit canon[70].

La papauté faisait l'économie d'une enquête de terrain lorsque les plaintes revêtaient un caractère général à travers plusieurs diocèses. Elle donna ainsi satisfaction, le 20 février 1222, aux teutoniques qui se plaignaient de l'hostilité de certains curés à l'encontre de leurs campagnes de quêtes et de recrutement. Plusieurs recteurs aspiraient à recevoir une part des aumônes accordées aux teutoniques, en échange de l'ouverture de leur église aux prédicateurs de l'ordre. Honorius III somma une série de prélats germaniques de mettre un terme à ces pratiques, en veillant à une juste rétribution des teutoniques. La prudence du pape émerge de nombreuses commissions édictées en réponse à des plaintes officielles en cour de Rome. Il chargea, par exemple, le 30 avril 1222 l'abbé et le prieur du couvent de Czikator d'enquêter sur les usurpations de dîmes, dont l'abbé de Szekszárd avait commis à l'encontre des hospitaliers de Hongrie. Il n'était pas rare que certains différends s'étendent sous plusieurs pontificats comme le révèle une bulle de 1225 destinée à la même aire géographique. L'abbé de Bakony reçut la mission d'arbitrer avec deux juges délégués un litige opposant les hospitaliers au monastère du Saint-Esprit au sujet du statut de son église. La commission du pape imputa la prolongation inutile de cette affaire aux disparitions en cascade d'Innocent III, du cardinal Cencio de Saint-Laurent *in Lucina* et de l'archevêque Jean d'Esztergom ![71]

La volonté d'Honorius III se heurtait parfois à la complexité des appels interjetés devant le Siège apostolique. L'évêque de Langres, Hugues de Montréal, proposa à ce titre, en 1225, de céder aux johannites l'hôpital de Mormant, dont il souhaitait réformer les fondements spirituels et matériels. Le pape accéda à sa demande avant de recevoir à la Curie une délégation du chapitre de Langres et de l'hôpital, hostile à son inféodation aux

---

[70] Pressutti, *op. cit.*, t. II, n° 5507 p. 341 et 4889 p. 230 (*cf.* édition Horoy, *op. cit.*, t. IV, n° 168 col. 577–578). Honorius III mentionne dans le premier de ses courriers un « maître du Temple dans le diocèse de Bourges » qui a peu de chance d'avoir existé en raison de la division du Berry entre les provinces templières d'Aquitaine, de France et d'Auvergne (Émile-Guillaume Léonard, *Gallicarum militiae Templi domorum earumque preceptorum seriem*, Paris, 1930, p. 161).

[71] Pressutti, *op. cit.*, t. II, n° 3812 p. 44–45, 3934 p. 64 et 5469 p. 334 (*cf.* pour une édition Horoy, *op. cit.*, t. IV, n° 121 col. 99–101, 164 col. 140 et 152 col. 847–848).

hospitaliers. Honorius III chargea l'abbé de Sainte-Geneviève, Herbert, et deux clercs parisiens de veiller à préserver les droits du chapitre de Langres sur l'hôpital de Mormant, en amendant la procédure engagée. Le pape tenta une fois de plus de ménager la chèvre et le chou, après avoir entendu un vibrant plaidoyer du prieur de France de l'Hôpital sur le désintéressement de son ordre. Ces excès de langage ne trompèrent pas Grégoire IX, qui annula dès l'année 1227 les conventions signées sous l'égide de son prédécesseur[72].

Honorius III fut jusqu'à son dernier souffle un allié de poids pour les ordres militaires qui se retrouvaient dans certaines situations profondément démunis. Aussi confia-t-il le soin en 1226 au chapitre cathédral de Brindisi de contraindre les habitants de la cité apulienne à restituer aux hospitaliers la cargaison d'une nef naufragée. Ce type de contrainte avait très peu de chance d'aboutir en raison de la popularité du droit de bris au Moyen Âge et de l'anonymat des voleurs impliqués dans le dépouillement de la nef de Barletta. Honorius III mit en avant le préjudice causé au secours de la Terre sainte et aux malades de l'Hôpital pour justifier son intervention dans un domaine relevant de la justice civile. Cet exemple démontre que les sentences du Saint-Siège présentent une aussi grande variété dans leur forme, que les missions confiées aux ordres militaires durant les onze années de pontificat du cardinal Cencio[73].

5 Les commissions du Siège apostolique

Alexandre III avait été le premier pape à admettre des templiers dans son entourage en la personne des frères Pierre, Francon et Bernard, pourvus des charges d'aumônier et de camérier sous son long pontificat (1159–1181). Nous avons évoqué précédemment la participation de frères issus de la *familia* pontificale à la collecte du vingtième affecté au financement de la cinquième croisade. Honorius III avoua en 1220 au cardinal Pélage d'Albano qu'il n'avait à sa disposition aucun nonce capable de dépasser leur dévouement :

> Quod autem vicesimam et pecuniam aliam per fratres Templi et Hospitalis frequentius mittere consuevimus, propter hoc fit, quod nuntios alios, de quibus videamur melius posse confidere, non habemus.

[72] Pressutti, *op. cit.*, t. II, n° 5788 p. 396 (*cf.* édition Horoy, *op. cit.*, t. V, n° 86 col. 10–12) ; J.-B. de Vaivre, « Morment », *Prier et combattre. Dictionnaire européen des ordres militaires au Moyen Âge*, p. 634.

[73] Pressutti, *op. cit.*, t. II, n° 5957 p. 426–427 (*cf.* Rome, ASV, Reg. 13, n° 278 fol. 130 r°).

Plusieurs bulles des registres d'Honorius III montrent que l'action des ordres militaires ne se limita pas sous son pontificat à ces missions traditionnelles[74].

C'est ainsi que le pape délégua, le 5 septembre 1219, un hospitalier de son entourage auprès du calife almohade, Yūsuf al-Mustansir, qui refusait de laisser les communautés chrétiennes du Maroc pratiquer leur foi librement. Frère Gonzalo fut chargé de remettre au commandeur des croyants une lettre nourrie de références bibliques, communes aux chrétiens et aux musulmans.

> On lit également [dans les Écritures], clame le document, que le roi d'Égypte, Pharaon, qui opprimait le peuple d'Israël en le poussant à manipuler la boue et les briques, fut accablé par le Seigneur de plaies sérieuses et mémorables jusqu'au massacre des premiers nés, comme il ne voulait le laisser partir afin qu'il puisse sacrifier librement à Dieu (Exode, 1–15). Holopherne également autorisa l'Hébreue Judith à adorer Dieu selon sa loi (Judith, 12, 6–7) et Cyrus permit à l'un des prisonniers du peuple juif, nommé Esdras, de reconstruire le Temple du Seigneur (Livre d'Esdras, 3, 1–13).

Honorius III comptait sur ces exemples pour attendrir le cœur d'al-Mustansir. Son épître livre un témoignage important sur l'organisation des mercenaires espagnols au Maghreb, qui disposaient dès la première moitié du XIIIe siècle d'un évêque attitré. Nous savons grâce au témoignage de l'archevêque Rodrigo Jiménez de Rada que frère Gonzalo Garciá était un ancien familier du pape Innocent III, qui résidait dans le quartier grenadin d'Elvira. C'est dans ce réduit chrétien que durent lui parvenir les plaintes des *dhimmi* marocains contre l'intolérance religieuse d'al-Mustansir[75].

Honorius III ne voyait pas dans les templiers et les hospitaliers à cette époque que des hommes de guerre. Aussi commit-il à plusieurs reprises des chapelains ou prieurs des ordres militaires au règlement d'affaires urgentes. Il chargea, le 3 décembre 1220, le chapelain de la maison du Temple de Paris, frère Raoul, de veiller à la collecte des revenus de l'élu de Beauvais, Milon de Nanteuil, qui participait à la cinquième croisade. Sa nomination avec le prieur de l'abbaye Saint-Victor de Paris résulte d'une prérogative

---

74 Marie Luise Bulst-Thiele, « Templer in königlichen und päpstlichen Diensten », éd. P. Classen et P. Scheibert, *Festschrift Percy Ernst Schramm*, Wiesbaden, 1964, t. I, p. 301–302 (avec une confusion entre les évêchés d'Albi et d'Albano) ; Rodenberg, *op. cit.*, t. I, n° 124 p. 90.

75 Pressutti, *op. cit.*, t. I, n° 2190 p. 364 (*cf.* édition Rinaldi, *Annales ecclesiastici*, éd. A. Theiner, Bar-le-Duc, 1870, an. 1219, § 46 p. 420–421) ; Patrick Henriet, « *Ad regem Cordube militandi gratia perrexit* ». Remarques sur la présence militaire chrétienne en al-Andalus (Xe-XIIIe siècle) », *Regards croisés sur la guerre sainte*, éd. P. Josserand et D. Baloup, Toulouse, 2006, p. 370.

accordée au Saint-Siège en cas de force majeure. Milon de Nanteuil avait en effet organisé l'administration de son diocèse avant de partir en Terre sainte, en nommant deux procureurs au sein du chapitre cathédral de Beauvais. Il avait pris le soin de désigner un remplaçant, en la personne du trésorier de l'Église de Soissons, au cas où l'un de ses procureurs viendrait à disparaître ou à être promu évêque. Un second suppléant avait même été désigné afin de parer à toute éventualité. Le destin fut comme à son habitude rieur, en emportant deux ecclésiastiques et en permettant l'élévation des deux autres sur les sièges épiscopaux de Soissons et de Langres. S'en suivit une querelle avec le chapitre cathédral qui amena le pape à commettre le cardinal de Saint-Georges-au-Vélabre à l'audition de l'affaire. Ce dernier estima que la gestion de l'Église de Beauvais incombait à la papauté pendant l'absence de son pasteur[76].

La collaboration engagée entre le templier Raoul et le prieur de l'abbaye Saint-Victor de Paris fut reconduite en 1223 à la suite d'une plainte de l'évêque de Lisieux contre l'un des monastères de son diocèse. Guillaume du Pont-de-l'Arche avait dénoncé au pape l'incurie de l'abbé Guillaume de Bernay, qui avait souscrit près de 7 000 livres de dettes auprès de prêteurs juifs et de divers marchands. L'imprudent abbé avait été contraint d'aliéner une partie des bois de son couvent afin de rembourser ses créanciers. L'évêque de Lisieux l'accusait, par ailleurs, d'avoir pris la croix pour pouvoir geler ses arriérés et déserter son monastère. Sa duplicité l'aurait même poussé à solliciter l'absolution du Saint-Siège afin de continuer de séjourner en Europe, en invoquant de faux problèmes de santé. Le témoignage concordant des moines de Notre-Dame-de-la-Couture incita Honorius III à commettre l'abbé Jean de Saint-Victor à une enquête de moralité avec l'appui du prieur conventuel de l'église Saint-Victor et du templier Raoul. Les trois hommes reçurent l'autorisation de disposer « de la tête et des membres » de la petite congrégation en cas de résistance à une énergique reprise en main du monastère. Si l'abbaye de Bernay survécut à cette crise, ses effectifs tombèrent à une quinzaine de moines en 1249, après en avoir compté le double au début du siècle[77].

Honorius III employa sur tous les fronts de la chrétienté les compétences des chapelains appartenant aux ordres combattants. La population du diocèse de Lisbonne lui adressa en 1222 une plainte véhémente contre l'évêque

---

76 Pressutti, *op. cit.*, t. I, n° 2815 p. 466–467 (*cf.* pour une édition Horoy, *op. cit.*, t. III, n° 114 col. 580–581).

77 Pressutti, *op. cit.*, t. II, n° 4410 p. 143–144 ; Arthur du Monstier, *Neustria pia*, Rouen, 1663, p. 403 ; Auguste Blais, *Notice historique et archéologique sur Notre-Dame-de-la-Couture de Bernay*, Évreux, 1852, p. 56.

Soeiro Viegas, qui exigeait avec d'autres prélats séculiers le tiers des héritages transmis dans son diocèse. Le pape confia le soin au prieur de l'ordre franciscain et à celui de l'ordre de Santiago de ramener ce taux à la normale, en dissuadant les prélats incriminés de suspendre les sacrements ecclésiastiques en cas de résistance de la population. Cette mission honora tellement les frères mineurs que ceux-ci estompèrent dans leur tradition manuscrite le rôle joué par les santiaguistes dans la moralisation du clergé lisboète. La décision d'Honorius III fut appliquée par le frère Zacharie de Rome qui résidait à Alenquer depuis 1217, avant même que le Siège apostolique confirme la seconde règle de son ordre au cours de l'année 1223. Les franciscains portugais durent y voir une marque d'honneur particulière[78].

La situation était plus tendue en Orient, où l'ancien vice-chancelier de l'Église romaine, Raniero, administrait le patriarcat d'Antioche depuis 1219. Il dénonça auprès d'Honorius III en 1225 les agissements de nombreux laïcs, qui rejetaient sa juridiction « en instituant ou destituant à volonté des prélats ». Le pape chargea, le 19 juillet 1225, l'archevêque de Césarée, Pierre, et l'évêque d'Acre, Jacques de Vitry, de mettre un terme à ces pratiques, sous peine de censure ecclésiastique. Il avait invité, la veille, le « prieur de la milice du Temple » d'Antioche à remettre personnellement le patriarche Raniero « en possession physique de ses églises ». Une telle mission ne manqua pas de renforcer les relations entretenues par les templiers avec le patriarcat d'Antioche après l'éviction des hospitaliers de la capitale syrienne. Il est probable cependant que la missive d'Honorius III ait été mal libellée en raison des fonctions purement religieuses, exercées par les prieurs ecclésiaux du Temple. Son application dut revenir dans ces conditions au commandeur de la terre d'Antioche, qui dirigeait les opérations militaires dans les frontières de la principauté[79].

L'ensemble de ces exemples donne un aperçu des relations complexes tissées par la papauté avec les ordres militaires sous le règne d'Honorius III. La documentation vaticane présente en effet le mérite d'embrasser tous les domaines de compétence du Saint-Siège à son apogée, en englobant des règlements pénétrés de considérations féodales autant que canoniques. Il résulte de ce panorama une impression de confiance sur les liens noués durant une douzaine d'années entre le Siège apostolique et ses fils de

---

[78] Pressutti, *op. cit.*, t. II, n° 3911 p. 60 (*cf.* pour une édition Horoy, *op. cit.*, t. IV, n° 155 col. 129–130 qui prête une initiale erronée au prénom de l'évêque de Lisbonne à la différence du registre vatican) ; *Crónica da Ordem dos Frades Menores (1209–1285)*, éd. J.J. Nunes, Coimbra, 1918, t. I, p. 16–17.

[79] Pressutti, *op. cit.*, t. II, n° 5572 p. 353 et 5568 p. 352 ; Claverie, *op. cit.*, t. II, p. 161.

dilection. Ce constat n'est pas réservé aux teutoniques qui entretinrent des relations privilégiées avec Honorius III grâce au talent d'Hermann von Salza. La correspondance échangée avec Pierre de Montaigut témoigne de la même estime vis-à-vis de l'action militaire des templiers en Orient et en Espagne.

Certes, Honorius III plaça les teutoniques sur un pied d'égalité avec les templiers et les hospitaliers. Aucune de ses largesses ne fut cependant dictée dans l'optique de leur installation future en Prusse. Les rivages de la Baltique étaient à son époque l'apanage de l'ordre du Christ de Livonie, qui pacifiait d'une façon très efficace la vallée de la Dvina. Le Saint-Père croyait en la possibilité du retour en Transylvanie des teutoniques, qu'il voyait comme le premier jalon d'une voie sacrée menant à la Terre sainte. Aussi implora-t-il longtemps le roi André II de Hongrie de revenir sur sa décision première. Le pape relaya, par ailleurs, les attentes des ordres militaires auprès des monarques dont il avait l'oreille. Digne héritier d'Innocent III, il refusa de négocier un accord au rabais avec Bohémond IV de Tripoli à propos du « fait d'Antioche ». Il n'est pas exclu à ce titre qu'Honorius ait reporté sur ce personnage de moindre rang son hostilité croissante à l'égard des palinodies de Frédéric II.

Le pape ne fut cependant jamais la créature des ordres militaires, dont il admirait la double vocation guerrière et religieuse. Ses décrétales montrent qu'il ne transigea jamais en matière disciplinaire, bien que la diplomatie ait été son maître mot en politique. Il veilla pendant onze ans à assurer la pérennité de l'ordre établi à travers la chrétienté et à faciliter la reconquête des Lieux saints, auxquels il vouait un attachement profond. Cet objectif transparaît autant de ses sentences en faveur du clergé séculier et des laïcs, que de son investissement dans le financement de la cinquième croisade. Loin de se contenter de vider son trésor, Honorius III dispersa durant cinq ans sa *familia* à travers la chrétienté afin de seconder l'action de ses légats apostoliques. Leurs efforts conjoints permirent d'expédier en Orient des monceaux d'argent sous la protection des ordres militaires. L'échec de la cinquième croisade tint dans ces conditions, pour beaucoup, à la tempête qui choisit d'emporter en 1218 le cardinal Robert de Courçon au lieu de son confrère, Pélage d'Albano.

CONCLUSION

L'étude de la politique orientale d'Honorius III confirme le jugement ancien de Johannes Clausen selon lequel son action ne fut pas indigne de celles exceptionnelles d'Innocent III et de Grégoire IX. Le pape déploya, malgré son âge avancé, une énergie peu commune afin de permettre la concrétisation de la cinquième croisade et l'organisation d'une nouvelle expédition après l'humiliante capitulation de Barāmūn. En Italie, Hongrie, Allemagne, France et Angleterre, il développa une politique conciliatrice, ou *Friedensthätigkeit*, afin de coaliser les monarques chrétiens derrière la bannière de saint Pierre. Cette politique n'était pas en soi originale et il serait vain de vouloir en attribuer la paternité à l'ancien camérier du pape Célestin III. Il suffit de parcourir la lettre adressée au mois de janvier 1216 par son prédécesseur au roi Jean de Brienne pour s'en convaincre :

> Nous engageons ta Sérénité, lui demandons et l'implorons dans le Seigneur Jésus-Christ afin qu'elle œuvre à établir une paix ferme avec nos très chers fils dans le Christ, les rois de Chypre et d'Arménie, ainsi qu'avec le noble prince d'Antioche, (...) en donnant des preuves suffisamment rapides et efficaces pour qu'ils s'abandonnent à la concorde. Vous mettrez également vos questions en sommeil ou reporterez leur arbitrage à un autre moment afin de pouvoir mieux résister, par une aide commune, aux assauts des infidèles, qui selon nos informations ont entrepris de harceler les chrétiens après la violation des trêves établies[1].

Michele Maccarrone a montré que cette « théologie de la paix » était l'œuvre d'Innocent III, qui l'avait exposée aux rois de France et d'Angleterre au mois de mai 1203, en se posant en arbitre suprême de la chrétienté. Son argumentation fut reprise et approfondie par Robert de Courçon dans la somme, qu'il composa pour justifier l'excommunication des chevaliers qui défiaient les interdits de l'Église. Robert recourut à la notion de guerre juste pour sensibiliser les fidèles aux dogmes de la papauté. Le pape ne pouvait, en cas de guerre légitime, aller à l'encontre du commandement de saint Paul invitant les serviteurs fidèles à obéir à leurs maîtres (Col. 3, 22). Il était fondé à intervenir, en revanche, en cas de conflits injustes et les fidèles devaient respecter ses sentences, sans craindre de commettre de félonies à l'encontre de leur souverain. La notion était suffisamment claire pour que

---

[1] Clausen, *Papst Honorius III (1216–1227)*, p. IV ; Flori, *Prêcher la croisade*, p. 274–275 et 281–282 ; Hampe, « Aus verlorenen Registerbänden der Päpste Innozenz III. und Innozenz IV. », n° 13 p. 559.

Robert de Courçon négocie en 1214 une trêve avantageuse entre la France et l'Angleterre, sous la menace de sanctions canoniques. Sa mort prématurée ne fut donc pas qu'une péripétie préjudiciable au déroulement de la cinquième croisade. Elle empêcha la papauté de disposer d'un négociateur persuasif quand le roi Louis VIII entreprit de chasser les Anglais du Poitou à l'été 1224. Cette évidence ne diminue en rien les efforts déployés par la Curie pour rétablir la paix entre les deux royaumes. Innocent III n'aurait sans doute pas obtenu de meilleurs résultats en raison de la détermination du fils aîné de Philippe Auguste[2].

Cette action diplomatique trouve son fondement dans les conceptions religieuses d'Honorius III, qui partageait le providentialisme et la mystique pétrinienne, développés par ses prédécesseurs. L'ancien camérier Cencio plaça en effet son pontificat sous le signe d'une médiation entre Dieu et les hommes, impliquant la reconquête de « la terre parcourue par les pas du Christ ». Jérusalem faisait figure pour Honorius III d'une fontaine vivante de la foi, qui devait être restaurée dans sa pureté originelle. Il était capital que les chrétiens en reprennent le contrôle, eu égard à ses dimensions patrimoniale et eschatologique, véhiculées par les Saintes Écritures. Aussi le pape veilla-t-il à l'application rigoureuse des dispositions de la constitution *« Ad liberandam Terram Sanctam »*, qui lui permit de lever près de 30 000 marcs d'argent par an durant la cinquième croisade. Ces statistiques sont remarquables au vu de l'organisation embryonnaire de la Chambre apostolique, dont la trésorerie du Temple de Paris relayait les ordres de virement en Orient. Elles s'avèrent même légèrement supérieures à la moyenne annuelle de 50 000 marcs, atteinte par Grégoire X à partir d'une base d'imposition double avant le concile de Lyon II (1272–1273). La raison en est simple : Honorius III sut prendre appui sur la hiérarchie ecclésiastique existante pour centraliser les fonds du vingtième à l'échelle de chaque diocèse avant leur envoi en Égypte. Il préconisa, quelques années plus tard, l'instauration d'un fouage universel dont ses successeurs abandonnèrent le principe au profit de décimes assises sur les revenus exclusifs du clergé[3].

---

[2] Michele Maccarrone, « La papauté et Philippe Auguste. La décrétale « Novit ille » », *La France de Philippe Auguste. Le temps des mutations. Actes du colloque international organisé par le CNRS, Paris, 29 septembre-4 octobre 1980*, Paris, 1982, p. 385–408 ; Bruno Galland, « Les hommes de culture dans la diplomatie pontificale au XIIIe siècle », *Mélanges de l'Ecole française de Rome. Moyen-Age, Temps modernes*, 108 (1996), p. 634.

[3] Pierre-Vincent Claverie, « Un aspect méconnu du pontificat de Grégoire X : les débuts de sa politique orientale (1271–1273) », *Byzantion*, 68 (1998), p. 281–310 ; Purcell, *Papal Crusading Policy*, p. 137–156.

Le pape semble avoir fait preuve au niveau diplomatique d'une extrême prudence afin d'assurer la pérennité de l'Orient latin. Le couronnement impérial de Pierre de Courtenay fut ainsi organisé dans la basilique de Saint-Laurent-hors-les-Murs pour ne pas heurter la susceptibilité de l'empereur Frédéric II[4]. Le Siège apostolique prit le parti de défendre les droits de Raymond-Rubēn sur les trônes de Cilicie et d'Antioche par aversion pour Bohémond IV, autant que calcul politique. Un royaume franco-arménien avait en effet plus de chance de résister aux assauts des Seldjoukides de Rūm, que deux États rivaux situés sur les franges de la latinité. Les Héthoumides eurent raison de ces projets qui minoraient l'attachement viscéral des Arméniens à leur culture et liturgie nationale. Honorius III eut plus de clairvoyance dans les affaires chypriotes qui auraient pu souffrir de l'ingérence de l'empereur Frédéric II et des ambitions personnelles de la reine Alix de Champagne. Il décida d'accorder la protection de saint Pierre au roi Henri Ier sur les recommandations de l'archevêque Eustorge de Montaigut, qui partageait les vues de la noblesse insulaire. Le pape parvint à de beaux résultats diplomatiques dans l'Empire latin de Constantinople, en enterrant les griefs nourris par le clergé à l'encontre de la noblesse, avant de valider une série de concordats équitables. L'intervention de son légat Jean Colonna permit de régler, en outre, la question de la prévôté de trente-deux églises, exemptées abusivement de l'ordinaire.

Honorius III était un homme de fidélité dont témoignent les vies de Célestin III et de Grégoire VII qu'il rédigea après 1192. Cet ancrage historique en fit un ardent défenseur de la suprématie du Siège apostolique, qu'Innocent III avait érigée en modèle de gouvernement. Le pape trancha nombre de litiges en consistoire comme le prouve la formule *« de fratrum nostrorum consilio »*, apposée à un nombre important de ses bulles. Ce mode de gouvernement tendit à transformer concrètement la papauté en « Église romaine », la moindre décision politique ou nomination légatine requérant l'avis des cardinaux. Une correspondance anglaise montre l'émergence de factions cardinalices dès cette époque et l'influence prépondérante de Jean de Brienne sur le pape Honorius III. Cette faiblesse servit les intérêts de la France, à défaut de profiter au secours de l'Orient latin. Les deux monarques qui auraient pu l'incarner s'en détournèrent superbement : Louis VIII ne rêvait que d'asseoir sa prééminence au sud de la Loire, tandis que Frédéric II subordonnait son départ en croisade à une

[4] Louis Duchesne, *Le Liber pontificalis. Texte, introduction et commentaire*, t. II, Paris, 1892, p. 453.

restauration de l'autorité impériale en Italie du Nord. Seule l'Église joua le jeu en prêchant la croisade à travers la chrétienté, après avoir équipé une « armée romaine » durant la cinquième croisade. Honorius III fut dans ce domaine un organisateur inspiré ainsi qu'un soutien constant pour les croisés d'Égypte, dont il accompagna les efforts par une liturgie spécifique au-delà de ses pressions continues sur l'empereur Frédéric II.

Il ressort de ces éléments que le choix préjudiciable de Pélage d'Albano fut une erreur collective, plus qu'individuelle. Le souverain pontife ne tint manifestement pas rancœur au prélat léonais de ses choix malencontreux durant la cinquième croisade. Faut-il y voir la preuve d'une trop grande indulgence, due à son âge, ou la marque d'une résignation toute biblique ? La question est ardue à trancher dans la mesure où le cardinal d'Albano s'était comporté durant sa légation en parfait héritier de la réforme grégorienne. Son nom inspirait tant le respect en Orient, que les chanoines d'Antioche l'avaient élu comme patriarche et l'ambitieux Eustorge de Montaigut craignait ses séjours impromptus dans l'île de Chypre. Il n'est pas déraisonnable de croire qu'il fut un grand administrateur et un piètre chef de guerre, malgré la tentative de réhabilitation historique effectuée jadis par Joseph Donovan. Force est de constater que sa figure hautaine ulcéra autant les défenseurs du catharisme que les partisans de la monarchie hiérosolymitaine ou de l'Église orthodoxe…

L'action du cardinal de Sainte-Praxède, Giovanni Colonna, ne fut pas moins importante en Romanie, où un important clergé grec subsistait en territoire latin. Honorius III échangea durant deux années une correspondance suivie avec son légat, appelé aux plus hautes fonctions politiques et religieuses. Giovanni Colonna arriva en effet dans un contexte troublé sur les bords du Bosphore. On ne comptait plus les évêques simoniaques et les moines insubordonnés qui rejetaient l'autorité de l'Église romaine, tandis que l'empire se réduisait à une peau de chagrin. Le légat d'Honorius III dut réfréner les velléités d'autonomie du patriarcat de Constantinople et conseiller l'impératrice Yolande de Hainaut sur les campagnes militaires à entreprendre durant la captivité de son époux, Pierre de Courtenay. Le pape ne fut guère chanceux du côté des Balkans, comme l'a souligné jadis Walter Norden. Son pontificat s'ouvrit sur la mort prématurée d'Henri de Hainaut et la capture malencontreuse de son successeur désigné. Honorius III ne se désespéra pas pour autant et obtint la libération du cardinal Colonna avec l'appui d'ambassadeurs héllénophones. Son objectif politique visait à asseoir la présence des Latins sur les bords de la mer Égée afin de pouvoir rouvrir une route terrestre vers Jérusalem. Le souverain pontife pécha sans doute par orgueil, en croyant à l'automne 1224 à l'organisation d'une expédition conjointe de Robert de Courtenay et de Guillaume de Montferrat contre la principauté d'Épire. Les chroniques du temps prouvent cependant que quelques centaines de chevaliers pouvaient semer l'effroi en Orient[5].

L'étude des relations tissées entre la papauté et l'Église latine d'Orient nous a permis de mettre en exergue le soutien indéfectible d'Honorius III aux prélats victimes de l'arbitraire des puissants et de souligner sa bienveillance à l'égard des « pauvres clers » d'Orient. Cette empathie ne s'apparenta cependant jamais au népotisme qu'Innocent IV instaura comme principe de gouvernement, en nommant au milieu du siècle un nombre pléthorique de Génois outre-mer. Honorius III contribua néanmoins au développement des grâces expectatives, dont son prédécesseur avait fait un usage modéré. Il n'hésita pas à sanctionner les abus des prélats indignes qui avaient épuisé leurs droits d'appel devant le Saint-Siège, en témoignant une grande pondération dans ses sentences. Innocent III aurait sans doute déposé avec éclat l'évêque Pierre d'Oléna et son métropolitain Antelme de Patras, qui avaient des morts sur la conscience. Honorius III privilégia la voie du repentir, par indulgence naturelle, autant que calcul politique. L'insoumission notoire des princes de Morée nécessitait en effet de laisser en place des prélats suffisamment combatifs pour défendre les prérogatives de leurs Églises. Nous ne croyons nullement, à ce titre, que la Commission pontificale en charge de la rédaction d'un code canonique oriental ait censuré sciemment dans les années 1950 les bulles d'Honorius III, relatives aux débordements du clergé latin d'Orient. De nombreux documents insignifiants ont en effet échappé à sa campagne d'édition systématique pour des raisons qui tiennent autant à l'imperfection de ses dépouillements, qu'à son organisation anarchique[6].

Le pape fut un applicateur zélé des dispositions du concile de Latran IV, à en juger par les bulles méticuleuses adressées au clergé levantin entre 1216 et 1227. Il était d'usage de fondre dans l'exposé de leurs motifs les dispositions générales du concile afin d'éclairer la décision du pape. C'est ce qu'il advint quand le souverain pontife confirma la réduction des évêchés orthodoxes de Chypre à quatre sièges inféodés aux évêchés de Nicosie, Paphos, Limassol et Famagouste. Ce *modus operandi* reposait sur une organisation rodée de la Chancellerie et une mise à jour constante des

---

[5] W. Norden, *Das Papsttum und Byzanz*, p. 297–305.

[6] C. Schabel, « Antelm the Nasty, first Latin Archbishop of Patras (1205-ca. 1241) », p. 132 (hypothèse).

Provincialia, utilisés afin de correspondre avec les sièges orientaux. L'action réformatrice de Jean Colonna perturba l'*aggiornamento* de ces listes au cours des années 1222–1223, à la suite de nombreuses fusions décrétées pour des raisons financières. Il faillit en aller de même du siège épiscopal de Sidon, dont le Siège apostolique envisagea temporairement la suppression. Honorius III entretint d'excellents rapports avec les évêques de Terre sainte, qu'il utilisait comme factotums en Occident au gré des campagnes de prédication de la croisade. Le souverain pontife se fit un devoir de protéger leur temporel contre la morgue croissante des ordres militaires et l'insoumission des communautés italiennes. Ces querelles interminables aboutirent à la rédaction de plusieurs décrétales et à la commission d'un nombre incalculable de juges délégués du Saint-Siège à la fin des années 1210. Les cas les plus complexes étaient confiés à l'entendement du pape ou d'auditeurs choisis parmi son entourage immédiat. La Curie se trouva amenée à arbitrer de la sorte sous le pontificat d'Honorius III un nombre croissant de litiges seigneuriaux.

Nous ne saurions clore une étude sur la politique orientale d'Honorius III, sans dresser un court bilan de ses aspects les plus originaux. Un dépouillement soigneux des registres pontificaux nous a convaincu de sa réticence à absoudre les vœux de croisade des clercs, qui participaient à une entreprise universelle en vue de la délivrance des Lieux saints. Le pape ne releva de leurs vœux que les prélats âgés comme Hugues d'Amyclée, ou en but aux assauts des « païens » comme l'archevêque Henri de Gniezno au mois de janvier 1217. L'instabilité politique de la Terre sainte effrayait, du reste, certains prélats pressentis pour occuper des postes insignes, comme Pietro Capuano le Jeune et Grazia de Florence. La renonciation de ce brillant intellectuel bolonais amena sur le siège d'Antioche l'un des proches conseillers du pape en la personne du vice-chancelier de l'Église romaine, Raniero da Castelvecchio. Honorius III bénéficia de la sorte d'un appui de poids au sein de l'épiscopat syrien, clivé entre les patriarcats d'Antioche et de Jérusalem à la suite de rivalités territoriales. Il facilita le regroupement de nombreux sièges byzantins dépourvus de pasteurs, en tenant compte des spécificités locales. C'est ainsi qu'il confirma le principe du rétablissement d'un évêque à Arkheion en 1218, et à Oréos en 1224. Aux meurtriers d'évêques comme Bertrand de Cares ou le despote Alexis Slav, il réserva des procédures expiatoires qui n'aboutirent qu'inégalement. La raison ne tient pas tant à la faiblesse de l'influence politique de la papauté dans la Grèce post-byzantine, qu'à l'étiolement de l'Empire latin de Constantinople qui secondait son action en Orient. Les Latins, malgré cela, continuaient d'administrer de la Morée à l'île de Chypre de vastes domaines qui avaient jadis obéi aux *basileis*.

Cette domination conduisit la papauté à encadrer la sujétion de chrétiens orientaux, qui disposaient d'une hiérarchie religieuse autonome. L'étude de la correspondance d'Honorius III démontre que ce dernier croyait en l'unité de l'Église du Christ, malgré les différences de rite et d'obédience qui tendaient à prêter plusieurs corps à la même tête pour reprendre une métaphore anatomique. La papauté ne chercha jamais à ce titre à latiniser les pratiques des Églises orientales qui faisaient la richesse de la chrétienté. Il lui suffisait d'imposer au reste de la chrétienté sa conception du monde, influencée par ses querelles temporelles avec le Saint-Empire et sa tradition apostolique. Celle-ci impliquait l'affirmation du « pouvoir des clefs », dont les Byzantins rejetaient la validité en arguant d'une *Translatio imperii* de l'Ancienne vers la Nouvelle Rome. Ce débat stérile empêcha l'ouverture de toute négociation avec le patriarcat de Nicée avant l'effondrement de l'Empire latin de Constantinople sous le règne de Baudouin II de Courtenay (1228–1261). Honorius III fut dans ce secteur un héritier assumé de la pensée innocentienne, en même temps qu'un conservateur. Son soutien aux ordres mendiants posa cependant les bases d'une nouvelle religiosité, tournée vers la prédication et l'apostolat. Peu s'en fallut à ce rythme pour que le sébaste d'Épire, Théodore Doukas, ne reconnaisse la suprématie romaine à la fin des années 1220 !

Les 6 288 bulles d'Honorius III conservées dans les registres vaticans accordent une part belle aux relations nouées par le Saint-Siège avec les ordres militaires, qui défendaient les multiples frontières de la chrétienté. Le pape se souvenait, en homme du XIIe siècle, du sacrifice des frères suppliciés à Hattīn en 1187 et de leurs efforts constants en faveur de la promotion de la croisade. Aussi protégea-t-il du mieux qu'il put les intérêts des templiers et des hospitaliers, tout en permettant l'émergence institutionnelle des teutoniques. Près de 500 privilèges apostoliques témoignent de l'intensité de ses liens avec les défenseurs obligés de la Terre sainte. Cette bienveillance n'excluait pas des rappels à l'ordre à l'encontre des pratiques qui déshonoraient l'Église, comme les ordalies pratiquées par les Porte-Glaive sur les bords de la Baltique. Les décrétales d'Honorius III montrent son implication constante en faveur de la moralisation des ordres militaires et du clergé d'Orient. Son regard ne fut jamais cependant détourné de la péninsule Ibérique, où des ordres locaux exploitaient la dynamique née des batailles de Las Navas de Tolosa et d'Alcácer do Sal. La lutte contre les « infidèles » demeura la priorité du pontificat d'Honorius III qui disparut à l'instar de Moïse, sans avoir pu mettre les pieds en Terre sainte. Le pape n'économisa ni son trésor, ni ses peines, afin d'organiser diverses expéditions de secours à destination de l'Orient latin. Malgré ses échecs répétés, son action dégagea une aura si forte que la population romaine prit l'habitude de venir en pèlerinage sur sa tombe scellée devant l'autel principal de l'église Sainte-Marie-Majeure, où sa carrière avait commencé un demi-siècle plus tôt[7]...

[7] Georg H. Pertz, *Catalogus pontificum Romanorum Viterbiensis*, *in MGH*, *Scriptores*, t. XXII, Hanovre, 1872, p. 352 (*cf.* Paravicini Bagliani, *La cour des papes au XIII*^{e} *siècle*, p. 259).

BULLARIUM TERRAE SANCTAE

Présentation

Nous avons souhaité accompagner notre essai sur la politique orientale d'Honorius III d'un corpus de lettres relatives au destin de la Syrie franque dans le premier quart du XIIIe siècle. Cette annexe s'insert dans un projet d'édition systématique de la correspondance d'Honorius III en relation avec l'Orient latin, conduit par Christopher Schabel et William Duba depuis quelques années. Nous avons pris le parti d'écarter de notre sélection les ordres de mission confiés en Occident au patriarche Raoul de Mérencourt et à l'évêque Rainier de Bethléem, même si la pacification de la Toscane eut quelque incidence sur l'organisation de la sixième croisade. Il nous a paru opportun de retenir, en revanche, certaines bulles chypriotes en rapport avec l'histoire politique de la Terre sainte ou l'action de ses dignitaires[1].

C'est le cas des mandements successifs, émis par Honorius III afin d'apprécier le degré de parenté existant entre la reine Alix de Champagne († 1247) et son époux Bohémond d'Antioche († 1252). Il en va de même de certaines lettres échangées avec le Saint-Empire au sujet de l'excommunication du prince Bohémond IV d'Antioche († 1233) après la reconquête de sa capitale sur Raymond-Rubēn († 1221). Nous avons décidé d'intégrer à ce corpus de 150 documents les bulles afférentes à la Couronne arméno-cilicienne, bien que l'Amanus ait traditionnellement servi de frontière géographique à la Terre sainte. Une attention similaire a été accordée à la règle de l'ordre du Carmel qui fut confirmée par Honorius III en 1226, sans faire l'objet d'un enregistrement officiel par la Chancellerie apostolique. Cet oubli ne saurait choquer à une époque où dix à vingt pour-cent seulement de la correspondance pontificale faisait l'objet d'une consignation archivistique à des fins d'exemplarité[2].

La série générale des registres de l'*Archivio Segreto Vaticano* renferme cinq registres du premier quart du XIIIe siècle, contenant quelque 6 288 bulles émises par Honorius III entre 1216 et 1227. Le premier registre recèle

---

[1] Schabel, *Bullarium Cyprium*, t. I : *Papal Letters Concerning Cyprus 1196–1261*, Nicosie, 2010 ; Christopher Schabel et William Duba, *Bullarium Hellenicum : Pope Honorius III's Letters involving Frankish Greece and Constantinople*, Turnhout (à paraître).

[2] Paulus Rabikauskas, *Diplomatica pontificia (praelectionum lineamenta)*, Rome, 1994 (5e éd. augmentée), p. 74.

au long de ses 287 folios 1 350 lettres envoyées par la Chancellerie apostolique durant les deux premières années de pontificat d'Honorius III. Il débute par l'encyclique du 25 juillet 1216, annonçant l'election du cardinal Cencio au roi de Jérusalem, Jean de Brienne, et s'achève par une lettre en date du 9 septembre 1217, à l'adresse d'un protégé du cardinal-diacre de Saint-Cosme et de Saint-Damien qui semble avoir servi la Chancellerie apostolique durant plusieurs années (n°°1304 fol. 287 v°). Cet ecclésiastique pourrait avoir intégré l'Église d'Acre au vu de l'adresse sibylline en « *Cella*[*rio*] *Acon*[*ensi*] », portée dans la marge du manuscrit. Une apostille apposée dans la marge du folio 154 r° du même registre montre qu'il n'en est rien, en précisant que cette bulle a été délivrée « *pro Johanne de Cella subdiacono* ». Cette note est confirmée par le texte de la lettre qui prête à Jean de La Celle l'évêque de Limoges, Jean de Veyrac, comme diocésain[3].

Le registre 10 renferme 860 documents émis pendant les troisième et quatrième années de pontificat d'Honorius III. Il comporte dans ses seize premiers folios une liste des rubriques des bulles consignées dans les 213 suivants. Il début par une lettre en date du 28 juillet 1218 aux croisés stationnés à Gênes aux côtés de plusieurs prélats français et se termine par une proclamation des droits de l'Église sur les domaines de la comtesse Mathilde et la Marche d'Ancône. Le registre 11 conserve dans ses 266 folios quelque 1 247 documents émis pendant les cinquième et sixième années de pontificat d'Honorius III. Il comprend également une liste de rubriques consignée sur un ancien cahier cancellé. Son sixième feuillet contient un inventaire intéressant des sommes adressées par la papauté aux croisés de Damiette entre 1218 et 1220. Deux apostilles contemporaines évaluent ces sommes à 99 000 marcs d'argent, puis 104 000 à la suite d'un recomptage qui ne figure pas dans la version finale du registre[4].

Le registre 12 contient dans ses 211 folios les textes de 764 bulles émises entre 1222 et 1224. Ses copistes semblent avoir été français, le livre 7 étant l'œuvre du Rémois Raoul Jaquetel et le livre 8 du Châlonnais Jean Nolet, secondé par un certain Thierry Thomas. Le registre 13 du Vatican affiche un taux d'enregistrement plus faible avec la copie dans ses 174 folios de 971 documents émanant des années 1224–1227. Il nous a paru indispensable de signaler dans notre édition les copies de ces lettres intégrées dans le fonds

[3] Pietro Pressutti, *I regesti del pontefice Onorio III dall'anno 1216 all'anno 1227*, t. I, Rome, 1884, n° 741 p. 198 (sans indication de destinataire) ; Id., *Regesta Honorii papae III (1216–1227)*, t. I, Rome, 1888, n° 780 p. 134.

[4] Rodenberg, *Epistolae saeculi XIII e regestis pontificum Romanorum selectae*, t. I, n° 124 (2.) p. 90–91.

Moreau de la Bibliothèque nationale de France (vol. 1179–1184) à la suite de la mission menée à Rome par l'académicien Gabriel de La Porte du Theil. Certaines de ces bulles ont été publiées par Dom Brial ou l'abbé Horoy dans un latin classique qui n'est pas dépourvu de raccourcis[5].

Nous avons tenté de modifier le moins possible le texte original, en livrant aux lecteurs les formules abrégées par les scriptors pontificaux avec quelques suggestions de lecture. Les graphies de l'époque telles qu'*eundem, injuncximus, quatinus* ou *tanquam* ont été respectées selon les critères de transcription de l'École Française de Rome. Nous avons, par ailleurs, écarté du tableau de la tradition les rubriques des bulles conservées dans les manuscrits I. 53 et I. 51 de la Bibliothèque Vallicelliane de Rome, qui ne présentent aucun intérêt sur le plan historique et diplomatique. Le même sort a été réservé aux rubriques consignées dans les volumes 1236 et 1237 de la collection Moreau, que Louis de Mas Latrie a compulsés au XIXe siècle avant de sonder les Archives vaticanes[6].

[5] *Delectus ex epistolarum Honorii papae III libris decem, de rebus Francicis, regnantibus Philippo Augusto et Ludovico VIII*, éd. M.-J.-J. Brial, *Recueil des Historiens des Gaules et de la France*, t. XIX (1880), p. 609–778 (2e édition) ; Horoy, *Honorii III Romani pontificis opera omnia*, Paris, 1879–1880, 4 vol.

[6] Mas Latrie, *Histoire de l'île de Chypre sous le règne des princes de la maison de Lusignan*, t. II, Paris, 1852, p. 46–49 et t. III, Paris, 1855, p. 610–611 et 622–625.

1

1216 Juillet 25 Pérouse

Honorius III fait part de son élection au trône de saint Pierre au roi de Jérusalem, [Jean de Brienne], et aux dignitaires de l'Eglise latine d'Orient, qu'il assure de son dévouement en faveur de la Terre sainte. Le pape évoque à cette occasion la disparition de son prédécesseur Innocent III, le 16 juillet 1216, et sa réticence initiale à accepter le choix des cardinaux lors de la proclamation de son nom le 18 juillet.

A. Original en latin aujourd'hui perdu.

B. Copie du premier registre d'Honorius III, d'après *A.* Rome, Archivio Segreto Vaticano (désormais abrégé en ASV), Registre Vatican 9, liv. I, lettre 1, fol. 1 r°.

C. Copie d'après *B.*, insérée dans les *Gentis Sabellae Monumenta* d'Onofrio Panvinio. Milan, Archives Sforza-Cesarini, AA. XX n° 1.

D. Autre copie d'après *B.*, insérée dans un manuscrit romain des *Gentis Sabellae Monumenta.* Rome, Biblioteca Casanatense, D. III. 35.

a. O. RINALDI, *Annales ecclesiastici*, éd. A. Theiner, t. XX, an. 1216, § 18–19 p. 355, d'après *B.* (édition partielle dépourvue de préambule) __ *b.* A. CHACÓN, *Vitae et res gestae pontificum romanorum et S. R. E. cardinalium ab initio nascentis Ecclesiae, usque ad Urbanum VIII., pont. max.*, Rome, 1630, t. II p. 51 (édition partielle) __ *c.* C.-A. HOROY, *Medii aevi bibliotheca patristica*, t. II, part. II, n° 1 col. 1–3, d'après *a.* (édition intégrale) __ *d.* K. RODENBERG, *Epistolae saeculi XIII*, t. I, n° 1 p. 1, d'après *a.* (édition partielle).

ANALYSE : A. POTTHAST, *Regesta pontificum Romanorum*, t. I, n° 5317 p. 468 et t. II, n°5317 p. 2056 (en latin) __ P. PRESSUTTI, *I regesti del pontefice Onorio III dall'anno 1216 all'anno 1227*, t. I, Rome, 1884, n° 1 p. 1–2 (en latin) __ ID., *Regesta Honorii papae III (1216–1227)*, t. I, Rome, 1888, n° 1 p. 1–2 (en latin).

REGI JEROSOLIMITANO ILLUSTRI[7]

Magnus dominus, et laudabilis nimis, gloriosus in sanctis, mirabilis in majestatibus, faciensque prodigia, immutat tempora alto sue dispositionis consilio, cui consiliarius alius non existit, et vocat ea, que non sunt, tamquam ea, que sunt, ut non glorietur omnis caro in conspectu ejus, sed quemadmodum scriptum est : « Qui gloriatur, in Domino glorietur[8] ». Ipse

[7] Jean de Brienne, roi de Jérusalem de 1210 à 1225.
[8] I Corinthiens, I, 31.

namque dat secretorum scrutatores quasi non sint, et velud inanes judices terre facit, arefaciens stangna[9], flumina in insulas collocando, ab Oriente ac Occidente congregat sibi semen et dicit Aquiloni : da, et Austro : noli prohibere, ut illi, quibus arridet prosperitas, filios Aquilonis impedire non possint venire in gratiam filiorum, qua ponit humiles in sublimi, et merentes erigit sospitate. Cumque inconprehensibilia sint judicia sua, et investigabiles ejus vie, istud ex eis tenemus pro certo quod omnia justo facit judicio nobis tamen ineffabili, et occulto. Sane felicis recordationis Innocentio papa, predecessore nostro, septimo decimo kalendas augusti, soluto debito carnis ad regionem sanctorum spirituum, ut credimus, evocato, et sequenti die celebratis exequiis, ac cum honore debito collocato ipsius corpore in sepulcro, una cum fratribus nostris ad eligendum convenimus successorem, et die tertio Spiritus Sancti gratia invocata, super hoc tractavimus diligenter, et post tractatum diutinum placuit fratribus universis humeris nostris, quamvis insufficientibus, imponere onus istud, et licet in primis duxerimus resistendum, ne tamen videremur vocationi divine resistere, submisimus humeros ad portandum ; sperantes in eo, qui linguas infantium facit disertas[10], quod ipse, qui vota fratrum aspirando prevenit, prosequetur etiam adjuvando. Fiduciam enim talem habemus per Christum ad Deum, non quod sufficientes simus cogitare aliquid a nobis, quasi ex nobis, sed nostra sufficientia est ex Deo, qui nos ad suum ministerium evocavit. Non ergo propter obitum prefati predecessoris nostri consternatur cor tuum, neque formidet, quasi propter hoc Terre Sancte impediatur succursus, quoniam et si illius sufficientie nostra videatur inferior, ad liberationem tamen ipsius votis non minoribus aspiramus ; quibus ipse Dominus qui sperantes in se nullatenus deserit[11], effectum tribuat et profectum, ut quod possibilitas nostra non obtinet, ejus nobis gratia largiatur. Serenitatem igitur regiam rogamus attente, et monemus et exhortamur in Domino, quatinus de gratie nostre favore securus, utpote qui ad subventionem terre ipsius tota intendimus voluntate, conforteris in Domino, et in potentia virtutis ipsius, ad conservationem terre intendens viriliter et prudenter, preliaturus prelia Domini, cum tempus advenerit oportunum, et ob hoc recepturus ab eo gratiam in presenti et gloriam in futuro. Datum Perusii, VIII kalendas augusti, pontificatus nostri anno primo.

---

9 *Sic mss.*

10 D'après Sagesse, 10, 21.

11 D'après Judith, 13, 17.

§ *In eundem modum scriptum est* patriarche Jerosolimitano et Christiano populo Terre Sancte.
§ *In eundem modum* magistro et fratribus Militie Templi.
§ *In eundem modum* magistro et fratribus hospitalis Jerosolimitani.
§ *In eundem fere modum* patriarche Antiocheno.

2

1216 Août 10 Pérouse

Honorius III confirme l'arbitrage d'Innocent [III] au sujet de la sujétion de l'église Saint-Marc des Vénitiens à l'autorité spirituelle de l'archevêque de Tyr. Il rappelle au passage que l'exécution de cette sentence a été confiée par son prédécesseur au patriarche de Jérusalem, assisté par l'archevêque de Césarée et l'abbé du Mont-Thabor.

A. Original en latin aujourd'hui perdu.

B. Copie du premier registre d'Honorius III, d'après *A.* Rome, ASV, Reg. Vat. 9, liv. I, let. 12, fol. 3 r°.

Analyse : P. Pressutti, *Regesti de' romani pontefici dall' anno 1198 all' anno 1304 per Augusto Potthast*, Rome, 1874, p. 29 (à la date erronée du 11 août 1216) _ A. Potthast, *Regesta pontificum Romanorum*, t. II, n° 5326 a-25619 p. 2057 (en latin) _P. Pressutti, *I regesti del pontefice Onorio III dall'anno 1216 all'anno 1227*, t. I, Rome, 1884, n° 12 p. 5 (en latin) _ Id., *Regesta Honorii papae III (1216–1227)*, t. I, Rome, 1888, n° 16 p. 4 (en latin).

Archiepiscopo Tirensi[12]

Cum propter Venetorum contumaciam manifestam, bone memorie I[nnocentius] papa, predecessor noster, ecclesie Sancti Marci Tirensis cum proventus suis, quo ad spiritualia possessionem causa rei servande tibi adjudicarit, justitia exigente, et te in eandem per venerabiles fratres nostros .. patriarcham Jerosolimitanum[13] et archiepiscopum Cesariensem[14] ac dilectum filium .. abbatem de Monte Tabor[15] induci et tueri mandarit

[12] Simon de Maugastel.
[13] Raoul de Mérencourt, patriarche latin de Jérusalem de 1215 à 1224.
[14] Pierre de Limoges, archevêque de Césarée de 1199 à 1237.
[15] Jean II.

inductum, auctoritate presentium, inhibemus ne ab illa te quisquam amovere presumat, nisi Veneti secundum canonicas et legitimas sanctiones infra annum de parendo juri sufficientem prestiterint cautionem ac tibi congrue satisfecerint de expensis. Nulli ergo [omnino hominum liceat hanc][16] paginam nostre inhibitionis [infringere vel ei ausu temerario contraire][17]. Si quis autem [hoc attemptare presumpserit, indignationem omnipotentis Dei et beatorum Petri et Pauli, apostolorum ejus, se noverit incursurum][18]. Datum Perusii, IV idus augusti, pontificatus nostri anno primo.

3

1216 Août 11 Pérouse

Honorius III confie la gestion de l'Église de Sidon, occupée par les musulmans, à l'archevêque [Simon] de Tyr en attendant le passage en Orient de légats du Saint-Siège.

A. Original en latin aujourd'hui perdu.

B. Copie du premier registre d'Honorius III, d'après *A.* Rome, ASV, Reg. Vat. 9, liv. I, let. 13, fol. 3 r°.

Analyse : P. Pressutti, *I regesti del pontefice Onorio III dall'anno 1216 all'anno 1227*, t. I, Rome, 1884, n° 14 p. 6 (en latin) _ Id., *Regesta Honorii papae III (1216–1227)*, t. I, Rome, 1888, n° 18 p. 4–5 (en latin).

Eidem (i.e. Archiepiscopo Tirensi[19])

Sedis Apostolice providentia que suo librat moderamine universa, sicut injusta respuit, sic precibus, que a tramite racionis non deviant, condescendit et ad illa interdum aures sue benignitatis inclinat, inspectis circumstantiis temporum et locorum in quibus necessitas exigit dispensandum. Cum igitur inimici Crucis Christi Sidoniensem detineant civitatem et ipsius ecclesia locum non habeat congruum in quo residere posset episcopus, qui

16 Formule abrégée en « *et cetera* » dans le registre vatican.
17 Formule abrégée en « *et cetera* » dans le registre vatican.
18 Formule abrégée en « *et cetera* » dans le registre vatican.
19 Simon de Maugastel.

nunc preficeretur eidem quin potius ipsum oporteret manere tecum in civitate Tirensi, nos, tuis et capituli Sydoniensis precibus inclinati et inspecta nichilominus necessitate predicta, fraternitati tue, auctoritate presentium, indulgemus ut prefatam ecclesiam, metropolitico tibi jure subjectam, auctoritate nostra, retineas commendatam donec per legatos Apostolice Sedis, illic a nostro latere destinatos, de ipsa inspectis circumstantiis universis aliud ordinetur. Nulli ergo [omnino hominum liceat hanc][20] paginam nostre concessionis infringere [vel ei ausu temerario contraire][21]. Si quis autem [hoc attemptare presumpserit, indignationem omnipotentis Dei et beatorum Petri et Pauli, apostolorum ejus, se noverit incursurum][22]. Datum Perusii, III idus augusti, pontificatus nostri anno primo.

4

1216 Août 22 Narni

Honorius III mande au patriarche de Jérusalem et aux archevêques de Césarée et de Nazareth d'appliquer la décision d'Innocent III au sujet du statut de l'église Saint-Marc de Tyr, qui ne jouit d'aucune exemption de l'ordinaire. Le pape évoque à cette occasion la stratégie développée par les Vénitiens pour obtenir la révocation du patriarche de Jérusalem comme juge suprême, avant leur condamnation par contumace lors du concile de Latran IV.

A. Original en latin aujourd'hui perdu.

B. Copie du premier registre d'Honorius III, d'après *A.* Rome, ASV, Reg. Vat. 9, liv. I, let. 14, fol. 3 r°-4 r°.

ANALYSE : P. PRESSUTTI, *Regesti de' romani pontefici dall' anno 1198 all' anno 1304 per Augusto Potthast*, p. 30 (à la date erronée du 23 août 1216)_ A. POTTHAST, *Regesta pontificum Romanorum*, t. II, n° 5327 e-25625 p. 2057 (en latin) _P. PRESSUTTI, *I regesti del pontefice Onorio III*, t. I, Rome, 1884, n° 20 p. 7 (à la date erronée du 23 août 1216) _ ID., *Regesta Honorii papae III (1216–1227)*, t. I, Rome, 1888, n° 23 p. 5 (en latin).

---

[20] Formule abrégée en « *et cetera* » dans le registre vatican.
[21] Formule abrégée en « *et cetera* » dans le registre vatican.
[22] Formule abrégée en « *et cetera* » dans le registre vatican.

PATRIARCHE JEROSOLIMITANO[23] ET CESARIENSI[24]
ET NAZARIENSI[25] ARCHIEPISCOPIS

Cum olim bone memorie Tirensis archiepiscopus[26] felicis recordationis I[nnocentio][27], predecessori nostro, transmissa petitione, monstrarit quod Veneti et vicarii Venetorum existentes in Tiro super jure parrochiali, jurisdictione ac quibusdam aliis injuriantes eidem compellerent inhabitantes tertiam partem civitatis ejusdem ne alibi quam in ecclesia Sancti Marci Tirensis ecclesiastica perciperent sacramenta, super quibus nec juri parere volebant nec litteris uti de jure parrochiali facientibus mentionem quas ipsi ad bone memorie A[lbertum][28], Jerosolimitanum patriarcham, Apostolice Sedis legatum, a predicto predecessore nostro, In[nocentio], impetrarant et siquando vocabantur in jus ut archiepiscopo satisfacerent conquerenti causam inhutilibus dilationibus protrahentes se absque speciali licentia principalium personarum Venetiis existentium nolle subire judicium responderent, dictus predecessor noster nolens ut idem archiepiscopus per dilationes inhutiles sui juris dispendium pateretur eidem patriarche apostolicis dedit litteris in mandatis ut in loco predicto denuntiari publice faceret quatinus principales persone per se vel procuratores idoneos termino quem idem duceret prefigendum ipsius se conspectui presentarent ut ibidem posset negotium canonico fine concludi. Alioquin memoratum archiepiscopum causa rei servande secundum quod esset faciendum de jure in possessionem induceret predictorum et interim ne probationis copia fortuitis casibus subtraheretur archiepiscopo supradicto senes valitudinarios et alios testes de quibus ex aliqua causa rationabili timeretur recipiens et examinans diligenter depositiones ipsorum in publica redigi faceret munimenta suo sigillo conclusas. Licet autem patriarcha prefatus, sicut venerabilis frater noster[29] .. successor ipsius archiepiscopi dicti predecessoris nostri auribus intimavit, juxta prescriptam formam ad receptionem testium processisset in aliis tamen morte preventus non potuit mandatum apostolicum adimplere. Interim vero nobilis vir .. dux[30]

[23] Raoul de Mérencourt, patriarche latin de Jérusalem de 1215 à 1224.
[24] Pierre de Limoges, archevêque de Césarée de 1199 à 1237.
[25] Robert.
[26] Clarembaud de Broyes.
[27] Innocent III, pape de 1198 à 1216.
[28] Albert Avogadro, patriarche latin de Jérusalem de 1205 à 1214.
[29] Simon de Maugastel.
[30] Pietro Ziani, comte d'Arbi et doge de Venise de 1205 à 1229.

Venetorum, pro predicta ecclesia eidem predecessori nostro humiliter supplicavit ut cum patriarcha prefatus illa potissimum esset ei ratione suspectus quod dictus archiepiscopus erat subjectus eidem et videretur agere causam suam revocaret eandem et faceret apud Sedem Apostolicam terminari. Sepedictus autem predecessor noster licet patriarcha prefatus ea discretione fulgeret et esset honestate perspicuus quod in nulla omnino causa presumi deberet quod a semitis justitie deviaret vel deferret homini contra Deum ut tamen dux ipse cognosceret quod quantum cum Deo posset ei libenter deferret predicto archiepiscopi[31] ejusdem successori apostolicis dedit litteris in mandatis ut si nondum esset in causa ipsa processum usque ad generale concilium tunc in proximo celebrandum ab ipsius prosecutione desisteret et ad illud per se ipsum vel per responsalem idoneum coram eo sufficienter appareret instructus ut sub ejus examine sine diffugio causa ventilaretur predicta. Ceterum dictus predecessor noster eidem duci suis litteris intimavit quod tam ei quam et predecessori suo totiens in hac causa detulerat quod non immerito verebatur Tirensem ecclesiam fore in sui juris prosecutione gravatam cum nondum in ipsa obtinere quiverit rationem. Unde nisi dicta ecclesia Sancti Marci per responsalem idoneum appareret in prelibato termino coram ipso ut causa posset, presentibus partibus, habere processum, ipse nichilominus procederet in eadem in quantum permitteret ordo juris. Quia igitur prefato archiepiscopo post generale concilium diutius expectante, nullus pro ipsa ecclesia vel a Tiro, vel a Venetiis, coram eodem predecessore nostro apparuit idoneus responsalis, partem ipsorum non immerito reputans contumacem, archiepiscopum sepedictum in possessionem ipsius ecclesie cum pertinentiis suis quo ad spiritualia causa rei servande de fratrum nostrorum decrevit consilio inducendum. Unde vobis, fratres patriarcha et Cesariensis, et dilecto filio .., quondam abbati Montis Tabor[32], dictus predecessor noster apostolicis dedit litteris in preceptis quatinus in possessionem ejusdem ecclesie juxta quod ab eo fuerat, exigente justitia, diffinitum, contradictione ac appellatione postpositis, induceretis archiepiscopum memoratum et defenderetis inductum, contradictores si qui existerent vel rebelles per censuram ecclesiasticam, appellatione postposita, compescendo, nequaquam obstante quod idem archiepiscopus tibi, frater patriarcha, nosciter esset subjectus.

---

[31] Mot placé entre guillemets dans le registre vatican.

[32] Jean II.

Ne igitur per mortem sepedicti predecessoris nostri et cessionem abbatis prefati executio mandati apostolici valeat retardari, te, frater Nazarene[33], abbati subrogantes eidem, fraternitati vestre, per apostolica scripta precipiendo, mandamus quatinus in ipso negotio juxta prescriptam formam, appellatione postposita, procedatis. Quod si non omnes [hiis exequendis potueritis interesse][34], duo vestrum [ea nichilominus exequantur][35]. Datum Narnie, XI kalendas septembris, pontificatus nostri anno primo.

5

1216 Octobre 25 Latran

Honorius III confirme les possessions et privilèges du monastère melkite de Saint-Théodose Cénobiarque à la requête de son abbé Nicolas. Sa bulle inventorie une série de biens-fonds sis à Jérusalem, Rama, Ascalon et Jaffa, aux côtés de propriétés et rentes situées dans l'île de Chypre, le royaume de Hongrie et la principauté de Halicz, en Ukraine. La communauté de Saint-Théodose Cénobiarque reçoit une pleine exemption de l'ordinaire, au même titre que la confirmation des modalités d'élection de ses abbés.

A. Original en latin aujourd'hui perdu.

B. Copie du premier registre d'Honorius III, d'après *A.* Rome, ASV, Reg. Vat. 9, liv. I, let. 42, fol. 10 v°-11 v°.

a. J.-B. Pitra, *Analecta sacra spicilegio Solesmensi parata*, t. I, Paris, 1876, n°1 p. 556–558, d'après *B.* (sous le millésime 1216) _ *b.* A.L. Tăutu, *Acta Honorii III, 1216–1227, et Gregorii IX, 1227–1241*, Vatican, 1950, n° I p. 1–5, d'après *B.* (édition entachée de quelques erreurs de transcription) _ *c.* C. Schabel, *Bullarium Cyprium*, t. I : *Papal Letters Concerning Cyprus 1196–1261*, Nicosie, 2010, c-1 p. 190–191, d'après *B.* (édition partielle centrée sur les possessions cypriotes du monastère).

Analyse : P. Pressutti, *Regesti de' romani pontefici dall' anno 1198 all' anno 1304 per Augusto Potthast*, p. 38 (à la date erronée du 6 octobre 1216) _ A. Potthast, *Regesta pontificum Romanorum*, t. II, n° 5356 a-25657 p. 2059 (en latin) _P. Pressutti, *I regesti del pontefice Onorio III*, t. I, Rome, 1884, n° 79 p. 22–23 (à la date erronée du 6 novembre 1216) _ Id., *Regesta Honorii papae III (1216–1227)*, t. I, n° 72 p. 13 (en latin).

---

33 *Sive « Nazarensis ».*
34 Formule abrégée en « *et cetera* » dans le registre vatican.
35 Formule abrégée en « *et cetera* » dans le registre vatican.

N[icolao], abbati monasterii Sancti Theodosii Cenobiarce de Laberia, ejusque fratribus, tam presentibus quam futuris, regularem vitam professis, in perpetuum

Religiosam vitam eligentibus [apostolicum convenit adesse presidium, ne forte cujuslibet temeritatis incursus aut eos a proposito revocet aut robur, quod absit, sacre religionis][36] infringat. Eapropter, dilecti in Domino [filii, vestris justis postulationibus clementer annuimus et monasterium Sancti Theodosii Cenobiarce de Laberia in qui divino mancipati estis obsequio, sub beati Petri et nostre protectione suscipimus et presentis scripti privilegio][37] communimus. In primis siquidem statuentes, [ut ordo monasticus, qui secundum Deum et beati Basilii regulam in eodem monasterio institutus esse dignoscitur, perpetuis temporibus inviolabiliter][38] observetur. Preterea quascumque possessiones [et quecumque bona idem monasterium in presentiarum juste et canonice possidet aut in futurum concessione pontificum, largitione regum vel principum, oblatione fidelium seu aliis justis modis, presente Domino, poterit adipisci, firma vobis vestrisque successoribus et][39] illibata permaneant. In quibus hec propriis [duximus exprimenda vocabulis : locum ipsum in quo prefatum monasterium situm est, cum omnibus][40] pertinentiis suis ; apud Jerusalem ecclesiam Sancti Theodosii cum hospitali et apothecis, et furno et vineis in duobus monasteriis Sancti Johannis Baptiste et Sancti Georgii ; apud Ramle terras ; apud Scalona terras et vineam cum hospitali ; extra Jaffam ecclesiam Sancte Jone et intus apot[h]ecas et hospitale cum vinea magna ; duas naves liberas per totum mare apud Jaffam ; obedientiam apud Zevel et ecclesiam Sanctorum Petri et Pauli et forum totum cum apothecis et hospitali, cum casali et[41] insula Cipri, et monasterium Sancti Theodosii quod dicitur de Acra ; tenimenta que dicuntur Tromachii, cum molendino et vineis ; apud Perdicam terras, ecclesiam Sancti Cassiani cum tenimentis suis, ecclesiam Sancti Georgii cum pertinentiis suis ; tenimenta que dicuntur de Glifeo et Geratium, ecclesiam Sancti Alexandri cum tenimentis suis ; apud Pissurum ecclesiam sancti Michaelis Archangeli cum casali et tenimentis suis ; ecclesiam Sancte Crucis de Aletorum cum casali et tenimentis suis ; terras de *Ru* et de *Virsu* ; Petram Remei et litus maris usque Geratum cum piscatione ac

36 Formule abrégée en « *et cetera usque* » dans le registre vatican.
37 Formule abrégée en « *et cetera usque* » dans le registre vatican.
38 Formule abrégée en « *et cetera usque* » dans le registre vatican.
39 Formule abrégée en « *et cetera usque* » dans le registre vatican.
40 Formule abrégée en « *et cetera usque* » dans le registre vatican.
41 *Leg.* « *in* ».

terris suis; obedientiam de *Cay* flumine cum terris a via; ecclesiam Sancti Georgii de Pirgo cum oliveto, nemoribus, terris que Corrigee dicuntur, et ecclesiam Sancti Michaelis Archangeli; omnes terras de Caumate; obedientiam de Paleopafo cum molendino, terris et pomeriis suis; ecclesiam Sancte Marie de Paracellis cum casali, terris et aliis pertinentiis; ecclesia[m] Sancte Marie de Magnacomis cum casali et tenimentis suis usque ad medietatem vinearum Sancti Sabe, ubi est fons; obedientiam de Palemedia cum terris et olivetis; apud Nemesum pomerium de *Ambuti* cum terris, domo et vico; obedientiam que dicitur Kississa cum vineis et terris; apud Leotumbem domum et magnam vineam cum pertinentiis suis; apud Leocosiam ecclesiam Sancti Nicolai cum hospitali, pomerio, terris et pertinentiis suis; apud Ungariam monasterium Sancti Dometrii,[42] juxta flumen Savii, cum omnibus rationibus et libertatibus suis a Bela rege Ungarie[43] vobis indultis; annuum cere redditum tredecim cantariorum a Basilica[44] et Johanne Blademero[45], Russorum regibus, apud Galizam vobis concessum; et apud Constantinopolitanam civitatem ecclesiam Sancti Juliani cum hospitali, domibus, apothecis et aliis omnibus terminis et pertinentiis suis; ecclesiam Sancti Jone ac alias ecclesias, monasterio vestro subjectas; monasterium Sancti Demetrii Grecorum de Ungaria, juxta fluvium, cum conductu aque fluminis Sabe, cum piscaria, nemoribus, jure passagii et omnibus aliis pertinentiis suis; ecclesiam Sancte Anastasie cum casali Grecorum; casale de *Tusedi* et ecclesiam Sancti Nicolai cum terris, nemoribus et pertinentiis suis; de Junca Magni Judani et Parvi casalia cum pertinentiis suis; casale de *Tepili* cum terris et pertinentiis suis; ecclesiam Sancti Nicolai de Jurco cum casali et pertinentiis suis; casale de Ilicio cum nemoribus et pertinentiis suis; ecclesiam Sancti Demetrii de Magno Ilitio cum terris, nemoribus et pertinentiis suis; ecclesiam Sancti Stephani de *Chasmasi* cum vineis, terris, nemoribus, duabus piscariis et insula Dunavi; ecclesiam Sancte Marie de Orbasio cum casalibus, terris, vineis, nemoribus; de Cepla naviculis duabus cum passagio fluminis et insula Dunavi; casale de Chalasa cum terris, nemoribus et piscariis; casale de *Minisi* cum nemoribus, piscariis, terris, canneto et pertinentiis suis; apud Castellutium domos cum vineis, terris, nemoribus; duabus piscariis de *Foc* et insula fluminis Dunavi; ecclesiam sancti Nicolai de *Nadudor* cum casali, insula, canneto, piscariis de *Cherip* et pertinentiis suis; casale *Gerinet* cum domibus, terris et pertinentiis suis; apud Sumigium terras et nemora cum redditibus

[42] *Sic mss.*
[43] Béla III, roi de Hongrie de 1172 à 1196.
[44] Boleslava de Tchernigov, épouse du prince Volodymyr II Yaroslavych de Halicz.
[45] Vladimir ou Volodymyr II Yaroslavych, prince de Halicz en 1188, puis entre 1190 et 1199.

et pertinentiis suis ; apud castrum de Macra vineas cum terris, nemoribus et pertinentiis suis ; casale de Arpario cum piscariis, terris, canneto, pratis, nemoribus, navicula fluminis Disse ac pertinentiis suis ; ecclesiam Sancti Georgii de Curta et ecclesiam Sancte Marie de *Curt* cum casalibus, pomeriis, vineis, terris, nemoribus, canneto, piscariis et pertinentiis suis ; casale de *Sadmari* cum canneto, piscariis, lacu, terris et pertinentiis suis ex utraque parte fluminis de Dissa ; casale de *Titili* cum piscariis, canneto, terris, medietate montis de *Titili* ; sancti Nicolai et Sancte Marie de *Sulgabekin* ecclesias cum terris et pertinentiis suis ; ecclesiam Sancte Marie cum casali de *Toson*, piscariis, lacu, insula Dunavi, nemoribus, terris, redditibus et aliis pertinentiis suis a quondam Clado et Manuele monasterio vestro collatis ; casale de *Poti* cum terris et pertinentiis suis ; casale de *Dussunc* cum terris, nemoribus et pertinentiis suis ; ecclesiam Sancti Nicolai de Muclia cum casali, terris, nemoribus, piscariis et pertinentiis suis ; casale Camalacha cum terris, nemoribus et pertinentiis suis ; casale Moyssaca cum terris et pertinentiis suis ; casale *Naradin* cum vineis, terris et pertinentiis suis ; casale Santofola cum terris et pertinentiis suis ; terras et alias possessiones quondam Demetrii presbyteri et Nikifori et redditus qui *Francheden* vulgariter appellantur. Ad hec vobis auctoritate presentium indulgemus ut, cum Greci usque ad hec tempora decimas solvere minime consuerint, laborum vestrorum, quos propriis manibus aut sumptibus colitis de possessionibus habitis usque ad concilium generale, vel de vestrorum animalium nutrimentis, nullus a vobis decimas exigere vel extorquere presumat ; de habitis post concilium, quas propriis manibus vel sumptibus colitis, decimas soluturis ; de hiis autem, quas aliis conceditis excolendas, sive ante sive post concilium habitis, decime persolvantur[46]. Liceat vobis clericos [vel laicos liberos et absolutos e seculo fugientes ad conversionem recipere et eos absque contradictione aliqua][47] retinere. Prohibemus insuper ut fratrum vestrorum, [post factam in monasterio vestro professionem, fas sit, sine abbatis sui licentia, de eodem loco][48] discedere ; discedentem vero, [absque communium vestrarum litterarum cautione, nullus audeat][49] retinere. Crisma vero, [oleum sanctum, consecrationes altarium seu basilicarum, ordinationes clericorum qui ad ordines fuerint promovendi, a diocesano suscipietis episcopo, si quidem catholicus fuerit et gratiam et communionem

[46] Cette dernière phrase apparaît tronquée dans la version de cette bulle du 29 janvier 1218 (*cf. infra* n° 24).
[47] Formule abrégée en *« et cetera usque »* dans le registre vatican.
[48] Formule abrégée en *« et cetera usque »* dans le registre vatican.
[49] Formule abrégée en *« et cetera usque »* dans le registre vatican.

Sacrosancte Romane Sedis habuerit et ea vobis voluerit sine pravitate][50] qualibet exhibere. Cum autem generale interdictum [terre fuerit, liceat vobis, clausis januis, exclusis excommunicatis et interdictis, non pulsatis campanis, dummodo causam non dederitis interdicto, suppressa voce, divina][51] officia celebrare. Paci quoque [et tranquillitati vestre paterna in posterum sollicitudine providere volentes, auctoritate apostolica prohibemus ut infra clausuras locorum seu grangiarum vestrarum nullus rapinam seu furtum facere, ignem apponere, sanguinem fundere, hominem temere capere vel interficere, seu violentiam][52] audeat exercere. Obeunte vero te [nunc ejusdem loci Abbate vel tuorum quolibet successorum, nullus ibi qualibet surreptionis astutia seu violentia preponatur, nisi quem fratres communi consensu vel fratrum major pars consilii sanioris secundum Deum et][53] beati Basilii regulam providerint eligendum. Preterea omnes libertates [et immunitates a predecessoribus nostris Romanis pontificibus ordini vestro concessas necnon libertates et exemptiones secularium exactionum a regibus et principibus vel aliis fidelibus rationabiliter vobis indultas, auctoritate apostolica confirmamus et presentis scripti privilegio][54] communimus. Decernimus ergo [ut nulli omnino hominum liceat prefatum monasterium temere perturbare aut ejus possessiones auferre vel ablatas retinere, minuere seu quibuscumque vexationibus fatigare, sed omnia integra conserventur eorum pro quorum gubernatione ac sustentatione concessa sunt usibus omnimodis][55] profutura, salva Sedis Apostolice auctoritate et, in predictis ecclesiis, diocesanorum episcoporum canonica justitia. Si qua igitur [in futurum ecclesiastica secularisve persona, hanc nostre constitutionis paginam sciens, contra eam temere venire temptaverit, secundo tertiove commonita, nisi reatum suum congrua satisfactione correxerit, potestatis honorisque sui careat dignitate reamque se divino judicio existere de perpetrata iniquitate cognoscat et a sacratissimo corpore et sanguine Dei et Domini, Redemptoris nostri, Jhesu Christi, aliena fiat atque in extremo examine districte ultioni][56] subjaceat. Cunctis autem [eidem loco sua jura servantibus sit pax Domini nostri Jhesu Christi, quatinus, et hic fructum bone actionis percipiant, et apud districtum judicem

---

[50] Formule abrégée en « *et cetera usque* » dans le registre vatican.
[51] Formule abrégée en « *et cetera usque* » dans le registre vatican.
[52] Formule abrégée en « *et cetera usque* » dans le registre vatican.
[53] Formule abrégée en « *et cetera usque* » dans le registre vatican.
[54] Formule abrégée en « *et cetera usque* » dans le registre vatican.
[55] Formule abrégée en « *et cetera usque* » dans le registre vatican.
[56] Formule abrégée en « *et cetera usque* » dans le registre vatican.

premia][57] eterne pacis inveniant. Amen. [Amen. Amen]. Datum Laterani, per manum Ranerii, prioris Sancti Fridiani Lucensis, Sancte Romane Ecclesie vicecancellarii, VIII kalendas novembris, indictione V, incarnationis Dominice anno MCCXVI, pontificatus vero domini Honorii, pape tertii, anno primo.

6

1216 Décembre 8 Saint-Pierre de Rome

Honorius III confirme à la requête d'Hermann [von Salza] les possessions et privilèges de l'ordre teutonique délivrés par ses prédécesseurs Célestin III et Innocent III. Sa bulle inventorie une série de maisons et de propriétés situées à Ascalon, Zamzi, Rama, Jaffa, Acre et Tyr, aux côtés de domaines chypriotes et ciliciens dans lesquels l'ordre pourra jouir d'une parfaite exemption de l'ordinaire en raison de sa structure hospitalo-templière.

A. Original en latin bullé, conservé dans les Archives Centrales de l'ordre teutonique : Vienne, a ; 6.

B. Copie du premier registre d'Honorius III, d'après *A.* Rome, ASV, Reg. Vat. 9, liv. I, let. 95, fol. 23 r°-23 v°.

C. Copie d'après *A.* des archives berlinoises de l'ordre teutonique, aujourd'hui conservée à Mersebourg : I, 77.

D. Copie romaine de 1318 d'après *B.*, jadis conservée dans les Archives de Königsberg (act. Kaliningrad).

E. Copie de piètre qualité conservée jadis dans les Archives de Königsberg (act. Kaliningrad) : A. 16 p. 5–7.

F. Copie conservée jadis dans les Archives de Königsberg (act. Kaliningrad) : A. 16 p. 42.

G. Copie dépourvue de date, conservée jadis dans les Archives de Königsberg (act. Kaliningrad) : R. 158.

H. Copie dépourvue de date, conservée jadis dans les Archives de Königsberg (act. Kaliningrad) : A. 16 p. 97 *sq.*

a. J.H. Hennes, *Codex diplomaticus ordinis Sanctae Mariae Theutonicorum*, t. I, Mayence, 1845, n° 25 p. 26–29, d'après *A.* _ *b.* E. Strehlke, *Tabulae Ordinis Theutonici*, Berlin, 1869, n° 303 p. 272–274, d'après *C.* _ *c.* C. Schabel, *Bullarium Cyprium*, t. I : *Papal Letters Concerning Cyprus 1196–1261*, Nicosie, 2010, c-2 p. 182, d'après *B.* (édition partielle).

Analyse : K.E. Napiersky, *Index corporis historico-diplomatici Livoniae, Esthoniae, Curoniae*, t. I, Riga-Dorpat, 1833, n° 6 p. 2 _ A. Potthast, *Regesta pontificum Romanorum*, t. I, n° 5386

[57] Formule abrégée en « *et cetera usque* » dans le registre vatican.

p. 474 (en latin) _ F. de Salles, *Annales de l'ordre teutonique ou de Sainte-Marie-de-Jérusalem*, Paris-Vienne, 1887 (rééd. Genève, 1986), n° VI p. 525 _ P. Pressutti, *I regesti del pontefice Onorio III*, t. I, Rome, 1884, n° 143 p. 44 et 145 p. 44–45 (en latin) _ Id., *Regesta Honorii papae III (1216–1227)*, t. I, Rome, 1888, n° 161 p. 30 (en latin).

Hermanno, magistro Hospitalis Sancte Marie Alemannorum Jerosolimitani[58], ejusque fratribus tam[59] presentibus quam futuris regulariter substituendis, in perpetuum

Affectum[60] justa postulantibus indulgere et vigor equitatis et ordo exigit rationis, presertim quanto petentium voluntatem et pietas adjuvat et veritas non relinquit. Eapropter, dilecti in Domino filii, vestris justis postulationibus clementer annuimus et prefatum hospitale Sancte Marie Alemannorum Jerosolimitanum, in quo divino ma[n]cipati estis obsequio, ad exemplar felicis recordationis Celestini[61] et Innocentii[62], predecessorum nostrorum Romanorum pontificum, sub beati Petri et nostra protectione suscipimus et presentis scripti privilegio communimus. Statuentes ut quascumque possessiones, [quecumque bona idem hospitale in presentiarum juste et canonice possidet aut in futurum concessione pontificum, largitione regum vel principe, oblatione fidelium seu aliis justis modis prestante Domino poterit adipisci, firma vobis vestrisque successoribus et illibata][63] permaneant. In quibus hec [propriis duximus exprimenda vocabulis : locum ipsum in quo prefatum hospitale situm est, cum omnibus[64]] pertinentiis suis ; domum quam habetis Scalone cum vineis et omnibus pertinentiis suis ; et *Zanzi* cum omnibus pertinentiis suis ; et domos quas habetis apud Ramas cum omnibus pertinentiis suis ; domum, vineas et possessiones quas habetis apud *Japhaz*, cum omnibus pertinentiis suis ; domum quam habetis apud Accon civitatem, cum omnibus pertinentiis suis ; et casale de *Cafusin*[65] et voltam prope portam Sancti Nicolai, cum omnibus pertinentiis suis ; domum quam habetis in Tiro, cum omnibus pertinentiis suis ; domum quam habetis apud Cesaream, cum omnibus pertinentiis

58 Hermann von Salza, grand-maître de l'ordre teutonique de 1209 à 1239.
59 Mot rajouté en interligne.
60 *Leg. « effectum »*.
61 Céletin III, pape de 1191 à 1198.
62 Innocent III, pape de 1198 à 1216.
63 Formule abrégée en *« et cetera usque »* dans le registre vatican, que nous restituons d'après *b*.
64 Formule abrégée en *« et cetera usque »* dans le registre vatican, que nous restituons d'après *b*.
65 *Leg. « Cafirsin » secundum A.*

suis ; casale quod dicitur *Bezal* ; curiam quam habetis in Cipro, que dicitur Sancti Georgii, cum omnibus pertinentiis suis ; duas villas quas habetis in Armenia, videlicet Combedeforum et *Heyon*, cum omnibus pertinentiis suis. Sane novalium vestrorum [que propriis manibus aut sumptibus colitis, sive de nutrimentis animalium vestrorum nullus a vobis decimam exigere vel extorquere][66] presumat. Crisma vero, [oleum sanctum, consecrationes altarium seu basilicarum, ordinationes clericorum vestrorum, qui ad sacros ordines fuerint promovendi, et alia ecclesiastica sacramenta a diocesano episcopo, siquidem catholicus fuerit et gratiam atque communionem Apostolice Sedis habuerit, vobis gratis et sine pravitate aliqua][67] precipimus exhiberi. Sepulturam preterea [ipsius loci liberam esse decernimus ut eorum quoque devotioni et extreme voluntati, qui se illic sepeliri deliberaverint, nisi forsan excommunicati vel interdicti sint, nullus obsistat, salva tamen justicia illarum ecclesiarum, a quibus mortuorum corpora][68] assumuntur. Ad hec ordinationem factam in ecclesia vestra juxta modum Templariorum in clericis et militibus et aliis fratribus, et ad exemplum Hospitalariorum in pauperibus et infirmis, sicut provide facta est et a vobis recepta et hactenus observata, devotioni vestre auctoritate apostolica confirmamus. Paci quoque [et tranquillitati vestre paterna in posterum sollicitudine providere volentes, auctoritate apostolica districtius inhibemus ne infra clausuras domus vestre ullus rapinam seu furtum facere, ignem apponere, sanguinem fundere, hominem temere capere vel interficere, seu violentiam audeat][69] exercere. Preterea libertates et immunitates hospitali vestro concessas ratas habemus, et eas futuris temporibus illibatas manere sancimus. Adicimus insuper ut quemadmodum domus vestra hujus sancte vestre institutionis et ordinis fons et origo esse promeruit, ita nichilominus omnium locorum ad eam pertinentium capud[70] et magistra imperpetuum habeatur[71]. Precepimus[72] etiam ut, obeunte te, dilecte in Domino fili magister, vel tuorum quolibet successorum, nullus ejusdem domus fratribus preponatur nisi militaris et religiosa persona, que vestre religionis

---

66 Formule abrégée en « *et cetera usque* » dans le registre vatican, que nous restituons d'après *b*.

67 Formule abrégée en « *et cetera usque* » dans le registre vatican, que nous restituons d'après b.

68 Formule abrégée en « *et cetera usque* » dans le registre vatican, que nous restituons d'après b.

69 Formule abrégée en « *et cetera usque* » dans le registre vatican, que nous restituons d'après *b*.

70 *Sic mss.*

71 *Mss.* « *habetur* », corrigé en « *habeatur* » par l'ajout d'une lettre en interligne.

72 *Leg.* « *precipimus* ».

habitum sit professa ; nec ab aliis nisi ab omnibus fratribus insimul vel a saniori eorum parte, qui preponendus fuerit, eligatur. Porro nulli ecclesiastice secularisve persone infringere vel minuere liceat rationabiles consuetudines ad vestre religionis et[73] officii observantias a magistro et fratribus communiter institutas. Easdem quoque consuetudines a vobis aliquando tempore observatas et scripto firmatas, nisi a magistro, consentiente tamen saniori parte capituli, non liceat immutari. Prohibemus preterea et omnimodis interdicimus ut nulla ecclesiastica secularisve persona a magistro et fratribus ejusdem domus exigere indebite audeat fidelitates, hominia seu juramenta vel reliquas securitates, que a secularibus frequentantur. Si quando vero loca deserta fuerint eidem domui pia devotione collata, liceat vobis ibidem edificare villas et ecclesias ac cimiteria ad opus hominum ibidem manentium fabricare, ita tamen, ut in vicinia illa abbatia vel religiosorum virorum collegium non existat, qui ob oc valeant perturbari. Cum autem terre culte vobis quolibet justo titulo conferentur, facultatem et licentiam habeatis, ibidem ad opus transeuntium et eorum tantum, qui de mensa vestra fuerint, constituendi[74] oratoria et cimiteria faciendi, sine juris prejudicio alieni. Est enim indecens et periculo proximum animarum, religiosos fratres occasione adeunde ecclesie se virorum turbis et mulierum frequentie immiscere. Decernimus ergo [ut nulli omnino hominum liceat prefatum hospitale temere perturbare, aut ejus possessiones auferre vel ablatas retinere, minuere seu quibuslicet vexationibus fatigare ; sed omnia et integra conserventur eorum, pro quorum gubernatione ac sustentatione concessa sunt, usibus omnimodis][75] profutura, salva Sedis Apostolice auctoritate et diocesani episcopi canonica justitia. Si qua igitur [in futurum ecclesiastica secularisve persona, hanc nostre constitutionis paginam sciens, contra eam temere venire temptaverit, secundo tertiove commonita, nisi reatum suum congrua satisfactione correxerit, potestatis honorisque sui careat dignitate reamquam se divino judicio existere de perpetrata iniquitate cognoscat, et a sacratissimo corpore ac sanguine Dei et Domini Redemptoris nostri, Jhesu Christi, aliena fiat atque in extremo examine divine ultioni][76] subjaceat. Cunctis autem [eidem loco sua jura servantibus sit pax Domini nostri Jhesu Christi, quatinus, et hic fructum

[73] Mot rajouté en interligne.

[74] *Leg. « construendi ».*

[75] Formule abrégée en *« et cetera usque »* dans le registre vatican, que nous restituons d'après *b.*

[76] Formule abrégée en *« et cetera usque »* dans le registre vatican, que nous restituons d'après *b.*

bone actionis percipiant, et apud districtum judicem premia eterne pacis][77] inveniant. Amen. [Amen. Amen]. Datum Rome apud[78] Sanctum Petrum, per manum Ranerii, prioris Sancti Fridiani Lucani, Sancte Romane Ecclesie vicecancellarii, VI idus decembris, incarnationis Dominice anno M°CC°XVI°, indictione V, pontificatus vero domini Honorii, pape III, anno primo.

7

1217 Mars 8 Latran

Honorius III reconnaît l'intemporalité des droits du procureur de la basilique Saint-Marc de Venise, Giacomo Barbo, sur l'église Saint-Marc de Tyr.

A. Original en latin aujourd'hui perdu.

B. Copie du premier registre d'Honorius III, d'après *A*. Rome, ASV, Reg. Vat. 9, liv. I, let. 527, fol. 129 v°.

Analyse : P. Pressutti, *Regesti de' romani pontefici dall' anno 1198 all' anno 1304 per Augusto Potthast*, Rome, 1874, p. 89_ A. Potthast, *Regesta pontificum Romanorum*, t. II, n° 5493 a-25837 p. 2074 (en latin) _ P. Pressutti, *I regesti del pontefice Onorio III dall'anno 1216 all'anno 1227*, t. I, Rome, 1884, n° 375 p. 105 (en latin) _ Id., *Regesta Honorii papae III (1216–1227)*, t. I, Rome, 1888, n° 405 p. 72 (en latin). _ R. Röhricht, *Regesta Regni Hierosolymitani*, t. I, Innsbruck, 1893, n° 893 p. 240 (en latin).

Jacobo Balbo, procuratori ecclesie Sancti Marci de Venetiis

Nobis humiliter supplicasti ut, cum paratus existas venerabili fratri nostro, Tyrensi archiepiscopo, super ecclesia Sancti Marci de Tyro et rebus aliis, de quibus questio fuit mota, justitie plenitudinem exhibere possessionem ipsius ecclesie atque rerum, que per bone memorie Innocentium papam[79], predecessorem nostrum, ipsi archiepiscopo extitit causa custodie assignata, tibi restitui faceremus. Super quo etiam nobilis vir, dux Venetorum[80], addidit preces suas verum, quia dicto archiepiscopo pro causa necessaria, nunc assente[81] in presentiarum, tibi assignari non potest possessio postulata, ne tibi et eidem ecclesie possit contumacie vitium imputari, auctoritate tibi presentium indulgemus quatinus de cetero lapsus tibi temporis

[77] Formule abrégée en « *et cetera usque* » dans le registre vatican, que nous restituons d'après *b*.

[78] Suit « *apud Romam* » exponctué.

[79] Innocent III, pape de 1198 à 1216.

[80] Pietro Ziani, comte d'Arbi et doge de 1205 à 1229.

[81] *Leg.* « *absente* ».

non obsistat, quominus possessionem recuperare valeas memoratam. Datum Laterani, VIII idus martii, [pontificatus nostri] anno primo.

8

1217 Juillet 4 Anagni

Honorius III confirme l'exemption de l'ordinaire de l'ordre du Saint-Sépulcre et la franchise fiscale de ses terres acquises avant 1215.

A. Original en latin aujourd'hui perdu.

B. Copie du premier registre d'Honorius III, d'après *A.* Rome, ASV, Reg. Vat. 9, liv. I, let. 499, fol. 120 r°.

Analyse : P. Pressutti, *I regesti del pontefice Onorio III dall'anno 1216 all'anno 1227*, t. I, Rome, 1884, n° 610 p. 166 _ Id., *Regesta Honorii papae III (1216–1227)*, t. I, Rome, 1888, n° 646 p. 111 (en latin).

Priori[82] et fratribus Dominici Sepulchri

Si piis locis ob sanctam reverentiam favor impenditur nullus profecto locus Sepulchro Dominico quod ipsius sancti sanctorum corporalis presentia sanctum fecit favore dignior invenitur. Quoniam igitur, sicut accepimus, quidam episcopi et prelati vobis super ecclesiis, possessionibus aut aliis bonis vestris frequenter movent indebitas questiones, et, volentes gerere partes judicum et actorum, in vos et ecclesias vestras excommunicationis et interdicti sententias jaculari presumunt, nisi res, super quibus questio mota fuerit, eis libere dimittantur. Nos, huic morbo volentes apostolici favoris remedium adhibere, auctoritate presentium, inhibemus ne quis in personas vel ecclesias vestras absque manifesta et rationabili causa excommunicationis vel interdicti sententias audeat promulgare, et, si quas contra prohibitionem nostram temere promulgari contigerit, illas decernimus irritas et inanes ; auctoritate nichilominus presentium inhibentes ne quis a vobis de terris vestris decimas exigere vel extorquere presumat, quas ante generale concilium habuistis ab hujusmodi prestatione liberas et immunes.

82 Guillaume II ou Pierre III, attestés respectivement en 1212–1215 et 1225–1227.

Nulli ergo [omnino hominum liceat paginam hanc][83] nostre inhibitionis et constitutionis [infringere vel ei ausu temerario contraire][84]. Si quis autem [hoc attemptare presumpserit, indignationem omnipotentis Dei et beatorum Petri et Pauli, apostolorum ejus, se noverit incursurum][85]. Datum Anagnie, IV nonas julii, pontificatus nostri anno primo.

9

1217 Juillet 7 Anagni

Honorius III confirme les possessions orientales de l'ordre du Saint-Sépulcre sur la base de privilèges anciens d'Honorius II, Innocent II, Célestin II, Lucius II et Eugène III. Son privilège inventorie une série de dîmes, droits et casaux cédés au chapitre du Saint-Sépulcre dans le royaume de Jérusalem par ses souverains, aristocrates et prélats, en rappelant l'inaliénabilité de son patrimoine en cas de conflit avec le patriarcat de Jérusalem. Le souverain pontife confirme l'exemption des novales de l'ordre de toute décimation et l'immunité des frères du Saint-Sépulcre contre les suspensions et les refus de communion ou d'inhumation, que le patriarcat de Jérusalem viendrait à décréter par futilité.

A. Original en latin aujourd'hui perdu.

B. Copie du premier registre d'Honorius III, d'après *A.* Rome, ASV, Reg. Vat. 9, liv. I, let. 494, fol. 118 v°-119 r°.

a. E. de Rozière, *Cartulaire de l'Eglise du Saint-Sépulcre de Jérusalem*, Paris, 1849, n° 156 p. 278–282 (édition d'une livraison d'Alexandre III du 2 mars 1168) __ *b.* J.-P. Migne, *Patrologia Latina*, t. 200, Paris, 1855, n° 477 col. 474–477, d'après *a.* (édition datée à tort du 21 mars 1168) __ *c.* G. Bresc-Bautier, *Le Cartulaire du Chapitre du Saint-Sépulcre de Jérusalem*, Paris, 1984, p. 297–300 (édition critique de la livraison de 1168).

Analyse : P. Jaffé et S. Löwenfeld, *Regesta pontificum Romanorum ab condita Ecclesia ad annum post Christum MCXCVIII*, t. II, Leipzig, 1888, n° 11 385 p. 208 (en latin) __ P. Pressutti, *I regesti del pontefice Onorio III dall'anno 1216 all'anno 1227*, t. I, Rome, 1884, n° 573 p. 156 (à la date erronée du 5 juin 1217) __ Id., *Regesta Honorii papae III (1216–1227)*, t. I, Rome, 1888, n° 651 p. 112 (en latin) __ R. Röhricht, *Regesta Regni Hierosolymitani*, t. I, Innsbruck, 1893, n° 444 p. 115 et 895 p. 240 (en latin).

---

83 Formule abrégée en « *et cetera* » dans le registre vatican.
84 Formule abrégée en « *et cetera* » dans le registre vatican.
85 Formule abrégée en « *et cetera* » dans le registre vatican.

PRIORI[86] ET CONVENTUI SANCTI SEPULCHRI, EJUSQUE FRATRIBUS, TAM PRESENTIBUS QUAM FUTURIS, REGULAREM VITAM PROFESSIS, IN PERPETUUM

Quotiens illud a nobis petitur quod religioni et honestati convenire dinoscitur, animo nos decet libenti concedere et petentium desideriis congruum suffragium impertiri. Eapropter, dilecti in Domino filii, vestris justis postulationibus clementer annuimus et ecclesiam Sancti Sepulcri in qua divino mancipati estis obsequio, ad exemplar felicis recordationis Honorii[87], Innocentii[88], Celestini[89], Lucii[90] Eugenii[91] et Alexandri[92], predecessorum nostrorum Romanorum pontificum, sub beati Petri et nostra protectione suscipimus, et presentis scripti privilegio communimus. In primis siquidem [statuentes ut ordo canonicus, qui secundum Dei timorem et beati Augustini regulam in ipsa ecclesia institutus esse dinoscitur, perpetuis ibidem temporibus inviolabiliter][93] observetur; statuentes ut quascumque possessiones, [quecumque bona eadem ecclesia in presentiarum juste et canonice possidet, aut in futurum concessione pontificum, largitione regum vel principum, oblatione fidelium seu aliis justis modis, prestante Domino, poterit adipisci, firma vobis vestrisque successoribus et illibata][94] permaneant. In quibus hec propriis duximus exprimenda vocabulis: medietatem videlicet cunctarum oblationum, que ad Sepulcrum Domini offeruntur; oblationes Crucis, excepto tantum die Sancti Parasceve, et cum patriarcha eam secum pro aliqua necessitate detulerit; decimas civitatis Jerusalem et totius episcopatus ex dono Arnulfi[95], quondam Jerosolimitani patriarche; in Neapolim, terram, quam Almaricus[96], illustris Jerosolimorum rex, in novo burgo vobis donavit, et ecclesiam quam ibi edificastis, ex concessione venerabilis fratris nostri, Amalrici[97] patriarche; domos etiam et alias terras, quas in eadem civitate habetis; decimas casalis, quod

86 Guillaume II ou Pierre III, attestés respectivement en 1212–1215 et 1225–1227.
87 Honorius II, pape de 1124 à 1130.
88 Innocent II, pape de 1130 à 1143.
89 Célestin II, pape de 1143–1144.
90 Lucius II, pape de 1144 à 1145.
91 Eugène III, pape de 1145 à 1153.
92 Alexandre III, pape de 1159 à 1181.
93 Formule abrégée en *« et cetera usque »* dans le registre vatican.
94 Formule abrégée en *« et cetera usque »* dans le registre vatican.
95 Arnoul de Chocques, patriarche de Jérusalem de 1112 à 1118.
96 Amaury Ier, roi de Jérusalem de 1163 à 1174.
97 Amaury de Nesle, patriarche de Jérusalem de 1157 à 1180.

vocatur Derina, et viridarii[98] quod est inter murum Tiri et ante murale, ex dono bone memorie Petri, quondam Tirensis archiepiscopi ; casalia que vos emistis ab Hugone de Hibelino, videlicet *Bethel*, *Hudemamel*, *Dersabe*, *Huodabes*, *Dermursur*, cum pertinentiis suis ; casalia quoque empta a Johanne Gothmanni, scilicet *Betatap*, *De Rasen*, cum omni integritate sua, guastinis scilicet et appenditiis suis ; casale insuper nomine Geladia, quod predictus rex, tunc comes Ascalonitanus, pro expensa et emissione, quam vos fecistis ad capiendam Ascalonam, vobis concessit ; duo preterea casalia, *Cafarup* et Vetus *Bethoron*, et guastinam *Derfers* ab abbate et monachis Sancti Sabe co[m]parata ; terram quoque, quam Vivianus, dominus Caiphe, cum assensu Pagani, filii sui, in civitate vetius Cayphe intus et exterius ecclesie Sancti Sepulcri dedit, et domum quam ibi edificastis, et terram, quam Rogerius et Johannes, duo fratres, eidem ecclesie dederunt. Vobis pariter confirmamus ecclesiam et decimas supradicte terre et animalium, quam venerabilis frater noster, Ernesius, Cesariensis archiepiscopus, vobis concessit et suo privilegio confirmavit ; ecclesiam Sancti Sepulchri in Accon cum pertinentiis suis ; ex dono Lamberti casale, quod dicitur *Mimas*, cum duabus carrucatis terre plenariis ; duas carrucatas terre, quas vobis dedit Girardus de *Cunin* ; jardinum, quod fuit Maynardi de Portu, quod filius ejus Raimundus, factus frater ecclesie Sancti Sepulcri dedit ; duo preterea casalia, *Gebul* et *Hecar*, cum omnibus adjacentiis suis, et piscariam per octo dies in mari Tyberiadis, et angariam per unum diem, et navem assidue juxta modum, quo Willelmus de Burgis predicte ecclesie concessit, et Gualterius, ejusdem civitatis princeps, proprio privilegio roboravit ; in Calcalia domum et terras, quas Fredericus, frater Sancti Sepulchri, vobis dedit, et Bartholomeus, ejusdem ville dominus, donum ratum habuit, adjungens vobis unam carrucatam terre. Omnes preterea domos, quas in civitate Jerusalem habetis, sicut memoratus rex vobis scripto proprio confirmavit ; domum etiam, quam Tirensis archiepiscopus vobis vendidit, auctoritate apostolica confirmamus. Nichilominus quoque vobis, auctoritate apostolica, confirmamus stationes Templi Domini, Montis Oliveti, Montis Syon et Vallis Josaphat in festivitatibus earum, sicut ecclesia Dominice Resurrectionis easdem semper consuevit habere, ita quidem quod, absente patriarcha, liceat priori, qui pro tempore fuerit, missam in eis sollempniter celebrare et processionem cum canonicis ordinare.

[98] *Leg.* « *viridarium* » comme les versions antérieures de cette bulle et la structure de la phrase le démontrent (*cf.* Geneviève Bresc-Bautier, *Le Cartulaire du Chapitre du Saint-Sépulcre de Jérusalem*, Paris, 1984, p. 298).

Adicimus etiam ut licitum sit vobis malefactores vestros et specialiter vobis decimas auferentes, qui de vestra parrochia fuerint, infra Jerusalem vel extra, nisi legitime commoniti satisfecerint, interdicti et excommunicationis sententia in patriarche vestri absentia condempnare. Statuimus quoque ut non liceat patriarche sive priori res ecclesie, nisi de communi aut sanioris partis canonicorum consilio, distraere aut quomodolibet alienare seu possessiones impignorare ; ea vero, que ab ecclesia vestra in dampnum et detrimentum ipsius jam alienata noscuntur, licitum sit vobis rationabiliter revocare. Sanççimus etiam ut non sit fas patriarche sive priori aliquem de vobis, sine consilio et assensu capituli vel sanioris partis ejus, ad aliquam obedientiam cismarinam dirigere seu ab officio suo suspendere, aut a consortio canonicorum removere, nisi ob manifestam culpam suam, que publica fuerit, aut inde confessus sive convictus existat. Preterea confratribus vestris, nisi excommunicati aut nominatim fuerint interdicti, corpus Domini et sepultura ecclesiastica non negetur. Ad hec supradictis adjungimus ut patriarcha nichil de rebus ecclesie vestre, quod sibi de jure non competit, a canonicis vel confratribus vestris per obedientiam exigere audeat. Sane novalium vestrorum, [que propriis manibus aut sumptibus colitis, sive de nutrimentis vestrorum animalium decimas a vobis nullus presumat][99] exigere. Obeunte vero ejusdem loci patriarcha, nullus ibi [qualibet subreptionis astutia seu violentia preponatur, nisi quem fratres ipsius loci communi assensu vel fratrum pars consilii sanioris secundum Dei timorem et sanctorum patrum statuta canonice providerint][100] eligendum. Decernimus vero [ut nulli omnino hominum liceat prefatam ecclesiam temere perturbare, aut ejus possessiones auferre, vel ablatas retinere, minuere, seu quibuslibet vexationibus fatigare ; sed omnia integre conserventur eorum, pro quorum gubernatione et sustentatione concessa sunt, usibus omnimodis][101] profutura, salva Sedis Apostolice auctoritate et Jerosolimitani patriarche canonica justitia et reverentia. Si qua igitur [in futurum ecclesiastica secularisve persona, hanc nostre constitutionis paginam sciens, contra eam temere venire temptaverit, secundo tertiove commonita nisi presumptionem suam congrua satisfactione correxerit, potestatis honorisque sui dignitate careat, reamque se divino judicio existere de perpetrata iniquitate cognoscat, et a sacratissimo corpore ac sanguine Dei et Domini Redemptoris nostri, Jhesu Christi, aliena fiat atque in

[99] Formule abrégée en « *et cetera usque* » dans le registre vatican.
[100] Formule abrégée en « *et cetera usque* » dans le registre vatican.
[101] Formule abrégée en « *et cetera usque* » dans le registre vatican.

extremo examine districte ultioni][102] subjaceat ; cunctis autem [eidem loco sua jura servantibus sit pax Domini nostri Jhesu Christi, quatinus, et hic fructum bone actionis percipiant, et apud districtum judicem premia eterne pacis][103] inveniant. Amen. [Amen. Amen]. Datum Anagnie per manum Ranerii, Sancte Romane Ecclesie vicecancellarii, nonas julii, indictione V, incarnationis Dominice anno M°CC°XVI°[104], pontificatus vero dom[i]ni Honorii, pape III, anno primo.

10

1217 Juillet 8 Anagni

Honorius III enjoint aux prélats de la chrétienté d'exempter l'ordre du Saint-Sépulcre du paiement du vingtième affecté à la reconquête des Lieux saints.

A. Original en latin provenant de Zderaz, conservé dans les Archives nationales de Vienne (Autriche).

B. Copie du premier registre d'Honorius III, d'après *A.* Rome, ASV, Reg. Vat. 9, liv. I, let. 495, fol. 119 r°.

C. Copie vidimée d'après *A.*, conservée dans les archives du Musée national de Prague (République tchèque).

a. K.J. Erben, *Regesta diplomatica Bohemiae et Moraviae*, t. I, Prague, 1855, n° 579 p. 272, d'après *A et C.*

Analyse : A. Potthast, *Regesta pontificum Romanorum*, t. I, n° 5574 p. 490 (en latin) __ P. Pressutti, *I regesti del pontefice Onorio III dall'anno 1216 all'anno 1227*, t. I, Rome, 1884, n° 616 p 167–168 (en latin) __ Id., *Regesta Honorii papae III (1216–1227)*, t. I, Rome, 1888, n° 652 p. 112 (en latin).

Archiepiscopi[s] et epicopis et aliis ecclesiarum prelatis ad quos littere iste pervenerint

Audivimus et, audientes, nequivimus non mirari quod dilecti filii, fratres Sepulchri Dominici, ad solvendam vicesimam de proventibus ecclesiarum suarum, quas habent in vestris diocesibus, compelluntur. Cum igitur universa que habent in partibus cismarinis ab ipso principio eis collata fuerint

102 Formule abrégée en « *et cetera usque* » dans le registre vatican.
103 Formule abrégée en « *et cetera usque* » dans le registre vatican.
104 *Leg.* « *M°CC°XVII°* ».

pro reverentia Terre Sancte et ejusdem terre servitio totaliter deputata, presentium vobis auctoritate precipiendo, mandamus quatinus eos super hujusmodi prestatione, a qua eos constituimus liberos et immunes, nullatenus molestetis nec permittatis ab aliquibus molestari, integre restitui facientes eisdem singuli per vestras dioceses si qua forsan propter hoc ab eorumdem ecclesiis, per vos, seu per alios, sunt extorta. Datum Anagnie, VIII idus julii, pontificatus nostri anno primo.

11

1217 Juillet 25 Ferentino

Honorius III charge le cardinal-légat, [Pélage] d'Albano, d'assurer la protection du prince d'Antioche, Raymond-Rubēn, au nom du Siège apostolique.

A. Original en latin aujourd'hui perdu.

B. Copie du premier registre d'Honorius III, d'après *A.* Rome, ASV, Reg. Vat. 9, liv. II, let. 557, fol. 142 r°.

Analyse : P. Pressutti, *Regesti de' romani pontefici dall' anno 1198 all' anno 1304 per Augusto Potthast*, Rome, 1874, p. 133_ A. Potthast, *Regesta pontificum Romanorum*, t. II, n° 5588 b-26006 p. 2086 (en latin) _ P. Pressutti, *I regesti del pontefice Onorio III*, t. I, Rome, 1884, n° 641 p. 174 (en latin) _ Id., *Regesta Honorii papae III (1216–1227)*, t. I, Rome, 1888, n° 675 p. 118 (en latin).

Albanensi episcopo, Apostolice Sedis legato[105]

Cum dilectum filium nobilem virum Raimundum Rupini[106], principem Antiochenum, uxorem et natam ejus cum omnibus bonis suis receperimus sub protectione Sedis[107] Apostolice et nostra, fraternitati tue, per apostolica scripta, mandamus quatinus eos contra protectionem nostram non permittas super premissis ab aliquibus illicite molestari, molestatores eorum indebitos, monitione premissa, per censuram ecclesiasticam, appellatione postposita, compescendo. Datum Ferentini, VIII kalendas augusti, pontificatus nostri anno secundo.

105 Pélage ou Pelayo Gaytán, cardinal-évêque d'Albano de 1213 à 1232.
106 Raymond-Rubēn, prince d'Antioche de 1216 à 1219.
107 Mot placé entre guillemets dans le registre vatican.

12

1217 Juillet 25 Ferentino

Honorius III ordonne aux templiers et aux hospitaliers de protéger le nouveau prince d'Antioche, Raymond-Rubēn, de toute menace physique quand ils seront en sa présence.

A. Original en latin aujourd'hui perdu.

B. Copie du premier registre d'Honorius III, d'après *A.* Rome, ASV, Reg. Vat. 9, liv. II, let. 559, fol. 142 r°-142 v°.

C. Copie du XVIe siècle d'après *B.*, conservée dans les Archives de l'ordre de l'Hôpital. Malte, National Library of Malta, Archives of the Order of Malta (A.O.M.), div. VII, vol. 1118, fol. 87.

a. G. Bosio, *Dell'Istoria della Sacra Religione et Illustrissima Militia di San Giovanni Gierosolimitano*, t. I, Rome, 1594, p. 503, d'après *C.* __ *b.* S. Paoli, *Codice diplomatico del sacro ordine Gerosolimitano*, t. I, Malte, 1733, n° 40 p. 320, d'après *C.* __ *c.* C.-A. Horoy, *Medii aevi bibliotheca patristica*, t. II, part. II, n° 4 col. 476–477, d'après *a.* __ *d.* J. Delaville Le Roulx, *Cartulaire général de l'ordre des hospitaliers de Saint-Jean de Jérusalem*, t. II, n° 1581 p. 228, d'après *B.* et *C.*

Analyse : A. Potthast, *Regesta pontificum Romanorum*, t. I, n° 5588 p. 491 (en latin) __ P. Pressutti, *I regesti del pontefice Onorio III*, t. I, n° 642 p. 174–175 (en latin) __ Id., *Regesta Honorii papae III*, t. I, n° 676 p. 118 __ P.-V. Claverie, *L'ordre du Temple en Terre sainte et à Chypre au XIIIe siècle*, t. III, n°498 p. 431–432.

Magistro[108] et fratribus Hospitalis Jerosolimitani

Cum beneficiis principum religiosa loca grata in temporalibus susceperint incrementa equa eis vicissitudine responderet, si religiosi viri eisdem assistant loco et tempore oportuno in hiis maxime in quibus et servatur justitia et pietas exercetur. Cum igitur dilectus filius, nobilis vir, Raimundus Rupini[109], princeps Antiochenus de vestra fide ac religione confidens a nobis humiliter postularit vobis apostolicis litteris commendari, universitatem vestram rogamus, monemus et hortamur attente per apostolica vobis scripta mandantes quatinus ob reverentiam Apostolice Sedis et nostram ipsum habentes in jure suo propensius commendatum, non permittatis eum, quantum in vobis fuerit, ab aliquibus indebite molestari, eidem contra

108 Garin de Montaigut, grand-maître de l'Hôpital de 1207 à 1228.
109 Raymond-Rubēn, prince d'Antioche de 1216 à 1219.

molestatores ejus indebitos viriliter assistendo ; preces et mandata nostra taliter admissuri quod idem ea sibi sentiat fructuosa et spes quam de vobis conceperat ipsi clareat per effectum et nos devotionem vestram possimus ex hoc merito comendare. Datum Ferentini, VIII kalendas augusti, pontificatus nostri anno secundo.

§ *In eundem modum scriptum est* magistro[110] et fratribus militie Templi.

13

1217 Juillet 25 Ferentino

Honorius III recommande au roi [Léon Ier] d'Arménie le prince d'Antioche, Raymond-Rubēn, qu'il a érigé en héritier présomptif de sa couronne.

A. Original en latin aujourd'hui perdu.

B. Copie du premier registre d'Honorius III, d'après *A.* Rome, ASV, Reg. Vat. 9, liv. II, let. 560, fol. 142 v°.

Analyse : P. Pressutti, *Regesti de' romani pontefici dall' anno 1198 all' anno 1304 per Augusto Potthast*, Rome, 1874, p. 133 _ A. Potthast, *Regesta pontificum Romanorum*, t. II, n° 5588 a-26005 p. 2086 (en latin) _ P. Pressutti, *I regesti del pontefice Onorio III dall'anno 1216 all'anno 1227*, t. I, Rome, 1884, n° 640 p. 174 (en latin) _ Id., *Regesta Honorii papae III*, t. I, n° 677 p. 118 (en latin).

Illustri regi Armenie[111]

Gratum gerimus et acceptum serenitatem regiam dignus in Domino laudibus commendantes quod, sicut dilecto filio nobili viro Raimundo Rupini[112], nepote tuo, principe Antiocheno, accepimus, intimante tu, tanquam princeps catholicus et fidelis jus recognoscens ipsius, qui sub tua fuit specialiter tutela relictus, disposuisti eidem tanquam vero heredi regni Armenie assignare coronam, quod effectui mancipasses annis pluribus jam elapsis, nisi propositum tuum fuisset per inimicos ejusdem principis retardatum ac ei etiam ad acquirendum et retinendum alia jura sua astitisti hactenus

110 Guillaume de Chartres, grand-maître du Temple de 1210 à 1219.
111 Léon ou Levon Ier, roi d'Announced-Cilicie de 1198 à 1219.
112 Raymond-Rubēn, prince d'Antioche de 1216 à 1219.

et assistis adhuc viriliter et potenter propter quod regalis nominis celsitudo sibi apud homines immensos laudum titulos et apud Deum gratiam comparavit, pietatem in nepote et in regem justitiam conservendo. Verum, quoniam non qui ceperit, sed qui perseveraverit usque in finem a Domino, commendatur, excellentiam tuam rogamus, monemus et exhortamur attente quatinus ob reverentiam Apostolice Sedis et nostram memoratum principem taliter habeas commendatum, quod idem precum nostrarum obtentu apud te se crevisse cognoscat in gratiam pleniorem et nos magnificentiam regiam possimus ex hoc merito commendare. Datum Ferentini, VIII kalendas augusti, pontificatus nostri anno secundo.

14

1217 Juillet 27 Ferentino

Honorius III accorde à deux chanoines antiochéniens le droit de déserter leur cathédrale en raison des persécutions incessantes du comte Bohémond [IV] de Tripoli.

A. Original en latin aujourd'hui perdu.

B. Copie du premier registre d'Honorius III, d'après A. Rome, ASV, Reg. Vat. 9, liv. II, let. 558, fol. 142 r°.

a. C. Schabel, *Bullarium Cyprium, t. I: Papal Letters Concerning Cyprus 1196–1261*, c-8 p. 188–189.

Analyse : P. Pressutti, *I regesti del pontefice Onorio III dall'anno 1216 all'anno 1227*, t. I, Rome, 1884, n° 644 p. 175 __ Id., *Regesta Honorii papae III (1216–1227)*, t. I, Rome, 1888, n° 681 p. 119 (en latin).

J[ohanne] et P[etro], canonicis Antioc[h]enis

Solet annuere Sedes Apostolica [piis votis et honestis petentium precibus favorem benevolum][113] impertiri. Ex parte siquidem vestra fuit nobis humiliter supplicatum ut, cum nobilis vir B[oamundus][114], comes Tripolitanus, vos odio persequatur iniquo, si vos contingeret, occasione persecutionis ipsius, in Antiochena ecclesia secure non posse residenciam facere

[113] Formule abrégée en « *et cetera usque* » dans le registre vatican.
[114] Bohémond IV d'Antioche, comte de Tripoli de 1189 à 1233.

personalem, transferendi vos ad aliquem tutum locum et percipiendi prebendarum vestrarum proventus ibidem, hujusmodi necessitate durante, licentiam vobis concedere dignaremur. Nos igitur, vestris justis postulationibus grato concurrentes assensu, postulata vobis auctoritate presentium, indulgemus. Nulli ergo [omnino hominum liceat paginam hanc][115] nostre concessionis [infringere vel ei ausu temerario contraire][116]. Si quis autem [hoc attemptare presumpserit, indignationem omnipotentis Dei et beatorum Petri et Pauli, apostolorum ejus, se noverit incursurum][117]. Datum Ferentini, VI kalendas augusti, pontificatus nostri anno secundo.

15

1217 Juillet 27 Ferentino

Honorius III recommande la personne du prince d'Antioche, Raymond-Rubēn, au cardinal-légat, [Pélage] d'Albano.

A. Original en latin aujourd'hui perdu.

B. Copie du premier registre d'Honorius III, d'après A. Rome, ASV, Reg. Vat. 9, liv. II, let. 561, fol. 142 v°.

Analyse : P. Pressutti, *Regesti de' romani pontefici dall' anno 1198 all' anno 1304 per Augusto Potthast*, Rome, 1874, p. 129_ A. Potthast, *Regesta pontificum Romanorum*, t. II, n° 5595 a-26007 p. 2086 (en latin) _ P. Pressutti, *I regesti del pontefice Onorio III*, t. I, Rome, 1884, n° 680 p. 184 (à la date erronée du 8 août 1217) _ Id., *Regesta Honorii papae III* (1216–1227), t. I, Rome, 1888, n° 682 p. 119 (en latin).

Episcopo Albanensi, Apostolice Sedis legato[118]

Licet nobis sit certum et pro firma credulitate ab omnibus teneatur quod tu, qui magnum locum in Ecclesia Dei tenes, illos, qui Ecclesie Romane devoti et fideles existunt, habere debeas commendatos, quia tamen credimus apud te illos specialis gratie prerogativa gaudere, quos tibi ducimus commendandos, dilectum filium nobilem virum Raimundum Rupinum[119],

115 Formule abrégée en « *et cetera* » dans le registre vatican.
116 Formule abrégée en « *et cetera* » dans le registre vatican.
117 Formule abrégée en « *et cetera* » dans le registre vatican.
118 Pélage ou Pelayo Gaytán, cardinal-évêque d'Albano de 1213 à 1232.
119 *Sive « Rupini »*, la forme étant incertaine. Il s'agit de Raymond-Rubēn, prince d'Antioche de 1216 à 1219.

principem Antiochenum, Ecclesie Romane devotum, fraternitati tue propensius commendamus, per apostolica scripta mandantes quatinus ipsum ob reverentiam Apostolice Sedis et nostram in jure suo taliter manuteneas et defendas, quod nostras litteras sibi sentiat fructuosas et nos devotionem tuam possimus merito commendare. Datum Ferentini, VI kalendas augusti, pontificatus nostri anno secundo.

16

1217 Juillet 29 Ferentino

Honorius III recommande au maire et à la population de la ville d'Antioche la personne du prince Raymond-Rubēn.

A. Original en latin aujourd'hui perdu.

B. Copie du premier registre d'Honorius III, d'après *A.* Rome, ASV, Reg. Vat. 9, liv. II, let. 562, fol. 142 v°.

ANALYSE : P. PRESSUTTI, *I regesti del pontefice Onorio III dall'anno 1216 all'anno 1227*, t. I, Rome, 1884, n° 659 p. 179 (en latin) _ ID., *Regesta Honorii papae III (1216–1227)*, t. I, Rome, 1888, n° 693 p. 119 (en latin).

.. MAJORI[120] ET POPULO ANTIOCHENIS

Et si dilecto filio nobili viro Raimundo Rupino[121], principi Antiocheno, domino vestro, tanquam viri strenui et fideles in suis necessitatibus, hactenus astiteritis et adhuc assistatis utiliter et potenter, sicut idem nobilis profitetur et ipsa rei evidentia manifestat de quo vobis immensos laudum titulos acquisistis, quia tamen credimus quod ob reverentiam Apostolice Sedis et nostram, devotio vestra crescere debeat circa ipsum eum vobis apostolicis duximus litteris commendandum. Ideoque universitatem vestram rogamus, monemus et exhortamur attente, per apostolica vobis scripta mandantes, quatinus precum nostrarum obtentu eidem principi ad defendendum et manutenendum jura sua taliter assistatis, quod idem preces vestras apud vos fructuosas sibi sentiat per effectum et nos, qui ad honorem et profectum ipsius, quantum cum Deo possumus, aspiramus,

---

120 Acharie de Sarménie ou Sarmeniya, maire d'Antioche de 1216 à 1219.

121 Raymond-Rubēn, prince d'Antioche de 1216 à 1219.

devotionem vestram possimus ex hoc merito commendare. Datum Ferentini, IV kalendas augusti pontificatus nostri anno secundo.

17

1217 Août 2 Ferentino

Honorius III charge l'archevêque de Nicosie, [Eustorge de Montaigut], de la protection des chanoines Jean et Pierre d'Antioche qui endurent l'hostilité du comte de Tripoli, [Bohémond IV].

A. Original en latin aujourd'hui perdu.

B. Copie du premier registre d'Honorius III, d'après *A.* Rome, ASV, Reg. Vat. 9, liv. II, let. 558, fol. 142 r°.

a. C. Schabel, *Bullarium Cyprium*, t. I : *Papal Letters Concerning Cyprus 1196–1261*, c-8 p. 189.

Analyse : P. Pressutti, *Regesta Honorii papae III (1216–1227)*, t. I, Rome, 1888, n° 701 p. 122 (en latin).

In eundem fere modum scriptum est super hoc archiepiscopo Nicosiensi[122] et cantori Nimociensi et Auduino, canonico Nicosiensi, *usque* postulata[123]. Quocirca discretioni vestre, per apostolica scripta, mandamus quatinus non permittatis eos contra concessionem nostram ab aliquibus molestari, molestatores eorum indebitos per censuram ecclesiasticam, appellatione postposita, compescendo, non obstante constitutione concilii generalis qua cavetur ne quis ultra duas dietas extra suam diocesim ad judicium trahi possit. Quod si non omnes [hiis exequendis potueritis interesse, duo vestrum ea nichilominus exequantur][124]. Datum Ferentini, IV nonas augusti, pontificatus nostri anno secundo.

18

1217 Août 3 Ferentino

Honorius III charge l'archevêque de Nicosie, [Eustorge de Montaigut], d'enquêter avec deux assesseurs sur les malversations financières dont se serait

122 Eustorge de Montaigut, archevêque de Nicosie de 1213 à 1250.

123 Voir *supra* n° 14.

124 Formule abrégée en « *et cetera* » dans le registre vatican.

rendu coupable un chanoine d'Antioche, en dépouillant un évangéliaire de ses pierres précieuses.

A. Original en latin aujourd'hui perdu.

B. Copie du premier registre d'Honorius III, d'après *A.* Rome, ASV, Reg. Vat. 9, liv. II, let. 563, fol. 142 v°.

a. J.-B. Pitra, *Analecta sacra spicilegio Solesmensi parata*, t. I, Paris, 1876, n° 6 p. 561, d'après *B.* (sous la date erronée du 3 août 1218) _ *b.* C. Schabel, *Bullarium Cyprium*, t. I : *Papal Letters Concerning Cyprus 1196–1261*, c-9 p. 189–190, d'après *B.*

Analyse : P. Pressutti, *I regesti del pontefice Onorio III dall'anno 1216 all'anno 1227*, t. I, Rome, 1884, n° 666 p. 180 (en latin) _ Id., *Regesta Honorii papae III (1216–1227)*, t. I, Rome, 1888, n° 703 p. 122 (en latin).

Archiepiscopo[125] et Auduino canonico Nicosiensibus et cantori Nimociensi

Referente dilecto filio J[ohanne], canonico Antiocheno, nos noveritis accepisse quod A., concanonicus suus, quosdam lapides pretiosos de textu evangelii Antiochene ecclesie subripiens fraudulenter, alios contrafactos et inutiles loco apposuit eorumdem. Idem insuper multa committit enormia in anime sue periculum et grave scandalum plurimorum, que limam apostolice correctionis exposcunt. Quia vero hec, si vera sunt, sub dissimulatione pertransire nec possumus, nec debemus, discretioni vestre, per apostolica scripta, mandamus quatinus inquisita super premissis diligentius veritate, quod canonicum fuerit, appellatione postposita, statuatis, facientes [quod decreveritis per censuram ecclesiasticam firmiter observari][126], non obstante constitutione concilii generalis [qua cavetur ne quis ultra duas dietas extra suam diocesim ad judicium trahi possit][127]. Quod si non omnes [his exequendis potueritis interesse][128], tu, frater archiepiscope, [cum eorum altero ea nichilominus exequaris][129]. Datum Ferentini, III nonas augusti, pontificatus nostri anno secundo.

125 Eustorge de Montaigut, archevêque de Nicosie de 1213 à 1250.
126 Formule abrégée en « *et cetera* »dans le registre vatican.
127 Formule abrégée en « *et cetera* » dans le registre vatican.
128 Formule abrégée en « *et cetera* » dans le registre vatican.
129 Formule abrégée en « *et cetera* » dans le registre vatican.

19

1217 Août 5 Ferentino

Honorius III prend sous la protection de saint Pierre la famille ainsi que les biens du nouveau prince d'Antioche, Raymond-Rubēn.

A. Original en latin aujourd'hui perdu.

B. Copie du premier registre d'Honorius III, d'après *A.* Rome, ASV, Reg. Vat. 9, liv. II, let. 556, fol. 142 r°.

ANALYSE : P. PRESSUTTI, *I regesti del pontefice Onorio III dall'anno 1216 all'anno 1227*, t. I, Rome, 1884, n° 671 p. 181 (en latin) __ ID., *Regesta Honorii papae III*, t. I, n° 707 p. 123 (en latin).

NOBILI VIRO RAIMUNDO RUPINI[130], PRINCIPI ANTIOCHENO

Sacrosancta Romana Ecclesia [devotos ac humiles filios ex pietatis officio propensius diligere consuevit et ne pravorum hominum molestiis agitentur, tanquam pia mater sue protectionis munimine solet confovere. Eapropter, dilecte in Domino fili, tuis justis postulationibus grato concurrentes][131], assensu tuam uxoris et nate tue, personas cum omnibus bonis que impresentiarum rationabiliter possidetis aut in futurum, justis modis, prestante Domino, poteritis adipisci sub beati Petri et nostra protectione suscipimus. Specialiter autem terram tuam cum omnibus bonis ad te, fili princeps, de jure spectantibus, sicut ea omnia juste possides et quiete, auctoritate tibi apostolica confirmamus et presentis scripta pagina communimus. Nulli ergo [omnino hominum liceat paginam hanc][132] nostre protectionis et confirmationis [infringere vel ei ausu temerario contraire][133]. Si quis autem [hoc attemptare presumpserit, indignationem omnipotentis Dei et beatorum Petri et Pauli, apostolorum ejus, se noverit incursurum][134]. Datum Ferentini, nonas augusti, pontificatus nostri anno secundo.

---

130 Raymond-Rubēn, prince d'Antioche de 1216 à 1219.
131 Formule abrégée en « *et cetera usque* » dans le registre vatican.
132 Formule abrégée en « *et cetera* » dans le registre vatican.
133 Formule abrégée en « *et cetera* » dans le registre vatican.
134 Formule abrégée en « *et cetera* » dans le registre vatican.

20

1217 Août 6 Ferentino

Honorius III confirme les possessions et privilèges de l'Église du Mont-Sinaï à la requête de son évêque, Siméon Ier. Sa bulle inventorie une série de biens-fonds situés dans le Sinaï, les villes du Caire, d'Alexandrie, Montréal, Acre, Damas, Lattaquié et Antioche, aux côtés de domaines et revenus constantinopolitains, crétois et chypriotes. Le pape confirme en outre les règles d'élection des évêques du Sinaï et les excommunications ou interdits, que ces derniers seront amenés à prononcer dans les formes admises par le Siège apostolique.

A. Original en latin aujourd'hui perdu.

B. Copie du premier registre d'Honorius III, d'après *A.* Rome, ASV, Reg. Vat. 9, liv. II, let. 564, fol. 143 r°.

a. J.-B. Pitra, *Analecta sacra spicilegio Solesmensi parata*, t. I, Paris, 1876, n° 7 p. 562–563, d'après *B.* (à la date erronée du 6 août 1218) _ *b.* G. Hofmann, « Sinai und Rom », *Orientalia Christiana*, t. IX-3 (1927), n° 1 p. 242–244, d'après *B.* (avec une correction de l'adresse en *« Symeoni, Montis Synai episcopo »*) _ *c.* A.L. Tăutu, *Acta Honorii III, 1216–1227, et Gregorii IX, 1227–1241*, Vatican, 1950, n° 17 p. 35–36, d'après *B.* (avec une déformation systématique de la graphie *« Sinay »* du manuscrit en *« Synai »*) _ *c.* C. Schabel, *Bullarium Cyprium*, t. I : *Papal Letters Concerning Cyprus 1196–1261*, c-11 p. 191–192, d'après *B.* (édition partielle).

Analyse : P. Pressutti, *I regesti del pontefice Onorio III dall'anno 1216 all'anno 1227*, t. I, Rome, 1884, n° 643 p. 175 (à la date erronée du 25 juillet 1217) _ Id., *Regesta Honorii papae III*, t. I, n° 709 p. 123 (en latin) _ R. Röhricht, *Regesta Regni Hierosolymitani*, t. II, n° 897 p. 59 (sous la date erronée du 8 août 1217).

Symoni[135], Montis Sinay episcopo, ejusque successoribus canonice substituendis, in perpetuum

In eminenti Apostolice Sedis specula [licet immeriti, disponente Domino, constituti, sicut imitari predecessores nostros in bonis debemus operibus, sic etiam summam curam adhibere nos convenit, ne quod ab eis pia fuerit provisione statutum, nobis, quod avertat Deus, negligentibus, quorumlibet valeant impulsatione turbari. Eapropter fratres nostros episcopos, tam propinquos quam longe positos, fraterna debemus caritate diligere et ecclesiis sibi a Deo commissis pastorali][136] sollicitudine providere. Quocirca,

[135] Il s'agit de l'évêque de Pharan, Siméon Ier, attesté dans les sources à partir de 1203 (*cf.* Samir, « Archevêques du Sinaï au 13e siècle », n° 2, p. 361–377).

[136] Formule abrégée en *« et cetera usque »* dans le registre vatican.

venerabilis in Christo frater episcope, tuis justis postulationibus clementer annuimus et ecclesiam Sancte Marie de Monte Sinay, cui Deo auctore preesse dinosceris, sub beati Petri et nostra protectione suscipimus et presentis scripti privilegio communimus. Statuentes ut quascumque possessiones, quecumque bona eadem ecclesia impresentiarum [juste et canonice possidet aut in futurum concessione pontificum, largitione regum vel principum, oblatione fidelium seu aliis modis, prestante Domino, poterit adipisci, firma vobis tuisque successoribus et][137] illibata permaneant. In quibus hec [propriis duximus exprimenda][138] vocabulis : Montem Sinay et monasterium Sancte Marie in pede ipsius montis, cum omnibus pertinentiis suis ; loca que nominantur *Roboe*, Fucra et Liiah, cum omnibus pertinentiis eorumdem ; Raython cum palmariis et terris ejusdem ; in civitate Egypti domos et extra civitatem casale unum ; juxta mare rubrum decem miliaria terre ; Faran cum terris et palmariis ejus ; in Alexandria obedientiam Sancti Michaelis et libertatem in mari et terra ; in Valle Moysi vineas et oliveta ; apud Montem Regalem domos, molendina, vineas et oliveta ; in Craco Montis[139] Regalis domos, vineas et oliveta ; in civitate Jerusalem hospitale et obedientiam Sancti Moysi, domos et furnum ; apud Jaffam domos et terras ; apud Accon obedientiam Sancte Katerine ; in civitate Damasci ecclesiam Sancti Georgii et domos et extra civitatem tria virgulta ; apud Laodichiam hospitale Sancti Demetrii et tria casalia cum villanis et pertinentiis eorumdem ; apud Antiochiam domos et furnum ; apud Constantinopolim in monasterio Sancti Georgii de Mangana duas confratrias et in proventibus commercii libram auri unam ; in insula Cretensi Sancti Salvatoris, Sancti Georgii et Sancti Symeonis ecclesias, cum omnibus pertinentiis earumdem ; tria casalia cum villanis, possessionibus et pertinentiis eorumdem ; in loco qui dicitur *Sclavevafe*[140] domos, terras et vineas ; apud Macrinchicon molendinum ; apud Sanctum Nycholaum terras, vineas et molendina ; in loco qui nuccupatur[141] Rucanum, monasterium Sancti Johannis Grisostomi, cum monte, casalibus, villanis, molendinis et pertinentiis eorumdem ; in locis qui dicuntur *Cunavo*, Pezia, Gaetania et Parascheve vineas ; in civitate India[142], ecclesiam Sancti Nycholai de Sancta Barbara cum domibus et pertinentiis suis et domum *Stratigo* ; libertatem

137 Formule abrégée en « *et cetera usque* » dans le registre vatican.
138 Formule abrégée en « *et cetera usque* » dans le registre vatican.
139 *Mss.* « *Cracomontis* ».
140 Orthographié à tort en Sclave-vafe par Tăutu.
141 *Sic mss.*
142 *Leg.* « *Candia* ».

quoque maris et terre ; in insula Cypri domos et in proventibus commercii libram auri unam ; cimiteria quoque ecclesiarum et ecclesie beneficia [nullus hereditario jure possideat ; quod si quis hoc facere presumpserit, censura canonica][143] compescatur. Preterea quod communi assensu capituli [vel partis consilii sanioris in tua diocesi per te, frater episcope, ac successores tuos fuerit canonice institutum, ratum et firmum][144] volumus permanere. Prohibemus insuper ne excommunicatos vel interdictos tuos, [frater episcope, ad officium vel communionem ecclesiasticam sine conscientia et][145] consensu tuo vel successorum tuorum quisquam admittat aut contra vestram sententiam canonice promulgatam [aliquis venire presumat, nisi forte periculum mortis immineat, ut dum presentiam tuam habere nequiverint, per alium, secundum formam Ecclesie, satisfactione premissa, oporteat][146] ligatum absolvi. Decernimus ergo ut nulli omnino hominum [liceat prefatum monasterium temere perturbare aut ejus possessiones auferre vel ablatas retinere, minuere seu quibuscumque vexationibus fatigare, sed omnia integra conserventur eorum pro quorum gubernatione ac sustentatione concessa sunt usibus omnimodis][147] profutura, salva Sedis Apostolice auctoritate. Si qua igitur [in futurum ecclesiastica secularisve persona, hanc nostre constitutionis paginam sciens, contra eam temere venire temptaverit, secundo tertiove commonita, nisi reatum suum congrua satisfactione correxerit, potestatis honorisque sui careat dignitate reamque se divino judicio existere de perpetrata iniquitate cognoscat et a sacratissimo corpore et sanguine Dei et Domini, Redemptoris nostri, Jhesu Christi, aliena fiat atque in extremo examine districte ultioni][148] subjaceat. Cunctis autem [eidem loco sua jura servantibus sit pax Domini nostri Jhesu Christi, quatinus, et hic fructum bone actionis percipiant, et apud districtum judicem premia][149] eterne pacis inveniant. Amen. [Amen. Amen]. Datum Ferentini, per manum Ranerii, Sancte Romane Ecclesie vicecancellarii, VIII idus augusti, indictione V, incarnationis Dominice anno M°CC°XVII°, pontificatus vero domini Honorii, pape III, anno secundo.

[143] Formule abrégée en « *et cetera usque* » dans le registre vatican.
[144] Formule abrégée en « *et cetera usque* » dans le registre vatican.
[145] Formule abrégée en « *usque* » dans le registre vatican.
[146] Formule abrégée en « *et cetera usque* » dans le registre vatican.
[147] Formule abrégée en « *et cetera usque* » dans le registre vatican.
[148] Formule abrégée en « *et cetera usque* » dans le registre vatican.
[149] Formule abrégée en « *et cetera usque* » dans le registre vatican.

21

1217 Août 31 Ferentino

Honorius III déclare nulle et non avenue toute disposition disciplinaire prise contre le chapitre de l'Église d'Antioche durant la vacance de son siège.

A. Original en latin aujourd'hui perdu.

B. Copie du premier registre d'Honorius III, d'après *A.* Rome, ASV, Reg. Vat. 9, liv. II, let. 611, fol. 151 r°-151 v°.

ANALYSE : P. PRESSUTTI, *I regesti del pontefice Onorio III dall'anno 1216 all'anno 1227*, Rome, 1884, t. I, n° 725 p. 194 (en latin) _ ID., *Regesta Honorii papae III*, t. I, n° 759 p. 131 (en latin).

CAPITULO ANTIOCHENO

Cum contra .. decanum et magistrum Anselmum ac quosdam alios canonicos Antiochenos quidam a nobis super excommunicatione ac aliis articulis inquisitionis litteras postularent, nos, advertentes quod nequaquam rectitudinis sed rancoris et malitie zelo hujusmodi littere petebantur, eorum postulationibus non duximus annuendum. Ideoque, per apostolica vobis scripta, mandamus quatinus si, quas tales litteras impetratas dum vestra vacat ecclesia contra vestrum aliquem contigerit exhiberi, sciatis eas per surreptionem obtentas nullusque vestrum auctoritate agat vel respondeat earumdem. Datum Ferentini, II kalendas septembris, pontificatus nostri anno secundo.

22

1217 Août 31 Ferentino

Honorius III somme le doyen et le chapitre de l'Église d'Antioche d'élire un nouveau patriarche, après avoir rejeté leur choix en faveur du cardinal Pélage d'Albano.

A. Original en latin aujourd'hui perdu.

B. Copie du premier registre d'Honorius III, d'après *A.* Rome, ASV, Reg. Vat. 9, liv. II, let. 612, fol. 151 v°.

C. Copie romaine du XVIIe siècle, d'après *B.* Rome, Biblioteca Casanatense, Codex X-VI, 2, fol. 195 r°.

ANALYSE : P. PRESSUTTI, *I regesti del pontefice Onorio III dall'anno 1216 all'anno 1227*, t. I, Rome, 1884, n° 721 p. 193–194 (en latin) _ ID., *Regesta Honorii papae III*, t. I, n° 760 p. 131 (en latin).

Decano et .. capitulo Antiochenis

Nuntii, quos cum litteris vestris ad nostram presentiam destinatis, viri utique providi et fideles a nobis consueta benignitate recepti pro postulatione, quam de venerabili fratri nostro P[elagio][150], episcopo Albanensi, fecistis, tam nobis, quam ipsi episcopo, institerunt fideliter et prudenter. Verum licet ad honorem et statum ecclesie Antiochene tanto ferventius expiremus quanto majori est predi[c]ta dignitate, quia tamen prefatus episcopus esse maluit in Romana Ecclesia, in qua magnum locum noscitur obtinere, et nos ac fratres nostri, quibus idem, suis exigen[ti]bus meritis, carus est et acceptus plurimum, ex ejus recreamur presentia et prudentia relevamur, ipsum vobis presertim invitum non duximus concedendum. Mirati vero fuimus vehementer quod, cum ex defectu pastoris eidem ecclesie tanto majus videatur imminere periculum, quanto vicinior est inimicis fidei Christiane, predictis nuntiis, non solum potestatem non dedistis eligendi vobis pontificem si predictum non possent postulatum habere, prout in talibus fieri consuevit, verum etiam per juramenti vinculum ademistis et nisi, quia vobis detulimus nobilitatem ipsius ecclesie, adtendentes, aliud forsitan fecissemus cum facta ipsis nuntiis inhibitio nequaquam ex bona videatur astutia processisse. Volentes autem in hoc et aliis universitati vestre deferre, discretionem vestram monandam duximus et hortandam, per apostolica scripta mandantes, quatinus abdicatis emulationibus et scissuris, personam, scientia, vita et fama preclaram, que tanto congruat oneri et honori, provideatis vobis infra tres menses post susceptionem presentium per electionem seu postulationem canonice in pastorem. Alioquin aliquos vestrum vice omnium ad nostram presentiam destinetis ut per eos, cum consilio nostro, de persona idonea provideatur ecclesie sepedicte. Datum Ferentini, II kalendas septembris, [pontificatus nostri] anno secundo.

23

1218 Janvier 15 Latran

Honorius III exempte le monastère melkite de Saint-Théodose Cénobiarque du paiement de toute dîme en raison de la piété de ses moines.

[150] Pélage ou Pelayo Gaytán, cardinal-évêque d'Albano de 1213 à 1232.

A. Original en latin aujourd'hui perdu.

B. Copie du premier registre d'Honorius III, d'après *A.* Rome, ASV, Reg. Vat. 9, liv. II, let. 836, fol. 208 r°.

a. J.-B. Pitra, *Analecta sacra spicilegio Solesmensi parata*, t. I, Paris, 1876, n° 9 p. 565, d'après *B.* (édition entachée de quelques erreurs de transcription) _ *b.* A.L. Tăutu, *Acta Honorii III, 1216–1227, et Gregorii IX, 1227–1241*, Vatican, 1950, n° 22 p. 40–41, d'après *B.* (avec une adresse remaniée).

Analyse : P. Pressutti, *Regesta Honorii papae III* (*1216–1227*), t. I, Rome, 1888, n° 1009 p. 172 (en latin).

N[icolao], abbati, et conventui Sancti Theodosii Cenobiarche de Berria

Licet interdum Apostolice Sedis auctoritas vim sue potestatis inclinet ad gratiam indulgentie specialis, a communi tamen observantia non declinat, cum sic circa aliquos speciale restringat quod in aliis non dissolvitur generale. Volentes itaque vos ob religionis vestre favorem et dilecti filii fratris Effrem[151], monachi vestri, gratum et fidele servitium liberalitatis apostolice quadam prerogativa gaudere, auctoritate presentium indulgemus, ne quis a vobis de possessionibus quas propriis manibus aut sumptibus colitis decimas exigere vel extorquere presumat. Nulli ergo [omnino hominum liceat paginam hanc][152] nostre concessionis infringere vel ei [ausu temerario][153] contraire. Si quis autem [hoc attemptare presumpserit, indignationem omnipotentis Dei et beatorum Petri et Pauli, apostolorum ejus, se noverit][154] incursurum. Datum Laterani, XVIII kalendas februarii, [pontificatus nostri] anno secundo.

24

1218 Janvier 29 Latran

Honorius III renouvelle la confirmation des possessions et privilèges du monastère melkite de Saint-Théodose Cénobiarque, accordée le 25 octobre 1216. Sa bulle inventorie une série de biens-fonds sis à Jérusalem, Rama,

---

[151] *Sic mss.*, les transcriptions de Pitra (Ephrem) et de Tăutu (Efrem) devant être rejetées.

[152] Formule abrégée en « *et cetera usque* » dans le registre vatican.

[153] Formule abrégée en « *et cetera usque* » dans le registre vatican.

[154] Formule abrégée en « *et cetera usque* » dans le registre vatican.

Ascalon et Jaffa aux côtés de propriétés et rentes situées dans l'île de Chypre, le royaume de Hongrie et la principauté de Halicz, en Ukraine. La communauté de Saint-Théodose Cénobiarque reçoit une pleine exemption de l'ordinaire, au même titre que la confirmation des modalités d'élection de ses supérieurs.

A. Original en latin aujourd'hui perdu.

B. Copie du premier registre d'Honorius III, d'après *A.* Rome, ASV Reg. Vat. 9, liv. II, let. 834, fol. 206 v°-207 v°.

a. A. Theiner, *Vetera monumenta historica Hungariam sacram illustrantia*, t. I, Rome, 1859, n° 16 p. 9, d'après *B.* _ *b. Monumenta Hungariae Historica, Diplomataria*, t. VI, Pest, 1860, p. 151, d'après *a.* _ *c.* E. de Hurmuzaki, *Documente privitóre la istoria Românilor*, t. I (1199–1345), Bucarest, 1887, n° 45 p. 60 _ *d.* A.L. Tăutu, *Acta Honorii III, 1216–1227, et Gregorii IX, 1227–1241*, Vatican, 1950, n° I p. 1–5, d'après *B.* (variantes de la version du 25 octobre 1216 consignées en note infrapaginale) _ *e.* C. Schabel, *Bullarium Cyprium*, t. I : *Papal Letters Concerning Cyprus 1196–1261*, c-1 p. 179–181 et c-12 p. 192, d'après *B.* (édition partielle).

Analyse : A. Potthast, *Regesta pontificum Romanorum*, t. I, n° 5681 p. 500 (en latin) _ P. Pressutti, *I regesti del pontefice Onorio III dall'anno 1216 all'anno 1227*, t. I, Rome, 1884, n° 994 p. 264–265 (en latin) _ Id., *Regesta Honorii papae III (1216–1227)*, t. I, Rome, 1888, n° 1037 p. 175–176 (en latin).

Nycolao, abbati monasterii Sancti Theodosii Chenobiarce de Laberria, ejusque fratribus, tam presentibus quam futuris, regularem vitam professis, in perpetuum

Religiosam vitam eligentibus [apostolicum convenit adesse presidium, ne forte cujuslibet temeritatis incursus aut eos a proposito revocet aut robur, quod absit, sacre religionis][155] infringat. Eapropter, dilecti in Domino filii, vestris justis postulationibus clementer annuimus et prefatum monasterium Sancti Theodosii Cenobiarche de Laberria in quo divino mancipati estis obsequio, [sub beati Petri et nostre protectione suscipimus et presentis scripti privilegio][156] communimus. In primis siquidem [statuentes ut ordo monasticus, qui][157] secundum Deum et beati Basilii regulam in eodem monasterio [institutus esse dignoscitur, perpetuis temporibus inviolabiliter][158] observetur. Preterea quascumque possessiones [et quecumque bona idem monasterium in presentiarum juste et canonice possidet aut in futurum concessione pontificum, largitione regum vel principum, oblatione

[155] Formule abrégée en « *et cetera usque* » dans le registre vatican.
[156] Formule abrégée en « *et cetera usque* » dans le registre vatican.
[157] Formule abrégée en « *et cetera usque* » dans le registre vatican.
[158] Formule abrégée en « *et cetera usque* » dans le registre vatican.

fidelium seu aliis justis modis, presente Domino, poterit adipisci, firma vobis vestrisque successoribus et][159] illibata permaneant. In quibus hec [propriis duximus exprimenda][160] vocabulis : Locum ipsum in quo prefatum monasterium situm est, cum omnibus pertinentiis suis ; apud Jerusalem ecclesiam Sancti Theodosii cum hospitali et apothecis et furno et vineis in duobus monasteriis Sancti Johannis Baptiste et Sancti Georgii ; apud Ramle terras ; apud *Schalon* terras et vineas cum hospitali ; extra Jaffam ecclesiam Sancte Jone, et intus apothecas et hospitale cum vinea magna ; duas naves liberas per totum mare apud Jaffam ; obedientiam apud Zevel ; et ecclesiam Sanctorum Petri et Pauli et forum totum cum apothecis et hospitale, cum casali in insula Cypri et monasterium Sancti Theodosii quod dicitur de Acra ; tenimenta que dicuntur Tromachii, cum molendino et vineis ; apud Perdicam terras ; ecclesiam Sancti Cassiani cum tenimentis suis ; ecclesiam Sancti Georgii cum pertinentiis suis ; tenimenta que dicuntur de Glifeo et Geratum ; ecclesiam Sancti Alexandri cum tenimentis suis ; ecclesiam Sancti Cassiani cum tenimentis suis ; apud Pissurum ecclesiam Sancti Michaelis Archangeli cum casali et tenimentis suis ; ecclesiam Sancte Crucis de Aletorum cum casali et tenimentis suis ; terras de *Ru* et de *Virsu* ; Petram Remei et litus maris usque Geranum cum piscatione ac terris suis ; obedientiam de Cay flumine cum terris Avia ; ecclesiam Sancti Georgii de Pirgo cum oliveto, nemoribus, terris que Corrigie dicuntur, et ecclesiam Sancti Michaelis Archangeli ; omnes terras de Caumate[161] ; obedientiam de Paleopafo cum molendino, terris et pomeriis suis ; ecclesiam Sancte Marie de Paracellis cum casali, terris et aliis pertinentiis suis ; ecclesiam Sancte Marie de Magnacomis cum casali et tenimentis suis, usque ad medietatem vinearum Sancti Sabe, ubi est fons ; obedientiam de Palamedia cum terris et olivetis ; apud Irenresum pomerium de *Ambuti* cum terris, domo et vico ; obedientiam que dicitur Kississa cum vineis et terris ; apud Leonimbem domum et magnam vineam cum pertinentiis suis ; apud Leccosium ecclesiam Sancti Nycolai cum hospitali, pomerio[162], terris et pertinentiis suis ; apud Ungariam monasterium Sancti Demetrii juxta flumen Savii, cum omnibus rationibus et libertatibus suis, a Bela rege[163] vobis indultis ; annuum cere redditum tredecim cantariorum a Basilica[164] et Johanne

---

159 Formule abrégée en *« et cetera usque »* dans le registre vatican.
160 Formule abrégée en *« et cetera usque »* dans le registre vatican.
161 *Mss. « Cumate »*, corrigé en *« Caumate »* par l'ajout d'une lettre en interligne.
162 *Mss. « pomorio »*.
163 Béla III, roi de Hongrie de 1172 à 1196.
164 Boleslava de Tchernigov, épouse du prince Volodymyr II Yaroslavych de Halicz.

Blandemero[165], Russorum regibus, apud Galizam vobis concessum ; et apud Constantinopolitam civitatem ecclesiam Sancti Juliani cum hospitali, domibus, apothecis et aliis omnibus tenimentis et pertinentiis suis ; ecclesiam Sancti Jone ac alias ecclesias monasterio vestro subjectas ; monasterium Sancti Demetrii Grecorum de Ungaria, juxta fluvium cum conductu aque fluminis Sabe, cum piscaria, nemoribus, jure passagii et omnibus aliis pertinentiis suis ; ecclesiam Sancte Anastasie cum casali Grecorum ; casale de *Tusedi* et ecclesiam Sancti Nycolai cum terris, nemoribus et pertinentiis suis ; [de Juncamagni Judani et Parvi casalia cum pertinentiis suis ; casale de *Tepili* cum terris et pertinentiis suis ; ecclesiam Sancti Nicolai de Jureo cum casali et pertinentiis suis ; casale de Ilicio cum nemoribus et pertinentiis suis][166] ; ecclesiam Sancti Demetrii de Magno Ylicio cum terris, nemoribus et pertinentiis suis ; ecclesiam Sancti Stephani de Chesmasi cum vineis, terris, nemoribus, duabus piscariis et insula Dunavi ; ecclesiam Sancte Marie de Orbasio cum casalibus, terris, vineis, nemoribus et cimbris ; casale de Cepla, cum duabus naviculis, passagio fluminis Dunavi et insula ; ecclesiam Sancti Nicolay de *Nadudor* cum casali, insula, canneto, piscariis de *Cherip* et pertinentiis suis ; casale *Gerinent* cum domibus, terris et pertinentiis suis ; apud Sumigum terras et nemora cum redditibus et pertinentiis suis ; apud castrum de Macra vineas cum terris, nemoribus et pertinentiis suis ; casale de Arpario cum piscariis, terris, canneto, pratis, nemoribus ; navicula fluminis Disse ac pertinentiis suis ; ecclesiam Sancti Georgii de Curta et ecclesiam Sancte Marie cum navi, casalibus, pomeriis, vineis, terris, nemoribus, piscariis et pertinentiis suis ; casale de *Sadmari* cum canneto, piscariis, lacu, terris et pertinentiis suis, ex utraque parte fluminis de Dissa ; casale de *Titili* cum piscariis, canneto, terris, medietate montis de *Titili* ; Sancti Nycolai et Sancte Marie de *Fulgabekim*[167] ecclesias, cum terris et pertinentiis suis ; ecclesiam Sancte Marie cum casali de *Roson*, piscariis, lacu, insula Dunavi, nemoribus, terris, redditibus et aliis pertinentiis suis a quondam Clado et Manuele monasterio vestro collatis ; casale de *Poty* cum terris et pertinentiis suis ; casale *Dussunc* cum terris, nemoribus et pertinentiis suis ; ecclesiam Sancti Nycolai de Muclia cum casali, terris, nemoribus, piscariis et pertinentiis suis ; casale Camalaca, cum terris, nemoribus, piscariis et pertinentiis suis ; casale Moyssaca cum terris et pertinentiis suis ; casale *Naradin* cum vineis, terris et pertinentiis suis ; ecclesiam Sancte Marie de Corusca, cum casali Santofola, cimbris, terris et pertinentiis suis ;

165 Vladimir ou Volodymyr II Yaroslavych, prince de Halicz en 1188, puis entre 1190 et 1199.
166 Apostille ajoutée dans la marge du registre vatican.
167 *Sic mss.*

terras et alias possessiones quondam Demetrii presbyteri et Jukifori et redditus qui *Francheden* vulgariter appellantur. Ad hec vobis auctoritate presentium indulgemus ut, cum Greci usque ad hec tempora decimas solvere minime consuerint, laborum vestrorum quos propriis manibus aut sumptibus colitis de possessionibus habitis ante concilium generale, vel de vestrorum animalium nutrimentis, nullus a vobis decimas exigere vel extorquere presumat. Liceat quoque vobis clericos vel laicos [liberos et absolutos e seculo fugientes ad conversionem recipere et eos absque contradictione aliqua][168] retinere. Prohibemus insuper [ut fratrum vestrorum, post factam in monasterio vestro professionem, fas sit, sine abbatis sui licentia, de eodem loco][169] discedere ; discedentem vero, [absque communium vestrarum litterarum cautione, nullus][170] audeat retinere. Crisma vero, oleum sanctum, [consecrationes altarium seu basilicarum, ordinationes clericorum qui ad ordines fuerint promovendi, a diocesano suscipietis episcopo, si quidem catholicus fuerit et gratiam et communionem Sacrosancte Romane Sedis habuerit et ea vobis voluerit][171] sine pravitate aliqua exhibere. Cum autem generale interdictum [terre fuerit, liceat vobis, clausis januis, exclusis excommunicatis et interdictis, non pulsatis campanis, dummodo causam non dederitis interdicto, suppressa voce][172], divina officia celebrare. Paci quoque et tranquillitati [vestre paterna in posterum sollicitudine providere volentes, auctoritate apostolica prohibemus ut infra clausuras locorum seu grangiarum vestrarum nullus rapinam seu furtum facere, ignem apponere, sanguinem fundere, hominem temere capere vel interficere, seu violentiam][173] audeat exercere. Obeunte vero te [nunc ejusdem loci Abbate vel tuorum quolibet successorum, nullus ibi qualibet surreptionis astutia seu violentia preponatur, nisi quem fratres communi consensu vel fratrum major pars consilii sanioris][174] secundum Deum et beati Basilii regulam providerint eligendum. Electus autem pro benedictione ad episcopum diocesanum accedat ; qui si id ei duxerit denegandum, eidem electo pro benedictionis munere obtinendo quemcumque maluerit catholicum adire antistitem licentiam impertimur[175]. Preterea omnes libertates et immunitates [a predecessoribus nostris Romanis pontificibus ordini vestro

[168] Formule abrégée en « *et cetera usque* » dans le registre vatican.
[169] Formule abrégée en « *et cetera usque* » dans le registre vatican.
[170] Formule abrégée en « *et cetera usque* » dans le registre vatican.
[171] Formule abrégée en « *et cetera usque* » dans le registre vatican.
[172] Formule abrégée en « *et cetera usque* » dans le registre vatican.
[173] Formule abrégée en « *et cetera usque* » dans le registre vatican.
[174] Formule abrégée en « *et cetera usque* » dans le registre vatican.
[175] Cette dernière phrase manque dans la version du 25 octobre 1216 (*cf. supra* n° 5).

concessas necnon libertates et exemptiones secularium exactionum a regibus et principibus vel aliis fidelibus rationabiliter vobis indultas, auctoritate apostolica confirmamus et presentis scripti][176] privilegio communimus. Decernimus ergo [ut nulli omnino hominum liceat prefatum monasterium temere perturbare aut ejus possessiones auferre vel ablatas retinere, minuere seu quibuscumque vexationibus fatigare, sed omnia integra conserventur eorum pro quorum gubernatione ac sustentatione concessa sunt usibus][177] omnimodis profutura, salva Sedis Apostolice auctoritate et in predictis ecclesiis diocesanorum episcoporum canonica justitia. Si qua igitur in futurum [ecclesiastica secularisve persona, hanc nostre constitutionis paginam sciens, contra eam temere venire temptaverit, secundo tertiove commonita, nisi reatum suum congrua satisfactione correxerit, potestatis honorisque sui careat dignitate reamque se divino judicio existere de perpetrata iniquitate cognoscat et a sacratissimo corpore et sanguine Dei et Domini, Redemptoris nostri, Jhesu Christi, aliena fiat atque in extremo examine districte][178] subjaceat ultioni. Cunctis autem [eidem loco sua jura servantibus sit pax Domini nostri Jhesu Christi, quatinus, et hic fructum bone actionis percipiant, et apud districtum judicem premia eterne pacis][179] inveniant. Amen. [Amen. Amen]. Datum Laterani per manum Ranerii, Sancte Romane Ecclesie vicecancellarii, IV kalendas februarii, indictione VII, incarnationis Dominice anno MCCXVIII, pontificatus vero domini[180] Honorii, pape III, anno secundo.

25

1218 Février 13 Latran

Honorius III invite le chapitre cathédral de Sidon à abandonner ses revenus à l'archevêque [Simon] de Tyr, en attendant le passage en Orient d'un légat appelé à statuer sur son avenir.

A. Original en latin expédié en Terre sainte, aujourd'hui perdu.

B. Copie du premier registre d'Honorius III, d'après *A.* Rome, ASV, Reg. Vat. 9, liv. II, let. 962, fol. 234 v°-235 r°.

---

176 Formule abrégée en « *et cetera usque* » dans le registre vatican.
177 Formule abrégée en « *et cetera usque* » dans le registre vatican.
178 Formule abrégée en « *et cetera usque* » dans le registre vatican.
179 Formule abrégée en « *et cetera usque* » dans le registre vatican.
180 *Mss.* « *Donni* ».

ANALYSE : P. PRESSUTTI, *I regesti del pontefice Onorio III*, t. I, Rome, 1884, n° 1048 p. 277 (en latin) __ ID., *Regesta Honorii papae III (1216–1227)*, t. I, Rome, 1888, n° 1094 p. 184 (en latin).

CAPITULO SYDONIENSI

Cum curam ecclesie vestre vacantis venerabili fratri nostro .. Tyrensi archiepiscopo[181], metropolitano vestro, usque ad adventum legati[182] Apostolice Sedis duxerimus committendam, per apostolica vobis scripta precipiendo, mandamus quatinus episcopales proventus quos interim percepistis, vel usque ad ipsius legati percipietis adventum, ipsi archiepiscopo sine difficultate ac diminutione qualibet resignetis. Alioquin sententiam, quam idem propter hoc tulerit rationabiliter in rebelles, precipimus inviolabiliter observari. Datum Laterani, idibus februarii, [pontificatus nostri] anno secundo.

26

1218 Février 21 Latran

Honorius III autorise l'évêque et le chapitre de l'Église de Viviers à concéder une prébende à l'archidiacre Pierre d'Antioche du fait de ses origines vivaroises.

A. Original en latin aujourd'hui perdu.

B. Copie du premier registre d'Honorius III, d'après *A.* Rome, ASV, Reg. Vat. 9, liv. II, let. 899, fol. 221 r°.

C. Copie de La Porte du Theil du XVIIIe siècle, d'après *B.* Paris, Bibliothèque Nationale de France, Fonds Moreau, vol. 1179, n° 17 fol. 157 r°-157 v°.

a. C.-A. HOROY, *Medii aevi bibliotheca patristica*, t. II, part. II, n° 143 col. 641, d'après *C.*

ANALYSE : P. PRESSUTTI, *I regesti del pontefice Onorio III dall'anno 1216 all'anno 1227*, t. I, Rome, 1884, n° 1059 p. 280 (en latin) __ P. PRESSUTTI, *Regesta Honorii papae III*, t. I, n° 1107 p. 186 (en latin).

EPISCOPO[183] ET CAPITULO VIVARIENSIBUS

Presentate nobis vestre littere continebant quod, cum dilectus filius P[etrus], Antiochenus archidiaconus, matrem suam Vivariensem

---

[181] Simon de Maugastel.

[182] Pélage ou Pelayo Gaytán, cardinal-évêque d'Albano de 1213 à 1232.

[183] Guillaume II, évêque de Viviers de 1217 à 1222.

ecclesiam, que ipsum educaverat longo tempore, visitasset, vos, devotionem attendentes, ipsius quandam prebendam canonicalem panis et vini sibi liberaliter contulistis ac ipsum libenter in canonicum recepissetis et fratrem, nisi quedam constitutio de non recipiendis canonicis, nisi quindecim sint presentes, a vobis edita, obstitisset. Unde nobis pro parte vestra fuit humiliter supplicatum ut, cum adeo sit canonicorum numerus diminutus quod secundum constitutionem predictam ad recipiendum ipsum vel alium procedere non valetis, defectum vestrum circa ipsum supplere misericorditer dignaremur. Nos, igitur vestris precibus inclinati, ei canonicatum ecclesie vestre ac stallum in choro et locum in capitulo duximus concedenda de premissis, manu propria investientes eundem. Quocirca universitatem vestram rogamus, monemus et exhortamur attente, per apostolica vobis scripta mandantes, quatinus, eidem tamquam vestro concanonico de omnibus juribus canonici respondentes, ipsum fraterna in Domino caritate tractetis. Datum Laterani, IX kalendas martii, pontificatus nostri anno secundo.

27

1218 Mars 7 Latran

Honorius III habilite l'archevêque [Simon] de Tyr à jouir durant son existence de deux prébendes distinctes au sein des chapitres cathédraux d'Antioche et de Tripoli en raison de l'occupation persistante du château du Toron par les musulmans.

A. Original en latin aujourd'hui perdu.

B. Copie du premier registre d'Honorius III, d'après *A.* Rome, ASV, Reg. Vat. 9, liv. II, let. 961, fol. 234 v°.

Analyse : P. Pressutti, *I regesti del pontefice Onorio III*, t. I, Rome, 1884, n° 1093 p. 288–289 (en latin) _ Id., *Regesta Honorii papae III* (*1216–1227*), t. I, Rome, 1888, n° 1141 p. 191 (en latin).

Archiepiscopo Tyrensi[184]

Ecclesie Tyrensis necessitas et persone tue merita nos inducunt ut tibi specialem gratiam faciamus. Cum igitur bone memorie .. patriarcha

---

184 Simon de Maugastel.

Antiochenus[185] et .. Tripolitanus episcopus[186], attendentes ipsius ecclesie paupertatem, de capitulorum suorum assensu in ecclesiis suis singulas tibi prebendas concesserunt, sicut in eorum litteris dicitur contineri, a te obtinendas tamdiu donec castrum de *Toron* de Sarracenorum manibus eruatur, nos, precibus tuis benignum impertientes assensum, concessionem predictam auctoritate apostolica confirmamus et, factam tibi ab eis gratiam ampliantes, concedimus ut in vita tua libere prebendas obtineas memoratas. Nulli ergo [omnino hominum liceat hanc paginam][187] nostre confirmationis et concessionis infringere vel ei [ausu temerario][188] contraire. Si quis autem [hoc attemptare presumpserit, indignationem omnipotentis Dei et beatorum Petri et Pauli, apostolorum ejus, se noverit incursurum][189]. Datum Laterani, nonas martii, [pontificatus nostri] anno secundo.

28

1218 Avril 11 Latran

Honorius III dispense, pour des raisons de sécurité, l'évêque de Tripoli de visiter personnellement l'Église d'Antioche durant la vacance de son siège.

A. Original en latin aujourd'hui perdu.

B. Copie du premier registre d'Honorius III, d'après *A.* Rome, ASV, Reg. Vat. 9, liv. II, let. 1042, fol. 247 v°-248 r°.

Analyse : P. Pressutti, *I regesti del pontefice Onorio III dall'anno 1216 all'anno 1227*, t. I, Rome, 1884, n° 1182 p. 307 (en latin) _ Id., *Regesta Honorii papae III*, t. I, n° 1233 p. 204 (en latin).

.. Tripolitano episcopo[190]

Cum sicut in nostra proposuisti presentia constitutus propter varia quedam discrimina, que inter dilectos filios nobiles viros[191] .. comitem Tripolitanum[192] et .. dominum Antiochenum[193], Diabolo instigante,

185 Pierre II d'Ivrée ou Ivrea, patriarche latin d'Antioche de 1209 à 1217.
186 Robert.
187 Formule abrégée en « *et cetera* » dans le registre vatican.
188 Formule abrégée en « *et cetera usque* » dans le registre vatican.
189 Formule abrégée en « *et cetera* » dans le registre vatican.
190 Robert.
191 Ces deux derniers termes figurent en interligne dans le registre vatican.
192 Bohémond IV d'Antioche, comte de Tripoli de 1189 à 1233.
193 Raymond-Rubēn, prince d'Antioche de 1216 à 1219.

vertuntur necnon Sarracenorum insidias, Antiochenam ecclesiam personaliter visitare nequeas, ut teneris, nos, tibi super hoc salubriter consulentes, presentium tibi auctoritate, concedimus ut quandiu hujusmodi difficultates duraverint illuc personaliter accedere non cogaris, dummodo ecclesiam ipsam studeas per idoneum nuntium visitare. Datum Laterani, III idus Aprilis, [pontificatus nostri] anno secundo.

29

1218 Mai 7 Saint-Pierre de Rome

Honorius III rassure l'archevêque de Tyr, [Simon], sur le statut de l'église Saint-Marc de Tyr, dont la desserte n'est assurée que temporairement par des vicaires vénitiens.

A. Original en latin aujourd'hui perdu.

B. Copie du premier registre d'Honorius III, d'après *A.* Rome, ASV, Reg. Vat. 9, liv. II, let. 1051, fol. 249 v°-250 r°.

a. I. de Ciron, *Quinta compilatio epistolarum decretalium Honorii III, Pont. Max.*, Toulouse, 1645 (rééd., Vienne, 1761), lib. 2, tit. 8, c. 1 p. 88–89 __ *b.* J.H. Böhmer, *Corpus juris canonici*, Halle, 1747, t. II, lib. 5, tit. 40, c. 28 p. 876 __ *c.* E.L. Richter, *Corpus juris canonici*, t. II, Leipzig, 1839, lib. 5, tit. 40, c. 28 col. 887 __ *d.* E.A. Friedberg et E.L. Richter, *Corpus juris canonici*, t. II, Leipzig, 1881, lib. 5, tit. 40, c. 28 col. 924–925 __ *e.* C.-A. Horoy, *Medii aevi bibliotheca patristica*, t. I, Paris, 1879, lib. 2, tit. 8, c. 1 col. 216–217 d'après *a.*

Analyse : A. Potthast, *Regesta pontificum Romanorum*, t. I, n° 7751 p. 667 et t.II, n° 5493 b p. 2074 (en latin) __ P. Pressutti, *I regesti del pontefice Onorio III dall'anno 1216 all'anno 1227*, t. I, Rome, 1884, n° 1251 p. 323 (en latin) __ Id., *Regesta Honorii papae III (1216–1227)*, t. I, Rome, 1888, n° 1294 p. 214 (en latin) __ R. Röhricht, *Regesta Regni Hierosolymitani*, t. I, Innsbruck, 1893, n° 893 p. 240 (en latin).

Archiepiscopo Tyrensi[194]

Dilecto filio Jacobo Barbo, procuratore ecclesie Sancti Marci de Venetiis, olim nobis humiliter supplicante, ut, cum paratus esset tibi justitie plenitudinem exhibere super ecclesia Sancti[195] Marci de Tyro et rebus aliis, de quibus inter te, Venetos ac vicarios Venetorum questio mota fuit, possessionem

194 Simon de Maugastel.
195 Mot rajouté en interligne.

ipsius ecclesie atque rerum, que per felicis memorie I[nnocentium][196] papam, predecessorem nostrum, tibi fuit causa custodie assignata, sibi restitui faceremus ; quia, te pro causa necessaria tunc absente, ei assignari non poterat possessio postulata, nos eidem indulsimus, ut sibi lapsus temporis non obsisteret, quo minus possessionem ipsam recuperare valeret. Quoniam vero tantum temporis ante concessionem ipsius indulgentie dicitur effluxisse, quod tibi sufficere poterat ad vere possessionis effectum secundum statuta concilii generalis, et, si forte tempus ipsum ante predictam indulgentiam non effluxerat, videtur, quod eadem ad veram possessionem viam tibi precludat, cum simpliciter contineatur in ipsa, quod de cetero ipsi procuratori lapsus temporis non obsistat, quominus possessionem recuperare valeat memoratam. Nos, quorum fuit intentio, juri dicti procuratoris et ipsius ecclesie sine tua et ecclesie tue injuria subvenire, auctoritate presentium declaramus, quod nostre intentionis non fuit per ipsam indulgentiam jus perimere, quod tibi competebat ex possessione preterita, vel post redditum tuum competierit ex futura. Sibi enim imputare poterit pars adversa, si negligens fuerit in sua justitia prosequenda, cum, absentie tue impedimento cessante, te conveniendi habuit facultatem. Datum Rome apud Sanctum Petrum, nonas maii, [pontificatus nostri] anno secundo.

30

1218 Mai 8 Saint-Pierre de Rome

Honorius III charge le cardinal-légat, [Pélage] d'Albano, de clore le différend qui oppose l'archevêque de Tyr, [Simon], à la République de Venise à propos de l'église Saint-Marc de Tyr.

A. Original en latin aujourd'hui perdu.

B. Copie du premier registre d'Honorius III, d'après *A.* Rome, ASV, Reg. Vat. 9, liv. II, let. 1052, fol. 250 r°.

ANALYSE : P. PRESSUTTI, *I regesti del pontefice Onorio III dall'anno 1216 all'anno 1227*, t. I, Rome, 1884, n° 1253 p. 323 (en latin) _ ID., *Regesta Honorii papae III (1216–1227)*, t. I, Rome, 1888, n° 1298 p. 215 (en latin) _ R. RÖHRICHT, *Regesta Regni Hierosolymitani*, t. I, Innsbruck, 1893, n° 910 p. 243 (en latin).

---

196 Innocent III, pape de 1198 à 1216.

.. EPISCOPO ALBANENSI[197], APOSTOLICE SEDIS LEGATO

Cum inter venerabilem fratrem nostrum .. Tyrensem archiepiscopum[198], ex parte una, et Venetos ac eorum vicarios existentes in Tyro, ex altera, super ecclesia Sancti Marci Tyrensis questio sit suborta, fraternitati tue, per apostolica scripta, mandamus quatinus eundem archiepiscopum super possessione ipsius ecclesie, quam felicis memorie I[nnocentius][199] papa, predecessor noster, causa rei servande assignavit eidem, non permittens indebite molestari, molestatores indebitos per censuram ecclesiasticam compescendo, causam ipsam, appellatione remota, fine cures debito terminare, quod si forsan propter ipsorum Venetorum diffugia ipsius cause decisionem contigerit prorogari, tu, testes valitudinarios atque senes, et de quorum diuturna timetur absentia, sublato appellationis impedimento, recipias et sub sigillo tuo eorum depositiones includas, faciens eas cum diligentia conservari. Datum Rome apud Sanctum Petrum, VIII idus mai, [pontificatus nostri] anno secundo.

31

1218 Mai 18 Saint-Pierre de Rome

Honorius III recommande au clergé latin d'Orient le cardinal Pélage d'Albano auquel il vient de confier la direction de la cinquième croisade avec le titre de légat du Siège apostolique.

A. Original en latin aujourd'hui perdu.

B. Copie du premier registre d'Honorius III, d'après *A.* Rome, ASV, Reg. Vat. 9, liv. II, let. 1173, fol. 265 r°.

a. O. RINALDI, *Annales ecclesiastici*, éd. A. Theiner, t. XX, an. 1218, § 2–4 p. 390–391, d'après *B.* (édition partielle, dépourvue du dispositif de la lettre) _ *b.* C.-A. HOROY, *Medii aevi bibliotheca patristica*, t. II, part. II, n° 259 col. 768–769, d'après *B.* (édition partielle) _ *c.* C. SCHABEL, *Bullarium Cyprium*, t. I : *Papal Letters Concerning Cyprus 1196–1261*, c-14 p. 194–196, d'après *B.*

ANALYSE : A. POTTHAST, *Regesta pontificum Romanorum*, t. I, n° 5810 p. 510 (en latin) _ P. PRESSUTTI, *I regesti del pontefice Onorio III dall'anno 1216 all'anno 1227*, t. I, Rome, 1884, n° 1306 p. 336 (en latin) _ ID., *Regesta Honorii papae III (1216–1227)*, t. I, Rome, 1888, n° 1350 p. 224 (en latin).

---

[197] Pélage ou Pelayo Gaytán, cardinal-évêque d'Albano de 1213 à 1232.
[198] Simon de Maugastel.
[199] Innocent III, pape de 1198 à 1216.

PATRIARCHIS, ARCHIEPISCOPIS, ABBATIBUS, PRIORIBUS ET UNIVERSO CLERO IN TRANSMARINIS PARTIBUS CONSTITUTIS

Ammonitarum dux Achior, interrogatus ab Assyriorum principe Oloferne, qua virtute cujusve regis potentia confisus populus Israel ejus imperium contempsisset : « Populus, inquit, iste colit Dominum Deum celi a cujus cultura quotiescumque recessit, datus fuit in predam, gladium et opprobrium ; quotiens vero penituit et clamavit ad Dominum Deum suum, dedit ei virtutem et potentiam resistendi[200] ». Hoc nimirum exemplo et aliis multis, quibus erudiri debuerat, arguitur populus Christianus, qui et Deum sic ad iracundiam provocavit, ab ejus mandatis auditum et gressum a semitis avertendo ut, propter ejus offensas in suam hereditatem, gentes venire permiserit et ipsum digna satisfactione placare, ad percutientem se humiliter revertendo, hactenus non curavit, propter quod ad liberationem Terre Sancte, quasi frustra laborarunt predecessores nostri Romani pontifices ; frustra laboravit et populus Christianus, nisi quia multi ad id ferventi desiderio insistentes, et si terrenam Jerusalem recuperare nequiverint, celestem tamen per martirii palmam, ut credimus, sunt adepti. Speramus autem quod et si omnes quotidie offendamus in multis, ille tamen, qui misericordiam suam in ira non continet, tandem suo decrevit populo misereri, cum innumera multitudo de cunctis Christianorum partibus, eo inspirante, suscipiens signum Crucis ad subventionem vestram et ipsius terre liberationem viriliter se accingat, et ipse Dominus jam fecerit nobiscum signum in bonum, crucesignatis per Yspaniam transeuntibus, non solum miraculosam tribuendo victoriam, verum etiam illos quorumdam ostensione signorum misericorditer confortando. Ne vero, quod absit, inanis sit labor fidelium, qui ad ipsius terre liberationem insistunt, si zizania inter eos seminante homine inimico, Angelus qui de ipsorum medio colligat omnia scandala, non mittatur ; venerabili fratri nostro, P[elagio][201], Albanensi episcopo, Apostolice Sedis legato, viro itaque prudentia, honestate, scientia et benignitate conspicuo, laborem peregrinationis injuncximus[202] ut, exercitum Domini cum humilitate procedens, concordes in concordia foveat et ad pacem revocet impacatos. Ne igitur ultramarini populi peccata prepediant quod cismarini devotio de Dei miseratione confisa nititur obtinere, universitatem vestram monemus et exhortamur attentius, et per apostolica scripta mandamus quatinus tales vos exhibere

---

200 Judith 5, 17–19.
201 Pélage ou Pelayo Gaytán, cardinal-évêque d'Albano de 1213 à 1232.
202 *Sic mss.*

curetis et sic commissos vobis populos excitetis ad opera pietatis ut ipsis in celum clamantibus, Dominus Sabaoth eorum humiliatione placatus exercitui suo victoriam tribuat et, barbarorum feritate confusa, hereditatem suam restituat heredibus Dei, coheredibus autem Christi, quatinus conventum in Jerusalem, qui eam diligunt, facientes et gaudentes cum letitia, qui in tristitia tempore jam tanto fuerunt, in ympnis[203] et confessionibus Domino benedicant, et Redemptoris nostri sepulchrum, nunc exigentibus culpis nostris, factum inglorium reddant, juxta vocem propheticam, gloriosum. Volumus autem et, districte vobis precipiendo, mandamus ut ipsum legatum, sicut personam nostram, immo nos in eo devote recipere ac honorifice tractare curetis, salubria monita et statuta ipsius, que per se vel per nuntios aut litteras suas duxerit facienda, suscipientes humiliter et inviolabiliter observantes. Alioquin sententiam, quam rationabiliter tulerit in rebelles, ratam haberi volumus et firmiter observari. Nos enim ei officium plene legationis commisimus ut in terris sue legationis commissis evellat et destruat, edificet atque plantet, prout queque sollicitudine sua cognoverit indigere, reformando statum Christianitatis in illis, que de paganorum manibus fuerint liberate, et que statuenda secundum Deum et fidem catholicam viderit statuendo, concessa ei plenaria potestate ut, cum necesse fuerit, vice nostra illa etiam exequatur, que nostro sunt speciali privilegio reservata, firmiter inhibentes ne quis processum ipsius frustratorie appellationis objectu audeat impedire. Datum Rome apud Sanctum Petrum, XV kalendas junii, [pontificatus nostri] anno secundo.

§ *In eundem modum scriptum est* regibus, princibus, ducibus, comitibus, baronibus, militibus et aliis in transmarinis partibus constitutis.

32

1218 Juin 12 Saint-Pierre de Rome

Honorius III inventorie les pouvoirs confiés au cardinal Pélage d'Albano dans le cadre de sa légation apostolique en Orient. Le souverain pontife s'inspire de l'ordre de mission confié au prophète Jérémie par le Tout-Puissant selon l'Ancien Testament (Jérémie, 1, 10) pour conférer la plénitude de son autorité à son légat a latere.

---

203 *Leg. « hymnis ».*

A. Original en latin aujourd'hui perdu.

B. Copie du premier registre d'Honorius III, d'après *A.* Rome, ASV, Reg. Vat. 9, liv. II, let. 1174, fol. 265 r°.

a. SCHABEL, *Bullarium Cyprium*, t. I : *Papal Letters Concerning Cyprus 1196–1261*, c-15 p. 196–197.

ANALYSE : P. PRESSUTTI, *I regesti del pontefice Onorio III dall'anno 1216 all'anno 1227*, t. I, Rome, 1884, n° 1390 p. 355 (en latin) _ ID., *Regesta Honorii papae III* (1216–1227), t. I, n° 1433 p. 237 (en latin).

P[ELAGIO][204], ALBANENSI EPISCOPO, APOSTOLICE SEDIS LEGATO

Cum aliquos ex fratribus nostris, exigentibus variis Ecclesie necessitatibus, ad varias provincias destinamus, sic debemus injuncte illis legationis onus jurisdi[c]tione auctoritatis ecclesiastice compensare ne ipsorum fiat labor inanis, si tenuis eis fuerit collata potestas, cum plerique ipsorum presumant propositum impedire, quos presumptionem suam intellexerint non posse districtionis ecclesiastice gladio prohibere. Cum ergo te in ultramarinam provinciam de fratrum nostrorum consilio, non tam Ecclesie quam totius populi Christiani exigente necessitate, a nostro latere destinemus, plene legationis officium tue discretioni committimus ut « evellas, destruas, dissipes, edifices et plantes »[205] juxta quod quelibet sollicitudine tua cognoveris indigere. Ut autem nichil tibi desit ex illis que ad plenitudinem legationis pertinent exequende, plenariam tibi, auctoritate presentium, concedimus facultatem ut, cum necesse fuerit, vice nostra, illa etiam exequaris que nostro sunt speciali privilegio reservata, firmiter inhibentes ne quis processum tuum provocationis objectu audeat impedire. Tu ergo, tamquam vir providus et discretus, sic deferas Apostolice Sedis honori, sicut tibi vides ab ipsa deferri, ut et nos consulas in quibus videris consulendos et plenitudinem nostre[206] auctoritatis requiras in quibus eam cognoveris requirendam. Et sic modeste procedas in omnibus et discrete ut et que agenda sunt agas et ab illis abstineas a quibus fuerit abstinendum, ac talem te omnibus exhibere procures ne cui merito possis esse suspectus. Datum Rome apud Sanctum Petrum, II idus junii, pontificatus nostri anno secundo.

---

204 Pélage ou Pelayo Gaytán, cardinal-évêque d'Albano de 1213 à 1232.
205 Jérémie, 1, 10.
206 Mot placé entre guillemets dans le registre vatican.

33

1218 Juillet 10 Latran

Honorius III mande au patriarche de Jérusalem, [Raoul de Mérencourt], et à deux assesseurs de conférer une prébende de l'Église de Limassol à un clerc du nom de Guillaume.

A. Original en latin aujourd'hui perdu.

B. Copie du premier registre d'Honorius III, d'après *A.* Rome, ASV, Reg. Vat. 9, liv. II, let. 1273, fol. 282 v°.

a. C. Schabel, *Bullarium Cyprium,* t. I : *Papal Letters Concerning Cyprus 1196–1261,* c-16 p. 197–199.

Analyse : P. Pressutti, *I regesti del pontefice Onorio III,* t. I, Rome, 1884, n° 1471 p. 376 (en latin) __ Id., *Regesta Honorii papae III (1216–1227),* t. I, Rome, 1888, n° 1516 p. 251 (en latin).

.. Patriarche Jerosolimitano[207] et .. episcopo Acconensi[208] et .. cantori Acconensi

Cum pro dilecto filio magistro Willelmo, clerico clare memorie .. illustris regis Cypri[209], olim direxerimus scripta nostra ut in ecclesia Nymociensi in qua est quoddam beneficium asisie nomine assecutus, quod parum minus est quam prebenda, reciperetur in canonicum et in fratrem vobis ad id executoribus deputatis. Cum in receptione[210] ipsius nichil vel modicum venerabili fratri nostro .. episcopo[211] et capitulo ejusdem ecclesie deperiret, quin immo eis de illius societate cui a multis laudabile testimonium perhibetur, satis commodi accresceret ac honoris licet, sicut per vos nobis innotuit, iidem episcopus et capitulum nichil obicerint propter quod nostrum non deberet adimpleri mandatum, petitis ad liberandum et obtentis ab eodem magistro indutiis nequaquam fuimus quod eos non decuit exaudiri. Verum, quia idem magister sue merito probitatis in cujus receptione hujusmodi plus eidem ecclesie quam sibi creditur provideri spe sua et labore, quem propter hoc subiit, frustrari non debet, sed nostrum sentire potius quem ad eum habemus affectum, presentium vobis auctoritate

[207] Raoul de Mérencourt, patriarche latin de Jérusalem de 1215 à 1224.
[208] Jacques de Vitry, évêque d'Acre de 1216 à 1228.
[209] Hugues Ier de Lusignan, roi de Chypre de 1205 à 1218.
[210] *Mss. « ceptione »*, corrigé en *« receptione »* par l'ajout de deux lettres en interligne.
[211] Foulques de Montaigut, évêque de Limassol de 1211 à 1218.

precipiendo, mandamus quatinus episcopum et capitulum supradictos ut, prelibatum magistrum in eorum fratrem et canonicum admittentes, sibi stallum in choro et locum in capitulo assignare procurent juxta prioris apostolici mandati tenorem, appellatione postposita, et absque more dispendio compellatis, preceptum nostrum taliter impleturi ut illud non oporteat iterari et dictus magister, quod intendit, se gaudeat assecutum, nosque prudentiam vestram merito commendare possimus. Quod si non omnes [hiis exequendis potueritis interesse], duo vestrum [ea nichilominus exequantur][212]. Datum Laterani, VI idus julii, pontificatus nostri anno secundo.

34

1218 Juillet 21 Latran

Honorius III mande au cardinal-légat, [Pélage] d'Albano, de restituer aux Vénitiens l'église Saint-Marc de Tyr dont la possession éminente revient à l'archevêché de Tyr.

A. Original en latin aujourd'hui perdu.

B. Copie du premier registre d'Honorius III, d'après *A.* Rome, ASV, Reg. Vat. 9, liv. II, let. 1291, fol. 285 v°.

Analyse : P. Pressutti, *Regesta Honorii papae III (1216–1227)*, t. I, Rome, 1888, n° 1540 p. 255 (en latin) _ R. Röhricht, *Regesta Regni Hierosolymitani*, t. I, n° 910 p. 243 (en latin).

.. Albanensi episcopo[213], Apostolice Sedis legato

Causam, que inter venerabilem fratrem nostrum .. Tyrensem archiepiscopus[214], ex parte una, et Venetos ac eorum vicarios existentes in Tyro, ex altera, super ecclesia Sancti Marci Tyrensis vertitur, tibi meminimus commisisse. Cum autem possessio ejusdem ecclesie prefato archiepiscopo causa rei servande fuerit assignata, fraternitati tue, presentium auctoritate, mandamus quatinus, eisdem Venetis volentibus stare juri, tu, ipsis restituens possessionem ipsius ecclesie, nisi forsan restitutionis hujusmodi beneficium eisdem propter lapsum temporis de jure fuerit denegandum in negotio ipso, appellatione remota, previa ratione procedas juxta traditam

212 Formule abrégée en « *et cetera* » dans le registre vatican.
213 Pélage ou Pelayo Gaytán, cardinal-évêque d'Albano de 1213 à 1232.
214 Simon de Maugastel.

tibi formam, nullis litteris veritati et justitie prejudicantibus [a Sede Apostolica impetratis][215]. Datum Laterani, XII kalendas augusti, pontificatus nostri anno secundo.

35

1219 Mars 4 Latran

Honorius III approuve le projet de mariage élaboré par les rois de Hongrie et d'Arménie entre leurs enfants [André] et [Isabelle].

A. Original en latin aujourd'hui perdu.

B. Copie du second registre d'Honorius III : Rome, ASV, Reg. Vat. 10, liv. III, let. 325, fol. 69 r°.

a. O. Rinaldi, *Annales ecclesiastici*, éd. A. Theiner, t. XX, an. 1219, § 33 p. 417, d'après *B.* _ *b.* I. Katona, *Historia critica regum Hungarice stirpis Arpadianae*, t. V, Pest, 1780, p. 319 _ *c.* G. Fejér, *Codex diplomaticus Hungariae ecclesiasticus ac civilis*, t. III, vol. I, Pest, 1829, p. 279 _ *d.* A. Theiner, *Vetera monumenta historica Hungariam sacram illustrantia*, t. I, Rome, 1859, n° 33 p. 21, d'après *B.* (sous la date erronée du 5 mars 1219) _ *e.* C.-A. Horoy, *Medii aevi bibliotheca patristica*, t. III, n° 139 col. 151, d'après *d.* _ *f.* L. Alishan, *Léon le Magnifique, premier roi du Sissouan ou de l'Arménocilicie*, Venise, 1888, p. 290.

Analyse : A. Potthast, *Regesta pontificum Romanorum*, t. I, n° 6001 p. 526 (en latin) _ P. Pressutti, *Regesta Honorii papae III*, t. I, n° 1912 p. 316 (en latin).

A[ndree][216], regi Ungarorum illustri

Cum, sicut tam ex tuis quam karissimi in Christo filii nostri L[eonis][217], Armenie regis illustris, litteris intelleximus, inter te ac regem predictum convenerit ut .. natus tuus[218] ipsius filiam[219] accipiat in uxorem, ita ut eidem regi ratione filie sue prout heres succedat in regnum, habiturus illud toto tempore vite sue, si etiam contingat eam decedere antequam traducatur ab illo, nos quod super hoc provide ac utiliter factum est, te ac rege predicto supplicantibus, duximus approbandum. Datum Laterani, IV nonas martii, pontificatus nostri anno tertio.

---

215 Formule abrégée en « *et cetera* » dans le registre vatican.

216 André II Árpád, roi de Hongrie de 1205 à 1235.

217 Léon ou Levon Ier, roi d'Arméno-Cilicie de 1198 à 1219.

218 André Árpád, prince de Galicie de 1221 à 1234 à la suite de son mariage avec Yéléna Mstislavna.

219 Isabelle ou Zapēl, reine d'Arménie de 1219 à 1252.

§ *In eundem fere modum scriptum est super hoc* L[eoni], Armenie regi illustri.

36

1219 Avril 25 Saint-Pierre de Rome

Honorius III annonce au doyen et au chapitre de l'Église d'Antioche la désignation du docteur parisien, Pietro Capuano le Jeune, comme patriarche d'Antioche.

A. Original en latin aujourd'hui perdu.

B. Copie du second registre d'Honorius III : Rome, ASV, Reg. Vat. 10, liv. III, let. 417, fol. 86 r°.

ANALYSE : O. RINALDI, *Annales ecclesiastici*, éd. A. Theiner, t. XX, an. 1219, § 20 p. 414 _ P. PRESSUTTI, *Regesta Honorii papae III*, t. I, n° 2031 p. 335 (en latin).

.. DECANO ET CAPITULO ANTIOCHENIS

Postulatione, quam olim fecistis de venerabili fratre nostro .. Albanensi[220] episcopo, non admissa, vobis per litteras nostras mandavimus ut, abdicatis dissensionibus et scissuris, infra tempus[221] certum eligeretis vobis in pontificem et pastorem personam, que tanto congrueret oneri et honori, vel aliquos vestrum, vice omnium, propter hoc ad nostram presentiam mitteretis. Cum igitur, vobis in hoc minime recordare valentibus, dilecti filii Anselmus, Ulricus et Prandus, canonici vestri, viri utique providi et fideles, pro electione quam iidem canonici cum parte sua fecerant, ad nostram presentiam accessissent. Nos, parte altera diutius expectata, tandem nemine comparente pro illa, cum electus ab ipsis electionem non reciperet de se factam, nolentes tantam et tam nobilem ecclesiam per dissensiones hujusmodi ulterius discrimini subjacere presertim cum, prefati canonici ejus necessitatem nobis fideliter exponentes, pro ipsius provisione nobis ac fratribus nostris instarent, sollicite ac prudenter de ipsorum fratrum nostrorum consilio dilectum filium magistrum Petrum de Capua, subdiaconum nostrum, doctorem Parisiensem, virum profecto scientia, vita et fama preclarum, ac bone memorie P[etrum][222],

[220] Pélage ou Pelayo Gaytán, cardinal-évêque d'Albano de 1213 à 1232.
[221] Mot placé entre guillemets dans le registre vatican.
[222] Pietro Capuano l'Ancien, cardinal-prêtre de Saint-Marcel de 1200 à 1214.

Sancti Marcelli presbyterum cardinalem, patruum suum, scientia et prudentia exhibentem, vobis in patriarcham prefecimus et pastorem, certam gerentes fiduciam quod ecclesia vestra per ejus sollicitudinem ac prudentiam et temporalibus commodis et spiritualibus proficiet incrementis. Ideoque universitati vestre, per apostolica scripta firmiter precipiendo, mandamus quatinus, in vinculo pacis servantes spiritus unitatem, circa utilitatem, honorem et statum ejusdem ecclesie conservandum maxime usque ad adventum ipsius electi sic vigili cura et diligenti studio intendatis, quod vobis cedat ad honorem vite presentis gloriamque future, nosque devotionem et prudentiam vestram in Domino commendantes, utilitatibus vestris sollicitius intendere debeamus. Datum Rome apud Sanctum Petrum, VII kalendas maii, [pontificatus nostri] anno tertio.

37

1219 Avril 26 Saint-Pierre de Rome

Honorius III confirme la levée de l'excommunication du chanoine Anselme d'Antioche, prononcée par le feu patriarche P[ierre d'Ivrée] à la suite d'une voie de fait sur un clerc.

A. Original en latin aujourd'hui perdu.

B. Copie du second registre d'Honorius III : Rome, ASV, Reg. Vat. 10, liv. III, let. 414, fol. 85 v°.

ANALYSE : P. PRESSUTTI, *Regesta Honorii papae III*, t. I, n° 2033 p. 336 (en latin).

UNIVERSIS CHRISTI FIDELIBUS PRESENTEM PAGINAM INSPECTURIS

Dilectus filius magister Anselmus, canonicus Antiochenus, exposuit coram nobis quod olim in presbyterum quendam manus injecit temere violentas et licet bone memorie P[etrus][223], patriarcha Antiochenus, qui absolvendi tales habebat ab Apostolice Sede indulgentiam specialem, quam idem magister exhibuit coram nobis, ipsum a vinculo excommunicationis absolverit quam incurrerat hac de causa. Nichilominus tamen quidam emuli sui postmodum pluries[224] super hoc impetrarunt apostolicas litteras contra eum, volentes ledere famam ejus et eum, expensis ac laboribus, fatigare.

[223] Pierre II d'Ivrée ou Ivrea, patriarche latin d'Antioche de 1209 à 1217.
[224] *Mss. « plurie »*, corrigé par l'ajout d'une lettre finale en interligne.

Unde nobis humiliter supplicavit ut contra hujusmodi emulatorum malitiam sibi providere misericorditer dignaremur. Cum igitur, et indulgentiam absolvendi tales dicto patriarche ab Apostolica Sede concessam, et ipsius patriarche litteras continentes quod a predicta excommunicatione prefatum magistrum absolverat, perspexerimus, presentes litteras eidem magistro, quem pro absoluto habemus, in absolutionis sue testimonium duximus concedendas, districtius inhibentes ne quis eum hac de causa de cetero aliquatenus vexare presumat ac litteras irritas decernentes, si que apparuerint super hoc contra eum a Sede Apostolica impetrate. Datum Rome apud Sanctum Petrum, VI kalendas maii, [pontificatus nostri] anno tertio.

38

1219 Avril 26 Saint-Pierre de Rome

Honorius III réduit à sa dimension politique le serment de fidélité que les chanoines antiochéniens, Anselme, David et Érard, ont prêté au prince Raymond-[Rubēn] au mépris des droits de leur Église.

A. Original en latin aujourd'hui perdu.

B. Copie du second registre d'Honorius III : Rome, ASV, Reg. Vat. 10, liv. III, let. 416, fol. 85 v°-86 r°.

a. I. de Ciron, *Quinta compilatio epistolarum decretalium Honorii III, Pont. Max.*, Toulouse, 1645, lib. 2, tit. 15, c. 1 p. 104–105 _ *b.* J.H. Böhmer, *Corpus juris canonici*, Halle, 1747, t. II, lib. 2, tit. 24, c. 31 p. 347 _ *c.* E.L. Richter, *Corpus juris canonici*, t. II, Leipzig, 1839, lib. 2, tit. 24, c. 31 col. 360 _ *d.* E.A. Friedberg et E.L. Richter, *Corpus juris canonici*, t. II, Leipzig, 1881, lib. 2, tit. 24, c. 31 col. 372 _ *e.* C.-A. Horoy, *Medii aevi bibliotheca patristica*, t. I, Paris, 1879, lib. 2, tit. 15, c. 1 col. 234–235 d'après *a.* (avec une adresse erronée).

Analyse : O. Rinaldi, *Annales ecclesiastici*, éd. A. Theiner, t. XX, an. 1219, § 22 p. 415 _ A. Potthast, *Regesta pontificum Romanorum*, t. I, n° 7766 p. 669 (en latin) _ P. Pressutti, *Regesta Honorii papae III*, t. I, n° 2034 p. 336 (en latin).

Magistro Anselmo, David et Erardo, canonicis Antiochenis

Petitio vestra nobis exhibita continebat quod, ecclesia Antiochena vacante, nobilis vir R[aimundus][225], princeps Antiochenus, timens conspirationes aliquas fieri contra eum, a vobis juramentum extorsit quod contra ipsum de cetero non essetis. Cum autem idem princeps adversus ipsam ecclesiam

225 Raymond-Rubēn, prince d'Antioche de 1216 à 1219.

frequentes habeat questiones, vos nec ipsi deesse ecclesie sine ipsius detrimento potestis nec eidem audetis adesse, ne videamini contra dictum facere juramentum. Quare nobis humiliter supplicastis ut super hiis paterna providere sollicitudine dignaremur. Nos igitur, utilitati ejusdem ecclesie et saluti ac fame vestre et honori dicti principis pariter providentes, interpretatione congrua, declaramus vos juramento hujusmodi non teneri, quin pro juribus et honoribus ipsius ecclesie ac etiam specialibus vestris legitime defendendis contra ipsum principem stare libere valeatis, sed coherceri a machinatione dumtaxat per quam idem princeps deberet lesionem persone vel sui ammissionem incurrere principatus. Decernimus igitur vos, pro defensione juris seu honoris ecclesie sepedicte vel vestri, dicto principi, cum opus fuerit, resistentes, nulli per hoc note seu calumpnie subjacere. Datum Rome apud Sanctum Petrum, VI kalendas maii, [pontificatus nostri] anno tertio.

39

1219 Avril 27 Saint-Pierre de Rome

Honorius III autorise le doyen de l'Église d'Antioche à effectuer un pèlerinage à Rome et à Saint-Jacques de Compostelle, sans perdre le bénéfice de ses revenus ecclésiastiques.

A. Original en latin aujourd'hui perdu.

B. Copie du second registre d'Honorius III : Rome, ASV, Reg. Vat. 10, liv. III, let. 415, fol. 85 v°.

Analyse : P. Pressutti, *Regesta Honorii papae III*, t. I, n° 2038 p. 337 (en latin).

.. Decano Antiocheno

Supplicasti nobis ut, cum beatorum Petri et Pauli ac Jacobi limina desideres visitare, id tibi facere de nostra permissione liceret et, quandiu absens fueris hac de causa, percipere fructus prebende tue, deductis vicariorum expensis, quos pro tui personatus debito teneris in Antiochena ecclesia sustentare. Nos igitur, precibus tuis benignum impertientes assensum, tibi auctoritate presentium concedimus postulata. Nulli ergo [omnino hominum liceat hanc paginam][226] nostre concessionis infringere [vel ei ausu

[226] Formule abrégée en « *et omnia* » dans le registre vatican.

temerario contraire]. Si quis autem [hoc attemptare presumpserit, indignationem omnipotentis Dei et beatorum Petri et Pauli, apostolorum ejus, se noverit incursurum][227]. Datum Rome apud Sanctum Petrum, V kalendas maii, [pontificatus nostri] anno tertio.

40

1219 Octobre 29 Viterbe

Honorius III autorise son chapelain Grazia [de Florence] à conserver les bénéfices ecclésiastiques dont il jouit, en attendant son intronisation à la tête du patriarcat d'Antioche. Le souverain pontife invoque les disparités maritimes et terrestres accablant son protégé pour transiger avec les règles définies dans le troisième canon du concile de Latran III.

A. Original en latin aujourd'hui perdu.

B. Copie du second registre d'Honorius III : Rome, ASV, Reg. Vat. 10, liv. IV, let. 587, fol. 136 r°.

C. Copie, d'après *B.*, insérée dans un manuscrit du XVIIIe siècle copié par l'abbé Costantino Ruggieri. Bologne, Archives capitulaires, *Codex diplomaticus Bononiensis*, t. XLIII, n° 45.

a. M. Sarti et M. Fattorini, *De claris archigymnasii Bononiensis professoribus a saeculo XI usque ad saeculum XIV*, t. I, part. III, Bologne, 1772, n° 18 p. 177, d'après *C.* (sous la date erronée du 28 octobre 1219) _ *b.* Iid., *De claris archigymnasii Bononiensis professoribus a saeculo XI usque ad saeculum XIV*, t. II, Bologne, 1888–1896, n° 18 p. 260, d'après *a.* _ *c.* P.-V. Claverie, « Un patriarche latin d'Antioche méconnu : Grazia de Florence (1219) », *Le Moyen Age*, CXVII (2011), p. 90 d'après *B.*

Analyse : A. Potthast, *Regesta pontificum Romanorum*, t. I, n° 6144 p. 538 (en latin) _ P. Pressutti, *Regesta Honorii papae III*, t. I, n° 2228 p. 370 (en latin).

Magistro Gracie, capellano nostro

Cum in Lateranensi concilio provida fuerit deliberatione statutum ut – postquam quis electus fuerit ad episcopatum et electionis confirmationem acceperit ac ecclesiasticorum bonorum fuerit ministrationem adeptus –, decurso tempore de consecrandis episcopis a canonibus diffinito, de ipsius electi beneficiis, is, ad quem spectare dinoscitur, liberam disponendi habeat facultatem et secundum canonicas sanctiones, si consecrati in

---

[227] Formule abrégée en « *et cetera* » dans le registre vatican.

episcopos ex aliqua causa, dummodo sine culpa sua, non recipiantur a parrochiis ad quas fuerint consecrati, possint in honore prius habito residere, ne contingat eos interim, quod esset absurdum, acephalos inveniri, nos, volentes aliis malignandi materiam amputare et tibi, quem dilectionis prerogativa diligimus, precavere precipue, propter viarum et maris discrimina et quia terra ultramarina majori, quam cetere terre discrimini subjacet, discretioni tue, auctoritate presentium duximus concedendum ut ecclesias seu beneficia tua, sicut hactenus tenuisti tamdiu, cessante cujuslibet contradictione, retineas donec ecclesie Antiochene – ad cujus curam et regimen electum te canonice duximus confirmandum – plenam et pacificam personaliter possessionem adeptus fueris corporalem, districtius inhibentes ne quis interim presumat tibi beneficia ipsa subtrahere, aut te super illis aliquatenus molestare. Nulli ergo [omnino hominum liceat hanc paginam][228] nostre concessionis et inhibitionis infringere [vel ei ausu temerario contraire]. Si quis autem [hoc attemptare presumpserit, indignationem omnipotentis Dei et beatorum Petri et Pauli, apostolorum ejus, se noverit incursurum][229]. Datum Viterbii, IV kalendas novembris, pontificatus nostri anno quarto.

41

1219 Novembre 19 Viterbe

Honorius III concède un sanctuaire romain à titre de résidence au cardinal-évêque de Frascati, Niccolò [Chiaramonti], par la plume du patriarche d'Antioche et vice-chancelier de l'Église romaine, Raniero.

A. Original en latin aujourd'hui perdu.

B. Copie du second registre d'Honorius III : Rome, ASV, Reg. Vat. 10, liv. IV, let. 603, fol. 140 v°.

a. F. Ughelli, *Italia sacra*, rééd. N. Coletti, t. I, Venise, 1717, p. 231 _ *b.* A. Tomassetti, *Bullarum, diplomatum et privilegiorum sanctorum Romanorum Pontificum Taurinensis editio*, Turin, 1868, t. III, n° 39 p. 364 _ *c.* C.-A. Horoy, *Medii aevi bibliotheca patristica*, t. III, n° 51 col. 344–345, d'après *a.* et *b.*

Analyse : A. Potthast, *Regesta pontificum Romanorum*, t. I, n° 6162 p. 539 et 6185 p. 541 (livraison en date du 20 décembre 1219) _ P. Pressutti, *Regesta Honorii papae III*, t. I, n° 2261 p. 375–376 (en latin).

---

228 Formule abrégée en « *et cetera* » dans le registre vatican.
229 Formule abrégée en « *et cetera* » dans le registre vatican.

NICHOLAO[230], EPISCOPO TUSCULANO, EJUSQUE SUCCESSORIBUS CANONICE SUBSTITUENDIS, IMPERPETUUM

Et si de universis fratribus et coeptis nostris curam et sollicitudinem gerere teneamur et eorum incomoda, quantum commode possumus relevare specialiter, tamen circa illos qui locum in Ecclesia Romana fortiti nobiscum suscepte sollicitudinis onera jugiter partiuntur, exuberare debet nostre car[i]tatis affectus quatinus sentiant honorem ex onere ac ad exemplar ordinum supernorum, quanto vicinius nobis assistere meruerunt, tanto amplius in nostra mutuo ferveant caritate. Hinc est venerabilis frater quod, cum Tusculanus episcopatus habitaculum in Urbe non habuerit hactenus oportunum, nos, volentes tam tuis quam successorum tuorum incomoditatibus, que ex hoc provenire poterant, obviare, ecclesiam Sancte Marie in Monasterio de consilio fratrum nostrorum episcopatui tuo perpetuo jure concedimus, auctoritate presentium statuentes ut ecclesia ipsa cum personis et omnibus bonis suis tibi ac successoribus tuis ea lege subjaceat, qua aliis fratribus nostris Sancte Romane Ecclesie cardinalibus sue noscuntur ecclesie subjacere. Decernimus ergo ut nulli omnino hominum liceat prefatam ecclesiam temere pertubare [aut ejus possessiones auferre vel ablatas retinere, minuere seu quibuscumque vexationibus fatigare, sed omnia integra conserventur eorum pro quorum gubernatione ac sustentatione concessa sunt usibus omnimodis][231] profutura, salva Sedis Apostolice auctoritate. Si qua igitur in futurum [ecclesiastica secularisve persona][232], hanc nostre concessionis et constitutionis paginam sciens, contra eam temere venire temptaverit, [secundo tertiove commonita, nisi reatum suum congrua satisfactione correxerit, potestatis honorisque sui careat dignitate reamque se divino judicio existere de perpetrata iniquitate cognoscat et a sacratissimo corpore et sanguine Dei et Domini, Redemptoris nostri, Jhesu Christi, aliena fiat atque in extremo examine districte subjaceat ultioni. Cunctis autem eidem loco sua jura servantibus sit pax Domini nostri Jhesu Christi, quatinus, et hic fructum bone actionis percipiant, et apud districtum judicem][233] premia eterne pacis inveniant. Amen. [Amen. Amen]. Datum Viterbii per manum Ranerii, patriarche Antiocheni, cancellarii vicem agentis[234], XIII kalendas decembris, indictione

230 Niccolò Chiaramonti, cardinal-évêque de Frascati de 1219 à 1227.
231 Formule abrégée en *« et cetera usque »* dans le registre vatican.
232 Formule abrégée en *« et cetera usque »* dans le registre vatican.
233 Formule abrégée en *« et cetera usque »* dans le registre vatican.
234 Rainier ou Raniero da Castelvecchio, patriarche latin d'Antioche de 1219 à 1225.

VIII, incarnationis Dominice anno M°CC°XIX°, pontificatus vero domini[235] Honorii, pape III, anno quarto.

42

1219 Novembre 22 Viterbe

Honorius III engage le patriarche d'Antioche [Raniero] et les prélats de son patriarcat à promouvoir l'étude de la théologie parmi les membres de leur clergé, en les informant de son choix d'interdire l'enseignement du droit civil en Île-de-France. Cette décision permet au Saint-Père de rappeler les dispositions du concile de Latran IV à l'égard des théologiens recrutés dans chaque église métropolitaine (canon 11) et la volonté de son prédécesseur Alexandre III d'excommunier les clercs qui abandonnent leur clôture durant plus de deux mois afin de suivre des cours de médécine ou de droit.

A. Original en latin aujourd'hui perdu.

B. Copie du second registre d'Honorius III : Rome, ASV, Reg. Vat. 10, liv. IV, let. 610, fol. 142 v°-144 r°.

a. I. de Ciron, *Quinta compilatio epistolarum decretalium Honorii III, Pont. Max.*, Toulouse, 1645, lib. 3, tit. 27, c. 1 p. 186–187, lib. 5, tit. 2, c. 1 p. 197 et lib. 5, tit. 12, c. 3 p. 215 __ *b.* C.E. Du Boulay, *Historia Universitatis Parisiensis*, t. III, Paris, 1666, p. 96 (à la date du 25 novembre 1219) __ *c.* E. Martène et U. Durand, *Thesaurus novus anecdotorum*, t. I, Paris, 1717, col. 875–878 (sous le millésime 1220) __ *d.* E. Martène, *Veterum scriptorum et monumentorum historicorum, dogmaticorum, moralium amplissima collectio*, t. I, Paris, 1724, col. 1146–1149, d'après *c.* __ *e.* J.H. Böhmer, *Corpus juris canonici*, Halle, 1747, t. II, lib. 3, tit. 50, c. 10 col. 624, lib. 5, tit. 5, c. 5 col. 734 et lib. 5, tit. 33, c. 28 col. 821 __*f.* F. Cornelio, *Ecclesiae Venetae antiqua monumenta*, Venise, 1749, p. 96–98 __ *g.* J.G. Liljegren, *Diplomatarium Suecanum - Svenskt Diplomatarium*, t. I, Stockholm, 1829, n° 179 p. 199–202 __ *h.* E.L. Richter, *Corpus juris canonici*, t. II, Leipzig, 1839, lib. 5, tit. 5, c. 5 col. 746 et lib. 5, tit. 33, c. 28 col. 833 __ *i.* C.-A. Horoy, *Medii aevi bibliotheca patristica*, t. III, n° 53 col. 347–350, d'après *c.* et *g.* __*j.* E.A. Friedberg et E.L. Richter, *Corpus juris canonici*, t. II, Leipzig, 1881, lib. 3, tit. 50, c. 10 col. 660, lib. 5, tit. 5, c. 5 col. 770–771 et lib. 5, tit. 33, c. 28 col. 868 __ *k.* C.-A. Horoy, *Medii aevi bibliotheca patristica*, t. I, Paris, 1879, lib. 3, tit. 27, c. 1 col. 331–334, lib. 5, tit. 2, c. 1 col. 344–345 et lib. 5, tit. 12, c. 3 col. 364–365 d'après *a.* __ *l.* J.-B. Pitra, *Analecta novissima spicilegii Solesmensis altera continuatio*, t. I, Paris, 1885, n° 15 p. 570–573, d'après *B.* __ *m.* H. Denifle et E. Châtelain, *Chartularium Universitatis Parisiensis*, t. I, Paris, 1889, n° 32 p. 90–93 (d'après un exemplaire du 16 novembre 1219, adressé à l'Église portugaise).

---

[235] *Mss. « Donni ».*

ANALYSE : O. RINALDI, *Annales ecclesiastici*, éd. A. Theiner, t. XX, an. 1219, § 21 p. 414 (à la date erronée du 29 octobre 1219) _ C. JOURDAIN, *Index chronologicus chartarum pertinentium ad historiam Universitatis Parisiensis*, Paris, 1862, n° XXI p. 4 (à la date du 25 novembre 1219) _ A. POTTHAST, *Regesta pontificum Romanorum*, t. I, n° 6146 p. 538 et 6165 p. 539 (en latin) _ P. PRESSUTTI, *Regesta Honorii papae III*, t. I, n° 2267 p. 377 (en latin).

VENERABILIBUS FRATRIBUS .. PATRIARCHE ANTIOCHENO[236] ET UNIVERSIS ARCHIEPISCOPIS ET EPISCOPIS AC DILECTIS FILIIS CETERIS ECCLESIARUM PRELATIS IN PATRIARCHATU ANTIOCHENO CONSTITUTIS

Super speculam Domini licet immeriti constituti, dum diligenter multo intuitu contemplamur statum Ecclesie generalis, dolemus plurimum et tristamur, quod cum albe sint regiones ad messem plurimam et operarii sint perpauci, plerique vigiles qui tenentur custodire Domini vineam, dormiunt sompnum suum, nec zizania nimium excrescentia in manipulos ad comburendum colligunt, quamvis ea jugiter superseminet inimicus. Cumque lactens et parvulus deficiat in plateis, vix est qui frangat panem parvulis, aut propinet sitientibus aquam sapientie salutaris, eo, quod modica est in terra scientia Domini, quia plures velut illusores filii, accepta non modica portione substantie Jhesu Christi, comparant sibi de ipsa siliquas vacuas et sonoras, que non satiant, et aquam auriunt cum situla Samaritana de puteo vel torrente aquarum infidelium, que sitim ydropici non relevant, sed irritant[237]. Tales equidem ortum conclusum, cui non communicat alienus, ubi fons est, et puteus aquarum viventium, deserentes ac fodientes sibi cisternas, que aquam non prevalent continere, quasi non invenientes pascua fastidito manna, dum suspirant ad Egypti allea et pepones, currunt ad scientias lucrativas, statuentes in terram suos oculos declinare. Ut igitur per increpationes validas, tamquam per patris verbera, filii aberrantes ad matris ubera revocati, velut pulli aquilarum, queant expeditius advolare, ac inoffense atque libentius velint et valea[n]t currere in odorem flagrantis gratie Jhesu Christi, ad auriendum aquas vivas in gaudio de fontibus Salvatoris, quosdam obices amovere cupimus huic itineri obsistentes, et necessaria quedam annectere hiis, que ab antecessoribus nostris edita sunt ab olim ad propagationem propaginis vitis vere. Cum itaque de singulis provinciis puelle spon[s]e ac virgines pro rege Assuero, qui bea[ti]tudo dicitur, per ancillas queri debeant et adduci ad

236 Rainier ou Raniero da Castelvecchio, patriarche latin d'Antioche de 1219 à 1225.
237 D'après Jean, 4, 7–30.

arcem et menia civitatis, et per manum Aggei mundum muliebrem accipere, necessariorum videlicet fulcimenta[238], volumus et mandamus ut statutum [editum] in concilio generali de magistris theologis per singulas metropoles statuendis inviolabiliter observetur, decernentes insuper de consilio fratrum nostrorum ac districte precipiendo mandantes ut, quia super hoc propter raritatem magistrorum se possent aliqui forsitan excusare, ab ecclesiarum prelatis et capitulis ad theologice professionis studium aliqui docibiles destinentur, qui, cum docti fuerint, in Dei Ecclesia velut[239] splendor fulgeant firmamenti, ex quibus postmodum copia possit haberi doctorum, qui velut stelle in perpetuas eternitates mansuri ad justitiam valeant plurimos erudire, quibus si proprii proventus ecclesiastici non sufficiunt, predicti necessaria subministrent ; docentes vero in theologica facultate, dum in scholis docuerint, et studentes in ipsa integre per annos quinque, percipiant de licentia Sedis Apostolice proventus prebendarum et beneficiorum suorum, non obstante aliqua contraria consuetudine vel statuto, cum denario fraudari non debeant in vinea Domini operantes. Hoc autem inconcusse volumus observari, firmiter disponentes quod feriamus pena debita transgressores. Sane licet fallax sit gratia ceterarum scientiarum et vana etiam pulchritudo, cum frumentum electorum et vinum germinans virgines, juxta prophetam,[240] sit bonum super omnia, et sit pulchrum, quia tamen regulares quidam claustrale silentium et legem Domini animas convertentem et sapientiam dantem parvulis, quoniam super aurum et topation amare debuerant, respuentes, abeunt post vestigia gregum et illicite se convertunt ad pedissequas amplectendas, que plausum desiderant populorum, contra hujusmodi presumptores, exeuntes ad audiendum leges vel fisicam[241], felicis memorie A[lexander][242], predecessor noster olim statuit in concilio Turonensi ut, nisi infra duorum mensium spatium ad claustrum redierint, sicut excommunicati ab omnibus evitentur et in nulla causa, si patrocinium prestare voluerint, audiantur[243]. Reversi autem in choro, capitulo, mensa et ceteris ultimi fratrum existant et, nisi forte ex misericordia Sedis Apostolice, totius spem promotionis

238 D'après Esther, 2, 2–3.

239 *Mss. « velud »*, corrigé en *« velut »* par l'ajout d'un *« t »* en interligne.

240 Zacharie, 9, 17.

241 Ces deux derniers mots figurent dans la marge du registre vatican

242 Alexandre III, pape de 1159 à 1181.

243 Le concile de Tours de mai 1163 avait en fait interdit aux enseignants attachés à un monastère le droit de professer à l'extérieur de leur clôture le droit civil ou la médecine durant plus de deux mois (*cf.* Leclercq, *Histoire des conciles d'après des documents originaux par Charles-Joseph Hefele*, t. V, 2e part, can. 8 p. 972).

ammittant. Verum quia nonnulli ex talibus propter quorumdam opiniones diversas excusationis aliquid assumebant, nos volentes ut tales de cetero ipso facto sententiam excommunicationis incurrant, districte precipiendo mandamus quatinus, tam a diocesanis et capitulis ipsorum, quam etiam a ceteris episcopis in quorum diocesibus in hujusmodi student tales, sublato appellationis obstaculo, excommunicati et predictis penis obnoxii publice nuntientur. Quia vero theologie cupimus studium ampliari ut, dilatato tentorii sui loco, funiculos suos faciat longiores, et sit fides catholica circumcincta muro inexpugnabili bellatorum, quibus resistere valeat ascendentibus ex adverso, ad archidiaconos, decanos, prepositos, plebanos, cantores et alios clericos personatus habentes, necnon et presbyteros, nisi ab hiis infra spatium prescriptum destiterint, hec extendi volumus et, appellatione postposita, inviolabiliter observari. Nam cum sint multi caupones aquam vino miscentes, qui non solum involvere falsa veris, sed etiam diem in noctem vertere moliuntur, in firmamento celi plantare luminaria dividentia diem a nocte valide aflectamus, summopere satagentes ut ad capiendum vulpes parvulas que demoliuntur vineas, bonorum habeamus copiam venatorum, qui manum mittentes ad fortia, contra perversos fidei sint potentes, opere ac sermone, hic vestiti duplicibus ut mereantur duplicia possidere, cum ridebunt in die novissimo ad judicandum cum terre senatoribus concessuri. Porro cum argentum alibi habeat venarum suarum principia, quam unde ferrum tollitur, et auro locus in quo confletur, sit jamdudum Parisius deputatus, ubi turris David cum suis propugnaculis construi consuevit, ex qua dependent non solum mille clypei, sed omnis fere armatura fortium, dum indesinenter exinde fortes ex fortissimis prodeunt, tenentes gladios et ad bella doctissimi, qui ambiunt per orbem undique lectulum Salomonis. Quidam suis divitiis invidentes dicere videntur patri : quid generas, et matri quid parturis, dum secus altare plantare lucum et ancillam heredem sue domine gestiunt subrogate, quanquam ancille filius cum filio libere non debeat heres esse ? Currunt enim illuc quidam improbi cum traditionibus secularium principum, quasi rarefacere velint ibi fabrum ferrarium acuentem gladium aut lanceam, vomerem et ligonem ; et cum in locis plurimis plures habeant sui studii professores, ultro ingerunt filiorum oculis merces suas ut ipsarum allecti faleris et dulcedine provocati, a matris pulchritudine ac sapidis uberibus abstrahantur, non attendentes quod coangustatum[244] est illic stratum et fere arctus est

[244] *Mss. « angustatum »*, corrigé en *« coangustatum »* par l'ajout de deux lettres en interligne.

locus ibidem filiis prophetarum. Sane licet Sancta Ecclesia legum secularium non respuat famulatum, que sane equitatis et justitie vestigia imitantur: Quia tamen in Francia et nonnullis provinciis laici Romanorum imperatorum legibus non utuntur et occurrunt raro ecclesiastice cause tales, que non possent statutis canonicis expediri, ut plenius sacre pagine insistatur et discipuli Elysei liberius juxta fluenta plenissima resideant, ut columbe, dum in januis scolas non invenerint, ad quas divaricare valeant pedes suos, f[i]rmiter interdicimus et districtius inhibemus ne Parisiis vel in civitatibus seu aliis locis vicinis quisquam docere vel audire jus civile presumat, et qui contra fecerit, non solum a causarum patrociniis interim excludatur, verum etiam per episcopum loci, appellatione postposita, excommunicationis vinculo innodetur. Vos autem, fratres et filii, sic diligentius prescripta servetis et faciatis studiosius ab aliis observari, quod veri amici sponsi possitis merito comprobari, dum paranimphos suos erudiendos ad epythalamica carmina curaveritis promovere. Datum Viterbii, X kalendas decembris, pontificatus nostri anno quarto.

43

1219 Novembre 22 Viterbe

Honorius III engage le patriarche d'Antioche [Raniero] et les prélats de son patriarcat à appliquer les décisions du concile de Latran IV en matière disciplinaire. Les hérésies gagnent en effet en force lorsque les prélats oublient de réprimer les erreurs des clercs et d'appliquer les constitutions conciliaires à l'instar des patriarches de l'Antiquité, dont les commandements n'ont pas toujours été respectés par les Hébreux.

A. Original en latin aujourd'hui perdu.

B. Copie du second registre d'Honorius III : Rome, ASV, Reg. Vat. 10, liv. IV, let. 611, fol. 144 r°-144 v°.

a. E. Martène et U. Durand, *Thesaurus novus anecdotorum*, t. I, Paris, 1717, col. 878–880 (sans formule de date) __ *b.* E. Martène, *Veterum scriptorum et monumentorum historicorum, dogmaticorum, moralium amplissima collectio*, t. I, Paris, 1724, col. 1149–1151, d'après *a.* __ *c.* A. Chevalier, M.-M. Bousquet, *Magnum bullarium Romanum, seu ejusdem continuatio*, t. IX, Luxembourg, 1730 (réédition, 1741), p. 41–42, d'après *a.* (à la date du 19 novembre 1219) __ *d.* G.D. Mansi, *Sacrorum conciliorum nova et amplissima collectio*, t. XXII, Venise, 1778, col. 1098–1100, d'après *a.* __ *e.* J.G. Liljegren, *Diplomatarium Suecanum - Svenskt Diplomatarium*, t. I, Stockholm, 1829, n° 180 p. 202–204 (à la date du 23 novembre 1222) __ *f.* A. Tomassetti, *Bullarum, diplomatum et privilegiorum sanctorum Romanorum Pontificum Taurinensis editio*, Turin, 1868, t. III, n° 40 p. 364–366 (à la date du 19 novembre 1219) __ *g.* C.-A. Horoy, *Medii aevi bibliotheca patristica*, t. III, n° 55 col. 352–355, d'après *a.* et *e.* __ *h.* J.-B.

Pitra, *Analecta novissima spicilegii Solesmensis altera continuatio*, t. I, Paris, 1885, n° 16 p. 573–575, d'après *B.* (à la date erronée du 19 avril 1219) _ *i.* F. Fita, « III. Concilio de Alcalá de Henares (15 enero 1257) », *Boletín de la Real Academia de la Historia*, X (1887), p. 156–158 (à la date du 25 novembre 1219).

Analyse : A. Potthast, *Regesta pontificum Romanorum*, t. I, n° 6163 p. 539 et 6166 p. 540 (en latin et sous des millésimes différents) _ P. Pressutti, *Regesta Honorii papae III*, t. I, n° 2268 p. 377 (en latin).

Eisdem (i.e. Venerabilibus fratribus .. patriarche Antiocheno[245] et universis archiepiscopis et episcopis ac dilectis filiis ceteris ecclesiarum prelatis in patriarchatu Antiocheno constitutis)

Expectavimus hactenus expectantes si monitis et statutis concilii generalis exculta Domini Sabaoth vinea floruisset, si Aaron virga turgentibus gemmis erupisset in flores et dilatatis foliis amigdala produxisset[246]; si germinassent mala punica et ficus produceret grossos suos, quia[247] ficus precoquas anima sponsi desiderat, et sponsa diligit botros Cypri[248]. Sed ecce quod dolentes dicimus, ante messem seges effloruit et vinea fere tota, et ficus aut virga magis aruit, et vindemiator manum ad cartallum non revocat, sed sic semper vindemiat quod post vindemiatores racemos aliquos colligere vix valemus. Nam unusquisque fere in viam suam abiit, et ad suam negotiationem revolat a Regis nuptiis dampnabiliter se excusans. Jam quidam ministri altaris, sicut jumenta, non solum in stercore computrescunt, sed peccatum suum quasi Sodoma predicant, nec abscondunt, facti ruina et laqueus populorum. Quidam etiam ecclesiarum prelati, qui gladios ancipitres[249] in suis manibus acceperunt ad faciendam[250] vindictam et increpationes in populis, errantes non corrigunt, menbra putrida non excidunt, a caulis oves contagiosas et morbidas non excludunt, vulnus, livorem et plagam tumentem non ligant, nec curant, neque fovent oleo vel emplaustro. Propter quod, quia cicatrix populi non obducitur, in Galaat non censetur esse medicus vel resina[251]. Proinde in consilium subditorum venire anima prelatorum convincitur, dum iidem proximorum vitiis non resistunt, sicque manus mulierum misericordium parvulos[252] suos coquunt.

245 Rainier ou Raniero da Castelvecchio, patriarche latin d'Antioche de 1219 à 1225.
246 D'après Exode, 7, 12.
247 *Mss.* « *quam* ».
248 D'après Cantique, 1, 17.
249 *Sic mss.*
250 *Mss.* « *faciendum* ».
251 D'après Jérémie, 8, 22.
252 *Mss.* « *pavulos* », corrigé en « *parvulos* » à la suite de l'ajout d'une lettre en interligne.

Hii etiam bona sibi commissa dissipant et consumunt ; dispergunt sanctuarii lapides in capite omnium platearum, indignos promovent, perniciosis stipendia ecclesiastica largiuntur, in suis ecclesiis conventicula de sanguinibus congregantes. Tales equidem non attendunt, quod Ely, filios suos palpans, de sella retrorsum cecidit[253], et principes populorum, quia non cohibebant Ebreos initiantes Beelphegor et cum Madianitis in eorum oculis choeuntes, precepto Domini suspensi sunt in patibulo contra solem[254] ; quia, cum de manibus prelatorum negligentium sanguis requiratur pereuntium subditorum, dum fortioribus instat fortior cruciatus, fit durum judicium hiis qui presunt. Claustrales autem plurimi, qui ruperunt jugum, ruperunt vincula, qui etiam sicut stercus terre jam contemptibiles sunt effecti, se non corrigunt, subditos non castigant. Capitula juxta generalis concilii statutum non celebrant, ne in lucem prodeant opera tenebrarum et a lumine arguantur. Propter hoc siquidem hereses invalescunt, quia cum perpauci hodie murus eneus vel columpna ferrea sint prelati, vix est qui se opponat murum pro domo Domini ascendentibus ex adverso, eo quod, conscientia remordente, dum canes muti projectum ranunculum in os habent, et sunt quasi baculus arundineus jam confractus, nec latratu, nec baculo arcent lupos dilacerantes ecclesiam, et in ipsam ululatus validos emittentes. Cum igitur non possimus dissimulare de cetero vel conniventibus oculis pertransire tantum cleri contagium et populi Christiani discrimen, quod procedit et proficit ex negligentia prelatorum, evacuantium per incuriam et torporem sanctiones canonicas, et statuta salubria concilii generalis, increpationis securim comminantem excidium tunc radicibus infructuose arboris applicamus, confosse ficulnee cophinum stercoris apponentes, antequam maledictionis gladio feriatur, et arceat, si fructum non fecerit in futurum, jam diutius expectata. Quocirca, universitati vestre per apostolica scripta mandamus et districte precipimus quatinus, preteritam negligentiam novo studio redimentes, per sollicitudinem geminatam, sic prefati statuta concilii et illa presertim que salutem respiciunt animarum, deinceps conservetis et faciatis a vestris subditis inviolabiliter observari, quod possitis exinde laudem consequi et eterna premia promereri, nec quecquam vestrum penam oporteat formidare, ad quam ex nunc potenter accingimur contra desides et remissos. Invigiletis autem propensius ad hereticam pravitatem de vestris finibus, si forsan irrepserit, penitus extirpandam, quia serpit ut cancer et capita ut ydra multiplicat, et ut draco stellas de celo detrahit, et mulieri tendit insidias,

253 D'après 1 Samuel, 4, 18.
254 D'après Nombres 25, 1–4.

cupiens filium quem concipit devorare. Ponat etiam unusquisque gladium super femur, per medium castrorum transiens de porta in portam, nec parcat fratri proximo vel amico, qui statutis concilii vilipensis, morum vel vite abicit honestatem[255], vel non observat in tonsura, vestibus et aliis modestiam clericalem, precaventes sollicite ne beneficia conferatis indignis, nec quemquam permittatis habere plures personatus seu parrochiales ecclesias, habitas post concilium generale, quibus cura sit animarum annexa, nisi forsan super hoc habeat indulgentiam Sedis Apostolice specialem. Abbates vero nigri ordinis celebrare hoc anno provincialia concilia non omittant, prout extitit in prescripto concilio stabilitum, et ut bonorum studium commendare possimus et punire negligentiam perversorum. Super hoc ab illis certiorari volumus et mandamus. [Attendat igitur unusquisque ut sic mandatum nostrum juxta susceptum officium exequatur, quod nemo coronam ejus accipiat, vel de suo loco ejus candelabrum amoveri contingat ; sed potius mereatur coronari gloria et honore][256]. Datum [Viterbii, X kalendas decembris, pontificatus nostri anno quarto][257].

44

1219 Novembre 22 Viterbe

Honorius III demande au patriarche d'Antioche, [Raniero], et aux prélats de son patriarcat de veiller à la solennité du sacrement eucharistique délivré durant la messe.

A. Original en latin aujourd'hui perdu.

B. Copie du second registre d'Honorius III : Rome, ASV, Reg. Vat. 10, liv. IV, let. 612, fol. 144 v°-145 r°.

a. I. DE CIRON, *Quinta compilatio epistolarum decretalium Honorii III, Pont. Max.*, Toulouse, 1645, lib. 3, tit. 24, c. 1 p. 175 _ *b.* O. RINALDI, *Annales ecclesiastici*, éd. A. Theiner, t. XX, an. 1219, § 21–22 p. 414–415, d'après *B.* (avec un *incipit* tronqué) _ *c.* J.H. BÖHMER, *Corpus juris canonici*, Halle, 1747, t. II, lib. 3, tit. 41, c. 10 col. 604 _ *d.* E.L. RICHTER, *Corpus juris canonici*, t. II, Leipzig, 1839, lib. 3, tit. 41, c. 10 col. 615 _ *e.* A. TOMASSETTI, *Bullarum, diplomatum et privilegiorum sanctorum Romanorum Pontificum Taurinensis editio*, Turin, 1868, t. III, n° 40 p. 366 (intégrée dans une version développée de la bulle « Expectavimus hactenus

---

255 *Mss.* « *onestatem* », corrigé en « *honestatem* » à la suite de l'ajout d'une initiale en interligne.

256 Développement restitué d'après les autres livraisons de cette bulle qui nous sont parvenues.

257 Formule éludée par la mention « *ut supra* » dans le registre vatican.

expectantes », adressée aux prélats d'Irlande) _*f.* C.-A. Horoy, *Medii aevi bibliotheca patristica*, t. II, Paris, 1879, lib. 3, tit. 24, c. 1 col. 318–319 d'après *a.* _ *g.* Id., *op. cit.*, t. III, Paris, 1879, n° 54 col. 351–352, d'après *b.* _ *h.* E.A. Friedberg et E.L. Richter, *Corpus juris canonici*, t. II, Leipzig, 1881, lib. 3, tit. 41, c. 10 col. 642.

Analyse : A. Potthast, *Regesta pontificum Romanorum*, t. I, n° 6166 p. 540 (en latin, avec un *incipit* et une date erronée) _ P. Pressutti, *Regesta Honorii papae III*, t. I, n° 2269 p. 377 (en latin).

Eisdem (i.e. Venerabilibus fratribus .. patriarche Antiocheno[258] et universis archiepiscopis et episcopis ac dilectis filiis ceteris ecclesiarum prelatis in patriarchatu Antiocheno constitutis)

Sane cum olim vas aureum manna plenum, Christi corpus deitatem continens prefigurans, in archa federis auro tecta infra sancta sanctorum fuerit collocatum, ut munde in loco venerabili servaretur, dolemus plurimum, et tristamur, quod in plerisque provinciis sacerdotes sanctiones canonicas, immo divinum judicium contempnentes, sacram eucharistiam incaute custodiunt, et immunde, ac indevote contrectant, quasi nec Creatorem timeant, vel Recreatorem diligant, aut Judicem omnium expavescant. Quanquam apostolus terribiliter comminetur deteriora illum mereri supplicia, qui Filium Dei conculcaverit, vel sanguinem testamenti pollutum duxerit, aut spiritui gratie contumeliam fecerit, quam transgressorem legis Mosayce, qui mortis sententia plectebatur.[259] Ne igitur de cetero propter incuriam sacerdotum in indevotos divina indignatio gravius exardescat, districte precipiendo mandamus quatinus a sacerdotibus eucharistia in loco singulari, mundo etiam, et signato semper honorifice collocata, devote ac fideliter conservetur. Sacerdos vero quilibet frequenter doceat plebem suam ut, cum in celebratione missarum elevatur hostia salutaris, quilibet reverenter inclinet, idem faciens, cum ipsam portat presbyter ad infirmum, quam in decenti habitu superposito mundo velamine ferat, et referat manifeste ac honorifice ante pectus, cum omni reverentia et timore, semper tamen lumine precedente, cum sit candor lucis eterne, ut ex hoc apud omnes fides et devotio augeatur. Prelati autem hujus mandati graviter punire non differant trangressores, si et ipsi divinam et nostram volunt effugere ultionem. Vos autem sic observari faciatis predicta, quod non efficiamini vindicte participes, sed corone. Datum [Viterbii, X kalendas decembris, pontificatus nostri anno quarto][260].

---

[258] Rainier ou Raniero da Castelvecchio, patriarche latin d'Antioche de 1219 à 1225.

[259] Hébreux, 10, 28–29.

[260] Formule éludée par la mention « *ut supra* » dans le registre vatican.

45

1219 Décembre 7 Viterbe

Honorius III annonce au doyen et au chapitre de l'Église d'Antioche la promotion du vice-chancelier apostolique, Raniero, au rang de patriarche d'Antioche.

A. Original en latin aujourd'hui perdu.

B. Copie du second registre d'Honorius III : Rome, ASV, Reg. Vat. 10, liv. IV, let. 631, fol. 152 r°.

a. O. Rinaldi, *Annales ecclesiastici*, éd. A. Theiner, t. XX, an. 1219, § 21 p. 414, d'après *B.* (édition partielle, privée de l'incipit et du dispositif de la lettre) _ *b.* C.-A. Horoy, *Medii aevi bibliotheca patristica*, t. III, n° 60 col. 358–359, d'après *a.*

Analyse : A. Potthast, *Regesta pontificum Romanorum*, t. I, n° 6175 p. 540 (en latin) _ P. Pressutti, *Regesta Honorii papae III (1216–1227)*, t. I, Rome, 1888, n° 2285 p. 380 (en latin).

.. Decano et capitulo Antiochenis

Quod ad provisionem ecclesie vestre cum longa deliberatione processimus, fecit eminentia dignitatis ejusdem et diversarum et adversarum varietas nationum, inter quas, sicut lucerna in loco caliginoso refulget, que duo requirunt ut pastorem habeat scientia et virtutibus eminentem, quatinus et digne tante presit ecclesie et prudenter eam inter varietates hujusmodi noverit gubernare. Cum ergo dilectum nostrum magistrum P[etrum] Capuanum[261], quem deputaveramus ad regimen ecclesie memorate, circa nos certa de causa providerimus retinendum, eundem in fratrum nostrorum collegium assumendo, tandem ad multam instantiam dilectorum filiorum Anselmi, Ulrici et Oprandi, canonicorum ipsius ecclesie, qui, sicut viri providi et fideles, pro ea sollicite ac fideliter laborarunt, illum nobis pro vestra et ecclesie vestre utilitate subtraximus, per cujus industriam labores nostri relevabantur precipue, et de cujus prudentia solacium potissimum habebamus, videlicet carissimum nobis R[anerium][262], Sancte Romane Ecclesie vicecancellarium, virum scientia, vita et fama preclarum, et elegantia morum ac conversationis dulcedine gratiosum, ipsumque vestre preficientes ecclesie, ac in patriarcham propriis manibus consecrantes, pallium sibi tradidimus, plenitudinis videlicet officii pontificalis insigne, ut ab

261 Pietro Capuano le Jeune, cardinal-diacre de Saint-Georges au Vélabre de 1219 à 1242.
262 Rainier ou Raniero da Castelvecchio, patriarche latin d'Antioche de 1219 à 1225.

Apostolica Sede tamquam sponsus de thalamo suo ad vos in ornatu patriarchali procedat, hoc et aliis usurus insignibus, prout usi sunt alii qui eum in ecclesie Antiochene regimine precesserunt. Monemus igitur devotionem vestram attentius et hortamur, per apostolica vobis scripta mandantes, quatinus eundem patriarcham recipientes ilariter et ei dignam honorificentiam exhibentes, ei, sicut patri et pastori vestro, intendatis et obediatis humiliter et devote, amplexantes ejus salubria monita et statuta irrefragabiliter observantes. Alioquin sententiam, quam rationabiliter tulerit in rebelles, precipimus usque ad satisfactionem condignam inviolabiliter observari. Datum Viterbii, VII idus decembris, pontificatus nostri anno quarto.

46

1219 Décembre 30 Saint-Pierre de Rome

Honorius III confirme la nomination du chanoine Oprando à la direction de la chancellerie de l'Église d'Antioche, effectuée par le patriarche Raniero [da Castelvecchio].

A. Original en latin aujourd'hui perdu.

B. Copie du second registre d'Honorius III : Rome, ASV, Reg. Vat. 10, liv. IV, let. 663, fol. 161 v°.

Analyse : P. Pressutti, *Regesta Honorii papae III (1216–1227)*, t. I, Rome, 1888, n° 2305 p. 383 (en latin).

Magistro Prando, canonico Antiocheno

Solet annuere [Sedes Apostolica piis votis et honestis petentium precibus favorem benevolum impertiri][263]. Cum igitur venerabilis frater noster Ranerius[264], patriarcha Antiochenus, officium cancellarie sue tibi duxerit conferendum ac idem nobis humiliter supplicarit ut, quia pro ecclesie Antiochene servitiis diutius et utiliter laborasti et cancellarius consueverit officio ipso uti dumtaxat tempore conferentis, perpetuare ipsum tibi misericorditer dignaremur. Nos, ejusdem patriarche precibus inclinati, officium ipsum perpetuando de speciali gratia tibi, auctoritate apostolica,

---

263 Formule abrégée en « *et cetera* » dans le registre vatican.

264 Rainier ou Raniero da Castelvecchio, patriarche latin d'Antioche de 1219 à 1225.

quoad vixeris, confirmamus et presentis scripti patrocinio communimus. Nulli ergo [omnino hominum liceat hanc paginam][265] nostre confirmationis infringere [vel ei ausu temerario contraire]. Si quis autem [hoc attemptare presumpserit, indignationem omnipotentis Dei et beatorum Petri et Pauli, apostolorum ejus, se noverit incursurum][266]. Datum Rome apud Sanctum Petrum, III kalendas januarii, pontificatus nostri anno quarto.

47

1220 Février 2 Viterbe

Honorius III reconnaît les droits du roi de Jérusalem, [Jean de Brienne], sur le royaume d'Arméno-Cilicie en raison de son mariage avec la princesse [Rita] d'Arménie.

A. Original en latin aujourd'hui perdu.

B. Copie du second registre d'Honorius III : Rome, ASV, Reg. Vat. 10, liv. IV, let. 662, fol. 161 v°.

ANALYSE : O. RINALDI, *Annales ecclesiastici,* éd. A. Theiner, t. XX, an. 1220, § 57 p. 437 (en latin) _ P. PRESSUTTI, *Regesta Honorii papae III* (1216–1227), t. I, Rome, 1888, n° 2320 p. 385 (en latin).

J[OHANNI], REGI JEROSOLIMITANO ILLUSTRI[267]

Cum a nobis petitur [quod justum est et honestum, tam vigor equitatis quam ordo exegit rationis, ut id per sollecitudinem officii nostri ad debitum perducatur][268] effectum. Sane tua nobis serenitas supplicavit ut regnum Armenie, quod ad te ratione karissime in Christo filie nostre, H[estephanie][269] regine, uxoris tue, hereditario jure asseris pertinere, tibi tuisque heredibus confirmare de benignitate Sedis Apostolice dignaremur. Nos, igitur tuis justis postulationibus grato concurrentes assensu, jus quod in ipso regno habere disnosceris, sicut illud rationabiliter obtines, tibi tuisque heredibus auctoritate apostolica confirmamus et presentis scripti

265 Formule abrégée en « *et cetera* » dans le registre vatican.
266 Formule abrégée en « *et cetera* » dans le registre vatican.
267 Jean de Brienne, roi de Jérusalem de 1210 à 1225.
268 Formule abrégée en « *et cetera usque* » dans le registre vatican.
269 Rita ou Stéphanie d'Arménie, reine de Jérusalem de 1214 à 1220.

patrocinio communimus. Nulli ergo [omnino hominum liceat hanc paginam][270] nostre confirmationis infringere [vel ei ausu temerario contraire]. Si quis autem [hoc attemptare presumpserit, indignationem omnipotentis Dei et beatorum Petri et Pauli, apostolorum ejus, se noverit incursurum][271]. Datum Viterbii, IV nonas februarii, pontificatus nostri anno quarto.

48

1220 Juillet 10 Orvieto

Honorius III charge les évêques de Viviers et de Saint-Paul-Trois-Châteaux de superviser la pénitence du chevalier Bertrand de Cares, qui s'est rendu coupable de l'assassinat de l'évêque du Puy-en-Velay, [Robert de Mehun], avec plusieurs complices.

A. Original en latin aujourd'hui perdu.

B. Copie du second registre d'Honorius III : Rome, ASV, Reg. Vat. 10, liv. IV, let. 810, fol. 199 r°-199 v°.

C. Copie de La Porte du Theil du XVIIIe siècle, d'après *B.* Paris, Bibliothèque Nationale de France, Fonds Moreau, vol. 1181, n° 66 fol. 149 r°-152 r°.

a. O. Rinaldi, *Annales ecclesiastici*, éd. A. Theiner, t. XX, an. 1220, § 28–30 p. 430–431, d'après *B.* _ *b.* M. Bouquet, *Recueil des historiens des Gaules et de la France*, XIX (1833), p. 703–704 d'après *C.* _ *c.* C.-A. Horoy, *Medii aevi bibliotheca patristica*, t. III, n° 173 col. 469–471, d'après *a.*

Analyse : A. Potthast, *Regesta pontificum Romanorum*, t. I, n° 6298 p. 550 (en latin) _ P. Pressutti, *Regesta Honorii papae III (1216–1227)*, t. I, Rome, 1888, n° 2543 p. 420 (en latin).

.. Vivariensi[272] et .. Tricastrensi[273] episcopis

Piaculare flagitium quod Bertrandus *de Cares* et ejus complices commiserunt bone memorie .. Aniciensem episcopum[274] crudeliter occidendo, flere libet potius quam referre, ipsa immanitate flagitii verba profundis intercidente suspiriis[275], et lacrimas invitis etiam oculis exprimente. Quem enim

270 Formule abrégée en « *et cetera* » dans le registre vatican.
271 Formule abrégée en « *et cetera* » dans le registre vatican.
272 Guillaume II, évêque de Viviers de 1217 à 1222.
273 Geoffroy de Vogüé, évêque de Saint-Paul-Trois-Châteaux de 1211 à 1233.
274 Robert de Mehun, évêque du Puy-en-Velay de 1213 à 1219.
275 *Mss. « suspitiis ».*

non moveat, quisve siccis oculis recitet virum nobilitate spectabilem, dignitate insignem, meritis vite laudabilem, dominum a vassalis, pium ab impiis, patrem a filiis, pro tuenda ecclesie sibi commisse justitia interemptum? Licet autem multi adversus Dominum et adversus Christum ejus convenerint, dictus tamen Bertrandus universorum et singulorum nequitiam supergressus solus, cum ordinatum fuisset, ut dicitur, ne quis ipsum episcopum tangeret, in eum sacrilegas manus extendere et armatus inermem, mansuetum crudelis, patrem filius, occidere non expavit. Tanti ergo facinoris atrocitate permoti, eundem Bertrandum et ejus in tanta impietate consortes, qui ad nostram presentiam accesserunt, longo tempore sustinuimus ante fores palatii nostri excubare discalciatos et nudos, aures et oculos ab eorum ejulatibus, et lacrimis avertendo, ut et ipsi, per difficultatem hujusmodi, enormitatem flagitii sui plenius intelligerent, et alii quoque, quibus illorum culpa fuit in scandalum, de ipsorum confusione non solum exemplum, sed etiam solacium reportarent. Porro, ipsis aures nostras clamoribus indefessis sine cessatione pulsantibus, tandem attendentes non sanis, sed male habentibus, esse opus medico secundum evangelicam veritatem ne illos, ulteriori difficultate adhibita, desperationis baratrum absorberet, eorumdem se ad satisfactionem omnimodam offerentium recipi, fecimus juramenta et eisdem beneficio absolutionis impenso, talem injungi penitentiam sub debito prestiti juramenti, quod videlicet omnes qui convenerunt ad insidias contra ipsum episcopum, nec tamen presciverunt eum debere interimi, nec ejus interitum procurarunt, sine dilatione resignabunt Aniciensi ecclesie, si quis eorum in feudum tenet aliquid ab eadem nec illud umquam de cetero repetent, nec ea de causa inquietabunt ipsam ecclesiam, nec inde movebunt ei aliquam questionem. Ad hec in civitate Podiensi, si secure poterunt, unam facient quadragesimam hostiatim, induti saccis vel ciliciis, ac detonsis capitibus, mendicantes, in pane et aqua bis in ebdomada jejunando. Quod si forte secure non poterunt esse in civitate predicta secundum prenotatum modum, unam facient quadragesimam in aliqua de civitatibus convicinis; qua peracta in prefata civitate Podiensi, vel alia, ultra mare transibunt in Terre Sancte servitio per biennium moraturi, et omnes sextas ferias jejunaturi in pane et aqua toto tempore vite sue, nisi eos evidens infirmitas excusaverit, vel sollempnitas Nativitatis Dominice occurrerit eo die. Predictus vero Bertrandus, cujus est detestabilior culpa, resignato secundum quod supradictum est feudo, si quod ab ecclesia ipsa tenet, ac deposito cingulo militari contra Christianum numquam de cetero arma feret. Tres quadragesimas in civitate Podii, si securus poterit ibi esse, alioquin in aliis vicinioribus faciet, indutus sacco, aspersus cinere, tonso capite, discalciatus et hostiatim mendicans, ac pane solo et aqua contentus, tribus diebus qualibet septimana. Insuper per tres quadragesimas supradictas, omni die dominica, toti clero et populo civitatis in qua ipsas faciet quadragesimas, nudum se offeret cum virgis, quas in manu deferet, verberandum. Hiis peractis, ultra mare transibit, per septennium moraturus ibidem in servitio Terre Sancte, ac in suo reditu apostolico se conspectui presentabit cum litteris patriarche ac aliarum autenticarum[276] personarum, que in partibus illis tempore illo erunt, continentibus qualiter ibi per dictum septennium fuerit conversatus. Toto tempore vite sue duas in anno faciet quadragesimas, et sextas ferias ac sollempnes vigilias in pane et aqua, nisi certa corporis infirmitas prepediat vel occurrat Dominice Nativitatis sollempnitas, jejunabit. A comunione[277] quoque corporis et sanguinis Domini abstinebit septennio, nisi fuerit in mortis articulo constitutus. Si vero, post tres quadragesimas predicto modo peractas, ad Cartusiensem vel Cisterciensem ordinem transire legitime poterit, et transierit, erit a supradicta penitentia excusatus. Ideoque fraternitati vestre, per apostolica scripta, mandamus quatinus eos ad agendam penitentiam suprascriptam, monitione premissa, per censuram ecclesiasticam, appellatione remota, si necesse fuerit, compellatis. Datum apud Urbem Veterem, VI idus julii, pontificatus nostri anno quarto.

49

1220 Août 11 Orvieto

Honorius III interdit au roi de Jérusalem, Jean [de Brienne], d'abandonner l'ost de la cinquième croisade pour se porter contre le royaume d'Arméno-Cilicie qui appartient à la catholicité.

A. Original en latin aujourd'hui perdu.

B. Copie du troisième registre d'Honorius III : Rome, ASV, Reg. Vat. 11, liv. V, let. 26, fol. 7 r°.

a. O. Rinaldi, *Annales ecclesiastici*, éd. A. Theiner, t. XX, an. 1220, § 55–56 p. 437, d'après *B.* __ *b.* C.-A. Horoy, *Medii aevi bibliotheca patristica*, t. III, n° 20 col. 504–505, d'après *a.* __ *c.* K. Rodenberg, *Epistolae saeculi XIII*, t. I, n° 130 p. 95–96, d'après *a.*

Analyse : A. Potthast, *Regesta pontificum Romanorum*, t. I, n° 6329 p. 553 (en latin) __ P. Pressutti, *Regesta Honorii papae III (1216–1227)*, t. I, Rome, 1888, n° 2610 p. 433 (en latin).

---

276 *Sic mss.*
277 *Sic mss.*

JOHANNI, REGI JEROSOLIMITANO ILLUSTRI

Audivimus te secessisse a partibus Damiate, et ad civitatem Acconensem collectis tuis viribus, accessisse, quod si eo proposito, et consideratione fecisti ut paganorum partes illas infestantium incursibus obvies, et conatus elidas, tuam commendamus in Domino providentiam, maxime si Christiani a parte illa usque adeo infestantur[278], quod tanto videantur auxilio indigere. Porro alias regiam magnificentiam non deceret aliis pro fide Christiana pugnantibus, te vacare quieti, vel negotiis specialibus occupari. Illud profecto credere non valemus quod quidam sompniant, te contra regnum Armenie velle arma movere. Cum credamus tantam esse in regia serenitate prudentiam quod perspicue vides, quantum periculum, quanta jactura, quanta confusio per hoc evenire posset fidelibus constitutis in partibus Orientis, ac toti populo Christiano, et quantum Apostolice Sedi et universis fidelibus te redderes odiosum, si nunc totius orbis Christiani viribus pro succursu tuo et Terre Sancte concussis, tu communi utilitate posthabita intenderes speciali, que nisi communi promota feliciter, non posset stabiliter promoveri. Licet igitur confidamus quod tu, hec prudenter attendens, evitabis aliquid attemptare, per quod perire ac evacuari posset totus labor, quem hactenus pro Terra Sancta subiit populus Christianus, exhabundanti[279] tamen sub obtentu gratie divine ac nostre, et sub anathematis pena tibi, auctoritate presentium, districtissime inhibemus ne hoc tempore aliquatenus arma moveas contra ipsos Armenos, aut quoslibet alios Christianos, sed studeas ut tota Christianitas ultramarina in unitate consistat et venerabili fratri[280] nostro P[elagio][281], Albanensi episcopo, Apostolice Sedis legato, qui strenuitatem tuam frequenter suis nobis litteris commendavit, sicut persone nostre reverenter intendens studeas, quod commune populi Christiani negotium desideratum, largiente Domino, consequatur effectum ; postmodum tuis specialibus commodis operam decentius utiliusque daturus. Alioquin, quantumcumque tuam diligamus personam, et deferre regie dignitati velimus, contra tamen communem utilitatem, immo contra ipsum Deum deferre tibi, vel cuiquam alii non possemus. Datum apud Urbem Veterem, III idus augusti, [pontificatus nostri] anno quinto.

278 *Mss. « infestanter ».*
279 *Sic mss.*
280 *Mss. « fratre ».*
281 Pélage ou Pelayo Gaytán, cardinal-évêque d'Albano de 1213 à 1232.

50

1220 Août 19 Orvieto

Honorius III prend sous la protection de saint Pierre les sanctuaires et possessions de l'ordre du Saint-Sépulcre de Jérusalem en Orient et Occident. Ce patrimoine comprend une série d'églises localisées à Acre, Tyr, Antioche, Constantinople, Salonique, Barletta, Troia, Brindisi, aux côtés de sanctuaires siciliens, ibériques, polonais, tchèques, hongrois, slavoniens, allemands, français, lombards, toscans et anglais. Le souverain pontife mentionne à la suite une série d'établissements possédés à Tripoli, Gibelet, Chypre ainsi qu'en Moravie.

A. Original en latin conservé jadis dans les Archives du monastère polonais de Miechów.

B. Copie du troisième registre d'Honorius III : Rome, ASV, Reg. Vat. 11, liv. V, let. 49, fol. 12 r°-12 v°.

a. S. Nakielski, *Miechovia, sive promptuarium antiquitatum Monasterii Miechoviensis*, Cracovie, 1634, p. 136–137, d'aprè *A.* __ *b.* C.-A. Horoy, *Medii aevi bibliotheca patristica*, t. III, n° 26 col. 509–510, d'après *a.* __ *c.* C. Schabel, *Bullarium Cyprium*, t. I : *Papal Letters Concerning Cyprus 1196–1261*, c-25 p. 212–213, d'après *B.* (édition partielle centrée sur le patrimoine cypriote de l'ordre).

Analyse : C. Grünhagen, *Regesten zur schlesischen Geschichte*, t. I, Wroclaw (Breslau), 1866, n° 228 p. 109 __ A. Potthast, *Regesta pontificum Romanorum*, t. I, n° 6333 p. 553 (en latin) __ P. Pressutti, *Regesta Honorii papae III (1216–1227)*, t. I, Rome, 1888, n° 2626 p. 435–436 (en latin).

Priori[282] et fratribus Dominici Sepulchri

Effectum justa postulantibus indulgere et vigor equitatis et ordo exigit rationis, presertim quando petentium voluntatem et pietas adjuvat, et veritas non relinquit. Eapropter, dilecti in Domino filii, vestris justis postulationibus gratum impertientes assensum, ecclesiam gloriosi Dominici Sepulchri sub beati Petri et nostra protectione suscipimus ; et quascumque possessiones, quecumque bona eadem ecclesia ubilibet locorum impresentiarum rationabiliter possidet, aut in futurum justis modis, prestante Domino, poterit adipisci ; ac specialiter ecclesiam quam habetis apud Accon et ecclesiam quam habetis apud Tyrum, ecclesiam quam habetis Antiochie, ecclesiam quam habetis apud Constantinopolim, ecclesiam

282 Guillaume II ou Pierre III, attestés respectivement en 1212–1215 et 1225–1227.

quam habetis apud Thesalonicam[283], ecclesiam quam habetis Baroli, ecclesiam quam habetis Troje, ecclesiam quam habetis Brundusii, ecclesias quas habetis in Sicilia, ecclesias quas habetis in Ispania, ecclesias quas habetis in Polonia, ecclesias quas habetis in Boemia, ecclesias quas habetis in Ungaria, ecclesias quas habetis in Sclavonia, ecclesias quas habetis in Alemannia, ecclesias quas habetis in Francia, ecclesias quas habetis in Lombardia et in Tuscia, et ecclesias quas habetis in Anglia, cum omnibus pertinentiis et tenimentis earundem ; tenimentum quoque quod habetis apud Tripolim et tenimentum quod habetis apud Gibelech, casale quod habetis apud Cyprum et tenimentum quod habetis in Moravia, cum universis illorum pertinentiis, sicut ea omnia juste ac pacifice possidetis ; omnes insuper libertates, immunitates et jura quas vos seu ecclesie vestre obtinuistis per quadraginta annos, ante concilium generale vobis et ecclesiis ipsis, non obstantibus controversiis motis post ipsum concilium, auctoritate apostolica confirmamus, et presentis scripti patrocinio communimus. Porro clerici ecclesiarum vestrarum crisma, oleum sanctum, ordinationes clericorum, consecrationes altarium, ab episcopis diocesanis accipiant, si tamen catholici fuerint et gratiam atque communionem Apostolice Sedis habuerint, eaque ipsis gratis et sine gravitate voluerint exhibere. Alioquin liceat eis quosque maluerint catholicos adire antistites qui, nostra fulti auctoritate, quod postulatur indulgeant. Nulli preterea fratrum vestrorum liceat, post factam in ecclesia vestra professionem, sine patriarche aut prioris sui licentia ab ipsa discedere ; discedentem vero, sine communium cautione litterarum, nullus audeat retinere. Ad hec, ad exemplar felicis memorie Adriani[284] pape, predecessoris nostri, statuimus ut ecclesie vestre in quibus fuerit congregatio fratrum, pro communi parrochie interdicto non vacent ; sed liceat semper fratribus vestris in eisdem ecclesiis commorantibus, non tactis tintinnabulis, interdictis et excommunicatis ejectis, clausis janiis, et submissa voce divina officia celebrare. Nulli ergo omnino hominum liceat hanc paginam nostre protectionis, confirmationis et constitutionis infringere vel ei ausu temerario contraire. Si quis autem hoc attemptare presumpserit, [indignationem omnipotentis Dei et beatorum Petri et Pauli, apostolorum ejus, se noverit incursurum][285]. Datum apud Urbem Veterem, XIV kalendas septembris, pontificatus nostri anno quinto.

[283] *Sic mss.*
[284] Adrien IV, pape de 1154 à 1159.
[285] Formule abrégée en « *et cetera* » dans le registre vatican.

51

1220 Décembre 16 Latran

Honorius III charge le cardinal-légat, [Pélage] d'Albano, d'enquêter sur les prétentions au trône d'Arménie du prince Raymond-Rubēn, qui demande l'investiture du Saint-Siège.

A. Original en latin aujourd'hui perdu.

B. Copie du troisième registre d'Honorius III : Rome, ASV, Reg. Vat. 11, liv. V, let. 258, fol. 51 v°-52 r°.

ANALYSE : O. RINALDI, *Annales ecclesiastici*, éd. A. Theiner, t. XX, an. 1220, § 57 p. 437–438 _ P. PRESSUTTI, *Regesta Honorii papae III* (*1216–1227*), t. I, Rome, 1888, n° 2876 p. 476 (en latin).

.. EPISCOPO ALBANENSI[286], APOSTOLICE SEDIS LEGATO

Cum pro dilecto filio, nobili viro Raymundo Rupino[287], crucesignato, principe Antiochie, pluries tuis litteris nos rogaris, causam ejus nobis affectuose commendans, sperantes quod nil nisi honestum tua postularet honestas, eum in gratiam admisimus specialem exhibituri eidem favorem in quibus decuerit oportunum. Unde, cum idem nobilis nobis per suos nuntios et litteras supplicarit instanter ut, quia regno Armenie ad ipsum de jure spectante coronari debet, in regem sibi per te inunctionis munus faceremus impendi, nos, de tam arduo negotio et tam a nobis remoto plenam habere certitudinem nequeuntes et attendentes quod hujus rei circumstantias potes plenius indagare, tam super hiis que ad inunctionem et coronationem ejus pertinent quam super principatu Antiochie ac dicto regno Armenie et aliis que causam ejus respiciunt, tibi committimus plenarie vices nostras. Quocirca fraternitatem tuam monemus et hortamur attente, per apostolica scripta mandantes, quatinus eum in quibuscumque, salva honestate, poteris, habens propensius commendatum, justis desideriis ejusdem debitum impendas effectum ad ejusdem succursum, si necesse fuerit, quantum cum Deo poteris inducendo quos videris expedire, ita quod industriam tuam possimus in Domino merito commendare. Datum Laterani, XVII kalendas januarii, pontificatus nostri anno quinto.

---

286 Pélage ou Pelayo Gaytán, cardinal-évêque d'Albano de 1213 à 1232.

287 Raymond-Rubēn, prince d'Antioche de 1216 à 1219.

52

1221 Mars 23 Latran

Honorius III charge l'archevêque [Eustorge] de Nicosie et l'évêque [Rainier] de Bethléem d'enquêter sur un abus de pouvoir, que l'archevêque [Pierre de Césarée] aurait commis à l'encontre de l'Église d'Acre pendant l'absence de son pasteur, [Jacques de Vitry]. Sa première victime semble avoir été le chanoine acconitain, Anselme, qui fut expulsé de la cathédrale Sainte-Croix sans ménagement, alors qu'il s'apprêtait à y lire un rescrit du pape.

A. Original en latin aujourd'hui perdu.

B. Copie du troisième registre d'Honorius III : Rome, ASV, Reg. Vat. 11, liv. V, let. 492, fol. 99 r°.

a. C. Schabel, *Bullarium Cyprium*, t. I : *Papal Letters Concerning Cyprus 1196–1261*, c-26 p. 213–214.

Analyse : P. Pressutti, *Regesta Honorii papae III* (*1216–1227*), t. I, Rome, 1888, n° 3203 p. 523 (en latin).

.. Nycosiensi archiepiscopo[288] et .. episcopo Bethleemitano[289]

Venerabilis frater noster .. episcopus Acconensis[290], gravem ad nos querimoniam destinavit quod, cum abbatibus, prioribus et aliis ecclesiarum prelatis et clericis civitatis Acconensis nostris dedissemus litteris in mandatis ut, eidem episcopo tamquam diocesano suo humiliter intendentes, de omnibus rationibus suis ei plenarie responderent, venerabilis frater noster .. Cesariensis archiepiscopus[291] ad prepediendum litterarum nostrarum effectum, congregatis abbatibus, prioribus quampluribus et aliis clericis et laicis Acconensibus et peregrinis, in ipsum absentem, post appellationem ad venerabilem fratrem nostrum .. Albanensem episcopum[292], Apostolice Sedis legatum, legitime interpositam suspensionis et in ecclesiam Acconensem interdicti et in canonicos ecclesie ipsius excommunicationis sententias fulminavit. Et quia dilectus filius magister Anselmus, canonicus Anconensis[293], cepit ei dicere quod non bene fecerat taliter

288 Eustorge de Montaigut, archevêque de Nicosie de 1213 à 1250.
289 Rainier ou Raniero.
290 Jacques de Vitry, évêque d'Acre de 1216 à 1228.
291 Pierre de Limoges, archevêque de Césarée de 1199 à 1237.
292 Pélage ou Pelayo Gaytán, cardinal-évêque d'Albano de 1213 à 1232.
293 *Sic mss.*

contra episcopum et ecclesiam Acconensem, contra generalis statuta concilii procedendo, et, exhibens litteras nostras quas idem episcopus super suis rationibus impetrarat, legere cepit easdem, archiepiscopus in superbia et tumultu motus indebite contra eum, non solum litteras ei legere non permisit, verum etiam per quosdam sibi astantes ipsum de ecclesia fecit expelli, scissis vestibus et litteris nostris in manibus ejus fractis, non sine gravi nostra injuria et contemptu. Nolentes igitur tantam Apostolice Sedis et predicti episcopi, magni quidem ecclesie Dei menbri[294], contumeliam equanimiter sustinere, ne transiret presumptoribus in exemplum, fraternitati vestre, per apostolica scripta, mandamus quatinus, inquisita super hiis et cognita veritate, si rem inveneritis ita esse predictum archiepiscopum ut super hiis tam episcopo quam predicto magistro satisfaciat competenter, monentes precipiendo[295], auctoritate nostra, cessante appellatione, cogatis ; alias de injuria nobis illata ipsum pena canonica castigantes. Datum Laterani, X kalendas aprilis, [pontificatus nostri] anno quinto.

53

1221 Mars 28 Latran

Honorius III somme les clercs et prélats des communautés italiennes présentes à Saint-Jean d'Acre de reconnaître l'autorité de l'évêque [Jacques de Vitry], sous peine d'essuyer des sanctions disciplinaires de l'archevêque de Nicosie et de l'évêque de Bethléem.

A. Original en latin aujourd'hui perdu.

B. Copie du troisième registre d'Honorius III : Rome, ASV, Reg. Vat. 11, liv. V, let. 491, fol. 98 v°-99 r°.

a. C. Schabel, *Bullarium Cyprium,* t. I : *Papal Letters Concerning Cyprus 1196–1261*, c-27 p. 214–216.

Analyse : P. Pressutti, *Regesta Honorii papae III* (*1216–1227*), t. I, Rome, 1888, n° 3213 p. 525 (en latin).

---

294 *Sic mss.*

295 *Sive « monitione premissa ».*

.. ABBATIBUS, PRIORIBUS, ARCHIPRESBYTERIS, PREPOSITIS, PRESBYTERIS ET ALIIS CLERICIS COMMUNITATUM JANUENSIUM, VENETORUM ET PISANORUM, AC ALIIS ECCLESIARUM PRELATIS IN CIVITATE ACCONENSI MORANTIBUS[296]

Cum quasi peccatum ariolandi sit repugnare et quasi scelus ydolatrie nolle acquiescere, ac e converso viccimis obedientia preferatur ut vitent malum et faciant bonum, omnes debent homini super capita sua posita humiliter obedire, illum salubriter imitantes qui usque ad mortem, factus obediens Deo patri, obedientie nobis tribuit disciplinam. Sane venerabilis frater noster .. Acconensis episcopus[297] suam ad nos querimoniam destinavit quod, quamplures vestrum denegantes sibi tamquam diocesano et ordinario suo debitam obedientiam et reverentiam exhibere, de rationibus suis eidem, ut tenentur intendere, aspernantur, quamquam nullo exemptionis privilegio super hoc valeant se tueri ad quod ostendendum tum a nobis, tum a venerabili fratre nostro P[elagio][298], Albanensi episcopo, Apostolice Sedis legato, plures terminos habuisse noscuntur, hoc solum in excusationem frivolam pretendendo quod in civitate Acconensi tamquam hospites et exules commorantur. Cum ipsos subesse alicui episcopo sit necesse, nolentes igitur tantam injuriam ipsius episcopi vel illorum insolentiam equanimiter comportare, universitatem vestram monemus attente, per apostolica scripta mandantes, quatinus eidem universi et singuli, tamquam menbra[299] capiti humiliter intendentes, de rationibus suis integre respondeatis eidem, ita quod ex debito vobis meritum videamini comparare ac idem episcopus vos, tamquam devotos filios, valeat sinceritatis brachiis carius amplexari. Alioquin sententiam, quam idem tulerit in rebelles ratam habentes, venerabilibus fratribus .. Nycosiensi archiepiscopo[300] et .. episcopo Beethlemitano[301] nostris damus litteris in mandatis ut sententiam ipsam, sicut rationabiliter lata fuerit, faciant, auctoritate nostra, usque ad satisfactionem condignam, appellatione remota, inviolabiliter observari. Datum Laterani, V kalendas aprilis, pontificatus nostri anno quinto.

§ *Scriptum est in eundem modum* universis abbatibus, prioribus et aliis ecclesiarum prelatis et clericis in civitate Acconensi morantibus. Cum

---

296 La forme « *morantibus* » est confirmée par la rubrique de cette bulle figurant au folio 13 r° d'un cahier annexe, qualifié de *Rubrice litterarum annorum quinti et sexti domini Honorii pape tertii a primo de anno quinto.*

297 Jacques de Vitry, évêque d'Acre de 1216 à 1228.

298 Pélage ou Pelayo Gaytán, cardinal-évêque d'Albano de 1213 à 1232.

299 *Sic mss.*

300 Eustorge de Montaigut, archevêque de Nicosie de 1213 à 1250.

301 *Leg.* « *Bethleemitano* ». Ce prélat portait le nom de Rainier ou Raniero.

quasi peccatum ariolandi *et cetera, ut supra, usque* tueri, hoc solum in excusationem frivolam pretendendo *et cetera, ut supra, usque* in finem.

§ *Scriptum est super hoc in eundem modum, ut supra,* eisdem Nycosiensi et Beethlemitano[302].

54

1221 Juin 20 Latran

Honorius III annonce au légat [Pélage] d'Albano le passage en Orient au mois de mars 1222 de l'empereur Frédéric [II] à la tête d'une grande armée, ainsi que le transbordement imminent du marquis de Montferrat, [Guillaume VI], avec le titre de gonfanonier de l'Église romaine et une contribution pontificale de 15 000 marcs d'argent.

A. Original en latin aujourd'hui perdu.

B. Copie du troisième registre d'Honorius III : Rome, ASV, Reg. Vat. 11, liv. V, let. 729, fol. 146 r°-146 v°.

a. K. Rodenberg, *Epistolae saeculi XIII*, t. I, n° 176 p. 122–123, d'après *B.*

Analyse : P. Pressutti, *Regesta Honorii papae III (1216–1227)*, t. I, Rome, 1888, n° 3478 p. 565 (en latin) __ P.-V. Claverie, *L'ordre du Temple en Terre sainte et à Chypre au XIIIe siècle*, t. III, n° 519 p. 462–463.

.. Albanensi episcopo[303], Apostolice Sedis legato

Absit, ut Terre sancte negotium cursu non dirigatur optato, pro quo, sicut Domino placuit, tanta multitudo Christianorum occubuit, et nos a principio promotionis nostre tam graves labores sustinuimus et expensas, tuque a tam longo tempore supra opinionem omnium laborasti, te infinitis periculis exponendo, cum etiam de erogatis ab aliis ad ipsius promotionem negotii sit numerus expensarum. Porro benigne receptis litteris tuis et consideratis, que olim a parte altera sunt oblata, et que ab eadem noviter offeruntur, pactio in litteris ipsis expressa, cum jam dudum conditionem habere potuerimus eque bonam, sicut te quasi statim, quod Egyptum applicuisti, accepimus referente, grata nobis non potuit existere vel accepta.

302 *Sic mss.*

303 Pélage ou Pelayo Gaytán, cardinal-évêque d'Albano de 1213 à 1232.

Sane licet significaverimus tibi per alias litteras quod[304] karissimus in Christo filius noster F[redericus][305], Romanorum imperator et semper augustus, et rex Sicilie, ante et post coronationem suam et in die coronationis ipsius festinum ad eandem terram promisisset accessum, predictus tamen asserit imperator quod cum venientibus secum ad coronationem eandem principibus et aliis magnam pecuniam erogarit et post coronationem suam grandem accedentibus Damiatam tribuerit quantitatem[306] pecunie, nondum potuit, sicut decet, eandem[307] in manu valida transfretare, metuens ne, si prout ejus exigit magnificentia non veniret, confundi potius quam promoveri contingeret negotium memoratum. Idem quoque imperator, non tantum nobis, sed omnibus generaliter firmiter pollicetur, quod in proximo futuro passagio mensis martii in forti et potenti brachio transfretabit. Propter quod suppliciter et plurimum institit ut dilationem sibi concedere dignaremur, ad quam concedendam, licet usque ad predictum passagium videatur accepisse terminum per se ipsum, quantumcumque rogati nunquam potuimus inclinari. Preterea nos venerabili fratri nostro .. Hostiensi episcopo[308], pro eodem negotio in Lombardiam et Tusciam destinato, et non modica de nostro erogata pecunia per eundem, obtimum procuravimus Terre Sancte succursum. Ita quod si dictus imperator, quod avertat Dominus, non transiret, operante illo, a quo est omne datum optimum et omne donum perfectum, felicem poteris ipsius negotii expectare processum. Et ecce dilectus filius nobilis vir .. marchio Montisferrati[309], cum militum multitudine strenuorum, vexillo principis apostolorum et signo Crucis accepto, ad festinum eidem terre subsidium se accingit, qui nobis, propter hoc, tribuentibus quindecim milia marcharum argenti tuus et Ecclesie Romane vexillifer constitutus, obsequi tibi tenetur super negotio memorato. Cum autem nos in sinu circumspectionis tue caput intrepidi reclinemus, per apostolica tibi scripta mandamus quatinus, predicta diligenter attendens et circumstantias considerans universas, habito magnorum et prudentum virorum de exercitu, quos videris expedire, consilio sive super hoc seu super aliis, cum ea, que te decet et tantum negotium, maturitate procedas, prout ad gloriam Dei et Christianitatis

---

304 *Mss. « quas ».*
305 Frédéric II de Hohenstaufen, empereur germanique de 1220 à 1250.
306 Mot placé entre guillemets dans le registre vatican.
307 *Leg. « eodem ».*
308 Hugolin de Segni, cardinal-évêque d'Ostie et de Velletri de 1206 à 1227.
309 Guillaume VI Alérame, marquis de Montferrat de 1207 à 1226.

salutem cognoveris procedendum. Datum Laterani, XII kalendas julii, pontificatus nostri anno quinto.

§ *In eundem modum scriptum est* Templariis, Hospitalariis, .. magistro[310] et fratribus Hospitalis Sancte Marie Teutonicorum et .. archiepiscopo Burdegalensi[311], cuilibet per se.

Cum aditus pateat consumationi negotii manifestus, et magnificus speratur[312] in proximo Deo faciente succursus a partibus cismarinis, et sicut dicitur, Orientis se pluribus accingentibus ad subsidium Terre Sancte, utilius consilium nobis videtur, adhuc manum misericordie Dei expectare, quam hujusmodi pactionibus inclinari[313].

55

1221 Juillet 9 Latran

Honorius III engage le cardinal-légat, Pélage d'Albano, à veiller à la préservation de la ville d'Antioche, menacée par les agissements du comte [*Bohémond IV*] *de Tripoli.*

A. Original en latin aujourd'hui perdu.

B. Copie du troisième registre d'Honorius III, d'après *A.* Rome, ASV, Reg. Vat. 11, liv. V, let. 755, fol. 151 r°.

Analyse : P. Pressutti, *Regesta Honorii papae III*, t. I, n° 3495 p. 568 (en latin).

.. P[elagio][314], Albanensi episcopo, Apostolice Sedis legato

Jam dudum et nunc fortius nostris est auribus inculcatum in eo statu Antiochenam existere civitatem quod de ipsius sit gravi periculo metuendum. Quare fraternitatem tuam monemus, per apostolica tibi scripta mandantes, quatinus cum eo moderamine super facto nobilis viri .. comitis Tripolitani[315] procedas ut nichil sinistris de eadem civitate Christianitati contingat in cujus ammissione, sicut dicitur, plus dampni et ignominie

310 Hermann von Salza, grand-maître de l'ordre teutonique de 1209 à 1239.
311 Guillaume II Amanieu de Genève, archevêque de Bordeaux de 1207 à 1227.
312 *Leg.* « *speretur* ».
313 Apostille ajoutée dans la marge du registre vatican sous la mention *anima* (*aīa*).
314 Pélage ou Pelayo Gaytán, cardinal-évêque d'Albano de 1213 à 1232.
315 Bohémond IV d'Antioche, comte de Tripoli de 1189 à 1233.

sustineret populus Christianus, quam si plures perderet Damiatas. Super facto quoque ipsius comitis ideo est maxime subsistendum, quia, de nobili viro Rupino, quod captus fuerit minime dubitatur et nunc publice fertur eundem carnis debitum exolvisse[316]. Datum Laterani, VII idus julii, pontificatus nostri anno quinto.

56

1221 Juillet 9 Latran

Honorius III autorise l'archevêque et le chapitre de l'Église d'Apamée à pouvoir bénéficier du témoignage en justice de chrétiens orientaux contre les Francs qui occupent indûment leurs possessions.

A. Original en latin aujourd'hui perdu.

B. Copie du troisième registre d'Honorius III, d'après *A.* Rome, ASV, Reg. Vat. 11, liv. V, lettre 752, fol. 150 v°-151 r°

a. A.L. Tăutu, *Acta Honorii III, 1216–1227, et Gregorii IX, 1227–1241*, Vatican, 1950, n° 80 p. 108–109, d'après *B.* (avec une adresse erronée)

Analyse : P. Pressutti, *Regesta Honorii papae III*, t. I, n° 3494 p. 568 (en latin).

.. Archiepiscopo[317] et capitulo Appamiensibus

Vestre statum ecclesie miserantes, cujus sedem et possessiones pene omnes Crucis inimici detinent, sicut intelleximus, occupatas, vestris cupimus petitionibus, quantum cum Deo licet, adesse et in hiis que a ratione non discrepant, favorem vobis apostolicum impertiri. Sane cum, sicut proponitis, reliquias quasdam possessionum ecclesie vestre quidam clerici et Christiani laici occuparint et consuetudo quedam in vestris inoleverit partibus ab antiquo, ne Suriani et Armeni contra Francigenas, nec contra ipsos Franci ad testimonium admittantur, propter quod, probandi vobis facultate subtracta, nequitis ad jus et proprietatem ejusdem ecclesie possessiones revocare predictas. Nos, vestris precibus inclinati, presentium vobis auctoritate concedimus ut, non tantum Grecos, sed Surianos et Armenos et generaliter fideles omnes ad testificandum idoneos pro vobis et ecclesia vestra in testimonium inducere valeatis. Nulli ergo [omnino hominum liceat hanc paginam][318] nostre concessionis infringere [vel ei ausu temerario contraire].

---

316 *Sic mss.*
317 Anselme.
318 Formule abrégée en *« et cetera »* dans le registre vatican.

Si quis autem [hoc attemptare presumpserit, indignationem omnipotentis Dei et beatorum Petri et Pauli, apostolorum ejus, se noverit incursurum][319]. Datum Laterani, VII idus julii, [pontificatus nostri] anno quinto.

§ *In eundem modum* pro patriarcha et capitulo Antiochenis[320].

57

1221 Juillet 10 Latran

Honorius III charge le patriarche [Raniero] d'Antioche de veiller à la reconstitution du temporel de l'Église d'Apamée au fur et à mesure de sa reconquête par les chrétiens.

A. Original en latin aujourd'hui perdu.

B. Copie du troisième registre d'Honorius III, d'après *A.* Rome, ASV, Reg. Vat. 11, liv. V, let. 754, fol. 151 r°.

Analyse : P. Pressutti, *Regesta Honorii papae III*, t. I, n° 3499 p. 568 (en latin).

.. Antiocheno patriarche[321]

Venerabilis frater noster .. Appamiensis archiepiscopus[322] in nostra fecit presentia recitari quod sedem Appamiensis ecclesie ac possessiones ipsius, exigentibus Christianorum peccatis, occupatas Crucis detinent inimici. Quia vero speratur quod possessiones ejusdem ecclesie, faciente misericordia Domini, de illorum eripiantur hiis temporibus potestate, prenominatus archiepiscopus nobis humiliter supplicavit ut ne, per cujusquam potentiam vel malitiam eandem, contingat ecclesiarum quominus possessiones easdem recuperet impediri, provedire misericorditer dignaremur, pro eo maxime quod facile ad nos recursum habere non potest in remotis partibus constitutus. Ideoque fraternitati tue, per apostolica scripta, mandamus quatinus nullatenus patiaris quominus hec de manibus erepta infidelium ad jus et proprietatem ipsius ecclesie revertantur, contradictores per censuram ecclesiasticam, appellatione postposita, compescendo. Datum [Laterani, VI idus julii, pontificatus nostri anno quinto][323].

---

319 Formule abrégée en « *et cetera* » dans le registre vatican.
320 Mention annotée dans la marge du manuscrit.
321 Rainier ou Raniero da Castelvecchio, patriarche latin d'Antioche de 1219 à 1225.
322 Anselme.
323 Formule éludée par la mention « *ut supra* » dans le registre vatican.

58

1221 Juillet 10 Latran

Honorius III autorise le patriarche [Raniero] d'Antioche à réduire le nombre de chanoines de sa cathédrale afin de financer la défense du château de Qoçaïr. Il évoque à cette occasion le sort des dix-huit canonicats qui furent réduits d'un tiers par le patriarche Aimery [de Limoges], avant d'être rétablis à leur nombre initial par son successeur, [Pierre d'Angoulême].

A. Original en latin aujourd'hui perdu.

B. Copie du troisième registre d'Honorius III, d'après *A.* Rome, ASV, Reg. Vat. 11, liv. V, let. 751, fol. 150 v°.

ANALYSE : P. PRESSUTTI, *Regesta Honorii papae III*, t. I, n° 3497 p. 568 (en latin).

.. PATRIARCHE[324] AC CAPITULO ANTIOCHENIS

Quia, cum ecclesie augmento crescere debet numerus servitorum, et juxta imminutionem bonorum taxanda sunt onera personarum, vos, statu sororis nostre, vestre Antiochene ecclesie, nobis fideliter intimato taxari canonicorum numerum secundum facultatem ipsius humiliter supplicastis. Sane inter cetera, vobis referentibus, nobis innotuit quod olim in vestra ecclesia, cum in bono statu esset, octavus decimus fuit canonicorum numerus institutus, que tempore bone memorie A[imerici][325], patriarche Antiocheni qui annis quinquaginta et amplius ipsi prefuit, propter custodiam castri Cursarii que plurimum sumptuosa est, duodecim vel tredecim canonicis dinoscitur extitisse contenta. Postmodum vero .., qui eidem A[imerico] successit, necessitates ipsius ecclesie non attendens, pro voluntate sua predictum in ea canonicorum numerum restauravit de patriarchalis mense redditibus prebendis canonicis assignatis. Nunc autem pene omnes antiquas prebendas Crucis detinent inimici, te, frater patriarcha, viginti clericis in diversis officiis servientibus eidem ecclesie expensas singulis mensibus et stipendia ministrante, cum vix sufficias stipendiariis ad predicti castri deputatis custodiam respondere. Quare, tam suppliciter, quam humiliter, postulastis a nobis ut pretaxatum canonicorum numerum ad sextum decimum redigere dignaremur. Nos igitur, vestris inclinantes

324 Rainier ou Raniero da Castelvecchio, patriarche latin d'Antioche de 1219 à 1225.
325 Aimery de Limoges, patriarche latin d'Antioche de 1140 à 1193.

supplicationibus aures nostras, presentium auctoritate, statuimus ut, cum ad sextum decimum canonicorum numerum ecclesia vestra pervenerit, illo de cetero sit contenta, nisi adeo ipsius excreverint facultates quod merito existeret augmentandus, salvo in omnibus Apostolice Sedis mandato. Nulli ergo [omnino hominum liceat hanc paginam][326] nostre constitutionis infringere [vel ei ausu temerario contraire]. Si quis autem [hoc attemptare presumpserit, indignationem omnipotentis Dei et beatorum Petri et Pauli, apostolorum ejus, se noverit incursurum][327]. Datum Laterani, VI idus julii, pontificatus nostri anno quinto.

59

1221 Juillet 10 Latran

Honorius III interdit aux évêques de Beyrouth et de Sidon d'essayer d'échapper à l'autorité du patriarche d'Antioche, dont ils dépendent en vertu d'une décision de son prédécesseur Eugène [*III*].

A.[1] et *A.*[2] Originaux en latin expédiés en Orient, aujourd'hui perdus.

B. Copie du troisième registre d'Honorius III, d'après *A.* Rome, ASV, Reg. Vat. 11, liv. V, let. 753, fol. 151 r°.

a. A.L. TĂUTU, *Acta Honorii III, 1216–1227, et Gregorii IX, 1227–1241*, Vatican, 1950, n° 81 p. 109, d'après *B.* (avec une erreur de transcription du verbe « *adjudicasset* ») _ *b.* R. HIESTAND, *Papsturkunden für Kirchen im Heiligen Lande. Vorbeiten zum Oriens Pontificus III*, Göttingen, 1985, n° 69 *B* p. 203, d'après *B.* _ *c.* M.R. TESSERA, *Orientalis ecclesia. Papato, Chiesa e regno latino di Gerusalemme (1099–1187)*, Milan, 2010, not. 105 p. 496, d'après *b.* (extrait).

ANALYSE : P. PRESSUTTI, *Regesta Honorii papae III (1216–1227)*, t. I, Rome, 1888, n° 3498 p. 568 (en latin).

.. BERCTENSI[328] ET .. SYDONIENSI EPISCOPIS

Ad aures nostras, venerabili fratre nostro .. Antiocheno patriarcha[329] referente, pervenit quod, cum bone memorie Eugenius papa[330], predecessor

326 Formule abrégée en « *et cetera* » dans le registre vatican.
327 Formule abrégée en « *et cetera* » dans le registre vatican.
328 *Leg.* « *Beritensi* ».
329 Rainier ou Raniero da Castelvecchio, patriarche latin d'Antioche de 1219 à 1225.
330 Eugène III, pape de 1145 à 1153.

noster, inter Antiochenam et Jerosolimitanam ecclesias, utraque parte presente ac consentiente, super Tyrensi ecclesia de fratrum suorum consilio concordiam reformarit, injungens .. Berctensi[331] et .. Sydoniensi episcopis, qui tunc erant, cum eos per compositionem eandem Antiochene adjudicasset ecclesie, ut Antiocheno patriarche obedientiam et reverentiam exhiberent, vos ejusdem predecessoris nostri mandato presumitis refragari. Quocirca fraternitatem vestram monemus, per apostolica vobis scripta mandantes, quatinus, si est ita, obedientiam et reverentiam debitam patriarche impendatis eidem. Alioquin sententias, quas in vos rationabiliter duxerit proferendas, ratas habebimus et faciemus, auctore Domino, usque ad satisfactionem condignam firmiter observari. Datum Laterani, VI idus julii, [pontificatus nostri] anno quinto.

60

1221 Juillet 13 Latran

Honorius III ratifie l'organisation religieuse de la cité de Damiette, effectuée par le cardinal-légat, Pélage d'Albano.

A. Original en latin aujourd'hui perdu.

B. Copie du troisième registre d'Honorius III, d'après *A.* Rome, ASV, Reg. Vat. 11, liv. V, let. 755 a, fol. 151 v°.

ANALYSE : P. PRESSUTTI, *Regesta Honorii papae III*, t. I, n° 3500 p. 568–569 (en latin).

P[ELAGIO][332], ALBANENSI EPISCOPO,
APOSTOLICE SEDIS LEGATO

Plenam de discretione tua fiduciam obtinentes nostraque, tu agis dum eis auctoritatem impendimus, efficere procuramus. Unde fraternitati tue, presentibus, innotescat quod nos ratum et firmum habemus quicquid super facto Damiate ac ecclesiarum ordinatione civitatis ejusdem duxisti provide faciendum. Datum Laterani, III idus julii, [pontificatus nostri] anno quinto.

---

331 *Leg. « Beritensi ».*
332 Pélage ou Pelayo Gaytán, cardinal-évêque d'Albano de 1213 à 1232.

61

1222 Mars 4 Anagni

Honorius III charge le patriarche de Jérusalem, [Raoul de Mérencourt], de sanctionner certains clercs séculiers, qui obtiennent l'affranchissement indû à la Chaîne d'Acre de marchandises appartenant à des laïcs.

A. Original en latin aujourd'hui perdu.

B. Copie du troisième registre d'Honorius III, d'après *A.* Rome, ASV, Reg. Vat. 11, liv. VI, let. 234, fol. 199 v°.

ANALYSE : P. PRESSUTTI, *Regesta Honorii papae III*, t. II, n° 3826 p. 47 (en latin).

.. PATRIARCHE JEROSOLIMITANO[333]

Ex parte karissimi in Christo filii nostri J[ohannis][334], illustris regis Jerosolimitani, fuit propositum coram nobis quod quidam mercatores redditus chatene Acconensis cum debita integritate non solvunt. Quidam etiam seculares, qui privilegium habent de hujusmodi redditibus non solvendis suis, admiscent mercibus alienas et, suas esse mentientes easdem, regem ipsum jure suo hujusmodi caliditate defraudant. Volentes igitur eidem regi in suo jure adesse, presentium tibi auctoritate mandamus quatinus, auctoritate nostra, districte inhibeas mercatoribus ac secularibus ipsis ne de cetero hujusmodi malitiam sive fraudem exercere presumant in eos, qui scienter contra inhibitionem ipsam fecerint, excommunicationis sententiam proferendo ac publicando eandem, sicut videris expedire. Datum [Anagnie, IV nonas martii, pontificatus nostri annno sexto][335].

62

1222 Mars 8 Anagni

Honorius III confirme le mode de prélèvement des dîmes chypriotes, copié sur le système en vigueur dans le patriarcat de Jérusalem.

---

333 Raoul de Mérencourt, patriarche latin de Jérusalem de 1215 à 1224.
334 Jean de Brienne, roi de Jérusalem de 1210 à 1225.
335 Formule éludée par la mention « *ut supra* » dans le registre vatican.

A. Original en latin aujourd'hui perdu.

B. Copie du troisième registre d'Honorius III, d'après *A*. Rome, ASV, Reg. Vat. 11, liv. VI, let. 240, fol. 201 r°.

a. C. SCHABEL, *Bullarium Cyprium*, t. I : *Papal Letters Concerning Cyprus 1196–1261*, c-45 p. 237–238.

ANALYSE : L. DE MAS-LATRIE, *Histoire de l'île de Chypre sous le règne des princes de la maison de Lusignan*, t. II, Paris, 1852, p. 45 (sans date précise) _ A. POTTHAST, *Regesta pontificum Romanorum*, t. I, n° 6797 p. 589 (en latin) _ P. PRESSUTTI, *Regesta Honorii papae III (1216–1227)*, t. II, Rome, 1895, n° 3831 p. 48 (en latin).

.. NYCHOSIENSI ARCHIEPISCOPO[336] ET SUFFRAGANEIS EJUS ET DILECTIS FILIIS ALIIS ECCLESIARUM PRELATIS REGNI CYPRI

Justis petentium [desideriis dignum est nos facilem prebere consensum, et vota que a rationis tramite non discordant effectu prosequente][337] complere. Ex parte siquidem vestra fuit nostro apostolatui supplicatum ut, cum in regno Cypri statutum fuerit ab antiquo quod decime regis et omnium Latinorum regni prefati de omnibus, que possident cum ea integritate, cum qua in patriarchatu Jerosolimitano solvuntur ac etiam de suorum animalium nutrimentis ab ipsis vestris ecclesiis persolvantur, constitutionem ipsam, sicut provide facta est, apostolico dignaremur munimine roborare. Nos igitur, vestris justis postulationibus gratum impertientes assensum, constitutionem ipsam, sicut juste canonice ac provide facta est, auctoritate apostolica confirmamus et presentis scripti patrocinio communimus. Nulli ergo [omnino hominum liceat hanc paginam][338] nostre confirmationis infringere [vel ei ausu temerario contraire]. Si quis autem [hoc attemptare presumpserit, indignationem omnipotentis Dei et beatorum Petri et Pauli, apostolorum ejus, se noverit incursurum][339]. Datum Anagnie, VIII idus martii, pontificatus nostri anno sexto.

336 Eustorge de Montaigut, archevêque de Nicosie de 1213 à 1250.
337 Formule abrégée en « *et cetera usque* » dans le registre vatican.
338 Formule abrégée en « *et cetera* » dans le registre vatican.
339 Formule abrégée en « *et cetera* » dans le registre vatican.

63

1222 Mars 23 Anagni

Honorius III charge le cardinal-légat, Pélage d'Albano, de défendre les droits de la princesse A[lix] d'Antioche pendant la captivité de son fils, [Raymond]-Rubēn.

A. Original en latin aujourd'hui perdu.

B. Copie du troisième registre d'Honorius III, d'après *A.* Rome, ASV, Reg. Vat. 11, liv. VI, let. 305, fol. 219 v°-220 r°.

ANALYSE : O. RINALDI, *Annales ecclesiastici*, éd. A. Theiner, t. XX, an. 1222, § 7 p. 452 (en latin) _ P. PRESSUTTI, *Regesta Honorii papae III*, t. II, n° 3883 p. 56 (en latin).

P[ELAGIO], EPISCOPO ALBANO, APOSTOLICE SEDIS LEGATO[340]

Cum nobilis vir Rupinus, princeps Antiochie, crucesignatus, a C[onstantino], bajulo regni Armenie, in vinculis teneatur et ob hoc nobilis mulier, A[elis][341], principissa Antiochie, mater ejus, consilio Apostolice Sedis indigeat et ejus protectione defendi, fraternitati tue, per apostolica scripta, mandamus quatinus ipsam et predicti principis, nati sui, filias ac terram suam protegas et defendas et eas in jure suo studeas confovere. Datum Anagnie, X kalendas aprilis, [pontificatus nostri] anno sexto.

64

1222 Avril 17 Veroli

Honorius III tance le maître et les frères de la milice du Temple qui contestent le droit des teutoniques à porter des manteaux blancs inspirés de leur uniforme. Le souverain pontife rappelle les conditions d'intercession de l'empereur Frédéric [II] en faveur des teutoniques, le jour de son couronnement en novembre 1220, et la volonté du Siège apostolique de doter le nouvel ordre de privilèges, indulgences et libertés susceptibles de favoriser son essor.

A. Original (en lat.) entré en possession de l'ordre teutonique : Vienne, Archives centrales de l'ordre, pièce a 60.

B. Copie du troisième registre d'Honorius III, d'après *A.* Rome, ASV, Reg. Vat. 11, liv. VI, let. 349, fol. 230 r°-230 v°.

---

340 Pélage ou Pelayo Gaytán, cardinal-évêque d'Albano de 1213 à 1232.

341 Alix ou Alice d'Arménie, fille du sire des Montagnes, Rubēn III.

a. O. Rinaldi, *Annales ecclesiastici*, éd. A. Theiner, t. XX, an. 1222, § 7 p. 452, d'après *B.* (extrait) _ *b.* W.E.J. de Wal, *Recherches sur l'ancienne constitution de l'ordre teutonique*, t. I, 1807, Mergentheim, n° 3 p. 375–376, d'après *A.* _ *c.* J.H. Hennes, *Codex diplomaticus ordinis Sanctae Mariae Theutonicorum*, t. I, Mayence, 1845, n° 60 p. 64, d'après *A.* _ *d.* E. Strehlke, *Tabulae Ordinis Theutonici*, Berlin, 1869, n° 368 p. 322, d'après *A.* _ *e.* C.-A. Horoy, *Medii aevi bibliotheca patristica*, t. IV, n °160 col. 135–136, d'après *d.* _*f.* Rodenberg, *Epistolae selectae*, t. I, n° 192 p. 134–135, d'après *B.* et *a.*

Analyse : A. Potthast, *Regesta pontificum Romanorum*, t. I, n °6814 p. 591 (en latin) _ P. Pressutti, *Regesta Honorii papae III*, t. II, n° 3927 p. 63 (en latin) _ F. De Salles, *Annales de l'ordre Teutonique*, in *Appendice* n °XVI (Répertoire Strehlke), n° XVII p. 526 (en latin) _ P.-V. Claverie, *L'ordre du Temple en Terre sainte et à Chypre au XIIIe siècle*, t. III, n° 69 p. 97–98.

.. Magistro[342] et fratribus domus milicie Templi

Quanto vos ampliori caritate diligimus, tanto nobis amplius displiceret si, quod absit, reprehensione seu etiam irrisione dignum aliquid faceretis. Siquidem privilegia fratribus domus Sancte Marie Teutonicorum ab Apostolica Sede concessa manifeste demonstrant quod ordo vester in clericis et militibus ac aliis fratribus, Hospitalis vero in pauperibus et infirmis in ipsa domo jam dudum extitit institutus et per Sedem Apostolicam confirmatus. Licet autem fratres ipsi tum propter negligentiam suam, dum essent pauci et pauperes, tum etiam propter scandali vestri metum, tam in habitu deferendo, quam in quibusdam aliis aliquando contra institutionem fecerint memoratam, nos tamen inclinati sue religionis merito et precibus karissimi in Christo filii nostri F[rederici], Romanorum imperatoris illustris, semper augusti et regis Sicilie, qui in die coronationis sue id a nobis pro speciali munere postulavit, institutionem ipsam de communi consilio fratrum nostrorum nostro privilegio confirmavimus, domum ipsam aliis privilegiis, indulgentiis et libertatibus munientes. Accepimus autem quod vos, occasione alborum mantellorum, super quibus deferendis specialem a nobis indulgentiam impetrarunt, pro eo quod in hoc specialiter fecisse contra institutionem hujusmodi videbantur, moti estis aliquantulum contra eos, quod quantum sit vestra religione indignum, quisquis recogitare voluerit, facile recognoscet. Si enim vos ab hujusmodi motu nec apostolica nec imperialis reverentia cohibet, cohibere saltem omnium id audientium subsannatio vos deberet, quibus videtur, sicut est revera, ridiculum, vos indigne ferre alios a vobis album portare mantellum, presertim a vestro habitu sic distinctum signaculo speciali, ut timeri non possit,

342 Pierre de Montaigut, grand-maître du Temple de 1219 à 1232.

ne quis unius ordinis fratres ordinis esse alterius arbitretur. Ideoque circumspectionem vestram attente rogandam duximus et hortandam quatinus, omni rancore deposito, si quem forte contra dictos fratres, occasione hujusmodi, concepistis, ambuletis in caritatis spiritu et unitatis vinculo cum eisdem, eorum profectum, sicut decet viros religiosos, proprium reputantes, ita quod idem imperator, cum illuc Deo dante pervenerit, fraternam inter vos inveniat unitatem, qui, si aliter faceretis, non solum apostolicam et imperialem incurreretis offensam, verum etiam in detractionem vestram ora quorumlibet audientium laxaretis. Datum Verulis, XV kalendas maii, ponticatus nostri anno sexto.

65

1222 Avril 19 Veroli

Honorius III confirme la rente annuelle de 200 onces d'or, accordée à l'ordre teutonique par l'empereur Frédéric [II] afin de doter ses chevaliers de manteaux blancs.

A. Original en latin aujourd'hui perdu.

B. Copie du troisième registre d'Honorius III, d'après *A.* Rome, ASV, Reg. Vat. 11, liv. VI, let. 348, fol. 230 r°.

C. Copie d'après *B.*, conservée dans les Archives nationales de Merseburg : Rep. 94.V. E. b 1, n° 55 fol. 76 v°.

D. Copie jadis insérée dans un bullaire des Archives de Königsberg (act. Kaliningrad) : A. 16 p. 14.

a. E. Strehlke, *Tabulae Ordinis Theutonici*, Berlin, 1869, n° 151 p. 148, d'après *B.* __ *e.* C.-A. Horoy, *Medii aevi bibliotheca patristica*, t. IV, n °161 col. 137, d'après *a.*

Analyse : A. Potthast, *Regesta pontificum Romanorum*, t. I, n° 6815 p. 591 (en latin) __ P. Pressutti, *Regesta Honorii papae III*, t. II, n° 3928 p. 63 (en latin) __ F. De Salles, *Annales de l'ordre Teutonique*, in *Appendice* n °XVI (Répertoire Strehlke), n° LXXXI p. 533 (en latin).

Magistro[343] et fratribus domus Sancte Marie Teutonicorum Jerosolimitane

Justis petentium [desideriis dignum est nos facilem prebere consensum, et vota que a rationis tramite non discordant effectu prosequente][344]

343 Hermann von Salza, grand-maître de l'ordre teutonique de 1209 à 1239.
344 Formule abrégée en « *et cetera usque* » dans le registre vatican.

complere. Cum igitur karissimus in Christo filius noster F[redericus], Romanorum imperator, semper augustus et rex Sicilie, in civitate Brundusii de redditibus suis sive de bajulatione sive de sicla, specialiter pro emendis albis mantellis ad usum fratrum vestrorum militum, annuatim ducentas uncias auri ad pondus Baruli vobis imperiali liberalitate donarit, tamdiu vobis annis singulis exolvendas[345] de redditibus supradictis, donec in terris laboratoriis seu aliis possessionibus regni, competens vobis excambium imperialis munificentia largiatur, sicut in ejus privilegio aurea bulla munito perspeximus contineri. Nos ipsius imperatoris et vestris precibus inclinati donationem ipsam, sicut pie ac provide facta est et in ipso privilegio plenius continetur, auctoritate apostolica confirmamus et presentis scripti patrocinio communimus. Nulli ergo [omnino hominum liceat hanc paginam][346] nostre confirmationis infringere [vel ei ausu temerario contraire]. Si quis autem [hoc attemptare presumpserit, indignationem omnipotentis Dei et beatorum Petri et Pauli, apostolorum ejus, se noverit incursurum][347]. Datum Verulis, XIII kalendas maii, pontificatus nostri anno sexto.

66

1222 Juillet 8 Latran

Honorius III autorise le patriarche et le chapitre de l'Église d'Antioche à pouvoir bénéficier du témoignage en justice de chrétiens orientaux contre les Francs qui occupent indûment leurs possessions.

A. Original en latin expédié en Orient, aujourd'hui perdu.

B. Copie du troisième registre d'Honorius III, d'après *A.* Rome, ASV, Reg. Vat. 11, liv. VI, let. 467, fol. 259 v°-260 r°.

a. J.-B. Pitra, *Analecta sacra spicilegio Solesmensi parata*, t. I, Paris, 1876, n° 24 p. 581, d'après *B.* __ *b.* A.L. Tăutu, *Acta Honorii III, 1216–1227, et Gregorii IX, 1227–1241*, Vatican, 1950, n° 102 p. 139, d'après *B.*

Analyse : P. Pressutti, *Regesta Honorii papae III (1216–1227)*, t. II, Rome, 1895, n° 4080 p. 86 (en latin).

345 *Sic mss.*
346 Formule abrégée en « *et cetera* » dans le registre vatican.
347 Formule abrégée en « *et cetera* » dans le registre vatican.

.. PATRIARCHE[348] ET CAPITULO ANTIOCHENIS

Vestre statum ecclesie miserantes, cujus majorem partem patriarchatus et possessionum Crucis inimici detinent, sicut intelleximus, occupatas, vestris cupimus petitionibus, quantum cum Deo licet, adesse et in hiis que a ratione non discrepant, favorem vobis apostolicum impertiri. Sane, cum, sicut proponitis, quasdam patriarchatus et possessionum ecclesie vestre reliquias quidam clerici et Christiani laici occuparint et consuetudo quedam in vestris inoleverit partibus ab antiquo, ne Suriani et Armeni contra Francigenas, nec contra ipsos Franci ad testimonium admittantur, propter quod, probandi vobis facultate subtracta, nequitis ad jus et proprietatem ejusdem ecclesie patriarchatus jura et possessiones revocare predictas. Nos vestris precibus inclinati, presentium vobis auctoritate concedimus ut, non tantum Grecos, sed Surianos et Armenos et generaliter fideles omnes ad testificandum idoneos pro vobis et ecclesia vestra in testimonium inducere valeatis. Nulli ergo [omnino hominum liceat hanc paginam][349] nostre concessionis infringere [vel ei ausu temerario contraire]. Si quis autem [hoc attemptare presumpserit, indignationem omnipotentis Dei et beatorum Petri et Pauli, apostolorum ejus, se noverit incursurum][350]. Datum Laterani, VIII idus julii, [pontificatus nostri] anno sexto.

67

1222 Juillet 16 Latran

Honorius III autorise le patriarche d'Antioche, [Rainier], à imposer son clergé au-delà des règles traditionnelles afin de financer le séjour de légats et de nonces apostoliques en Orient.

A. Original en latin aujourd'hui perdu.

B. Copie du troisième registre d'Honorius III, d'après *A.* Rome, ASV, Reg. Vat. 11, liv. VI, let. 470, fol. 260 r°-260 v°.

ANALYSE : P. PRESSUTTI, *Regesta Honorii papae III*, t. II, n° 4089 p. 87 (en latin).

---

348 Rainier ou Raniero da Castelvecchio, patriarche latin d'Antioche de 1219 à 1225.
349 Formule abrégée en *« et cetera »* dans le registre vatican.
350 Formule abrégée en *« et cetera »* dans le registre vatican.

.. PATRIARCHE ANTIOCHENO[351]

Cum instantia nostra cotidiana sit secundum debitum apostolice servitutis, omnium ecclesiarum sollicitudo continua dum negotiis omnibus promovendis imminere non possumus per nos ipsos, ad ea expedienda frequenter aliquos de latere nostro destinare compellimur, illius exemplum in hac parte secuti qui discipulis suis in mundum universum transmissis in medio terre salutem dignatus est personaliter operari. Unde omnes omnino ecclesie procurationibus legatorum et nuntiorum Sedis Apostolice sunt subjecte, nulla prorsus earum ab hujusmodi onere diuturnitate temporis eximenda, cum in talibus prescriptio locum non habeat, et nos a provisione pastoralis sollicitudinis circa omnes ecclesias non cessemus. Cum igitur, sicut ex tua insinuatione didicimus quidam abbates et alii prelati tue diocesis a prestatione procurationis legatorum et nuntiorum Ecclesie Romane consuetudine ac prescriptione, que in talibus locum non obtinent, se subducant quos ex officio tuo posses ad ferendum pariter onus cum aliis coartare, nos, quia solet plus timeri quod singulariter pollicetur quam quod edicto concluditur generali, fraternitati tue concedimus ut tales juxta proprias contribuere facultates in procurationibus supradictis, quo divisum onus in plures facilius ferri possit, sublato appellationis impedimento, auctoritate nostra, compellas. Datum Laterani, XVII kalendas augusti, pontificatus nostri anno sexto.

68

1222 Juillet 19 Latran

Honorius III accorde une immunité au patriarche d'Antioche, [Raniero], face aux sanctions qu'il pourrait endurer de la part des Églises de Jérusalem et de Tyr au sujet de l'attribution litigieuse des évêchés de Beyrouth et Sidon.

A. Original en latin expédié en Orient, aujourd'hui perdu.

B. Copie du troisième registre d'Honorius III, d'après *A.* Rome, ASV, Reg. Vat. 11, liv. VI, let. 477, fol. 262 r°.

a. A.L. TĂUTU, *Acta Honorii III, 1216–1227, et Gregorii IX, 1227–1241*, Vatican, 1950, n° 105 p. 143, d'après *B.* (à la date erronée du 20 juillet 1222).

[351] Rainier ou Raniero da Castelvecchio, patriarche latin d'Antioche de 1219 à 1225.

Analyse : P. Pressutti, *Regesta Honorii papae III* (*1216–1227*), t. II, Rome, 1895, n° 4091 p. 88 (en latin).

.. Patriarche Antiocheno[352]

Supplicasti nobis ut, cum per te non stet quin procedatur in causa quam super Beritensi et Sydoniensi episcopatibus, quos ad ecclesiam tuam asseris pertinere, adversus Jerosolimitanam et Tyrensem ecclesias te habere, proponis sed potius per nos, qui, a te super hoc pluries requisiti, patriarcham Jerosolimitanum non duximus hoc tempore fatigandum, providere saltem ne temporis lapsus eidem ecclesie tue prejudicet dignaremur. Ideoque, auctoritate tibi presentium, indulgemus ut, donec Apostolica Sedes duxerit aliter providendum, tempus tue non currat ecclesie nec adversa pars prescribere valeat contra eam. Nulli ergo [omnino hominum liceat hanc paginam][353] nostre concessionis infringere [vel ei ausu temerario contraire]. Si quis autem [hoc attemptare presumpserit, indignationem omnipotentis Dei et beatorum Petri et Pauli, apostolorum ejus, se noverit incursurum][354]. Datum Laterani, XIV kalendas augusti, pontificatus nostri anno sexto.

69

1222 Juillet 23 Latran

Honorius III invite les fidèles d'Angleterre à financer par diverses aumônes la construction de la forteresse de Château-Pèlerin, entreprise par les frères du Temple. Une indulgence de 20 jours sera accordée aux pénitents qui contribueront à la réussite du projet.

A. Original en latin expédié en Angleterre, aujourd'hui perdu.

B. Copie du troisième registre d'Honorius III, d'après *A.* Rome, ASV, Reg. Vat. 11, liv. VI, let. 484, fol. 263 v°-264 r°.

C. Copie du XVIIIe siècle de l'abbé Marino Marini, d'après *B.* Londres, British Museum, Add. Mss. 15 352.

---

352 Rainier ou Raniero da Castelvecchio, patriarche latin d'Antioche de 1219 à 1225.

353 Formule abrégée en « *et cetera* » dans le registre vatican.

354 Formule abrégée en « *et cetera* » dans le registre vatican.

ANALYSE : P. PRESSUTTI, *Regesta Honorii papae III*, t. II, n° 4098 p. 88–89 (en latin) _ P.-V. CLAVERIE, *L'ordre du Temple en Terre sainte et à Chypre au XIIIe siècle*, t. III, n° 522 p. 465.

UNIVERSIS CHRISTI FIDELIBUS PER ANGLIAM CONSTITUTIS

Premiorum merentur esse participes qui se bonorum operum constituunt adjutores sane, sicut multorum fide dignorum assertione didicimus, dilecti filii fratres militie Templi, satagentes obviare periculis que fidelibus iminere videntur in partibus transmarinis, ibidem inceperunt in oportunissimo loco erigere quoddam castrum valde necessarium Christianis et eorum inimicis infestum quod Castrum Peregrinum vulgariter appellatur, cujus constructio et in ipsa novitate tuitio tantos sumptus exposcit ut, nisi eis manus auxilii porrigatur, verendum sit, ne sub onere deficiant expensarum que singulis diebus summam trium milium bizantiorum, sicut asseveratur, excedunt. Rogamus igitur universitatem vestram et hortamur in Domino Jhesu Christo vobis, in remissionem peccaminum injungentes, quatinus, cum dicti fratres vel eorum nuntii ad vos venerint ad tam necessarii operis consumationem auxilium petituri de bonis vobis a Deo collatis, eis grata subsidia conferatis ut castrum ipsum ad honorem Christi et nominis Christiani per vestre subventionis auxilium valeat feliciter confirmari et vos, per hec et alia bona que, Domino inspirante, feceritis, ad eterne beatitudinis gaudia pertingatis. Nos autem de omnipotentis Dei misericordia et beatorum Petri et Pauli, apostolorum ejus, auctoritate confisi omnibus vere penitentibus et confessis, qui ad hoc suas contulerint elemosinas, viginti dies de injunctis sibi penitentiis relaxamus. Datum Laterani, X kalendas augusti, pontificatus nostri anno sexto.

70

1222 Août 16 Latran

Honorius III charge l'évêque [Robert] de Tripoli de conférer une prébende canonicale au diacre Évrard, qui ne jouit que d'un bénéfice mineur au sein de l'Église de Tripoli.

A. Original en latin aujourd'hui perdu.

B. Copie du quatrième registre d'Honorius III, d'après *A.* Rome, ASV, Reg. Vat. 12, liv. VII, let. 7, fol. 2 r°-2 v°.

ANALYSE : P. PRESSUTTI, *Regesta Honorii papae III*, t. II, n° 4107 p. 92 (en latin).

.. EPISCOPO[355] ET CAPITULO TRIPOLITANIS

Officii nostri debitam prosequimur actionem si de provisione clericorum solliciti vobis et aliis ecclesiarum ministris preces nostras aliquando dirigimus et mandata, et vos ad id apostolicis exhortationibus invitamus. Inter quos illos duximus non immerito preferendos quibus a multis laudabile testimonium perhibetur. Inde est quod pro dilecto filio[356] magistro Everando[357], diacono ecclesie vestre, asisio, cui a multis fide dignis de scientia et moribus laudabile testimonium perhibetur, universitatem vestram rogamus, monemus attentius et hortamur, per apostolica vobis scripta firmiter precipiendo mandantes, quatinus ipsum ob reverentiam beati Petri et nostram in fratrem vestrum et canonicum recipiatis liberaliter et benigne eidem, cum se facultas obtulerit, in prebendali beneficio providentes ; mandatum nostrum taliter impleturi quod idem assecutum se gaudeat, quod intendit, et nos devotionem vestram possimus ex hoc non immerito commendare. Datum Laterani, XVII kalendas septembris, pontificatus nostri anno septimo.

X § *Scriptum est super hoc* monitoribus, .. patriarche[358] et .. abbati Montis Syon[359] Jerosolimitanis et Symoni, canonico Liddensi, ut supradictos episcopum et capitulum ad id moneant attentius et efficaciter inducere non postponant.

71

1222 Octobre 9 Latran

Honorius III renouvelle auprès de l'évêque [*Robert*] *de Tripoli son intervention en faveur du diacre Évrard, qui aspire à recevoir une prébende canonicale au sein de l'Église de Tripoli.*

A. Original en latin aujourd'hui perdu.

B. Copie du quatrième registre d'Honorius III, d'après *A*. Rome, ASV, Reg. Vat. 12, liv. VII, let. 21, fol. 5 v°-6 r°.

ANALYSE : P. PRESSUTTI, *Regesta Honorii papae III*, t. II, n° 4129 p. 96 (en latin).

---

355 Robert.

356 Ces deux derniers mots figurent en interligne dans le registre vatican.

357 *Leg.* « *Everardo* ».

358 Raoul de Mérencourt, patriarche latin de Jérusalem de 1215 à 1224.

X 359 Yves.

.. EPISCOPO[360] ET CAPITULO TRIPOLITANIS

Dignum est ut, qui pro sue probitatis meritis in nostram digni habiti sunt venire notitiam, a nobis gratiam assequantur, qui cupimus bonos in benedictione dulcedinis prevenire ac bene meritos retributione prosequi liberali. Hinc est quod pro dilecto filio magistro Everardo, diacono ecclesie vestre, asisio, de cujus scientia et moribus laudabile nobis a multis testimonium perhibetur, universitatem vestram rogamus et monemus attente, per apostolica vobis scripta firmiter precipiendo mandantes, quatinus, ipsum ob reverentiam Apostolice Sedis et nostram recipientes in ecclesia vestra in canonicum et in fratrem et eidem stallum in choro et locum in capitulo assignantes, prebendam si qua vacat, vel quam totius ad id obtulerit se facultas, ei liberaliter conferatis ; ita quod idem de gratia nostra non tantum labores et angustias sed fructum reportet obtatum, et nos liberalitatem vestram possimus merito commendare. Alioquin, ne videamur ei dedisse materiam laborandi, si propter hoc eum ad Sedem Apostolicam iterato accedere oporteret, venerabilibus fratribus nostris .. patriarche Jerosolimitano[361] et .. episcopo Acconensi[362] et dilecto filio .. abbati Montis Syon Jerosolimitani[363] nostris damus litteris in mandatis ut vos ad id, auctoritate nostra, cessante appellatione, compellant ; nisi forte aliquid rationabile objectum fuerit et probatum quare id fieri non debeat, vel non possit. Datum Laterani, VII idus octubris[364], [pontificatus nostri anno septimo].

72

1222 Octobre 9 Latran

Honorius III charge le patriarche de Jérusalem, l'évêque d'Acre et l'abbé du Mont-Sion de veiller à ce que le diacre Évrard reçoive une prébende canonicale au sein du chapitre cathédral de Tripoli.

A. Original en latin aujourd'hui perdu.

B. Copie du quatrième registre d'Honorius III, d'après *A.* Rome, ASV, Reg. Vat. 12, liv. VII, let. 21, fol. 5 v°-6 r°.

ANALYSE : P. PRESSUTTI, *Regesta Honorii papae III*, t. II, n° 4129 p. 96 (en latin).

---

360 Robert.

361 Raoul de Mérencourt, patriarche latin de Jérusalem de 1215 à 1224.

362 Jacques de Vitry, évêque d'Acre de 1216 à 1228.

363 Et non «*Jerosolimitano*», la titulature de l'abbé Yves étant «*abbas Montis Syon in Jherusalem*».

364 *Sic mss.*

.. PATRIARCHE JEROSOLIMITANO[365] ET .. EPISCOPO ACCONENSI[366] ET DILECTO FILIO .. ABBATI MONTIS SYON JEROSOLIMITANI[367]

§ *In eundem modum scriptum est* eisdem executoribus *usque* commendare[368]. Ne igitur predicto magistro videamur dedisse materiam laborandi, si propter hoc eum ad Sedem Apostolicam iterato accedere oporteret, discretioni vestre, per apostolica scripta, mandamus quatinus, si dicti episcopus et capitulum preceptum nostrum contempserint adimplere, vos eos ad id, auctoritate nostra, cessante appellatione, cogatis, nisi aliquid rationabile objectum fuerit et probatum quare id fieri non debeat, vel non possit. Quod si non omnes [hiis exequendis potueritis interesse, ea nichilominus exequantur][369] duo vestrum. Datum [Laterani, VII idus octobris, pontificatus nostri anno septimo][370].

73

1223 Janvier 16 Latran

Honorius III autorise l'élu de Rama-Lydda à conserver les revenus qu'il perçoit auprès de l'Église d'Orense en raison de l'occupation de la majeure partie de son évêché par les musulmans. Un vicaire pourra percevoir ces revenus comme à l'époque de son pèlerinage.

A. Original en latin aujourd'hui perdu.

B. Copie du quatrième registre d'Honorius III, d'après *A.* Rome, ASV, Reg. Vat. 12, liv. VII, let. 70, fol. 18 v°.

a. D. MANSILLA, *La documentación pontificia de Honorio III (1216–1227)*, Rome, 1965, n° 430 p. 312–313.

ANALYSE : P. PRESSUTTI, *Regesta Honorii papae III (1216–1227)*, t. II, Rome, 1895, n° 4197 p. 107 (en latin).

---

365 Raoul de Mérencourt, patriarche latin de Jérusalem de 1215 à 1224.

366 Jacques de Vitry, évêque d'Acre de 1216 à 1228.

367 Et non « *Jerosolimitano* », la titulature de l'abbé Yves étant « *abbas Montis Syon in Jherusalem* ».

368 Cette formule renvoie au texte de la bulle n° 71.

369 Formule abrégée en « *et cetera* » dans le registre vatican.

370 Formule éludée par la mention « *ut supra* » dans le registre vatican.

.. LIDDENSI EPISCOPO[371]

Et si secundum apostolum, qui episcopatum desiderat, bonum opus desiderat[372], quia tamen non minus habet oneris quam honoris expedit ut, is qui ad hujusmodi onus assumitur, temporalibus non destituatur auxiliis, per que et onus comodius supportare ac eternis possit proficere institutis. Cum igitur ad Liddensis ecclesie regimen sis, Domino disponente, vocatus, et possessiones ejusdem ab inimicis Crucis Christi detineantur ex parte maxima occupate, ne pro defectu temporalium episcopalis vilescat auctoritas, de speciali gratia auctoritate tibi apostolica indulgemus ut redditus, quos hactenus in Auriensi ecclesia dinosceris habuisse, cum ea integritate percipias qua peregrinationis tempore percepisti dummodo eidem facias per idoneum vicarium sicut hactenus deserviri, donec ad meliorem statum dicta Liddensis ecclesia reducatur, vel Terra Sancta eruatur de manibus paganorum ; qua liberata idem beneficium vel per nos, vel per Auriensem episcopum, libere conferatur ut sic comodius opus injuncti tibi ministerii valeas adimplere. Nulli ergo [omnino hominum liceat hanc paginam][373] nostre concessionis infringere [vel ei ausu temerario contraire]. Si quis autem [hoc attemptare presumpserit, indignationem omnipotentis Dei et beatorum Petri et Pauli, apostolorum ejus, se noverit incursurum][374]. Datum Laterani XVII kalendas februarii, [pontificatus nostri] anno septimo.

74

1223 Avril 18 Latran

Honorius III accorde à l'archevêque [Simon] de Tyr une immunité contre les sanctions, qu'il pourrait endurer de la part du patriarcat d'Antioche au sujet de l'attribution litigieuse des évêchés de Tripoli, Tortose et Gibelet.

A. Original en latin aujourd'hui perdu.

B. Copie du quatrième registre d'Honorius III, d'après *A.* Rome, ASV, Reg. Vat. 12, liv. VII, let. 136, fol. 38 r°.

---

371 Pélage ou Pelayo, élu de Lydda de 1223 à 1227.
372 I Tim. 3, 1.
373 Formule abrégée en « *et cetera* » dans le registre vatican.
374 Formule abrégée en « *et cetera* » dans le registre vatican.

ANALYSE : P. PRESSUTTI, *Regesta Honorii papae III (1216–1227)*, t. II, Rome, 1895, n° 4320 p. 128 (ponctuée de l'édition du dispositif de la lettre) _ S.J. WILLIAMS, *The Secrets of Secrets : the Scholarly Career of a Pseudo-Aristotelian Text in the Latin Middle Ages*, Ann Arbor, 2003, not. 78 p. 86–87.

.. ARCHIEPISCOPO TYRENSI[375]

Tua nobis fraternitas supplicavit ut, cum venerabilis frater noster .. patriarcha Antiochenus[376] Tripolitanum, Anteradensem et Bibliensem episcopatus, quasi metropolitica sibi lege subjectos, detineat in prejudicium ecclesie tue ad quam illos eodem jure asseris pertinere, ac, propter negotium Terre Sancte, te ad presens cum prefato patriarcha contendere non velimus, dignaremur debita sollicitudine providere ne ipsius ecclesie tue justitia, per lapsum temporis, valeat deperire. Nos igitur tibi, auctoritate presentium, indulgemus ut super hoc contra tuam prescribi non possit ecclesiam quandiu Terra Sancta fuerit in manibus paganorum, cum idem patriarcha super quibusdam aliis ecclesiis, quas dicit ad se spectare de jure, similem indulgentiam impetrarit et, eo jure, quod quis in alium statuit uti debeat secundum canonicas et legitimas sanctiones. Datum Laterani, XIV kalendas maii, pontificatus nostri anno septimo.

75

1223 Avril 18 Latran

Honorius III somme les supérieurs des couvents du diocèse de Jérusalem d'obéir à l'autorité du patriache [Raoul de Mérencourt], malgré leur exil commun sur le littoral syrien.

A. Original en latin aujourd'hui perdu.

B. Copie du quatrième registre d'Honorius III, d'après *A.* Rome, ASV, Reg. Vat. 12, liv. VII, let. 135, fol. 38 r°.

ANALYSE : P. PRESSUTTI, *Regesta Honorii papae III (1216–1227)*, t. II, Rome, 1895, n° 4319 p. 128 (en latin).

---

375 Simon de Maugastel.

376 Rainier ou Raniero da Castelvecchio, patriarche latin d'Antioche de 1219 à 1225.

ABBATIBUS AC ABBATISSIS CIVITATIS ET DIOCESIS JEROSOLIMITANE

Licet in vestris non possitis ecclesiis residere, venerabili tamen fratri nostro .. patriarche Jerosolimitano[377], quasi commune vobiscum exilium patienti, obedientiam subtrahere non debetis. Ideoque, presentium vobis auctoritate precipiendo, mandamus quatinus eidem patriarche, tamquam patri et pastori vestro devote ac humiliter intendentes, consuetam ei obedientiam et reverentiam impendatis. Datum Laterani, XIV kalendas maii, pontificatus nostri anno septimo.

76

1223 Mai 6 Latran

Honorius III mande au patriarche de Jérusalem, [Raoul de Mérencourt], de mettre en sommeil sa légation apostolique aussi longtemps qu'un légat a latere *représentera le Siège apostolique dans les frontières de son patriarcat.*

A. Original en latin aujourd'hui perdu.

B. Copie du quatrième registre d'Honorius III, d'après *A.* Rome, ASV, Reg. Vat. 12, liv. VII, let. 152, fol. 42 v°.

ANALYSE : P. PRESSUTTI, *Regesta Honorii papae III (1216–1227)*, t. II, Rome, 1895, n° 4341 p. 132 (en latin).

.. PATRIARCHE JEROSOLIMITANO, APOSTOLICE SEDIS LEGATO[378]

Volentes, sicut dignum est, tuam honorare personam et per honorem tibi exhibitum Terre Sancte utilitatibus providere, legationis officium in tuo patriarchatu tibi duximus concedendum. Ideoque fraternitati tue, presentium auctoritate, mandamus quatinus illo utaris sollicite ac prudenter, ita tamen quod eidem officio supersedeas quandiu legatum esse[379] ibi contigerit de nostro latere destinatum. Datum Laterani, II nonas maii, pontificatus nostri anno septimo.

377 Raoul de Mérencourt, patriarche latin de Jérusalem de 1215 à 1224.
378 Raoul de Mérencourt, patriarche latin de Jérusalem de 1215 à 1224.
379 Mot placé entre guillemets dans le registre vatican.

77

1223 Mai 12 Latran

Honorius III engage les prélats, religieux et fidèles du patriarcat de Jérusalem à obéir révérencieusement au patriarche de Jérusalem, [Raoul de Mérencourt], auquel il vient de conférer le titre de légat du Siège apostolique.

A. Original en latin aujourd'hui perdu.

B. Copie du quatrième registre d'Honorius III, d'après *A.* Rome, ASV, Reg. Vat. 12, liv. VII, let. 153, fol. 42 v°.

a. K. Rodenberg, *Epistolae saeculi XIII*, t. I, n° 228 p. 157–158, d'après *B.*

Analyse : P. Pressutti, *Regesta Honorii papae III (1216–1227)*, t. II, Rome, 1895, n° 4350 p. 133 (en latin) _ P.-V. Claverie, *L'ordre du Temple en Terre sainte et à Chypre au XIIIe siècle*, t. III, n° 525 p. 467–468.

Archiepiscopis et episcopis et magistris et fratribus Hospitalis et Templi ac domus Theutonicorum, ceterisque Christi fidelibus universis per patriarchatum Jerosolimitanum constitutis

Si Deus incircumscriptibilis et immensus, qui nec aliquo includitur loco nec a quoquam excluditur, sed existens intra omnia non inclusus, extra omnia non exclusus, sua majestate replet et circuit universa, nichilominus angelorum ministeria miro ordine miraque provisione dispensat, aliis alios ineffabili providentia preponendo, multo magis nos, qui simul in diversis locis corporaliter esse non possumus, necesse habemus dipensare nostrorum ministeria subditorum et potestatem nobis a Deo concessam ibi exercere per alios, ubi esse personaliter non valemus. Et quidem tanta est arduitas negotiorum instantium Terre Sancte, quod ad ea necessaria circumspectione gerenda opus esset nostra presentia corporali, quam quia illic exhibere non possumus, occupati communi cura Ecclesie generalis, venerabili fratri nostro .. patriarche Jerosolimitano[380], viro utique prudentie ac honestatis experte, vices nostras in hac parte duximus committendas, eidem plene legationis officium concedendo ac tribuendo liberam potestatem, ut secundum datam sibi a Deo prudentiam corrigat et emendet, ordinet et disponat, prout queque officio suo indigere cognoverit et securitati, tranquillitati ac statui vestro viderit expedire. Ideoque, per apostolica vobis

[380] Raoul de Mérencourt, patriarche latin de Jérusalem de 1215 à 1224.

scripta precipiendo, mandamus quatinus, eidem tamquam Apostolice Sedis legato reverentiam, obedientiam et honorificentiam exhibentes, ejus salubribus monitis et mandatis intendatis humiliter et devote. Alioquin sententiam, quam rationabiliter tulerit in rebelles, precipimus usque ad satisfactionem condignam inviolabiliter observari. Datum Laterani, IV idus maii, pontificatus nostri anno septimo.

78

1223 Mai 13 Latran

Honorius III accorde pour deux ans aux croisés le droit de participer à la défense du royaume de Thessalonique avec le marquis Guillaume [VI] de Montferrat, le renforcement du statut de l'Empire de Constantinople étant utile aux affaires de la Terre sainte.

A. Original en latin aujourd'hui perdu.

B. Copie du quatrième registre d'Honorius III, d'après *A.* Rome, ASV, Reg. Vat. 12, liv. VII, let. 147, fol. 41 v°.

C. Copie de La Porte du Theil du XVIIIe siècle, d'après *B.* Paris, Bibliothèque Nationale de France, Fonds Moreau, vol. 1182, n° 39 fol. 256 r°-257 r° (sous la date erronée du 15 mai [1223]).

a. C.-A. Horoy, *Medii aevi bibliotheca patristica*, t. IV, n° 129 col. 349–350, d'après *C.* (avec l'oubli d'un membre de phrase).

Analyse : O. Rinaldi, *Annales ecclesiastici*, éd. A. Theiner, t. XX, an. 1223, § 11 p. 467_ P. Pressutti, *Regesta Honorii papae III (1216–1227)*, t. II, Rome, 1895, n° 4353 p. 134 (en latin).

Universis Christi fidelibus presentem paginam inspecturis

Clara dilecti filii nobilis viri Willelmi, marchionis Montisferrati, et projenitorum[381] ejus merita nos inducunt ut, in quibus cum Deo possumus, sibi favorem apostolicum impendamus. Cum igitur idem marchio ad defensionem regni Thesalonicensis[382], quod ad eum hereditario jure noscitur pertinere, magnanimiter se accingat, nos pensantes devotionem, quam ad Apostolicam Sedem et ipse sicut catholicus princeps habet, et ejus projenitores[383] habuisse noscuntur, ac attendentes quod ejus ad partes illas

381 *Sic mss.*
382 *Sic mss.*
383 *Sic mss.*

accessus toti Constantinopolitano imperio grandem potest utilitatem afferre, considerantes etiam quod corroboratio status ipsius imperii multum est utilis negotio Terre Sancte, crucesignatis et crucesignandis pro ejusdem Terre Sancte negotio, qui cum marchione ipso voluerint regnum intrare predictum, transfretandi pro ipsius Terre Sancte succursu a festo Sancti Johannis proximo usque ad dos annos terminum indulgemus, ita tamen quod votum suum in ipso termino fideliter exequantur, nichilominus peccatorum de quibus vere contriti fuerint et confessi eis veniam concedentes, si fuerint interim ab hac luce vocati. Nulli ergo [omnino hominum liceat hanc paginam][384] nostre concessionis infringere [vel ei ausu temerario contraire]. Si quis autem [hoc attemptare presumpserit, indignationem omnipotentis Dei et beatorum Petri et Pauli, apostolorum ejus, se noverit incursurum][385]. Datum Laterani, III idus maii, pontificatus nostri anno septimo.

79

1223 Juillet 10 Segni

Honorius III autorise l'archevêque d'Apamée, Anselme, à célébrer le culte divin dans la chapelle qu'il possède dans la ville de Lattaquié en raison de l'occupation prolongée de son archidiocèse par les musulmans.

A. Original en latin aujourd'hui perdu.

B. Copie du quatrième registre d'Honorius III, d'après *A.* Rome, ASV, Reg. Vat. 12, liv. VII, let. 212, fol. 69 r°.

ANALYSE : P. PRESSUTTI, *Regesta Honorii papae III (1216–1227)*, t. II, Rome, 1895, n° 4425 p. 146 (en latin).

MAGISTRO ANSELMO, APPAMIENSI ARCHIEPISCOPO

Et caritatis debito provocamur et Apostolice Sedis benivolentia commonemur tibi archiepiscopo, tamquam venerabili fratri nostro, honorem debitum exhibere et tuis justis postulationibus in quibus secundum Deum possumus libenti animo assentire. Quocirca devotionem tuam, quam erga nos et beatum Petrum geris, attenta meditatione pensantes et personam tuam amplioris gratia dilectionis nobis astringere cupientes, presenti tibi

---

[384] Formule abrégée en « *et cetera* » dans le registre vatican.
[385] Formule abrégée en « *et cetera* » dans le registre vatican.

pagina duximus indulgendum ut, quoniam archiepiscopatus tuus ab inimicis Christiani nominis ex maxima parte noscitur detineri, liceat tibi et capellanus tuis quandiu presens fueris in capella Sancte Barbare, que in domo tua apud Laoditiam[386] sita est, salvo jure parrochiali venerabilis fratris nostri .. Laodicensis episcopi divina officia celebrare. Datum Signie, VI idus julii, [pontificatus nostri] anno septimo.

80

1223 Décembre 4 Latran

Honorius III confirme, à la requête de l'évêque [Siméon Ier], l'ensemble des propriétés, libertés, immunités et exemptions, que le clergé et les fidèles ont octroyées au cours des siècles à l'Église du Mont-Sinaï.

A. Original en latin expédié en Orient, aujourd'hui perdu.

B. Copie du quatrième registre d'Honorius III, d'après *A.* Rome, ASV, Reg. Vat. 12, liv. VIII, let. 112, fol. 124 r°-124 v°.

a. A.L. TĂUTU, *Acta Honorii III, 1216–1227, et Gregorii IX, 1227–1241*, Vatican, 1950, n° 122 p. 165, d'après *B.* __ *b.* G. HOFMANN, « Sinai und Rom », *Orientalia Christiana*, t. IX-3 (1927), n° 2 p. 244, d'après *B.*

ANALYSE : P. PRESSUTTI, *Regesta Honorii papae III (1216–1227)*, t. II, Rome, 1895, n° 4587 p. 178 (en latin).

.. EPISCOPO[387] ET CAPITULO MONTIS SYNAI

Sacrosancta [Romana Ecclesia devotos ac humiles filios ex pietatis officio propensius diligere consuevit et ne pravorum hominum molestiis agitentur, tanquam pia mater sue protectionis munimine solet][388] confovere. Eapropter, venerabilis in Christo frater, episcope, ac dilecti in Domino filii, capitule, vestris justis postulationibus [grato concurrentes][389] ascensu[390], personas vestras[391] et monasterium vestrum, cum omnibus bonis [que

---

386 *Sic mss.*

387 Il s'agit de l'évêque de Pharan, Siméon Ier, attesté dans les sources à partir de 1203 (*cf.* Samir, « Archevêques du Sinaï au 13e siècle », n° 2, p. 361–377).

388 Formule abrégée en *« et cetera usque »* dans le registre vatican.

389 Formule abrégée en *« et cetera usque »* dans le registre vatican.

390 *Sic mss.*

391 Adjectif exponctué dans le manuscrit.

in presentiarum rationabiliter possidetis aut in futurum justis modis, prestante Domino, poteritis adipisci, sub beati Petri et nostra protectione][392] suscipimus, districtius inhibentes ne quis de laboribus vestris, de possessionibus habitis ante concilium generale ac etiam de novalibus que propriis manibus aut sumptibus colitis sive de ortis et virgultis et piscationibus vestris vel de nutrimentis animalium vestrorum a vobis decimas exigere, vel extorquere presumat. Preterea libertates et immunitates a patriarchis, archiepiscopis et episcopis ordini vestro concessas necnon libertates et exemptiones secularium exactionum a regibus et principibus vel aliis Christi fidelibus rationabiliter vobis indultas, auctoritate apostolica confirmamus et presentis scripti patrocinio communimus. Nulli ergo [omnino hominum liceat hanc paginam][393] nostre protectionis, inhibitionis et confirmationis [infringere vel ei ausu temerario contraire][394]. Si quis [autem hoc attemptare presumpserit, indignationem omnipotentis Dei et beatorum Petri et Pauli, apostolorum ejus, se noverit incursurum][395]. Datum Laterani, II nonas decembris, [pontificatus nostri] anno octavo.

81

1224 Mars 1er Latran

Honorius III demande au patriarche de Jérusalem et à ses suffragants de faciliter l'échange de consentement, qui doit avoir lieu dans le cadre du mariage planifié entre l'empereur Frédéric [II] et la princesse Isabelle [de Brienne].

A. Original en latin expédié en Orient, aujourd'hui perdu.

B. Copie du quatrième registre d'Honorius III : Rome, ASV, Reg. Vat. 12, liv. VIII, let. 337, fol. 170 r°-170 v°.

a. K. Rodenberg, *Epistolae saeculi XIII*, t. I, n° 242 p. 171, d'après *B.*

Analyse : O. Rinaldi, *Annales ecclesiastici*, éd. A. Theiner, t. XX, an. 1224, § 11 p. 481 (en latin) _ P. Pressutti, *Regesta Honorii papae III*, t. II, n° 4831 p. 220 (en latin).

---

392 Formule abrégée en « *et cetera* » dans le registre vatican.
393 Formule abrégée en « *et cetera* » dans le registre vatican.
394 Formule abrégée en « *et cetera* » dans le registre vatican.
395 Formule abrégée en « *et cetera* » dans le registre vatican.

.. PATRIARCHE JEROSOLIMITANO[396], .. TIRENSI[397] ET .. NAZARENO ARCHIEPISCOPIS[398] ET .. EPISCOPO ACCONENSI[399]

Intelleximus quod karissimus in Christo filius noster F[redericus][400], illustris Romanorum imperator, semper augustus et rex Sicilie, sollempnes nuntios ad partes vestras destinare disponit ut consensum suum in karissimam in Christo filiam nostram Helisabeth, natam illustris regis Jerosolimitani, exprimat per eosdem et ipsa nichilominus in eorum presentia suum exprimat in ipsum imperatorem consensum. Ideoque fraternitati vestre per apostolica scripta mandamus quatinus, cum nuntios ipsos propter hoc illuc venire contigerit[401], hec in vestra presentia fieri cum sollempnitate tanto digna negotio faciatis. Quod si non omnes [hiis exequendis potueritis interesse][402], tres vestrum vel etiam duo ea nichilominus [exequantur][403]. Datum Laterani, kalendas martii, [pontificatus nostri] anno octavo.

82

1224 Mars 6 Latran

Honorius III engage l'évêque [Jacques] d'Acre à ne pas se détourner de la prédication de la croisade, en attendant le passage en Orient de l'empereur Frédéric [II] à la tête d'une puissante armée.

A. Original en latin expédié en Orient, aujourd'hui perdu.

B. Copie du quatrième registre d'Honorius III : Rome, ASV, Reg. Vat. 12, liv. VIII, let. 322, fol. 168 r°-168 v°.

a. R.B.C. HUYGENS, *Lettres de Jacques de Vitry (1160/1170–1240)*, Leyde, 1960, p. 154–155, d'après *B.*

ANALYSE : O. RINALDI, *Annales ecclesiastici*, éd. A. Theiner, t. XX, an. 1224, § 11 p. 481 (en latin) _ P. PRESSUTTI, *Regesta Honorii papae III*, t. II, n° 4839 p. 221–222 (en latin).

396 Raoul de Mérencourt, patriarche latin de Jérusalem de 1215 à 1224.
397 Simon de Maugastel.
398 Hugues, archevêque de Nazareth de 1220 à 1237.
399 Jacques de Vitry, évêque d'Acre de 1216 à 1228.
400 Frédéric II de Hohenstaufen, empereur germanique de 1220 à 1250.
401 *Mss. « contingerit ».*
402 Formule abrégée en *« et cetera »* dans le registre vatican.
403 Formule abrégée en *« et cetera »* dans le registre vatican.

.. Episcopo Acconensi[404]

Cum tanquam bonus miles Christi[405] hactenus bonum certamen certaris[406] et opus evangeliste laudabiliter egeris quod nondum tibi cedentibus hostibus quasi fessus desideras, sicut audivimus, cessionem et reputans actum dum quid superstat[407] agendum[408] vacare disponis ad solum aspirando natale[409], non possumus graviter non dolere, quia, cum non nisi qui legitime certaverit coronetur[410] et merces raro nisi completo jam opere debeatur, incomparabile premium certaminis et laboris in brevi feliciter consumandi pro modico desinis expectare quod, dum quasi mereri desistis, forsitan demereris. Ne igitur qui confortare manus dissolutas et genua soles debilia roborare[411], animans verbo et exemplo juxta datam tibi a Domino gratiam Christianum populum in obsequio Jhesu Christi, nunc quasi fatiscens alios fessos reddas, presertim cum karissimus in Christo filius noster F[redericus][412], illustris Romanorum imperator, semper augustus et rex Sicilie, in proximo, auctore Domino, cum numerosa multitudine bellatorum transferre disponat in subsidium Terre Sancte, ubi tua erit presentia more solito plurimum oportuna, fraternitatem tuam rogamus, monemus et exhortamur attentius, per apostolica tibi scripta precipiendo mandantes, quatinus prudenter advertens quod finis, non pugna coronat et currentibus in stadio virtutibus universis sola perseverantia bravium accipit[413] destinatum, deponas quietis noxie appetitum et, tanquam inconfusibilis operarius[414] Jhesu Christi opera prima faciens[415], offerre studeas Domino sacrificium vespertinum[416] ut, talenta tibi credita provide dispensando[417], ea geminata Domino referens ab eo tandem in gaudium recipi merearis et nos, qui personam tuam sincera in Domino caritate

---

404 Jacques de Vitry, évêque d'Acre de 1216 à 1228.
405 II Tim. 2, 3.
406 II Tim. 4, 7.
407 *Mss. « superestat »*.
408 Lucain II, 657.
409 Suivi de *« na »*, cancellé dans le registre vatican.
410 II Tim. 2, 5.
411 Isaïe 35, 3.
412 Frédéric II de Hohenstaufen, empereur germanique de 1220 à 1250.
413 D'après I Corinth. 9, 24.
414 II Tim. 2, 15.
415 D'après II Chroniques 12, 15.
416 Ps. 141 (140), 2.
417 D'après Matthieu 25, 14–23.

complectimur, tibi reddas magis ac magis favorabiles et benignos. Datum Laterani, II nonas martii, [pontificatus nostri] anno octavo.

83

1224 Mars 29 Latran

Honorius III invite le grand-maître du Temple, [Pierre de Montaigut], à recevoir et traiter avec honneur frère Pedro Alvítiz, qui a promis de restituer au Saint-Siège dans un délai de seize mois les sommes qu'il a dépensées indûment.

A. Original en latin expédié en Orient, aujourd'hui perdu.

B. Copie du quatrième registre d'Honorius III : Rome, ASV, Reg. Vat. 12, liv. VIII, let. 392[2], fol. 180 v°.

Analyse : P. Pressutti, *Regesta Honorii papae III*, t. II, n° 4899 p. 231 (en latin).

.. Magistro[418] et fratribus domus[419] militie Templi Jerosolimitani

Et si nec lucis ad tenebras nec virtutum ad vita sit conventio[420], quia tantum interdictum redimitur delictum gratia meritorum, dilectum filium fratrem Petrum Alviti cum litteris vestris ad Sedem Apostolicam accedentem, contra quem sicut scitis poteramus de jure moveri habito respectu ad sue merita probitatis, quibus apud Deum et homines se reddidit comendandum, benigne recepimus et affectione tractavimus consueta paratum penam si quam vellemus ei infligere humiliter sustinere. Indulto itaque sibi termino ut pecunia, quam nomine nostro depositam, nobis inconsultis, accepit, usque ad proximas post primi kalendas augusti nobis sine difficultate reddatur, eum ad vos cum nostra remittimus gratia et favore, universitatem vestram rogantes attentius et monentes quatinus, benigne recipientes, eundem honeste tractetis ipsum sicut convenit honorando. Datum [Laterani, IV kalendas aprilis, pontificatus nostri anno octavo][421].

---

418 Pierre de Montaigut, grand-maître du Temple de 1219 à 1232.
419 Mot rajouté en interligne.
420 II Corinth. 6, 14.
421 Formule éludée par la mention « *ut supra* » dans le registre vatican.

84

1224 Juin 26 Latran

Honorius III charge le patriarche [Rainier] et le commandeur de la maison du Temple d'Antioche de protéger le monastère de Saint-Siméon contre les agissements du comte [Bohémond IV] de Tripoli.

A. Original en latin expédié en Orient, aujourd'hui perdu.

B. Copie du quatrième registre d'Honorius III : Rome, ASV, Reg. Vat. 12, liv. VIII, let. 532, fol. 210 v°.

a. J.-B. PITRA, *Analecta sacra spicilegio Solesmensi parata*, t. I, Paris, 1876, n° 31 p. 586, d'après *B.* (avec plusieurs erreurs de transcription et modifications du texte).

ANALYSE : P. PRESSUTTI, *Regesta Honorii papae III*, t. II, n° 5061 p. 260 (en latin) _ P.-V. CLAVERIE, *L'ordre du Temple en Terre sainte et à Chypre au XIIIe siècle*, t. I, p. 46 et t. III, n° 526 p. 468.

.. PATRIARCHE[422] ET .. PRIORI DOMUS TEMPLI ANTIOC[H]ENIS

Dilecti filii .. abbas et conventus Sancti Simeonis de Antiochia nobis conquerendo monstrarunt quod nobilis vir B[oamundus][423], comes Tripolitanus, qui pro principe Antiocheno se gerit, eos exactionibus indebitis opprimit et affligit. Quin immo .. abbatem et monachos expellit ab ipso monasterio, et alios in illud non sine vitio simoniace pravitatis intrudit ; hiis et aliis modis se ipsis et eorum monasterio adeo difficilem exhibens et molestum ut, per oppressiones ejus, in spiritualibus et temporalibus irreparabiliter sit collapsum et jugiter collabatur. Ideoque discretioni vestre, per apostolica scripta, mandamus quatinus dictum comitem, ut ab hujusmodi perversitate desistat, moneatis prudenter et efficaciter inducatis eum. Si monitis vestris acquiescere non curaverit, ab indigna oppressione monasterii supradicti, per censuram ecclesiasticam, appellatione remota, sicut justum fuerit, compescentes, cum fortius ligari valeat jam ligatus. Datum Laterani, VI kalendas julii, [pontificatus nostri] anno octavo.

422 Rainier ou Raniero da Castelvecchio, patriarche latin d'Antioche de 1219 à 1225.
423 Bohémond IV d'Antioche, comte de Tripoli de 1189 à 1233.

85

1224 Novembre 28 Latran

Honorius III accorde une immunité à l'archevêque de Nicosie contre les poursuites qu'il pourrait essuyer de la part du comte de Tripoli [Bohémond IV] pour appliquer dans sa province les sentences ecclésiastiques décrétées par l'ancien légat, Pélage d'Albano.

A. Original en latin expédié en Orient, aujourd'hui perdu.

B. Copie du cinquième registre d'Honorius III : Rome, ASV, Reg. Vat. 13, liv. IX, let. 73, fol. 14 r°-14 v°.

a. C. Schabel, *Bullarium Cyprium*, t. I : *Papal Letters Concerning Cyprus 1196–1261*, c-59 p. 264–265.

Analyse : P. Pressutti, *Regesta Honorii papae III*, t. II, n° 5182 p. 282 (en latin).

.. Archiepiscopo Nichosiensi[424]

A nobis tua fraternitas humiliter postulavit ut, cum nobilis vir .. Tripolitanus comes[425] te[426] ac tuos, pro eo quod excommunicationis et interdicti sententias quas venerabilis frater noster P[elagius][427], Albanensis episcopus tunc Apostolice Sedis legatus, in ipsum et terram promulgavit ejusdem, de mandato ipsius in illis partibus publicasti et adhuc facis eas in tua provincia firmiter observari, odio inexorabili persequatur, indulgere tibi misericorditer dignaremur ne, auctoritate litterarum nostrarum, eodem comite in excommunicationis hujusmodi sententia perdurante ad partes ejus ditioni subjectas in judicium trahi possis. Nos igitur, tuis devotis precibus inclinati, auctoritate tibi presentium concedimus postulata, nisi forsan impetrate a nobis littere de presentibus fecerint mentionem. Nulli ergo [omnino hominum liceat hanc paginam] nostre concessionis [infringere vel ei ausu temerario contraire][428]. Si quis [autem hoc attemptare presumpserit, indignationem omnipotentis Dei et beatorum Petri et Pauli, apostolorum ejus, se noverit incursurum][429]. Datum Laterani, IV kalendas decembris, [pontificatus nostri] anno nono.

---

424 Eustorge de Montaigut, archevêque de Nicosie de 1213 à 1250.
425 Bohémond IV d'Antioche, comte de Tripoli de 1189 à 1233.
426 Suivi de « *te ac* », cancellé dans le registre vatican.
427 Pélage ou Pelayo Gaytán, cardinal-évêque d'Albano de 1213 à 1232.
428 Formule abrégée en « *et cetera* » dans le registre vatican.
429 Formule abrégée en « *et cetera* » dans le registre vatican.

86

1224 Décembre 15 Latran

Honorius III habilite le grand-maître du Temple, [Pierre de Montaigut], à prendre en charge le chevalier Bertrand [de Cares], qui doit effectuer un service armé de sept années en Terre sainte. Le pape relie cette pénitence à une sentence ecclésiastique rendue par le cardinal Niccolò [Chiaramonti] après l'assassinat de l'évêque du Puy, [Robert de Mehun].

A. Original en latin expédié en Orient, aujourd'hui perdu.

B. Copie du cinquième registre d'Honorius III : Rome, ASV, Reg. Vat. 13, liv. IX, let. 137, fol. 25 v°[430]

ANALYSE : P. PRESSUTTI, *Regesta Honorii papae III*, t. II, Rome, 1895, n° 5219 p. 289 (en latin) __ P.-V. CLAVERIE, *L'ordre du Temple en Terre sainte et à Chypre au XIII*e *siècle*, t. III, n° 70 p. 98 (avec une erreur d'identification de l'évêque du Puy assassiné).

.. MAGISTRO MILICIE TEMPLI[431]

Littere tue nobis exhibite continebant quod bone memorie .. patriarcha Jerosolimitanus[432] Bertrannum militem, latorem presentium, per indigna morte bone memorie .. Podiensis episcopi[433], cujus extitit auctor, ad partes illas ex nostra jussione transmissum recipere noluit, per eo quod sibi super hoc nostras litteras non ostendit. Noverit igitur tua discretio quod venerabilis frater noster N[icolaus], episcopus Tusculanus[434], auctoritate nostra, militem ipsum a vinculo excommunicationis, quam incurrerat occidendo episcopum supradictum, absolvit et injucxit eidem ut, pro satisfactione tanti facinoris, partes illas adiret et instaret fideliter domus tue servitio septem annis. Quare, cum idem miles per annum unum fideliter institerit ejusdem domus obsequio, sicut per easdem nobis litteras intimasti, discretioni tue, presentium auctoritate, mandamus quatinus ipsum benigne ad obsequium ejusdem domus obsequio admittas, donec tempus ibi compleverit

430 Aucune copie de cette bulle ne figure singulièrement dans le vol. 1183 de la collection Moreau de la Bibliothèque nationale de France, qui couvre les trois dernières années de pontificat d'Honorius III.

431 Pierre de Montaigut, grand-maître du Temple de 1219 à 1232.

432 Raoul de Mérencourt, patriarche latin de Jérusalem de 1215 à 1224.

433 Robert de Mehun, évêque du Puy-en-Velay de 1213 à 1219.

434 Niccolò Chiaramonti, cardinal-évêque de Frascati de 1219 à 1227.

prenotatum. Datum Laterani, XVIII kalendas januarii, [pontificatus nostri] anno nono.

87

1224 Décembre 17 Latran

Honorius III charge les évêques de la province de Jérusalem de contribuer au rétablissement des archevêques de Tarse et de Mamistra sur leurs sièges à la suite de leur expulsion d'Arméno-Cilicie.

A.[1], *A.*[2] etc. Originaux en latin expédiés en Orient, aujourd'hui perdus.

B. Copie du cinquième registre d'Honorius III : Rome, ASV, Reg. Vat. 13, liv. IX, let. 123, fol. 22 v°.

a. O. Rinaldi, *Annales ecclesiastici*, éd. A. Theiner, t. XX, an. 1224, § 27 p. 487, d'après *B.* (édition partielle, dépourvue du préambule de la lettre) _ *b.* A.L. Tăutu, *Acta Honorii III, 1216–1227, et Gregorii IX, 1227–1241*, Vatican, 1950, n° 130 p. 176–177, d'après *B.*

Analyse : A. Potthast, *Regesta pontificum Romanorum*, t. I, n° 7332 p. 632 (en latin) _ P. Pressutti, *Regesta Honorii papae III*, t. II, n° 5222 p. 290 (en latin).

Suffraganeis ecclesie Jerosolimitane

Clamor ad nos dolore plenus ascendit nosque dolentes referimus quod .. Tharsensis[435] et .. Mamistanus[436] archiepiscopi, cum eorum capitulis, faciente Armenorum malitia, exilium patiuntur, quod cum in Ecclesie Romane obprobrium et Latine gentis confusionem redundat, dolere merito cogimur et tristari ; devotio quoque vestra cum Ecclesie ac Latinorum injuria vos plurimum tangere debeat non modicum cause habet unde turbare valeat et moveri. Sane nos dudum hujusmodi rumoribus intellectis, venerabili fratri nostro .. Catholicon Armenie[437] ac quibusdam aliis qui dominium terre tenebant, super hoc semel scripsimus et secundo. Set illi tanquam qui Latinorum videntur obprobrium affectare, mandatum nostrum, licet geminum, penitus contempserunt. Cum adhuc Catholicon prefato scribamus ut cum non sit sustinendum nec ullo modo ulterius dissimulare possemus, quod predictorum justitia pereat et ea que nobis obedientia subtrahatur,

[435] Paul.
[436] Jean, élu en 1215.
[437] Constantin Ier Partzerberd, catholicos de Cilicie de 1221 à 1267.

hac saltem vice sic faciat, sicut suum et Armenorum vult periculum evitare, ut eisdem archiepiscopis et capitulis restituantur in integrum ecclesie supradicte, fraternitati vestre per apostolica scripta mandamus quatinus, tam eundem Catholicon, quam ceteros qui dominium tenent Armenie, ad hoc moneatis sollicite ac pro posse vestro efficaciter inducatis. Quod si monitis vestris acquiescere forte contempserint, vos eisdem archiepiscopis et capitulis studeatis qualiter suas possint recuperare ecclesias utile consilium et oportunum auxilium exhibere, ut ubi non prodest monitio, auxilia suffragentur. Datum Laterani, XVI kalendas januarii, [pontificatus nostri] anno nono.

88

1224 Décembre 18 Latran

Honorius III charge l'archevêque [Pierre] de Césarée d'absoudre les frères du Temple qui ont communiqué avec le comte de Tripoli après son anathémisation.

A. Original en latin expédié en Palestine, aujourd'hui perdu.

B. Copie du cinquième registre d'Honorius III : Rome, ASV, Reg. Vat. 13, liv. IX, let. 132, fol. 25 r°.

Analyse : P. Pressutti, *Regesta Honorii papae III*, t. II, n° 5225 p. 290 (en latin) __ P.-V. Claverie, *L'ordre du Temple en Terre sainte et à Chypre au XIIIe siècle*, t. III, n° 71 p. 99.

.. Archiepiscopo Cesariensi[438]

Supplicarunt nobis dilecti filii .. magister[439] et fratres militie Templi in Antiochenis, Tripolitanis et Acconensibus partibus constituti ut, cum quidam ipsorum quandoque necessitate, quandoque voluntarie, preter necessitatis articulum communicaverint Tripolitano comiti[440], excommunicato, et fautoribus suis, preterquam in casibus a jure concessis, eis faceremus munus absolutionis impendi. Nos autem, eorum supplicationibus inclinati, fraternitati tue, per apostolica scripta, mandamus quatinus predictos, qui se in hoc recognoverint deliquisse, juxta ecclesie formam absolvas,

438 Pierre de Limoges, archevêque de Césarée de 1199 à 1237.
439 Pierre de Montaigut, grand-maître du Temple de 1219 à 1232.
440 Bohémond IV d'Antioche, comte de Tripoli de 1189 à 1233.

injungens eis sub juramenti debito, quod prestabunt, quod, nisi in casibus concessis a jure, abstinebunt in posterum a communicatione ipsius comitis et fautorum suorum quandiu dictus comes in sua pertinacia perduravit[441]. Datum Laterani, XV kalendas januarii, [pontificatus nostri] anno nono.

89

1225 Janvier 10 Latran

Honorius III fait grief au maître et aux frères de la milice du Temple de diverses usurpations dans l'évêché de Tortose, auxquelles il leur enjoint de mettre fin sous le contrôle des archevêques de Tyr et de Césarée, assistés par l'évêque d'Acre. Le souverain pontife reproche aux templiers d'avoir confié irrégulièrement la desserte de deux églises de la cité à des prêtres grecs, en n'hésitant pas à empiéter dans la partie de Tortose qui relève de la seigneurie de l'évêque malgré l'existence d'un accord ancien entre les deux parties.

A. Original en latin expédié en Palestine, aujourd'hui perdu.

B. Copie du cinquième registre d'Honorius III : Rome, ASV, Reg. Vat. 13, liv. IX, let. 151, fol. 27 v°-28 r°.

a. P.-V. Claverie, *L'ordre du Temple en Terre sainte et à Chypre au XIIIe siècle*, t. II, Nicosie, 2005, n° 2 p. 412–413, d'après *B.* (édition entachée de plusieurs erreurs de transcription).

Analyse : P. Pressutti, *Regesta Honorii papae III*, t. II, Rome, 1895, n° 5266 p. 297 (en latin) __ P.-V. Claverie, *op. cit.*, t. II, p 412 et t. III, n° 72 p. 99.

.. Magistro[442] et fratribus milicie Templi

Quotiens ea nostro apostolatui de vobis vel vestrum aliquo referuntur, que famam vestram denigrant apud homines et conscientiam maculant apud Deum, tanto fortius contristamur quanto vos et domum vestram sincerioris caritatis brachiis amplexamur ! Ad nostram siquidem audientiam, venerabili fratri nostro .. Anteradensi episcopo[443] conquerente, pervenit quod, cum Anteradensis civitas inter ecclesiam suam et domum Templi taliter sit divisa quod episcopus, qui pro tempore preest ecclesie memorate, mediam

441 *Leg.* « *perdurabit* ».
442 Pierre de Montaigut, grand-maître du Temple de 1219 à 1232.
443 Durand.

partem sicut dominus aliquis in solidum et domus Templi partem reliquam obtineat civitatis, prout in instrumento exinde confecto plenius continetur ; vos, de propriis juribus presumentes, annichilare dominium ecclesie contra justitiam non timetis in parte civitatis spectantis ad ipsam, vobis jurisdictionem indebitam usurpantes. Vos enim, portam civitatis que ipsius est ecclesie specialis quandoque claudere, quandoque custodes ibidem apponere ac bannum vestrum etiam per preconem pro[p]rium in parte civitatis ecclesie proclamare, cum ibidem nichil juris penitus habeatis in ipsius, et ecclesie sue prejudicium maximum et gravamen minime formidatis quominus idem episcopus becariam in parte civitatis ecclesie memorate habere vel granum, seu vinum suum mercatoribus vendere libere valeat, impedire minus rationabiliter non verentes. Adjecit insuper quod vos in partem civitatis prefate que vestri juris existit, eo contradicente penitus et invito et ne hoc fieret, ad Sedem Apostolicam appellante, duas ecclesias in quibus facitis per Grecos presbyteros deserviri, qui eidem episcopo in aliquo respondere contempnunt, edificastis de novo, non sine contemptu Sedis Apostolice ac ipsius et ecclesie sue gravissimo detrimento ; terminos transgredientes insuper quos, tam vestri, quam ipsius predecessores etiam, statuerunt terras ecclesie sepefate quas eadem ab illo tempore quo fuit ei dominium terre collatum et quas etiam a centum annis retro, et antequam domus Templi haberet ibi etiam passum pedis, possederat sine lite ; et ad rusticorum vestrorum Sarracenorum, qui Ecclesiam Dei pro juribus persecuntur, testimonium, de die in diem spoliantes, motu pro[p]rie voluntatis, redditus quosdam ejusdem ecclesie in civitate constitutos prefata et decimas Anteradensis diocesis ad ecclesiam spectantes eandem ac illas insuper quas, sicut debebat[444], de tributo Coebli percipere consuevit, prout in instrumento exinde confecto plenius continetur, illicite detinetis. Preterea si aliquando contingat ipsam civitatem prescriptam ecclesiastico interdicto supponere, justitia exigente, vos illud, motu pro[p]rio, contempnitis observare circa canonicas sanctiones, temere veniendo parrochiam quoque Castelli Albi, detinentes injuste jura episcopalia ejusdem parrochie que pertinent ad eundem, utpote qui parrochianis ipsius crisma sanctum et alia spiritualia exhibet sacramenta vobis illicite vendicatis, super hominibus, piscariis, silvis et rebus aliis injuriantes eidem, ac privilegia et alia instrumenta de juribus conservandis ecclesie sepefate inter domum Templi et ecclesiam eandem confecta, pro vestro libito, infringentes. Quare

[444] Mot rajouté en interligne.

a nobis idem episcopus humiliter postulabat ut ecclesie[445] ipsius et ejus gravaminibus providere dignaremur misericorditer in hac parte, quia vero episcopi memorati et ecclesie sibi commisse gravamen indebitum, conniventibus oculis, pertransire nec volumus, nec debemus, universitatem vestram monemus, per apostolica vobis scripta precipiendo mandantes quatinus ipsis super premissis omnibus satisfacere taliter procuretis quod eis justa de vobis nulla remaneat materia[446] conquerendi. Scituri nos venerabilibus fratribus nostris .. Tyrensi[447] et .. Cesariensi[448] archiepiscopis et .. episcopo Acconensi[449] nostris dedisse litteris in mandatis ut vos ad id, auctoritate nostra, sublato appellationis obstaculo, justitia mediante, compellant. Datum Laterani, IV idus januarii, [pontificatus nostri] anno nono.

§ *In eundem modum illis scriptum est, verbis competenter mutatis.*

90

1225 Mars 17 Latran

Honorius III confirme divers privilèges octroyés par ses prédécesseurs à l'Église de Valénie à la requête de son évêque, Barthélemy. Sa bulle évoque un droit de sujétion sur les églises grecques et arméniennes du diocèse de Valénie, en plus d'une série de casaux et de dîmes cédés par le seigneur Renaud [II Mazoir] dans les territoires de Valénie, Margat et Saint-Parlier. Le pape confirme également les règles d'élection des évêques de Valénie et les excommunications ou interdits prononcés par ces derniers dans le cadre de leur ministère.

A. Original en latin aujourd'hui perdu.

B. Copie du cinquième registre d'Honorius III, d'après *A.* Rome, ASV, Reg. Vat. 13, liv. IX, let. 237, fol. 41 v°-42 r°.

a. J.-B. Pitra, *Analecta sacra spicilegio Solesmensi parata*, t. I, Paris, 1876, n° 33 p. 587–588, d'après *B.* __ *b.* A.L. Tăutu, *Acta Honorii III, 1216–1227, et Gregorii IX, 1227–1241*, Vatican, 1950, n° 132 p. 178–180, d'après *B.* (avec plusieurs erreurs de transcription).

Analyse : P. Pressutti, *Regesta Honorii papae III (1216–1227)*, t. II, Rome, 1895, n° 5388 p. 320 (en latin).

---

445 Suivi de « *sue* », cancellé dans le registre vatican.
446 Mot rajouté en interligne.
447 Simon de Maugastel.
448 Pierre de Limoges, archevêque de Césarée de 1199 à 1237.
449 Jacques de Vitry, évêque d'Acre de 1216 à 1228.

BARTHOLOMEO, VALANIENSI EPISCOPO, EJUSQUE SUCCESSORIBUS CANONICE SUBSTITUENDIS, IMPERPETUUM

Ideo, licet immeriti, ad apicem summi pontificatus providentia superne dispensationis sumus assumpti ut, circa universas Dei ecclesias, debeamus aciem nostre[450] considerationis extendere et eas a pravorum incursibus Apostolice Sedis patrocinio communire. Eapropter, venerabilis in Christo frater [episcope, tuis justis postulationibus clementer][451] annuimus et Valaniensiem ecclesiam, cui Domino auctore preesse dignosceris, ad exemplar felicis recordationis Urbani pape[452], predecessoris nostri, sub beati Petri et nostra protectione [suscipimus et presentis scripti privilegio][453] communimus. Statuentes quascumque possessiones, [quecumque bona eadem ecclesia impresentiarum juste et canonice possidet aut in futurum concessione pontificum, largitione regum vel principum, oblatione fidelium seu aliis modis, prestante Domino, poterit adipisci, firma vobis tuisque successoribus et illibata][454] permaneant. In quibus hec propriis duximus exprimenda vocabulis : Locum ipsum in quo prefata ecclesia sita est, cum domibus et aliis pertinentiis suis ; ecclesiam de *Margant*[455] cum domibus et aliis pertinentiis suis ; Casale *Coket* cum omnibus pertinentiis suis ; Casale *Jobar* cum omnibus pertinentiis suis ; Casale Bethselmonem cum omnibus pertinentiis suis et duabus carucis grecis in plano Rogie ; medietatem casalis quod dicitur *Colcas* et dominium quod habuit in ipso casali ; possessiones et decimas quas habet Valanie et in territorio ejus ; *Margant*[456] et in territorio ejus ; decimas terrarum quondam Raynaldi, domini Margati ; decimas de Rossa, de Potema, de Pharango et aliis sibi adjacentibus casalibus, molendinis et ortis ; ecclesiam de Rossa cum possessionibus suis ; decimas de Chamo et Hiseno et Aloso et decimas casalium, quas prefatus Raynaldus habuit in terra Sancti Parlerii, et possessiones alias et decimas quascumque ecclesia supradicta canonice noscitur hactenus tenuisse. Sane, ad instar felicis recordationis Lucii pape[457], predecessoris nostri, et ejusdem Urbani[458], ecclesias Grecorum et Armeniorum que in Valaniensi

---

[450] Suivi de « *nostre* », cancellé dans le registre vatican.
[451] Formule abrégée en « *et cetera usque* » dans le registre vatican.
[452] Urbain III, pape de 1185 à 1187.
[453] Formule abrégée en « *et cetera usque* » dans le registre vatican.
[454] Formule abrégée en « *et cetera usque* » dans le registre vatican.
[455] *Sic mss.*
[456] *Sic mss.*
[457] Lucius III, pape de 1181 à 1185.
[458] Urbain III, pape de 1185 à 1187.

diocesi sunt constructe et episcopi proprii regimine carent, tibi tuisque successoribus, sicut propriis episcopis, decernimus subjacere. Prohibemus etiam ne ullus infra fines tui episcopatus ecclesiam vel oratorium, salvis Sedis Apostolice privilegiis, absque tuo tuorumque successorum assensu edificare presumat. Nichilominus etiam, auctoritate apostolica, inhibemus ne parrochianos tuos interdictos vel excommunicatos a te tuisque successoribus ad officium, aut communionem ecclesiasticam sine conscientia vel consensu vestro quisquam admittat, nisi forte periculum mortis immineat ut, dum presentiam vestram habere nequiverint per alium, secundum formas Ecclesie, satisfactione premissa, oporteat ligatum absolvi. Ad hec, libertates et immunitates a regibus, principibus [et aliis personis tam ecclesiasticis, quam mundanis, rationabiliter ecclesia vestra concessas, et antiquas et rationabiles consuetudines hactenus observatas integras illibatasque manere presenti decreto][459] sancimus. Per metropolitanum insuper ecclesie tue seu ministros ejus, aut alias quascumque personas, indebitis exactionibus te vel successores tuos gravari districtius inhibemus. Statuimus quoque, ad exemplar predictorum Lucii et Urbani, ecclesiam tuam ea libertate gaudere, quam tempore tuorum predecessorum et tuo, ex quo Franci eam tenuerunt, dinoscitur hactenus habuisse. Decimas preterea seu quaslibet possessiones, ad jus ecclesie tue spectantes, persequendi et ad eam rationabiliter revocandi liberam tibi tuisque successoribus concedimus facultatem. Porro si metropolitanus tuus aliquid a te tuisque successoribus, preter obedientiam et reverentiam debitam et obsequia consueta, vel principes terre contra libertatem, quam hactenus habuit ecclesia supradicta, petierint, liberum vobis sit quod petitur, auctoritate apostolica, denegare. Statuimus insuper et sub intiminatione anathematis inhibemus ne, vacante ecclesia tua, res ejus diripere aut eam quomodolibet perturbare, vel episcopi electionem canonicam impedire, quecumque persona aliqua temeritate presumat. Set te obeunte, nunc ejusdem loci episcope vel tuorum quolibet successorum, is Valaniensi ecclesie preferatur antistes, quem fratres communi consilio vel fratrum pars consilii sanioris secundum Deum providerint eligendum. Decernimus ergo ut nulli omnino hominum liceat [prefatam ecclesiam temere perturbare aut ejus possessiones auferre vel ablatas retinere, minuere seu quibuscumque vexationibus fatigare, sed omnia integra conserventur eorum pro quorum gubernatione ac sustentatione concessa sunt usibus omnimodis][460] profutura, salva Sedis Apostolice

[459] Formule abrégée en « *et cetera usque* » dans le registre vatican.
[460] Formule abrégée en « *et cetera usque* » dans le registre vatican.

auctoritate et Apamiensis archiepiscopi debita reverentia. Si qui[s] igitur in futurum [ecclesiastica secularisve persona, hanc nostre constitutionis paginam sciens, contra eam temere venire temptaverit, secundo tertiove commonita, nisi reatum suum congrua satisfactione correxerit, potestatis honorisque sui dignitate careat reamque se divino judicio existere de perpetrata iniquitate cognoscat et a sacratissimo corpore ac sanguine Dei et Domini, Redemptoris nostri, Jhesu Christi, aliena fiat atque in extremo examine divine subjaceat][461] ultioni. Cunctis autem [eidem loco sua jura servantibus sit pax Domini nostri Jhesu Christi, quatinus, et hic fructum bone actionis percipiant, et apud districtum judicem premia eterne pacis][462] inveniant. Amen. [Amen. Amen]. Datum Laterani, per manum magistri Guidonis, notarii domini pape, XVI kalendas aprilis, incarnationis Dominice anno M°CC°XXIV°[463], indictione XIII, pontificatus vero domini Honorii, pape III, anno nono.

91

1225 Mai 5 Tivoli

Honorius III confirme les prérogatives accordées par le Siège apostolique à l'Église de Bethléem, malgré l'occupation de son siège par les musulmans depuis 39 ans.

A. Original en latin aujourd'hui perdu.

B. Copie du cinquième registre d'Honorius III, d'après *A.* Rome, ASV, Reg. Vat. 13, liv. IX, let. 314, fol. 57 r°-57 v°.

ANALYSE : P. PRESSUTTI, *Regesta Honorii papae III (1216–1227)*, t. II, Rome, 1895, n° 5461 p. 333 (en latin).

.. EPISCOPO BEETHLEMITANO[464]

Justis providentie tue precibus benignum impertientes assensum, auctoritate tibi presentium indulgemus ut, cum Beethlemitana ecclesia jam per triginta et novem annos, permissione divina, fuerit in manibus paganorum, non tempus hujusmodi, nec id per quod ecclesia ipsa, Deo permittente,

---

461 Formule abrégée en « *et cetera usque* » dans le registre vatican.

462 Formule abrégée en « *et cetera usque* » dans le registre vatican.

463 *Sic mss*, ce millésime étant libellé selon le style de l'Annonciation ou celui de Pâques.

464 *Leg.* « *Bethleemitano* ». Ce prélat portait le nom de Rainier ou Raniero.

tenebitur a paganis, eidem currat ecclesie vel ad prescribendum prosit alicui contra eam. Nulli ergo [omnino hominum liceat hanc paginam] nostre concessionis [infringere vel ei ausu temerario contraire][465]. Si quis [autem hoc attemptare presumpserit, indignationem omnipotentis Dei et beatorum Petri et Pauli, apostolorum ejus, se noverit incursurum][466]. Datum Tibure, III nonas maii, [pontificatus nostri] anno nono.

92

1225 Mai 10 Tivoli

Honorius III enjoint au chapitre de l'Église de Valence de procéder à l'élection d'un nouvel évêque avec l'accord du patriarche de Jérusalem, [Géraud de Lausanne], qui en a assuré la cure pendant quelques années.

A. Original en latin aujourd'hui perdu.

B. Copie du cinquième registre d'Honorius III, d'après *A.* Rome, ASV, Reg. Vat. 13, liv. IX, let. 311, fol. 57 r°[467].

Analyse : P. Pressutti, *Regesta Honorii papae III* (*1216–1227*), t. II, Rome, 1895, n° 5472 p. 335 (en latin).

Capitulo Valentinensi

Et si venerabilem fratrem nostrum .. patriarcham Jerosolimitanum[468], a cura ecclesie vestre cui laudabiliter prefuit, duxerimus absolvendum, attendentes tamen et prudentiam ejus et caritatem quam ad ecclesiam ipsam habet, sollicitudinem providendi una vobiscum ecclesie ipsi episcopum ejus circumspectioni duximus committendam. Ideoque auctoritate vobis presentium inhibemus, ne sine ipsius patriarche consilio et consensu, ad electionem episcopi procedatis. Datum Tibure, VI idus maii, [pontificatus nostri] anno nono.

---

465 Formule abrégée en « *et cetera* » dans le registre vatican.

466 Formule abrégée en « *et cetera* » dans le registre vatican.

467 Aucune copie de cette bulle ne figure singulièrement dans le vol. 1183 de la collection Moreau de la Bibliothèque nationale de France, qui couvre les trois dernières années de pontificat d'Honorius III.

468 Géraud ou Gérold de Lausanne, patriarche latin de Jérusalem de 1225 à 1239.

93

1225 Mai 10 Tivoli

Honorius III charge le patriarche [Géraud de Lausanne] de participer à l'élection d'un nouvel évêque de Valence, après avoir entériné son transfert sur le siège de Jérusalem.

A. Original en latin aujourd'hui perdu.

B. Copie du cinquième registre d'Honorius III, d'après *A.* Rome, ASV, Reg. Vat. 13, liv. IX, let. 312, fol. 57 r°[469].

Analyse : P. Pressutti, *Regesta Honorii papae III (1216–1227)*, t. II, Rome, 1895, n° 5473 p. 335 (en latin).

.. Patriarche Jerosolimitano[470]

Et si absolverimus te a cura ecclesie Valentinensis, attendentes tamen et prudentiam et caritatem *et cetera usque* consensu, *verbis competenter mutatis*. Ideoque fraternitati tue, per apostolica scripta, mandamus quatinus una cum sepedicto capitulo personam sincere opinionis ac fame ac Apostolice Sedi devotam ipsi ecclesie provideas in episcopum et pastorem. Datum [Tibure, VI idus maii, pontificatus nostri anno nono][471].

94

1225 Mai 10 Tivoli

Honorius III autorise le patriarche de Jérusalem, [Géraud de Lausanne], à conserver une série de revenus versés par l'abbaye de Cluny et l'Église de Valence en raison de l'occupation prolongée de la Terre sainte par les musulmans.

A. Original en latin aujourd'hui perdu.

---

469 Aucune copie de cette bulle ne figure singulièrement dans le vol. 1183 de la collection Moreau de la Bibliothèque nationale de France, qui couvre les trois dernières années de pontificat d'Honorius III.

470 Géraud ou Gérold de Lausanne, patriarche latin de Jérusalem de 1225 à 1239.

471 Formule éludée par la mention « *ut supra* » dans le registre vatican.

B. Copie du cinquième registre d'Honorius III, d'après *A.* Rome, ASV, Reg. Vat. 13, liv. IX, let. 313, fol. 57 r°[472].

ANALYSE : P. PRESSUTTI, *Regesta Honorii papae III (1216–1227)*, t. II, Rome, 1895, n° 5474 p. 335 (en latin).

.. EIDEM (I.E. PATRIARCHE JEROSOLIMITANO)[473]

Non possumus absque suspiriis gemitibusque recolere quod, paganis detinentibus Terram Sanctam, tu, bonis patriarchalibus destitutus, in alienis cogeris spem habere. Cum ergo dilectus filius .. abbas[474] et conventus Cluniacensis monasterii, cum olim laudabiliter prefuisse dinosceris tibi assumpto ad regimen ecclesie Valentinensis, prioratum Sancte Margarite in Campania cum quibusdam aliis possessionibus caritative concesserint quo ad viveres possidendam, nos, pensatis necessitatibus tuis, prioratum ipsum et possessiones cum omnibus pertinentiis suis, sicut ea omnia possedisti presidendo ipsi ecclesie Valentinensi ac in ipsorum abbatis et conventus litteris super hujusmodi concessione confectis plenius continetur, tibi personaliter auctoritate apostolica confirmamus [et presentis scripti patrocinio][475] communimus. Nulli ergo [omnino hominum liceat hanc paginam] nostre confirmationis [infringere vel ei ausu temerario contraire][476] Si quis [autem hoc attemptare presumpserit, indignationem omnipotentis Dei et beatorum Petri et Pauli, apostolorum ejus, se noverit incursurum]. Datum [Tibure, VI idus maii, pontificatus nostri anno nono][477].

§ *In eundem modum scriptum est* .. episcopo[478], .. archidiacono[479] et .. decano[480] Trecensibus, *verbis competenter mutatis,* ut, si qui eundem patriarcham vel procuratores ejus super predictis prioratu et possessionibus presumpserint temere molestare, ipsi presumptionem eorum, monitione premissa, per censuram ecclesiasticam, appellatione remota, previa ratione compescant.

472 Aucune copie de cette bulle ne figure singulièrement dans le vol. 1183 de la collection Moreau de la Bibliothèque nationale de France, qui couvre les trois dernières années de pontificat d'Honorius III.

473 Géraud ou Gérold de Lausanne, patriarche latin de Jérusalem de 1225 à 1239.

474 Roland de Hainaut, abbé de Cluny de 1220 à 1228.

475 Formule abrégée en « *et cetera usque* » dans le registre vatican.

476 Formule abrégée en « *et cetera* » dans le registre vatican.

477 Formule éludée par la mention « *ut supra* » dans le registre vatican.

478 Robert, évêque de Troyes de 1223 à 1233.

479 Nicolas de Brie.

480 Milon II de Saint-Aubin, attesté de 1224 à 1229.

95

1225 Mai 12 Tivoli

Honorius III mande aux prélats de la chrétienté d'accueillir favorablement le patriarche de Jérusalem, qu'il vient de commettre à la prédication d'une nouvelle croisade.

A. Original en latin aujourd'hui perdu.

B. Copie du cinquième registre d'Honorius III, d'après *A.* Rome, ASV, Reg. Vat. 13, liv. IX, let. 319, fol. 58 v°.

Analyse : O. Rinaldi, *Annales ecclesiastici,* éd. A. Theiner, t. XX, an. 1225, § 8 p. 494 (en latin) _ P. Pressutti, *Regesta Honorii papae III* (1216–1227), t. II, Rome, 1895, n° 5479 p. 336 (en latin).

Archiepiscopis et episcopis, abbatibus, prioribus ac aliis ecclesiarum prelatis presentem paginam inspecturis

Quanto venerabilem fratrem nostrum .. patriarcham Jerosolimitanum[481] specialius tangit et angit negotium Terre Sancte, tanto fiducialius ea sibi committimus que noscuntur ad ipsius Terre Sancte subsidium pertinere. Hinc est quod eidem injuncximus[482] ut, in terris ad quas ipsum devenire continget, proposat Christi fidelibus verbum Crucis et eos ad ipsius Terre Sancte succursum studeat secundum datam sibi a Deo prudentiam animare, concessa sibi nichilominus super diversis articulis potestate, prout ipsius Terre Sancte succursui vidimus expedire, sicut apostolice littere super hoc sibi concesse plenius manifestant. Quoniam autem quod non possumus absque suspiriis gemitibusque recolere, paganis sanctam civitatem Jerusalem detinentibus, idem patriarcha bonis patriarchalibus destitutus[483] in alienis cogitur spem habere in humanum esset et a caritatis debito alienum non exhibere sibi caritative procurationis solacium ad vestras ecclesias declinanti presertim, cum noverimus eum ejusdem esse modestiam quod nulli merito videbitur onerosus. Licet ergo ad exhibendam ipsi patriarche honorificentiam vobis et ipso dignam prompti sitis, ut credimus, per vos ipsos exhabundanti[484], tamen universitatem vestram attentius

481 Géraud ou Gérold de Lausanne, patriarche latin de Jérusalem de 1225 à 1239.

482 *Sic mss.*

483 *Mss. « destitutis »*, corrigé par la cancellation des deux dernières lettres et l'ajout d'une abréviation.

484 *Sic mss.*

sollicitandam duximus et hortamur, per apostolica vobis scripta mandantes, quatinus ipsum patriarcham curetis ita caritative recipere ac ylariter exhibere, quod in ipso monstretis vos ad ipsam Terram Sanctam habere dignam devotionem ac zelum, utraque caritas ex hoc possit Deo et hominibus, et specialiter nobis ac ipsi patriarche, merito complacere. Datum Tibure, IV idus maii, [pontificatus nostri] anno nono.

96

1225 Mai 12 Tivoli

Honorius III avertit le cardinal-légat, Romain de Saint-Ange, de la mission qu'il vient de confier au patriarche de Jérusalem, en inventoriant ses différentes prérogatives. Parmi celles-ci, figurent le droit d'accorder jusqu'à vingt jours d'indulgence aux fidèles, qui viendront l'écouter, et la possibilité de commuer en vœux de croisade les engagements pris en faveur d'un pèlerinage à Saint-Jacques de Compostelle ou d'un autre sanctuaire apostolique.

A. Original en latin aujourd'hui perdu.

B. Copie du cinquième registre d'Honorius III, d'après *A.* Rome, ASV, Reg. Vat. 13, liv. IX, let. 320, fol. 58 v°.

Analyse : O. Rinaldi, *Annales ecclesiastici*, éd. A. Theiner, t. XX, an. 1225, § 8 p. 494 (en latin) _ P. Pressutti, *Regesta Honorii papae III (1216–1227)*, t. II, Rome, 1895, n° 5480 p. 336–337 (en latin).

R[omano][485] Sancti Angeli diacono cardinali, Apostolice Sedis legato

Quanto venerabilem fratrem nostrum .. patriarcham [Jerosolimitanum[486] specialius tangit et angit negotium Terre Sancte, tanto fiducialius ea sibi committimus que noscuntur ad ipsius Terre Sancte subsidium][487] pertinere. Unde nos eidem patriarche nostris duximus litteris injungendum [ut, in terris ad quas ipsum devenire continget, proposat Christi fidelibus verbum Crucis et eos ad ipsius Terre Sancte succursum studeat secundum datam sibi a Deo prudentiam][488] animare, atque in hiis uberiorem fructum

485 Romain ou Romano Bonaventura, cardinal-diacre de Saint-Ange *in Pescheria* de 1216 à 1234.
486 Géraud ou Gérold de Lausanne, patriarche latin de Jérusalem de 1225 à 1239.
487 Formule abrégée en « *et cetera, ut supra, usque* » dans le registre vatican.
488 Formule abrégée en « *et cetera, ut supra, usque* » dans le registre vatican.

afferre valeat labor suus celebrandi semel in locis interdicto subjectis excommunicationis tamen et nominatim interdictis exclusis ibique proponendi propter verbum Dei, ac faciendi ad suam predicationem venientibus indulgentiam, que tamen viginti dierum spatium non excedat et commutandi in peregrinationis Jerosolimitane laborem vota illorum, qui voverunt beati Jacobi vel aliorum sanctorum limina visitare, absolvendi etiam juxta formam Ecclesie vice nostra violentarum manuum injectores, qui voluerint pro ipsius Terre Sancte succursu recipere signum Crucis, vel pro se illuc idoneos mittere bellatores ac aliud subsidium competens juxta pro[p]rias facultates, dummodo non sit gravis nimium et enormis excessus, et passis injuriam satisfaciant competenter, dispensandi quoque cum illis qui excommunicati sacros ordines susceperunt vel divina officia celebrarunt, si et ipsi voluerint suscipere signum Crucis, dummodo sint utiles negotio Terre Sancte, aut competens illuc juxta facultates suas subsidium destinare sibi concedimus potestatem, ita tamen ut, in terris in quibus legati a nostro latere destinati habent legationis officium exercendi ab absolutione ac dispensatione hujusmodi, pro ipsorum reverentia legatorum abstineat reverenter nec, ut id faceret de beneplacito, procederet eorumdem. Ipsum igitur patriarcham circumspectioni sollicite commendantes, discretionem tuam rogantes attentius et hortantes ac, per apostolica tibi scripta, mandamus quatinus te, sibi favorabilem exhibens et benignum eidem consilium, et auxilium oportunum impendas in quibus expedire videris et decere. Datum [Tibure, IV idus maii, pontificatus nostri anno nono][489].

97

1225 Mai 12 Tivoli

Honorius III commet le patriarche de Jérusalem à la prédication de la croisade en raison de l'occupation persistante de la Ville sainte par les infidèles.

A. Original en latin aujourd'hui perdu.

B. Copie du cinquième registre d'Honorius III, d'après *A.* Rome, ASV, Reg. Vat. 13, liv. IX, let. 321[1], fol. 58 v°-59 r°.

ANALYSE : O. RINALDI, *Annales ecclesiastici*, éd. A. Theiner, t. XX, an. 1225, § 8 p. 494 (en latin) _ P. PRESSUTTI, *Regesta Honorii papae III (1216–1227)*, t. II, Rome, 1895, n° 5481 p. 337 (en latin).

---

489 Formule éludée par la mention « *ut supra* » dans le registre vatican.

.. Patriarche Jerosolimitano[490]

Quanto te specialius tangit et angit negotium Terre Sancte, tanto fiducialius ea tibi committimus, que noscuntur ad ipsius Terre Sancte subsidium pertinere. Hinc est quod fraternitati tue, presentium auctoritate, injungimus quatinus in terris ad quas te devenire continget *et cetera, ut supra, usque* procederet eorumdem, *verbis competenter mutatis.* Datum [Tibure, IV idus maii, pontificatus nostri anno nono][491].

98

1225 Mai 15 Tivoli

Honorius III confie le soin aux évêques d'Autun et de Sion de clore avec un assesseur le conflit opposant les chapitres de Saint-Étienne et Saint-Jean de Besançon, que l'évêque de Valence [Géraud] n'a pu régler avant son élévation au patriarcat de Jérusalem.

A. Original en latin aujourd'hui perdu.

B. Copie du cinquième registre d'Honorius III, d'après *A.* Rome, ASV, Reg. Vat. 13, liv. IX, let. 315, fol. 57 v°[492].

Analyse : P. Pressutti, *Regesta Honorii papae III (1216–1227)*, t. II, Rome, 1895, n° 5488 p. 338 (en latin).

.. Eduensi et .. Sedunensi episcopis[493] et canto[ri] Lingonensi[494]

Ex parte dilectorum filiorum .. decani et capituli Sancti Stephani Bisuntini[495] fuit propositum coram nobis quod, cum dudum causam que inter ipsos, ex parte una, et .. decanum et capitulum Sancti Johannis Bisuntini[496], ex altera, super certis articulis ac diversis injuriis sibi ab eisdem illatis noscitur agitari, vobis, frater episcope Sedunensis et fili cantor, et venerabili fratri

---

490 Géraud ou Gérold de Lausanne, patriarche latin de Jérusalem de 1225 à 1239.

491 Formule éludée par la mention « *ut supra* » dans le registre vatican.

492 Aucune copie de cette bulle ne figure singulièrement dans le vol. 1183 de la collection Moreau de la Bibliothèque nationale de France, qui couvre les trois dernières années de pontificat d'Honorius III.

493 Respectivement Guy Ier de Vergy (1224–1245) et Landry de Mont (1206–1237).

494 Gilles Bouchut, par ailleurs doyen du chapitre de Saint-Maclou de Bar-sur-Aube.

495 *Sive « Bisuntinensis ».*

496 *Sive « Bisuntinensis ».*

nostro .. patriarche Jerosolimitano[497], tunc Valentinensi episcopo, sub hujusmodi forma de communi consensu partium duxerimus committendam ut, videlicet ad locum personaliter accedentes, fine debito causam terminaretis eandem si foret de partium voluntate. Alioquin ipsam remitteretis ad nos sufficienter instructam, termino partibus assignato, quo se nostro conspectui presentarent sententiam recepture. Quia tu, frater Sedunensis, sicut dicitur, licet citationes propter hoc facte non modicum temporis spatium continuerint, noluisti vel nequivisti cognitioni cause personaliter interesse propter quod negotium ipsum in eorum prejudicium extitit hactenus prorogatum, et nunc idem Valentinus est in patriarcham Jerosolimitanum assumptus quem pro se duxerant eligendum, nobis humiliter supplicarunt ut super hoc providere misericorditer dignaremur. Nos igitur, finem litibus cupientes imponere, te, frater Eduensis, subrogato patriarche predicto, discretioni vestre, per apostolica scripta precipiendo, mandamus quatinus juxta formam premissam, personaliter accedentes ad locum, super predictis mandatum apostolicum exequamini, previa ratione, secundum priorum continentiam litterarum. Quod, si forte aliquis vestrum cognitioni cause noluerit vel nequiverit interesse, autem suam reddat absentiam legitime excusatam vel committat alii, suspitione carenti, qui velit hiis exequendis interesse ac valeat vices suas. Alioquin volumus et monemus ut alii duo nichilominus in ipso negotio procedant, tertii absentia non obstante. Datum Tibure, idibus maii, [pontificatus nostri] anno nono.

99

1225 Juin 5 Tivoli

Honorius III autorise l'évêque de Bethléem, [Rainier], à réformer les maisons de son ordre hospitalier qui accueillent des frères animés d'un esprit de rébellion excessif.

A. Original en latin aujourd'hui perdu.

B. Copie du cinquième registre d'Honorius III, d'après *A.* Rome, ASV, Reg. Vat. 13, liv. IX, let. 353, fol. 65 v°.

Analyse : P. Pressutti, *Regesta Honorii papae III* (*1216–1227*), t. II, Rome, 1895, n° 5523 p. 344 (en latin).

---

[497] Géraud ou Gérold de Lausanne, patriarche latin de Jérusalem de 1225 à 1239.

.. BETHLEEMITANO EPISCOPO[498]

Et si superfluum videatur precibus postulari quod competit de jure communi, quia tamen usque adeo invaluit temeritas improborum quod juri publico publice reluctatur jurisdictionem pro[p]riam vallari, auctoritate nostra, non improvide postulasti ut ipsam eo liberius valeas exercere, quo specialius apostolico fuerit munimine roborata. Cum itaque, sicut asseris, in diversis diocesibus diversas domos habeas, ad te pleno jure spectantes, in quibus commorantes fratres Bethleemitani ordinis, interdum spiritu rebellionis arrepti, tibi, ut tenentur obedire ac intendere, pertinaci temeritate contempnunt, nos, tuis supplicationibus inclinati, correctionem ac reformationem, institutionem et destitutionem in eisdem domibus libere, prout ad te pertinent exercendi, tibi, auctoritate presentium, concedimus facultatem. Nulli ergo [omnino hominum liceat hanc paginam] nostre concessionis [infringere vel ei ausu temerario contraire]. Si quis [autem hoc attemptare presumpserit, indignationem omnipotentis Dei et beatorum Petri et Pauli, apostolorum ejus, se noverit incursurum]. Datum [Tibure, nonas junii, pontificatus nostri anno nono][499].

100

1225 Juin 23 Rieti

Honorius III autorise le patriarche [Géraud] de Jérusalem à arborer exceptionnellement à l'extérieur de sa province le pallium attaché à ses fonctions.

A. Original en latin aujourd'hui perdu.

B. Copie du cinquième registre d'Honorius III, d'après *A.* Rome, ASV, Reg. Vat. 13, liv. IX, let. 363, fol. 67 r°.

a. A.L. TĂUTU, *Acta Honorii III, 1216–1227, et Gregorii IX, 1227–1241*, n° 139 p. 185–186, d'après *B.*

ANALYSE : O. RINALDI, *Annales ecclesiastici*, éd. A. Theiner, t. XX, an. 1225, § 8 p. 494 (en latin) __ P. PRESSUTTI, *Regesta Honorii papae III (1216–1227)*, t. II, Rome, 1895, n° 5537 p. 347 (en latin).

---

498 Rainier ou Raniero.

499 Formule éludée par la mention « *ut supra* » dans le registre vatican.

.. Patriarche Jerosolimitano[500]

Palleo quo plenitudo pontificalis officii figuratur, solus Romanus pontifex, qui assumptus est in plenitudinem ecclesiastice potestatis, in missarum sollempniis semper utitur et ubique, ceteris, qui sunt in sollicitudinis partem assumpti, certis diebus eo utentibus in illis dumtaxat ecclesiis in quibus jurisdictionem ecclesiasticam acceperunt. Verum quia Jerosolimitana ecclesia, Domino permittente, posita in manibus paganorum, te frequenter extra tuam provinciam commorari seu magis peregrinari contingit, volentes ob ipsius venerabilis ecclesie reverentiam et tue persone merita in hoc tibi facere gratiam specialem, auctoritate presentium tibi personaliter indulgemus ut palleo in alienis tibi liceat uti provinciis, diebus quibus illo in tua provincia utereris. Nulli ergo [omnino hominum liceat hanc] concessionem [infringere vel ei ausu temerario contraire]. Si quis [autem hoc attemptare presumpserit, indignationem omnipotentis Dei et beatorum Petri et Pauli, apostolorum ejus, se noverit incursurum]. Datum Reate, IX kalendas julii, [pontificatus nostri] anno nono.

101

1225 Juillet 18 Rieti

Honorius III soumet au prélèvement de la dîme les fidèles de rite grec du patriarcat d'Antioche, en considérant l'universalité de sa dimension spirituelle.

A. Original en latin aujourd'hui perdu.

B. Copie du cinquième registre d'Honorius III, d'après *A.* Rome, ASV, Reg. Vat. 13, liv. IX, let. 373, fol. 68 v°.

a. K. Rodenberg, *Epistolae saeculi XIII*, t. I, n° 277 p. 199, d'après *B.* __ *b.* A.L. Tăutu, *Acta Honorii III, 1216–1227, et Gregorii IX, 1227–1241*, Vatican, 1950, n° 140 p. 186, d'après *B.*

Analyse : P. Pressutti, *Regesta Honorii papae III (1216–1227)*, t. II, Rome, 1895, n° 5567 p. 352 (en latin).

[500] Géraud ou Gérold de Lausanne, patriarche latin de Jérusalem de 1225 à 1239.

.. Patriarche Antiocheno[501]

Cum tributa egentium animarum sint decime, quas in signum universalis dominii sibi Dominus reservavit, a solutione ipsorum nemo cujuscumque nationis subducitur Christianus, quia non est in hac parte Greci distinctio, barbari vel Latini. Eapropter fraternitati tue concedimus ut Grecos in tua diocesi consistentes ad solvendum decimas juxta consuetudinem Latinorum, tam auctoritate nostra quam tua, valeas coartare. Datum Reate, XV kalendas augusti, [pontificatus nostri] anno nono.

102

1225 Juillet 18 Rieti

Honorius III autorise le patriarche d'Antioche, [Rainier], à déroger à un privilège féodal qui accorde une liberté absolue aux colons réfugiés dans le casal du Pont-de-Fer.

A. Original en latin aujourd'hui perdu.

B. Copie du cinquième registre d'Honorius III, d'après *A.* Rome, ASV, Reg. Vat. 13, liv. IX, let. 375, fol. 68 v°-69 r°.

Analyse : P. Pressutti, *Regesta Honorii papae III (1216–1227)*, t. II, Rome, 1895, n° 5569 p. 352 (en latin).

.. Patriarche[502] et clero Antiochenis

Nobis fuit humiliter supplicatum ut, cum ex quadam constitutione iniqua in partibus vestris facta ut videlicet coloni, qui ad quoddam casale principatus Antiocheni quod vulgariter appellatur Pons Ferri confugiunt, a jurisdictione dominorum suorum sunt liberi et immunes, grave possit ecclesiis dispendium evenire super hoc, competens adhibere remedium dignaremur. Volentes igitur ipsarum ecclesiarum dispendiis juxta officii nostri debitum obviare, vobis, auctoritate presentium, indulgemus ne vobis aut ecclesiis ipsis aliquod ex constitutione predicta prejudicium generetur, nec homines vestros tueatur hujusmodi constitutio vel confugium quominus debita et consueta obsequia vobis et ecclesiis ipsis impendere teneantur.

501 Rainier ou Raniero da Castelvecchio, patriarche latin d'Antioche de 1219 à 1225.

502 Rainier ou Raniero da Castelvecchio, patriarche latin d'Antioche de 1219 à 1225.

Nulli ergo [omnino hominum liceat hanc paginam] nostre concessionis [infringere vel ei ausu temerario contraire]. Si quis [autem hoc attemptare presumpserit, indignationem omnipotentis Dei et beatorum Petri et Pauli, apostolorum ejus, se noverit incursurum]. Datum Reate, XV kalendas augusti, [pontificatus nostri] anno nono.

103

1225 Juillet 18 Rieti

Honorius III autorise le patriarche [Rainier] d'Antioche à suspendre les bénéfices des membres du clergé grec de son diocèse, dont il attend un engagement financier ou moral face aux prétentions du pseudo-patriarche [Siméon II].

A. Original en latin aujourd'hui perdu.

B. Copie du cinquième registre d'Honorius III, d'après *A.* Rome, ASV, Reg. Vat. 13, liv. IX, let. 376, fol. 69 r°.

a. A.L. TĂUTU, *Acta Honorii III, 1216–1227, et Gregorii IX, 1227–1241*, Vatican, 1950, n° 141 p. 186–187, d'après *B.* (avec une erreur de transcription du gérondif « *prestandum* »).

ANALYSE : P. PRESSUTTI, *Regesta Honorii papae III (1216–1227)*, t. II, Rome, 1895, n° 5570 p. 352 (en latin).

.. PATRIARCHE ANTIOCHENO[503]

Ea debetur ab omnibus Sedi Apostolice obedientia ut ei, cui pro actibus suis est contraria, nulli sit licitum adherere quatinus unusquisque separatus ab ipsa, dum omnium considerat solacio se privari, citius eidem Sedi Apostolice, que preest universis, reconciliari festinet et per hoc redeat ad salutem ; qui enim se ab illo non averteret cui Romana Ecclesia est aversa, unus profecto esset ex illis qui exterminare Dei Ecclesiam concupiscunt. Eapropter fraternitati tue concedimus ut Grecos omnes in tua diocesi consistentes, tam auctoritate nostra, quam tua, per subtractionem beneficiorum compellere valeas ad prestandum juratoriam vel fidejussoriam cautionem, quod in nullo deinceps monacho illi Greco, qui se patriarcham Antiochenum[504] appellare presumit, obedient maxime dum Sedi

503 Rainier ou Raniero da Castelvecchio, patriarche latin d'Antioche de 1219 à 1225.

504 Siméon ou Siman II ibn Abū Saïbé, patriarche melkite d'Antioche de 1206 environ à 1235.

Apostolice inobediens invenitur. Datum [Reate, XV kalendas augusti, pontificatus nostri anno nono][505].

104

1225 Juillet 18 Rieti

Honorius III ordonne au prieur de la milice du Temple d'aider le patriarche d'Antioche, [Raniero], à prendre possession de ses sanctuaires dans le cadre d'une mission confiée à l'archêveque [Pierre] de Césarée et à l'évêque [Jacques] d'Acre.

A. Original en latin aujourd'hui perdu.

B. Copie du quatrième registre d'Honorius III, d'après *A.* Rome, ASV, Reg. Vat. 13, liv. IX, let. 374, fol. 68 v°.

Analyse : P. Pressutti, *Regesta Honorii papae III (1216–1227)*, t. II, n° 5568 p. 352 (en latin) __ P.-V. Claverie, *L'ordre du Temple en Terre sainte et à Chypre au XIIIe siècle*, t.III, n° 528 p. 468–469.

.. Priori militie Templi [Jerosolimitani][506]

Et si venerabilem fratrem nostrum .. patriarcham Antiochenum[507]quadam prerogativa specialis dilectionis artius amplexamur tanquam, qui nobiscum olim aliquandiu apud Sedem Apostolicam familiariter et laudabiliter conversatus gratum nobis exhibuit obsequium et acceptum, non minus tum pro aliorum animarum salute, quam pro illius utilitate, super expresso nobis ab ipso quarumdam ecclesiarum gravamine duximus providendum. Sicut enim, eodem patriarcha referente, nobis innotuit in nonnullis ecclesiis civitatis et diocesis Antiochene dominus terre ac quidam alii laici jam dudum episcopalem jurisdictionem presumpserunt in animarum suarum periculum exercere, instituendo et destituendo prelatos in eis pro sue libito voluntatis. Quia vero, sicut vestimentum Domini scissum non fuit, ita ecclesia, que imunitate tota consistit, scindi non debet ut sit in laica et non in pastoris proprii potestate, venerabilibus fratribus nostris .. archiepiscopo Cesariensi[508] et .. episcopo Acconensi[509] dirigimus scripta nostra ut

---

505 Formule éludée par la mention « *ut supra* » dans le registre vatican.
506 Mention indiquée dans la marge du manuscrit.
507 Rainier ou Raniero da Castelvecchio, patriarche latin d'Antioche de 1219 à 1225.
508 Pierre de Limoges, archevêque de Césarée de 1199 à 1237.
509 Jacques de Vitry, évêque d'Acre de 1216 à 1228.

prefatum terre dominum ac alios laicos, quibus, vel aliis quantumcumque religiosis, nulla disponendi de rebus ecclesiasticis est attributa facultas, ad resignationem jurisdictionis hujusmodi moneant efficaciter et inducant, cum eo sit gravius eorum peccatum quo diutius ipsorum detinuit animas obligatas. Quod, si eorum monitis iidem acquiescere forte contempserint, ipsi eos, prescriptione temporis non obstante, cum non minuatur sed augeatur temporis diuturnitate delictum, ad id per censuram ecclesiasticam, appellatione remota, compellant. Quocirca discretioni tue, per apostolica scripta, mandamus quatinus patriarcham eundem in corporalem possessionem ecclesiarum ipsarum inducas et, pro posse tuo, tuearis inductum. Datum [Reate, XV kalendas augusti, pontificatus nostri anno nono][510].

105

1225 Juillet 19 Rieti

Honorius III charge l'archevêque [Pierre] de Césarée et l'évêque [Jacques] d'Acre d'engager les seigneurs de la principauté d'Antioche à cesser d'usurper les droits épiscopaux du patriarche [Rainier].

A. Original en latin aujourd'hui perdu.

B. Copie du quatrième registre d'Honorius III, d'après *A.* Rome, ASV, Reg. Vat. 13, liv. IX, let. 374, fol. 68 v°.

Analyse : P. Pressutti, *Regesta Honorii papae III (1216–1227)*, t. II, n° 5572 p. 353 (en latin).

§ *In eundem modum scriptum est* .. archiepiscopo Cesariensi[511] et .. episcopo Acconensi[512] ut dominos predictos, monitione premissa, ad id per censuram ecclesiasticam, appellatione remota, compellant. Datum Reate XIV kalendas augusti, [pontificatus nostri] anno nono.

106

1225 Août 4 Rieti

Honorius III engage le doge de Venise, [Pietro Ziani], à restituer à l'évêque [Rainier] de Bethléem une icône de la Sainte Vierge d'origine

---

510 Formule éludée par la mention « *ut supra* » dans le registre vatican.
511 Pierre de Limoges, archevêque de Césarée de 1199 à 1237.
512 Jacques de Vitry, évêque d'Acre de 1216 à 1228.

constantinopolitaine, de façon à écourter une procédure juridique qui a déjà mobilisé les évêques de Padoue et de Trévise.

A. Original en latin aujourd'hui perdu.

B. Copie du cinquième registre d'Honorius III, d'après *A.* Rome, ASV, Reg. 13, liv. X, let. 3, fol. 74 v°-75 r°.

a. P.E. Riant, « La part de l'évêque de Bethléem dans le butin de Constantinople en 1204 » *Mémoires de la Société nationale des Antiquaires de France*, t. XLVI (1885), n° I p. 235, d'après *B.* __ *b.* A.L. Tăutu, *Acta Honorii III, 1216–1227, et Gregorii IX, 1227–1241*, n° 142 p. 187–188, d'après *B.* (avec quelques inexactitudes).

Analyse : P. Pressutti, *Regesta Honorii papae III* (1216–1227), t. II, Rome, 1895, n° 5584 p. 357 (en latin).

Nobili viro .. duci Venetorum[513]

Venerabilis frater noster .. Bethleemitanus episcopus[514] incessabili quasi querela nos vexat quod quandam yconam, que Deitria dicitur, ad Bethleemitanam ecclesiam pertinentem, contra justitiam detines et, requisitus multotiens, reddere contradicis ; et licet causam super ea venerabili fratri nostro .. Paduano episcopo[515] et conjudicibus ejus commisissemus fine debito terminandam, eisdem nichilominus iterato scribentes ut in causa procederent juxta priorum continentiam litterarum, in ea tamen minime processerunt. Set, cum idem Bethleemitanus episcopus, ad tuam accedens presentiam, te humiliter exorarit ut sibi vel yconam redderes, vel saltem justitiam exhiberes, tu eum affectum probris et convitiis, minaci vultu, quod te non decuit, terruisti. Deinde vero suggerens nobis quod Paduam secure non valebas accedere, obtinuisti a nobis causam eandem venerabili fratri nostro .. Tervisino episcopo[516] et ejus conjudicibus delegari. Quare, propter varietatem commissionum, causa ipsa remansit hactenus indecisa. Ceterum licet quantum cum Deo possumus, tibi deferre velimus, quia tamen periculosum est deferre homini contra Deum, cui est contra omnes homines deferendum, nobilitatem tuam monemus et hortamur attente, per apostolica scripta mandantes, quatinus, prudenter advertens quod nil valet homini, si universum mundum lucretur, anime vero sue sustineat detrimentum, yconam ipsam, sicut justum est, restituas

[513] Pietro Ziani, comte d'Arbi et doge de 1205 à 1229.
[514] Rainier ou Raniero.
[515] Jourdain ou Giordano, évêque de Padoue de 1214 à 1228.
[516] Tisone da Vidor, évêque de Trévise de 1209 à 1245.

conquerenti ; ita quod ex justitia gratiam sibi faciens ex debito tibi videaris meritum comparare. Alioquin si de jure confidis, usque ad festum Omnium Sanctorum proximo venturum, quod pro peren[p]torio[517] termino tibi prefigimus, procuratorem idoneum et sufficienter instructum ad presentiam nostram mittas ut procedamus exinde, prout ordo poposcerit rationis. Datum Reate, II nonas augusti, [pontificatus nostri] anno decimo.

107

1225 Août 4 Rieti

Honorius III charge le plébain de l'église Saint-Paul de Venise de communiquer au doge [Pietro Ziani] sa décision sur le différend qui l'oppose à l'évêché de Bethléem, en veillant à transmettre au Siège apostolique les éléments qui pourraient en découler.

A. Original en latin aujourd'hui perdu.

B. Copie du cinquième registre d'Honorius III, d'après *A.* Rome, ASV, Reg. Vat. 13, liv. X, let. 4, fol. 75 r°.

a. P.E. Riant, « La part de l'évêque de Bethléem dans le butin de Constantinople en 1204 » *Mémoires de la Société nationale des Antiquaires de France*, t. XLVI (1885), n° II p. 236, d'après *B.*

Analyse : P. Pressutti, *Regesta Honorii papae III (1216–1227)*, t. II, Rome, 1895, n° 5585 p. 357 (en latin).

.. Plebano Sancti Pauli Venetorum[518]

Nobili viro .. duci Venetorum[519] nostras litteras destinamus ut vel yconam, que Deitria dicitur, ad Bethleemitanam ecclesiam, sicut venerabilis frater noster .. episcopus Bethleemitanus[520] asserit, pertinentem, episcopo ipsi restituat vel, si de jure confidit, usque ad festum Omnium Sanctorum proximo venturum, quod pro peremptorio termino sibi prefigimus, procuratorem ideoneum et sufficienter instructum ad presentiam nostram mittat ut procedamus exinde, prout ordo dictaverit rationis. Quocirca

517 *Leg. « peremptorio ».*
518 Lodovico et non Lorenzo comme a pu l'écrire à tort le comte Riant au XIXe siècle.
519 Pietro Ziani, comte d'Arbi et doge de 1205 à 1229.
520 Rainier ou Raniero.

discretioni tue, per apostolica scripta, mandamus quatinus, eidem duci sub testimonio bonorum virorum easdem litteras representes, quicquid inde invenies nobis fideliter rescripturus. Datum [Reate, II nonas augusti, pontificatus nostri anno decimo][521].

108

1225 Août 11 Rieti

Honorius III charge l'archevêque de Nicosie, [Eustorge de Montaigut], d'enquêter sur le degré de parenté existant entre la reine de Chypre, Alix [de Champagne], et son époux, Bohémond d'Antioche.

A. Original en latin aujourd'hui perdu.

B. Copie du cinquième registre d'Honorius III, d'après *A.* Rome, ASV, Reg. Vat. 13, liv. X, let. 53, fol. 85 r°.

c. C. Schabel, *Bullarium Cyprium*, t. I : *Papal Letters Concerning Cyprus 1196–1261*, c-63 p. 271–272.

Analyse : L. de Mas-Latrie, *Histoire de l'île de Chypre sous le règne des princes de la maison de Lusignan*, t. II, Paris, 1852, p. 47 (en latin) _ A. Potthast, *Regesta pontificum Romanorum*, t. I, n° 7458 p. 642 (en latin)_ P. Pressutti, *Regesta Honorii papae III (1216–1227)*, t. II, Rome, 1895, n° 5593 p. 358 (en latin).

.. Nicosiensi archiepiscopo[522]

Ex insinuatione tua nostris est auribus intimatum quod .. illustris regina Cipri[523], cujus tu diocesanus existis, cum nobili viro Boamundo, filio .. comitis Tripolitani[524], qui eidem in quarto gradu affinitatis attinere dinoscitur, matrimonialiter contrahere contra interdictum Ecclesie non expavit in anime sue periculum et grave scandalum plurimorum. Quare a nobis humiliter postulabas ut negotium memoratum aliquibus discretis, Deum timentibus, in illis partibus committerre dignaremur. Nos igitur, de discretione tua gerentes fiduciam pleniorem, negotium ipsum tibi, qui cum dicte

---

521 Formule éludée par la mention « *ut supra* » dans le registre vatican.

522 Eustorge de Montaigut, archevêque de Nicosie de 1213 à 1250.

523 Alix de Champagne, reine de Chypre de 1210 à 1218 puis régente du royaume jusqu'en 1225.

524 Bohémond IV d'Antioche, comte de Tripoli de 1189 à 1233.

regine diocesanus existas de facto et ejus circumstantiis universis intelligere poteris plenius veritatem, duximus committendum, fraternitati tue, per apostolica scripta mandantes quatinus vocatis qui fuerint evocandi et, inquisita super premissis diligentius veritate, quod canonicum fuerit, appellatione remota, decernas, faciens[525] [quod decreveris per censuram ecclesiasticam firmiter observari][526]. Datum Reate. III idus augusti, [pontificatus nostri] anno decimo.

109

1225 Août 16 Rieti

Honorius III autorise l'archevêque d'Apamée [Anselme] à disposer d'une entière liberté de commerce dans la cité et la principauté d'Antioche.

A. Original en latin aujourd'hui perdu.

B. Copie du cinquième registre d'Honorius III, d'après *A.* Rome, ASV, Reg. Vat. 13, liv. X, let. 25, fol. 79 r°.

ANALYSE : P. PRESSUTTI, *Regesta Honorii papae III (1216–1227)*, t. II, n° 5607 p. 360–361 (en latin).

.. ARCHIEPISCOPO APAMIENSI[527]

Justis precibus tuis benignum impertientes assensum, auctoritate tibi presentium indulgemus ut in civitate ac principatu Antiochenis libere tibi liceat tuos vendere redditus et emere tam equitaturas, quam alia tibi et tue familie necessaria, sine omni exactione persone cujuslibet secularis. Nulli ergo [omnino hominum liceat hanc] concessionem [infringere vel ei ausu temerario contraire]. Si quis [autem hoc attemptare presumpserit, indignationem omnipotentis Dei et beatorum Petri et Pauli, apostolorum ejus, se noverit incursurum]. Datum Reate, XVII kalendas septembris, [pontificatus nostri] anno decimo.

---

525 Mot rajouté en interligne dans le registre vatican.
526 Formule abrégée en interligne par la mention « *et cetera* » dans le registre vatican.
527 Anselme.

110

1225 Août 16 Rieti

Honorius III fixe les règles de succession à observer à la tête de l'Église d'Apamée afin d'éviter la dispersion de son temporel en période de vacance épiscopale.

A. Original en latin aujourd'hui perdu.

B. Copie du cinquième registre d'Honorius III, d'après *A.* Rome, ASV, Reg. Vat. 13, liv. X, let. 26, fol. 79 r°.

ANALYSE : P. PRESSUTTI, *Regesta Honorii papae III* (1216–1227), t. II, Rome, 1895, n° 5608 p. 361 (en latin).

CAPITULO APAMIENSI

Volentes paci et utilitati ecclesie[528] vestre, debita sollicitudine, providere, presentium auctoritate, statuimus ut, obeunte archiepiscopo vestro, nullus vobis qualibet subreptionis astutia preponatur, nisi quem vos, communi consensu, vel pars consilii sanioris secundum Deum provideritis eligendum, nichilominus sub intiminatione anathematis inhibentes ne quis, defuncto archiepiscopo, bona ipsius seu ecclesie vestre capere vel invadere quoque modo presumat, sed substituendo archiepiscopo illibata serventur. Nolumus tamen quod per hanc indulgentiam ecclesie Antiochene prejudicium generetur. Nulli ergo [omnino hominum liceat hanc] constitutionem et inhibitionem [infringere vel ei ausu temerario contraire]. Si quis [autem hoc attemptare presumpserit, indignationem omnipotentis Dei et beatorum Petri et Pauli, apostolorum ejus, se noverit incursurum]. Datum [Reate, XVII kalendas septembris, pontificatus nostri anno decimo][529].

111

1225 Septembre 25 Rieti

Honorius III charge le chantre, l'archidiacre ainsi qu'un chanoine de l'Église d'Antioche de gérer son temporel pendant la période de vacance patriarcale,

---

528 Mot rajouté en interligne.
529 Formule éludée par la mention « *ut supra* » dans le registre vatican.

ouverte par la mort du patriarche Raniero [da Castelvecchio], le 15 septembre dernier.

A. Original en latin aujourd'hui perdu.

B. Copie du cinquième registre d'Honorius III, d'après *A.* Rome, ASV, Reg. Vat. 13, liv. X, let. 64, fol. 88 v°-89 r°.

ANALYSE : P. PRESSUTTI, *Regesta Honorii papae III* (1216–1227), t. II, Rome, 1895, n° 5658 p. 371 (en latin).

.. CANTORI, .. ARCHIDIACONO ET MAGISTRO PETRO CANONICO ANTIOCHENIS

Devotioni vestre, significatione presentium, duximus intimandum bone memorie R[anerium][530], patriarcham vestrum, feria secunda post festum Exaltationis Sancte Crucis, proximo jam transactum, nature debitum persolvisse. Unde vobis et dilectis filiis, capitulo Antiocheno, dedimus nostris litteris in mandatis ut, convenientes in unum, invocata Spiritus Sancti gratia, provideatis vobis et ecclesie Antiochene de persona idonea, que tanto congruat oneri et honori et que a nobis etiam merito debeat acceptari, per electionem canonicam, in patrem pariter et pastorem. Ne igitur ecclesiam memoratam bonorum suorum interim contingat incurrere detrimentum, curam et custodiam castri Cursarii, proventuum et aliorum bonorum, tam mobilium quam immobilium, ad mensam patriarchalem spectantium, donec provideatur ecclesie de pastore idoneo memorate, vobis duximus committendam, devotioni vestre firmiter precipiendo mandantes quatinus castrum et proventus, tam perceptos quam percipiendos etiam, ac alia supradicta ad mensam patriarche futuri, necnon et custodiam ejusdem castri fideliter conservanda recipere procuretis, circa custodiam castri prefati illam diligentiam adhibentes quam in tanto negotio et tam necessario fidei Christiane convenit adhiberi, preceptum nostrum taliter impleturi quod a nobis, propter hoc, non immerito commendari possitis, contradictores, [si qui fuerint, vel rebelles, per censuram ecclesiasticam, appellatione remota, compescando][531]. Datum Reate, VII kalendas octobris, [pontificatus nostri] anno decimo.

---

[530] Rainier ou Raniero da Castelvecchio, patriarche latin d'Antioche de 1219 à 1225.

[531] Formule abrégée en « *et cetera* » dans le registre vatican.

112

1225 Septembre 25 Rieti

Honorius III engage le chapitre de l'Église d'Antioche à désigner un successeur au feu patriache, Raniero [da Castelvecchio], en recourant aux services de l'ancien chancelier du prince Raymond-Rubēn, Jean.

A. Original en latin aujourd'hui perdu.

B. Copie du cinquième registre d'Honorius III, d'après *A.* Rome, ASV, Reg. Vat. 13, liv. X, let. 65, fol. 89 r°.

Analyse : P. Pressutti, *Regesta Honorii papae III (1216–1227)*, t. II, Rome, 1895, n° 5659 p. 371 (en latin).

Capitulo Antiocheno

Devotioni vestre, [significatione presentium, duximus intimandum bone memorie Ranerium[532], patriarcham vestrum, feria secunda post festum Exaltationis Sancte Crucis, proximo jam transactum, nature debitum][533] persolvisse. Ne igitur Antioc[h]ena[534] ecclesia propter defectum pastoris, si diu ejus permanserit solatio, destituta in spiritualibus et temporalibus, contingat incurrere detrimentum, universitatem vestram monendam duximus attente et hortandam, per apostolica vobis scripta mandantes, quatinus, convenientes in unum, [invocata Spiritus Sancti gratia, provideatis vobis et ecclesie Antiochene de persona idonea, que tanto congruat oneri et honori et que a nobis etiam merito debeat acceptari, per electionem canonicam in patrem pariter et][535] pastorem adhibentes[536] dilectum filium magistrum J[ohannem], cancellarium clare memorie Rupini[537], principis Antiochie, ecclesie vestre asisium, cui jam dictas litteras confidenter duximus committendas, utpote qui laborem presentem pro ecclesia libenter subiit memorata, vobis attentius commendamus. Datum [Reate, VII kalendas octobris, pontificatus nostri anno decimo][538].

---

532 Rainier ou Raniero da Castelvecchio, patriarche latin d'Antioche de 1219 à 1225.
533 Formule abrégée en « *et cetera, ut supra, usque* » dans le registre vatican.
534 *Mss.* « *Antiocen.* » que l'on pourrait rendre éventuellement par « *Antiocensis* ».
535 Formule abrégée en « *et cetera, ut supra, usque* » dans le registre vatican.
536 *Mss.* « *adh.* ».
537 Raymond-Rubēn, prince d'Antioche de 1216 à 1219.
538 Formule éludée par la mention « *ut supra* » dans le registre vatican.

113

1225 Septembre 25 Rieti

Honorius III mande au chanoine antiochénien, Philippe, de remettre les clés du château de Qoçaïr et les divers biens, dont il assurait la curatelle, aux trois commissaires qu'il vient de désigner afin de gérer le temporel de l'Église d'Antioche.

A. Original en latin aujourd'hui perdu.

B. Copie du cinquième registre d'Honorius III, d'après *A.* Rome, ASV, Reg. Vat. 13, liv. X, let. 66, fol. 89 r°.

Analyse : P. Pressutti, *Regesta Honorii papae III (1216–1227)*, t. II, Rome, 1895, n° 5660 p. 371 (en latin).

Philippo, subdiacono nostro, nepoti bone memorie R[anerii], Antiocheni patriarche, canonico Antiocheno

Cum dilectis filiis .. cantori, .. archidiacono et magistro Petro canonico Antiochenis curam ac custodiam castri Cursarii, proventuum et aliorum bonorum, tam mobilium quam immobilium, ad mensam patriarchalem spectantium, donec de pastore idoneo Antiochene provideatur ecclesie, duxerimus committendam, devotioni tue, per apostolica scripta, mandamus quatinus castrum prefatum cum fructibus interim perceptis, sine dilatione qualibet, resignes eisdem, sciens ipsis nostris dedisse litteris in mandatis ut contradic[tores], si qui[539] fuerint, vel rebelles, per censuram ecclesiasticam, appellatione remota, compescant. Datum [Reate, VII kalendas octobris, pontificatus nostri anno decimo][540].

114

1225 Septembre 30 Rieti

Honorius III somme le chapitre de l'église Saint-Marc de Venise de dépêcher un procureur en cour de Rome avant le 2 février 1226 afin de régler le statut d'une chapelle acconitaine revendiquée par l'ordinaire. Le pape justifie sa

[539] *Mss. « siquis »*, le scribe ayant bâclé la fin de cette lettre.
[540] Formule éludée par la mention *« ut supra »* dans le registre vatican.

décision par le débat contradictoire qui vient d'opposer devant des juges délégués du Saint-Siège l'archidiacre de l'Église d'Acre à un représentant de la basilique Saint-Marc.

A. Original en latin aujourd'hui perdu.

B. Copie du cinquième registre d'Honorius III, d'après *A.* Rome, ASV, Reg. Vat. 13, liv. X, let. 56, fol. 87 v°.

ANALYSE : P. PRESSUTTI, *Regesta Honorii papae III (1216–1227)*, t. II, Rome, 1895, n° 5670 p. 373 (en latin).

.. PRIMICERIO[541] ET CAPITULO SANCTI MARCI DE VENETIIS

Cum causa que inter vos, ex parte una, et venerabilem fratrem nostrum .. Acconensem episcopum[542], ex altera, super jure parrochie capelle Sancti Marci Acconensis ac obedientia et reverentia, quam sibi a .. presbytero et clericis ejusdem capelle deberi asserit, vertitur, sit, ut dicitur, diversis judicibus a Sede Apostolica delegata nuper dilecto filio .. archidiacono Acconensi, procuratore predicti episcopi super eadem causa, quasdam apostolicas litteras impetrante, procurator vester eis in audientia publica contradixit, asserens quod capella eadem ad vos pertinet pleno jure. Ne igitur causa ipsa ex diversis commissionibus ulterius proteletur, eam ad nos duximus advocandam. Ideoque discretioni vestre, per apostolica scripta, mandamus quatinus in proximo futuro festo Purificationis beate Marie, quod utrique parti assignamus pro termino peremptorio, procuratorem idoneum, litem contestari paratum cum munimentis, siqua citra mare forsan habetis, ad nostram presentiam transmittatis. De processibus autem habitis vel habendis providebimus, prout secundum Deum videbimus expedire. Datum Reate, II kalendas octobris, [pontificatus nostri] anno decimo.

115

1225 Octobre 1er Rieti

Honorius III invite l'évêque [Pierre] de Castello à déléguer un procureur auprès du Siège apostolique afin de clore le différend relatif au statut de la chapelle Saint-Marc d'Acre.

541 Andrea Canal, primicier de la basilique Saint-Marc de Venise de 1208 à 1229.
542 Probablement Jacques de Vitry, évêque d'Acre de 1216 à 1228.

A. Original en latin aujourd'hui perdu.

B. Copie du cinquième registre d'Honorius III, d'après *A*. Rome, ASV, Reg. Vat. 13, liv. X, let. 70, fol. 89 v°-90 r°.

ANALYSE : P. PRESSUTTI, *Regesta Honorii papae III (1216–1227)*, t. II, Rome, 1895, n° 5673 p. 374 (en latin).

.. EPISCOPO CASTELLANO[543]

Cum causa que inter dilectos filios .. primicerium[544] et capitulum Sancti Marci de Venetiis, ex parte una, et venerabilem fratrem nostrum .. Acconensem episcopum[545], ex altera, super jure parrochie capelle Sancti Marci Acconensis ac obedientia et reverentia, quam sibi a .. presbytero et clericis ejusdem capelle deberi asserit, vertitur, sit, ut dicitur, diversis judicibus a Sede Apostolica delegata, nuper dilecto filio .. archidiacono Acconensi, procuratore predicti episcopi super eadem causa, quasdam apostolicas litteras impetrante, .. procurator dictorum primicerii et capituli eis in audientia publica contradixit, asserens quod capella eadem ad eos pertinet pleno jure. Ne igitur causa ipsa ex diversis commissionibus ulterius proteletur, eam ad nos duximus advocandam, eis nostris dantes litteris in mandatis ut in proximo futuro festo Purificationis beate Marie, quod utrique parti assignamus pro termino peremptorio, procuratorem idoneum, litem contestari paratum cum munimentis, siqua citra mare forsitan habent, ad nostram curent presentiam destinare. Ideoque fraternitati tue, per apostolica scripta, mandamus quatinus, si tua estimas interesse, procuratorem idoneum, sufficienter instructum, propter hoc in predicto termino, quem et pro peremptorio tibi prefigimus, ad presentiam nostram mittas ut procedamus exinde, prout dictaverit ordo juris. Datum Reate, kalendas octobris, [pontificatus nostri] anno decimo.

116

1225 Octobre 6 Rieti

Honorius III confirme l'élection de [Guillame de Savoie] à l'évêché de Valence, effectuée en présence du patriarche de Jérusalem, [Géraud de Lausanne].

---

543 *Sive « Castellanensi »*. Il s'agit de Pietro Pino qui succéda au cours de l'année 1225 à son prédécesseur Marco Michiel, évêque de Castello de 1184 à 1225.

544 Andrea Canal, primicier de la basilique Saint-Marc de Venise de 1208 à 1229.

545 Jacques de Vitry, évêque d'Acre de 1216 à 1228.

Le souverain pontife loue à cette occasion la moralité, l'instruction et la noblesse du nouvel élu de Valence.

A. Original en latin aujourd'hui perdu.

B. Copie du cinquième registre d'Honorius III, d'après *A.* Rome, ASV, Reg. Vat. 13, liv. X, let. 76, fol. 90 v°-91 r°.

Analyse : P. Pressutti, *Regesta Honorii papae III (1216–1227)*, t. II, n° 5678 p. 374–375 (en latin).

.. Preposito[546] et capitulo Valentinensibus

Et si non immerito gaudeamus, cum sic ecclesiarum necessitatibus providemus utiliter ut personas bene meritas honoremus, ne tamen affectus videatur vincere rationem, expedit ut, potestatis apostolice plenitudinem juris consilio moderantes, sic faciamus gratiam gratiosis ut justitiam non ledamus, cum in justa gratia multis multotiens sit ingrata. Sane per vestras nobis litteras intimastis quod nuper, ecclesia vestra vacante, vos ad tractandum de futuri electione pastoris in loco destinato convenientes in unum, divina inspirante clementia, in dilectum filium .. decanum Viennensem[547] – virum, ut vestris verbis utamur, morum honestate preclarum, imbutum clericali scientia, nobilitate generis prepollentem et tam in spiritualibus quam in temporalibus eruditum – unanimi voluntate ac una voce, universi et singuli consensistis, uno dumtaxat excepto qui nec consensit nec contradixit in aliquo manifeste venerabili fratre nostro .. Jerosolimitano patriarcha[548], sine cujus consilio ad electionem non poteratis procedere, cum id in mandatis recepissetis a nobis, ibidem presente, vestrosque consensus multipliciter commendante. Unde, cum ecclesia vestra sit a vicinis malefactoribus lesa miserabiliter et oppressa, qui nec adhuc eam desinunt intolerabiliter infestare, vos sperantes ipsam, tam per prudentiam quam potentiam ipsius decani, a malefactorum incursibus liberandam, eundem dari vobis in episcopum suppliciter postulastis, non obstante quod non dum tricesimum etatis annum implevit, circa quem secundum statuta canonica non est aliquis in episcopum eligendus. Multi quoque prelati ecclesiarum desiderium vestrum suis intercessionibus adjuverunt laudabile de ipso testimonium

546 Vraisemblablement Lambert, attesté entre 1220 et 1223, par ailleurs abbé de Bourg-lès-Valence.

547 Guillaume de Savoie, évêque de Valence de 1225 à 1238 puis évêque de Liège de 1238 à 1239.

548 Géraud ou Gérold de Lausanne, patriarche latin de Jérusalem de 1225 à 1239.

perhibendo. Nos igitur, nec derogare juri nec ecclesie ipsi deesse, nec persone favoris gratiam negare volentes, quia prepositum vestrum providum intelleximus quod, propter urgentem necessitatem et evidentem utilitatem ecclesie Valentinensis, volumus firmiter perdurare congruo tempore plenarie consumandum, dicto decano de communi fratrum nostrorum consilio liberam amministrationem[549] Valentinensis episcopatus, tam in spiritualibus quam in temporalibus, duximus committendam. Quocirca universitatem vestram monemus attente, per apostolica scripta mandantes, quatinus intendatis eidem humiliter et devote, ita quod eadem ecclesia in spiritualibus et temporalibus, actore Domino, suscipiat incrementum et vos exinde apud Deum et homines comendari[550] merito debeatis. Alioquin sententiam, quam idem rite tulerit [in rebelles, ratam habebimus et faciemus, auctore Domino, usque ad satisfactionem condignam inviolabiliter observari][551]. Datum Reate, II nonas octobris, [pontificatus nostri] anno decimo.

117

1225 Octobre 6 Rieti

Honorius III engage le doyen de l'Église de Vienne, [Guillame de Savoie], à administrer avec sagesse l'évêché de Valence, à la tête duquel il vient d'être promu avec l'aval du patriarche de Jérusalem, [Géraud de Lausanne].

A. Original en latin aujourd'hui perdu.

B. Copie du cinquième registre d'Honorius III, d'après *A.* Rome, ASV, Reg. Vat. 13, liv. X, let. 76, fol. 91 r°.

Analyse : P. Pressutti, *Regesta Honorii papae III (1216–1227)*, t. II, n° 5678 p. 374–375 (en latin).

§ *In eundem modum scriptum est* .. decano Viennensi *usque* sit ingrata. Sane dilecti filii, capitulum Valentinense, per suas nobis litteras intimarunt *et cetera, ut supra, usque* clementia, in te, quem multipliciter commendarunt, unanimi voluntate, *et cetera fere, ut supra, usque* duximus committendam, jamdicto capitulo nostris dantes litteris in mandatis ut intendant tibi humiliter et devote. Quocirca discretionem tuam monemus attente, per

549 *Sic mss.*
550 *Sic mss.*
551 Formule abrégée en « *et cetera* » dans le registre vatican.

apostolica tibi scripta mandantes, quatinus, amministrationem[552] ipsam recipiens, taliter eam gerere studeas quod ecclesia ipsa juxta spem nostram, per tue sollicitudinis studium, spiritualibus proficiat institutis et bonis temporalibus augeatur, nosque ad profectus tuos intendere non immerito debeamus. Datum [Reate, II nonas octobris, pontificatus nostri anno decimo][553].

118

1225 Octobre 19 Rieti

Honorius III recommande aux évêques de Galice et des Asturies l'élu de Lydda, [Pélage], qui doit collecter des fonds en faveur de la Terre sainte dans leurs ressorts ecclésiastiques. Le pape précise le cadre de sa mission qui ne doit négliger aucune bourgade et forteresse locale, tout en offrant aux personnes inutiles pour les affaires ultramarines la possibilité de racheter leurs vœux de croisade.

A. Original en latin aujourd'hui perdu.

B. Copie du cinquième registre d'Honorius III, d'après *A.* Rome, ASV, Reg. Vat. 13, liv. X, let. 85, fol. 92 v°.

a. D. Mansilla, *La documentación pontificia de Honorio III (1216–1227)*, n° 584 p. 438–439, d'après *B.*

Analyse : P. Pressutti, *Regesta Honorii papae III (1216–1227)*, t. II, Rome, 1895, n° 5693 p. 377 (en latin).

.. Compostellanensi[554] et .. Bracarensi[555] archiepiscopis et eorum suffraganeis ac .. Legionensi[556] et Ovetensi[557] episcopis

Cum dilectus filius .. Liddensis electus[558] fideliter, ut didicimus, laborarit in negotio Crucifixi et de ipso etiam sit optimo quod divinum timorem pre oculis habeat, fiducialiter committimus sue providentie que ad ipsum negotium pertinere noscuntur, credentes firmiter quod ille non que sua

552 *Sic mss.*
553 Formule éludée par la mention « *ut supra* » dans le registre vatican.
554 Bernard ou Bernardo II, archevêque de Saint-Jacques de Compostelle de 1224 à 1238.
555 Estêvão Soares da Silva, archevêque de Braga de 1213 à 1228.
556 Rodrigo Álvarez, évêque de León de 1208 à 1232.
557 Juan González, évêque d'Oviedo de 1189 à 1243.
558 Pélage ou Pelayo, élu de Lydda de 1223 à 1227.

sunt querere in hoc debeat sed que Christi. Unde, cum non minus expediat animarum saluti quam subventioni Terre Sancte, pecuniam pro ejus succursu in diversis locis, per singulas dioceses vestras, datam, promissam vel legatam in unum ex singulis earum locum colligere ac servare prefato electo duximus committendum ut de villis et oppidis ad civitates suas per receptores, qui dudum ad hoc constituti fuerunt, deferri faciat ipsam pecuniam et apud fideles custodes in eisdem civitatibus deputatos cum episcoporum et capitulorum suorum testimonio sub certo numero consignari. Si que vero persone sue salutis immemores pecuniam ipsius Terre subsidio deputatam reddere contradixerint, eas ab eodem electo monentes precipiendo, per censuram ecclesiasticam compelli volumus ad solvendum. Eidem quoque injuncximus[559] ut personas ad negotium transmarinum inutiles aut etiam honerosas[560] cum provida cautela et redemptione congrua prudenter a voto Crucis absolvat, ita quod pecuniam, quam propter hoc dederint predicto modo, ab eisdem receptoribus recipi faciat et servari ut sic tandem tota simul computata pecunia et, per vestram sollicitudinem et ipsius electi officium, ad certam summam redacta Christi servitio preparetur. Quocirca universitatem vestram monemus attente, per apostolica scripta mandantes, quatinus, pro divina et nostra reverentia benigne suscipientes eundem, ei super premissis omnibus plene ac humiliter intendatis et, quia non tenetur nec potest propriis stipendiis militare, diligenter sibi cooperari curantes quandiu tali negotio contingerit ipsum insistere, sibi cum sex evectionibus in necessariis honeste per vos providere curetis et provideri ei per vestros subditos faciatis. Quod si quisquam temere forte neglexerit, per ejus ordinarium, prout dignum fuerit, satisfacere compellatur. Datum Reate, XIV kalendas novembris, [pontificatus nostri] anno decimo.

119

1225 Octobre 21 Rieti

Honorius III prend sous la protection de saint Pierre les biens dont dispose l'élu de Lydda [Pélage] en Occident en raison de son séjour prolongé en Europe.

559 *Sic mss.*
560 *Sic mss.*

A. Original en latin aujourd'hui perdu.

B. Copie du cinquième registre d'Honorius III, d'après *A.* Rome, ASV, Reg. Vat. 13, liv. X, let. 86, fol. 92 v°.

ANALYSE : O. RINALDI, *Annales ecclesiastici*, éd. A. Theiner, t. XX, an. 1225, § 43 p. 505 _ P. PRESSUTTI, *Regesta Honorii papae III (1216–1227)*, t. II, Rome, 1895, n° 5696 p. 378 (en latin).

.. LIDDENSI ELECTO[561]

Sacrosancta Romana [Ecclesia devotos ac humiles filios ex pietatis officio propensius diligere consuevit et ne pravorum hominum molestiis agitentur, tanquam pia mater sue protectionis munimine solet][562] confovere. Cum igitur pro negotio Jhesu Christi de nostro speciali mandato moram facias in partibus cismarinis, personam tuam cum omnibus bonis tuis et eis specialiter, que ratione Liddensis ecclesie ac ex dono venerabilium fratrum nostrorum .. episcopi[563] et capituli Acconensis, ad te in partibus illis pertinere noscuntur, sub beati Petri et nostra protectione suscipimus, et presentis scripti patrocinio communimus. Nulli ergo [omnino hominum liceat hanc paginam nostre] protectionis [infringere vel ei ausu temerario contraire][564]. Si quis [autem hoc attemptare presumpserit, indignationem omnipotentis Dei et beatorum Petri et Pauli, apostolorum ejus, se noverit incursurum]. Datum Reate, XII kalendas novembris, [pontificatus nostri] anno decimo.

120

1225 Décembre 17 Rieti

Honorius III dispense l'abbé et le couvent de Saint-Paul d'Antioche de pourvoir d'une prébende les clercs en possession d'une grâce expectative. Le pape justifie sa décision par le faible nombre d'églises desservies par la communauté antiochénienne et l'incompatibilité des rythmes de vie propres aux clergés séculier et régulier.

561 Pélage ou Pelayo, élu de Lydda de 1223 à 1227.
562 Formule abrégée en « *et cetera usque* » dans le registre vatican.
563 Probablement Jacques de Vitry, évêque d'Acre de 1216 à 1228.
564 Formule abrégée en « *et cetera* » dans le registre vatican.

A. Original en latin aujourd'hui perdu.

B. Copie du cinquième registre d'Honorius III, d'après *A.* Rome, ASV, Reg. Vat. 13, liv. X, let. 151, fol. 104 v°-105 r°.

ANALYSE : P. PRESSUTTI, *Regesta Honorii papae III* (*1216–1227*), t. II, Rome, 1895, n° 5753 p. 389 (en latin).

.. ABBATI ET CONVENTUI SANCTI PAULI ANTIOCHENI

Ex vestra insinuatione didicimus quod plures clerici, per litteras nostras, provisionem in vestro monasterio sunt adepti, nonnullis adhuc laborantibus ut in ipso eis debeat provideri. Quare humiliter supplicastis ut indulgere vobis misericorditer dignaremur ne per litteras apostolicas proveri alicui de cetero teneamini, nisi specialem de hujusmodi[565] indulgentia eedem fecerint littere mentionem. Quia vero, sicut proponitis, non habetis ecclesias in quibus provisionem clericis assignare possitis, nec nostre intentionis existit ut sociatis diverse possessionis hominibus provideatur clericis secularibus in ecclesia regulari, cum in bove non sit arandum et asino[566], nec vestis[567] esse debeat de lana linoque contesta[568], devotioni vestre, auctoritate presentium, indulgemus ne ulterius in monasterio vestro teneamini clericis secularibus per litteras apostolicas providere, nisi de hac indulgentia fecerint mentionem. Nulli ergo [omnino hominum liceat hanc] concessionem [infringere vel ei ausu temerario contraire]. Si quis [autem hoc attemptare presumpserit, indignationem omnipotentis Dei et beatorum Petri et Pauli, apostolorum ejus, se noverit incursurum]. Datum Reate, XVI kalendas januarii, [pontificatus nostri anno decimo].

121

1225 Décembre 20 Rieti

Honorius III autorise les hospitaliers à converser avec des personnes excommuniées en Terre sainte, à condition de ne partager aucun de leurs repas ou moments de prière.

---

565 Mot placé entre guillemets dans le registre vatican.
566 Deutéronome, 22, 10.
567 *Mss.* « *vestes* », corrigé en « *vestis* » par l'ajout d'une lettre.
568 *Leg.* « *contexta* » (*cf.* Deutéronome, 22, 11 pour l'allusion biblique).

A. Original en latin conservé dans les Archives de l'ordre de l'Hôpital. Malte, National Library of Malta, Archives of the Order of Malta (A.O.M.), div. VI, vol. 9, n°12.

B. Copie du cinquième registre d'Honorius III, d'après *A*. Rome, ASV, Reg. Vat. 13, liv. X, let. 141, fol. 103 v°.

C. Copie du XVIe siècle d'après *A*., conservée dans les Archives de l'ordre de l'Hôpital. Malte, National Library of Malta, A.O.M., div. VII, vol. 1118, fol. 101 (à la date erronée du 20 décembre 1224).

a. J. Delaville Le Roulx, *Cartulaire général de l'ordre des Hospitaliers de Saint-Jean de Jérusalem*, t. II, n° 1825 p. 343, d'après *C*. __ *b*. A.L. Tăutu, *Acta Honorii III, 1216–1227, et Gregorii IX, 1227–1241*, Vatican, 1950, n° 145 p. 193, d'après *B*. (avec deux erreurs de transcription manifestes).

Analyse : P. Pressutti, *Regesta Honorii papae III (1216–1227)*, t. II, Rome, 1895, n° 5761 p. 390 (en latin).

Eidem (i.e. Magistro Jerosolimitani Hospitalis)[569]

Quia necessitas facit licitum quod alias penitus non liceret, nos, Terre Sancte necessitatem que imminet attendentes, devotionis tue precibus inclinati, auctoritate tibi presentium indulgemus ut pro utilitate ipsius terre ac Jerosolimitani Hospitalis, cujus persone ac bona terre predicte sunt obsequiis deputata, excommunicatis, cum videris expedire, cum dolore ac amaritudine cordis et sub spe venie, dum tamen secum non participes in mensa vel orationibus, loqui possis, non tamen excedendo modum, ne inde scandalum oriatur. Datum [Reate], XIII kalendas januarii, [pontificatus nostri anno decimo].

122

1226 Janvier 20 Rieti

Honorius III confirme une seconde fois les possessions et privilèges de l'Église du Mont-Sinaï à titre perpétuel. Son privilège inventorie une série de biens-fonds situés dans le Sinaï, les villes du Caire, d'Alexandrie, Montréal, Acre, Damas, Lattaquié et Antioche, aux côtés de domaines et revenus constantinopolitains, crétois et chypriotes. Le pape confirme en outre les règles d'élection des évêques du Sinaï et les exommunications ou interdits, que ces derniers seront amenés à prononcer dans les formes admises par le Siège apostolique.

---

569 Garin de Montaigut, grand-maître de l'Hôpital de 1207 à 1228.

A. Original en latin aujourd'hui perdu.

B. Copie du cinquième registre d'Honorius III, d'après *A*. Rome, ASV, Reg. Vat. 13, liv. X, let. 158, fol. 106 r°-106 v°.

a. J.-B. Pitra, *Analecta sacra spicilegio Solesmensi parata*, t. I, Paris, 1876, n° 35 p. 589–590, d'après *B*. (édition partielle placée à la date erronée du 20 janvier 1225) _ *b*. G. Hofmann, « Sinai und Rom », *Orientalia Christiana*, t. IX-3 (1927), n° 6 p. 247–249, d'après *B*. _ *c*. A.L. Tăutu, *Acta Honorii III, 1216–1227, et Gregorii IX, 1227–1241*, Vatican, 1950, n° 148 p. 195–197, d'après *B*. (avec une transcription erronée du toponyme Sterianon en Steriarion).

Analyse : P. Pressutti, *Regesta Honorii papae III*, t. II, Rome, 1895, n° 5789 p. 396 (en latin).

.. Episcopo[570] et fratribus Montis Synay, tam presentibus quam futuris, regularem vitam professis, imperpetuum

Religiosam vitam eligentibus [apostolicum convenit adesse presidium, ne forte cujuslibet temeritatis incursus aut eos a proposito revocet aut robur, quod absit, sacre religionis][571] infringat. Eapropter, venerabilis in Christo frater et dilecti[572] in Domino filii, vestris justis postulationibus clementer annuimus et ecclesiam Sancte Marie Montis Synay, in qua divino estis obsequio mancipati, sub beati Petri [et nostra protectione suscipimus et presentis scripti privilegio][573] communimus. In primis siquidem statuentes, ut ordo monasticus, qui secundum Deum et beati Basilii regulam [in eodem monasterio institutus esse dignoscitur, perpetuis temporibus inviolabiliter][574] observetur. Pretere[a] quascumque possessiones [et quecumque bona idem monasterium in presentiarum juste et canonice possidet aut in futurum concessione pontificum, largitione regum vel principum, oblatione fidelium seu aliis justis modis, presente Domino, poterit adipisci, firma vobis vestrisque successoribus et illibata][575] permaneant. In quibus hec propriis duximus exprimenda vocabulis : Montem Synay et dictam ecclesiam Sancte Marie, sitam in pede ipsius montis, cum omnibus pertinentiis suis ; loca que nominantur *Raboe*, Fucra et Liiah, cum omnibus pertinentiis eorumdem ; Raython cum palmariis et terris ejusdem ; in civitate

570 Il s'agit de l'évêque de Pharan, Siméon Ier, attesté dans les sources à partir de 1203 (*cf.* Samir, « Archevêques du Sinaï au 13e siècle », n° 2, p. 361–377).
571 Formule abrégée en « *et cetera usque* » dans le registre vatican.
572 Suivi de « *fi* », cancellé dans le registre vatican.
573 Formule abrégée en « *et cetera usque* » dans le registre vatican.
574 Formule abrégée en « *et cetera usque* » dans le registre vatican.
575 Formule abrégée en « *et cetera usque* » dans le registre vatican.

Egypti domos et extra civitatem casale unum ; juxta mare rubrum decem miliaria terre ; Faram cum terris et palmariis ejus ; in Alexandria obedientiam Sancti Michaelis et libertatem in mari et terra ; in Valle Moysi vineas et oliveta ; apud Montem Regalem domos, molendina, vineas et oliveta ; in Craco Montis Regalis domos, vineas et oliveta ; in civitate Jerusalem hospitale et obedientiam Sancti Moysi, domos et furnum ; apud Jaffam domos et terras ; apud Accon domos et obedientiam Sancte Caterine ; in civitate Damasci ecclesiam Sancti Georgii et domos et extra civitatem tria virgulta ; apud Laodichiam hospitale Sancti Demetrii et tria casalia cum villanis et pertinentiis eorumdem ; apud Antiochiam domos et furnum ; apud Constantinopolim in monasterio Sancti Georgii de Mangana duas confratrias et in proventibus commercii libram auri unam ; in insula Cretensi Sancti Salvatoris, Sancti Georgii et Sancti Symeonis ecclesias, cum omnibus pertinentiis earumdem ; tria casalia cum villanis, possessionibus et pertinentiis eorumdem ; in loco qui dicitur *Sclave Vafe* domos, terras et vineas ; apud Macriticon molendinum ; apud Sanctum Nicolaum terras, vineas et molendina ; in loco qui nuncupatur Rucanum, monasterium Sancti Johannis Grisostomi, cum monte, casalibus, villanis, molendinis et pertinentiis eorumdem ; in locis qui dicuntur *Cunavo*, Pezia, Gaetania, Parasc[h]eve et Sterianon, vineas ; in civitate Candia, ecclesiam Sancti Nicolai de Sancta Barbara cum domibus et pertinentiis suis et domum *Stratigo*, libertatem quoque maris et terre ; in insula Cipri domos et in proventibus commercii libram auri unam, cum pratis, terris, vineis, nemoribus, usuagiis et pascuis in bosco et plano, in aquis et molendinis, in viis et semitis et omnibus aliis libertatibus et immunitatibus suis. Sane laborum vestrorum, de possessionibus habitis [ante concilium generale ac etiam novalium que propriis manibus aut sumptibus colitis, de quibus novalibus aliquis non percepit, sive de ortis, virgultis et piscationibus vestris vel nutrimentis animalium vestrorum, nullus a vobis decimas exigere vel extorquere][576] presumat. Preterea quod communi assensu capituli vel partis consilii sanioris in tua diocesi per te, frater episcope, ac successores tuos fuerit canonice institutum, ratum et firmum volumus permanere. Prohibemus insuper ne excommunicatos vel interdictos tuos, frater episcope, ad officium vel communionem ecclesiasticam sine conscientia et consensu tuo, vel successorum tuorum, quisquam admittat aut contra vestram[577]

576 Formule abrégée en « *et cetera usque* » dans le registre vatican.
577 Suivi de « *contra* », cancellé dans le registre vatican.

sententiam canonice promulgatam aliquis venire presumat, nisi forte periculum mortis immineat, ut dum presentiam tuam habere nequiverint, per alium, secundum formam Ecclesie, satisfactione premissa, oporteat ligatum absolvi. Cimiteria quoque ecclesiarum et Ecclesie beneficia nullus hereditario jure possideat. Quod si quis hoc facere presumpserit, censura canonica compescatur. Paci quoque [et tranquillitati vestre paterna in posterum sollicitudine providere volentes, auctoritate apostolice prohibemus ut infra clausuras locorum seu grangiarum vestrarum nullus rapinam seu furtum facere, ignem apponere, sanguinem fundere, hominem temere capere vel interficere, seu violentiam audeat][578] exercere. Preterea omnes libertates [et immunitates a predecessoribus nostris, Romanis pontificibus, ordini vestro concessas necnon libertates et exemptiones secularium exactionum a regibus et principibus vel aliis fidelibus rationabiliter vobis indultas, auctoritate apostolica confirmamus et presentis scripti patrocinio][579] communimus. Decernimus ergo [ut nulli omnino hominum liceat prefatum monasterium temere perturbare aut ejus possessiones auferre vel ablatas retinere, minuere seu quibuscumque vexationibus fatigare, sed omnia integra conserventur eorum pro quorum gubernatione ac sustentatione concessa sunt usibus omnimodis][580] profutura, salva Sedis Apostolice auctoritate. Si quis igitur [in futurum ecclesiastica secularisve persona, hanc nostre constitutionis paginam sciens, contra eam temere venire temptaverit, secundo tertiove commonita, nisi reatum suum congrua satisfactione correxerit, potestatis honorisque sui dignitate careat reamque se divino judicio existere de perpetrata iniquitate cognoscat et a sacratissimo corpore ac sanguine Dei et Domini, Redemptoris nostri, Jhesu Christi, aliena fiat atque in extremo examine divine subjaceat][581] ultioni. Cunctis autem [eidem loco sua jura servantibus sit pax Domini nostri Jhesu Christi, quatinus, et hic fructum bone actionis percipiant, et apud districtum judicem premia eterne pacis][582] inveniant. Amen. [Amen. Amen]. Datum Reate per manum magistri Guidonis, domini pape notarii, XIII kalendas februarii, indictione duodecima, incarnationis Dominice anno M°CC°XXV°[583], pontificatus vero domini Honorii, pape III, anno decimo.

---

578 Formule abrégée en « *et cetera usque* » dans le registre vatican.

579 Formule abrégée en « *et cetera usque* » dans le registre vatican.

580 Formule abrégée en « *usque* » dans le registre vatican.

581 Formule abrégée en « *et cetera usque* » dans le registre vatican.

582 Formule abrégée en « *et cetera usque* » dans le registre vatican.

583 *Sic mss.* qui ne semble pas avoir été daté selon le style de la Nativité en usage à Rome.

123

1226 Janvier 20 Rieti

Honorius III mande à l'évêque de Tripoli de recevoir comme chanoine un prêtre de sa cathédrale qui jouit d'un bénéfice mineur depuis plus de 20 ans.

A. Original en latin aujourd'hui perdu.

B. Copie du cinquième registre d'Honorius III, d'après *A.* Rome, ASV, Reg. Vat. 13, liv. X, let. 173, fol. 108 v°.

Analyse : P. Pressutti, *Regesta Honorii papae III (1216–1227)*, t. II, Rome, 1895, n° 5791 p. 396 (en latin).

.. Episcopo[584] et capitulo Tripolitanis

Onerosum non debet vobis existere, vel molestum si pro illis vobis porrigimus preces nostras ad quorum provisionem debetis intendere per vos ipsos. Cum igitur dilectus filius G. Laiguerii, presbyter, assisius ecclesie vestre, in ecclesia ipsa susceperit omnes ordines et per viginti annos et amplius in eadem fideliter et devote servierit, sicut dicit, universitatem vestram rogandam duximus et monendam, per apostolica vobis scripta mandantes, quatinus eundem presbyterum pro reverentia divina et nostra recipiatis in canonicum et in fratrem, ei stallum in choro et locum in capitulo assignantes, non obstante certo canonicorum numero vel statuto in ecclesia ipsa juramento, seu confirmatione Sedis Apostolicis roboratis ; preces et mandatum nostrum taliter impleturi, quod devotionem vestram merito commendemus. Alioquin damus dilectis filiis .. cantori, .. thesaurario et Willelmo canonico Beritensibus in mandatis ut vos ad id per censuram ecclesiasticam, appellatione remota, compellant.

§ *Illis scriptum est in eundem fere modum.* Quod si non omnes [hiis exequendis potueritis interesse, ea nichilominus exequantur duo vestrum]. Datum Reate, XIII kalendas februarii, [pontificatus nostri anno decimo].

---

[584] Robert.

124

1226 Janvier 24 Rieti

Honorius III rejette, au nom de la justice de l'Église, la médiation de l'empereur Frédéric [II] en vue de relever le comte de Tripoli [Bohémond IV] de son excommunication. Le pape rappelle du reste comment l'évêque d'Ostie et les cardinaux de Saint-Martin et de Saint-Théodore ont tenté de dialoguer avec les nonces du comte lors de leur venue à la Curie.

A. Original en latin aujourd'hui perdu.

B. Copie du cinquième registre d'Honorius III, d'après *A.* Rome, ASV, Reg. Vat. 13, liv. X, let. 168, fol. 107 v°-108 r°.

a. O. Rinaldi, *Annales ecclesiastici*, éd. A. Theiner, t. XX, an. 1219, § 56 p. 524–525 (édition partielle), d'après *B.* _ *b.* J.-L.-A. Huillard-Bréholles, *Historia diplomatica Frederici secundi*, t. II, Ière part., Paris, 1852, p. 538–539 d'après *a.* _ *c.* C.-A. Horoy, *Medii aevi bibliotheca patristica*, t. V, n° 89 col. 17–18, d'après *b.* _ *d.* K. Rodenberg, *Epistolae saeculi XIII*, t. I, n° 290 p. 212, d'après *B.*

Analyse : A. Potthast, *Regesta pontificum Romanorum*, t. I, n° 7521 p. 648 (en latin) _ P. Pressutti, *Regesta Honorii papae III (1216–1227)*, t. II, Rome, 1895, n° 5799 p. 398 (en latin).

Frederico, illustri Romanorum imperatori, semper augusto, et regi Sicilie

Hiis que tue Serenitatis littere continebant et que dilectus filius magister Roffredus[585], nuntius tuus, tam super ordinatione quarumdam ecclesiarum Apulie ac facto venerabilis fratris nostri .. Cathaniensis episcopi[586], quam super absolutione comitis Tripolitani nobis, sicut vir prudens et fidus, ex parte tua, proposuit viva voce diligenter auditis, responsionem nostram super duobus primis articulis in ore ipsius magistri posuimus, quam eam plene potuerit tue Sublimitati referre. Super absolutione vero prefati Tripolitani comitis tua noverit Celsitudo, quod ipsius comitis nuntii petierunt quedam juri et Ecclesie Romane consuetudini contraria manifeste. Unde licet preces tuas velimus semper, in quibus secundum Deum possumus, exaudire, nequivimus tamen ipsorum petitionem admittere nuntiorum, idque circumspectio tua egre ferre non debet, cum non velis, ut

585 Roffroi de Bénévent ou Benevento, juriste et conseiller de Frédéric II (*c.* 1170–1243).
586 Gauthier de Paléar ou da Pagliara, évêque de Catane de 1207 à 1227.

credimus, quod juris scripti et approbate consuetudinis ordinem confundamus. Licet autem idem comes etiam ipsa exhibitione justitie, propter multa, que nunc narrari non expedit, reddiderit se indignum, tuarum tamen precum intuitu voluimus totum ipsum negotium bonis viris committere sub hac forma, ut videlicet idem comes prestaret in eorum manibus juramentum de stando mandatis Ecclesie super iis, pro quibus in eum excommunicationis sententia lata fuit, ac deinde prestaret de manifestis emendam, ac de parendo juri super dubiis exhiberet idoneam cautionem; quo facto, absolutionis beneficium impenderetur eidem, et consequenter de dubiis cognitio haberetur, et statueretur quod posceret ordo juris. Et hec omnia dictis nuntiis benigne obtulimus per venerabilem fratrem nostrum H[ugolinum], episcopum Ostiensem[587], ac per dilectum filium nostrum G[ualam], tituli Sancti Martini presbyterum[588], et Gre[gorium] Sancti Theodori diaconum[589] cardinales, a quibus eosdem nuntios audiri fecimus diligenter, cum non sit consuetudinis, quod Romanus Pontifex, nisi per interpositam personam, ad colloquium excommunicatos admittat; ipsi autem nuntii predicta recipere renuerunt, asserentes se ad hoc non habere mandatum, nec nos, ut prediximus, potuimus facere quod petebant, cum ubi agitur de justitia, gratie in alterius injuriam non sit locus secundum prescriptam vero formam committemus ipsum negotium quandocumque fuerimus requisiti parati semper in hiis et aliis tue Celsitudinis preces quantum permittet ratio exaudire. Datum Reate, IX kalendas februarii, [pontificatus nostri anno decimo].

125

1226 Janvier 30 Rieti

Honorius III confirme la règle des frères ermites du Mont-Carmel, établie par le feu patriarche de Jérusalem, Albert [de Verceil], avant le concile de Latran IV. Sa bulle reprend intégralement les seize chapitres de la formule de vie donnée au prieur du Mont-Carmel, Brocard, afin de fixer les règles de fonctionnement de sa communauté et les modalités d'élection des prieurs qui la dirigeront dans l'avenir. Ces dispositions organisent le lieu de séjour de la communauté autour de cellules séparées et le rythme de ses oraisons, en plaçant le travail, la chasteté et le silence en tête des obligations à respecter par les frères ermites.

---

587 Hugolin de Segni, cardinal-évêque d'Ostie et de Velletri de 1206 à 1227.
588 Guala Bicchieri, cardinal-prêtre du titre de Saint-Martin de 1211 à 1227.
589 Grégoire Crescenzi, cardinal-diacre de Saint-Théodore de 1205 à 1226.

A1. et *A2.* Originaux en latin, jadis conservés dans les couvents londonien et toulousain des Carmes[590].

B1., B2., etc. Copies de la fin du XIVe siècle, insérées dans les différents manucrits existants du *Decem libri de institutione et peculiaribus gestis religiosorum Carmelitarum* du Catalan Felip Ribot (livre VIII, chap. 3).

a. B. DE CATHANEIS, *Speculum Ordinis Fratrum Carmelitarum*, Venise, 1507, fol. 29 v°-30 r°, 31v°, 60 v° et 74 v°__ *b.* L. CHERUBINI, *Bullarium, sive nova collectio plurimarum constitutionum Apostolicarum diversorum Romanorum pontificum beato Leone Primo usque ad Paulum Quintum*, t. I, Rome, 1617, p. 83 (rééd., t. I, Lyon, 1692, p. 97–98)__ *c.* E. MONSIGNANI, *Bullarium Carmelitanum*, t. I, Rome, 1715, p. 1 __ *d.* A. TOMASSETTI, *Bullarum, diplomatum et privilegiorum sanctorum Romanorum Pontificum Taurinensis editio*, t. III, Turin, 1868, n° 78 p. 415–417 __ *e.* C.-A. HOROY, *Medii aevi bibliotheca patristica*, t. V, n°93 col. 21–25 d'après *c.* __ *f.* V. MOSCA, *Alberto patriarca di Gerusalemme. Tempo ; vita, opera*, Rome 1996, p. 698–706 (édition de la formule de vie d'Albert Avogadro d'après le manuscrit 779 de la Bibliothèque de l'Arsenal, contenant le traité de Felip Ribot) __ *g.* K. WAAIJMAN, *L'espace mystique du Carmel*, Abbaye de Bellefontaine, 2001, p. 28–40 (Il s'agit de notre édition de référence, réalisée par Paul Chandler à partir des différents manuscrits de Felip Ribot existants).

ANALYSE : A. POTTHAST, *Regesta pontificum Romanorum*, t. I, n° 7524 p. 648 (en latin) __ P. PRESSUTTI, *Regesta Honorii papae III (1216–1227)*, t. II, Rome, 1895, n° 5811 p. 400 (en latin).

Honorius episcopus, servus servorum Dei, dilectis filiis priori et fratribus Heremitis de Monte Carmelo, salutem et apostolicam benedictionem. Ut vivendi normam, regulariter a bone memorie Jerosolimitano patriarcha editam, quam ante generale concilium vos dicitis humiliter suscepisse, in posterum vos et successores vestri, quantum cum Dei adjutorio poteritis, observetis, in remissionem vobis injungimus peccatorum. Datum Reate, III kalendas februarii, pontificatus nostri anno decimo.

REGULE PREDICTE TENOR SUBSEQUITUR

« Albertus, Dei gracia Jerosolimitane ecclesie vocatus patriarcha[591], dilectis in Christo filiis Brocardo[592] et ceteris heremitis, qui sub ejus obedientia juxta fontem, in Monte Carmeli morantur, in Domino salutem et Sancti Spiritus benedictionem. Multipharie, multisque modis sancti patres instituerunt qualiter quisque in quocumque ordine fuerit, vel quemcumque modum religiose vite elegerit, in obsequio Jhesu Christi vivere debeat,

---

590 C. Cicconetti, *La regola del Carmelo. Origine, natura, significato*, Rome, 1973, p. 141–142.

591 *Mss. « patriarche »*. Il s'agit d'Albert Avogadro, patriarche latin de Jérusalem de 1205 à 1214.

592 Saint Brocard, prieur du Mont Carmel de 1198 à 1231.

et eidem fideliter de corde puro et bona conscientia deservire. Verum, quia requiritis a nobis ut juxta propositum vestrum tradamus vobis vite formulam, quam tenere in posterum debeatis :

Cap. I

Illud in primis statuimus ut unum ex vobis habeatis priorem, qui ex unanimi omnium assensu, vel majoris et sanioris partis, ad hoc officium eligatur, cui obedienciam promittat quilibet aliorum, et promissam studeat operis veritate servare.

Cap. II

Preterea juxta situm loci, quem inhabitare proposueritis, singuli vestrum singulas habeant cellulas separatas, sicut per dispositionem prioris ipsius et de assensu aliorum fratrum, vel sanioris partis, eedem cellule cuique fuerint assignate.

Cap. III

Nec liceat alicui fratrum, nisi de licentia prioris, qui pro tempore fuerit, deputatum sibi locum mutare, vel cum alio permutare.

Cap. IV

Cellula prioris sit juxta introitum loci, ut venientibus ad eundem locum primus occurrat : et de arbitrio ac dispositione ipsius postmodum que agenda sunt cuncta procedant.

Cap. V

Maneant singuli in cellulis suis, vel juxta eas, die ac nocte in lege Domini meditantes, et orationibus suis vigilantes, nisi aliis justis occasionibus occupentur.

Cap. VI

Hii, qui litteras norunt et legere psalmos, per singulas horas eos dicant, qui ex institutione sanctorum patrum et Ecclesie approbata consuetudine ad horas singulas sunt deputati. Qui vero litteras non norunt, XXV vicibus *Pater noster* dicant in nocturnis vigiliis, exceptis dominicis et solempnibus diebus, in quorum vigiliis predictum numerum statuimus duplicari, ut dicatur *Pater noster* vicibus quinquaginta. Septies autem eadem dicatur oratio in laudibus matutinis. In aliis quoque horis septies similiter eadem sigillatim dicatur oratio, preter officia vespertina, in quibus ipsam quindecies dicere debeatis.

Cap. VII

Nullus fratrum dicat sibi aliquid esse proprium, sed sint vobis omnia comunia[593]. Et ex hiis, que Dominus vobis dederit, distribuatur unicuique per manum prioris, id est, per hominem ab eo ad idem officium deputatum, prout cuique opus fuerit, inspectis etatibus et necessitatibus singulorum. Ita tamen ut, sicut premissum est, in deputatis cellulis singuli maneant et ex hiis que sibi distributa fuerint, singulariter vivant.

Cap. VIII

Oratorium, prout comodius[594] fieri poterit, construatur in medio cellularum, ubi mane per singulas[595] dies ad audienda missarum sollempnia convenire debeatis, ubi hoc commode fieri poterit.

Cap. IX

Dominicis quoque diebus, vel aliis ubi opus fuerit, de custodia ordinis et animarum salute tractetis, ubi etiam excessus et culpe fratrum, si que de aliquo deprehense fuerint, caritate media corrigantur.

Cap. X

Jejunium singulis diebus, exceptis dominicis, observetis, a festo Exaltationis Sancte Crucis usque ad diem Dominice Resurrectionis, nisi infirmitas, vel

593 *Sic mss.*
594 *Sic mss.*
595 *Sic mss.*

debilitas corporis, aut alia justa causa jejunium solvi suadeat, quia necessitas non habet legem.

CAP. XI

Ab esu carnium semper abstineatis, nisi pro infirmitatis et nimie debilitatis remedio sint sumende.

CAP. XII

Quia vero temptatio est vita hominis super terram, et omnes qui pie volunt vivere in Christo, persecutionem[596] patiuntur, adversarius quoque vester Diabolus, tanquam leo rugiens, circuit, querens quem devoret, omni sollicitudine studeatis indui armatura Dei, ut possitis stare adversus insidias inimici. Accingendi sunt lumbi vestri cingulo castitatis. Muniendum est pectus cogitationibus sanctis. Scriptum est enim : « Cogitatio sancta servabit te[597] ». Induenda est lorica justitie ut Dominum Deum ex toto corde et ex tota anima, et ex tota virtute diligatis, et proximum vestrum tanquam vosmetipsos. Sumendum est in omnibus scutum fidei, in quo possitis omnia tela nequissimi ignea extinguere. Sine fide enim est impossibile placere Deo. Et hec est victoria[598], fides vestra. Galea quoque salutis capiti imponenda est ut de solo Salvatore speretis salutem, qui salvum facit populum suum a peccatis eorum. Gladius autem Spiritus, quod est verbum Dei, habundanter habitet in ore et in cordibus vestris. Et quecumque vobis agenda sunt, in verbo Domini fiant.

CAP. XIII

Faciendum est vobis aliquid operis ut semper vos Diabolus inveniat occupatos, ne ex otiositate vestra aliquem intrandi aditum ad animas vestras valeat invenire. Habetis in hoc beati Pauli apostoli magisterium pariter et exemplum, in cujus ore Christus loquebatur ; qui positus est et datus a Deo

---

596 *Mss. « persequcionem ».*

597 Proverbes, 2, 11.

598 Les éditions antérieures interpolaient après le membre de phrase suivant : [*que vincit mundum*].

predicator, et doctor gentium in fide et veritate, quem si secuti fueritis, non poteritis aberrare. « In labore, inquit, et fatigatione fuimus inter vos, nocte ac die operantes, ne quem vestrum gravaremus. Non quasi nos non haberemus potestatem, sed ut nosmetipsos formam daremus vobis ad imitandum nos. Nam cum essemus apud vos, hoc denuntiabamus vobis, quoniam si quis non vult operari, non manducet. Audivimus enim inter vos quosdam ambulantes in quiete, nichil operantes. Hiis autem, qui hujusmodi sunt, denuntiamus et obsecramus in Domino Jhesu Christo ut, cum silentio operantes, suum panem manducent[599] ».

Cap. XIV

Commendat autem apostolus silentium, cum in eo precipit operandum. Et quemadmodum propheta atestatur : « Cultus justitie silentium est[600] ». Et rursus : « In silentio et spe erit fortitudo vestra[601] ». Ideoque statuimus ut, ab hora vespertina usque ad horam tertiam sequentis diei, silentium teneatis, nisi forte necessitas, vel causa rationabilis, aut licentia prioris silentium interrumpat. Alio vero tempore, licet silentii non habeatur observatio tanta, diligentius a multiloquio tamen caveatur. Quoniam, sicut scriptum est, et non minus experientia docet : « In multiloquio peccatum non deerit[602] » ; et « qui inconsideratus est ad loquendum, sentiet mala[603] ». Item, « qui multis verbis utitur, ledit animam suam[604] ». Et Dominus in evangelio : « De omni verbo[605] otioso quod locuti fuerint homines, reddent rationem de eo in die Judicii[606] ». Faciat igitur unusquisque stateram verbis suis, et frenos rectos ori suo, ne forte labatur et cadat in lingua sua, et insanabilis sit casus ejus usque ad mortem, custodiens cum propheta vias suas ut non derelinquat in lingua sua. Et silentium, in quo cultus justitie est, diligenter et caute studeat observare.

599 2 Thessaloniciens, 3, 7–12.
600 Isaïe, 32, 17.
601 Isaïe, 30, 15.
602 Proverbes, 10, 19.
603 Proverbes, 13, 3.
604 Siracide, 20, 8.
605 *Mss. « verbe ».*
606 Matthieu, 12, 36.

Cap. XV

Tu autem, frater Brocarde, et quicumque post te institutus fuerit prior, illud semper habeatis in mente et servetis in opere, quod Dominus ait in evangelio : « Quicumque voluerit inter vos major fieri, erit vester minister ; et quicumque voluerit inter vos primus esse, erit vester servus[607] ».

Cap. XVI

Vos quoque, ceteri fratres, priorem vestrum humiliter honorate, Christum potius cogitantes, quam ipsum, qui posuit illum super capita vestra, et ecclesiarum prepositis etiam ait : « Qui vos audit, me audit, et qui vos spernit, me spernit[608] », ut non veniatis in Judicium de contemptu, sed de obedientia mereamur vite eterne mercedem. Hec breviter scripsimus, vobis conversationis vestre formulam statuentes, secundum quam vivere debeatis. Si quis autem supererogaverit, ipse Deus, cum redierit, reddet ei. Utatur tamen discretione, que virtutum est moderatrix[609] ».

126

1226 Janvier 30 Rieti

Honorius III ordonne aux archevêques de Nicosie et de Césarée de veiller avec l'abbé du Monts des Oliviers à ce que le comte de Tripoli, [Bohémond IV], ne puisse communier les jours solennels en raison de ses multiples méfaits.

A. Original en latin aujourd'hui perdu.

B. Copie du cinquième registre d'Honorius III, d'après *A.* Rome, ASV, Reg. Vat. 13, liv. X, let. 169, fol. 108 r°.

a. O. Rinaldi, *Annales ecclesiastici*, éd. A. Theiner, t. XX, an. 1219, § 57 p. 525 (édition privée du dispositif de la lettre) _ *b.* C.-A. Horoy, *Medii aevi bibliotheca patristica*, t. V, n° 94 col. 25–26, d'après *a.*_ *c.* K. Rodenberg, *Epistolae saeculi XIII*, t. I, n° 291 p. 213, d'après *a.* _ *d.* C. Schabel, *Bullarium Cyprium*, t. I : *Papal Letters Concerning Cyprus 1196–1261*, c-67 p. 275–276, d'après *B.* (première édition intégrale).

---

607 Marc, 10, 43–44.

608 Luc, 10, 16.

609 Les éditions antérieures interpolaient à la suite une formule de date erronée, qui pourrait renvoyer à l'année 1209 : *« Ex Achon, idus januarii, anno Domini MCLXXI »*.

ANALYSE : A. POTTHAST, *Regesta pontificum Romanorum*, t. I, n° 7525 a p. 648 _ P. PRESSUTTI, *Regesta Honorii papae III (1216–1227)*, t. II, Rome, 1895, n° 5808 p. 400 (en latin).

.. NICOSIENSI ET .. CESARIENSI ARCHIEPISCOPIS[610] ET .. ABBATI MONTIS OLIVETI APUD ACCON COMMORANTI

.. Comes Tripolitanus[611], qui pro diversis et variis excessibus suis ad illum deberet intuitum erigere, quo respiciente, Petrus legitur in amaras lacrimas effluxisse[612], gravi demersus oblivionis sompno, et totus per voraginem desperationis absortus, nullam recipit, cum percussus non doleat, disciplinam. Idem enim, inter alios ejus divulgatos excessus, Antiochiam et[613] castrum Antiochenum, quod fratribus Jerosolimitani Hospitalis custodiendum dimisit venerabilis frater noster .. Albanensis episcopus[614], tunc Apostolice Sedis legatus, et domum quandam, quam ipsi habent apud Tripolim, capiens violenter, rabie concitatus diabolica, unum ex ipsis excoriari, et alium, ut dicitur, fecit occidi, preter id quod quibusdam eorum crudeliter et inhoneste tractatis, dampna eis gravia et injurias irrogavit. Unde dictus episcopus hiis, aliisque de causis pluribus manifestis in eum, fautores, complices, et participantes eidem, protulit excommunicationis sententiam, que auctoritate apostolica extitit postmodum approbata. Sed ipse tanquam peccator, qui contempnit postquam in profundum labitur vitiorum, eandem sententiam penitus vilipendens, de redeundo ad mandatum Ecclesie, cum ablata detineat, et de dampnis et injuriis nullam satisfactionem impenderit, non videtur etiam cogitare. Ut autem de salute sua idem excitatus a nobis recogitet, qui per septennium despexit sententiam supradictam, discretioni vestre, per apostolica scripta, mandamus quatinus eam, tam per vos quam per alios, si necesse fuerit, singulis diebus dominicis et festivis, pulsatis campanis et candelis accensis, per loca in quibus expedire videritis, sollempniter innovantes, ipsam faciatis usque ad satisfactionem condignam, sublato appellationis impedimento, auctoritate nostra, inviolabiliter observari ; et quia, crescente culpa, pena debet augeri ac pertinaciter contumaces ex diuturniori contemptu majori sunt confusionis obprobrio perfundendi totam terram, quam idem comes detinet,

---

610 Respectivement Eustorge de Montaigut (1213–1250) et Pierre de Limoges (1199–1237).

611 Bohémond IV d'Antioche, comte de Tripoli de 1189 à 1233.

612 Matthieu, 26, 75 et Marc, 14, 72, les évangiles de Luc et Jean ne mentionnant que le reniement.

613 Mot rajouté en interligne.

614 Pélage ou Pelayo Gaytán, cardinal-évêque d'Albano de 1213 à 1232.

subiciatis[615] ecclesiastico interdicto, quo eam donec ipse satisfaciat, faciatis manere conclusam, clericos, qui durante interdicto ibi celebrare presumpserint, canonice punientes. Quod si non omnes [hiis exequendis potueritis interesse, duo vestrum ea nichilominus exequantur]. Datum Reate, III kalendas februarii, [pontificatus nostri anno decimo].

127

1226 Février 27 Latran

Honorius III autorise les frères de l'Hôpital à user de la force afin de reprendre les biens de leur ordre, confisqués par le comte de Tripoli, [Bohémond IV]. Le pape rappelle à cette occasion que leur différend remonte à l'occupation du château d'Antioche, dont le cardinal d'Albano avait cédé la garde aux hospitaliers au nom de l'Église romaine.

A. Original en latin aujourd'hui perdu.

B. Copie du cinquième registre d'Honorius III, d'après *A.* Rome, ASV, Reg. Vat. 13, liv. X, let. 224, fol. 117 r°-117 v°.

C. Copie du XVIe siècle d'après *B.*, conservée dans les Archives de l'ordre de l'Hôpital. Malte, National Library of Malta, Archives of the Order of Malta (A.O.M.), div. VII, vol. 1118, fol. 110.

D. Copie du XVIIIe siècle consignée par le commandeur hospitalier, Francesco Paolo Smitmer. Venise, Biblioteca Nazionale Marciana, Cl. V, Mss. 75, fol. 110.

a. J. Delaville Le Roulx, *Cartulaire général de l'ordre des hospitaliers de Saint-Jean de Jérusalem*, t. II, n°1837 p. 350–351.

Analyse : P. Pressutti, *Regesta Honorii papae III* (*1216–1227*), t. II, Rome, 1895, n° 5843 p. 406 (en latin).

.. Magistro[616] et fratribus Jerosolimitani Hospitalis

Ad tantam .. comes Tripolitanus[617] jam videtur perfidiam devenisse ut Deum non timeat, religionem despiciat et fidei Christiane perversis operibus contradicat. Ad nostram sane audientiam, vobis insinuantibus, est delatum quod idem comes ad Hospitalis bona, que sunt pauperum, oculis cupiditatis erectis, castrum Antiochie quod nomine Romane Ecclesie de

---

615 *Leg. « subjiciatis ».*
616 Garin de Montaigut, grand-maître de l'Hôpital de 1207 à 1228.
617 Bohémond IV d'Antioche, comte de Tripoli de 1189 à 1233.

mandato tenebatis venerabilis fratris nostri .. Albanensis episcopi[618], tunc Apostolice Sedis legati, domum quandam Tripoli[s] ac quedam alia Hospitalis ipsius violenter detinet occupata, et vos, quibus pro Dei reverentia deberet contra vestros molestatores assistere, multipliciter inquietat. Cum igitur non nisi Christi et egenorum bona predicta existant et dictus comes in eorum detentione illos persequi videatur, quorum sunt usibus deputata, nec ad ipsorum restitutionem ad hec ipse comes induci potuerit, licet sit ad hoc multo tempore ac multipliciter laboratum, vobis, cum causa Christi et pauperum ejus agatur, permittimus, ut bona ipsa repetere ac ad usus recuperare predictos, potenti et armata manu, si nec adhuc ea dictus comes restituerit, valeatis. Datum Laterani, III kalendas martii, [pontificatus nostri anno decimo].

128

1226 Février 27 Latran

Honorius III charge l'archevêque [Pierre] de Césarée d'absoudre les frères de l'Hôpital qui ont fait acte de simonie, en intégrant leur ordre outre-mer.

A. Original en latin aujourd'hui perdu.

B. Copie du cinquième registre d'Honorius III, d'après *A.* Rome, ASV, Reg. Vat. 13, liv. X, let. 225, fol. 117 v°.

a. J. Delaville Le Roulx, *Cartulaire général de l'ordre des hospitaliers de Saint-Jean de Jérusalem*, t. II, n° 5844 p. 406.

Analyse : P. Pressutti, *Regesta Honorii papae III* (1216–1227), t. II, Rome, 1895, n° 5844 p. 406 (en latin).

.. Archiepiscopo Cesariensi[619]

Cum dilecti filii fratres Jerosolimitani Hospitalis, corpora deputarint et animas servitio Jhesu Christi, de salute animarum suarum eo magis nos oportet esse sollicitos quo amplius Antiqui Hostis[620] calliditas electos supplantare nititur, manus ad desiderabilia Domini mittere satagendo, predictorum ergo fratrum precibus inclinati, presentium tibi auctoritate,

618 Pélage ou Pelayo Gaytán, cardinal-évêque d'Albano de 1213 à 1232.
619 Pierre de Limoges, archevêque de Césarée de 1199 à 1237.
620 Un des surnoms du Diable, popularisé par les Pères de l'Église (*cf.* Matthieu, 13, 39).

simplicitati veniam tribuendo, concedimus ut, tam cum illis qui per simplicitatem simoniace in eorum collegio sunt recepti, quam cum eis qui sic receperunt eosdem, dum tamen recipientes taliter et recepti sint in partibus transmarinis, dispensare valeas ac animarum suarum super hoc saluti consulere, prout videris expedire. Datum [Laterani, III kalendas martii, pontificatus nostri anno decimo][621].

129

1226 Mars 17 Latran

Honorius III mande au chapitre de l'Église d'Antioche d'élire rapidement un successeur au feu patriarche Rainier, ou de déléguer auprès de la Curie deux ou trois chanoines capables de recueillir les instructions du Siège apostolique.

A. Original en latin aujourd'hui perdu.

B. Copie du cinquième registre d'Honorius III, d'après *A.* Rome, ASV, Reg. Vat. 13, liv. X, let. 228 fol. 117 v°-118 r°.

Analyse : O. Rinaldi, *Annales ecclesiastici*, éd. A. Theiner, t. XX, an. 1226 § 59 p. 526 (avec un renvoi erroné à la bulle 356 du livre XI (*cf. infra* n° 136)) _ P. Pressutti, *Regesta Honorii papae III (1216–1227)*, t. II, n° 5863 p. 409–410 (en latin).

Capitulo Antiocheno

Cum ex injuncto nobis officio ecclesiarum omnium cura nobis immineat generalis, summa nobis est sollicitudine providendum ne per tergiversationem aliquorum honoris dignitatis seu juris sui possint incurrere detrimentum. Hinc est quod nos, nuper bone memorie R[anerio][622], patriarcha vestro, feria secunda post festum Exaltationis Sancte Crucis viam universe carnis ingresso, ne Antiochenam ecclesiam cujus, quantum cum Deo et honestate possumus, utilitatibus cupimus providere propter defectum pastoris si diu ejus maneret solacio destituta in spiritualibus vel temporalibus, contingeret incurrere detrimentum, universitatem vestram monandam duximus attentius et hortandam, per apostolica vobis scripta mandantes, ut, convenientes in unum, invocata Spiritus Sancti gratia, provideretis vobis

[621] Formule éludée par la mention « *ut supra* » dans le registre vatican.

[622] Rainier ou Raniero da Castelvecchio, patriarche latin d'Antioche de 1219 à 1225.

et eidem ecclesie de persona idonea, que tanto congrueret oneri et honori et que a nobis etiam merito acceptari deberet, per electionem canonicam in patrem pariter et pastorem. Licet autem de prudentia et sinceritate vestra minimine dubitemus, timentes tamen ne per impressionem aliquorum vobis et ecclesie memorate indignus ingereretur prelatus, universitati vestre, per apostolica scripta, mandamus et districte precipimus quatinus, infra mensem post receptionem presentium, mandatum ipsum, solum Deum habentes pre oculis, exequi procuretis. Alioquin ex tunc duos vel tres ex vobis universitatis nomine ad nostram presentiam destinetis, qui, de nostro consilio, vobis et ecclesie sepefate per electionem canonicam de persona idonea, que preesse sciat pariter et prodesse, in patriarcham provideant et pastorem. Datum Laterani, XVI kalendas aprilis, [pontificatus nostri anno decimo].

130

1226 Avril 7 Latran

Honorius III charge l'élu de Lydda [Pélage] de relever de leur excommunication les ecclésiastiques du diocèse de Lugo, qui auront versé leur contribution au vingtième levé en faveur de la croisade.

A. Original en latin aujourd'hui perdu.

B. Copie du cinquième registre d'Honorius III, d'après *A.* Rome, ASV, Reg. Vat. 13, liv. X, let. 279 fol. 130 r°.

a. D. Mansilla, *La documentación pontificia de Honorio III (1216–1227)*, Rome, 1965, n° 598 p. 454.

Analyse : P. Pressutti, *Regesta Honorii papae III (1216–1227)*, t. II, Rome, 1895, n° 5888 p. 415 (en latin).

.. Electo Lidensi[623]

Ex parte dilectorum filiorum capituli Lucensis ecclesie fuit nobis humiliter supplicatum ut quibusdam prelatis, presbyteris, canonicis et clericis et aliis religiosis Lucensis diocesis, quorum quidam pro detentione vicesime vel quia eam statutis terminis aut cum integritate debita non solverunt,

623 Pélage ou Pelayo, élu de Lydda de 1223 à 1227.

excommunicationis sententiam incurrerunt, beneficium absolutionis impendi, presertim cum quidam eorum infirmitate ac quidam debilitate corporis, necnon et alii variis necessitatibus prepediti pro absolutionis, munere obtinendo sine gravamine maximo, se non valeant nostro conspectui presentare, per discretos aliquos in illis partibus faceremus. Nos igitur, ipsorum devotis precibus inclinati, discretioni tue, per apostolica scripta, mandamus quatinus, prelatis, presbyteris, canonicis, clericis et religiosis aliis supradictis, integre persolventibus quicquid remansit de jamdicta vicesima persolvendum, transmittendum oportuno tempore in subsidium Terre Sancte, fideliter conservandum a te, donec quid de ipsis fieri debeat per nostras te reddiderimus litteras certiorem, eis beneficium absolutionis impendas ; summam autem omnium que receperis de vicesima memorata nobis per tuas litteras fideliter studeas intimare. Datum Laterani, VII idus aprilis, [pontificatus nostri anno decimo].

131

1226 Avril 30 Latran

Honorius III autorise l'évêque [Jacques] d'Acre à anathématiser les personnes qui usurpent indûment des dîmes et revenus de son Église.

A. Original en latin aujourd'hui perdu.

B. Copie du cinquième registre d'Honorius III, d'après *A.* Rome, ASV, Reg. Vat. 13, liv. X, let. 287 fol. 131 r°.

Analyse : P. Pressutti, *Regesta Honorii papae III (1216–1227)*, t. II, Rome, 1895, n° 5910 p. 418 (en latin).

.. Episcopo Acconensi[624]

Cum, sicut in nostra proposuisti presentia constitutus, nonnulli decimas et redditus ad Acconensem ecclesiam pertinentes injuste detineant et eos tibi reddere contradicant, nos, volentes indempnitati, tam tue quam ejusdem ecclesie, super hujusmodi providere, presentium tibi auctoritate de speciali gratia indulgemus ut detentores ipsos sententia tibi liceat excommunicationis involvere ac, post satisfactionem plenariam, eandem sententiam relaxare. Nulli ergo [omnino hominum liceat hanc] concessionem

[624] Jaccques de Vitry, évêque d'Acre de 1216 à 1228.

[infringere vel ei ausu temerario contraire]. Si quis [autem hoc attemptare presumpserit, indignationem omnipotentis Dei et beatorum Petri et Pauli, apostolorum ejus, se noverit incursurum]. Datum Laterani, II kalendas maii, [pontificatus nostri] anno X.

132

1226 Mai 30 Latran

Honorius III charge l'archevêque [Pierre] de Césarée de défendre avec les évêques de Sidon et de Beyrouth les intérêts de [Jacques de Vitry] pendant son séjour à la Curie.

A. Original en latin aujourd'hui perdu.

B. Copie du cinquième registre d'Honorius III, d'après *A.* Rome, ASV, Reg. Vat. 13, liv. X, let. 286 fol. 131 r°.

Analyse : P. Pressutti, *Regesta Honorii papae III (1216–1227)*, t. II, n° 5963 p. 427–428 (en latin).

.. Archiepicopo Cesariensi[625], .. Sydoniensi et .. Beritensi episcopis

Quoniam nimis dispendiosum esset et grave venerabili fratri nostro .. Acconensi episcopo[626], cum sit in ultramarinis partibus constitutus, pro singulis querelis Apostolicam Sedem adire, cum frequenter a multis, tam clericis quam laicis, gravibus sit injuriis lacessitus, ad supplicationem ejus super hoc ei duximus providendum. Quocirca mandamus atque precipimus quatinus, quotiens a dicto episcopo fueritis requisiti, molestatores ipsius in sua diocesi constitutos ut ei ablata restituant et de dampnis et injuriis irrogatis satisfaciant competenter, per censuram ecclesiasticam, sublato appellationis diffugio, mediante justitia, compescando. Quod si non omnes [hiis exequendis potueritis interesse, duo vestrum ea nichilominus exequantur]. Datum Laterani, III kalendas junii, pontificatus nostri anno decimo.

---

625 Pierre de Limoges, archevêque de Césarée de 1199 à 1237.

626 Jacques de Vitry, évêque d'Acre de 1216 à 1228.

133

1226 Mai 30 Latran

Honorius III annonce au doge et à la Commune de Venise sa décision de différer le règlement du contentieux qui les oppose à l'archevêché de Tyr, après avoir pris connaissance d'événements graves survenus à Crémone et Ferrare.

A. Original en latin aujourd'hui perdu.

B. Copie du cinquième registre d'Honorius III, d'après *A.* Rome, ASV, Reg. Vat. 13, liv. X, let. 282 fol. 130 v°-131 r°.

ANALYSE : P. PRESSUTTI, *Regesta Honorii papae III (1216–1227)*, t. II, Rome, 1895, n° 5962 p. 427 (en latin).

.. DUCI[627] ET POPULO VENETORUM

[Venientem ad presentiam nostram, dilectum filium Marinum Storlatum, civem et nuntium vestrum, consueta benignitate recepimus et ea, que][628] super negotio Tirensis ecclesie, [sicut vir fidelis et providus, proposuit coram nobis, audivimus diligenter. Volentes ergo petitiones vestras in hiis et aliis, tanto libentius in quibus secundum Deum possumus exaudire, quanto vos et terram vestram affectione diligimus pleniori, auditis hiis que super ipso negotio fuerunt proposita coram nobis et pensatis nichilominus aliis, que ipse nuntius vester vobis exponere poterit viva voce, processum ejusdem][629] negotii in tempus magis oportunum duximus differendum, ita tamen quod ex dilatione hujusmodi neutri partium prejudicium generetur. Super facto vero Cremonensium ac Ferrariensium licet certe satis grave fuerit, nobis visum vestris tamen precibus acquievimus, habentes in proposito in hiis et aliis, in quibus expedire ac decere viderimus, exhibere vobis apostolicam gratiam et favorem. Datum Laterani, III kalendas junii, [pontificatus nostri anno decimo]

627 Pietro Ziani, comte d'Arbi et doge de Venise de 1205 à 1229.

628 Incipit abrégé en « *In eundem modum scriptum est eisdem* » à la fin de la lettre 282 du registre.

629 Formule abrégée en « *usque* » dans la minute de la lettre consignée dans le registre vatican.

134

1226 Juin 1er Latran

Honorius III invite le doge et la Commune de Venise à négocier un accord amiable avec l'évêque [Jacques de Vitry] au sujet de l'église Saint-Marc d'Acre.

A. Original en latin aujourd'hui perdu.

B. Copie du cinquième registre d'Honorius III, d'après *A.* Rome, ASV, Reg. Vat. 13, liv. X, let. 282 fol. 130 v°.

ANALYSE : P. PRESSUTTI, *Regesta Honorii papae III* (*1216–1227*), t. II, Rome, 1895, n° 5968 p. 429 (en latin).

.. DUCI[630] ET POPULO VENETORUM

Venientem ad presentiam nostram, dilectum filium M[arinum] Storlatum[631], civem et nuntium vestrum, consueta benignitate recepimus et ea, que super negotio ecclesie Acconensis, sicut vir fidelis et providus, proposuit coram nobis, audivimus diligenter. Volentes ergo petitiones vestras in hiis et aliis, tanto libentius in quibus secundum Deum possumus exaudire, quanto vos et terram vestram affectione diligimus pleniori, auditis hiis que super ipso negotio fuerunt proposita coram nobis et pensatis nichilominus aliis, que ipse nuntius vester vobis exponere poterit viva voce, processum ejusdem negotii ad beneplacitum nostrum duximus differendum, ita tamen quod ex dilatione hujusmodi neutri parti[um] prejudicium generetur. Sane cum venerabilis frater noster .. Acconensis episcopus[632], asserens prosecutionem juris sui per hujusmodi dilationem dispendiose differi, dilationem ipsam eo molestius ferat quo plebanus Sancti Marci Acconensis in pluribus dicitur excedere contra eum, gratum et acceptum habebimus et, ut credimus, vestre utilitati expediet et honori si provideritis, dum idem episcopus est in partibus cismarinis ut amicabilis concordia intercedat. Datum Laterani, kalendas junii, [pontificatus nostri] anno X.

---

630 Pietro Ziani, comte d'Arbi et doge de Venise de 1205 à 1229.
631 Il s'agit de l'ancien podestat de Venise à Constantinople, Marino Storlato (1222–1223).
632 Jacques de Vitry, évêque d'Acre de 1216 à 1228.

135

1226 Juillet 27 Latran

Honorius III invite le chapitre de l'Église de Tarse à obéir à son nouvel archevêque, dont il vient de confirmer l'élection et le droit d'arborer un pallium à l'intérieur de la cathédrale d'Antioche en période de vacance patriarcale.

A. Original en latin aujourd'hui perdu.

B. Copie du cinquième registre d'Honorius III, d'après *A.* Rome, ASV, Reg. Vat. 13, liv. XI, let. 357 fol. 146 r°.

ANALYSE : P. PRESSUTTI, *Regesta Honorii papae III* (*1216–1227*), t. II, Rome, 1895, n° 6026 p. 440 (en latin).

CAPITULO TARSENSI

Venientem ad presentiam nostram, venerabilem fratrem nostrum .. Tharsensem archiepiscopum, tunc electum benigne recepimus et, prout ejus merita exigunt, honoravimus diligenter ac, examinantes electionem pariter et electum, et electione ipsa[633], sicut decuit, confirmata, de gratia nostra supplentes si forte deesse aliquid videbatur, ei munus benedictionis propriis manibus duximus impendendum, palleum, plenitudinem videlicet pontificalis officii, a nobis cum instantia debita postulatum, sibi liberalitate Sedis Apostolice postmodum concedendo ut illo infra ecclesiam Antiochenam illis diebus utatur, qui ad hoc secundum approbatam ejusdem[634] ecclesie, cui subest, Tharsensem consuetudinem deputantur, donec ipsi ecclesie Antiochene fuerit de pastore provisum, tunc enim, quod ipse super hoc provide ordinandum duxerit, acceptamus. Ipsum igitur, ad vos cum favore ac plenitudine nostre gratie revertentem, universitati vestre propensius commendamus, per apostolica vobis scripta mandantes quatinus ob reverentiam Apostolice Sedis et nostram, devote recipientes eundem, et, tanquam patri et pastori animarum vestrarum, sibi debitam obedientiam et reverentiam exhibentes, ipsius salubria monita et mandata suscipiatis humiliter et efficaciter adimplere curetis, ita quod propter hoc devotionem vestram possimus[635] dignis in Domino laudibus commendare. Alioquin sententiam quam idem rite tulerit in rebelles, [ratam habebimus

633 Mot rajouté en interligne.
634 *Mss.* « *eidem* », rectifiée en « *ejusdem* » par l'ajout d'un signe d'abréviation.
635 *Mss.* « *possinus* » à la suite d'une erreur de calame.

et faciemus, auctore Domino, usque ad satisfactionem condignam inviolabiliter][636] observari. Datum Laterani, VI kalendas augusti, [pontificatus nostri] anno undecimo.

136

1226 Juillet 29 Latran

Honorius III mande au bayle du royaume d'Arméno-Cilicie de rétablir l'Église de Tarse dans ses droits à la suite d'un séquestre prolongé. Le souverain pontife exauce de la sorte une requête de l'archevêque de Tarse, qui l'a assuré des qualités ainsi que des bonnes dispositions de [Kostandin de Paperawn] à l'égard du Siège apostolique.

A. Original en latin aujourd'hui perdu.

B. Copie du cinquième registre d'Honorius III, d'après *A.* Rome, ASV, Reg. Vat. 13, liv. XI, let. 356, fol. 146 r°.

a. A.L. Tăutu, *Acta Honorii III, 1216–1227, et Gregorii IX, 1227–1241*, Vatican, 1950, n° 151 p. 199–200 d'après *B.* (avec quelques erreurs de transcription, dues à des corrections abusives du texte).

Analyse : P. Pressutti, *Regesta Honorii papae III*, t. II, Rome, 1895, n° 6027 p. 440 (en latin).

Nobili viro bajulo Armenie[637]

Cum validam Tharsensis ecclesie penuriam cogitamus et cum ejus miseriam duram et intolerabilem recensemus, non possumus non dolere nec ea sine compassionis oculis intueri. Cum enim illa floreret olim rerum omnium ubertate ac inter ecclesias sue provincie quodam singularitatis privilegio premineret, nunc prostrata jacet et detinetur miserabiliter captivata. Cum igitur venerabilis frater noster .. Tharsensis archiepiscopus de te multa nobis laudabilia et honesta suggesserit ac ad gratiam nostram tibi favorabiliter impendendam nos suis providis exhortationibus animarit, satis indignum esse videtur ut illius ecclesiam, qui sic tibi favorabilis, licet sit offensus, existit, detineas occupatam et licet hoc feceris temporibus aliorum, ipse tamen penes te sua probitate meretur ut, non solum sua sibi restituas, sed etiam ipsum in tuorum beneficiorum plenitudine gratiosa studeas

636 Formule abrégée en « *et cetera usque* » dans le registre vatican.

637 Constantin ou Kostandin de Paperawn, bayle d'Arménie de 1219 à 1226.

prevenire ; presertim cum sine ipsius injuria, qui animam tibi vivificabit et corpus et est quandoque, prout sibi placuerit, recepturus, non possis ejus ecclesiam ancillare, coram quo de omnibus que feceris sive bona fuerint sive mala et redditurus in tremendo judicio rationem. Quare restituere debes que alieni juris esse cognoscis, ne quid in conscientia tua remaneat quod in illa die oculos divine magestatis[638] offendat. Quocirca nos te rogandum duximus et monendum, per apostolica scripta mandantes, quatinus ad restitutionem ecclesie sue ac omnium aliorum que ipsius ecclesie juris existunt, predicto archiepiscopo faciendam sic te sibi exhibeas favorabilem et benignum, quod de dilectione quam idem ad te habere videtur digna se gaudeat premia consecutum et a Domino[639] meritum consequi merearis ac nos qui si per te non steterit, ea de te cogitare disponimus, que ad exaltationem tuam et tue gentis noverimus feliciter proventura, nobilitatem tuam possimus in Domino commendare. Datum Laterani, IV kalendas augusti, [pontificatus nostri] anno undecimo.

137

1226 Août 3 Latran

Honorius III autorise, pour les besoins de son Église, l'archevêque de Tarse à relever de leur excommunication huit clercs qui ont fréquenté le comte [Bohémond IV] de Tripoli. Le pape exige que les intéressés n'aient participé à aucun crime du comte de Tripoli et que l'archevêque de Tarse respecte scrupuleusement les interdits lancés par l'Église romaine.

A. Original en latin aujourd'hui perdu.

B. Copie du cinquième registre d'Honorius III, d'après *A.* Rome, ASV, Reg. Vat. 13, liv. XI, let. 359 fol. 146 r°-146 v°.

Analyse : P. Pressutti, *Regesta Honorii papae III* (*1216–1227*), t. II, Rome, 1895, n° 6029 p. 440 (en latin).

Archiepiscopo Tharsensi

Meritis et virtute decoros non solum, prout eorum probitas exigit, honoramus et preces, quas ipsi juste porrigunt, exaudimus. Sed etiam in benedictione dulcedinis et plenitudine gratie nostre prevenientes eosdem ac eis

---

638 *Leg.* « *majestatis* ».
639 Suivi de « *meritum* », cancellé à la suite d'une répétition involontaire du scribe.

indulgentiam quasi justitiam et gratiam, tanquam debitum, conferentes, desideramus juxta suorum meritorum suffragia respondere ut ipsi ex hoc semper in anteriora procedant et alii emulatores virtutum eorum exemplo ad probitatis amorem et felicium actuum studia ferventius animentur. Sane nobis humiliter supplicasti ut, cum Antiochena provincia .. Tripolitano comiti[640] sic intendat ut ab excommunicationis sententia, que tam in ipsum quam in participantes cum eo est, auctoritate Sedis Apostolice promulgata, vix aliquis clericus vel laicus sit immunis, ac propter hoc non possis ibi, salva conscientia divina, prout tuum officium exigit celebrare, providere tibi super hoc de benignitate Sedis Apostolice dignaremur, saltem aliquos, qui assistant tibi divinorum sollempnia celebranti, absolvendi licentiam concedendo. Nos igitur, tuis devotis precibus inclinati, auctoritate tibi presentium indulgemus ut octo clericis ad plus de hiis, qui secum non participarunt in crimine sed necessitate potius hac sententia sunt ligati, valeas absolutionis beneficium elargiri ; dum tamen si aliquos de predictis mori contigerit, aliis possis simile beneficium exhibere, ita quod nullus ad octonarium numerum tibi desit ad debitas laudes divino nomini decantandas, districtius inhibentes ne celebrare presumas in terra supposita interdicto nisi quatenus[641] tibi competat per concilium generale. Nulli ergo [omnino hominum liceat hanc] concessionem et inhibitionem [infringere vel ei ausu temerario contraire]. Si quis [autem hoc attemptare presumpserit, indignationem omnipotentis Dei et beatorum Petri et Pauli, apostolorum ejus, se noverit incursurum]. Datum Laterani, III nonas augusti, [pontificatus nostri] anno XI.

138

1226 Août 4 Latran

Honorius III charge trois ecclésiastiques du patriarcat d'Antioche de veiller à ce que l'évêque de Tripoli [Robert] accorde un canonicat au chanoine Guillaume d'Ivrée selon les prescriptions du Siège apostolique. Le pape rappelle à cette occasion l'appel interjeté en cour de Rome par Guillaume d'Ivrée, après que l'évêque et le chapitre de l'Église de Tripoli eurent favorisé un clerc local, aujourd'hui disparu.

---

640 Bohémond IV d'Antioche, comte de Tripoli de 1189 à 1233.

641 *Sic mss.*

A. Original en latin aujourd'hui perdu.

B. Copie du cinquième registre d'Honorius III, d'après *A.* Rome, ASV, Reg. Vat. 13, liv. XI, let. 360 fol. 146 v°.

ANALYSE : P. PRESSUTTI, *Regesta Honorii papae III* (*1216–1227*), t. II, Rome, 1895, n° 6030 p. 441 (en latin).

.. PRIORI DE GIRAGUNNIS[642] ANTIOCHENE DIOCESIS, MAGISTRO OBERTO ANTIOCHENO ET BONINO VALENIENSI[643] CANONICIS

Dilectus filius magister W[illelmus], Iporiensis canonicus, proposuit coram nobis quod, cum olim venerabili fratri nostro .. Appamiensi archiepiscopo[644] et .. decano et .. cantori Antiochenis dederimus in mandatis ut sibi, obtinenti beneficium adeo tenue quod ex eo non poterat per medietatem anni commode sustentari, facerent auctoritate nostra in aliqua ecclesiarum in transmarinis partibus consistentium in competenti ecclesiastico beneficio provideri, contradictores, [si qui fuerint, vel rebelles, per censuram ecclesiasticam, appellatione remota, compescando][645], archiepiscopus et cantor predicti, nequeunte interesse decano, venerabili fratri nostro .. episcopo[646] et capitulo Tripolitanis firmiter preceperunt ut ei, quem reputabant idoneum, canoniam quam idem episcopus in ecclesia Tripolitana, dum ejus canonicus esset, habuerat, cum non dum alii collata fuerit, assignarent. Sed cum prefati episcopus et capitulum facere hoc noluerint, innitendo appellationi cuidam et exceptionibus frivolis, cui appellationi renuntiaverant, stando postmodum coram executoribus memoratis, iidem executores eandem contulerunt ipsi canonico canoniam. Opponente igitur se sibi super hoc quondam G. Anglico, quem iidem episcopus et capitulum contra prohibitionem predictorum executorum ad jam dictam canoniam, post appellationem ipsius magistri, admiserant et orta inter eos exinde questione, ipsi tandem ad nostram presentiam accesserunt, quibus dilectum filium O[647], capellanum nostrum, dedimus auditorem ; sed dictus

---

642 Ce toponyme semble se rapporter au village actuel de Güneysöğüt, situé au sud-ouest d'Antioche.

643 *Leg.* « *Valaniensi* ».

644 Anselme.

645 Formule abrégée en « *et cetera* » dans le registre vatican.

646 Robert.

647 L'identité de cet auditeur reste difficile à établir en raison de l'existence de plusieurs chapelains pontificaux répondant au nom d'Octavien ou d'Otton dans les années 1220 (*cf.* Rabikauskas, « *Auditor litterarum contradictarum* et commissions de juges délégués sous le pontificat d'Honorius III », p. 213–244).

G., non dum terminato negotio, debitum carnis solvit. Quare idem magister nobis humiliter supplicavit ut, cum pro nostre prosecutione gratie graves labores subierit et expensas et non dum ex ea sit commodum aliquod consecutus, efficere ut de gratia ipsa profectum obtineat maxime, cum ipsius G. impedimentum cessaverit, dignaremur. Nos igitur, attendentes quod indignum vehementer existeret si prefatus magister facte sibi a nobis gratie, pro qua tot labores sustinuit tantaque subiit onera expensarum, privaretur effectu, eisdem episcopo et capitulo nostris damus litteris in preceptis ut canoniam prefatam eidem magistro conferant et assignent. Quocirca precipiendo mandamus quatinus eosdem episcopum et capitulum ad hoc sollicite moneatis, ipsos ad id si necesse fuerit, auctoritate nostra, appellatione remota, cogentes. Quod si non omnes [hiis exequendis potueritis interesse, duo vestrum ea nichilominus exequantur]. Datum Laterani, II nonas augusti, [pontificatus nostri] anno XI.

139

1226 Décembre 16 Latran

Honorius III charge les évêques de Tortose et de Valénie de prononcer, avec l'appui d'un assesseur, une excommmunication majeure à l'encontre des personnes qui communiquent avec le comte de Tripoli, [Bohémond IV], d'une manière désinvolte.

A. Original en latin aujourd'hui perdu.

B. Copie du cinquième registre d'Honorius III, d'après *A.* Rome, ASV, Reg. Vat. 13, liv. XI, let. 506, fol. 165 v°–166 r°.

a. A.L. Tăutu, *Acta Honorii III, 1216–1227, et Gregorii IX, 1227–1241*, n° 152 p. 200–201 d'après *B.*

Analyse : P. Pressutti, *Regesta Honorii papae III*, t. II, Rome, 1895, n° 6105 p. 454 (en latin).

[Ante]radensi et Valaniensi episcopis
[et cant]ori Valaniensi

Dilecti filii magister et fratres Hospitalis Jerosolimitani suam nobis obtulere querelam quod, cum venerabilis frater noster Albanensis episcopus[648],

[648] Pélage ou Pelayo Gaytán, cardinal-évêque d'Albano de 1213 à 1232.

tunc in partibus transmarinis Apostolice Sedis legatus, pro gravibus dampnis et injuriis eisdem magistro et fratribus a Tripolitano comite[649] irrogatis aliisque causis pluribus manifestis in eundem comitem suosque fautores et complices ac participantes eidem excommunicationis sententiam protulisset[650], quam propter ipsius proterviam comitis mandavimus singulis diebus, dominicis et festivis, pulsatis campanis et candelis accensis, innovari sollempniter et usque ad satisfactionem congruam observari, proponentibus multis clericis et laicis se minorem excommunicationem incurrere, quia communicant in loquela, cibo, potu et aliis preterquam in crimine comiti memorato et quod de ipsa excommunicatione possunt absolvi a simplici sacerdote, infiniti per hoc eidem comiti communicant in predictis propter quod et ipse comes, dum se non vitari videt, de sua salute modicum cogitat et grave incurrit dispendium Hospitale. Quare magister et fratres petiere predicti ut apostolicum super hoc adhibere consilium dignaremur. Nos ergo ipsius Hospitalis precavere dispendium et comitem ipsum ad viam salutis reducere cupientes, discretioni vestre, per apostolica scripta, mandamus quatinus, cum prefati legati sententia ipsi comiti participantes involvat, vos omnes communicantes in loquela, vel cibo aut potu jam dicto comiti quandiu, excommunicatus extiterit, subjacere majori excommunicationis sententie publice nuntietis et faciatis per alios nuntiari, nisi forte vel sua repeterent coram ipso vel de se conquerentibus in ipsius vel suorum presentia responderent, aut etiam tales sint persone, que per illud Gregorii pape[651] capitulum *Quoniam multos*[652] specialiter excusentur. Quod si non omnes [hiis exequendis potueritis interesse, ea nichilominus exequantur][653] duo vestrum. Datum Laterani, XVII kalendas januarii, [pontificatus nostri] anno undecimo.

140

1226 Décembre 23 Latran

Honorius III charge les évêques de Tortose et de Valénie d'anathématiser, avec l'aide du chantre de l'Église Valénie, les marchands qui commercent dans les possessions du comte de Tripoli malgré ses excommunications répétées.

---

649 Bohémond IV d'Antioche, comte de Tripoli de 1189 à 1233.
650 *Mss « protulissent ».*
651 Grégoire VII, pape de 1073 à 1085
652 Friedberg et Richter, *Corpus juris canonici*, t. I, Leipzig, 1879, col. 672–673 (103 C XI Q. 3).
653 Formule abrégée en *« et cetera »* dans le registre vatican.

A. Original en latin aujourd'hui perdu.

B. Copie du cinquième registre d'Honorius III, d'après *A*. Rome, ASV, Reg. Vat. 13, liv. XI, let. 507 fol. 166 r°.

ANALYSE : P. PRESSUTTI, *Regesta Honorii papae III* (*1216–1227*), t. II, Rome, 1895, n° 6130 p. 458 (en latin).

ANTERADENSI ET VALANIENSI EPISCOPIS ET CANTORI VALANIENSI

Speravimus hactenus ut comiti Tripolitano[654] daret vexatio intellectum quatinus excommunicationis mucrone percussus ad percutientem se rediret humiliter et devote. Sed timemus ne facta sit desperabilis plaga ejus et eo insanabilis quo insensibilis cum, percussus non dolens, renuat accipere disciplinam et, malleum velut stipulam reputans, cor suum contra Deum et Ecclesiam obduxerit[655] dum, tanquam in profundum venerit peccatorum, latam in eum excommunicationis sententiam dampnabiliter vilipendit, perire potius eligens quam parere. Ut igitur acrior pena pungat quem hactenus nulla penitus penitudo compunxit, discretioni vestre, per apostolica scripta, mandamus quatinus in omnes mercatores qui de cetero scienter ad terras, quas dictus comes detinet, mercimonia detulerint vel inde retulerint, excommunicationis sententiam promulgantes, eam sollempniter publicetis et faciatis, auctoritate nostra, sublato appellationis obstaculo, firmiter observari, non obstante constitutione concilii generalis qua cavetur ne quis ultra duas dietas extra suam diocesim, per litteras apostolicas, ad judicium trahi possit. Quod si non omnes [hiis exequendis potueritis interesse], duo vestrum [ea nichilominus exequantur][656]. Datum Laterani, X kalendas januarii, [pontificatus nostri] anno XI.

141

1227 Janvier 2 Latran

Honorius III autorise l'évêque Tripoli à ne plus recevoir de chanoines dans son chapitre du fait de la quarantaine de bénéfices mineurs, assis sur les revenus de son Église.

---

654 Bohémond IV d'Antioche, comte de Tripoli de 1189 à 1233.

655 *Mss. « obduxarit »*.

656 Formule abrégée en *« et cetera »* dans le registre vatican.

A. Original en latin aujourd'hui perdu.

B. Copie du cinquième registre d'Honorius III, d'après *A.* Rome, ASV, Reg. Vat. 13, liv. XI, let. 447 fol. 158 r°.

ANALYSE : P. PRESSUTTI, *Regesta Honorii papae III (1216–1227)*, t. II, Rome, 1895, n° 6135 p. 459 (en latin).

EPISCOPO TRIPOLITANO[657]

Et si ad clericorum provisionem ex officii nostri debito teneamur providere, tamen nos decet ne super hoc per litteras nostras ecclesie plurimum aggraventur, quia sic debemus clericis providere ut ex eorum onerosa multitudine gravamen ecclesie non incurrant. Te sane insinuante, didicimus quod in ecclesia tua, in qua esse asseris duodecimum canonicorum numerum, firmatum juramento et per Sedem Apostolicam confirmatum, duo de mandato nostro canonici sunt recepti et cuidam alii clerico in annuo centum bizantiorum redditu, exceptis victualibus, est provisum. Unde cum, sicut ex tua insinuatione accepimus nimium, sint, propter interdictum terre, ipsius ecclesie redditus diminuti et magna gravetur multitudine clericorum, cum preter predictos, quibus de mandato nostro providit, et preter vicarios et stipendiarios clericos, qui necessaria de tua mensa recipiunt, quadraginta clerici beneficia obtinent in eadem, humiliter postulasti ut providere misericorditer dignaremur ne ipsa ecclesia super provisione plurium, nostri auctoritate mandati, ad quod obtinendum multi clerici laborare dicuntur, valeat aggravari. Nos ergo, tuis precibus inclinati, ipsi ecclesie, auctoritate apostolica, indulgemus ut per litteras nostras non teneatur alicui providere, nisi de indulgentia hujusmodi fecerit mentionem. Nulli ergo [omnino hominum liceat hanc paginam nostre concessionis infringere vel ei ausu temerario][658] contraire. Si quis autem [hoc attemptare presumpserit, indignationem omnipotentis Dei et beatorum Petri et Pauli, apostolorum ejus, se noverit][659] incursurum. Datum Laterani, IV nonas januarii, [pontificatus nostri] anno XI.

---

657 Robert.

658 Formule abrégée en *« et cetera usque »* dans le registre vatican.

659 Formule abrégée en *« et cetera usque »* dans le registre vatican.

142

1227 Janvier 2 Latran

Honorius III accorde à l'évêque de Tripoli la collation des prébendes qui viendraient à se libérer dans son Église à la majorité simple des voix du chapitre.

A. Original en latin aujourd'hui perdu.

B. Copie du cinquième registre d'Honorius III, d'après *A.* Rome, ASV, Reg. Vat. 13, liv. XI, let. 448 fol. 158 r°.

Analyse : P. Pressutti, *Regesta Honorii papae III (1216–1227)*, t. II, Rome, 1895, n° 6136 p. 459 (en latin).

Episcopo Tripolitano[660]

Cum sollicitudo et cura omnium ecclesiarum nobis incumbat, providere nos decet ne ipsarum comodum per alicujus insolentiam perturbetur. Ex tua insinuatione didicimus quod, cum collatio prebendarum ac aliorum beneficiorum ecclesie tue noscatur ad te ac capitulum pertinere, plerumque contingit quod quidam de ipso capitulo collationem vacantium prebendarum et beneficiorum hujusmodi pro sue impediunt arbitrio voluntatis. Unde postulasti a nobis ut providere super hoc misericorditer dignaremur. Nos ergo, tuis precibus inclinati, auctoritate tibi presentium indulgemus ut quod super collatione vacantium prebendarum et aliorum beneficiorum ejusdem ecclesie, cum majori et saniori parte capituli, tui duxeritis canonice statuendum robur obtineat firmitatis, nisi a pautioribus aliquid rationabile objectum fuerit et ostensum quare id fieri non debeat vel non possit. Nulli ergo [omnino hominum liceat hanc paginam][661] nostre concessionis [infringere vel ei ausu temerario contraire]. Si quis autem [hoc attemptare presumpserit, indignationem omnipotentis Dei et beatorum Petri et Pauli, apostolorum ejus, se noverit][662] incursurum. Datum [Laterani, IV nonas januarii, pontificatus nostri anno undecimo][663].

660 Robert.
661 Formule abrégée en « *et cetera* » dans le registre vatican.
662 Formule abrégée en « *et cetera usque* » dans le registre vatican.
663 Formule éludée par la mention « *ut supra* » dans le registre vatican.

143

1227 Janvier 2 Latran

Honorius III confirme le patrimoine, tant présent qu'à venir, de l'Église de Tripoli à la requête de son évêque, [Robert].

A. Original en latin aujourd'hui perdu.

B. Copie du cinquième registre d'Honorius III, d'après *A.* Rome, ASV, Reg. Vat. 13, liv. XI, let. 453 fol. 158 v°.

ANALYSE : P. PRESSUTTI, *Regesta Honorii papae III (1216–1227)*, t. II, Rome, 1895, n° 6137 p. 459 (en latin).

EPISCOPO TRIPOLITANO[664]

Sacrosancta Romana Ecclesia [devotos ac humiles filios ex pietatis officio propensius diligere consuevit et ne pravorum hominum molestiis agitentur, tanquam pia mater sue protectionis munimine solet][665] confovere. Eapropter, venerabilis in Domino frater, [episcope, tuis justis postulationibus] inclinati, personam tuam et ecclesiam Tripolitanam, cum omnibus bonis suis que impresentiarum [rationabiliter possidet aut in futurum justis modis, prestante Domino, poterit adipisci, sub beati Petri et nostra protectione][666] suscipimus. Specialiter autem libertates et immunitates necnon et approbatas ipsius ecclesie consuetudines et antiquas, sicut eas juste, canonice optinet et quiete tibi et per te, ipsi ecclesie auctoritate apostolica confirmamus [et presentis scripti privilegio][667] communimus. Nulli ergo [omnino hominum liceat hanc paginam][668] nostre protectionis et confirmationis [infringere vel ei ausu temerario][669] contraire. Si quis autem [hoc attemptare presumpserit, indignationem omnipotentis Dei et beatorum Petri et Pauli, apostolorum ejus, se noverit][670] incursurum. Datum Laterani, IV nonas januarii, [pontificatus nostri] anno XI.

---

664 Robert.
665 Formule abrégée en « *et cetera usque* » dans le registre vatican.
666 Formule abrégée en « *et cetera usque* » dans le registre vatican.
667 Formule abrégée en « *et cetera usque* » dans le registre vatican.
668 Formule abrégée en « *et cetera* » dans le registre vatican.
669 Formule abrégée en « *usque* » dans le registre vatican.
670 Formule abrégée en « *et cetera usque* » dans le registre vatican.

144

1227 Janvier 4 Latran

Honorius III autorise l'évêque de Tripoli à célébrer l'office divin dans la chapelle de son palais, aussi longtemps que durera l'excommunication du comte [Bohémond IV].

A. Original en latin aujourd'hui perdu.

B. Copie du cinquième registre d'Honorius III, d'après *A.* Rome, ASV, Reg. Vat. 13, liv. XI, let. 449 fol. 158 r°.

ANALYSE : P. PRESSUTTI, *Regesta Honorii papae III* (*1216–1227*), t. II, Rome, 1895, n° 6139 p. 460 (en latin).

EPISCOPO TRIPOLITANO[671]

Honestis fraternitatis tue precibus libenter annuimus et tibi etiam gratiam, ubi cum honestate possumus, impertimur. Cum itaque Tripolitana civitas et diocesis, propter excessus Tripolitani comitis[672], subjaceat[673] interdicto et tibi silere a laude Dei videatur indignum, nos, tuis precibus inclinati, presentium tibi auctoritate concedimus ut, predicto interdicto durante, in capella palatii tui tibi liceat cum tuis clericis, clausis januis, interdictis et excommunicatis exclusis, non pulsatis campanis, submissa voce, divina officia celebrare, proviso ut super hoc quicquam in fraudem fieri non contingat. Nulli ergo [omnino hominum liceat hanc paginam][674] nostre concessionis [infringere vel ei ausu temerario contraire]. Si quis autem [hoc attemptare presumpserit, indignationem omnipotentis Dei et beatorum Petri et Pauli, apostolorum ejus, se noverit][675] incursurum. Datum Laterani, II nonas januarii, [pontificatus nostri] anno XI.

145

1227 Janvier 4 Latran

Honorius III autorise l'évêque de Tripoli à converser avec le comte [Bohémond IV] de Tripoli pour certaines affaires relatives à la gestion de son Église.

---

[671] Robert.

[672] Bohémond IV d'Antioche, comte de Tripoli de 1189 à 1233.

[673] *Leg. « subjaceant ».*

[674] Formule abrégée en *« et cetera »* dans le registre vatican.

[675] Formule abrégée en *« et cetera usque »* dans le registre vatican.

A. Original en latin aujourd'hui perdu.

B. Copie du cinquième registre d'Honorius III, d'après *A.* Rome, ASV, Reg. Vat. 13, liv. X, let. 450 fol. 158 v°.

ANALYSE : P. PRESSUTTI, *Regesta Honorii papae III* (*1216–1227*), t. II, Rome, 1895, n° 6140 p. 460 (en latin).

EPISCOPO TRIPOLITANO[676]

Honestis fraternitatis tue precibus libenter annuimus et tibi etiam gratiam, ubi cum honestate possumus, impertimur. Cum itaque, sicut ex tua insinuatione didicimus maximum ex eo sustineat ecclesia Tripolitana dispendium, quia super requirendis ipsius juribus et pro aliis utilitatibus ejus loqui comiti Tripolitano[677] non audes propter excommunicationis sententiam qua tenetur, nos, volentes utilitati ejusdem ecclesie providere, presentium tibi auctoritate concedimus ut pro juribus et aliis utilitatibus ecclesie tue, cum dolore tamen cordis, loquaris cum comite memorato, proviso ne in aliis ipsi communices et super hoc quicquam in fraudem fieri non contingat. Nulli ergo [omnino hominum liceat hanc paginam] nostre concessionis [infringere vel ei ausu temerario contraire]. Si quis autem [hoc attemptare presumpserit, indignationem omnipotentis Dei et beatorum Petri et Pauli, apostolorum ejus, se noverit incursurum][678]. Datum Laterani, II nonas januarii, [pontificatus nostri] anno XI.

146

1227 Janvier 23 Latran

Honorius III engage, sous peine de censure ecclésiastique, les fidèles d'outremer à ne fournir aucune aide au comte [Bohémond IV] de Tripoli qui nuise aux intérêts des hospitaliers, son obstination ne devant en aucun cas servir de modèle.

A. Original en latin aujourd'hui perdu.

B. Copie du cinquième registre d'Honorius III, d'après *A.* Rome, ASV, Reg. Vat. 13, liv. X, let. 508 fol. 166 r°.

ANALYSE : P. PRESSUTTI, *Regesta Honorii papae III* (*1216–1227*), t. II, Rome, 1895, n° 6197 p. 471 (en latin).

---

676 Robert.
677 Bohémond IV d'Antioche, comte de Tripoli de 1189 à 1233.
678 Formule abrégée en « *et cetera* » dans le registre vatican.

NOBILIBUS VIRIS BARONIBUS, MILITIBUS ET POPULO CONSTITUTIS IN PARTIBUS TRANSMARINIS

Pertinacem duritiam et duram pertinaciam Tripolitani comitis[679], qui ad sue salutis dispendium animum obstinavit, latam in ipsum, auctoritate nostra, excommunicationis sententiam per multum temporis contempnendo, abominari debetis et, ne tangendo picem, vos ab ea corcinari[680] contingat, illius consortium vos convenit potissimum evitare. Quapropter universitatem vestram monemus et hortamur attente, per apostolica scripta mandantes, quatinus eidem comiti, dum in excommunicatione perstiterit, nullum impendatis consilium, auxilium vel favorem quin potius contra ipsum dilectis filiis magistro[681] et fratribus Jerosolimitani Hospitalis, ob divinam et nostram reverentiam assistatis, pro certo scientes quod, si contra monitionem nostram consilium, auxilium vel favorem impendere presumpseritis comiti memorato, nos, venerabilibus fratribus nostris Anteradensi et Valaniensi episcopis et cantori Valaniensi nostris damus litteris in mandatis ut vos a presumptione hujusmodi per censuram ecclesiasticam, appellatione remota, compescant, non obstante constitutione concilii generalis [qua cavetur ne quis ultra duas dietas extra suam diocesim, per litteras apostolicas, ad judicium trahi possit][682]. Datum Laterani, X kalendas februarii, [pontificatus nostri] anno XI.

§ *Illis scriptum est, verbis competenter mutatis.*

147

1227 Février 17 Latran

Honorius III mande aux évêques de Tortose et de Valénie de n'excommunier, pour des raisons pratiques, que les fidèles qui partagent les crimes, repas et prières du comte [Bohémond IV] de Tripoli.

A. Original en latin aujourd'hui perdu.

B. Copie du cinquième registre d'Honorius III, d'après *A.* Rome, ASV, Reg. Vat. 13, liv. XI, let. 543, fol. 170 v°.

679 Bohémond IV d'Antioche, comte de Tripoli de 1189 à 1233.
680 *Mss. « corciquinari ».*
681 Garin de Montaigut, grand-maître de l'Hôpital de 1207 à 1228.
682 Formule abrégée en *« et cetera, ut supra »* dans le registre vatican.

a. A.L. Tăutu, *Acta Honorii III, 1216–1227, et Gregorii IX, 1227–1241*, Vatican, 1950, n° 155 p. 203–204 d'après *B.* (avec plusieurs omissions malencontreuses).

Analyse : P. Pressutti, *Regesta Honorii papae III*, t. II, Rome, 1895, n° 6243 p. 480 (en latin).

Anteradensi et Valaniensi episcopis et cantori Valaniensi

Ad petitionem dilectorum filiorum magistri et fratrum Hospitalis Jerosolimitani nostris vobis[683] dedisse litteris dicimur in mandatis ut omnes communicantes in loquela comiti Tripolitano[684], quandiu excommunicatus[685] existeret, publice nuntiaretis majori excommunicationis sententie subjacere ac faceretis per alios nuntiari. Cum autem, sicut intelleximus, multi ex participatione hujusmodi, quam vitare non possunt, sententiam excommunicationis incurrant, nos, qui absolutionem non vinculum querimus animarum, discretioni vestre per apostolica scripta mandamus quatinus quo ad hoc litteris supersedeatis eisdem, mandatum nostrum contra illos dumtaxat, qui in crimine vel oratione aut mensa comiti memorato communicant, exequentes. Datum Laterani, XIII kalendas martii, [pontificatus nostri] anno XI.

148

1227 Février 23 Latran

Honorius III autorise l'archevêque d'Apamée, [Anselme], à ne répondre aux plaintes de ses vassaux que lorsqu'il estimera être en mesure de le faire.

A. Original en latin aujourd'hui perdu.

B. Copie du cinquième registre d'Honorius III, d'après *A.* Rome, ASV, Reg. Vat. 13, liv. XI, let. 565, fol. 173 r.

Analyse : P. Pressutti, *Regesta Honorii papae III*, t. II, Rome, 1895, n° 6250 p. 481 (en latin).

Archiepiscopo Appamiensi[686]

Justis precibus tuis benignum impertientes assensum, auctoritate tibi presentium indulgemus ut homines tui super rebus, quas ab ecclesia tua tenent

683 Mot presque effacé.
684 Bohémond IV d'Antioche, comte de Tripoli de 1189 à 1233.
685 Mot partiellement recouvert d'une tache d'encre.
686 Anselme.

in feudum, nisi sub tuo non possint examine conveniri, quandiu paratus fueris conquere[n]tibus de illis justitiam exhibere. Nulli ergo [omnino hominum liceat hanc paginam] nostre concessionis [infringere vel ei ausu temerario contraire]. Si quis autem [hoc attemptare presumpserit, indignationem omnipotentis Dei et beatorum Petri et Pauli, apostolorum ejus, se noverit incursurum][687]. Datum Laterani, VII kalendas martii, [pontificatus nostri] anno XI.

149

1227 Mars 5 Latran

Honorius III démet l'archevêque de Nicosie, [Eustorge de Montaigut], de l'enquête de parenté qu'il lui avait confiée sur les liens existant entre la reine [Alix] de Chypre et son époux, Bohémond d'Antioche.

A. Original en latin aujourd'hui perdu.

B. Copie du cinquième registre d'Honorius III, d'après *A.* Rome, ASV, Reg. Vat. 13, liv. XI, let. 564, fol. 172 v°-173 r°.

a. C. Schabel, *Bullarium Cyprium*, t. I : *Papal Letters Concerning Cyprus 1196–1261*, c-75 p. 284–285.

Analyse : L. de Mas-Latrie, *Histoire de l'île de Chypre sous le règne des princes de la maison de Lusignan*, t. II, Paris, 1852, p. 48 (en latin) _ A. Potthast, *Regesta pontificum Romanorum*, t. I, n° 7675 p. 660 (en latin)_ C.-A. Horoy, *Medii aevi bibliotheca patristica*, t. V, n° 74 col. 208 (en latin) _ P. Pressutti, *Regesta Honorii papae III (1216–1227)*, t. II, Rome, 1895, n° 6271 p. 484–485 (en latin).

Nicosiensi archiepiscopo[688]

Cum olim nobis insinuaveris quod carissima in Christo filia nostra illustris regina Cipri[689] et nobilis vir B[oamundus], filius comitis Tripolitani[690], contra Deum – cum eos diceres quarto affinitatis gradu adinvicem se contingere – ac contra interdictum Ecclesie matrimonialiter juncti erant, nos, ad insinuationem hujus[modi] tibi, plenam de te fiduciam obtinentes, negotium duximus committendum. Postmodum vero eorum nuntii, ex

[687] Formule abrégée en « *et cetera* » dans le registre vatican.
[688] Eustorge de Montaigut, archevêque de Nicosie de 1213 à 1250.
[689] Alix de Champagne, reine puis régente de Chypre de 1210 à 1225.
[690] Bohémond IV d'Antioche, comte de Tripoli de 1189 à 1233.

parte ipsorum ad nostram venientes presentiam, nobis proponere curaverunt quod, cum illi, qui non in quarto sed in quinto affinitatis gradu asserunt se conjunctos, te habuerint multiplici ratione suspectum, arbitros coram quibus suspitionem probarent a te cum instantia postulassent, quia eos sibi concedere denegabas, iidem nostram audientiam appellarunt. Quare dicti nuntii missi ad appellationem hujus[modi] prosequendam diu apud nos suppliciter instíterunt ut, cum periculosum esset coram suspecto judice litigare, providere super hoc misericorditer dignaremur. Carissimus quoque in Christo filius noster F[redericus][691], illustris Romanorum imperator, semper augustus et rex Sicilie, per sollempnes nuntios postulavit a nobis ut, intuitu devotionis sue ac obtentu justitie in qua sumus omnibus debitores, benigne annueremus supplicationibus predictorum. Licet igitur petitionem talem diu suspenderimus et prefatos nuntios diutius post nos sustinuerimus, acclamantes, quia tamen non potuimus[692], quod petebatur, secundum justitiam denegare, acquievimus tandem clamoribus tum ex juris debito, tum ex petentium instantia, superati. Unde, nos, exonerantes te a prosecutione dicti negotii in quo famam tuam intendimus conservare, venerabilibus fratribus nostris patriarche Jerosolimitano et episcopo Acconensi, quos certum est diligere justitiam et odio iniquitates habere, commisimus tanquam certi de illorum rectitudine negotium memoratum. Quocirca fraternitati tue, per apostolica scripta, mandamus quatinus supersedeas ipsi negotio et siquidem, post eorum appellationem, contra eos forsitan statuisti absque more dispendio revoces per te ipsum. Datum Laterani, III nonas martii, [pontificatus nostri] anno XI.

150

1227 Mars 5 Latran

Honorius III charge le patriarche de Jérusalem, [Géraud], et l'évêque d'Acre, [Jacques], de procéder à une enquête sur les liens de parenté existant entre la reine de Chypre [Alix] et son époux, Bohémond d'Antioche.

A. Original en latin aujourd'hui perdu.

B. Copie du cinquième registre d'Honorius III, d'après *A.* Rome, ASV, Reg. Vat. 13, liv. XI, let. 571, fol. 173 v°.

691 Frédéric II de Hohenstaufen, empereur germanique de 1220 à 1250.
692 *Mss. « potumus »*, corrigé en *« potuimus »* par l'ajout d'une lettre en interligne.

a. C. Schabel, *Bullarium Cyprium*, t. I : *Papal Letters Concerning Cyprus 1196–1261*, c-76 p. 285–286.

Analyse : L. de Mas-Latrie, *Histoire de l'île de Chypre sous le règne des princes de la maison de Lusignan*, t. II, Paris, 1852, p. 48 (en latin) _ A. Potthast, *Regesta pontificum Romanorum*, t. I, n° 7676 p. 660 (en latin) _ C.-A. Horoy, *Medii aevi bibliotheca patristica*, t. V, n° 75 col. 208 (en latin) _ P. Pressutti, *Regesta Honorii papae III (1216–1227)*, t. II, Rome, 1895, n° 6272 p. 485 (en latin).

Patriarche Jerosolimitano[693] et episcopo Acconensi[694]

Cum venerabilis frater noster Nicosiensis archiepiscopus[695] insinuaverit nobis olim quod carissima in Christo filia nostra illustris regina Cipri[696] et nobilis vir B[oamundus], filius comitis Tripolitani[697], contra Deum – cum eos diceret quarto affinitatis gradu adinvicem se contingere – ac contra Ecclesie interdictum matrimonialiter juncti erant ; et nos, id dissimulare, cum dissimulandum non existeret, non volentes, hoc dicto archiepiscopo duximus committendum. Ex parte ipsorum dicitur propositum coram illo quod ipsum habebant multiplici ratione suspectum, preter id quod malitiose, ut ipsi proponunt, super matrimonio eos accusaverat. Cum non quarto sed quinto affinitatis[698] gradu asserunt se conjunctos et cum arbitros coram quibus suspitionem probarent, cum instantia postulassent, quia dictus archiepiscopus eos sibi concedere denegavit, nostram audientiam appellarunt. Cum autem dilectos filios magistrum scolarum Antiochenum et W[illelmum] de Rivetta, militem, ad p[ro]sequendam appellationem interpositam ad nostram presentiam destinarint et ipsi apud nos diu institerint ut, cum illis nimis periculosum existeret super hoc sub suspecto judice litigare, providere super hoc misericorditer dignaremur. Nos, sic eorum super hoc gravamini providere volentes quod negotium non remaneat indiscussum, fraternitati vestre, per apostolica scripta, mandamus quatinus, revocato in statum debitum quicquid post appellationem hujus[modi] contra eos invenitis attemptatum, in negotio ipso juxta prioris mandati nostri tenorem, appellatione remota, ratione previa procedatis. Datum Laterani, III nonas martii, [pontificatus nostri] anno XI.

---

693 Géraud ou Gérold de Lausanne, patriarche latin de Jérusalem de 1225 à 1239.
694 Jacques de Vitry, évêque d'Acre de 1216 à 1228.
695 Eustorge de Montaigut, archevêque de Nicosie de 1213 à 1250.
696 Alix de Champagne, reine puis régente de Chypre de 1210 à 1225.
697 Bohémond IV d'Antioche, comte de Tripoli de 1189 à 1233.
698 *Mss.* « *affintatis* », corrigé en « *affinitatis* » par l'ajout d'une lettre en interligne.

BIBLIOGRAPHIE

Sources diplomatiques

Baratier, Édouard, *Documents de l'histoire de la Provence*, Toulouse, 1971.

Bertrand de Broussillon, Arthur, *La maison de Craon, 1050–1480 : étude historique accompagnée du cartulaire de Craon*, Paris, 1893, 2 vol.

Böhmer, Johann Friedrich, *Acta imperii selecta*, Innsbruck, 1870, 2 vol.

Böhmer, Justus Henning, *Corpus juris canonici*, Halle, 1747, 2 vol.

Bosio, Giacomo, *Dell'Istoria della Sacra Religione et Illustrissima Militia di San Giovanni Gierosolimitano*, Rome, 1594–1602, 3 vol.

Bosquet, François, *Innocentii III epistolarum libri quatuor, regestorum XIII, XIV, XV, XVI*, Toulouse, 1635, 2 vol.

Du Boulay, César Égasse, *Historia Universitatis Parisiensis*, t. III, Paris, 1666 (réimpression anastatique, Francfort-sur-le-Main, 1966).

Bouquet, Martin, *Recueil des historiens des Gaules et de la France*, Paris, 1738–1904, 24 vol.

Bourrilly, Victor-Louis, « Essai sur l'Histoire Politique de la Commune de Marseille, des Origines à la Victoire de Charles d'Anjou (1264) : Pièces justificatives », *Annales de la Faculté des Lettres d'Aix*, 13 (1921–1922), p. 23–308.

Bresc-Bautier, Geneviève, *Le cartulaire du chapitre du Saint-Sépulcre de Jérusalem*, Paris, 1984.

Bruel, Alexandre, *Recueil des chartes de l'abbaye de Cluny* (Collection de documents inédits sur l'histoire de France), Paris, 1876–1903, 6 vol.

Chabot, Jean-Baptiste, « A propos du couvent du Mont Sinaï », *Revue de l'Orient chrétien*, 5 (1900), p. 492–498.

Cherubini, Laerzio, *Bullarium, sive nova collectio plurimarum constitutionum Apostolicarum diversorum Romanorum pontificum beato Leone Primo usque ad Paulum Quintum*, t. I, Rome, 1617.

Ciron, Innocent de, *Quinta compilatio epistolarum decretalium Honorii III, Pont. Max.*, Toulouse, 1645 (réédition, Vienne, 1761).

Cornelio, Flaminio, *Ecclesiae Venetae antiqua monumenta*, Venise, 1749.

Coureas, Nicholas, et Schabel, Christopher, *The Cartulary of the Cathedral of Holy Wisdom of Nicosia* (Cyprus Research Centre, Texts and Studies in the History of Cyprus, XXV), Nicosie, 1997.

Darrouzès, Jean, « Le mémoire de Constantin Stilbès contre les Latins », *Revue des Etudes Byzantines*, 21 (1963), p. 50–100.

Delaborde, Henri-François, *Chartes de Terre Sainte provenant de l'abbaye de N.-D. de Josaphat* (BEFAR, XIX), Paris, 1880.

Delaville Le Roulx, Joseph Antoine-Marie, *Cartulaire général de l'ordre des hospitaliers de Saint-Jean de Jérusalem (1100–1310)*, Paris, 1894–1906, 4 vol.

Delectus ex epistolarum Honorii papae III libris decem, de rebus Francicis, regnantibus Philippo Augusto et Ludovico VIII, éd. M.-J.-J. Brial, *Recueil des Historiens des Gaules et de la France*, t. XIX (1880), p. 609–778 (2e édition).

Delisle, Léopold, « Lettres inédites d'Innocent III », *Bibliothèque de l'Ecole des Chartes*, 34 (1873), p. 397–419.

Denifle, Heinrich, et Châtelain, Émile, *Chartularium Universitatis Parisiensis*, Paris, 1889–1897, 4 vol.

Depoin, Joseph, *Recueil de chartes et documents de Saint-Martin-des-Champs, monastère parisien*, Ligugé et Paris, 1912–1917, 3 vol.

Duba, William et Schabel, Christopher, *Bullarium Hellenicum : Pope Honorius III's Letters involving Frankish Greece and Constantinople*, Turnhout, 2013.

Duchesne, Louis, Fabre, Paul, et Mollat, Guillaume, *Le « liber censuum » de l'Eglise romaine*, Paris, 1889–1952, 3 vol.

Duchesne, Louis, *Le Liber pontificalis. Texte, introduction et commentaire*, Paris, 1886–1892, 2 vol.

Erben, Karel Jaromír, *Regesta diplomatica Bohemiae et Moraviae*, t. I (*Annorum 600–1253*), Prague, 1855.

Fabre, Paul, « Un vidimus de Conrad archevêque d'Athènes », *Mélanges d'archéologie et d'histoire*, 15 (1895), p. 71–76.

Fejér, György, *Codex diplomaticus Hungariae ecclesiasticus ac civilis*, t. III, part. 1, Pest, 1829.

Friedberg, Emil Albert, et Richter, Emil Ludwig, *Corpus juris canonici*, Leipzig, 1879–1881, 2 vol.

García y García, Antonio, *Constitutiones Concilii quarti Lateranensis una cum Commentariis glossatorum*, Vatican, 1981.

Garnier, Joseph François, *Chartes de communes et d'affanchissements en Bourgogne*, Dijon, 1867, 3 vol.

Gattola, Erasmo, *Historia abbatiae Cassinensis per sæculorum seriem distributa*, Venise, 1733, 2 vol.

Gerland, Ernst, *Neue Quellen zur Geschichte des Lateinischen Erzbistums Patras*, Leipzig, 1903.

Golubovich, Girolamo, *Biblioteca bio-bibliografica della Terra Santa e dell'Oriente francescano*, t. I (*1215–1300*), Quaracchi, 1906.

——, « Disputatio Latinorum et Graecorum », *Archivum Franciscanum Historicum*, 12 (1919), p. 428–470.

Grünhagen, Colmar, *Regesten zur schlesischen Geschichte*, t. I, Wroclaw (Breslau), 1866.

Hageneder, O, Haidacher, A., Moore, J.C., Sommerlechner, A., *Die Register Innocenz' III.*, Vienne, 1964–2010, 11 volumes couvrant les années 1198 à 1200 et 1202 à 1209.

Haluscynskyj, T., *Pontificia Commissio ad redigendum Codicem Iuris Canonici Orientalis : Fontes, Series 3*, t. IV, *Acta Innocentii papae IV (1243–54)*, Vatican, 1966.

Hampe, Karl, « Aus verlorenen Registerbänden der Päpste Innozenz III. und Innozenz IV. », *Mitteilungen des Instituts für oesterreichische Geschichtsforschung*, 23, 1902, p. 545–567.

Hauréau, Jean-Barthélemy, « Quelques lettres d'Honorius III et de Grégoire IX extraites des manuscrits de la Bibliothèque impériale », *Notices et extraits des manuscrits de la Bibliothèque impériale*, 21 (1864), p. 1–85.

Hennes, J.H., *Codex diplomaticus ordinis Sanctae Mariae Theutonicorum*, Mayence, 1845–1861, 2 vol.

Hill, George, *A History of Cyprus*, Cambridge, 1948, 3 vol.

Hofmann, Georg, « Sinai und Rom », *Orientalia Christiana*, 9 (1927), fasc. 3, p. 219–299.

——, « Lettere pontificie edite ed inedite intorno ai monasteri del Monte Sinai », *Orientalia Christiana Periodica*, 17 (1951), p. 283–303.

Horoy, César-Auguste, *Honorii III Romani pontificis opera omnia*, Paris, 1879–1882, 5 vol.

Huillard-Bréholles, Jean Louis Alphonse, *Historia diplomatica Friderici Secundi sive constitutiones, privilegia, mandata, instrumenta quae supersunt istius imperatoris et filiorum eius. Accedunt epistolae paparum et documenta varia*, Paris, 1852–1861, 12 parties en 7 vol.

Hurmuzaki, Eudoxiu de, *Documente privitóre la istoria Românilor*, t. I (1199–1345), Bucarest, 1887.

Huygens, Robert B.C., *Lettres de Jacques de Vitry (1160/1170–1240), évêque de Saint-Jean d'Acre*, édition critique par R.B.C. Huygens, Leyde, 1960.

Jaffé, P., Löwenfeld, S., *Regesta pontificum Romanorum ab condita Ecclesia ad annum post Christum MCXCVIII*, Leipzig, 1886–1888, 2 vol.

Jourdain, Charles, *Index chronologicus chartarum pertinentium ad historiam Universitatis Parisiensis*, Paris, 1862 (réimpression anastatique, Bruxelles, 1966).

Katona, István, *Historia critica regum Hungarice stirpis Arpadianae*, t. V, Pest, 1780.

Kelly, Susan E., *Charters of St Paul's, London* (Anglo-Saxon Charters, X), Oxford, 2004.

Laurent, Vitalien., *Les regestes des actes du patriarcat de Constantinople*, t. I, fasc. IV, *Les regestes de 1208 à 1309*, Paris, 1971.

Levi, Guido, *Registri dei cardinali Ugolino d'Ostia e Ottaviano degli Ubaldini*, Rome, 1890.

Liljegren, Johan Gustaf, *Diplomatarium Suecanum - Svenskt Diplomatarium*, t. I, Stockholm, 1829.

Linehan, Peter, « Documento español sobre la Quinta Cruzada », *Hispania sacra*, 20 (1967), p. 177–182 (repris dans *Past and Present in Medieval Spain*, Aldershot, 1992, n° VI).

Loenertz, Raymond-Joseph, « Les seigneurs tierciers de Négrepont de 1205 à 1280. Regestes et documents », *Byzantion*, 35 (1965), p. 235–276 (repris dans *Byzantina et Franco-Graeca. Series altera*, Rome, 1978, p. 141–181).

Loisne, Auguste de, « Bulles de papes pour l'ordre du Temple conservées aux archives nationales (1155–1312) », *Bulletin philologique et historique du comité des travaux historiques*, 1917, p. 171–236.

Longnon, Jean, *Recherches sur la vie de Geoffroy de Villehardouin, suivies du catalogue des actes des Villehardouin*, Paris, 1939.

Luchaire, Achille, « Un document retrouvé », *Journal des Savants*, 1905, p. 557–568.

Mansi, Gian Domenico, *Sacrorum conciliorum nova et amplissima collectio*, Florence et Venise, 1759–1798, 31 vol.

Mansilla, Demetrio, *La documentación pontificia hasta Inocencio III: 965–1216*, Rome, 1955.

——, *La documentación pontificia de Honorio III (1216–1227)*, Rome, 1965.

Martène, Edmond, *Veterum scriptorum et monumentorum historicorum, dogmaticorum, moralium amplissima collectio*, t. I, Paris, 1724.

Martène, Edmond et Durand, Ursin, *Thesaurus novus anecdotorum*, t. I, Paris, 1717 (réimpression anastatique, Westmead, Farnborough Hants, 1968).

Martin, Jean-Marie, Cuozzo, Errico, et Martin-Hisard, Bernadette, « Un acte de Baudouin II en faveur de l'abbaye cistercienne de Sainte-Marie *de Percheio* (Octobre 1241) », *Revue des études byzantines*, 57 (1999), p. 211–223.

Mas Latrie, Louis de, *Histoire de l'île de Chypre sous le règne des princes de la maison de Lusignan*, Paris, 1852–1861, 3 vol. (réimpression anastatique, Famagouste, 1970, 4 vol.)

Migne, Jacques-Paul, *Patrologiae cursus completus, seu Bibliotheca universalis, integra, uniformis, commoda, œconomica, omnium SS. Patrum, doctorum scriptorumque ecclesiasticorum qui ab aevo apostolico ad Innocentii III (anno 1216) tempora floruerunt pro Latinis, Series Latina*, Paris, 1844–1864, 222 vol.

——, *Patrologiae cursus completus, seu Bibliotheca universalis, integra, uniformis, commoda, œconomica, omnium SS. Patrum, doctorum scriptorumque ecclesiasticorum qui ab aevo apostolico ad Innocentii III (anno 1216) tempora floruerunt pro Latinis et ad concilii Florentini tempora (ann. 1439) pro Graecis, Series Graeca*, Paris, 1844–1865, 161 vol.

Monsignani, Eliseo, *Bullarium Carmelitanum*, t. I, Rome, 1715.

Nakielski, Samuel, *Miechovia, sive promptuarium antiquitatum Monasterii Miechoviensis*, Cracovie, 1634.

Orlandos, Anastasios K., « Η μονή του Οσίου Μελετίου και τα παραλαύρια αυτής », *Αρχείον των Βυζαντινών Μνημείων της Ελλάδος*, 5 (1939–1940), p. 34–118.

Paoli, Sebastiano, *Codice diplomatico del sacro militare ordine gerosolimitano oggi di Malta raccolto da varii documenti di quell archivio per servire alla storia dello stesso ordine*, Lucques, 1733–1737, 2 vol.

Papadakis, Aristeides, Talbot, Alice-Mary, « John X Camaterus confronts Innocent III. : An unpublished correspondence », *Byzantinoslavica*, 30 (1972), p. 33–41.

Pitra, Jean-Baptiste, *Analecta sacra spicilegio Solesmensi parata*, Paris, 1876–1883, 4 vol.

——, *Analecta novissima spicilegii Solesmensis. Altera continuatio*, Frascati, 1885–1888, 2 vol.

Potthast, August, *Regesta pontificum Romanorum inde ab anno post Christum natum MCXCVIII ad MCCCIV*, Berlin, 1874–1875, 2 vol.

Pressutti, Pietro, *I regesti del pontefice Onorio III dall'anno 1216 all'anno 1227*, t. I, Rome, 1884.

——, *Regesta Honorii papae III* (*1216–1227*), Rome, 1888–1895, 2 vol. (réimpression anastatique, Hildesheim-New York, 1978).

Rey, Emmanuel-Guillaume, « Chartes de l'abbaye du Mont-Sion », *Mémoires de la Société nationale des Antiquaires de France*, 48 (1887), p. 31–56.

Riant, Paul Édouard, « La part de l'évêque de Bethléem dans le butin de Constantinople en 1204 » *Mémoires de la Société nationale des Antiquaires de France*, 46 (1885), p. 225–237.

Richter, Emil Ludwig, *Corpus juris canonici*, Leipzig, 1839, 2 vol.

Rinaldi, Odorico, *Annales ecclesiastici*, t. XX, éd. A. Theiner, Bar-le-Duc, 1870.

Rodenberg, Karl, *Epistolae saeculi XIII e regestis pontificum Romanorum selectae per G.H. Pertz*, dans *Monumenta Germaniae Historica Epistolae saeculi etc.*, Berlin, 1883–1894, 3 vol.

Röhricht, Reinhold, *Studien zur Geschichte des fünften Kreuzzuges*, Innsbruck, 1891.

——, *Regesta regni Hierosolymitani* (*MXCVII-MCCXCI*), Innsbruck, 1893 et 1904, 2 vol.

Rozière, Eugène de, *Cartulaire de l'église du Saint-Sépulcre de Jérusalem d'après les manuscrits du Vatican* (Collection des documents inédits sur l'histoire de France série 1, 5), Paris, 1849.

Rymer, Thomas, *Foedera, conventiones, litterae, et cujuscunque generis acta publica, inter reges Angliae et alios... ab ineunte saecul. XII., viz. ab anno 1101 ad nostra usque tempora*, t. I, part. I, La Haye, 1745 (2e édition).

Salles, Félix de, *Annales de l'Ordre Teutonique ou de Sainte-Marie-de-Jérusalem*, Paris, 1887 (réimpression anastatique, Genève et Paris, 1986).

Schabel, Christopher, *Bullarium Cyprium*, t. I : *Papal Letters Concerning Cyprus 1196–1261 With an Introduction by Jean Richard*, Nicosie, 2010.

Strehlke, Ernst G.W., *Tabulae Ordinis Theutonici*, Berlin, 1869 (réimpression anastatique précédée d'une introduction de Hans Eberhard Mayer, Toronto et Jérusalem, 1975).

Tafel, Gottlieb L.F., Thomas, Georg M., *Urkunden zur älteren Handels- und Staatgeschichte der Republik Venedig mit besonderer beziehung auf Byzanz und die Levante vom 9. bis zum ausgang des 15. Jahrhunderts herausgegeben* (*Fontes rerum Austriacarum*, section II, vol. 12–14), Vienne, 1856–1857, 3 vol. (réimpression anastatique, Amsterdam, 1964).

Tangl, Michael, *Die päpstlichen Kanzleiordnungen von 1200–1500*, Innsbruck, 1894.

Tăutu, Aloysius L., *Pontificia Commissio ad redigendum Codicem Iuris Canonici Orientalis : Fontes, Series 3*, t. III, *Acta Honorii III, 1216–1227, et Gregorii IX, 1227–1241*, Vatican, 1950.

Teulet, Alexandre, *et allii*, *Layettes du trésor des chartes*, Paris, 1863–1909, 5 vol. (réimpression anastatique, Nendeln, 1977).

Theiner, Augustin, *Vetera monumenta historica Hungariam sacram illustrantia maximam partem nondum edita, ex tabulariis Vaticanis deprompta, collecta, ac serie chronologica disposita ab Augustino Theiner*, Rome, 1859–1860, 2 vol.

——, *Monumenta Hungariae Historica, Diplomataria*, t. VI, Pest, 1860.

Tomassetti, Aloysius, *Bullarum, diplomatum et privilegiorum sanctorum Romanorum Pontificum Taurinensis editio*, t. III, Turin, 1868.

Ughelli, Ferdinando, *Italia sacra*, rééd. N. Coletti, t. I, Venise, 1717.

Wal, Wilhelm Eugen Joseph de, *Recherches sur l'ancienne constitution de l'ordre teutonique*, 1807, Mergentheim, 2 vol.

Weigand, Edmund, « Das Theodosioskloster », *Byzantinische Zeitschift*, 32 (1914–1919), p. 167–216.

Williams, Steven J., *The Secrets of Secrets : the Scholarly Career of a Pseudo-Aristotelian Text in the Latin Middle Ages*, Ann Arbor, 2003.

Winkelmann, Eduard A., *Acta imperii inedita*, Innsbruck, 1880–1885, 2 vol.

Zarncke, Friedrich, « Zur Sage vom Priester Johannes », *Neues Archiv der Gesellschaft für ältere deutsche Geschichtskunde*, 2 (1876), p. 611–615.

Zimmermann, Harald, *Der Deutsche Orden im Burzenland. Eine diplomatische Untersuchung*, Cologne, Weimar et Vienne, 2000.

Sources narratives et généalogiques

Abū'l Faradj, *The Chronography of Gregory Abū'l Faraj, the Son of Aaron, the Hebrew Physician Commonly Known as Bar Hebraeus Being the First Part of his Political History of the World*, éd. E.A. Wallis Budge, Oxford et Londres, 1932, 2 vol.

Aubry de Trois-Fontaines, *Chronica*, éd. P. Scheffer-Boichorst, *MGH. Scriptores*, t. XXIII, Hanovre, 1874, p. 631–950.

Brosset, Marie-Félicité, *Histoire de la Géorgie de l'Antiquité jusqu'au XIX*ᵉ *siècle*, Saint-Pétersbourg, Imprimerie de l'Académie Impériale des Sciences, 1849–1858, 7 vol.

Chronica regia Coloniensis (*Annales maximi Colonienses*), éd. G. Waitz, *MGH, Scriptores rerum Germanicarum in usum scholarum*, t. XVIII, Hanovre, 1880.

Chronicon Leodiensis, éd. M.-J.-J. Brial, *Recueil des Historiens des Gaules et de la France*, t. XVIII (1879), p. 610–638 (2ᵉ édition).

Chronicon Montis Sereni, éd. E. Ehrenfeuchter, *MGH, Scriptores*, t. XXIII (1874), p. 130–226.

Chronicon Urspergensis Burchardi praepositi, éd. O. Holder-Egger et B. von Simson, *MGH, Scriptores rerum Germanicarum in usum scholarum*, t. XVI, Hanovre et Leipzig, 1916 (2ᵉ édition).

Crónica da Ordem dos Frades Menores (1209–1285), éd. J.J. Nunes, Coimbra, 1918, 2 vol.

Dédéyan, Gérard, *La chronique attribuée au connétable Smbat*, Paris, 1980.

Edbury, Peter W., « A New Text of the *Annales de Terre Sainte* », *In Laudem Hierosolymitani. Studies in crusades and medieval culture in honour of Benjamin Z. Kedar*, éd. I. Shagrir, R. Ellenblum et J. Riley-Smith, Aldershot, 2007, p. 145–161.

Estoire d'Eracles, *Recueil des Historiens des Croisades, Historiens occidentaux*, t. II, Paris, 1859.

Florio Bustron, *Chronique de l'île de Chypre*, éd. R. de Mas Latrie, Paris, 1886.

Georges Akropolitès, *The History*, tr. R. Macridès, Oxford, 2007.

Gesta Ludovici octavi Franciae regis, éd. M.-J.-J. Brial, *Recueil des historiens des Gaules et de la France*, t. XVII (1878), p. 302–311 (2ᵉ édition).

Hakobyan, Vazgen A., *Manr zhamanakagrut'yunner XIII-XVIII dd.* [*Petites chroniques des XIII*ᵉ*-XVIII*ᵉ *siècles*], Erevan, 1951–1956, 2 vol.

Hoogeweg, Hermann, *Die Schriften des kölner Domscholasters, späteren Bischofs von Paderborn und Kardinal-bischofs von S. Sabina, Oliverus*, Tübingen, 1894.

Ibn al-Athīr, *The Chronicle of Ibn al-Athīr for the Crusading Period from al-Kāmil fī'l-ta'rīkh*, éd. D.S. Richards, Aldershot, 2006–2008, 3 vol.

Jacques de Vitry, *Historia orientalis*, éd. J Bongars, *Gesta Dei per Francos*, t. I, Hanovre, 1611, p. 1047–1115.

Martin da Canal, *La cronique des Véniciens de Maistre Martin da Canal*, éd. F.-L. Polidori, *Archivo Storico Italianio*, 8 (1845), p. 268–707.

Mas Latrie, Louis de, *Chronique d'Ernoul et de Bernard le Trésorier*, Paris, 1871.

Matthieu Paris, *Chronica Majora*, éd. H.R. Luard, Londres, 1872–1883, 7 vol.

Menko, *Chronicon Werumensium*, éd. G.H. Pertz, *M.G.H. Scriptores*, t. 23 (1874), Hanovre (réédition anastatique, New York, Kraus Reprint, 1963), p. 523–572.

Michaud, Joseph-François, *Bibliothèque des croisades*, Paris, 1829, 4 vol. (réimpression anastatique, New York, 1978).

Michel le Syrien, *Chronique de Michel le Syrien, patriarche jacobite d'Antioche (1166–1199)*, éd. J.-B. Chabot, t. III, Paris, 1905 (réimpression anastatique, Bruxelles, 1963).

Morgan, Margareth Ruth, *La continuation de Guillaume de Tyr (1184–1197)* (Documents relatifs à l'histoire des croisades publiés par l'Académie des Inscriptions et Belles-Lettres, XIV), Paris, 1982.

Nicéphore Grégoras, *Byzantina Historia* (Corpus Scriptorum Historiae Byzantinae, XIX), éd. L Schopen et I. Bekker, Bonn, 1829–1855, 3 vol.

Nicéphore Calliste Xanthopoulos, *Nicephori Callisti Xanthopuli ennaratio de episcopis Byzantii et de patriarchis omnibus Constantinopolitanis*, éd. J.-P. Migne, *Patrologia graeca*, t. CXLVII, Paris, 1865, col. 449–468.

Nielen, Marie-Adélaïde, *Lignages d'Outre-Mer* (Documents relatifs à l'histoire des croisades publiés par l'Académie des Inscriptions et Belles-Lettres, XVIII), Paris, 2003.
Ogerii Panis Annales A. 1197–1219, éd. G.H. Pertz, *MGH, Scriptores*, t. XVIII (1863), p. 115–142.
Olivier le Scolastique, *Historia Damiatina*, éd. H. Hoogeweg, *Die Schriften des kölner Domscholasters, späteren Bischofs von Paderborn und Kardinal-bischofs von S. Sabina, Oliverus* (Bibliothek des litterarischen Vereins in Stuttgart, CCII), Tübingen, 1894, p. 159–282.
Philippe de Novare, *Guerra di Federico II in Oriente (1223–1242)*, éd. S. Melani, Naples, 1994.
Raynaud, Gaston, *Les gestes des Chiprois (1095–1309), Recueil de chroniques françaises écrites en Orient aux XIII*e*-XIV*e *siècles*, Genève, 1887.
Richard, Jean, *Au-delà de la Perse et de l'Arménie. L'Orient latin et la découverte de l'Asie intérieure. Quelques textes inégalement connus aux origines de l'alliance entre Francs et Mongols (1145–1262)*, Turnhout, 2005.
Richard de Saint-Germain, *Chronica*, éd. G.H. Pertz, *MGH, Scriptores*, t. XIX (1866), p. 321–384.
Röhricht, Reinhold, « Annales de Terre Sainte », *Archives de l'Orient latin*, t. II B, Paris, 1884, p. 427–461.
Roger of Wendover, *Chronica sive flores historiarum*, éd. H.O. Coxe, 1841–1842, Londres, 4 vol.
Salimbene de Adam, *Cronica fratris Salimbene de Adam ordinis minorum*, éd. O. Holder-Egger, dans *M.G.H. Scriptores*, t. XXXII, Hanovre, 1905–1913 (réédition, New-York, 1963).
Strange, Joseph, *Caesarii Heisterbacensis monachi ordinis Cisterciensis dialogus miraculorum*, Cologne, Bonn et Bruxelles, 1851–1857, 3 vol.
Théodore Skoutariotès, *Χρονική*, éd. K.N. Sathas, *Μεσαιωνική Βιβλιοθήκη*, t. VII, Paris, 1894, p. 3–556.
Thomas de Split, *Historia pontificum Salonitarum et Spalatinorum*, éd. L. von Heineman, *MGH, Scriptores*, t. XXIX, 1892, p. 568–598.
Vasilievsky, Vasily, « Epirotica saeculi XIII », *Vizantiiskii Vremennik*, t. III (1896), p. 233–299.

Études historiques

Abulafia, David, *Frederick II : a Medieval Emperor*, Londres, 2002 (3e édition).
Alishan, Léonce, *Léon le Magnifique, premier roi du Sissouan ou de l'Arménocilicie*, Venise, 1888.
Alphandéry, Pierre, et Dupront, Alphonse, *La chrétienté et l'idée de croisade*, Paris, 1995.
Andrea, Alfred J., et Moore, John C., « A Question of Character : Two Views on Innocent III and the Fourth Crusade », *Innocenzo III : Urbs et Orbis : Atti del Congresso internazionale : Roma, 9–15 settembre 1998*, éd. A. Sommerlechner, t. I, Rome, 2003, p. 525–585.
Angold, Michael, « Greeks and Latins after 1204 : A Perspective of Exile », *Latin and Greeks in the Eastern Mediterranean after 1204*, éd. B. Arbel, B. Hamilton et D. Jacoby, Londres, 1989, p. 63–86.
Battandier Albert, « Essai de liste générale des cardinaux. Les cardinaux du XIIIe siècle », *Annuaire Pontifical Catholique*, 32 (1929), p. 109–137.
Belin, François-Alphonse, *Histoire de la latinité de Constantinople*, Paris, 1894 (2e édition).
Benninghoven, Friedrich, *Der Orden der Schwertbrüder : Fratres milicie Christi de Livonia*, Cologne, 1965.
Berend, Nora, « The Concept of Christendom A Rhetoric of Integration or Disintegration ? », *Hybride Kulturen im mittelalterlichen Europa-Hybrid Cultures in Medieval Europe*, éd. M. Borgolte et B. Schneidmüller, Berlin, 2010, p. 51–61.
Benson, Robert L., « « Plenitudo potestatis » : Evolution of a Formula from Gregory IV to Gratian », *Studia gratiana*, 14 (1967), p. 196–217.
Bériou, Nicole, et Josserand, Philippe, *Prier et combattre. Dictionnaire européen des ordres militaires au Moyen Âge*, Paris, 2009.

Bijsterveld, Arnoud-Jan, et Van de Perre, Dirk, *Het Mirakelboek en de Stichtingsgeschiedenis van de Ninoofse Abdij*, Louvain, 2001.

Blais, Auguste, *Notice historique et archéologique sur Notre-Dame-de-la-Couture de Bernay*, Évreux, 1852.

Blanchard, Claudius, *Histoire de l'abbaye d'Hautecombe en Savoie*, Chambéry, 1874.

Bon, Antoine, *Le Péloponnèse byzantin jusqu'en 1204*, Paris, 1951.

Bonnélie, Claire, « Contribution à l'étude de l'Église orthodoxe en Crète vénitienne (XIIIe–XIVe siècle) », *Positions des thèses soutenues par les élèves de la promotion de 2000*, Paris, 2000, p. 43–50.

Bourgeois, Nicolas, « Les Cisterciens et la croisade de Livonie », *Revue historique*, 633 (2005), fasc. 3, p. 521–560.

Brundage, James A., *Medieval Canon Law and the Crusader*, Madison et Milwaukee, 1969.

——, « Latin Jurists in the Levant : the Legal Elite of the Crusader States », éd. M. Shatzmiller, *Crusaders and Muslims in Twelfth-Century*, Leyde, 1993, p. 18–42.

Bulst-Thiele, Marie Luise, « Templer in königlichen und päpstlichen Diensten », éd. P. Classen et P. Scheibert, *Festschrift Percy Ernst Schramm*, t. I, Wiesbaden, 1964, p. 289–308.

Buschinger, Danielle, et Olivier, Mathieu, *Les chevaliers teutoniques*, Paris, 2007.

Cahen, Claude, *La Syrie du Nord à l'époque des Croisades et la principauté franque d'Antioche*, Paris, 1940.

Cao Carmichael de Baiglie, Martine, « Savary de Mauléon (*ca* 1180–1233), chevalier-troubadour poitevin : traîtrise et société aristocratique », *Le Moyen Age*, 105 (1999), p. 269–305.

Carocci, Sandro, et Vendittelli, Marco, « Onorio III. », *Enciclopedia dei papi*, t. II, Rome, 2000, p. 350–362.

Carrier, Marc, *L'image des Byzantins et les systèmes de représentation selon les chroniqueurs occidentaux des croisades*, thèse dactylographiée de l'Université de Paris I, 2006.

Cazel Jr, Fred A.,« The Tax of 1185 in Aid of the Holy Land », *Speculum*, 30 (1955), p. 385–388.

Chandon de Briailles, François, « Lignages d'outre-mer, les seigneurs de Margat », *Syria*, 25 (1946–1948), p. 231–258.

Chevalier, Marie-Anna, « La vision des ordres religieux-militaires par les Chrétiens orientaux (Arméniens et Syriaques) au Moyen Age (du début du XIIe siecle au début du XIVe siecle) », *Crusades*, 5 (2006), p. 55–84.

——, *Les ordres religieux-militaires en Arménie cilicienne*, Paris, 2009.

Christiansen, Érik, *Les croisades nordiques*, Lorient, 1996.

Cicconetti, Carlo, *La regola del Carmelo. Origine, natura, significato*, Rome, 1973.

Clausen, Johannes, *Papst Honorius III (1216–1227)*, Bonn, 1895 (réédition, Hildesheim, 2004).

Claverie, Pierre-Vincent, « L'apparition des Mongols sur la scène politique occidentale (1220–1223) », *Le Moyen Age*, 105 (1999), p. 601–613.

——, « Les « mauvais chrétiens » dans l'Orient des croisades », *Egypt and Syria in the Fatimid, Ayyubid and Mamluk Eras*, t. IV, éd. U. Vermeulen, Louvain, 2005, p. 143–163.

——, *L'ordre du Temple en Terre sainte et à Chypre au XIIIe siècle*, Nicosie, 2005, 3 vol.

——, « *Apud Ciprum Nicossiam* : notes sur les relations cyprio-auvergnates au XIIIe siècle », avec E. et J.-P. Grélois, *Επετηρίδα του Κέντρου Επιστημονικών Ερευνών*, 31 (2005), p. 39–71.

——, « La contribution des sources diplomatiques à l'histoire ecclésiastique de Tyr durant les croisades », *Tyr dans les textes l'Antiquité et du Moyen Âge*, éd. J. Aliquot, P.-L. Gatier et L. Nordiguian, Damas, 2011, p. 201–219.

——, « Un patriarche latin d'Antioche méconnu : Grazia de Florence (1219) », *Le Moyen Age*, 117 (2011), p. 81–90.

Clément, Maurice, « Recherches sur les paroisses et les fabriques au commencement du XIIIe siècle d'après les registres des Papes », *Mélanges d'archéologie et d'histoire*, 15 (1895), p. 387–418.

Coureas, Nicholas, « The Orthodox Monastery of Mt. Sinai and Papal Protection of its Cretan and Cypriot properties », *Autour de la première croisade. Actes du colloque de la Society for the Study of the Crusades and the Latin East (Clermont-Ferrand, 22–25 juin 1995)*, éd. M. Balard, Paris, 1996, p. 475–484.

——, *The Latin Church in Cyprus, 1195–1312*, Aldershot, 1997.
Courtois, Christian, « Grégoire VII et l'Afrique du Nord. Remarques sur les communautés chrétiennes d'Afrique au XIe siècle », *Revue historique*, 195 (1945), p. 97–122 et 193–226.
Dagron, Gilbert, *Empereur et prêtre. Étude sur le « césaropapisme » byzantin*, Paris, 1996.
——, « *Byzance entre le djihâd et la croisade, Quelques remarques* », *Le concile de Clermont de 1095 et l'appel à la croisade, Actes du Colloque Universitaire International de Clermont-Ferrand (23–25 juin 1995)*, Rome 1997, p. 325–337.
Dallegio d'Alessio, Eugène, « Les sanctuaires urbains et suburbains de Byzance sous la domination latine (1204–1261) », *Revue des études byzantines*, 11 (1953), p. 50–61.
Daniélou, Jean, *Les symboles chrétiens primitifs*, Paris, 1961.
Darrouzès, Jean, « Les documents byzantins du XIIe siècle sur la primauté romaine », *Revue des études byzantines*, 23 (1965), p. 42–88.
Daux, Camille, « L'Orient latin censitaire du Saint-Siège », *Revue de l'Orient chrétien*, 10 (1905), p. 225–250.
Delisle, Léopold, « Mémoire sur les actes d'Innocent III », *Bibliothèque de l'Ecole des Chartes*, 19 (1858), p. 1–73.
Demurger, Alain, *Chevaliers du Christ. Les ordres religieux-militaires au Moyen Âge (XIe-XVIe siècle)*, Paris, 2002.
——, *Les templiers. Une chevalerie chrétienne au Moyen Age*, Paris, 2005.
Dib, Boutros, *Histoire du Liban des origines au XXe siècle*, Paris, 2006.
Dickson, Marcel et Christiane, « Le cardinal Robert de Courson. Sa vie. », *Archives d'histoire doctrinale et littéraire du Moyen Age*, 9 (1934), p. 53–142.
Dickson, Gary, « La genèse de la croisade des enfants (1212) », *Bibliothèque de l'Ecole des Chartes*, 153 (1995), fasc. 1, p. 53–102.
——, *The Children's Crusade*, Houndmills, Basingstoke, 2008.
Diehl, Charles, *Présentation du monastère d'Osios Loukas*, Paris, 1889.
Dizionario biografico degli Italiani, Rome, Istituto della Enciclopedia italiana, 73 volumes parus depuis 1925.
Donovan, Joseph P., *Pelagius and the Fifth Crusade*, Philadelphie, 1950.
Duba, William, « The Status of the Patriarch of Constantinople after the Fourth Crusade », *Diplomatics in the Eastern Mediterranean, 1000–1500*, éd. A.D. Beihammer, M.G. Parani et C.D. Schabel, Leyde, 2008, p. 63–92.
Duchesne, Louis, « Inscription chrétienne de Bithynie », *Bulletin de correspondance hellénique*, 2 (1878), p. 289–299.
Edbury, Peter W., « Latin Dioceses and Peristerona : A Contribution to the Topography of Lusignan Cyprus », *Επετηρίδα του Κέντρου Επιστημονικών Ερευνών*, 8 (1975–1977), p. 45–51 (repris dans *Kingdoms of the Crusaders : From Jerusalem to Cyprus*, Aldershot, 1999, n° XXI).
——, *The Kingdom of Cyprus and the Crusades 1191–1374*, Cambridge, 1991.
——, *John of Ibelin and the Kingdom of Jerusalem*, Woodbridge, 1997.
Enlart, Camille, « L'Abbaye cistercienne de Belmont en Syrie », *Syria*, 4 (1923), p. 1–22.
Étienne de Lusignan, *Description de toute l'isle de Cypre*, Paris, 1580.
Eubel, Konrad, *Hierarchia catholica Medii Aevi*, Münster, 1913–1967, 6 vol.
Favreau-Lilie, Marie-Luise, « Die italienischen Kirchen im Heiligen Land (1098–1291) », *Studi Veneziani*, Nova Series, 13 (1987), p. 15–101.
Fedalto, Giorgio, *La Chiesa latina in Oriente* (Studi religiosi, 3), Vérone, 1973–1978, 3 vol.
Ferretto, Arturo, « I Genovesi in Oriente nel carteggio di Innocenzo IV », *Giornale storico e letterario della Liguria*, 1 (1900), p. 353–368.
Fonnesberg-Schmidt, Iben, *The popes and the Baltic crusades, 1147–1254*, Leyde, 2007.
Flori, Jean, « La formation des concepts de guerre sainte et de croisade aux XIe et XIIe siècles : prédication papale et motivations chevaleresques », *Regards croisés sur la guerre sainte. Guerre, religion et idéologie dans l'espace méditerranéen latin (XIe-XIIIe siècle)*, éd. D. Baloup et P. Josserand, Toulouse, 2006, p. 133–157.
—— *Prêcher la croisade (XIe-XIIIe siècle). Communication et propagande*, Paris, 2012.

Forey, Alan J., « The Order of Mountjoy », *Speculum*, 46 (1971), p. 250–266 (repris dans *Military Orders and Crusades*, Aldershot, 1994, n° XI).
Fourdrin, Jean-Pascal, « Qastūn et Chastel de Ruge », *Syria*, 72 (1995), p. 415–426.
Fried, Johannes, « *Donation of Constantine* » *and* « *Constitutum Constantini* » *: The Misinterpretation of a Fiction and its Original Meaning*, Berlin, 2007.
Galland, Bruno, « Les hommes de culture dans la diplomatie pontificale au XIIIe siècle », *Mélanges de l'École française de Rome. Moyen-Age, Temps modernes*, 108 (1996), p. 615–643.
García y García, Antonio, « La Canonista Iberica (1150–1250) en la investigacion reciente », *Bulletin of Medieval Canon Law*, 1981, p. 41–76.
Gaudemet, Jean, *Eglise et cité. Histoire du droit canonique*, Paris, 1994.
Gill, Joseph, *Byzantium and the Papacy, 1198–1400*, New Brunswick, New Jersey, 1979.
Gjerset, Knut, *History of the Norwegian People*, New york, 1915, 2 vol.
Gouguenheim, Sylvain, *Les chevaliers teutoniques*, Paris, 2008.
Graboïs, Aryeh, « Les pèlerins occidentaux en Terre Sainte au Moyen Age : une minorité étrangère à sa patrie spirituelle », *Studi Medievali*, 2e série, 30 (1989), p. 15–48.
Grumel, Venance, « Jérusalem entre Rome et Byzance. Une lettre inconnue du patriarche de Constantinople Nicolas III à son collègue de Jérusalem », *Echos d'Orient*, 38 (1939), p. 104–117.
——, *Traité d'études byzantines*, t. I : *La chronologie*, Paris, 1958.
Guillemain, Bernard, *Les papes d'Avignon, 1309–1376*, Paris, 1998.
Hackett, John, *A history of the Orthodox Church in Cyprus*, Londres, 1901.
Hagedorn, Gerd, « Papst Innocenz III. Und Byzanz am Vorabend des Vierten Kreuzzugs (1198–1203) », *Ostkirchliche Studien*, 23 (1974), p. 3–20 et 105–136.
Hamilton, Bernard, « Aimery of Limoges, Latin Patriarch of Antioch (c. 1142-c. 1196) and the Unity of the Churches », *East and West in the Crusader States*, éd. K. Ciggaar et H. Teule, t. II, Louvain, 1999, p. 1–12.
——, « The Armenian Church and the Papacy at the Time of the Crusades », *Eastern Churches Review*, 10 (1978), p. 61–87.
——, *The Latin Church in the Crusader States : the Secular Church*, Londres, 1980.
Henriet, Patrick, « *Ad regem Cordube militandi gratia perrexit* ». Remarques sur la présence militaire chrétienne en al-Andalus (Xe-XIIIe siècle) », *Regards croisés sur la guerre sainte*, éd. P. Josserand et D. Baloup, Toulouse, 2006, p. 359–380.
Herde, Peter, *Beiträge zum päpstlichen Kanzlei- und Urkundenwesen im dreizehnten Jahrhundert*, Kallmünz, 1967 (2e édition revue et augmentée).
——, *Audientia litterarum contradictarum. Untersuchungen über die päpstlichen Justizbriefe und die päpstliche Delegationsgerichtsbarkeit vom 13. bis zum Beginn des 16. Jahrhunderts*, Tübingen, 1970, 2 vol.
Hiestand, Rudolf, « Les canons de Clermont et d'Antioche sur l'organisation ecclésiastique des Etats croisés : Authentiques ou faux ? », *Autour de la Première Croisade : Actes du colloque de Clermont-Ferrand, 22–25 juin 1995*, éd. M. Balard, Paris, 1997, p. 29–37.
Higounet, Charles,. *Les Allemands en Europe centrale et orientale au Moyen Age*, Paris, 1989.
Hotzelt, Wilhelm, *Kirchengeschite Palästinas im Zeitalter der Kreuzzüge (1099–1291)*, Cologne, 1940.
Hunyadi, Zsolt, *The Hospitallers in the Medieval Kingdom of Hungary, c. 1150–1387*, Budapest, 2010.
Jacoby, David, « La colonisation militaire vénitienne de la Crète au XIIIe siècle : une nouvelle approche », *Le partage du monde. Echanges et colonisation dans la Méditerranée médiévale*, éd. A. Ducellier et M. Balard, Paris, 1998, p. 297–313 (repris dans *Latins, Greeks and Muslims : Encounters in the Eastern Mediterranean, 10th-15th Centuries*, Aldershot, 2009, n° IV).
——, « La consolidation de la domination de Venise dans la ville de Négrepont (1205–1390) : un aspect de sa politique coloniale », *Bisanzio, Venezia e il mondo greco (XIII-XV secolo)*,

éd. C.A. Maltezou et P. Schreiner, Venise, 2002, p. 151–189 (repris dans *Latins, Greeks and Muslims : Encounters in the Eastern Mediterranean, 10th-15th Centuries*, n° IX).
Janin, Raymond, « L'Église latine à Thessalonique de 1204 à la conquête turque », *Revue des études byzantines*, 16 (1958), p. 206–216.
——, *Constantinople byzantine*, Paris, 1964 (2e édition).
Josserand, Philippe, *Église et pouvoir dans la péninsule Ibérique. Les ordres militaires dans le royaume de Castille (1252–1369)*, Madrid, 2004.
Jotischky, Andrew, *The Carmelites and Antiquity. Mendicants and Their Pasts in the Middle Ages*, Oxford et New York, 2002.
Kantorowicz, Ernst H., *L'empereur Frédéric II*, dans *Œuvres*, Paris, 2000.
Karpozilos, Apostolos D., *The Ecclesiastical Controversy between the Kingdom of Nicaea and the Principality of Epiros (1217–1233)*, Thessalonique, 1973.
Kawerau, Peter, *L'Eglise jacobite au Moyen Age et la renaissance syrienne*[1], trad. A. Fretay dans, *Édesse et son comté (1071–1159)*, thèse de doctorat de 3e cycle dactylographiée, Université Paul Valéry-Montpellier III, t. II, 1983, Appendice 1.
Kazhdan, Alexander P., *The Oxford Dictionary of Byzantium*, New York et Oxford, 1991, 3 vol.
Kedar, Benjamin Z., *Crusade and Mission. European Approaches toward the Muslims*, Princeton, 1984.
——, « The Fourth Crusade's Second Front », *Urbs Capta*, éd. A. Laiou, Paris, 2005, p. 89–110.
Kirstein, Klaus-Peter, *Die lateinischen Patriarchen von Jerusalem. Von der Eroberung der Heiligen Stadt durch die Kreuzfahrer 1099 bis zum Ende der Kreuzfahrerstaaten 1291*. (Ordensstudien XVI), Berlin, 2002.
Kiesewetter, Andreas, « L'Ordine Teutonico in Grecia e in Armenia », *L'Ordine Teutonico nel Mediterraneo. Atti del convegno internazionale di studio, Torre Alemanna (Cerignola) – Mesagne - Lecce, 16–18 ottobre 2003*, éd. H. Houben, Galatina, 2004, p. 73–107.
Kitsiki Panagopoulos, Beata, *Cistercian and Mendicant Monasteries in Medieval Greece*, Chicago et Londres, 1979.
Kristó, Gyula, *Histoire de la Hongrie médiévale*, t. I, *Le temps des Árpáds*, Rennes, 2000.
Lagopates, Spyros N., *Γερμανός ο Β', πατριάρχης Κωνσταντινουπόλεως-Νικαίας (1222–1240) : Βίος, συγγράμματα και διδασκαλία αυτού, ανέκδοτοι ομιλίαι και επιστολαί*, Tripoli, 1913.
Lambert, Malcolm, « Le problème des Chrétiens bosniaques », *Heresis*, 23 (1994), p. 29–50.
Leclercq, Henri, *Histoire des conciles d'après des documents originaux par Charles-Joseph Hefele*, t. V, part. 2, Paris, 1913.
Lefevre, Renato, « Cronache del Duecento romano. Un papa Savelli (Onorio III) che non fu Savelli ? », *Strenna dei Romanisti*, 52 (1991), p. 283–290.
Léonard, Émile-Guillaume, *Gallicarum militiae Templi domorum earumque preceptorum seriem*, Paris, 1930.
Levillain, Philippe, (dir.), *Dictionnaire historique de la papauté*, Paris, 1994.
Lilie, Ralph-Johannes, *Handel und Politik zwischen dem byzantinischen Reich und den italienischen Kommunen Venedig, Pisa und Genua in der Epoche der Komnenen und der Angeloi (1081–1204)*, Amsterdam, 1984.
Linehan, Peter, *The Spanish Church and the Papacy in the Thirteenth Century*, Cambridge, 2005 (2e édition).
Loenertz, Raymond-Joseph, « Athènes et Néopatras. II. Régestes et documents pour servir à l'histoire ecclésiastique des duchés catalans (1311–1395) », *Archivum Fratrum Praedicatorum*, 28 (1958), p. 5–91.
——, « Lettre de Georges Bardanès, métropolite de Corcyre, au patriarche œcuménique Germain II, 1226–1227 c. [1228 c] », *Byzantina et Franco-Graeca*, Rome, 1970, p. 467–501.
Lomax, Derek W., *La Orden de Santiago (1170–1275)*, Madrid, 1965.
Longnon, Jean, « L'organisation de l'Eglise d'Athènes par Innocent III », *Mémorial Louis Petit. Mélanges d'histoire et d'archéologie byzantines*, Bucarest, 1948, p. 336–346.

[1] D'après l'œuvre originale, *Die jakobitische Kirche im Zeitalter der syrischen Renaissance* (Berliner Byzantinische Arbeiten, 3), Berlin, 1960.

——, *L'Empire latin de Constantinople et la principauté de Morée*, Paris, 1949.
——, « La reprise de Salonique par les Grecs en 1224 », *Actes du VIe Congrès International d'Etudes Byzantines*, t. I, Paris, 1950, p. 141–146.
——, *Les compagnons de Villehardouin. Recherches sur les croisés de la quatrième croisade*, Genève, 1978.
Luchaire, Achille, *Innocent III. Le concile de Latran et la réforme de l'Église*, Paris, 1908.
——, *Innocent III. La question d'Orient*, Paris, 1911 (2e édition).
Luprian, Karl-Ernst, *Die Beziehungen des Päpste zu islamischen und mongolischen Herrschern im 13 Jahrhundert anhand ihres Briefwechsels*, Rome, 1981.
Maccarrone, Michele, « La papauté et Philippe Auguste. La décrétale « Novit ille » », *La France de Philippe Auguste. Le temps des mutations. Actes du colloque international organisé par le CNRS, Paris, 29 septembre-4 octobre 1980*, Paris, 1982, p. 385.
Maier, Christoph T., *Crusade Propaganda and Ideology : Model Sermons for the Preaching of the Cross*, Cambridge, 2000.
Maleczek, Werner, *Papst und Kardinalskolleg von 1191 bis 1216 : die Kardinäle unter Coelestin III. und Innocenz III.*, Vienne, 1984.
——, *Pietro Capuano. Patrizio amalfitano, Cardinale, legato alla quarta crociata, Teologo († 1214)*, traduction italienne de Fulvio Delle Donne, Amalfi, 1997.
Marchandisse, Alain, « Guillaume de Savoie. Un *monstrum spirituale et belua multorum capitum* sur le trône de saint Lambert ? », *Bulletin de la Société royale « Le Vieux-Liège »*, 13 (1997), p. 657–670 et 681–700.
Marin, Eugène, *Les moines de Constantinople depuis la fondation de la ville jusqu'à la mort de Photius (330–898)*, Paris, 1897.
Martínez Díez, Gonzalo, *Los templarios en la Corona de Castilla*, Palencia, 1993.
Mas Latrie, Louis de, « Histoire des archevêques de Chypre », *Archives de l'Orient latin*, t. II A, Paris, 1884, p. 207–328.
——, « Les seigneurs tierciers de Négrepont », *Revue de l'Orient latin*, t. I (1893), p. 413–432.
Mazza, Fulvio, *Scilla, storia, cultura, economia*, Soveria Mannelli, 2002.
Meschini, Marco, « *Pro negotio crucesignatorum.* Innocenzo III e il sostegno della guerra santa », *Regards croisés sur la guerre sainte*, éd. D. Baloup et P. Josserand, Toulouse, 2006, p. 159–185.
Meyendorff, Jean, et Papadakis, Aristeides, *L'Orient chrétien et l'essor de la papauté*, Paris, 2001.
Miller, William, *Essays on the Latin Orient*, Cambridge, 1921 (réimpression anastatique, New York, 1983).
Millet, Gabriel, *Le monastère de Daphni. Histoire, architecture, mosaïques*, Paris, 1899.
Millet, Hélène, « L'élaboration de fastes pour l'Église de France : l'exemple d'Amiens », *Le clerc séculier au Moyen Âge (Actes des congrès de la Société des historiens médiévistes de l'enseignement supérieur public. 22e congrès, Amiens, 1991)*, Paris, 1993, p. 151–179.
Mol, Johannes A., « Frisians Fighters and the Crusade », *Crusades*, 1 (2002), p. 89–110.
Monstier, Arthur du, *Neustria pia*, Rouen, 1663.
Moore, John C., *Pope Innocent III (1160/61–1216) : to Root up and to Plant*, Leyde, 2003.
Montecchi Palazzi, Thérèse, « Cencius camerarius et la formation du « Liber censuum » de 1192 », *Mélanges de l'Ecole Française de Rome, Moyen-Age, Temps modernes*, 96 (1984), p. 49–93.
Mouton, Jean-Michel, *Le Sinaï médiéval, un espace stratégique de l'islam*, Paris, 2000.
Nicol, Donald M., *The Despotate of Epiros*, Cambridge, 1957.
——, *The Despotate of Epiros, 1267–1479*, Cambridge, 1984.
——, « The Fate of Peter of Courtenay, Latin Emperor of Constantinople, and a Treaty that Never Was », *ΚΑΘΗΓΗΤΡΙΑ. Essays Presented to Joan Hussey for her 80th Birthday*, éd. J. Chrysostomides, Camberley, 1988, p. 377–383.
Nicolaou-Konnari, Angel, et Schabel, Chris, *Cyprus, Society and Culture 1191–1374*, Leyde, 2005.
Norden, Walter, *Das Papsttum und Byzanz. Die Trennung der beiden Mächte und das Problem ihrer Wiedervereinigung bis zum Untergange des byzantinischen Reichs (1453)*, Berlin, 1903.

Paravicini Bagliani, Agostino, *Cardinali di curia e «familiae» cardinalizie. Dal 1227 al 1254*, Padoue, 1972, 2 vol.

——, *La cour des papes au XIIIe siècle*, Paris, 1995.

Pelliot, Paul, « Mélanges sur l'époque des Croisades », *Mémoires de l'Institut National de France. Académie des Inscriptions et Belles-Lettres*, 44 (1960), p. 73–97.

Perreira Martínez, Carlos, « Panorámica de la Orden del Temple en la Corona de Galicia-Castilla-León », *Criterios, res publica fulget*, 6, 2006, p. 173–204.

Plongeron, Bernard, *Histoire des diocèses de France : Paris*, t. I, Paris, 1987.

Powell, James M., *Anatomy of a Crusade, 1213–1221*, Philadelphie, 1986.

——, *Innocent III : Vicar of Christ or Lord of the World*, Washington, DC, 1994.

Prawer, Joshua, *Histoire du royaume latin de Jérusalem*, Paris, 1970 (2e édition), 2 vol.

Purcell, Maureen, *Papal Crusading Policy, 1244–1291*, Leyde, 1975.

Queller, Donald E., Madden, Thomas F., *The Fourth Crusade. The Conquest of Constantinople*, Philadelphie, 1997 (2e édition).

Rabikauskas, Paulus, « « Auditor litterarum contradictarum » et commissions de juges délégués sous le pontificat d'Honorius III », *Bibliothèque de l'Ecole des Chartes*, 132 (1974), p. 213–244.

——, *Diplomatica pontificia (praelectionum lineamenta)*, Rome, 1994 (5e édition augmentée).

Raccagni, Gianluca, *The Lombard League, 1167–1225*, Oxford, 2010.

Racine, Pierre, *L'Occident chrétien au XIIIe siècle. Destins du saint Empire et de l'Italie*, Paris, 1994.

Riant, Paul Édouard, *Etudes sur l'histoire de l'Eglise de Bethléem*, Paris, 1889–1896, 2 vol.

Richard, Jean, « Evêchés titulaires et missionnaires dans le *Provinciale Romanae Ecclesiae* », *École Française de Rome. Mélanges d'archéologie et d'Histoire*, 61 (1949), p. 227–236.

——, *L'esprit de la croisade*, Paris, 1969.

——, « Un monastère grec et son domaine chypriote : le monachisme orthodoxe et l'établissement de la domination franque », *Ρραχτιxά τού Δεντέρου Διεθνούς Κυπρολογιxού Συνεδρίου*, t. II, Nicosie, 1986, p. 61–75.

——, « The Establishment of the Latin Church in the Empire of Constantinople (1204–1227) », *Mediterranean Historical Review*, 4 (1989), p. 45–62 (repris dans *Latin and Greeks in the Eastern Mediterranean after 1204*, éd. B. Arbel, B. Hamilton et D. Jacoby, Londres, 1989, et dans *Croisades et Etats latins d'Orient*, Aldershot, 1992, n° X).

——, « Le paiement des dîmes dans les Etats des croisés », *Bibliothèque de l'Ecole des Chartes*, 150 (1992), p. 71–83 (repris dans *Francs et Orientaux dans le monde des croisades*, Aldershot, 2003, n° XVII).

——, « The Cistercians in Cyprus », *The Second Crusade and the Cistercians*, éd. M. Gervers, New York, 1992, p. 199–209 (repris dans *Francs et Orientaux dans le monde des croisades*, Aldershot, 2003, n° XVIII).

——, « La seigneurie franque en Syrie et à Chypre : modèle oriental ou modèle occidental », *117e Congrès national des sociétés savantes, Clermont-Ferrand, 1992, section d'histoire médiévale et de philologie*, Paris, 1993, p. 155–166 (repris dans *Francs et Orientaux dans le monde des croisades*, Aldershot, 2003, n° XIII).

——, *Histoire des croisades*, Paris, 1996.

——, *La papauté et les missions d'Orient au Moyen Âge (XIIIe-XVe siècles)*, Rome, 1998 (2e édition).

——, « La succession de l'évêque de Famagouste et la remise en ordre de la collectorie de Chypre », *Mélanges de l'École Française de Rome, Moyen Âge*, 113 (2001), p. 637–661.

——, « Pouvoir royal et patriarcat au temps de la Cinquième Croisade, à propos du rapport du patriarche Raoul », *Crusades*, 2 (2003), p. 109–119.

Riley-Smith, Jonathan, *A History of the Order of the Hospital of Saint-John of Jerusalem*, t. I, *The Knights of St-John in Jerusalem and Cyprus, (1050–1310)*, Londres, 1967.

Robbert, Louise Buenger, « Venetian Participation in the Crusade of Damietta », *Studi Veneziani*, Nova Series, 30 (1995), p. 15–33.

Rodríguez-Picavea Matilla, Enrique, « La Orden de Calatrava en la Meseta Meridional castellana : encomiendas y distribución geográfica de las propiedades (1158–1212) », *Hispania*, 179 (1991), p. 875–899.
Röhricht, Röhricht, « Studien zur mittelalterlichen Geographie und Topographie Syriens », *Zeitschrift des Deutschen Palaestina-Vereins*, 9 (1886), p. 195–345.
Roscher, Helmut, *Papst Innocenz III. und die Kreuzzüge*, Göttingen, 1969.
Rowe, John G., « The Papacy and the Ecclesiastical Province of Tyre (1100–1187) », *Bulletin of the John Rylands Library*, 43 (1960–1961), p. 160–189.
Rüdt-Collenberg, Wiprecht H., *The Rupenides, Hethumides and Lusignans, The Structure of the Armeno-Cilician Dynasties*, Paris, 1963.
Rusch, Borwin, *Die Behörden und Hofbeamten der päpstlichen Kurie des 13. Jahrhunderts*, Königsberg-Berlin 1936.
Samir, Khalil, « Archevêques du Sinaï au 13e siècle », *Orientalia Christiana Periodica*, 52 (1986), p. 361–377.
Santa Maria, Melchor de, « Carmelitarum regula et ordo decursu XIII saeculi », *Ephemerides Carmeliticae*, 2 (1948), p. 51–64.
Santifaller, Leo, *Beiträge zur Geschichte des lateinischen Patriarchats von Konstantinopel (1204–1261), und der venezianischen Urkunde*, Weimar, 1938.
Sayers, Jane E., *Papal Government and England during the Pontificate of Honorius III (1216–1227)*, Cambridge, 1984.
Schabel, Christopher, « Frankish Pyrgos and the Cistercians », *Report of the Department of Antiquities, Cyprus*, 2000, p. 349–360 (repris dans *Greeks, Latins and the Church in the Early Frankish Cyprus*, Aldershot, 2010, n° VI).
——, « Antelm the Nasty, first Latin Archbishop of Patras (1205-ca. 1241) », *Diplomatics in the Eastern Mediterranean, 1000–1500*, éd. A.D. Beihammer, M.G. Parani et C.D. Schabel, Leyde, 2008, p. 93–137.
Schatz, Klaus, « Papsttum und partikularkirchliche Gewalt bei Innocenz III. (1198–1216) », *Archivum Historiae Pontificiae*, 8 (1970), p. 61–111.
Setton, Kenneth M., *A History of the Crusades*, Madison, Milwaukee et Londres, 1969–1989, 6 vol.
——, *The Papacy and the Levant, 1204–1571*, t. I, Philadelphie, 1976.
Sivéry, Gérard, *Louis VIII le Lion*, Paris, 1995.
Smith, Thomas, *Honorius III and Papal Control over the Fifth Crusade, 1217–1221 : Methods, Motivation and Results*, mémoire de maîtrise dactylographié sous la direction de Barbara Bombi, Université du Kent (Cantorbéry), 2009.
Stiernon, Lucien, « Les origines du despotat d'Épire : Á propos d'un livre récent », *Revue des Etudes byzantines*, 17 (1959), p. 90–126.
Tamarati, Michel, *L'Église géorgienne des origines jusqu'à nos jours*, Rome, 1910.
Tolan, John, *Le Saint chez le Sultan*, Paris, 2007.
Thouzellier, Christine, « La légation en Lombardie du cardinal Hugolin (1221). Un épisode de la Ve Croisade », *Revue d'Histoire Ecclésiastique*, 45 (1950), p. 508–542.
Throop, Palmer A., *Criticism of the Crusade. A Study of Public Opinion and Crusade Propaganda*, Amsterdam, 1940 (réimpression anastatique, Philadelphie, 1975).
Toomaspoeg, Kristjan, *Les teutoniques en Sicile (1197–1492)* (Collection de l'École Française de Rome, 321), Rome, 2003.
Tyerman, Christopher, *England and the Crusades, 1095–1588*, Chicago, 1988.
Van Tricht, Filip, « La politique étrangère de l'empire de Constantinople, de 1210 à 1216. Sa position en Méditerranée orientale : problèmes de chronologie et d'interprétation », *Le Moyen Age*, 107 (2001), p. 219–238 et 409–438.
Vuilhorgne, Louis, « Pierre de Bracheux : Un héros beauvaisin à Constantinople au début du XIIIe siècle », *Mémoires de la Société académique d'Archéologie, Sciences et Arts du département de l'Oise*, 14 (1889), p. 726–748.
Weiler, Björn, « The *Negotium Terrae Sanctae* in the Political Discourse of Latin Christendom, (1215–1311) », *International History Review*, 25 (2003), 1–36.

Wolff, Robert L., « The Organization of the Latin Patriarchate of Constantinople, 1204–1261 : Social and Administrative Consequences of the Latin Conquest », *Traditio*, 6 (1948), p. 33–60 (repris dans *Studies in the Latin Empire of Constantinople*, Londres, 1976, n° VIII).

——, « Politics in the Latin Patriarchate of Constantinople, 1204–1261 », *Dumbarton Oaks Papers*, 8 (1954), p. 225–303 (repris dans dans *Studies in the Latin Empire of Constantinople*, n° IX).

Zutshi, Patrick, « The Personal Role of the Pope in the Production of Papal Documents in the Thirteenth and Fourteenth Centuries », *Vom Nutzen des Schreibens : Soziales Gedächnis, Herrschaft und Besitz*, éd. W. Pohl et P. Herold, Vienne, 2002, p. 225–236.

INDEX NOMINUM